DICIONÁRIO DE PSICANÁLISE DE CASAL E FAMÍLIA

CONSELHO EDITORIAL
André Costa e Silva
Cecilia Consolo
Dijon de Moraes
Jarbas Vargas Nascimento
Luis Barbosa Cortez
Marco Aurélio Cremasco
Rogerio Lerner

Blucher

RUTH BLAY LEVISKY
MARIA LUIZA DIAS
DAVID LÉO LEVISKY
ORGANIZADORES

Dicionário de psicanálise de casal e família

Dicionário de psicanálise de casal e família
© 2021 Ruth Blay Levisky, Maria Luiza Dias e David Léo Levisky (organizadores)
Editora Edgard Blücher Ltda.

Publisher Edgard Blücher
Editor Eduardo Blücher
Coordenação editorial Jonatas Eliakim
Produção editorial Isabel Silva, Bonie Santos
Diagramação Taís do Lago
Preparação de texto Ana Maria Fiorini
Capa Leandro Cunha

Blucher

Rua Pedroso Alvarenga, 1245, 4º andar
04531-934 – São Paulo – SP – Brasil
Tel.: 55 11 3078-5366
contato@blucher.com.br
www.blucher.com.br

Segundo o Novo Acordo Ortográfico, conforme 5. ed. do *Vocabulário Ortográfico da Língua Portuguesa*, Academia Brasileira de Letras, março de 2009.

É proibida a reprodução total ou parcial por quaisquer meios sem autorização escrita da editora.

Todos os direitos reservados pela Editora Edgard Blücher Ltda.

DADOS INTERNACIONAIS DE CATALOGAÇÃO NA PUBLICAÇÃO (CIP)
ANGÉLICA ILACQUA CRB-8/7057

Dicionário de psicanálise de casal e família / organizado por Ruth Blay Levisky, Maria Luiza Dias, David Léo Levisky. – 1. ed. – São Paulo : Blucher, 2021.
604 p.

Bibliografia
ISBN 978-65-5506-287-8 (impresso)
ISNB 978-65-5506-283-0 (eletrônico)

1. Psicanálise - Dicionários 2. Psicanálise familiar 3. Psicanálise conjugal I. Levisky, Ruth Blay II. Dias, Maria Luiza III. Levisky, David Léo

21-0980　　　　　　　　　　　　　CDD 150.19503

Índice para catálogo sistemático:
1. Psicanálise - Dicionários

Conteúdo

Agradecimentos 9
Prefácio: Um dicionário de psicanálise de casal e família *Janine Puget* 11
Prefácio: O que é um dicionário? *René Kaës* 13
Breve histórico da psicanálise de casal e família no Brasil 21

DICIONÁRIO DE PSICANÁLISE DE CASAL E FAMÍLIA 33
    Acontecimento 35
    Ajeno 38
    Alianças (pactos) inconscientes 41
    Alteridade 52
    Aparelho psíquico familiar 55
    Aparelho psíquico grupal 57
    Ausência 63
    Avúnculo 65
    Casal 68
    Ciclos vitais 71
    Complexo de Édipo 75
    Complexo fraterno 82
    Compulsão à repetição conjugal 86
    Configurações familiares 93
    Conjugalidade 97
    Conluio 102
    Continente genealógico/malhagem 106
    Contrato inconsciente 110
    Contratransferência 116

Conteúdo

Coterapia 119
Cripta 122
Crise 124
Dispositivo 129
Duplo vínculo 135
Enquadre / *setting* 139
Entre 145
Escolas em psicanálise de casal e família 152
Espaço interpsíquico 162
Espaço intersubjetivo 164
Espaço intrapsíquico 168
Espaço intrassubjetivo 170
Espaço onírico 174
Espaço psíquico 179
Espaço transpsíquico 181
Espaço transubjetivo 183
Espaçograma 187
O estranho (*Unheimlich*) 190
Estrutura familiar inconsciente (EFI) 192
Família 198
Familidade 204
Familiograma / genograma 208
Fantasia inconsciente 211
Fantasma 218
Formações intermediárias 221
Função do analista 225
Funções fóricas 235
Grupalidade 239
Grupo multifamiliar 244
Herança intergeracional 250
Herança transgeracional 253
Holding familiar (função continente) 260
Idealização 265
Identidade 269
Identificação cruzada 273

Identificação projetiva ... 277
Ilusão familiar ... 280
Imposição ... 283
Incestualidade ... 286
Interferência ... 292
Interpretação ... 296
Intertransferência ... 303
Intimidade ... 308
Introjeção ... 313
Irrepresentável ... 315
Lógica contratualista ... 321
Lógicas do um e do dois ... 324
Lutos familiares ... 327
Mãe esquizofrenizante ... 331
Mediação familiar psicanalítica ... 335
Metapsicologia do terceiro tipo e tópica do terceiro tipo ... 340
Mito familiar ... 347
Não verbal ... 350
Narcisismo ... 357
Negativo ... 365
Neurose familiar ... 369
Objeto único ... 373
Paciente identificado/porta-voz/porta-sintoma ... 377
Parâmetros definitórios do casal ... 380
Parentalidade ... 386
Parentalização ... 393
Parentesco fantasmático ... 400
Pertença ... 404
Plural ... 410
Poder ... 414
Polifonia dos sonhos ... 418
Presença/ausência ... 420
Princípio de prazer ... 425
Princípio de realidade ... 429
Projeção ... 433

Conteúdo

Projetos familiares 435
Psicanálise vincular 439
Psicodinâmica familiar 445
Psicoterapia breve psicanalítica de casal e de família 451
Pulsão 458
Resiliência familiar 463
Romance familiar 468
Segredo 471
Self conjugal 473
Sexualidade 477
Silêncio 483
Simbolização 490
Singular 497
Sintomas familiares 501
Somatização 506
Subjetivação 511
Sublimação 516
Sujeito do vínculo 523
Tipologia do casal 526
Transferência 532
Transferências múltiplas 540
Trauma familiar 544
Umbigo do sonho 547
Vértice familiar 549
Vínculo 556
Vínculo de afiliação 567
Vínculo de filiação 569
Vínculo social 574
Violências familiares 578
Zócalo inconsciente 588

SOBRE OS AUTORES 591

Agradecimentos

Agradecer é reconhecer o esforço, a dedicação e o envolvimento que um grupo de pessoas teve ao se unir, acreditar e tornar possível a realização deste projeto. Muitos colegas e instituições compartilharam ideias, discutiram sugestões, divergiram, convergiram e vivenciaram inquietações até finalizarmos a estrutura e o conteúdo do nosso *Dicionário de psicanálise de casal e família*.

Agradecemos a todos os casais e famílias que se aventuraram conosco na experiência analítica na esperança de perceber, conhecer e tentar atenuar de modo mais profundo as raízes dos seus sofrimentos, a organização e a dinâmica dos seus vínculos, as fantasias e as defesas, principalmente, as inconscientes.

Agradecemos a todos os colaboradores que abraçaram a ideia e trabalharam exaustivamente em seus verbetes. Ao Grupo Vincular, que desde os primórdios do projeto investiu na ideia desta obra e contribuiu para que ela se concretizasse.

Agradecemos a Almira Rossetti Lopes e a Rosely Pennacchi pela pesquisa realizada na construção do breve histórico da psicanálise de casal e de família no Brasil integrado a esta obra.

Agradecemos ao Mauro Hegenberg e ao Marcelo Labacki Agostinho pela importante contribuição dada na fase inicial do dicionário.

Agradecemos a Isabel Cristina Gomes e a Maria Inês Assumpção Fernandes pela dedicação que tiveram como membros da comissão científica.

Agradecemos o apoio institucional da Associação Brasileira de Psicanálise de Casal e Família (ABPCF), em especial a Christiane Adla Siufi Bitar, que muito nos auxiliou nesse processo.

Agradecemos à editora Blucher por acreditar em nosso projeto e acolhê-lo com eficiência e profissionalismo.

Tivemos o privilégio de contar com o apoio de Janine Puget (*in memoriam*), René Kaës e Pierre Benghozi, mestres inspiradores cujos conhecimentos contribuem para a nossa prática e embasamento teórico, que nos brindaram com os

Agradecimentos

prefácios e a orelha do livro ao oferecerem reflexões a respeito do sentido de um dicionário.

Sentimo-nos gratificados com o resultado do árduo trabalho realizado e esperamos que esta obra seja uma semente que possa germinar ao longo do tempo, com transformações e contribuições à psicanálise brasileira.

Ruth Blay Levisky, Maria Luiza Dias e David Léo Levisky

Prefácio
Um dicionário de psicanálise de casal e família

Janine Puget
Tradução: David Léo Levisky

Escrever o prefácio de um dicionário oferece vários desafios, um dos quais é tratar de despertar em cada um dos leitores uma certa curiosidade, que vai depender do estado de ânimo e dos interesses de cada um... portanto, de algo imprevisível. Porém, quero deixar claro que, um dicionário, dedicado a guiar profissionais que se ocupam da psicanálise de família e de casal, bem como a descobrir a diversidade dos conceitos que foram conquistando espaço nestes últimos anos, é uma obra importante tanto didática quanto cientificamente. Ou seja, é uma obra que nasce da desordem, ou, precisamente, da multiplicidade de posicionamentos teóricos que o tema vem merecendo. Para realizar esta obra, fez-se a seleção de alguns autores que têm influenciado a evolução do pensamento daqueles que se dedicam a trabalhar com diferentes dispositivos, seja com um único paciente ou com vários, utilizando-se de um enfoque vincular. Esclareço este fato, pois às vezes se pensa que trabalhar com um único paciente não diz respeito ao vincular. Neste dicionário, os leitores encontrarão definições mais clássicas, que consideram que o vincular não é psicanálise clássica, e outras que romperam com esse enfoque. Porém, em relação a estas últimas, há diferenças na maneira como cada autor se relaciona com os conceitos aceitos pela comunidade científica. Alguns autores pensam que o vincular somente corresponde à presença de vários pacientes, e outros que estendem o vincular à presença de dois ou mais sujeitos. Aqui se dividiria a psicanálise clássica e a vincular. Do meu ponto de vista, isso é um erro conceitual, uma vez que a relação sempre é vincular, mas em cada dispositivo emergem ferramentas próprias a cada situação. O dicionário torna factível comprovar quão diversos são os enfoques de cada autor, ainda que todos eles e cada um deles tenha se apoiado em teorias psicanalíticas de diferentes épocas e tradição. Mas, como já sabemos, desde Freud até agora, as hipóteses de Freud acerca do funcionamento psíquico e da comunidade deram lugar a múltiplos desenvolvimentos, como sucede quando uma teoria

Prefácio: Um dicionário de psicanálise de casal e família

é suficientemente aberta para que cada um alce seu próprio voo. Assim se sucede, como poderão comprovar, com os termos dos quais os autores se ocuparam. Cento e dezenove verbetes expostos neste dicionário por 45 colaboradores dão conta da diversidade de enfoques e das fontes sobre as quais se apoiaram para lançar o que originou alguns dos termos propostos. É interessante também ver que, em muitas ocasiões, as fontes são principalmente europeias e tradicionais, ainda que, ultimamente, figurem entre elas autores argentinos, brasileiros e uruguaios que criaram seus próprios conceitos. Trata-se de sair de uma mente colonizada para passar a descolonizarmo-nos. Outra coisa interessante é comprovar que muitos conceitos, ao serem falados em idiomas diferentes, vão se tingindo com as cores daqueles que os empregam, sendo que as traduções dão a eles seu tom específico. A psicanálise vincular ou clássica adquire matizes próprias em cada cultura, o que agrega uma dificuldade a mais para as generalizações. Este é um tema muito complexo. Refiro-me, por exemplo, a um dos termos deste dicionário: o vincular. Vínculo. Este vocábulo não pode ser traduzido adequadamente nem para o inglês nem para o francês. Haverá então que aceitar que é necessário que a psicanálise de família e de casal tenha que ser falada no idioma de cada país. Por exemplo, tenho tido a experiência da tradução para outros idiomas de textos meus, e temos tido que chegar à conclusão de que, seja em inglês ou francês, não há tradução exata, e alguns autores, como Greenberg,[1] terminaram por aconselhar que se trata de termos que pertencem ao rio da Prata e não requerem tradução. E aconselhou que se os inclua como estão nos textos dedicados à família e ao casal. Ainda que, quando Bion ou Winnicott, ou Pichon-Rivière os empregaram, não tenha havido dificuldade de tradução. Provavelmente, este tema e a dificuldade que acarretou para a tradução somente surgiu quando Berenstein e eu mesma demos a este corpo teórico um matiz específico.

Deixo-os, então, com o prazer de consultar este dicionário, e digo consultar porque pode ser um instrumento muito necessário para alguém que estuda, escreve, ensina, uma vez que permite esclarecer algumas dúvidas, sem com isso obstruir o conteúdo de mistério que têm os conceitos.

Buenos Aires, julho de 2020

---

[1] GREENBERG, J. Editor's Introduction. *The Psychoanalytic Quarterly*, v. LXXXI, n. 3, p. 527-530, 2012.

Prefácio
O que é um dicionário?

René Kaës
Tradução: David Léo Levisky

> "A certeza de que tudo está escrito nos anula ou nos fantasmagoriza."
> J. L. Borges, "A biblioteca de Babel", *Ficções*

Pensando no prefácio que Ruth e David Levisky me propuseram escrever para este *Dicionário de psicanálise de casal e família*, a questão que se me impõe é saber o que significa compor um dicionário e, mais particularmente, um dicionário como este.

Procurando nos dicionários a etimologia da palavra "dicionário", eu li que nas línguas romanas essa palavra tem origem no latim medieval *dictionarius*, ela mesma derivada do latim clássico, cujo significado é: "ação de dizer, modo de expressão, mas também, maneira de dizer".

Essa precisão me interessa: a origem latina da palavra não coloca acento somente sobre a função de repertório e de conservação das palavras – isto que a palavra alemã *Wörterbuch* significa literalmente, "livro de palavras" –, mas sobre a natureza (nome, verbo, adjetivo) e a função (definida pelas regras da gramática) da palavra na frase e na comunicação da linguagem. A natureza e a função de uma palavra só são conhecidas em uma frase, e a palavra só adquire sentido no conjunto de uma situação cuja enunciação implica um emissor, um destinatário e um enquadre contextual.

Pelo uso mais corrente, um dicionário é, antes de tudo e geralmente, uma coleção contendo um conjunto de palavras e de expressões de uma língua, organizadas em ordem alfabética com seus significados. Essa é a função cognitiva fundamental do dicionário. Mas que felicidade, também, de lá pesquisar e encontrar palavras raras, estranhas, com as quais se brinca; palavras e expressões engraçadas e poéticas, palavras que nos fazem viajar na língua. Eu amo ser surpreendido pelo uso de uma palavra e sua metamorfose. Por exemplo, é o caso deste dicionário, uma vez que uma simples preposição se torna um conceito:

Prefácio: O que é um dicionário?

entre (*quais entre*?), em meio a palavras cujo sentido é, sabiamente, construído no campo dos conceitos básicos da psicanálise de casal e de família.

Este dicionário comporta características gerais. Ele possui, entretanto, uma particularidade compartilhada com outros dicionários do mesmo tipo, uma particularidade dos dicionários especializados. Desde a Antiguidade sumeriana, grega e latina, quer dizer, desde a origem desse gênero literário, os dicionários têm reunido termos específicos de uma ciência, de uma arte ou do domínio de uma atividade, estabelecendo para cada um deles uma definição, uma explicação ou uma correspondência. Assim é com dicionários de matemática, medicina, arquitetura, geografia, direito, comércio, psicanálise, linguística etc. Mas, também, com dicionários biográficos, etimológicos, patronímicos, contemporâneos, dicionários dedicados ao pensamento e/ou à história de um autor ou de uma escola, e ainda de outros dicionários, a lista é longa. E existe, igualmente, um dicionário de psicanálise de casal e da família.

A partir do momento em que se começa a refletir sobre o que é um dicionário, numerosas questões surgem: por que, como e para quem se escreve um dicionário? Quais são suas funções? Qual é sua utilidade, o uso que nós mesmos fazemos na cultura e nos vínculos com os outros? Em que contexto ele é concebido e realizado? Todos nós temos um dicionário interno, repertório privado que contém o sentido, provisório, evolutivo e às vezes rígido que atribuímos às palavras, inclusive aquelas da psicanálise. Elas compõem nossa afiliação, elas fazem parte de nossa teoria e, muitas vezes, de nossa *Weltanschauung*, de nossa visão de mundo. O que nos é oferecido por seus autores? Eu percorro o dicionário que você tem entre as mãos, eu li atentamente certos textos, eu apreciei a qualidade do trabalho. Observo quais conceitos foram selecionados e imagino uma espécie de mapa sobre a origem dos conceitos, de que *corpus* eles provêm. Eu percebo três: aqueles que têm por origem o *corpus* teórico, clínico e metodológico, extraídos das práticas clínicas do tratamento dito individual e da metapsicologia que eles geraram; aqueles que foram construídos a partir da extensão da prática psicanalítica aos conjuntos que eu qualifico de plurissubjetivos (equivalentes às *configurações de vínculos*, segundo a proposição de Marcos Bernard); há, enfim, aqueles que se deslocaram a partir de outras disciplinas e que foram aculturados pelo campo da psicanálise. Cada um destes três grupos coloca questões que dizem respeito à construção do saber no campo da psicanálise, isto é, sobre seu espaço epistemológico.

OS CONCEITOS ORIUNDOS DO CORPUS TEÓRICO, CLÍNICO E METODOLÓGICO, CONSTRUÍDOS A PARTIR DO TRATAMENTO DITO INDIVIDUAL

Esses conceitos teóricos constituem metade das entradas, entre as quais eu saliento: dispositivo, alheio, transferência, contratransferência, cripta, espaços psíquicos, fantasias inconscientes, idealização, identificações, ilusão, imaginário, interpretação, sexualidade, simbiose, simbolização, introjeção, mecanismos de defesa, mundo externo, mundo interno, negação, princípio do prazer, princípio da realidade, projeção, pulsões, subjetivação, sublimação, somatização, transmissão psíquica, relação de objeto, contrato narcísico.

Esses conceitos têm uma história, um contexto de construção, origens teóricas e aplicações distintas. E na grande maioria dos artigos do dicionário o fenômeno aparece, levando a pensar na maneira como ele se construiu na filosofia do conhecimento que dele emerge.

Parece-me importante observar que esses conceitos fundamentais são modificados pelas descobertas clínicas e por inflexões da teoria e da prática. Frequentemente, são palavras ressignificadas que buscam alcançar um sentido preciso e específico no campo da psicanálise, por exemplo, ilusão, interpretação, imaginário, simbiose

Essas palavras, esses conceitos têm aplicações diversas, não esgotáveis dos conceitos decorrentes do tratamento no campo do trabalho psicanalítico com casais e famílias. Às vezes, e este é o caso mais frequente, eles definem o que se poderia chamar de invariantes de toda abordagem psicanalítica em um momento dado de sua história, de sua atmosfera cultural, da escolha de referências e das abordagens teóricas. Eles comportam também lacunas, por exemplo, processos e cadeias associativas – ou significantes. No entanto, algumas questões surgem quanto ao seu uso neste dicionário: essas invariantes têm uma inflexão específica no campo de aplicação fora do tratamento? Por exemplo, o complexo de Édipo é tratado na sua especificidade "em família". Mas poderia se tratar do complexo de Édipo relacionado a um sujeito específico na família. Inversamente, a idealização poderia ser ampliada para a formação psíquica geral a partir do que é específico de um sujeito na família ou na construção da família. Mesma questão a propósito da "função do analista": questão geral? Ou modulada segundo o enquadre e o processo analítico específico ao dispositivo da psicanálise do casal e da família?

Prefácio: O que é um dicionário?

OS CONCEITOS ESPECÍFICOS DA PSICANÁLISE DO CASAL E DA FAMÍLIA E AS CONTRIBUIÇÕES DE OUTRAS EXTENSÕES DA PSICANÁLISE

Eu enumerei aproximadamente tantos quantos aqueles do primeiro grupo. Segundo minha leitura, eles descrevem o *campo* no qual se inscreve esta aplicação da psicanálise: psicanálise vincular, configurações vinculares, estrutura familiar inconsciente, filiação, casal, conjugalidade, parâmetros definitórios do casal; *modalidades técnicas*: coterapia em psicanálise de casal e família, interferência, *holding* familiar; *formações psíquicas*: segredos familiares, trauma familiar, traição inconsciente, intergeracional, "entre", continente genealógico; *os processos*: imposição, interfantasmatização; *as lógicas psíquicas*: lógica do um e do dois, lógica contratualística; e os *conceitos originários da teoria psicanalítica de grupos*: grupalidade, realidade psíquica grupal, alianças (pactos) inconscientes, aparelho psíquico grupal, complexo fraterno, tópica do terceiro tipo, sujeito do vínculo.

Esses conceitos não exaurem o campo; é pouco provável que possam fazê-lo; mas testemunham uma obra do pensamento, pois foram escolhidos com cuidado e pertinência pelos autores e seus colaboradores. Isso indica também uma ancoragem dentro de uma área cultural, com referências privilegiadas que fazem sentido na área e além dela; essa ancoragem suscita descobertas que chamam para o diálogo e para o debate.

OS CONCEITOS QUE MIGRARAM A PARTIR DE OUTRAS DISCIPLINAS E QUE SE ACULTURARAM NO CAMPO DA PSICANÁLISE

Sem querer ser cansativo na minha enumeração, selecionei cerca de uma dezena; eles provêm da teoria de sistemas, da psicologia, da terapia sistêmica, da física dos sólidos, da sociologia; por exemplo: duplo vínculo, genograma, imaginação, paciente identificado, resiliência, vínculo social. Existem poucas, mas todas as disciplinas emprestam conceitos às outras disciplinas: o *corpus* psicanalítico originado do tratamento integrou conceitos vindos de fora, e uma vez que a prática psicanalítica grupal se constituiu, Pichon-Rivière, Foulkes, Bion e seus sucessores não somente, ou simplesmente, transpuseram conceitos forjados na psicanálise formada pelo tratamento; eles reinventaram um conjunto de elementos e de conceitos congruentes com os novos objetos da prática psicanalítica que eles construíram.

★★★

As palavras de um dicionário são migrantes. Os conceitos migram de um espaço a outro. É assim que funcionam todos os dicionários, por aquisição de palavras estrangeiras, conceitos oriundos de outras disciplinas e reorganizados no campo da disciplina que os acolhe, a menos que ela os rejeite. Todos são provisórios, incompletos, revisáveis e atualizáveis com a evolução da linguagem e das disciplinas. Eles são, por definição, em evolução; eles estão atrás ou à frente dos enunciados que se tornaram canônicos.

Freud alertou que "o progresso do conhecimento também não tolera rigidez nas definições. Como o exemplo da física nos ensina, vividamente, mesmo os 'conceitos fundamentais' fixados nas definições sofrem uma mudança constante de conteúdo".[1] Também, a rigidez e o caráter definitivo das definições não são aceitáveis, o enclausuramento estrito de conceitos em um confinamento epistemológico não é aceitável. O próprio Freud, em várias ocasiões, tomou emprestado das ciências de seu tempo: não apenas das ciências humanas (mitologia, sociologia, etnologia), mas também das ciências duras ou experimentais (neurologia, física) e, claro, das obras culturais. Quando ele começou a pensar com e na psicanálise, a diferença e a articulação entre a psicologia individual e a psicologia de massa, ele pôde definir, por sua vez, outro campo da psicanálise, que nomeou em 1921 como "psicologia social", dando a essa disciplina um objeto diferente daquele que lhe havia sido dado por G. Tarde e por Le Bon (1895, *A psicologia das multidões*) que Freud cita, exaustivamente, na *Psicologia das massas e análise do ego*. Ele cria nessa ocasião a noção de "psiquismo de grupo".

★★★

Pode-se dizer que a construção de um dicionário como este que você tem em mãos se enquadra em diversos contextos e contempla diversas funções em diferentes espaços da realidade social, cultural, institucional e, evidentemente, da realidade psíquica. Ele se inscreve no contexto do conhecimento e seus avanços, suas extensões, em um determinado campo disciplinar. Nesse campo atravessado por tensões epistemológicas, diferenças no sentido das palavras, nas lacunas, levam os autores à tentativa de instaurar uma ordem. Eles estabelecem

---

[1] FREUD, S. As pulsões e seus destinos. In: *Obras completas*. Madrid: Biblioteca Nueva, 1973, p. 2039, v. 2. (Obra publicada originalmente em 1915).

Prefácio: O que é um dicionário?

o fundamento, as palavras para dizê-lo, dão testemunho de suas certezas referenciais, mas alguns dentre eles introduzem o provável, o provisório e o incerto. Eles introduzem um debate. Um dicionário vivo não deixa nada gravado no mármore. Ele tem época.

O dicionário não é apenas escrito, é lido. Está escrito para ser lido. Ele tem um destinatário eletivo: o que o leitor procura ao consultar um dicionário como este? Como o lê? Certamente, repito, o leitor consulta o dicionário em busca de uma definição, de um significado e de uma garantia de que essa definição é confiável, que será funcional e que provocará a evolução dos pensamentos ainda em formação. Mas, talvez o leitor também esteja procurando palavras que consolidem sua filiação a um grupo, palavras que ele reconheça como as palavras da tribo. O dicionário é então uma coleção de referências que identificam um grupo de membros ou um grupo de referência. Suas definições são então o que Freud lamentou: são rígidas. Acho que não devemos descuidar desse uso do dicionário, tão frequente durante o treinamento de uma profissão; a incerteza é tão grande que se torna urgente adquirir insígnias que servem como "senhas". Só um dicionário que mantenha uma mente crítica e inclua a questão do provisório, do contexto e da evolução pode dar conta desse uso. Mas, no geral, não há aqui nada de muito banal. Antes do dicionário, nosso léxico se constrói com as palavras da família, assim como o casal inclui em seu espaço relacional as palavras que lhe são próprias, pelas quais ele se identifica e cria seu espaço de linguagem íntimo, aquele que o singulariza e o transporta na memória de sua história.

O dicionário também se enquadra em outro contexto. Ele é uma imagem do estado da linguagem de uma sociedade, das ferramentas mentais e do estado de espírito de uma disciplina. Como tal, é o resultado do trabalho da cultura e é em si um objeto cultural. E, ao mesmo tempo, ele sustenta o pensamento sobre o espírito da época (*der Zeitgeist*), estabelece o consenso necessário para comunicar e vivenciar a dupla experiência do acordo entre o sentido das palavras e do mal-entendido inerente a toda comunicação. A partir do momento em que uma palavra é inscrita em uma frase ou é dirigida a um outro, surgem condições de risco de conflitos entre a norma, a ortodoxia e o pensamento correto.

Encontra-se no *Dicionário de Émile Littré* uma coleção de prefácios que acompanharam as novas edições do dicionário da Academia Francesa.[2]

---

[2] O pedido desse dicionário foi feito pelo cardeal Richelieu à Companhia que ele havia fundado. Sua primeira edição (1694) foi dedicada ao rei Luís XIV como um monumento à sua glória e

Esses prefácios lançam luz sobre os movimentos da língua e seu contexto social e cultural. O prefácio de 1740 poderia ser o topo de todos os dicionários: "Se há algum trabalho que precisa ser executado por uma empresa, é o dicionário de uma língua viva; como ele deve dar a explicação dos diferentes significados das palavras que estão em uso, é necessário que aqueles que ali se comprometem a trabalhar tenham uma infinidade de conhecimentos que é impossível encontrar reunidos em uma mesma pessoa".

★★★

A melhor forma de terminar este prefácio é saudar o trabalho de seus organizadores e colaboradores, agradecendo-os por terem feito algo diferente de um livro de palavras. Eles se desfizeram de um uso contemporâneo preguiçoso e estéril, o de copiar e colar. Seus autores desenvolveram a função crítica e heurística de uma definição, assinalando os seus contextos e as suas origens, conscientes de que é datada, eficaz e provisória ao abrir no leitor um diálogo com seus próprios pensamentos. Eles mostram, assim, claramente, a utilidade deste dicionário.

Lyon, outubro de 2020

à influência que sob seu reinado a língua francesa havia adquirido. O dicionário evoluiu ao longo dos séculos, devagar, muito devagar, o tempo de os acadêmicos recomporem definições, de acrescentarem, de escrutinarem os movimentos da língua.

Breve histórico da psicanálise de casal e família no Brasil

Almira Rossetti Lopes
David Léo Levisky
Maria Luiza Dias
Rosely Pennacchi
Ruth Blay Levisky

Este breve histórico contou com a colaboração de colegas que gentilmente ofereceram oralmente suas memórias e conhecimentos sobre a implantação e desenvolvimento das práticas clínicas e teóricas da psicanálise de casal e família no Brasil. Não foi utilizada qualquer metodologia acadêmica na coleta e processamento desses dados. Não obstante, esperamos que este relato seja proveitoso por retratar caminhos e vicissitudes enfrentados pelos pioneiros e pelas novas gerações de psicanalistas de casal e família brasileiros. Foram muitas as contribuições e influências internacionais recebidas na construção das iniciativas existentes atualmente. Algumas fontes e colegas podem ter sido omitidos, não mencionados, quer por esquecimento, quer por desconhecimento, e, de antemão, pedimos desculpas.

A diversidade de correntes de pensamento, de grupos de estudo e de desenvolvimento de práticas e teorias que norteiam a psicanálise e, em especial, a psicanálise de casal e família, somada à enorme extensão do território brasileiro, transformaram em desafio difícil e complexo a tarefa de elaborar este breve histórico. Desafio, no entanto, gratificante, diante da perspectiva de se chegar a uma aproximação e visão panorâmicas da complexidade que essa prática abarca em nosso meio.

A partir das mudanças sociais ocorridas após a Segunda Guerra Mundial, um elevado número de pessoas procurou atendimento psicológico na Europa e nos Estados Unidos. Por volta de 1950 surgiram os primeiros trabalhos com grupos, famílias e casais, permitindo assim o atendimento de um número maior de pessoas com problemas emocionais. Os primeiros mestres dessa nova abordagem no Brasil foram influenciados por psicanalistas europeus, americanos e argentinos que vieram contribuir com seus conhecimentos em vários estados brasileiros.

Breve histórico da psicanálise de casal e família no Brasil

Nos anos 1970, formaram-se núcleos de estudo no Rio de Janeiro, em São Paulo e em Porto Alegre. Cada grupo desenvolvia seus conhecimentos de forma independente e com pouca ou nenhuma comunicação entre si. Profissionais brasileiros foram para a Argentina, Europa e Estados Unidos para se formar. Professores estrangeiros vieram ao Brasil ministrar cursos de sensibilização e de formação, intercâmbio frutífero que gerou a criação de vários grupos, aprofundando o estudo e possibilitando a difusão do conhecimento e da prática entre os profissionais.

O doutor Isidoro Berenstein, argentino, foi o primeiro a visitar Porto Alegre, São Paulo e Rio de Janeiro. Mais tarde, entre 1973 e 1975, a doutora Hanna Kwiatkowska, polonesa, foi convidada a dar um curso de especialização (pós-graduação *lato sensu*) em "intervenção familiar" no Rio de Janeiro. Em Porto Alegre, alguns profissionais começaram a trabalhar nessa área, de forma independente, provavelmente influenciados pelos argentinos.

Em São Paulo, a doutora Amélia de Moura Vasconcellos organizou em seu consultório grupos para estudar família. Integravam esses grupos: Sandra Fedulo, Lourival de Campos Novo, Flávia Stockler, Silvia Rechulsky, Frei Baruel, Wanderley Manoel Domingues, Manoel Laureano, Ceneide Ceverny, Rosa Maria Stefanini de Macedo, Rosângela Desiderio, Almira Rossetti Lopes, Lia Rachel Cypel, Janice Rechulsky, Tai Castilho, entre outros.

Em 1973, a doutora Amélia convidou o doutor Isidoro Berenstein, terapeuta que já estudava terapia de família, para trabalhar com esses grupos de profissionais. Ele propunha observar e entender a família a partir do estudo de casos de crianças atendidas individualmente. Aproximadamente nessa época, Luiz Meyer, Almira Rossetti Lopes e Lia Raquel Cypel estagiaram na Tavistock Clinic, em Londres. Sonia Thorstensen trouxe sua experiência de trabalhar com casais e famílias da Stanford University, nos Estados Unidos.

O grupo que dava aulas e supervisão sobre psicanálise de casal e família no curso de graduação em Psicologia na Pontifícia Universidade Católica de São Paulo (PUC-SP) era composto por Lourival Campos Novo, Mirel Granatovicz e Evelise de Souza Marra. Ele foi fundado em 1974, simultaneamente com o grupo que estudava e ensinava sobre família no curso de graduação em Psicologia do Rio de Janeiro, liderado por Terezinha Féres-Carneiro e Lidia Levy.

Em 1976, Magdalena Ramos chegou da Argentina e Almira Rossetti Lopes retornou de seu estágio em Londres; ambas se uniram aos professores da disciplina de Terapia de Casal e Família da PUC-SP. Ainda ao redor de 1976 outros profissionais argentinos emigraram para o Brasil, entre eles Mary Carposi e Lea e Guilhermo Bigliani.

Maria Inês Assumpção Fernandes, em 1990, após mais de dez anos de trabalho na Universidade de São Paulo (USP), onde fez todo seu percurso acadêmico na área de psicologia social, sob a influência dos analistas argentinos (Pichon-Rivière e outros), centrou seus estudos sobre os grupos e sobre o grupo familiar num enfoque operativo. O Laboratório de Estudos em Psicanálise e Psicologia Social (LAPSO) foi fundado em 1992, no Instituto de Psicologia da USP. O trabalho com famílias vem na esteira das reflexões sobre grupalidade e grupos familiares. Os cursos específicos de pós-graduação sobre família chegam junto com Kaës. Olga Ruiz Correa oferece alguns cursos na USP e, junto com Maria Inês, organiza, no Rio de Janeiro, um seminário internacional com a participação de Janine Puget. A partir de 2008, os cursos da USP sobre família passam a ser regulares com a vinda do professor Pierre Benghozi que passa a ministrar cursos sobre clínica dos vínculos, malhagem e transmissão psíquica em famílias e grupos institucionais, até 2018. Em 2017, por ocasião da fundação da Associação Brasileira de Psicanálise de Casal e Família (ABPCF), Maria Inês Assumpção Fernandes passa a ocupar o cargo de secretária científica. É eleita presidente da Associação Internacional de Psicanálise de Casal e Família, sediada na França, para o biênio 2021-2023.

Ruth Blay Levisky, em 1985, começou a atender casais e famílias e a lecionar no curso de Psicologia da PUC-SP, na cadeira de Aconselhamento Genético de Famílias com portadores de doenças hereditárias. Foi coordenadora do núcleo de casais e famílias do Núcleo de Estudos em Saúde Mental e Psicanálise das Configurações Vinculares (NESME), grupo composto por Marilda Goldfeder, Maria Cecilia Rocha da Silva e Ana Margarida T. R. da Cunha. Lecionou no curso de especialização em Terapia Familiar da Coordenadoria Geral de Especialização, Aperfeiçoamento e Extensão (COGEAE/PUC-SP), sob a coordenação de Ada Pellegrini Lemos, ministrando aulas sobre psicanálise.

Em 1987, Maria Luiza Dias iniciou seus trabalhos no Instituto Pieron. No sentido de auxiliar o desenvolvimento de novos programas, propôs o curso de Terapia de Casal e Família, na modalidade de extensão. Em dezembro de 1990, fundou o Instituto LAÇOS, cujo objetivo era funcionar como um núcleo de atendimento, estudos e formação em Psicanálise de Casal e Família. Em 2006, introduziu o curso de formação em abordagem psicanalítica, com duração de dois anos e meio, como fruto de uma parceria entre ambos os Institutos, que perdurou até 2014. Atualmente, o Instituto LAÇOS oferece formação em Psicanálise de Casal e Família, por meio de diversas modalidades de curso.

Ao redor de 1990, Janine Puget, psicanalista francesa radicada na Argentina, foi convidada a ministrar seminários e cursos sobre psicanálise das configurações vinculares em congressos organizados pelo Núcleo de Estudos em Saúde Mental e Psicanálise das Configurações Vinculares (NESME). Veio muitas vezes a São Paulo, ao NESME, para discussões a respeito de aspectos teóricos e clínicos da psicanálise vincular.

Nessa mesma época, os profissionais que atuavam em psicanálise de casal e família começaram a tomar contato com os textos de René Kaës. Após a fundação da Associação Internacional de Psicanálise de Casal e Família (AIPCF) em 2006, iniciou-se um intercâmbio entre autores brasileiros e franceses, que passaram a ser estudados por profissionais interessados nessa área. Temas relacionados aos processos de transmissão psíquica intergeracional e transgeracional, ao problema das formações psíquicas intermediárias e às discussões sobre vínculos assumiram importância nos cursos de formação e de especialização.

Em 1990, em São Paulo, vários psicólogos se reuniram e fundaram a Associação Paulista de Terapia Familiar (APTF), atuante até os dias de hoje e composta por profissionais que usam predominante a linha sistêmica como método de trabalho. Gilda Montoro, Maria Rita D'Angelo Seixas, Consuelo Soares Neto (Instituto Sedes Sapientiae), Ieda Porchat (Instituto Sedes Sapientiae), Rosa Maria Stefanini de Macedo (PUC-SP), Mathilde Neder (PUC-SP), Ceneide Ceverny (PUC-SP), entre outros, são colegas que participam dessa associação.

Em 1996 foi iniciado no Instituto Sedes Sapientiae (SP) o curso de formação de Psicanálise de Casal e Família, coordenado por Magdalena Ramos e tendo como colaboradores os professores Samuel de Vasconcelos Titan e Carlos Aberto Gioielli. Magdalena Ramos orienta supervisão para profissionais que atendem famílias de anoréxicas no Instituto Sedes Sapientiae, de 2005 até hoje.

A partir de 1990, em Porto Alegre, desenvolveu-se a psicanálise vincular no Centro de Estudos Psicanalíticos de Porto Alegre, no Centro de Ensino, Atendimento e Pesquisa da Infância e Adolescência, na Pontifícia Universidade Católica do Rio Grande do Sul (PUC-RS), na Fundação Universitária Mario Martins e na Sociedade Psicanalítica de Porto Alegre. Devido à proximidade geográfica entre Argentina e Rio Grande do Sul, houve intenso intercâmbio entre psicanalistas argentinos e gaúchos. Em 1993, é fundado o Laboratório de Estudos da Família, Relações de Gênero e Sexualidade (LEFAM) pela professora Sylvia Leser de Mello, com o objetivo de desenvolver estudos e pesquisas sobre família e oferecer atendimento a grupos familiares em estado de vulnerabilidade causado por fatores psicossociais ou psicológicos, o SEFAM.

Em 1998, Maria Consuelo Passos e Christian Dunker organizaram em São Paulo, na Faculdade São Marcos, o Congresso Internacional de Família e Psicanálise, com a presença de Alberto Eiguer como convidado especial. O Congresso teve como consultoras Almira Rossetti Lopes (São Paulo) e Terezinha Féres-Carneiro (Rio de Janeiro). As apresentações feitas nesse evento foram publicadas na revista *Interações* (volume 8, número 16, 1998).

Em 1999, iniciou-se em São Paulo, um programa de pós-graduação em psicanálise de casal e família no Departamento de Psicologia Clínica e Psicologia Social da USP. O programa abrangia orientação de pesquisas em nível de iniciação científica, mestrado, doutorado e pós-doutorado.

Nessa época, David Levisky, membro da Sociedade Brasileira de Psicanálise de São Paulo (SBPSP), começou a atender pacientes e seus pais, editando artigos e publicando livros a respeito.

Em 2005, Isabel Cristina Gomes começou o Laboratório de Casal e Família: Clínica e Estudos Psicossociais, no Instituto de Psicologia da USP, com a finalidade de incentivar o desenvolvimento de pesquisas na área de casal e família segundo a abordagem psicanalítica. Além das atividades de pesquisa, intervenção terapêutica e laboratório, também organizou eventos com a participação de experientes psicanalistas e pesquisadores nacionais e internacionais, em que se destacam os convites aos argentinos Alberto Eiguer e Rodolfo Moguillansky. Com este último, da Asociación Psicoanalítica de Buenos Aires (APdeBA), o Laboratório também instituiu convênios internacionais, no intuito de realizarem pesquisas conjuntas sobre o tema da conjugalidade. O Laboratório da USP fez acordo com a Universidade de Ciências Empresariais e Sociais (UCES), argentina, para os pesquisadores poderem obter dupla titulação.

Em 2000, no Instituto Sedes Sapientiae, Ieda Porchat e Purificacion Barcia Gomes iniciam um novo grupo para estudar psicanálise de casal e família. Esse grupo permaneceu ativo até 2006. Em 2003, Rosely Pennacchi e Sonia Thorstensen começaram um pequeno grupo de discussão sobre família, psicanálise e contemporaneidade. Em 2013, o grupo passou a chamar-se Trama e Urdidura e a organizar-se de modo mais formal, ministrando aulas, dando supervisões, discutindo psicanálise de casais e famílias, e mantém-se ativo até a presente data.

Em janeiro de 2004, Lisette Weissmann chegou a São Paulo vinda de Montevidéu. Foi convidada a ministrar aulas no Sedes Sapientiae, na USP e no Centro de Estudos Psicanalíticos (CEP). Lisette fez sua formação com Isidoro Berenstein e Janine Puget, entre outros, e foi sócia fundadora da Asociación Uruguaya de Psicoanálisis de las Configuraciones Vinculares (AUPCV), tendo vários livros publicados.

Em 2004, Ruth Blay Levisky foi procurada por Alberto Eiguer para ajudar a reunir profissionais brasileiros interessados em se filiar à Associação Internacional de Psicanálise de Casal e Família (AIPCF), que estava sendo criada. O I Congresso Internacional da AIPCF, ainda em fase embrionária, foi em Paris, mas a Associação só foi oficializada em 2006, no II Congresso Internacional, em Montreal.

Ainda em 2004, um grupo de psicanalistas de casal e família de diferentes instituições paulistas e de diversas abordagens teóricas de formação psicanalítica, começou a realizar encontros regulares. Essas reuniões aconteciam na casa do casal Levisky, por iniciativa de Ruth Blay Levisky. Formou-se o Grupo Vincular, que se reúne regularmente até hoje para estudar, discutir e aprofundar questões ligadas à área. É composto pelos colegas: Almira Rossetti Lopes, Celia Blini de Lima, David Léo Levisky, Lisette Weissmann, Magdalena Ramos, Maria Lucia de Souza Campos Paiva, Maria Luiza Dias, Marcelo Labacki Agostinho, Rosely Pennacchi, Ruth Blay Levisky, Sérgio Telles, Silvia Brasiliano, Sonia Thorstensen e Walderez Bittencourt. Esse grupo, junto com Isabel Cristina Gomes e Maria Inês Assumpção Fernandes, ambas professoras da Universidade de São Paulo, organizou seminários e congressos, participou de congressos internacionais e publicou uma série de livros especializados na área de psicanálise de família e da conjugalidade.

Em 2005, a SBPSP reconheceu a legitimidade da psicanálise de casal e família e instituiu seminários sobre o tema, coordenados por Lia Raquel Cypel, fato indicativo do reconhecimento institucional da psicanálise de casal e família, com o endosso da Associação Internacional de Psicanálise (IPA), em nosso meio.

Em 2007, Maria Aparecida Quesado Nicoletti iniciou outro grupo de casal e família na mesma sociedade.

É importante mencionar que em várias cidades do interior de São Paulo e em outros estados do Brasil existem institutos e núcleos de atendimento de casais e famílias: em Campinas, Ribeirão Preto, Uberlândia, entre outros. Como a psicanálise de casal e família se expandiu muito em nosso país, uma pesquisa mais aprofundada poderá incluir outros grupos que talvez estejam sendo, involuntariamente, omitidos no momento.

Em São Paulo, Mauro Hegenberg coordena o curso de aperfeiçoamento em Psicoterapia Breve Psicanalítica de Casal e Família, no Instituto Sedes Sapientiae, oficializado desde 2009. O curso de especialização nessa área foi aprovado pela diretoria do Sedes Sapientiae para iniciar em 2021.

Juan Brandt, que vem atendendo casais e famílias em seu consultório desde 2013, na condição de coordenador do Instituto de Pesquisa em Psicanálise e Psicopatologia de Brasília iniciou o projeto social Reconstruindo Vínculos Familiares, que oferece atendimento a casais e famílias em grupo. No curso de formação em Psicoterapia Psicanalítica de Grupo de Brasília, Juan Brandt dá aulas sobre psicanálise de casal e família.

Em outros estados, a psicanálise de casal e família também penetrou e se expandiu. Terezinha Féres-Carneiro e Lidia Levy, do Rio de Janeiro, apontam que o início e o desenvolvimento da psicoterapia de família estavam ligados às instituições universitárias. De 1973 a 1975, a doutora Hanna Kwiatikowska, da George Washington University, ministrou o primeiro curso de especialização (pós-graduação *lato sensu*) em Intervenção Familiar, na Pontifícia Universidade Católica do Rio de Janeiro (PUC-Rio), com módulos teórico-clínicos sobre avaliação e psicoterapia de família. Em 1973, na referida universidade, foi instituído, no Serviço de Psicologia Aplicada, o atendimento a casais e famílias por estagiários do curso de graduação em Psicologia, sob a supervisão das professoras Terezinha Féres-Carneiro e Lucia Ripper. No ano seguinte, elas criaram as disciplinas de Avaliação Familiar e Psicoterapia de Família no currículo do curso de graduação. Também no início da década de 1970, o Hospital Pinel, ligado à Universidade Federal do Rio de Janeiro (UFRJ), começou a atender famílias, em Comunidade Terapêutica, como grupo terapêutico dinâmico, para estudar a comunicação em famílias de psicóticos. Desses atendimentos participaram Lindemberg Rocha e Angela Lobato. Em 1975, Lindemberg Rocha criou o Setor de Terapia Familiar na disciplina de Psiquiatria da Faculdade de Ciências Médicas da Universidade Estadual do Rio de Janeiro (UERJ). Nesse mesmo período, vários psicanalistas, como Galina Schneider, Jairo Coutinho, Antônio Celso, Carlos Roberto Sabá, Vera Márcia Ramos e Olga Ruiz Correa, instituíram a formação em Psicoterapia de Família na Sociedade Psicanalítica de Grupo do Rio de Janeiro (SPAG-RJ).

Em 1977 foi criado o curso de especialização (pós-graduação *lato sensu*) em Terapia de Família, no Instituto de Psiquiatria da UFRJ, sob a coordenação de Luís Fernando Melo Campos e Anna Maria Hoette, curso coordenado posteriormente por Doroty Nebel de Mello.

No final da década de 1970, foi criado o Centro de Estudos de Família e Casal (Cefac), primeira instituição não universitária de formação e atendimento de casais e famílias, sob a coordenação de Lucia Ripper, Anna Maria Hoette e Gladis Brun, que, respectivamente, vinham de formações no Mental Research Institute, no Boston Institute e na Argentina. Da fundação do Cefac também participaram Terezinha Féres-Caneiro, Maria Helena Silveira, Ary Band e Henrique Banfi.

Maria do Carmo Cintra de Almeida Prado iniciou a especialização em Terapia de Família em 1978, justamente na Unidade Docente Assistencial de Psiquiatria do Hospital Pedro Ernesto da UERJ. Em 1979, passou a colaborar com o curso de especialização em Psicologia Clínica do Instituto de Psicologia da UERJ, criado por Yonne Muniz Reis. Esse curso veio a ser extinto no início dos anos 1990, mas em 1994 passou a compor o Programa de Residência em Psicologia Clínico-Institucional, a primeira no Brasil para psicólogos. Yonne Muniz Reis também participou dos cursos de extensão em Terapia Familiar Psicanalítica oferecidos pelo Instituto de Psiquiatria.

Em 1987, quando o Cefac já havia encerrado suas atividades, Gladis Brun e Anna Maria Hoette fundaram o Instituto de Terapia de Família do Rio de Janeiro (ITF-RJ), convidando outros profissionais da área para participar do trabalho. Também na década de 1980, Carlos Roberto Sabá levou o trabalho de formação e atendimento em Terapia de Família para o Instituto Fernandes Figueira da Fundação Oswaldo Cruz.

Em 1995, na Sociedade de Psicanálise da Cidade do Rio de Janeiro foi inaugurado o Núcleo de Psicanálise de Casal e Família, inserido no curso de Formação Permanente sob a coordenação de Lidia Levy, que permanece à sua frente até o momento atual. Em 2005, a PUC-Rio implantou o Curso de Especialização em Psicoterapia de Família e Casal, tendo entre seus objetivos a articulação das abordagens psicanalítica e sistêmica, propondo uma tríplice chave de leitura para a clínica de família e casal, que passasse pelo intrapsíquico, pelo interpsíquico e pelo social, a partir de Lemaire (1986).

Em Belo Horizonte, na década de 1970, o doutor João Francisco Neves iniciou o atendimento de casais e famílias em seu consultório particular. Coordena um curso de formação na área.

Em Porto Alegre, na década de 1980, David E. Zimerman e Luiz Carlos Osorio começaram a atender casais e famílias em seus consultórios particulares. Osorio trabalhava com adolescentes e passou a incluir a família em seus atendimentos. Zimerman iniciou o atendimento de casais e famílias em decorrência de sua vasta experiência como analista de grupos. Nessa época, casais e famílias eram considerados grupos específicos, mas com dinâmicas semelhantes ao funcionamento mental dos grupos. Muitos psicanalistas de família apoiavam-se, nessa época, em conhecimentos advindos da psicodinâmica grupal, baseados em autores como Foulkes, Bion, Anzieu, Slavson, Bernard, entre outros. Podemos considerar também que a psicanálise de casal e família foi herdeira de diversos vértices teóricos provenientes da psicanálise individual, antes de desenvolver teorias e conceitos próprios da especialidade. Essas teorias foram dando subsídios para a construção da psicanálise vincular.

Ana Rosa Chait Trachtenberg informou que, em Porto Alegre, a psicanálise vincular se desenvolveu desde o início dos anos 1990 em duas instituições: no Centro de Estudos Psicanalíticos de Porto Alegre (CEP de PA), com Dorothea Francischelli, e no Centro de Ensino, Atendimento e Pesquisa da Infância e Adolescência (CEAPIA). Receberam diversas visitas dos psicanalistas argentinos Janine Puget, Isidoro Berenstein, Gerardo Stein e Silvia Gomel. Esse movimento coincidiu com o retorno de jovens profissionais gaúchos que haviam feito formação psicanalítica em Buenos Aires. Na Faculdade de Psicologia da PUC-RS, Abraham Turkienicz tornou-se responsável pela disciplina de Psicanálise de Casal e Família.

Na Fundação Universitária Mario Martins (FUMM) de Porto Alegre, por iniciativa do professor Odon Cavalcanti, foi criado o Grupo de Vínculos, dedicado ao estudo da teoria e clínica da psicanálise de casais e famílias, atendidos no ambulatório da instituição. A temática foi introduzida no currículo da residência em Psiquiatria e no curso de especialização em Psicoterapia da FUMM.

Em 1997, nasceu o Contemporâneo – Instituto de Psicanálise e Transdiciplinaridade pelas mãos de Angela Piva e Cesar Bastos. Essa instituição oferece curso regular de formação em Psicanálise Vincular e atendimento ambulatorial; tem parcerias com a área judicial, entre outras. Realiza encontros periódicos com ênfase na psicanálise de casal e família. Outros grupos como a Sociedade Psicanalítica de Porto Alegre (SPPA) trabalham em atendimento de casais e famílias, bem como um grupo de analistas da Sociedade Psicanalítica de Pelotas (SPPEL).

Desde o ano 2000, a Sociedade Brasileira de Psicanálise de Porto Alegre (SBPdePA) alberga o Núcleo de Vínculos, inicialmente Núcleo de Vínculos e Transgeracionalidade, que tem como fundadores Ana Rosa Chait Trachtenberg, Cynara Cezar Kopittke, Denise Zimpek, Vera M. Pereira de Mello e Vera Chem. O grupo oferece atendimento a casais e famílias por meio do Centro de Atendimento Psicanalítico. O Núcleo de Vínculos mantém contato estreito com colegas de São Paulo, Rio de Janeiro, Buenos Aires e Montevidéu mediante participação em jornadas e congressos nacionais, latino-americanos e internacionais. Vários membros estão ligados à ABPCF e à AIPCF, bem como aos Comitês de Família e Casal da Federação Latino-Americana de Psicanálise (FEPAL) e à Associação Internacional de Psicanálise (IPA). A cada dois anos, organiza a Jornada de Vínculos da SBPdePA, já tradicional no calendário científico nacional.

Abraham Turkenicz, do Rio Grande do Sul, relata que a história do atendimento terapêutico como psicanalista de casal e família em Porto Alegre começou em 1979. Ele havia chegado de Buenos Aires um ano antes, após fazer residência em Psicopatologia no Hospital de Lanús e formação psicanalítica, em parte com analistas dos grupos Plataforma e Documento e em parte no Centro de Docência e Investigação. Não se tratava de formação específica para psicanálise de casais e famílias. A experiência clínica, o estudo de textos de vários autores, bem como o intercâmbio com colegas, sobretudo analistas de crianças e de adolescentes, foram seus principais guias como analista de casais e famílias, desde aqueles tempos. Em Porto Alegre, antes de 1979, alguns analistas e psiquiatras de orientação psicanalítica, que se dedicavam ao atendimento de crianças e adolescentes, também atendiam as famílias. Alguns consideravam que esses atendimentos seriam terapia familiar, outros consideravam como orientação familiar. Abraham lembra de Nilo Fichtner, Salvador Celia, Luiz Carlos Prado e Luiz Carlos Osorio. Este último continua a ser terapeuta de famílias, tendo adotado outra orientação teórica, não mais de base psicanalítica.

Ainda no Rio Grande do Sul, começou em 1978 um curso de formação de terapeutas de crianças e adolescentes que, mais tarde, chamou-se Centro de Estudos, Atendimento e Pesquisa da Infância e Adolescência (CEAPIA), instituição que existe até hoje. Abraham Turkenicz ministrou seminários sobre adolescência e família de 1979 a 2017. O curso de Psicologia da PUC-RS teve uma cadeira de Terapia Familiar, coordenada até 1979 pela psicóloga Nira Lopes Acquaviva. Ela ministrou essa disciplina de 1980 a 1984.

Em Brasília, Stella Winge e Lúcia Passarinho compartilhavam seu interesse pela psicanálise vincular, uma vez que atendiam casais e famílias e desejavam se aprimorar nessa área. Em 2015, Silvia Valadares, diretora científica da Sociedade de Psicanálise de Brasília (SPB), propôs a formação de um grupo de estudos de psicanálise vincular ligado à Comissão de Crianças e Adolescentes do Instituto de Psicanálise Virginia Leone Bicudo, que durou até 2018. Nessa data, o grupo de estudos desligou-se da Comissão de Criança e Adolescente e passou a ser Comissão de Psicanálise de Casal e Família ligada diretamente ao Instituto de Psicanálise Virginia Leone Bicudo. A primeira psicanalista a atender casais e família na SPB foi Stella Winge. Fazem parte desse grupo Ana Velia, Maria José Miguel, Carmem Couto, Lúcia Passarinho, Nize Nascimento e Stella Winge. Para a formação desse grupo, contaram com a colaboração de muitos especialistas, como Roberto e Ana Losso, de Buenos Aires, Lia Raquel Cypel, Maria Aparecida Quesado Nicoletti e Regina Maria Rahmi, da SBPSP, e Ruth Blay Levisky, da ABPCF.

Nos últimos anos, a análise com casais e famílias começou a se desenvolver em outros estados, como Pernambuco e Ceará.

Em 2016, na gestão de Sonia Kleiman como presidente da AIPCF, realizou-se o VII Congresso da Associação Internacional de Psicanálise de Casal e Família (AIPCF), em São Paulo, coordenado por Ruth Blay Levisky, em conjunto com uma equipe formada por Magdalena Ramos e Maria Lucia de Souza Campos Paiva, do Grupo Vincular, e por Isabel Cristina Gomes e Maria Inês Assumpção Fernandes, do Instituto de Psicologia da USP. Participaram desse congresso cerca de quatrocentas pessoas vindas de diversas partes do mundo e do Brasil para trocar experiências e aprofundar conhecimentos. Esse congresso foi um marco importante para a difusão da psicanálise de casal e família no Brasil. Ele mostrou a necessidade de organizar uma associação que congregasse profissionais brasileiros que os representasse e contribuísse para a ampliação dos conhecimentos e formação nessa área de especialização.

Em 2017, como já mencionado, foi criada em São Paulo a Associação Brasileira de Psicanálise de Casal e Família (ABPCF), tendo Ruth Blay Levisky como sua primeira presidente. Magdalena Ramos, Isabel Cristina Gomes, Maria Inês Assumpção Fernandes, Silvia Brasiliano e Maria Lucia de Souza Campos Paiva foram membros dessa diretoria. A ABPCF foi criada com o objetivo de congregar e compartilhar conhecimentos com profissionais de vários estados brasileiros, assim como difundir e auxiliar a formação de novos interessados nesse campo de estudo.

No final de 2019, Ruth Blay Levisky, Maria Luiza Dias e David Levisky iniciaram o projeto de um dicionário conceitual de psicanálise de casal e família. Convidaram 45 colaboradores de todo o país que escreveram aproximadamente 119 verbetes. Essa obra é inédita no Brasil e de grande importância, pois possibilita a professores, profissionais e estudantes interessados a utilização dessa ferramenta que visa facilitar seu aprendizado e atividades nessa especialidade. Este dicionário, ao reunir diversos termos da psicanálise de casal e família, favorece maior integração entre as várias correntes dessa área do conhecimento e da prática clínica.

No decorrer desse percurso, muitos livros sobre psicanálise de casal e família foram publicados no Brasil, possibilitando maior troca de opiniões e de conhecimentos.

Como o objetivo deste histórico é proporcionar uma linha do tempo a respeito dos fatos ocorridos até a presente data, esperamos que o diálogo permaneça aberto!

REFERÊNCIA

LEMAIRE, J-G. *Le couple*: sa vie sa mort. Paris: Payot, 1986.

DICIONÁRIO DE PSICANÁLISE DE CASAL E FAMÍLIA

Acontecimento

Lisette Weissmann

CONCEITO

Modificação de marcas vinculares, só reconhecidas psiquicamente depois do fato ter acontecido, um efeito *après coup*.[1] As representações vinculares se modificam depois de situações vinculares vividas, que cobram sentido intra e intersubjetivamente em um momento posterior ao período em que aconteceram, *a posteriori*. É parte de uma cena compartilhada com outros e oferece a possibilidade de se constituir no encontro do vivido entre dois ou mais sujeitos, no cruzamento do eu e do outro, em um acontecer conjunto que cobra significação somente depois do vivido. As situações de novidade não podem ter sido previstas, já que irrompem naquela situação não vivida e não pensada, para virar acontecimento e gerar modificações nos vínculos. A estrutura anterior não comporta a novidade que irá modificá-la peremptoriamente.

ETIMOLOGIA

Do latim *acontecer* + mento. Mento provém da palavra evento, que em latim é a ação que traz seus efeitos sobre outro evento. Para a física, é a ação de um objeto físico sobre outro, e o acontecimento é a observação dessa interação (WIKTIONARY, [s.d.]).

EVOLUÇÃO HISTÓRICA DO CONCEITO

O termo acontecimento é um conceito tomado emprestado da filosofia para apresentar as possibilidades de mudanças nos **vínculos***. Conceito cunhado por Heidegger, Derrida, Badiou, Deleuze e Foucault, e utilizado pela psicanálise das configurações vinculares para descrever um lugar virtual de possibilidade para o surgimento da novidade e das mudanças nos vínculos. Esse termo é incluído na teoria ao redor da década de 1990 para tentar dar conta das modificações dentro dos vínculos.

---

[1] Termo em francês utilizado por Freud em seus escritos para se referir ao depois.

Acontecimento

O acontecimento marca o surgimento de uma situação que previamente era inexistente e, para que essa transformação se efetue, a estrutura tem que tolerar certo grau de incerteza e certo vazio que habilite o surgimento de algo novo como novidade radical, ali onde não se conhecia. Essas consequências só vão poder ser conhecidas *a posteriori* dos fatos, só depois se pode falar de um fato acontecimental. O novo pode aparecer nos pontos de inconsistência da estrutura anterior. A emergência desses sucessos exige um trabalho de revisão dos saberes anteriores e a possibilidade de deixar espaço para o imprevisto. O acontecimento surge em um tempo evanescente e só sabemos dele depois e através de seus efeitos. O surgimento desses sucessos imprevistos, que deixam marcas, não tira da memória os acontecimentos anteriores, apenas os coloca de um modo diferente. (WEISSMANN, 2009, p. 56-57)

Vemos aqui como o termo acontecimento é escolhido para assinalar situações de mudança e novidade nos vínculos. Na psicanálise tradicional, busca-se que a representação possa se associar com o afeto que lhe corresponde; na psicanálise vincular, alguma situação imprevista pode modificar as marcas vinculares, em um tempo posterior.

Estabelece-se assim um espaço de mudanças possíveis nos vínculos, aparecendo o acontecimento como aquele que gera novidade e subjetividade ao longo das diferentes fases do **ciclo vital***. Essa situação gera-se no encontro do eu com o outro, como situação de descoberta e modificação.

O conceito de acontecimento introduz aquilo novo que não fazia parte da estrutura vincular e de cuja modificação só sabemos *a posteriori*. Isidoro Berenstein (2004) caracteriza como acontecimento "a emergência de um fato novo do qual se pode dizer que não tem lugar nem representação prévia, que se dá em um campo onde é possível que aconteça, e, ao mesmo tempo, não é possível apreendê-lo até depois de produzido" (BERENSTEIN, 2004, p. 105, tradução nossa). O autor assinala como aquilo que não tinha lugar antes se integra depois, modificando a significação das representações intersubjetivas.

Nos atendimentos vinculares, o trabalho com o acontecimento gera a mudança de estruturas vinculares anteriores, permitindo uma nova inscrição que modifica as marcas anteriores. A inclusão do acontecimento para pensar os vínculos e suas mudanças abre um espaço para o acaso, para aquilo que a estrutura não previa anteriormente.

REFERÊNCIAS

BERENSTEIN, I. *Devenir otro con otros: ajenidad, presencia, interferencia*. Buenos Aires: Paidós Psicología Profunda, 2004.

DICIO. Dicionário online de português. Porto: 7Graus, 2020. Disponível em: https://www.dicio.com.br/. Acesso em: 7 jan. 2021.

WEISSMANN, L. *Famílias monoparentais*. São Paulo: Casa do Psicólogo, 2009.

WIKTIONARY. Acontecimento. [s.d.]. Disponível em: https://pt.wiktionary.org/wiki/acontecimento. Acesso em: 7 jan. 2021.

Ajeno

Lisette Weissmann

CONCEITO

Termo utilizado para marcar a diferença impossível de ser transposta entre o eu e o outro. O outro se apresenta como aquele distinto que impacta em nós com sua presença e que não pode ser negado nem anulado. A *ajenidad* do outro é aquela marca de diferença e alteridade com que o outro nos defronta. Pressupõe aquilo novo que surpreende pelo distinto e é conhecido pelo sujeito vincular no *après coup*[1] das novas situações.

O *ajeno* estabelece um limite entre o sujeito e o outro, limite intransponível e impossível de ser apreendido pelo sujeito, impossível de se fazer próprio. "O outro aparece como representante do mundo externo, ao exceder o desejo do sujeito e ir além das projeções do outro, apresentando essa característica de diferença que tem que ser inclusa no vínculo" (WEISSMANN, 2019, p. 70). O outro é o *ajeno* ao eu.

ETIMOLOGIA

Termo cunhado pela **psicanálise das configurações vinculares*** para marcar a diferença irredutível da existência de outro. René Kaës (2005) o descreve como a negatividade radical que o outro nos impõe, aquela parte opaca do outro que jamais poderemos transpor.

Usamos este termo em espanhol porque a língua portuguesa não tem um termo que consiga traduzi-lo completamente. A palavra alheio pode ser uma aproximação, mas em alguns de seus significados aponta para o oposto do que o termo *ajeno* implica, uma vez que alguém pode estar alheio a realidade, como se fora dela e dela se subtraindo. A palavra *ajeno* marca aquela diferença impossível de ser anulada ou não percebida. Alteridade, uma outra alternativa de tradução, mas que também não abrange o conceito de *ajeno* como um todo.

---

[1] Termo em francês utilizado por Freud em seus escritos para se referir ao depois.

EVOLUÇÃO HISTÓRICA DO CONCEITO

Na literatura psicanalítica, o conceito de *ajeno* se retrotrai ao termo *unheimlich*, que Freud descreve no texto "O sinistro", de 1919. O autor traz uma aproximação entre o *heimlich*, familiar, e o *unheimlich*, não familiar e, porém, sinistro. Aquilo familiar e conhecido se transforma em uma situação que angustia e espanta ao ser desconhecido e novo. Gera-se assim o sinistro como aquilo que, por ser desconhecido, traz a estranheza e a angústia.

Pode parecer que a distância entre o *heimlich* e o *unheimleich* resume-se ao prefixo, razão pela qual seriam parentes próximos, já que um termo fica perto de seu antônimo. Freud nos diz que àquilo "que é familiar, confortável, por um lado; e àquilo oculto, dissimulado, por outro" (FREUD, 1919/1973, p. 2487, tradução nossa), palavras que confirmam a hipótese sobre a proximidade dos dois termos. *Heimlich* é uma voz cujo significado evolui em direção à ambivalência, até que, no fim, acaba por coincidir com sua antítese, *unheimlich*. "*Unheimlich* é, de qualquer forma, uma espécie de *heimlich*" (p. 2488, tradução nossa). Embora sinistro, *unheimlich* seria algo familiar e conhecido que foi recalcado e reaparece.

Sinistro, em uma de suas acepções, indica aquilo desconhecido, difícil de ser acessado, que só a psicanálise pode transformar de inconsciente em consciente. Por outro lado, o conceito freudiano do sinistro pode ser tomando como referência figurada ao *"ajeno* que estabelece um nós e um os outros, desenhando uma fronteira entre o conhecido – familiar – origem, e o desconhecido – alteridade – inquietante" (WEISSMANN, 2019, p. 56).

O *ajeno* delineia na **psicanálise das configurações vinculares*** o processo de passagem do *Um* para o *Dois*, do eu para o outro, movimento fundamental na constituição dos vínculos e no reconhecimento do outro como diferente ao próprio ego, ao mesmo tempo que constituinte do **vínculo*** de dois diferentes unidos pelo "entre" que os conforma.

Para Isidoro Berenstein,

> o contato com o *ajeno* em um vínculo é da ordem do choque, não totaliza; pelo contrário, a relação com outro des-totaliza uma subjetividade e a outra, declara um vazio, algo incerto, porque desde ali não poderá se predizer a direção futura do vínculo. Nesta outra dimensão, adquire lugar o movimento imprevisível da fluidez. Toda ação propriamente humana baseia-se na singularidade e na modificação da

subjetividade dos habitantes do conjunto. (BERENSTEIN, 2004, p. 216, tradução nossa)

O outro que aparece como *ajeno* não permite que o ego se aproprie dele, é estrangeiro e estranho, razão pela qual o vínculo concede um espaço para o novo e não se fecha no *Dois*, mas fica aberto àquilo de novidade que também gera perplexidade. Esse outro *ajeno* é estrangeiro de mim mesmo e se impõe, e, a partir dessa imposição do outro, vai-se criar um encontro novo, entre dois que vão se conhecer como diferentes. Aqui aparece a importância e a riqueza do conceito de *ajeno* que deixa o vínculo sempre aberto ao acaso e à alteridade e em uma transformação constante ao longo do tempo.

O *ajeno* é irrepresentável para o ego, já que é desconhecido e não pode ser apropriado pelo sujeito. Isso abre a possibilidade de se pensar dentro do vínculo um espaço de liberdade e criatividade que irá surgindo ao longo do tempo. O desconhecido e estranho abre espaço para criar e modificar os vínculos no devir do tempo, nos relacionamentos.

REFERÊNCIAS

BERENSTEIN, I. *Devenir otro con otros. Ajenidad, presencia, interferencia*. Buenos Aires: Paidós, 2004.

FREUD, S. Lo siniestro. In: *Obras completas*. Madrid: Biblioteca Nueva, 1973, v. 3. (Trabalho originalmente publicado em 1919).

KAËS, R. *Os espaços psíquicos compartilhados*: transmissão e negatividade. São Paulo: Casa do Psicólogo, 2005.

WEISSMANN, L. *Interculturalidade e vínculos familiares*. São Paulo: Blucher, 2019.

Alianças (pactos) inconscientes

David Léo Levisky

CONCEITO

Pacto ou aliança ou vínculo ou laço afetivo estabelecido entre dois ou mais sujeitos. Presentes em todos os casais, famílias, grupos e instituições nos vários níveis de **subjetivação***. Tem por funções negociar conflitos, elaborar soluções de compromisso, criar sinergias a serviço da singularidade, da realização dos desejos e dos mecanismos de defesa de cada um e do conjunto relacional. "[Essas alianças] atestam a pluralidade dos espaços do inconsciente, de suas dinâmicas específicas e interferências, de suas economias imbricadas umas nas outras" (KAËS, 2015, p. 199).

ETIMOLOGIA

Aliança, *berith* em hebraico e *diatheke* em grego (versão septuaginta). No sentido bíblico, refere-se ao pacto entre Deus e os homens; decisão de Deus de salvar a humanidade por meio de sua graça. *Alligare* (latim), "compor, ligar-se, vincular". No português medieval significava comprometimento mútuo, fosse no sentido religioso, político ou jurídico (DICIONÁRIO ETIMOLÓGICO, 2020). A tradução do termo em alemão *Bindung* utilizado por Freud em seus trabalhos de natureza social coincide com o significado de "ligação afetiva" entre pessoas. Os termos *Bindung*, *Verbindung* e *Beziehung* foram traduzidos, indistintamente, como "ligação", "laço", "elo" ou "vínculo". Os três termos foram empregados para expressar aquilo que está entre dois indivíduos e que os conecta. Também: pacto, do latim *pactum*, aliança.

EVOLUÇÃO HISTÓRICA DO CONCEITO

Kaës (2015, p. 206) chama de alianças inconscientes uma formação psíquica intersubjetiva constituída pelos sujeitos de um vínculo ou de um grupo familiar, casal ou instituição, que reforça, em cada um deles, processos, funções ou estruturas das quais cada um dos integrantes da relação tira benefícios que os unem afetivamente e atribuem valor decisivo em suas vidas. Elas asseguram os investimentos vitais ou mortíferos para a manutenção dos vínculos e da preservação dos membros integrantes da relação. As alianças assumem várias formas e correspondem a diferentes conceitos em níveis conscientes e inconscientes, como: acordos, pactos, juramentos, contratos, conjuração, liga, coalizão, seita. A quebra consciente dessas alianças tem origem na traição, evasão, dissidência, ruptura. O conceito *alianças inconscientes* ganha maior consistência na obra de Kaës a partir de 2009, em um livro homônimo traduzido para o português em 2014, e também em *L'extension de la psychanalyse* (KAËS, 2015, p. 199-217). As alianças inconscientes são compreendidas como **formações intermediárias*** que se estabelecem no espaço da relação **entre*** dois ou mais sujeitos de um grupo, casal, família ou instituição. Pretende ser um conceito distinto do objeto e espaço transicional propostos por Winnicott (1978, p. 389-408), pertencentes ao processo simbólico e organizador do mundo interno, do intrapsíquico, a partir das relações pais-bebê. Pode-se questionar se as alianças havidas nessa relação produzem elementos que vão constituir o inconsciente do bebê e de seus pais, extensões que se comunicam no espaço gerado pelas relações da nova configuração familiar. Kaës segue o pensamento freudiano na compreensão do laço/vínculo social, relação que se estabelece entre o sujeito e o meio ambiente na constituição e funcionamento no **espaço intrapsíquico***. É uma compreensão que tem por base a metapsicologia freudiana a partir da primeira tópica (*consciente, inconsciente*) e da segunda tópica (*id, ego* e *superego*). Freud fez uso de três palavras em alemão, aparentemente de forma indiscriminada – *Bindung, Verbindung* e *Beziehung* – para se referir à relação/laço/vínculo afetivo entre o sujeito, o mundo exterior e as configurações dos elementos que constituem o mundo interno. Em "Psicologia das massas e análise do eu" (1920/1973a), Freud contesta a ideia de um instinto social ou de uma pulsão social. Para ele, a ligação entre os seres humanos é um fenômeno a ser explicado por uma combinação de conceitos psicanalíticos e não pela simples postulação de uma pulsão específica. Diz Freud: "Se os indivíduos da massa estão ligados numa unidade, tem de haver algo que os une entre si" (FREUD, 1920/1973a, p. 2565). A **lógica contratualista*** pretende sustentar esse conceito como fundamento para o trabalho vincular em psicanálise. Surge a questão: como se dá essa ligação? Para Freud, os vínculos afetivos estão na base dessa ligação. São laços de sentimentos que constituem a essência da alma coletiva. Outros elementos constituintes do aparelho psíquico emergem como o conceito de investimento afetivo com base na teoria das pulsões. Conceitos como **identificação***, **projeção***, **identificação projetiva*** ajudam na percepção da presença da libido sexual, que busca sua realização como descarga. É por meio dessa descarga que o indivíduo experimenta o prazer concomitantemente à diminuição da tensão pulsional. A libido pode, assim, vincular um indivíduo em direção a outro em busca de sua realização, em busca do prazer. Uma vez satisfeita, a libido deixaria de sustentar essa ligação. Mesmo em um vínculo no qual haja realização direta da libido, como em um casal, Freud concebe que uma parte dessa libido seja desviada para a criação da ternura e dos processos de idealização, bem como a paixão. Em relação aos outros vínculos formados na sociedade, como os de amizade, de parentesco, Freud sustenta que a libido sofre mudanças em sua finalidade sexual por meio de mecanismos como a sublimação. Ele conclui que o vínculo humano só pode se constituir pela presença de alguma falta na realização sexual, como procura demonstrar em "Psicologia de las masas y análisis del yo" (FREUD, 1920/1973a). Entretanto, em "El malestar en la cultura" (FREUD, 1930/1973b, p. 3017-3067), considera também a presença da pulsão de morte em sua relação com o laço social. O prazer humano depende de realizações amorosas e agressivas. A vida em sociedade e em qualquer relacionamento humano exige a renúncia a uma parte dessa agressividade e da satisfação sexual. Portanto, o campo relacional se apresenta como fonte inevitável de sofrimento, o que não impede o indivíduo de ir buscar formas de laço social, de alianças, que causem menos sofrimento (CASTANHO, 2015). Kaës introduz progressivamente a noção de alianças inconscientes em vários artigos a partir de 1986. Em 2009, como já mencionado, publica a primeira edição de *Les alliances inconscientes*. Retorna a Freud para justificar seu conceito postulado como condição para a existência dos vínculos em todas as suas configurações (par analítico, casal, família, grupo e instituição). Kaës indaga: "Como através desse emparelhamento entre as alianças inconscientes internas e as alianças inconscientes das relações, criam-se vínculos complexos, não raro indecifráveis, mas portadores de uma surpreendente eficácia?" (KAËS, 2009, p. 11).

Da análise dessas relações complexas surge uma nova metapsicologia do sujeito e da intersubjetividade, "cujo traço específico é, precisamente, o de tornar inteligível em cada um dos espaços psíquicos, o pertinente ao sujeito singular e o pertencente às suas relações" (KAËS, 2009, p. 11).

Alianças (pactos) inconscientes

As alianças são universais. Elas fazem parte da vida humana civilizada. Trata-se de uma invariante antropomórfica. Os sujeitos identificam-se entre si e com um objeto comum.

Eles põem-se de acordo entre si através de trocas prévias ou paralelas a essas identificações, com concordâncias que se produzem ao mesmo tempo ou à margem da palavra, com ressonâncias fantasmáticas e através das diversas modalidades de identificações: especulares, narcísicas, adesivas, projetivas, introjetivas. (KAËS, 2009, p. 11)

Por meio desses processos, uns se vinculam aos outros e podem mobilizar situações arcaicas em si e no outro. Relacionamo-nos uns com os outros por meio de acordos psíquicos, mas também da palavra e da cultura. As alianças têm por função estabelecer, manter, reassegurar, preservar conteúdos e os empenhos de cada um deles e da própria relação. Algumas alianças são secretas e em parte inconscientes, mas palavras, gestos ou atos podem revelar seus conteúdos e significados. As alianças criam acordos e consensos. Elas implicam contrapartidas e ônus, os quais são evitados ou omitidos para diminuir o risco de confrontação, de discórdia e da possibilidade de pensar. As alianças tanto unem como separam. Os sujeitos do inconsciente podem se unir para se atacarem. Para a ocorrência de alianças, sentimentos e pensamentos precisam ser recalcados, negados, rejeitados ou mantidos escondidos, renunciados e sacrificados em um espaço psíquico fora do próprio eu, no inconsciente, com a finalidade de preservar a relação. Kaës (2015) descreve tipos de alianças inconscientes: **estruturantes***, **defensivas** ou **pactos denegativos***, **alienantes** ou **patogênicas*** e **ofensivas***. As alianças inconscientes fazem parte do comportamento antropológico – isto é, social – do ser humano. A formação dessas alianças depende da mobilização de fantasias e de identificações inconscientes de cada um dos envolvidos, direta ou indiretamente, nessas relações. Elas dependem de uma realidade psíquica comum e compartilhada, mesmo que os envolvidos não estabeleçam uma relação durável, mas que estejam envolvidos pelo mesmo "clima", pelo ambiente e comunicação. As alianças inconscientes produzem o inconsciente e dele fazem parte com funções estruturantes e defensivas, fundamentos das relações intersubjetivas. Kaës sustenta que a relação (vínculos, alianças, elos) constitui a realidade psíquica e, consequentemente, a formação do sujeito do inconsciente que é, ao mesmo tempo, membro e ator da realidade psíquica inconsciente. Essa visão psicanalítica requer uma nova tópica metapsicológica, concepção que expande a noção do "espaço da realidade psíquica" para além do intrapsíquico (e intrassubjetivo) por meio de elementos do inconsciente presentes nas inter-relações. Esses elementos dão forma às subjetividades ali constituídas inter e transubjetivamente. Algumas alianças são estruturantes do aparelho psíquico e outras tem um caráter defensivo, alienantes, destrutivas e patológicas.

"A aliança é, com efeito, uma experiência fundamental para a vida humana, uma instituição necessária para a sua manutenção" (KAËS, 2009, p. 14).

As formas e modalidades são diversas: contrato ou pacto, liga ou coalizão, acordo, convenção, união. Elas geram intercâmbios simbólicos e instituem uma ordem fundamentalmente humana nas relações em todos os níveis de subjetivação: intra, inter e trans. As alianças inconscientes ajudam a compreender as rupturas da história, o impensável das catástrofes – como a negação dos extermínios em massa ocorridos durante a Segunda Guerra Mundial, como os silêncios da igreja católica diante da pedofilia e de outros desvios sexuais e comportamentais que ferem as regras sociais, como grupos que se organizam em torno da negação das verdades ao constituírem uma unidade centrada no "esprit de corps".

Diz Kaës: "Quando levamos a sério essa ancoragem das alianças inconscientes no social, estamos lidando com uma formação psíquica que toca o mal-estar estrutural da civilização" (KAËS, 2014, p. 18). Essas alianças garantem a transmissão de conteúdos e de processos que permanecem inconscientes para os sujeitos. A relação transferencial/contratransferencial pode se organizar, segundo Kaës, por:

> alianças inconscientes defensivas estabelecidas entre o analista e seu paciente ou com membros do grupo familiar: o que se vincula entre os dois, num recalcamento ou numa negação em comum, reforça em cada um deles suas alianças inconscientes internas. [...] As alianças inconscientes, entre e através das gerações, garantem a transmissão de conteúdos e de processos que permanecem inconscientes para os sujeitos. (KAËS, 2014, p. 19)

Mais adiante: "o espaço atual fixa ou transforma os conteúdos inconscientes transmitidos pelas alianças inconscientes" (KAËS, 2014, p. 19).E conclui:

o sujeito do inconsciente encontraria uma parte de sua formação e história, por um lado, no eixo sincrônico das alianças horizontais que agem nas relações de casais, de grupo, de instituições, e no eixo diacrônico das alianças verticais ou genealógicas tecido nas relações dos pais (ancestrais, tradição) com seus filhos (seus descendentes). (KAËS, 2014, p. 20)

As alianças inconscientes existem em função de algo que fica fora do campo da consciência dos membros do grupo relacional na forma de material recalcado, rejeitado, abolido, depositado, apagado, dos restos ou de outras figuras do **negativo***. As alianças inconscientes repousam sobre o negativo. Kaës (2015, p. 201) distingue quatro tipos de alianças inconscientes: 1. **alianças inconscientes estruturantes*** têm a função de estruturar o psiquismo dos envolvidos nessa vinculação; 2. **alianças inconscientes defensivas*** formam um segundo conjunto constituído pelos **pactos denegativos***; 3. **alianças defensivas patológicas e alienantes***, notadamente os **contratos perversos e os pactos narcísicos***; 4. **alianças ofensivas*** firmam um acordo de um grupo para conduzir um ataque, realizar um projeto ou exercer uma supremacia. Cada sujeito das alianças inconscientes contribui e retira benefícios para seus próprios interesses, nutrindo um ao outro em algum aspecto dessa vinculação. As alianças inconscientes geram espaços específicos e ligam sujeitos para a realização de desejos inconscientes de cada um deles.

Elas asseguram os investimentos de vida e de morte por meio da manutenção do vínculo e da existência dos membros integrantes da relação. [...] As alianças inconscientes são um dos modos de produção do inconsciente recalcado e do inconsciente não recalcado, exigência de cada um para ser e estar na relação. (KAËS, 2015, p. 201-206)

ALIANÇAS (PACTOS) INCONSCIENTES ESTRUTURANTES

Segundo Kaës:

Elas reagrupam as alianças cujos efeitos são estruturantes para os sujeitos dessas alianças e pelos vínculos que se formam entre eles a partir dos interditos fundamentais: o pacto com o Pai e entre os Irmãos, a renúncia à realização direta dos objetivos pulsionais, o contrato narcísico. (KAËS, 2015, p. 201, 206)

O pacto entre irmãos pode ser, ao mesmo tempo, estruturante, defensivo e ofensivo. Podem se unir para suprimir o Pai todo-poderoso, autoritário, que se opõe com força aos desejos de poder dos filhos, mas pode ser, também, uma forma de interdição estruturante e defensiva.

As alianças inconscientes de base ou primárias são o princípio de todas as vinculações. As primeiras alianças são **alianças primárias de afinação*** ou de sintonia entre a mãe e o bebê. Elas são recíprocas, assimétricas e criam um contexto no qual a mãe e o bebê são incluídos de diversas maneiras ao formarem a primeira relação intersubjetiva. Sobre essas alianças, se entrelaçam as alianças de prazer compartilhado e de ilusão criadora e correlativamente as alianças de amor e de ódio. Entre as alianças estruturantes primárias, o **contrato narcísico*** (CASTORIADES-AULAGNIER, 1975) apresenta a particularidade de ligar o conjunto humano que forma o tecido relacional primário de cada novo sujeito (de cada recém-nascido) e do grupo (em um sentido ampliado) no qual ele encontra e cria seu lugar. (KAËS, 2015, p. 201)

O contrato narcísico é posto em ação e se transforma por ocasião das crises fundamentais da vida: adolescência, crises da maturidade, entrada na velhice, lutos e separações. Todas essas alianças são sustentadas por diversas modalidades de sublimação que estruturam o espaço psíquico do sujeito e o de suas relações por meio de múltiplas configurações, simultaneamente, dinâmicas e conflitivas. Elas reúnem, agenciam, diferenciam e constroem a matéria psíquica e a realidade psíquica que disso resulta ao constituir o espaço interno e o espaço das relações (KAËS, 2014, p. 59, 2015, p. 201). **Alianças estruturantes secundárias*** envolvem as precedentes e são formadas pelos contratos e pactos sobre a Lei e as interdições fundamentais: pacto fraterno e a aliança simbólica com o Pai e o contrato de renúncia à realização direta dos objetivos pulsionais amorosos e agressivos, bem como o relacionamento entre as gerações.

Alianças (pactos) inconscientes

ALIANÇAS INCONSCIENTES DEFENSIVAS OU PACTOS DENEGATIVOS

Estas formam um segundo grupo constituído por alianças as quais Kaës denominou de **pacto denegativo*** (KAËS, 2015, p. 202). Esse pacto:

> qualifica um acordo inconsciente imposto ou concluído mutuamente entre sujeitos para que o vínculo que eles contratam se organize e se mantenham na complementariedade dos interesses de cada sujeito. O pacto denegativo se funda sobre diversas operações conjuntas e correlatas: de recalque, de denegação ou negação, de repúdio, de rejeição ou de enquistamento. Essas operações não são obrigatoriamente simétricas: um recalca e o outro nega, um se serve do outro como depositário de objetos arcaicos, o outro os rejeita ou os enquista em si. (KAËS, 2015, p. 202)

Há duas polarizações do pacto denegativo, em uma delas é "organizadora do vínculo e do espaço intrapsíquico na complementariedade dos interesses inconscientes de seus membros. Neste caso, o pacto denegativo contém os elementos negativos sem os quais o vínculo não pode se formar" (KAËS, 2015, p. 202).

A outra polarização é patógena. O pacto denegativo é uma aliança defensiva de amplo espectro. Os vínculos formados pelo pacto denegativo exigem que seus signatários recalquem, neguem, rejeitem, inconscientemente, algo para que o vínculo permaneça. É uma forma de **metadefesa***. As funções metadefensivas mostram "que os membros de um grupo apoiam seus próprios mecanismos individuais de defesa (notadamente contra as angústias psicóticas e arcaicas reativadas pela regressão na situação de grupo) a situações metadefensivas criadas pelo grupo, inclusive no espaço analítico (KAËS, 2015, p. 204). O pacto denegativo pode ser: 1. homogêneo, quando todos os participantes do vínculo se servem do mesmo mecanismo de defesa intrapsíquico; 2. heterogêneo, quando diferentes mecanismos de defesa intrapsíquicos são utilizados. Trata-se de uma modalidade de resolução de conflitos intra e interpsíquicos que depende das características das **configurações vinculares***. Essa perspectiva defensiva tem um caráter estruturante do psiquismo individual e na construção do espaço intersubjetivo. Em certas circunstâncias da atividade relacional, o pacto denegativo pode funcionar como uma **aliança alienante***. Os efeitos do pacto denegativo se manifestam nas **compulsões à repetição***, nos sintomas compartilhados, nos objetos bizarros, enigmáticos e nas atuações. São sintomas que emergem na forma de conflito entre desejos e defesas, indicando os mecanismos de defesa prevalentes que envolvem os participantes da vinculação, como recalque, negação, rejeição (KAËS, 2014; CASTANHO, 2015). Essa aliança pode caracterizar uma situação na qual o vínculo tem por função para manter fora do recalque secundário representações rejeitadas por meio da negação. O fracasso no recalque nos permite compreender a mobilidade dos meios inconscientes implementados para tornar impossível o desvelamento dos conteúdos não recalcados e assegurar o encobrimento daquilo que deve ser negado (KAËS, 2015, p. 203).

ALIANÇAS INCONSCIENTES ALIENANTES, PATÓGENAS E PATOLÓGICAS

São operações defensivas que ocorrem fora do recalque. Nesses casos, são criadas zonas de silêncio, uma espécie de "deixar de lado", um espaço que serve de depósito de restos indesejáveis, não representáveis e não passíveis de transformação. Essas bolsas de intoxicação, esses espaços tóxicos, mantêm os sujeitos de um vínculo estranhos à sua própria história e à história dos outros. Vinculação que se dá por uma questão de economia cruzada, por meio de identificações projetivas cruzadas, no relacionamento entre os participantes desse vínculo.

As alianças defensivas patológicas se manifestam por sintomas que surgem nos sujeitos ou na relação: silêncio de contenção, distúrbios do pensamento, frieza afetiva, [...] clivagem, passagem ao ato, ruptura brutal dos vínculos, angústia catastrófica, fenômenos que ocorrem quando a aliança está ameaçada. (KAËS, 2015, p. 202)

O autor cita, como exemplo, um tipo de vinculação entre mãe-filho, chamada por Michel Fain de *comunidade de negação*, uma modalidade de identificação da criança à sua mãe quando a mãe não consegue se libertar da criança para construir em um outro lugar (com o pai) um vínculo no qual ele seja o objeto de realização do seu desejo. Os derivados patológicos e alienantes dessas alianças defensivas formam um terceiro grupo, com os contratos eminentemente **perversos*** e os **pactos narcísicos***. Nos contratos perversos, os participantes utilizam da sedução e do se deixar seduzir pelos sujeitos da relação. Há um segredo criado entre os parceiros dessa relação. Isso não significa a inexistência de um terceiro, pelo contrário, esse terceiro ausente, o terceiro excluído, amplia o significado dessa relação ao confirmar a autenticidade dela graças à cegueira, cumplicidade ou impotência na constituição e preservação do segredo que alimenta o gozo.

"O segredo frente ao terceiro, a cena da coincidência entre o fragmento do real e o fantasma, constituem o fundamento do contrato. O gozo é a lei que o rege" (KAËS, 2015, p. 204).

Os contratos narcísicos, segundo Kaës, são "uma das alianças estruturantes necessárias ao desenvolvimento da vida psíquica" (KAËS, 2015, p. 208), aliança fundamental e fundante do aparelho mental a partir da função especular primordial materna. O investimento narcísico é a origem do vínculo e da aliança de sintonia primária entre o bebê e seu primeiro conjunto intersubjetivo, cujo primeiro representante é a mãe. Essa aliança é estruturante, mas pode se tornar alienante e patológica na dependência das fantasias e das funções defensivas que emergem nessa relação – conceito que, segundo Castoriades-Aulagnier (1975) e Winnicott (1978), aporta elementos decisivos na compreensão dos efeitos psíquicos oriundos da inscrição narcísica a partir da vinculação intersubjetiva. Essa relação cria condições para o surgimento do EU (*self*) acrescido das exigências próprias do grupo familiar, e, mais amplamente, do conjunto social e cultural do meio a que o bebê pertence (KAËS, 2015, p. 204). O bebê vem ao mundo dentro de um grupo; para se tornar sujeito, depende desse vínculo fundante, e carrega como função assegurar a continuidade do grupo e das gerações sucessivas, segundo um modo particular que lhe é transmitido pelo grupo familiar e seu entorno. O contrato narcísico também pode ser resultado de operações defensivas de repressão, recalque e/ou de negação que se formam como tentativa de resolução de conflitos interpulsionais, mas também contra as pulsões e fantasias infanticidas e incestuosas (KAËS, 2015, p. 212).

ALIANÇAS INCONSCIENTES OFENSIVAS

Elas selam o acordo de um grupo para conduzir um ataque, realizar um projeto ou exercer uma supremacia sobre outros grupos. Elas podem se associar ou serem contrárias às alianças conscientes e mesclar características das várias modalidades aqui expostas.

ALIANÇAS INCONSCIENTES INTERNAS OU INTRAPSÍQUICAS

Alianças entre diferentes aspectos ou sujeitos do inconsciente, como a relação entre elementos narcísicos projetados no ideal do ego e que se transformam em perseguidores internos.

TRAIÇÃO INCONSCIENTE

A traição inconsciente é a ameaça que paira sobre qualquer **aliança***. É a outra face da aliança, o reverso escondido, mas ativo e participante do jogo. A traição é uma das maneiras de sair de um endividamento psíquico que se tornou insolúvel, mas é também um movimento de ruptura de relações estabelecidas para buscar fora do vínculo uma realização de desejos (KAËS, 2014, p. 35).

REFERÊNCIAS

CASTANHO, P. O conceito de alianças inconscientes como fundamento para o trabalho vincular em psicanálise. *Est. Inter. Psicol.*, Londrina, v. 6, n. 2, dez. 2015.

CASTORIADES-AULAGNIER, P. *La violence de l'interprétation: du pictogramme à l'énoncé*. Paris: PUF, 1975.

DICIONÁRIO ETIMOLÓGICO. *Etimologia e origem das palavras*. Porto: 7Graus, 2020. Disponível em: https://www.dicionarioetimologico.com.br/. Acesso em: 7 jan. 2021.

FREUD, S. Psicologia de las masas y análisis del yo. In: *Obras completas*. Madrid: Biblioteca Nueva, 1973a. v. 3. (Trabalho originalmente publicado em 1920).

FREUD, S. El malestar en la cultura. In: *Obras completas*. Madrid: Biblioteca Nueva, 1973b. v. 3. (Trabalho originalmente publicado em 1930).

KAËS, R. *Les Alliances Inconscientes*. Paris: Dunod, 2009.

KAËS, R. *As alianças inconscientes*. São Paulo: Editora Ideias e Letras, 2014.

KAËS, R. *L'extension de la psychanalyse-pour une métapsychologie du troisième type*. Paris: Dunod, 2015.

WINNICOTT, D. W. Objetos transicionais e fenômenos transicionais. In: *Da pediatria à psicanálise*. Rio de Janeiro: Francisco Alves, 1978. (Trabalho originalmente publicado em 1951).

Alteridade

Walderez Bittencourt

CONCEITO

Alteridade é a qualidade do que é outro, da relação do sujeito com o outro, esse outro que se apresenta em situação de igualdade e diferença constituintes da subjetividade de cada um.

É um conceito utilizado em numerosas disciplinas, como filosofia, antropologia, etnologia e muitas outras.

ETIMOLOGIA

Do latim *alteritas*, ser o outro, perceber o outro como uma pessoa singular e subjetiva (PORFÍRIO, [s.d.]).

EVOLUÇÃO HISTÓRICA DO CONCEITO

Vem do campo da filosofia a contribuição de Emmanuel Lévinas, com obras de grande atualidade, sobretudo em relação à ética da alteridade. Segundo a proposta levinasiana, a "ética precede a ontologia, ou seja, a ética como filosofia primeira, deve nortear a relação entre os homens, num reconhecimento do OUTRO em sua alteridade". Alteridade como primeira filosofia "significa que a busca filosófica tradicional do conhecimento é secundária a um dever básico do outro" (LÉVINAS *apud* ESTEVAM, 2008, p. 169).

A subjetividade é "primordialmente ética, não teórica: ou seja, nossa responsabilidade pelo outro não é uma característica derivada de nossa subjetividade, mas, em vez disso, funda nosso ser subjetivo no mundo, dando-lhe uma direção significativa e orientação" (LÉVINAS *apud* ESTEVAM, 2008, p. 169).

"O *outro*, na alteridade, é um rosto que se apresenta diante do Eu, em uma relação face a face e que exige do Eu um comportamento ético que o permita *ser*, isto é, existir *outramente*" (LÉVINAS *apud* BERNARDES, 2012, p. 87).

Birman, psicanalista, apoia-se no conceito de alteridade para fazer a análise estética da cinematografia:

seria na relação do sujeito com o Outro, posicionado este numa situação de igualdade e de diferença com aquele, que a subjetividade se constituiria. Não existiria, pois, qualquer possibilidade de existência de um sujeito solipsista, absolutamente fechado sobre si mesmo e em oposição absoluta aos demais. Pelo contrário, seria a oposição mesma, na sua dimensão diferencial e relativizadora dos termos em oposição, que seria constitutiva da subjetividade, a que plasmaria o seu ser fugidio e errático enquanto tal. (BIRMAN, 2000, p. 242)

Com base na leitura freudiana, Birman continua:

foi ainda neste mesmo sentido que o discurso freudiano formulou firmemente que não existiria qualquer diferença tangível entre psicologia individual e psicologia *coletiva, considerando-se que qualquer subjetividade seria marcada no seu* fundamento por processos narcísicos e alteritários. (BIRMAN, 2000, p. 242)

Na **psicanálise das configurações vinculares***, afirma-se que nascemos em **vínculo*** e na **intersubjetividade***, sendo que o *vínculo* vai se estruturando desde antes do nascimento, entre o *infans* e seus pais. *Vínculo* é definido por Berenstein (2004, *apud* WEISSMANN, 2019, p. 29) como "uma situação inconsciente, que, ligando dois ou mais sujeitos, os determina em base de uma situação de presença".

Prosseguindo com Berenstein (2004, *apud* WEISSMANN, 2019, p. 29), dentro do vínculo cada sujeito faz confronto no outro, somente com sua própria presença, "como espaço de incógnita, como um sinal de interrogação que o outro desperta ao trazer sua presença, que o faz aparecer como outro mesmo, diferente, alheio, *ajeno**" (WEISSMANN, 2019, p. 29).

"O conceito de *ajeno* é um eixo fundamental em Psicanálise das Configurações Vinculares, visto descrever a descoberta do outro no sujeito, como ideia de Alteridade máxima e de habilitação para mudanças, e aberturas para o novo que os *vínculos* permitem dentro deles" (WEISSMANN, 2019, p. 104).

A "*ajenidad* propõe uma bidirecionalidade radical, a qual chamaremos vincular; na diferença cada um propõe ao outro uma *ajenidad* heterogênea, e, a partir disso, uma assimetria irredutível" (BERENSTEIN *apud* WEISSMANN, 2019, p. 104).

Nas construções de relações e fragilidades de mundos superpostos, Puget (2015, p. 20) considera que: "Para a relação entre dois ou mais outros, os conceitos básicos são: a diferença radical, a Alteridade e a *ajenidad*, e além disso, um fazer entre dois ou mais concebido como o custo a pagar para ir pertencendo e habitando os vínculos. Deste modo, vão se delimitando dois territórios de constituição subjetiva: em um deles, o outro é uma figura que vai se modelando ao ativar o que cabe aos mecanismos identificatórios em suas diversas formas. No outro território, o que corresponde ao *vincular* ele ou os outros é ou são pura Alteridade e *ajenidad*, impossibilitando qualquer tipo de identificação. Desde seu início, a psicanálise se ocupou principalmente do primeiro. Agora introduzimos uma ampliação ao conceber uma zona de encontro entre duas Alteridades."

Concluindo, Alteridade diz respeito ao outro, ao diferente, ao que nos constitui, conceito esse, imprescindível na constituição do vínculo, alicerce fundamental da psicanálise de família e casal.

REFERÊNCIAS

BERNARDES, C. T. T. A ética da alteridade em Emmanuel Lévinas: uma contribuição atual ao discurso da moral cristã. *Revista de Cultura Teológica*, v. 20, n. 78, abr.-jun. 2012.

BIRMAM, J. A feiura, forma de horror no neonazismo. *In:* BARTUCCI, G. *Psicanálise, cinema e estéticas de subjetivação.* Rio de Janeiro: Imago, 2000.

ESTEVAM, J. C. O reconhecimento da alteridade como possibilidade de construção de um novo paradigma ocidental em Joel Birman e Emmanuel Lévinas. *Horizonte*, Belo Horizonte, v. 6, n. 12, p. 169-179, jun. 2008.

PORFÍRIO, F. Alteridade. *Brasil Escola.* [s.d.]. Disponível em: https://brasilescola.uol.com.br/sociologia/conceito-alteridade.htm. Acesso em: 12 jan. 2021.

PUGET, J. *Subjetivación discontinua y psicoanálisis: incertidumbre y certezas.* Buenos Aires: Lugar, 2015.

WEISSMANN, L. *Interculturalidade e vínculos familiares.* São Paulo: Blucher, 2019.

Aparelho psíquico familiar

Carla Martins Mendes

CONCEITO

Conceito cunhado por Ruffiot (1981) para designar uma zona psíquica externa, formada pela ligação e combinação dos psiquismos familiares. Tem como função principal a contenção dos psiquismos individuais.

ETIMOLOGIA

Aparelho, do latim *appriculare*, de *apparare*. Significa deixar em ordem, preparar. Psíquico, do grego *psykhikós*, relacionado à alma, ao espírito, mental (MACHADO, 2003). Familiar, de família, do latim famulus, significa escravo doméstico. Segundo Machado (2003), devido à evolução do conceito de família, o termo familiar refere-se ao que pertence à família.

EVOLUÇÃO HISTÓRICA DO CONCEITO

A partir do conceito de **aparelho psíquico grupal***, formulado por Kaës (1976), e de matriz psíquica, de Foulkes (1965), Ruffiot (1981) formulou a possibilidade de um aparelho psíquico familiar comum e indiferenciado entre os diferentes membros da família. Ruffiot (1981) parte da ideia de uma constituição psíquica ancorada em uma história familiar que o precede, tendo na sua matriz um aparelho psíquico primário. O aparelho psíquico familiar é uma zona psíquica obscura e indiferenciada dos vários membros do grupo familiar, não se confundindo com o conjunto dos psiquismos de cada membro da família. Tem a função de articular o funcionamento psíquico familiar com o individual e serve de invólucro primário ao psiquismo de todos os que nascem. A primeira função do aparelho psíquico familiar é a contenção das angústias arcaicas e a transformação dessas sensações em experiências suportáveis e simbolizáveis, para que mais tarde possam vir a ser representáveis. O modo como se processam essas duas funções é determinado por outra função do aparelho psíquico grupal: a **transmissão psíquica***. É transmitida toda uma bagagem geracional e genealógica que funciona como via de acesso ao mundo. Esse processo é possibilitado pelo mecanismo de ligação, permitindo à criança fantasiar e organizar o seu mundo interno, construindo, assim, a sua individualidade. A ligação, portanto, é outra função do aparelho psíquico familiar (ANDRÉ-FUSTIER; AUBERTEL 1998).

A terapia psicanalítica de família, segundo Ruffiot, parte da ideia que a origem do vínculo familiar tem uma natureza comum: o pensamento paradoxal (fechado) e o sonho (pensamentos abertos). A regressão a estados primitivos seria o ponto central de cura, em uma alusão ao envelope onírico familiar.

REFERÊNCIAS

ANDRÉ-FUSTIER, F.; AUBERTEL, F. A transmissão psíquica familiar pelo sofrimento. *In:* EIGUER, A. (org.). *A transmissão do psiquismo entre gerações.* São Paulo: Unimarco, 1998.

FOULKES, S. H. *Grupo-análise terapêutica.* São Paulo: Editora Europa-América. 1965.

KAËS, R. *L'appareil psychique groupal.* Paris: Dunod, 1976.

MACHADO, J. P. *Dicionário etimológico da língua portuguesa.* Lisboa: Livros Horizonte, 2003.

RUFFIOT, A. *La thérapie familiale psychanalitique.* Paris: Dunod, 1981.

Aparelho psíquico grupal

Pablo Castanho

CONCEITO

Aparelho psíquico grupal (APG) é um constructo proposto por René Kaës que afirma a especificidade de um campo vincular, não redutível aos seus integrantes, mas com eles articulada. É fundamental observar que o APG não replica no nível grupal a tópica freudiana (Eu, id e supereu), mas visa delimitar um campo que demanda um desenvolvimento teórico de uma metapsicologia própria, que seja distinta da metapsicologia proposta por Freud, ainda que a ela relacionada.

ETIMOLOGIA

O termo *aparelho* (tradução do francês *appareil*) e o termo aparato (uma tradução possível do alemão *Apparatus*, que Freud utiliza ao se referir ao aparelho psíquico) são ambos relacionados, de modo mais (*Aparratus*) ou menos (*appareil*) direto, ao latim *apparāre*, que significa "preparar" (CENTRE NATIONAL, [s.d.]; DIGITALES WÖRTERBUCH, 2020).

EVOLUÇÃO HISTÓRICA DO CONCEITO

Kaës começa a esboçar esse conceito em 1969 (KAËS, 2015), publicando-o, entretanto, em 1976, em um livro com o mesmo nome. O autor sublinha com frequência que o conceito de APG se constitui em uma "ficção eficaz" (*fiction efficace*), remetendo esta ideia à formulação original de Freud sobre o aparelho psíquico. No original alemão, a qualificação do conceito de aparelho psíquico como uma ficção é indubitável – Freud fala em *theoretische Fiktion*, que poderia ser traduzido como "ficção teórica" (FREUD, 1900/1999, p. 609). Temos assim um antídoto contra o risco de retificação do conceito.

O conceito de APG propôs uma compreensão inovadora da articulação entre sujeito singular e os conjuntos vinculares. Vacheret (2010) acredita que a criação do APG insere uma ruptura epistemológica fundamental, recorrendo a Thomas Kuhn para nomeá-lo como um novo paradigma científico. De fato, outros autores sublinham a importância da contribuição do pensamento kaesiano nesta articulação entre sujeito singular e coletivo, porém nós mesmos advogamos em favor das **alianças inconscientes** (CASTANHO, 2013), enquanto Ana María Fernández (2006) recorre ao conceito de intermediário. A problemática do intermediário (KAËS, 2005) é complexa, e sua enorme amplitude obstaculiza o entendimento. No contexto deste verbete, nos limitamos a assinalar se tratar de uma releitura da obra freudiana, e de alguns pós-freudianos, focada na problemática do que está "entre". A retomada da transicionalidade em Winnicott é apenas uma das faces deste conceito, mas talvez possa sugerir, de modo extremamente sintético e apenas aproximativo, o campo abordado. Tanto as **alianças inconscientes*** como o APG podem ser vistos pela perspectiva do intermediário. Inversamente, a formulação do APG instaura, de forma robusta, o "entre" como objeto de estudo do autor. É o próprio René Kaës (2015) a considerar que o conceito de APG delimitou o campo de sua trajetória de pesquisa até o que denominou de uma **tópica de terceiro tipo***.

Além do mais, o conceito de aparelho psíquico grupal endereçou um problema crucial de sua época para o desenvolvimento das teorias psicanalíticas de grupo na França. De um lado, a proposição de Pontalis (1968/1993) que urge o estudo psicanalítico do grupo como objeto de investimento pulsional, portanto em sua dimensão de fantasia. De outro, a tradição da dinâmica de grupos de Kurt Lewin (KAËS, 1976/2000), que, se era estrangeira à psicanálise do ponto de vista teórico, impôs-se no cenário francês pela prática dos chamados *training groups*, ou *t-groups* (CASTANHO, 2013).

Interessante notar que no contexto do Plano Marshall, após a Segunda Guerra Mundial, a França recebeu com entusiasmo as diversas tecnologias de grupo que prosperavam em solo americano. Este entusiasmo assentava-se na crença de que estes poderiam ser dispositivos de transformações significativas da sociedade, muito almejadas em um país no qual o nacionalismo havia se unido ao ideal social com a resistência francesa e que se preparava para maio de 1968 (RODRIGUES, 2007). Mas a intensificação deste ideário de transformação da sociedade por meio do grupo opunha o grupo ao indivíduo. Além disso, essa apropriação francesa das teorias de grupo colocou sob rigoroso escrutínio as alegações dos efeitos de transformação social pelos dispositivos de grupo da época. Os textos sobre grupo escritos por Pontalis e reunidos no livro *Après Freud* (1968/1993) foram fundamentais nesse debate. Ao abordar os seguidores do psicodrama e da dinâmica de grupo lewiniana, Pontalis revela o caráter fantasioso de muitas crenças propagadas nesses meios, em especial, a do poder, por vezes onipotente, de transformação social pelos grupos. Em seguida, ele concluirá que justamente a investigação desse caráter fantasioso é o caminho imperativo para que a psicanálise possa se debruçar sobre o grupo.

Ora, a proposta de Kaës é a de que estes dois fenômenos são interconectados, ou seja, que a "dinâmica" dos grupo existe em correlação com o estatuto do grupo como objeto de investimento pulsional. O conceito de organizador, que Kaës retoma de Anzieu (1975, que, por sua vez, o havia tomado de Spitz) é empregado no livro sobre o APG para o estudo de organizadores psíquicos e socioculturais da representação do grupo. A partir de uma investigação por meio de recursos projetivos, de produções artísticas, publicitárias, discursivas, clínicas etc., Kaës encontra alguns dados relevantes mediante os quais propõe relacionar as representações sobre o grupo com os fenômenos ali encontrados. Nesse caminho, destacamos o papel da imagem do corpo como organizador dos grupos. Se, de um lado, encontramos a imagem do corpo como metáfora frequente nos grupos (falamos, por exemplo, em "cabeça do grupo" para nos referirmos a um líder e em "membros" para falar de integrantes), de outro, Kaës compreenderá importantes fenômenos da vida grupal em relação a esse organizador. Por exemplo, frequentemente perceptíveis nas fases iniciais de um grupo, as angústias relacionadas a perdas de limites e contornos psíquicos poderiam ser compreendidas como efeito da tomada dos esquemas corporais de cada participante e sua colocação em serviço para a construção da imagem corporal comum ao grupo como seu organizador. Dito de outro modo, a construção do grupo como objeto psíquico para seus membros agencia os esquemas corporais de cada um e, ao fazê-lo, suspende ou abala o funcionamento do esquema corporal de cada um, fazendo com que o grupo possa ser vivido como ameaçador.

Ademais, no pensamento de René Kaës, o APG é proposto como uma construção transicional. Interessante notar como essa evocação do espaço potencial winnicottiano serve para pensar tanto as coconstruções inconscientes que formam e operam no grupo como sua relação com cada sujeito singular nesse momento da obra de Kaës. Aqui, o APG antecipa e prepara a proposta de análise transicional que marcará o livro *Crise, rupture et dépassement* (KAËS, 1979/1997), que explorará ainda mais essa chave de compreensão da leitura do fenômeno grupal e de suas relações com cada sujeito singular.

Aparelho psíquico grupal

Já ao nos debruçarmos sobre os desdobramentos teóricos do conceito de APG, constatemos que ele impactou não somente os estudos sobre a especificidade do inconsciente na situação vincular na obra do próprio Kaës como também os de muitos outros pesquisadores.

Uma das formas pelas quais esta influência pode ser constatada é pelo recurso ao termo no estudo de outras **configurações vinculares***. É assim que se pode falar de aparelho psíquico institucional (PINEL, 1989) ou em aparelho psíquico das equipes profissionais (MELLIER, 2018). Aproximando-nos do campo da psicanálise de casal e família, fala-se também em aparelho psíquico do casal (CAILLOT; DECHERF, 1989) ou conjugal (CAILLOT, [s.d.]), e de **aparelho psíquico familiar*** (RUFFIOT, 1983). Este último, certamente o mais importante, considerando-se o impacto que teve na literatura subsequente.

Ao atribuirmos o termo "aparelho psíquico" a alguma configuração vincular, tendo como referência o conceito kaesiano, estamos sublinhando que algo se opera nos espaços psíquicos comuns e partilhados que possuem uma consistência própria, distinta da realidade **intrapsíquica***. Mas cada nova proposta precisa se apropriar dos meandros do conceito em Kaës e avançar sobre as especificardes de seu próprio objeto. Afinal, evocar a existência de um aparelho psíquico implica também um risco. Lembremos da crítica feita por Bleger (1988), apoiada em Politzer, de reificação da metapsicologia freudiana. Cabe aqui o alerta tão caro e que ressoa desde Freud: não sejamos enganados pela sugestão de "materialidade" do termo aparelho, ele pode de fato nos servir, sob a condição de que não nos esqueçamos de que se trata de uma ficção.

REFERÊNCIAS

ANZIEU, D. *Le groupe et l'inconscient*. Paris: Dunod, 1975. 346 p.

BLEGER, J. *Psicoanálisis y dialéctica materialista*. Buenos Aires: Nueva Visión, 1988. 239 p.

CASTANHO, P. Dispositivos grupais utilizados por René Kaës: apontamentos para o estudo de sua arqueologia e gênese. *Vínculo*, São Paulo, v. 10, p. 14-25, 2013.

CASTANHO, P. O conceito de alianças inconscientes como fundamento ao trabalho vincular em psicanálise. *Estudos Interdisciplinares em Psicologia*, v. 6, p. 92, 2015.

CAILLOT, J.-P. Les thérapies psychanalytiques de couple. *Académie de Psychanalyse Autour de l'Oeuvre de Racamier*, [s.d]. Disponível em: https://www.autourderacamier.com/les-therapies-psychanalytiques-de-couple/. Acesso em: 1 maio 2020.

CAILLOT, J.-P.; DECHERF, G. *Psychanalyse du couple et de la famille.* Paris: A. Psy. G., Paris, 1989.

CENTRE NATIONAL de ressources textuelles et lexicales. [s.d.]. Disponível em: https://www.cnrtl.fr/etymologie/appareil. Acesso em: 3 maio 2020.

DIGITALES WÖRTERBUCH der deutschen Sprache. 2020. Disponível em: https://www.dwds.de/wb/Apparat. Acesso em: 3 maio 2020.

FERNÁNDEZ, A. M. *El campo grupal: notas para una genealogía.* Buenos Aires: Nueva Visión, 2006.

FREUD, S. Die Traumdeutung. *In: Gesammelte Werke*, B1-2, 1999. (Trabalho originalmente publicado em 1900).

FREUD, S. *Massenpsychologie und Ich-Analyse.* Frankfurt am MaIn: Fischer Taschenbuch Verlag, 1999. (Trabalho originalmente publicado em 1921).

KAËS, R. Introduction à l'analyse transitionnelle. *In:* KAËS, R. (org.). *Crise, rupture et dépassement.* Paris: Dunod, 1997. p. 1-83. (Trabalho originalmente publicado em 1979).

KAËS, R. *L'appareil psychique groupal.* Paris: Dunod, 2000. (Trabalho originalmente publicado em 1976).

KAËS, R. *Os espaços psíquicos comuns e partilhados*: transmissão e negatividade. São Paulo: Casa do Psicólogo, 2005.

KAËS, R. *L'extension de la psychanalyse: pour une métapsychologie de troisième type.* Paris: Dunod, 2015.

MELLIER, D. *La vie psychique des équipes: institution, contenance et soin.* Paris: Dunod, 2018.

PINEL, J.-P. Les fonctions du cadre dans la prise en charge institutionnelle. *Revue de Psychotérapie Psychanalytique de Groupe*, v. 13, p. 77-87, 1989.

PONTALIS, J.-B *Après Freud.* Saint-Amand: Gallimard, 1993. (Trabalho originalmente publicado em 1968).

RODRIGUES, H. B. C. "Sejamos realistas, tentemos o impossível!" Desencaminhando a psicologia através da Análise Institucional. *In:* JACÓ-VILELA, A. M.; FEREIRA, A. A. L.; PORTUGAL, F. T. (org.). *Histórias da psicologia: rumos e percursos.* Rio de Janeiro: Nau, 2007. p. 515-563.

RUFFIOT, A. *La thérapie familiale psychanalytique et ses développements.* Tese (Doutorado em Letras e Ciências Humanas), Université des Sciences Sociales de Grenoble, 1983.

VACHERET, C. L'appareil psychique groupal: révolution et évolution. *In:* PICHON, M.; VERMOREL, P.; KAËS, R. (org.). *L'expérience du groupe.* Paris: Dunod, 2010. p. 43-70.

Ausência

Cynara Cezar Kopittke

CONCEITO

O conceito de ausência é fundamental na teoria psicanalítica por permear o pensamento freudiano sobre a constituição do aparelho psíquico. Ao mesmo tempo que a presença do outro primordial sustenta a existência do recém-nascido, sua ausência inevitável tem o efeito de promover trabalho psíquico. A experiência da falta aciona um complexo trabalho de inscrição mnêmica, de **representação*** e **simbolização*** que, ao serem investidas pelas pulsões, possibilitam o reencontro com o objeto da vivência de satisfação (FREUD, [1895]1950/2003a, 1900/2003b, 1925/2003d). Assim, a representação do objeto, na ausência do objeto real, ao ser reinvestida, promove a satisfação alucinatória do desejo.

ETIMOLOGIA

Do latim *absentia*, designa afastamento, falta, o que não está presente (KOEHLER, 1960).

EVOLUÇÃO HISTÓRICA DO CONCEITO

O exemplo paradigmático de processo mental desencadeado pela ausência do objeto foi descrito por Freud (1920/2003c) por meio da observação de seu neto no jogo do carretel: a criança brinca de afastar e fazer reaparecer um carretel repetidamente, num esforço de controle sobre o desaparecimento da mãe, na ilusão de ser ativo quanto a sua ausência/presença.

A condição de ausência do objeto promove um complexo trabalho de representação e pensamento que, para Freud (1925/2003d), são repetições de percepções, uma espécie de carta de cidadania que valida a realidade da representação. Assim, esse pensar constitui-se numa capacidade de tornar presente um objeto que uma vez foi percebido, já não fazendo falta que esteja em presença. O objeto pensado é uma forma de presença incorporada pela representação, espécie de amparo para o eu na ausência do outro. Mais do que encontro, o investimento na representação aciona um reencontro com o objeto.

Ausência

Inaugura-se, assim, a denominada **relação de objeto***, campo privilegiado pela psicanálise clássica orientada ao **espaço intrapsíquico***. Assim, desde o mundo interno, o eu investe seus registros **intrassubjetivos*** das coisas do mundo, seus objetos parciais e totais, num circuito no qual o desejo circula de forma unidirecional.

A ausência é um atributo implícito do mundo objetal interno que se confronta com a presença do objeto real em seu atributo de *ajeno**, o inapreensível do outro que é irrepresentável. Essa diferença radical entre o objeto interno e o outro em **presença*** costuma ser fonte de mal-estar e mal-entendidos entre os casais e nas famílias. O narcisismo de todos nós tende a privilegiar o próprio, o pertencente ao eu, em detrimento do que o outro apresenta e impõe sua diferença radical e não passível de apropriação pelo eu. O dispositivo terapêutico vincular apresenta-se como um lugar privilegiado de percepção e testemunho das dificuldades de reconhecimento da alteridade e da *"ajenidad"*, propício ao trabalho de vínculo que implica o pensar e fazer juntos.

Considerando-se que ausência e presença são termos dialeticamente relacionados e indissociáveis, e dada a especificidade e relevância do termo presença para a teoria vincular, tomamos a decisão de desenvolver o verbete ausência em conjunto com o referente a presença.

REFERÊNCIAS

FREUD, S. Proyecto de psicologia. *In: Obras completas.* Buenos Aires: Amorrortu, 2003a. v. 1. (Trabalho originalmente escrito em 1895 e publicado em 1950).

FREUD, S. La interpretación de los sueños. *In: Obras completas.* Buenos Aires: Amorrortu, 2003b. v. 5. (Trabalho originalmente publicado em 1900).

FREUD, S. Mas allá del princípio de placer. *In: Obras completas.* Buenos Aires: Amorrortu, 2003c. v. 18. (Trabalho originalmente publicado em 1920).

FREUD, S. La negación. *In: Obras completas.* Buenos Aires: Amorrortu, 2003d. v. 19. (Trabalho originalmente publicado em 1925).

KOEHLER, H. *Pequeno dicionário escolar latino-português.* Porto Alegre: Globo, 1960.

Avúnculo

Lisette Weissmann

CONCEITO

Avúnculo ou quarto termo é o lugar na família ocupado pela geração anterior, pertencente a uma estrutura familiar anterior à atual. O lugar avuncular é ocupado por um representante da geração anterior que antecedeu a atual família e deixa marcas inconscientes na família. O espaço avuncular é um espaço na **estrutura familiar inconsciente (EFI)*** ocupado pelos representantes da família materna e/ou paterna, os avós, ou seja, a geração anterior à dos pais da família atual.

Fazendo um paralelo com a estrutura edípica, o avúnculo ou quarto termo refere-se ao lugar ocupado pelos restos edípicos, ou resíduos vinculares de famílias anteriores que não conseguiram ser metabolizados, simbolizados e/ou sepultados completamente, permitindo sua evolução dentro da estrutura familiar atual.

ETIMOLOGIA

Do latim *avunculus*, tio materno (DICIO, 2020), pessoa que ocupa o lugar de representante da família materna.

EVOLUÇÃO HISTÓRICA DO CONCEITO

O termo "avunculus" é tomado emprestado de Radcliff-Brown, que trabalha sobre o papel do irmão da mãe em povos de África do Sul, depois retomado por Claude Lévi-Strauss, no conceito da estrutura elementar de parentesco, na qual o avúnculo aparece como o doador da mulher.

A Teoria das Configurações Vinculares inclui os conceitos usados pela antropologia e retoma o conceito de avúnculo abrangendo tanto a família de origem materna, como também a família de origem paterna. Em síntese, podemos pensar o lugar avuncular como *o representante das famílias de origem* do casal parental. (WEISSMANN, 2009, p. 198)

Avúnculo

Isidoro Berenstein é quem fundamentalmente utiliza esse termo, ao perceber que nas famílias por ele atendidas apareciam restos de gerações anteriores que não permitiam à atual família se fazer dona de sua própria lei e de sua peculiar forma de se constituir. Às vezes, esses restos inconscientes apareciam no formato de leis e ordens dirigidas a partir de estruturas inconscientes familiares anteriores, impostas à força às famílias atuais e que ficavam como formações sem sentido, obstaculizando o desenvolvimento e a evolução da família atual.

Nas décadas de 1970 e 1980, Isidoro Berenstein centra a teoria no conceito de estrutura familiar inconsciente.

Toma como base teórica a teoria psicanalítica e os conceitos da Antropologia Estrutural, desenvolvidos por Claude Lévi-Strauss.

A teoria psicanalítica utiliza o método genético-histórico proposto por Freud e apóia-se nos conceitos de inconsciente, repressão, complexo de Édipo e de mundo interno construído pelas representações das relações emocionais com os objetos. O estruturalismo, proposto pela Antropologia Estrutural, baseia-se nas relações de intercâmbio entre duas famílias, junto com o conceito das estruturas de parentesco. Assim se faz uma passagem de um pensamento psicanalítico do tipo biológico, centrado na descendência, a um pensamento antropológico estrutural, centrado na família, que se constitui a partir de uma relação de intercâmbio entre duas famílias. Lévi-Strauss pensa a origem da família em uma relação de intercâmbio entre a família materna e a família de origem do pai, em que a família materna cede a mulher para a outra família. (WEISSMANN, 2009, p. 55-56)

Na **psicanálise das configurações vinculares***, o termo evolui, e pensa-se uma **EFI*** como uma matriz simbólica, como uma estrutura que comporta quatro lugares (materno, paterno, filial, avuncular), que podem coincidir ou não com as quatro funções que delineiam. Estas são: a função materna, a função paterna, a função filial e a função avuncular. A estrutura familiar inconsciente precisa desenvolver um direcionamento para impulsionar o crescimento vincular familiar. Essa direção é orientada à exogamia, habilitando os filhos, herdeiros da presente família, a circular e sair dessa EFI para criar a sua própria família. O avúnculo impacta a EFI na direção da endogamia e no retorno a estruturas anteriores que inabilitam um direcionamento de evolução das famílias dentro das gerações. O lugar avuncular é um espaço que impõe uma lei anterior como orientadora e como única opção para criar e constituir a família; porém, subjetivamente, leva as gerações atuais na direção das anteriores, inabilitando-as para o crescimento. A direção da endogamia empurra no reverso da evolução familiar, gestando um direcionamento que habilita a patologia psíquica dos sujeitos que compõem essa família. O avúnculo, desde seu lugar e função, está em eterno conflito com a função paterna, estabelecendo uma constante disputa entre a endogamia e a exogamia, entre a preeminência do lugar do pai e a do lugar de seus antecessores. É uma função que tenta inibir o desenvolvimento da função paterna e o estabelecimento de sua lei como ordenador dessa família. Na imposição da função avuncular gera-se um desejo de anular a diferença geracional, opacando a lei que discrimina gerações. Ao longo do tempo, espera-se que a **EFI*** se modifique e que o lugar avuncular possa ser sepultado, reprimido, elaborado, dando espaço e primazia à função paterna nessa família.

REFERÊNCIAS

DICIO. *Dicionário online de português*. Porto: 7Graus, 2020. Disponível em: https://www.dicio.com.br/. Acesso em: 7 jan. 2021.

WEISSMANN, L. *Famílias monoparentais*. São Paulo: Casa do Psicólogo, 2009.

Casal

Lisette Weissmann

CONCEITO

Relação de duas pessoas que se designam mutuamente como escolhidas para fazer parte desse **vínculo***, com uma certa permanência no tempo (relação estável) e com habilitação para a sexualidade. Cada sujeito traz um modelo de casal proveniente de experiências anteriores, tendo por base a relação com seus pais enquanto casal. Os dois sujeitos terão de construir uma estrutura vincular inconsciente conjunta na qual possam se reconhecer como parte desse vínculo conjugal. As vivências inconscientes estruturam o objeto casal introjetado, modelo que cada sujeito aporta ao casal. É esperado que o casal construa um objeto casal compartilhado próprio ao longo do tempo.

ETIMOLOGIA

Do latim *casalis*, pertencente a uma casa, ou *casale*, conjunto de casas, limites de uma propriedade, granja ou fazenda. Define um par de qualquer coisa (DICIONÁRIO INFORMAL, [s.d.]).

EVOLUÇÃO HISTÓRICA DO CONCEITO

O termo casal foi definido na psicanálise em 1994 pelos psicanalistas Janine Puget e Isidoro Berenstein como "casal (matrimonial) que designa uma estrutura vincular entre duas pessoas de sexos diferentes" (PUGET; BERENSTEIN, 1994, p. 3).
No século XX, casal ou casal matrimonial designava um par de pessoas de sexos diferentes, mas esse conceito foi mudando de acordo as transformações da sociedade e das culturas. No século XXI, para definir casal consideram-se dois sujeitos, independentemente de serem de gêneros diferentes ou iguais, que decidem se denominar um casal e estabelecer um vínculo estável. Também se abandona a categoria de matrimonial, que remetia àqueles casados formalmente, e passa-se a pensar casal como uma escolha de duas pessoas, além e aquém da formalização do matrimônio.

Na **psicanálise das configurações vinculares***, para pensar o casal, os autores também se auxiliam da antropologia, já que as culturas determinam o esperado desse conjunto social para constituir um determinado casal. Os autores nos dizem que

> psicanaliticamente, se poderia pensar que o casal se desprende da família, de onde se originam seus modelos, levando em conta o desejo dos diferentes egos de uma família, de perpetuar-se no tempo através da transmissão do desejo de ter filhos, transformado no desejo de ter uma família, mediante vínculos de aliança. (PUGET; BERENSTEIN, 1993, p. 3-4)

O conceito de casal também se define a partir dos **parâmetros definitórios***, descritos por Puget e Berenstein como: cotidianidade, projeto vital compartilhado, sexualidade e tendência monogâmica. Os sujeitos pertencentes a cada casal sentem-se amparados e constituídos pelo sentimento de **pertença*** que os nomeia como fazendo parte desse determinado casal. Também se apoiam no ditame social que impulsiona os sujeitos a fazer parte dos vínculos assinalados e esperados dentro do espaço sociocultural. O casal é uma estrutura marcada pela cultura e pela língua, que permitem a seus integrantes serem nomeados respectivamente como esposo(a) de. O vínculo de casal tem caracterizações específicas:

> O termo casal remete-nos a um vínculo em que dois outros se escolhem para se constituir como esse dado casal. Dessa forma constituiriam um vínculo em que um se reconhece frente ao outro como aquele outro privilegiado que constitui esse par. Remetemo-nos a uma escolha específica em que um sujeito escolhe outro sujeito, para constituir-se respectivamente naquele outro privilegiado. (WEISSMANN, 2009, p. 232)

Casal seria um lugar no qual os sujeitos também se constituem de forma narcísica, tanto intrapsiquicamente como nos vínculos e na cultura a que pertencem.

REFERÊNCIAS

PUGET, J.; BERENSTEIN, I. *Psicanálise do casal*. Porto Alegre: Artes Médicas, 1994.

WEISSMANN, L. *Clínica psicanalítica de casal e família*. São Paulo: Santos, 2009.

DICIONÁRIO INFORMAL. [s.d.]. Disponível em: https://www.dicionarioinformal.com.br/.

Ciclos vitais

Walderez Bittencourt

CONCEITO

Sequência de etapas por que passam certos seres vivos; biociclo (HOUAISS; VILLAR; FRANCO, 2009, p. 157).

ETIMOLOGIA

Ciclo, do grego *kyklos*, série de fenômenos cíclicos que se renovam de forma constante (WIKTIONARY, 2017).

EVOLUÇÃO HISTÓRICA DO CONCEITO

O ciclo vital encontra em Erik H. Erikson (1972), psicanalista criador e divulgador da teoria do ego, uma de suas valiosas contribuições teóricas: o artigo "Ciclo vital: epigênese da identidade", no qual o autor aborda o desenvolvimento humano em fases, mediante a aplicação de um diagrama em celas de dupla entrada que "significam uma sequência de fases e um gradual desenvolvimento de partes componentes" (ERIKSON, 1972, p. 92-93). Complementando, diz o autor:

> o diagrama formaliza uma progressão no tempo de uma diferenciação de partes. Isso indica (1) que cada item da personalidade vital a ser examinada relaciona-se automaticamente com todos ou outros e que todos eles dependem do desenvolvimento adequado na sequência própria de cada item; e (2), que cada item existe, em alguma forma, antes da chegada normal do "seu" tempo decisivo e crítico. (ERIKSON, 1972, p. 93)

Na teoria sistêmica, o equivalente ao termo ciclo vital é passagem, aplicado com o mesmo significado (CERVENY *et al.*, 1997).

Ciclos vitais

Para o psicanalista Osório:

assim como os indivíduos que a compõem, a família insere-se num contexto evolutivo e possui seu ciclo vital. A família também nasce, amadurece, habitualmente se reproduz em novas famílias, encerrando seu ciclo vital com a morte dos membros que a originaram e a dispersão dos descendentes para constituir novos núcleos familiares. (OSÓRIO, 1996, p. 22)

O autor conclui:

A noção de que a família possui um ciclo vital serve-nos tão somente para ressaltar o caráter processual de suas manifestações, bem como a transitoriedade de suas funções, ainda que sirva igualmente para salientar a perenidade da família na transmissão de geração para geração de um padrão material de interações sociais, indispensável para a manutenção do processo civilizatório. (OSÓRIO, 1996, p. 23)

Na psicanálise de casal e família, Eiguer (1989, p. 59) apresenta o modelo teórico de Berenstein referente a percepção, representação e concepção do modo "como o tempo é introjetado pelo grupo familiar, ou melhor, reinventado por este". Para o autor:

o estudo da família é baseado na noção de inconsciente familiar, estruturado por representações recalcadas cujas produções objetiváveis são as relações sociais entre os membros da família, a doença psíquica, o prenome de cada filho dado ao nascimento, a organização do espaço habitável e o "tempo familiar". (BERENSTEIN *apud* EIGUER, 1989, p. 59)

Outro tempo apresentado por Berenstein é o "tempo mítico",

que seria o tempo reconstruído pela memória dos sujeitos, segundo uma sequência de acontecimentos que se explicam uns em relação aos outros, sem que isto coincida necessariamente com o encadeamento real dos acontecimentos relatados. Percepção subjetiva do tempo, esta reconstrução supõe uma certa atividade do recalque, que provoca esquecimentos, inversões de data, transposições, uma avaliação incorreta da duração entre os acontecimentos. Quando a condensação intervém no "tempo mítico", este é considerado pelo autor [Berenstein] como "uma primeira generalização e um primeiro esforço de abstração". (BERENSTEIN *apud* EIGUER, 1989, p. 60)

No que se refere às etapas da vida familiar, Berenstein trata da evolução temporal da família, cujos momentos-referência são aqueles ligados às modificações no vínculo família nuclear-família materna. Identifica três etapas:

a etapa da conexão com a família materna. Desde o engajamento amoroso até o cumprimento da reciprocidade nas "trocas" noivo-família da noiva, que pode levar ao casamento ou ao concubinato[;]

a etapa da aliança (família conjugal, segundo os autores sócio-psicólogos) [; e]

etapa da filiação a partir do nascimento dos filhos, o que constitui a família parental. (BERENSTEIN *apud* EIGUER, 1989, p. 63)

Na visão de Eiguer,

a questão do tempo em família questiona o aspecto grupalista, sua totalidade totalizante, além das barreiras dos indivíduos, seu transnarcisismo. A vida familiar, sua história, "toma corpo", "ocupa" uma duração: esta noção confirma a independência relativa da entidade grupo familiar. Esta noção questiona, assim, o problema do futuro, a percepção do tempo passado, a representação coordenada e simultânea das linhagens de origem no psiquismo grupal; enfim, ela coloca a questão da transformação das cargas pulsionais em "elementos" simbolizáveis, pois o tempo é o tempo do outro, supremo árbitro ou então supremo tirano. [...] não se pode imaginar a estrutura de uma família sem o "tempo". (EIGUER, 1989, p. 69)

A expressão ciclos vitais refere-se a certo ordenamento de episódios relatados pelos membros da família sobre sua história atual e passada. Diz respeito também aos sonhos, acordos e desacordos que se apresentam na sessão como relato mítico e repetição. O material clínico que surge será sempre compreendido em sua articulação com a fase do ciclo vital em que a família se encontra.

REFERÊNCIAS

CERVENY, C. M. O. et al. *Família e ciclo vital.* São Paulo: Casa do Psicólogo, 1997.

EIGUER, A. *Um divã para família.* 3. ed. Porto Alegre: Artes Médicas, 1989.

ERIKSON, E. H. *Identidade, juventude e crise.* Rio de Janeiro: Zahar, 1972.

HOUAISS, A; VILLAR, M. S.; FRANCO, F. M. de M. *Dicionário da língua portuguesa.* Rio de Janeiro: Objetiva, 2009.

OSÓRIO, L. C. *A família hoje.* Porto Alegre: Artes Médicas, 1996.

RABELLO, E. T. *Personalidade: estrutura, dinâmica e formação. Um recorte eriksoniano.* Rio de Janeiro: Escola Politécnica de Saúde Joaquim Venâncio, Fundação Oswaldo Cruz, 2001.

WIKTIONARY. *Ciclo.* 2017. Disponível em: https://pt.wiktionary.org/wiki/ciclo. Acesso em: 7 maio 2020.

Complexo de Édipo

Sérgio Telles

CONCEITO

O complexo de Édipo é um conjunto de desejos amorosos e hostis que a criança sente em relação aos pais. Em sua forma "positiva", mostra-se como o desejo de morte do genitor do mesmo sexo e o desejo sexual pelo genitor de sexo oposto. Na forma "negativa", apresenta-se como o contrário – amor pelo genitor do mesmo sexo e ódio em relação ao do sexo oposto. Na chamada forma "completa", estão misturados em grau variado as características das anteriores (LAPLANCHE; PONTALIS, 1976, p. 116-121).

ETIMOLOGIA

Complexo, do latim *complexu*, que abrange ou encerra muitos elementos ou partes (FERREIRA, 1975). Édipo, do grego *Oídipous*, junção dos elementos *oidein*, inchar, e *pous*, pé. Transposto por Freud da tragédia Édipo Rei, de Sófocles.

EVOLUÇÃO HISTÓRICA DO CONCEITO

Conceito que se tornou a pedra angular da psicanálise, o complexo de Édipo estrutura o psiquismo e organiza o desejo humano. A forma como cada um se posiciona no complexo de Édipo, o maior ou menor sucesso obtido em sua resolução, determina o grau de patologia no qual o sujeito estará involucrado. A psicanálise procura mostrar a universalidade do complexo do Édipo e seu papel constitutivo nas organizações sociais e culturais, como descrito inicialmente por Freud (1912) em "Totem e tabu".

Roudinesco aponta três referências literárias fundamentais para Freud na abordagem do complexo de Édipo, nas quais se evidencia como sua configuração está condicionada pelo momento histórico: a tragédia grega de Sófocles, com seu Édipo Rei, o *Hamlet* de Shakespeare e, finalmente, *Os irmãos Karamazov* de Dostoievski. Sobre este último, diz ela:

Complexo de Édipo

em vez de mostrar um inconsciente disfarçado de destino (Édipo Rei), ou uma inibição culpada (Hamlet), ele [Dostoievski] põe em cena, sem máscara alguma, a própria pulsão assassina, isso é, o caráter universal do desejo parricida: cada um dos três irmãos, com efeito, é habitado pelo desejo de matar realmente o pai. (ROUDINESCO; PLON, 1998, p. 167)

O complexo de Édipo se expressa de forma mais intensa entre os 3 e 5 anos, durante a fase fálica e, com seu declínio, tem início a latência. Há um posterior recrudescimento durante a puberdade, que é superado ao se estabelecer um tipo de escolha de objeto.

A expressão "complexo de Édipo" só aparece na obra freudiana em 1910, mas sua descoberta é concomitante com a descoberta do inconsciente, fruto do trabalho de Freud na análise de seus pacientes, que o levou inicialmente a propor e, em seguida, a abandonar a "teoria da sedução". Nesse processo, foi de grande relevância sua autoanálise, iniciada após o falecimento de seu pai, quando Freud reconheceu em si mesmo os intensos sentimentos dirigidos a seus pais, vinculando-a de imediato com o Édipo Rei, como escreveu para Fliess em 15 de outubro de 1897.

Embora sempre descrito em sua forma positiva, essa não passa de uma simplificação do complexo de Édipo, pois o mais correto é pensar na forma completa, que implica a forma ambivalente na qual se manifestam componentes amorosos heterossexuais e homossexuais, e não apenas ódios provenientes da rivalidade.

O Édipo ocorre na fase fálica, quando a criança acredita existir apenas um sexo – o falo. Daí o aparecimento simultâneo de seu correlato, o complexo de castração, que tem desdobramentos diferentes nos dois sexos. No menino, o **fantasma*** da castração o ajuda a sair do complexo de édipo, enquanto faz a menina nele ingressar. Decepcionada com a mãe que não a dotou com órgão tão valorizado, além de desprezá-la ao descobrir que também ela não o possui, a menina desenvolve a inveja do pênis e se volta para o pai, na esperança de que ele lhe dê seu pênis ou um filho, desejo que será deslocado no futuro para outro objeto não incestuoso, não endogâmico. Dessa maneira, Freud (1924) estabeleceu a especificidade do Édipo feminino: diferentemente do menino, a menina precisa mudar de objeto de amor (da mãe para o pai) e de órgão sexual (do clitóris para a vagina).

As questões ligadas ao Édipo feminino apontaram para a importância do período pré-edipiano, quando prevalece uma relação dual entre a mãe e o bebê na qual o pai não é o protagonista, o que proporcionou grandes desenvolvimentos e modificações na própria formulação teórica do complexo de Édipo. Melanie Klein propõe que os estados psíquicos mais arcaicos se organizam em duas posições (posição esquizoparanoide e posição depressiva), nas quais prevalecem respectivamente os objetos parciais e totais, regidos pelo conflito entre amor e ódio – Eros e Tânatos –, configurados como inveja e gratidão; recusa a postulação freudiana da crença na existência de um único órgão sexual (o fálico), pois constata que meninos e meninas têm uma presciência dos dois sexos e que a menina tem sensações vaginais desde o início da vida; recua o aparecimento do complexo de Édipo para os 6 meses de idade – "Édipo precoce" e "pais unificados". Outra importante reformulação do complexo de Édipo foi realizada por Lacan, que, apoiado no estruturalismo de Lévi-Strauss, propõe uma nova tópica constituída pelas instâncias do imaginário, simbólico e real, estabelecendo o nome-do-pai como suporte da função simbólica da lei exercida pela figura paterna. É ele que porta a palavra que nos salva do real. Diz Kaufmann:

> É possível encerrá-lo [o real] numa figura: a genitora, aquela do "instinto materno", a quem o pai deve proibir de "reintegrar seu produto", para humanizá-la em mãe capaz de transmitir sua palavra; o feminino que é preciso humanizar em mulher capturada nos "parâmetros fálicos"; o sexo feminino, esses "órgãos de carne", "essa qualquer coisa diante das quais as palavras cessam". Segundo a lei do simbólico, não nos constituímos como homem ou mulher senão pelo recalcamento, e mesmo pelo *repúdio* do feminino-materno concebido como marca da animalidade em nós: pois o real é de "mediação impossível". (KAUFMANN, 1996, p. 142)

Apesar de reconhecer as contribuições de Melanie Klein, Freud manteve a centralidade do complexo de Édipo no corpo teórico, considerando que dele decorrem os processos de identificação que estruturam o psiquismo com as instâncias como o superego e o ideal do ego, possibilitam o acesso à genitalidade e à escolha de objeto, definido por meio das já referidas identificações e interdições nele ocorridas.

Mais ainda, Freud atribui ao complexo de Édipo um papel estruturante no processo de humanização, de organização da própria sociedade e da cultura, como descreve em "Totem e tabu". Freud não se refere ali a um momento histórico, e sim a um mito fundador de nossa passagem da animalidade para a humanidade, para a cultura – o assassinato do pai primevo, a instalação da culpa, a introjeção da lei, a interdição do incesto.

A ampla eficácia do complexo de Édipo reside na proposição de uma instância que exerce a interdição (proibição do incesto), que impede a satisfação naturalmente procurada, ligando assim de forma indelével o desejo à lei. Formulação como esta proposta por Lacan afasta as objeções dos que propunham a não universalidade do complexo de Édipo baseando-se no fato de que há sociedades nas quais o pai não exerce qualquer papel de interdição. Tal afirmação ignora que esse papel é imprescindível e, caso não seja exercido pelo pai, será necessariamente desempenhado por outro membro da família ou por instituições criadas adrede por aquela sociedade, visando estabelecer o triângulo criança/objeto de desejo/lei que interdita.

Para Freud, o complexo de Édipo não depende das vivências concretas dadas pela realidade imediata, na medida em que ele faz parte das protofantasias "filogeneticamente transmitidas" – cena primária, sedução, castração.

A densidade das **fantasias*** em torno do complexo de Édipo pode tomar uma configuração específica denominada por Freud de **romance familiar*** – narrativa que o jovem sujeito cria, atribuindo sua origem não a seus pais efetivos e sim a outros, de nobre estirpe, que em algum momento virão resgatá-lo do exílio em que está confinado. É uma forma de manter a **idealização*** mais arcaica dos pais, que teve de ser abandonada no embate cotidiano com a realidade da família.

Uma importante ampliação da noção do complexo de Édipo se deu nas últimas décadas, na medida em que ele deixou de ser focado apenas a partir de um **vértice*** do triângulo – aquele ocupado pelo filho/a – e passou-se a levar em conta os demais vértices e a pesquisar a importante dinâmica que se estabelece entre eles. Ou seja, o pai e a mãe, respectivamente o portador da lei e o objeto de desejo do filho/a, num momento pregresso de suas histórias ocuparam, cada um deles, o lugar de filho e filha, mirando seus próprios pais como portadores da lei e objetos amorosos, vivências indeléveis que repousam em seus inconscientes e que são atualizadas em suas relações com seus filhos. Como dizem Laplanche e Pontalis:

fazendo incidir o nosso interesse sobre a relação triangular em si mesma, somos levados a atribuir um papel essencial, na constituição de um determinado complexo de Édipo, não apenas ao indivíduo e às suas pulsões, mas também aos outros focos da relação (desejos inconscientes de um e de outro dos pais, sedução, relações com os pais. (LAPLANCHE; PONTALIS, 1976, p. 121)

A **transmissão transgeracional*** de conteúdos conscientes e inconscientes passa necessariamente pela infindável cadeia de triângulos edipianos das sucessivas gerações de uma família. Um dos modelos dessa configuração foi dado por Berenstein, quando propôs a **estrutura familiar inconsciente (EFI)*** (BERENSTEIN, 2007, p. 320).

Essa ampliação faz parte de uma inflexão teórica que, sem desconsiderar a importância do pulsional, não o trata de forma privilegiada e exclusiva, mas o faz interagir com o relacional. Laplanche a denomina de "revolução copernicana" dentro de uma "nova fundação da psicanálise" (LAPLANCHE, 1996). Nela há um "primado do outro", o outro não mais confundido com o objeto interno ou externo, na medida em que retém sua radical alteridade (LAPLANCHE, 1996). Nessa perspectiva, joga importante papel a concepção de que o inconsciente não é uma mônada encapsulada no aparelho psíquico do sujeito, uma visão solipsista que deve ser revista na medida em que se considera que parte do inconsciente se localiza no outro. Há, pois, uma expansão do espaço psíquico, quando se acrescentam ao intrapsíquico (**intrassubjetivo***) as noções de **intersubjetivo*** e **transubjetivo***. De certa forma, podemos pensar que o que se convencionou chamar genericamente de **terceira tópica*** corresponde a essa ampliaçao conceitual, que tem recebido diferentes teorizações a partir de vários autores, como diz Brusset:

> Os numerosos autores que estudaram as transformações da metapsicologia freudiana a partir da virada de 1920 e os confrontaram com os modelos introduzidos por Winnicott, por Bion ou Green, muitas vezes foram levados a invocar uma terceira tópica, dos quais nomeamos Racamier (1992), Reid (1996), Cahn (2002), mas também Bourdier (de 1970), Guillaumin (1996), Anzieu (1975) e Kaës (2002), Dejours (1986, 2002) e Guignard (1996). (BRUSSET, 2006, p. 1232, tradução nossa)

Complexo de Édipo

É nesse campo que a psicanálise de família e casal se instala, no reconhecimento dos **vínculos*** (BERENSTEIN, 2007) e **alianças inconscientes*** (KAËS, 1998) que se estabelecem entre seus membros, os **segredos*** que se escondem nas **criptas*** (ABRAHAM, TOROK, 1995) – estruturas formadas pelas histórias vividas e sofridas em tempos passados, nos jogos de poder entre os sexos que acontecem numa sociedade na qual persistem largamente valores patriarcais.

Em seus estudos sobre a "transmissão transgeracional", diz Kaës:

> O desenvolvimento das pesquisas sobre a transmissão da vida psíquica a partir de novos dispositivos psicanalíticos implica em um novo modelo de inteligibilidade da formação dos aparelhos psíquicos e de sua articulação entre os sujeitos do inconsciente. Essas pesquisas criticam as concepções estritamente intradeterminadas das formações do aparelho psíquico e as representações solipsistas do indivíduo. [...] Os trabalhos psicanalíticos sobre o grupal, nos encorajam a integrar, no campo da psicanálise, todas as conseqüências teórico-metodológicas que derivam do levar em consideração *a exigência do trabalho psíquico que impõe à psique sua inscrição na geração e na intersubjetividade.* (KAËS, 1997, p. 18-19, grifos do autor)

Atualmente, o complexo de Édipo e o complexo de castração estão no centro de uma das "guerras culturais" (*cultural wars*) em andamento, na qual são discutidos, especialmente pelas feministas, o patriarcado e as questões de gênero sexual. Nessa discussão é colocada em causa a importância e a amplitude que Freud dá ao conceito de falo, entendido por essa crítica não como um elemento universal do psiquismo humano, e sim como um produto da cultura patriarcal (FROSH, 2019, p. 67).

REFERÊNCIAS

ABRAHAM, N.; TOROK, M. *A casca e o núcleo*. São Paulo: Escuta, 1995.

BERENSTEIN, I. *Del ser al hacer:* curso sobre vincularidad. Buenos Aires: Paidós, 2007.

BRUSSET, B. Métapsychologie du lien et "troisième topique"? *Bulletin de la Société Psychanalytique de Paris.* Apresentado ao 66º Congrès des Psychanalystes de Langue Française, 2006.

FERREIRA, A. B. de H. F. *Novo dicionário da língua portuguesa*. Rio de Janeiro: Nova Fronteira, 1975.

FREUD, S. Carta a Fliess n. 71. *In: Edição standard brasileira das obras psicológicas completas de Sigmund Freud*. Edição brasileira. Rio de Janeiro: Imago, 1996, v. I. (Trabalho originalmente publicado em 1897).

FREUD, S. Totem e tabu. *In: Edição standard brasileira das obras psicológicas completas de Sigmund Freud*. Rio de Janeiro: Imago, 1996. v. XII. (Trabalho originalmente publicado em 1912).

FREUD, S. A dissolução do complexo de Édipo. *In: Edição standard brasileira das obras psicológicas completas de Sigmund Freud*. Rio de Janeiro: Imago, 1996. v. 24. (Trabalho originalmente publicado em 1924).

FROSH, S. *As políticas da psicanálise*: uma introdução à teoria freudiana e pós-freudiana. São Paulo: Benjamin Editorial, 2019.

KAUFMANN, P. *Dicionário enciclopédico de psicanálise*. Rio de Janeiro: Jorge Zahar, 1996.

KAËS, R. Os dispositivos psicanalíticos e as incidências de geração. *In:* EIGUER, A. et al. *A transmissão do psiquismo entre gerações*: enfoque em terapia familiar psicanalítica. São Paulo: Unimarco, 1997. p. 5-19.

LAPLANCHE, J. *Teoria da sedução generalizada e outros ensaios*. Porto Alegre: Artes Médicas, 1988. p. 108.

LAPLANCHE, J. A revolução copernicana inacabada. *In: Jean Laplanche em São Paulo*. Publicação interna do Departamento de Psicanálise do Instituto Sedes Sapientiae, São Paulo. (Tradução do ensaio "La Revolucion copernicienne inachevée", Paris, Aubier, 1992a, p. 13)

LAPLANCHE, J. Interpretation between determinism and hermeneutics: a restatement of the problem. *International Journal of Psychoanalysis*, n. 73, p. 429, 1992b.

LAPLANCHE, J. *La prioridade del outro en Psicoanálisis*. Buenos Aires: Amorrortu, 1996.

LAPLANCHE J.; PONTALIS, J. B. *Vocabulário de psicanálise*. Lisboa: Moraes, 1976.

ROUDINESCO, E.; PLON, M. *Dicionário de psicanálise*. Rio de Janeiro: Jorge Zahar, 1998.

Complexo fraterno

David Léo Levisky

CONCEITO

Função estruturante irredutível que interage e se articula com as funções narcísicas e edípicas em níveis estruturais, dinâmicos e econômicos das atividades psíquicas em níveis intra, inter e transubjetivos. Opera também como forma defensiva na dependência das combinações e articulações em relação aos aspectos narcísicos e edípicos (KANCYPER, 2004; KAËS, 2011).

ETIMOLOGIA

Complexo, do latim *complexus*, cercar, abarcar, compreender. Fraterno, do latim *fraternu*, relativo ou pertencente a irmão (MICHAELIS, 2020).

EVOLUÇÃO HISTÓRICA DO CONCEITO

Há relatos bíblicos que ilustram mitos ligados à complexidade das relações entre irmãos e destes com seus pais. Diferentes tipos de alianças estruturantes e destrutivas, de amor e ódio, de inveja e admiração, de integração, acordos e rivalidades estão presentes nas construções inconscientes e conscientes desses relacionamentos. Os mitos de Caim e Abel, Isaac e Jacó são exemplos de percepções das diferentes qualidades relacionais entre pais e filhos e dos irmãos entre si. Complexidade relacional que se articula com outros eixos estruturais do desenvolvimento psíquico, como as dinâmicas narcísicas e edípicas (KANCYPER, 2004; KAËS, 2011; BLAY LEVISKY; WEISSMANN, 2016). Freud, em sua vasta obra, identifica desde os primeiros trabalhos a importância das relações fraternas na constituição do psiquismo singular, bem como das relações dos filhos em relação aos pais e vice-versa. Kaës (2011, p. 24-25) faz importante apanhado sobre as questões que envolvem o fraterno ao longo do surgimento da psicanálise até que esse conjunto de elementos tenha se constituído na formulação de um conceito axial do desenvolvimento do **espaço intrapsíquico*** e **interpsíquico***: o complexo fraterno na **estrutura familiar inconsciente***. Complexo que sofre mudanças ao longo da história e em função de fatores sociais, políticos, religiosos, econômicos, isto é, da cultura. Os autores assinalados focalizam a presença de questões ligadas ao fraterno na obra de Freud e de outros psicanalistas, como Anna Freud, Alfred Adler, Melanie Klein, Jacques Lacan.

Freud evidencia a presença da sexualidade e da sedução entre irmãos e as consequências psicopatológicas dessas relações, bem como outras manifestações afetivas entre irmãos e entre pais e filhos, em vários de seus trabalhos, sem que ainda houvesse a elaboração do conceito de complexo fraterno. Nos textos sobre Gradiva de Jensen (1906), "O pequeno Hans" (1909), "Lições introdutórias à psicanálise" (1915-1917), "O homem dos lobos" (1918), "Uma criança espancada" (1919), "Totem e tabu" (1912-1913) e "Moisés e o monoteísmo" (1938) há menções às questões do fraterno e das relações dos irmãos entre si e com os pais, como a chegada de um irmão, que gera desdobramentos na vida emocional e na curiosidade da criança que se sentiu "destronada".

Muitas lutas entre povos e religiões podem ser reproduções de conflitos fraternos que se estendem ao longo de gerações, como afirma Kaës: "A história da noção de fraternidade indica que as grandes transformações religiosas, políticas e sociais são sempre correlativas à emergência da questão do fraterno" (KAËS, 2011, p. 13). Freud (1938/1973), em "Moisés e o monoteísmo", sugere que o judaísmo seria a religião do Pai e que o cristianismo seria a religião do Filho. Os judeus, como povo eleito de Deus, despertaram confrontos e sentimentos hostis de outras religiões contra eles, uma ilustração das discordâncias e lutas entre povos e religiões como reproduções de conflitos fraternos que se estendem ao longo da civilização (KANCYPER, 2004, p. 36). Tais conflitos podem gerar:

> deslocamentos e encobrimentos da situação edípica pelos conflitos fraternos [que] operam como uma das fontes inconscientes mais relevantes e geradoras de desentendimentos [passíveis de] se transmitir por meio da memória do rancor ao longo de muitas gerações e que podem estar nas origens de muitos conflitos e lutas entre religiões e povos. (KANCYPER, 2004, p. 21, tradução nossa)

A especificidade do complexo fraterno comporta duas formas: 1. arcaica, que adquire o sentido de apêndice do corpo materno imaginário ou de seu próprio corpo imaginário; 2. inscreve-se em um triângulo de rivalidades pré-edipiana e edipiana (KAËS, 2011). A rivalidade fraterna pode ser sustentada por conflitos presentes em níveis **intrassubjetivos*** e **intersubjetivos***, como expressa Kancyper:

> Um irmão é um duplo de si e um estranho, e, por fim, por sua proximidade consanguínea, pode fazer do outro ou de si mesmo o depositário de certos aspectos inaceitáveis de si mesmo [...] No plano intrassubjetivo, um enfrentamento interminável entre irmãos pode encobrir uma realidade oriunda de feridas narcísicas e preconceitos egoístas, sentimentos inconscientes de culpa e necessidade de castigos [...] No plano intersubjetivo, uma insistente rivalidade fraterna pode chegar a sustentar-se pela persistência de conluios inconscientes e conscientes, promovidos, mantidos e reativados por conflitos pré-edípicos e edípicos do **casal*** parental. Por outro lado, a rivalidade fraterna pode ter ainda a função defensiva de desviar a elaboração da rivalidade edípica. (KANCYPER, 2004, p. 24-25, tradução nossa)

Conjunto de fenômenos que se passam envoltos pela pele psíquica dos componentes do corpo familiar, dizem Blay Levisky e Weissmann (2016). Inclui-se aqui o complexo fraterno que integrará o que Anzieu (1989) chamou de *envelope psíquico grupal*, o Eu-*pele*, ou *pele psíquica* (ou **continente genealógico***), sistema de proteção da individualidade no nível intrapsíquico e de proteção grupal quando consideramos a **família*** dentro de um sistema que promove trocas com o outro, envolve, sustenta e acolhe as relações intersubjetivas. Cada membro da família carrega em sua essência histórias identificatórias, angústias, traumas, desejos e prazeres, afetos necessários para a construção do corpo familiar. Um irmão pode funcionar como um aliado e afrouxar as dependências edípicas, mas também pode estimular a dependência aos seus progenitores, ou, ainda, acobertar total ou parcialmente a estrutura edípica e gerar confusão e superposição de papéis ao perturbar o processo de identificação. O complexo fraterno possui especificidade própria e se articula com as dinâmicas narcísica e edípica, cada uma delas com as suas especificidades. Kancyper (2004, p. 7-8) entende que a percepção e o manejo das estruturas narcísicas, do complexo edípico e fraterno, ampliam o manejo das atividades psicanalíticas na elaboração e transformação dos processos psíquicos – estruturas que formam combinações singulares e originais em cada sujeito dentro de um processo interminável de formação e elaboração da identidade; fenômenos a serem identificados e trabalhados na psicanálise individual, de casal e família.

REFERÊNCIAS

ANZIEU, D. *O eu-pele*. São Paulo: Casa do Psicólogo, 1989.

BLAY LEVISKY, R.; WEISSMANN, L. Heranças malditas e conflitos fraternos na sucessão de uma empresa familiar. *In*: RAMOS, M. et al. *Novas fronteiras da clínica psicanalítica de casal e família*. São Paulo: Escuta, 2016. p. 93-100.

FREUD, S. El delírio y los sueños em la Gradiva de W. Jansen. *In: Obras completas*. Madrid: Biblioteca Nueva, 1973. v. 1. p. 1285-1336. (Trabalho originalmente publicado em 1906).

FREUD, S. Analisis de la fobia de um niño de cinco años (Caso Juanito). *In: Obras completas*. Madrid: Biblioteca Nueva, 1973. v. 2. p. 1365-1439. (Trabalho originalmente publicado em 1909).

FREUD, S. Totem y tabu. *In: Obras completas*. Madrid: Biblioteca Nueva, 1973. v. 2. p. 1745-1850. (Trabalho originalmente publicado em 1912-1913).

FREUD, S. Lecciones introductorias al psicoanalisis. In *Obras completas*. Madrid: Biblioteca Nueva, 1973. v. 2. p. 2123-2412. (Trabalho originalmente publicado em 1915-1917).

FREUD, S. Historia de uma neuroses infantil (hombre de los lobos). *In: Obras completas*. Madrid: Biblioteca Nueva, 1973. v. 2. p. 1941-2009. (Trabalho originalmente publicado em 1914-1918).

FREUD, S. Pegan a um ninño. *In: Obras completas*. Madrid: Biblioteca Nueva, 1973. v. 3. p. 2465-2480. (Trabalho originalmente publicado em 1919).

FREUD, S. Moisés y la religión monoteista: três ensayos. *In: Obras completas*. Madrid: Biblioteca Nueva, 1973. v. 3. p. 3241-3324. (Trabalho originalmente publicado em 1938).

KAËS, R. *O complexo fraterno*. Aparecida: Ideias & Letras, 2011.

KANCYPER, L. *El complexo fraterno: estúdio psicoanalítico*. Buenos Aires: Lumen/ Tercer Milenio, 2004.

MICHAELIS DICIONÁRIO brasileiro da língua portuguesa. 2020. Disponível em: https://michaelis.uol.com.br. Acesso em: 7 jan. 2021.

Compulsão à repetição conjugal

Rosely Pennacchi

CONCEITO

Compulsão à repetição em psicopatologia é o processo incoercível e de origem inconsciente por meio do qual a pessoa se coloca ativamente em situações penosas, repetindo experiências antigas sem recordar a situação original. Ao contrário, a impressão viva é de que se trata de algo com plena motivação na atualidade. Em sua elaboração teórica, Freud considera a compulsão à repetição como fator autônomo. É conservadora, como toda pulsão. Não se reduziria à dinâmica do conflito de princípio do prazer e da realidade.

ETIMOLOGIA

Compulsão, do latim *compulsìo*, ónis, de *compulsáre*, imposição interna irresistível que leva o indivíduo a realizar determinado ato ou a comportar-se de determinada maneira. Repetição, do latim *repetitìo,ónis*, ato ou efeito de repetir(-se), pedir, insistir, solicitar (HOUAISS, 2009).

EVOLUÇÃO HISTÓRICA DO CONCEITO

Na literatura psicanalítica, a discussão do conceito é confusa e retomada inúmeras vezes, pois conduz à discussão das noções essenciais de princípio do prazer, pulsão, pulsão de morte e ligação.

A repetição é um dos operadores do inconsciente, isto é, um de seus modos de funcionamento. A pulsão é em si mesma repetição. É um dos conceitos fundamentais da psicanálise, define e circunscreve um momento, é ponto crucial do tratamento e respeita uma lógica.

Entre 1892 e 1895, em "Estudos sobre a histeria", publicado em coautoria com Joseph Breuer, Freud já apreende que seus pacientes sofrem de reminiscências. Os pacientes revivem acontecimentos antigos como se os estivessem vivendo no momento atual.

Em 1900, em "A interpretação dos sonhos", intui que o recalcado procura retornar, incitado por uma força assim dita demoníaca. Apesar de já ter situado a noção de repetição, Freud destacará o mecanismo de compulsão de repetição no texto sobre técnica "Recordar, repetir e elaborar", de 1914 (FREUD, 1914/1980).

Com o desenvolvimento dos tratamentos, Freud descobre a resistência: em vez de recordar, o paciente repete um ato e, com isso, impede o acesso ao inconsciente e dificulta a possibilidade de supressão do recalcamento. Percebe que essa resistência tem a ver essencialmente com o narcisismo. O narcisismo, portanto, constitui um dos maiores obstáculos para o progresso do tratamento, assim como a repetição, em seu automatismo.

O que se repete? Antes de 1919, são as recordações. E depois? A repetição mudará de natureza.

Durante os anos de 1914-1918, Freud estudava as neuroses de guerra e impressionou-se muito com os chamados sonhos traumáticos de guerra: os sonhos dos ex-combatentes repetiam de forma dramática os acontecimentos pelos quais tinham passado em batalha. Surgia uma nova relação entre prazer e desprazer, pois sonhavam com fatos traumáticos, ou em vigília apresentavam comportamentos automáticos de medo e angústia ao ouvirem ruídos fortes, procurando se esconder e ou ficando muito agitados.

Freud, diante dessas questões, conclui que não há prazer, mas algo que insiste em se repetir. Ele descobre que as pulsões procuram o retorno ao inorgânico e toda a vida tende a um fim, a morte. Desse modo, ele introduz a pulsão de morte.

O texto de Freud "Além do princípio do prazer" (1920/1968) será um marco na evolução de seu pensamento. Ressaltará a existência na vida psíquica de uma compulsão de repetição que está *aquém* do princípio do prazer, ou seja, antes do princípio do prazer.

Como ilustração, Freud usa o jogo repetitivo *Fort-da*, também conhecido como jogo do carretel, que ele observou seu neto usando para elaborar a ausência da mãe. Para Freud, essa brincadeira de ocultar/encontrar é uma encenação para representar de modo simbólico a ausência da mãe. Trata-se da renúncia pulsional da criança ao deixar a mãe ir embora e transpor o distanciamento da mãe para o carretel e do carretel para a linguagem. É a possibilidade de exercer um domínio simbólico sobre o acontecimento. Temos aí a manifestação da força do recalque sobre o desejo.

Compulsão à repetição conjugal

Didi-Huberman diz: "é que o carretel só é 'vivo' dançante ao figurar a ausência, só 'joga' ao eternizar o desejo" (1998, p. 83). Para Freud, o termo repetição envolve o retorno do recalcado. Afirma que para aquém do princípio do prazer, existe uma força, mais elementar, mais originária, mais pulsional que este: o automatismo da repetição. Sejam pulsões de vida ou de morte, a repetição define o pulsional. O recalcado insiste e necessitará da repetição. O impulso que implica a pulsão não serve ao progresso, à caminhada para a frente, mas uma fuga adiante. Trata-se de um efeito do recalcamento, uma vez que é preciso impedir a satisfação imediata.

Desse momento em diante, a repetição é introduzida por Freud como o que fará fracassar o ideal otimista do tratamento. O que de início foi considerado erro ou obstáculo ao tratamento passa à condição de conhecimento teórico e instrumento de acesso ao inconsciente.

O conceito de repetição percorre toda a obra de Lacan, é passagem obrigatória e será elevado por ele, em 1964, a um dos quatros conceitos fundamentais da psicanálise. Para Lacan, o que se repete é o que insiste, e se algo insiste é porque pede uma elaboração, uma interpretação. Lacan diz que a repetição é indissociável da pulsão de morte e será, na experiência analítica, na e pela **transferência*** que se poderá elaborar, interpretar. O recalcamento precisa da repetição. Para Lacan, o jogo do *Fort-da*, é um processo de simbolização, no caso, da ausência da mãe. Por meio da atividade lúdica repetitiva, são vividos a falta, o corte e a reparação. Na falta surge o desejo. Esse ato institui a relação sempre repetida entre o sujeito e o objeto perdido em que seu desejo se aliena. Na repetição sempre se repete o mesmo? A repetição envolve um saber? A repetição envolve um gozo?

O que Freud chamou de compulsão de repetição resulta em um princípio que Lacan chama de "insistência da cadeia significante", definida pela instância da letra no inconsciente. Os significados não passam de variações individuais que só adquirem coerência em uma rede significante. A linguagem é a presença que tenta preencher o lugar de uma ausência. A estrutura da linguagem dá ao homem condições de conjugar presença e ausência.

Lacan ampliará o conceito apresentado por Freud. O texto de Lacan (1957) "A instância da letra no inconsciente ou a razão depois de Freud" assinala a especificidade da cadeia significante cuja reaparição indefinida do sentido se encontra no automatismo de repetição de Freud. Lacan dirá que o que se repete é o que insiste e que a repetição será condição da transferência. Para Lacan, a repetição sempre será passagem obrigatória para a **interpretação*** da transferência.

A COMPULSÃO À REPETIÇÃO NA CLÍNICA COM CASAIS E FAMÍLIAS

Pensando na **conjugalidade***, todo casamento abriga, obrigatoriamente, um eco de castração. O "masculino" e o "feminino" possuem modalidades essencialmente distintas quanto ao amor, desejo e gozo. Os desejos do homem e da mulher não são simétricos. Não existe um modelo único. Cada homem precisa inventar seu homem e cada mulher precisa inventar sua mulher, individualmente e na sua relação com o outro. Entre o que se busca e o que se encontra sempre existirá uma diferença que cabe ao casal saber administrar. Assim, existe sempre a possibilidade e a necessidade de se reinvestir no laço conjugal, devido aos múltiplos desencantamentos que o casamento, especialmente os de longa durabilidade, podem promover. É custoso manter o espaço amoroso; é custoso compartilhar, viver a dois dá trabalho.

Lidar com os sonhos que depositamos no outro e a realidade que depois se coloca, repaginar o manto de objeto primário com o qual cobrimos o objeto amado evoca a inquietante estranheza freudiana. O retorno do recalcado inquieta. O *unheimlich* enquanto retorno é bem o *heimlich* de sempre, o recalcado.

O texto de Freud "O estranho", de 1919, contempla muitos aspectos da repetição. O fio das associações de Freud levou ao conceito de compulsão à repetição, à constatação de uma força pulsional. A noção do estranho, do sinistro, engloba a noção de familiar e assustador e outras ideias complementares, a dúvida do que é animado ou não, a figura do duplo; reenvia à noção de narcisismo primário, incesto, parricídio e autodestruição.

O vínculo inclui subjetividades em jogo e se desdobra em duas direções: uma narcísica, marcada pela fusão e pela ilusão de plenitude, resultado do encontro com o outro pela marca do desamparo primordial, e outra marcada pelo reconhecimento da alteridade: existe outro além de mim. Condenado ao investimento e à busca do outro para sobreviver, o sujeito é carente inevitável de afetos.

Sonia Thorstensen, em "Trabalhos psíquicos na conjugalidade: a indisponibilidade sexual da mulher como queixa conjugal", esclarece a compulsão à repetição no trabalho analítico com casais e famílias:

Compulsão à repetição conjugal

De fato, nada mais próximo dos aspectos mortíferos da compulsão à repetição do que a reiteração compulsiva dos mesmos discursos carregados de ressentimento e hostilidade a que os parceiros frequentemente se entregam num gozo vingativo e destrutivo. Sessão após sessão, esse processo pode desenrolar-se se não for suficientemente estancado por uma interpretação certeira do analista, visando justamente evidenciar a resistência ao trabalho de luto, inerente a toda relação amorosa. Os ataques agressivos compulsivamente reiterados configuram-se como defesas diante da dor e desilusão face à alteridade do outro [...] um cônjuge pode, inconscientemente, se comportar de modo a obter uma alteração no comportamento do parceiro para que este se modifique na direção de seus desejos. Como isso não ocorre, o cônjuge aumenta a intensidade de suas manobras para obter o resultado desejado. Quanto mais o outro se sente pressionado a mudar seu comportamento habitual, mais se apega a eles, criando-se assim um círculo vicioso de ressentimentos [...] Por que um casal se entregaria a esse tipo de jogo verdadeiramente demoníaco, no dizer de Freud, ao invés de procurar saídas negociadas para seus conflitos? (THORSTENSEN, 2016, p. 338-339)

O atendimento clínico individual, e, claramente, o de família e casal, destaca as cadeias de repetição através das gerações. Pensar em transmissão é pensar fundamentalmente na repetição. Como alguém se singulariza na história em que foi envolvido desde antes de seu nascimento?

Fantasmas inconscientes, grupais ou transgeracionais fazem parte do universo simbólico familiar e dizem respeito à história familiar. Desde sua origem, a psicanálise se defronta com fenômenos de repetição. Se focalizarmos particularmente o deslizamento do sintoma em uma família, percebemos como, de maneira mais ou menos disfarçada, um conflito já existente na família retorna no presente. O inconsciente, no entanto, não se opõe aos esforços do tratamento. O inconsciente não resiste ao processo. Ele insiste.

Outro exemplo é a escolha do nome próprio, que, muitas vezes, ressalta os automatismos de repetição. Essa compulsão de repetição transgeracional, que se verifica em algumas famílias, envia em geral a um mito que atravessa o sujeito, mito este que é produto de Outro anônimo, virtual, que nem sempre é perfeitamente encontrável e definível.

O nome próprio, nesse prisma, é marca invisível, texto marcado pela intersubjetividade que caracteriza o inconsciente. É mensagem e mensageiro de mitos transmitidos de geração em geração, mitos que tentam responder sobretudo à questão das origens de cada um.

A partir dessa perspectiva, o nome próprio é a estrada real para o conhecimento da constituição do sujeito. O nome próprio privilegia questões fundamentais: a das origens, a da diferença de gerações, a da diferença dos sexos, a da identidade de cada um, a do destino e, em especial, a dimensão edípica que atravessa cada um de nós. O nome próprio também é suporte dos desejos dos pais. Ao possibilitar a veiculação de desejos, o nome próprio mostra que muitas vezes os desejos dos mortos vivem nos vivos. É uma potência que transmite desejos e modos de funcionamento de uma geração para outra. Esse desejo se manifesta preferencialmente no nome por intermédio de condensações e deslocamentos da mesma forma que os chistes, os enganos, sintomas, sonhos e outras formações do inconsciente.

REFERÊNCIAS

AMIEL, G. et al. Actualité de la deuxieme topique freudienne. *Le Trimestre Psychanalytique*, Association Freudienne Internationale, n. 4, 1993.

DIDI HUBERMAN, G. *O que nos vemos, o que nos olha*. São Paulo: Editora 34, 1998.

FREUD, S. Estudos sobre a Histeria. In: *Edição standard brasileira das obras psicológicas completas de Sigmund Freud*. Rio de Janeiro: Imago, 1980. v. 2. (Trabalho originalmente publicado em 1895).

FREUD, S. A interpretação dos sonhos. In: *Edição standard brasileira das obras psicológicas completas de Sigmund Freud*. Rio de Janeiro: Imago, 1980. v. 4-5. (Trabalho originalmente publicado em 1900).

FREUD, S. O caso de Schreber e artigos sobre técnica. In: *Edição standard brasileira das obras psicológicas completas de Sigmund Freud*. Rio de Janeiro: Imago, 1980. v. 12. (Trabalho originalmente publicado em 1911-1915).

FREUD, S. O estranho. In: *Edição standard brasileira das obras psicológicas completas de Sigmund Freud*. Rio de Janeiro: Imago, 1980. v. 17. (Trabalho originalmente publicado em 1919).

FREUD, S. Além do princípio do prazer. In: Edição standard brasileira das obras psicológicas completas de Sigmund Freud. Rio de Janeiro: Imago, 1980. v. 18. (Trabalho originalmente publicado em 1920).

HOUAISS, A. Dicionário eletrônico Houaiss da língua portuguesa. v. 3.0. Rio de Janeiro: Objetiva, 2009.

LACAN, J. O Seminário, livro 11: os quatro conceitos fundamentais da psicanálise. Rio de Janeiro: Zahar, 1979.

LACAN, J. Escritos 1: tomo 1: La instancia da letra no inconciente o la razón desde Freud. [S. l.: s. n.], 1957.

LACHAUD, D. Repetição. Che Vuoi? Psicanálise e cultura, Porto Alegre, Cooperativa Cultural Jacques Lacan, ano 1, n. 1, p. 101-117, 1986.

NANCY, J-L.; LACOUE-LABARTHE, P. El título de la letra. (una lectura de Lacan). Barcelona: Ediciones Buenos Aires, 1973.

PENNACCHI, R. A questão dos nomes próprios. Revista Textura, v. 6, n. 6, 2007.

PENNACCHI, R. A relação entre o desejo do homem e a posição masculina. Trabalho apresentado ao Congrès International de Psychanalyse de Couple et de Famille. Le psychanalyse face aux familles e aux couples du XXI siècle: de nouveau défis techniques. Padoue, 25-28 jul. 2012.

THORSTENSEN, S. Trabalhos psíquicos na conjugalidade: a indisponibilidade sexual da mulher como queixa conjugal. Tese (Doutorado em Psicologia Clínica) – Pontifícia Universidade Católica de São Paulo, São Paulo, 2016. cap. 5.

Configurações familiares

Isabel Cristina Gomes

CONCEITO

O termo configurações familiares é usado para denominar qualquer conjunto familiar constituído por vínculos de **filiação*** e **afiliação*** entre seus membros, independentemente de gênero, e pertencente a um determinado momento sociocultural: **família*** heterossexual; famílias reconstituídas após divórcio; famílias homossexuais femininas ou masculinas; famílias monoparentais; famílias heterossexuais constituídas por procedimentos de reprodução assistida e casais que optam por não ter filhos. Mais recentemente, temos assistido ao surgimento das famílias trans e ao poliamor.

ETIMOLOGIA

"Configurações" designa um conjunto de categorias que formam uma estrutura (MICHAELIS, 2020). "Familiares", uma variedade de fatores que modulam os diversos arranjos familiares que foram surgindo paralelamente ao modelo tradicional da família heterossexual.

EVOLUÇÃO HISTÓRICA DO CONCEITO

As transformações ocorridas na sociedade, que permitiram o surgimento de outros modelos para além da família hierárquica patriarcal no Brasil, foram impulsionadas por vários movimentos sociais, dos quais o principal foi a emancipação feminina. Para Jablonski (2007), esse movimento veio transformar profundamente as relações de gênero, influenciando a dinâmica relacional familiar no sentido de uma busca pela igualdade de direitos, alteração nas funções parentais e primazia da **conjugalidade***. Araújo (2009) complementa enfatizando que uma organização mais democrática e igualitária nesse grupo veio acontecendo paralelamente ao processo de democratização da nossa sociedade, enfrentando muitos desafios e contradições. Dentro dessa perspectiva incluímos o advento da pílula anticoncepcional que, desvinculando o prazer sexual da procriação, também contribuiu sobremaneira para um protagonismo da conjugalidade, na medida em que o casal passa a ter existência própria e não somente para construir uma família. Assim, o casal conjugal constitui-se como um arranjo familiar por si só, levando ao movimento dos casais que optam por não ter filhos (RIOS, 2009). Dando continuidade às mudanças sociais, o surgimento do divórcio veio quebrar com a institucionalização e a sacralidade do casamento e da família, ou seja, os vínculos conjugais passaram a se nortear pela qualidade afetiva, sendo passíveis de término. Entretanto, na medida em que os vínculos entre pais e filhos não se encerram, e diferentemente do passado, quando um cônjuge era substituído por outro somente em situação de morte, hoje temos uma complexidade maior nos lugares ocupados pelos vários personagens que compõem as famílias reconstituídas. Nestas, o exercício pluriparental e a vinculação afetiva se tornaram fatores fundamentais para a noção de pertencimento (GOMES, 2009). O desenvolvimento tecnológico, seja na perspectiva dos relacionamentos virtuais, seja no que se refere aos alcances da medicina reprodutiva, contribuiu fortemente para o aparecimento dos novos arranjos familiares. Destacam-se aqui as famílias monoparentais por opção, nas quais um homem ou uma mulher, pela via da doação de espermas ou óvulos, possui uma construção filiativa de caráter biológico, mas completamente desvinculada do que se conhecia no modelo tradicional. Um outro fator relevante, decorrente do uso das técnicas de procriação artificial, seria o das famílias que perdem a continuidade geracional, nos casos em que se busca formar família a qualquer preço (GOMES; LEVY; MAGALHÃES, 2014), ou seja, mulheres mais velhas que engravidam, desafiando os limites do corpo. Frente à perda do ideal hegemônico da monogamia e da heteronormatividade regulando a sexualidade e as relações amorosas, encontramos, desde o início da década de 1990, o poliamor como uma nova modalidade de relacionamento. Este se caracteriza pela possibilidade de manutenção de múltiplos relacionamentos íntimos, cujas fronteiras entre amizade, parceria e conjugalidade são ambíguas (FÉRES-CARNEIRO; ZIVIANI, 2009). Sob a influência dos estudos de gênero (BUTLER, 2003), a identidade de gênero ganha visibilidade, distanciando-se do sexo biológico e descortinando os corpos não inteligíveis. Acrescentem-se os procedimentos cirúrgicos para mudança de sexo e temos o aparecimento das famílias trans, ou seja, aquelas em que o corpo transgênero viola os discursos normativos de gênero e as matrizes culturais de inteligibilidade. Portanto, ser família na contemporaneidade vai muito além da existência de um pai e uma mãe casados oficialmente, com filhos e habitando o mesmo lar. Sob o ponto de vista psicanalítico, há em alguns autores uma visão controversa acerca da perda desse modelo tradicional de família, fincado na autoridade do pai, como tão bem expôs Roudinesco (2003). Entretanto, se a contemporaneidade trouxe formas novas de subjetivação e diversos modos de ser família, ainda é fundamental a necessidade de pertencimento de todo indivíduo a um grupo familiar, social e cultural. Se a família tradicional foi a base de sustentação da teoria freudiana, com o transcorrer do tempo a própria psicanálise se ampliou justamente para abarcar as transformações do ser e viver na atualidade. Assim, a família hoje pode ser vista como um espaço complexo de trocas afetivas, em que ocorrem identificações, alianças conscientes e inconscientes, aquisição de comportamentos, valores culturais, éticos e morais, que interagem no desenvolvimento das personalidades individual e grupal (BLAY LEVISKY, 2017; BLAY LEVISKY; LEVISKY, 2019; LEVISKY, 2019).

REFERÊNCIAS

ARAÚJO, M. F. Gênero e família na construção de relações democráticas. *In:* FÉRES-CARNEIRO, T. (org.). *Casal e família: permanências e rupturas*. São Paulo: Casa do Psicólogo, 2009. p. 9-23.

BLAY LEVISKY, R. Expressões da intimidade nos vínculos: interferência da cultura. *Ide*, n. 63, p. 41, 2017.

BLAY LEVISKY, R.; LEVISKY, D. L. *O tempo e as relações familiares nos espaços reais e virtuais*. Trabalho apresentado ao II Colóquio da Poiesis, Lisboa, 2019.

BUTLER, J. *Problemas de gênero: feminismo e subversão da identidade*. Rio de Janeiro: Civilização Brasileira, 2003.

FÉRES-CARNEIRO, T.; ZIVIANI, C. Conjugalidades contemporâneas: um estudo sobre os múltiplos arranjos amorosos da atualidade. *In:* FÉRES-CARNEIRO, T. (org.). *Casal e família: permanências e rupturas*. São Paulo: Casa do Psicólogo, 2009. p. 83-107.

GOMES, I. C. Famílias reconstituídas: um novo desafio para a clínica contemporânea. *In:* GOMES, I. C. (org.). *Clínica psicanalítica de casal e família: a interface com os estudos psicossociais*. São Paulo: Grupo GEN/Santos, 2009. p. 33-39.

GOMES, I. C.; LEVY, L.; MAGALHÃES, A. S. Família a qualquer preço. *In:* BLAY LEVISKY, R.; GOMES, I. C.; FERNANDES, M. I. A. (org.). *Diálogos psicanalíticos sobre família e casal.* São Paulo: Zagodoni, 2014. v. 2, p. 33-40.

JABLONSKI, B. O cotidiano do casamento contemporâneo: a difícil e conflitiva divisão de tarefas e responsabilidades entre homens e mulheres. *In:* FÉRES-CARNEIRO, T. (org.). *Família e casal: saúde, trabalho e modos de vinculação.* São Paulo: Casa do Psicólogo, 2007. p. 203-228.

LEVISKY, D. L. *A difícil arte da função parental na contemporaneidade.* Trabalho apresentado na IV Jornada de Psicanálise de Casal e Família – Famílias, Vínculos e Sexualidade. Sociedade Brasileira de Psicanálise de Ribeirão Preto, Ribeirão Preto, 2019.

MICHAELIS DICIONÁRIO brasileiro da língua portuguesa. 2020. Disponível em: https://michaelis.uol.com.br/busca. Acesso em: 7 jan. 2020.

RIOS, M. G. Casais que optam por não terem filhos: a família em transformação. *In:* GOMES, I. C. (org.). *Clínica psicanalítica de casal e família: a interface com os estudos psicossociais.* São Paulo: Grupo GEN/Santos, 2009. p. 41-55.

ROUDINESCO, E. *A família em desordem.* Rio de Janeiro: Jorge Zahar, 2003.

Conjugalidade

Terezinha Féres-Carneiro

CONCEITO

Vínculo* construído entre dois sujeitos que resulta na constituição de um terceiro elemento, o casal. Assim, o casal encerra em sua dinâmica duas individualidades e uma conjugalidade, o que levou Philippe Caillé (1991) a afirmar que, na lógica conjugal, um mais um são três, ou seja, dois parceiros e uma conjugalidade. Para o autor, cada casal cria seu modelo único de conjugalidade, que ele define como "absoluto do casal".

ETIMOLOGIA

Do latim *conjugale*: diz respeito à união entre os cônjuges, próprio do casal (i) + dade. Relativo à interação conjugal. O substantivo compreende um conjunto de funções e atividades desenvolvidas pelos membros do casal na relação conjugal (DICIONÁRIO INFORMAL ONLINE, [s.d.]).

EVOLUÇÃO HISTÓRICA DO CONCEITO

O termo conjugalidade (*conjugalité*) surgiu na França, na década de 1980. Antes disso, os psicanalistas de casal e família franceses usavam o termo casal (*couple*) (LEMAIRE, 1979/2005) ou vínculo conjugal (*lien conjugal*) (EIGUER, 1984) para se referir à conjugalidade. Um dos primeiros autores a empregar o termo conjugalidade (*conjugalité*) foi Lemaire (1988), num artigo em que questiona a noção de sujeito plenamente constituído. Para o autor, o casal se constitui em torno das zonas mal definidas do "eu" de cada parceiro, tendo em vista a porosidade de seus limites, referindo-se à conjugalidade como "eu conjugal" (*moi conjugal*). Ao que Caillé chama de "absoluto do casal" e Lemaire de "eu conjugal", chamamos de "identidade conjugal" (FÉRES-CARNEIRO, 1998). Na literatura sobre casamento contemporâneo e psicoterapia de casal e família, é, em geral, denominado de conjugalidade.

Ao discutir a organização inconsciente do casal, Eiguer (1984) se refere a um mundo compartilhado, em que os parceiros intercambiam objetos

Conjugalidade

inconscientes, e define o vínculo como uma superposição de duas relações de objeto que têm como modelo de identificação a representação do casal parental.

Nicollò (1995), referindo-se ao "jogo" recíproco que se estabelece entre os membros do casal, faz alusão aos fenômenos que Winnicott (1958/1971) define como transicionais. O espaço interno do casal é semelhante ao espaço transicional, pois nasce do encontro entre os mundos internos e externos dos parceiros. Para a autora, o espaço transicional não pertence somente à relação mãe-bebê, mas reside também na cultura. Na constituição do casal há um misterioso espaço de oscilação contínua, em que cada cônjuge é uma extensão do outro, mas ao mesmo tempo é diferenciado do outro. Uma certa fusionalidade faz parte da vida "normal" e adulta dos sujeitos. A vida psíquica deve permitir a presença concomitante da capacidade de viver a fusão e de poder diferenciar-se do outro. Assim, na conjugalidade, os parceiros vivenciam momentos de fusão e momentos de diferenciação.

Freud, em "O mal-estar na civilização" (1930/1974), ressalta que, no auge da paixão, os limites entre o ego e o objeto ficam ameaçados de dissolução. Os apaixonados regridem ao narcisismo ilimitado e vivenciam o sentimento oceânico de serem um só. Enquanto o apaixonamento produz a ilusão de fusionalidade, Ruffiot (1981) refere-se ao desapaixonamento como uma repetição da loucura amorosa no sentido inverso, denominada por ele de "paixão do desamor", que demanda um intenso trabalho psíquico.

A conjugalidade, ao mesmo tempo que reedita o romance familiar, propicia a elaboração das vivências infantis. O encontro com o parceiro gera a oportunidade de metabolização e de desenvolvimento do psiquismo, entrelaçando passado e presente, dentro de um projeto que pressupõe uma perspectiva de presente e, simultaneamente, de um futuro a dois. Desde o momento da concepção, o sujeito está marcado pelo olhar dos pais, pelos seus ideais e pelos mitos familiares que se inscrevem e estruturam o psiquismo. O bebê retoma e encarna o ideal narcísico dos pais e, ao mesmo tempo, se alimenta desse envoltório narcísico para se constituir como sujeito e, num futuro provável, constituir novas conjugalidades e novos bebês.

Os teóricos da **psicanálise vincular*** postulam que o sujeito, desde seu nascimento, forma para si uma representação de seus vínculos, a partir dos primeiros modos de interação com o outro. Para Puget e Berenstein (1994),

Dicionário de psicanálise de casal e família

a noção de vínculo se assemelha à de **intersubjetividade***, envolvendo um espaço em que dois "eus" estão vinculados. Os dois "eus" são simultânea e sucessivamente lugar de desejo e de realização do desejo do outro; assim, na relação conjugal, cada parceiro pode ocupar o lugar do desejo e o da ação do outro. Segundo esses autores, os objetos internos de cada parceiro vão constituir o núcleo conjugal e as primeiras representações vinculares que permeiam a formação do casal. A estabilidade conjugal para eles é norteada pelas pulsões de vida e de morte.

A partir de diferentes leituras psicanalíticas das relações amorosas, Magalhães (2003) evidencia os meandros do processo de transmutação das subjetividades na conjugalidade. A autora valoriza o papel da conjugalidade no processo contínuo de formação das subjetividades dos parceiros. Para ela, o **enquadre*** conjugal permite a metabolização de tendências regressivas, mediante a atividade representacional conjunta e a articulação de forças paradoxais, presentes na conjugalidade, o que viabiliza reestruturações subjetivas em cada um dos cônjuges.

Partindo da compreensão de que a conjugalidade se origina na trama inconsciente familiar dos sujeitos-parceiros e de que, nas famílias, histórias passadas e presentes se misturam e são transmitidas aos filhos, associadas a expectativas de futuro, desenvolvemos um estudo sobre as repercussões da conjugalidade dos pais no projeto de conjugalidade dos filhos (FÉRES-CARNEIRO; ZIVIANI; MAGALHÃES, 2007).

Alguns autores, como Kaës (2009) e Tisseron (1996), vêm aprofundando a discussão sobre a transmissão psíquica entre gerações, tanto em seus aspectos patológicos, da repetição e dos pactos denegativos, como em relação à produção criativa resultante da elaboração e da transformação da **herança*** (TISSERON, 1992; BENGHOZI, 2010; MAGALHÃES; FÉRES-CARNEIRO, 2007).

Recorrendo às noções de identificação com as figuras parentais, de transmissão psíquica geracional e de romance familiar, construímos o Questionário sobre a Conjugalidade dos Pais (QCP) (FÉRES-CARNEIRO; ZIVIANI; MAGALHÃES, 2007), que foi aplicado a jovens solteiros com os quais realizamos, também, entrevistas que abordavam questões referentes aos seus projetos futuros, sobretudo aqueles relacionados ao casamento. Nosso objetivo era o de avaliar as repercussões da conjugalidade dos pais no projeto de conjugalidade dos filhos, a partir da percepção que estes tiveram, ao longo do seu crescimento, sobre o casamento de seus progenitores. Constatamos que o lugar que a conjugalidade dos pais ocupa no projeto de "ser casal" dos filhos se relaciona com o modo como os jovens se apropriam de sua herança familiar e com a compreensão sobre os aspectos do casamento dos pais que os influenciam. Buscamos compreender como os jovens, integrantes de múltiplas configurações familiares, elaboram suas percepções sobre a conjugalidade dos pais e seus modelos de **identificação***. Concluímos que a possibilidade de estruturar um lugar para a conjugalidade no psiquismo está relacionada, sobretudo, com o processo de diferenciação vivenciado na família, independentemente da situação conjugal dos pais e dos níveis de satisfação conjugal percebidos pelos filhos na interação do casal parental (MAGALHÃES; FÉRES-CARNEIRO, 2007).

REFERÊNCIAS

BENGHOZI, P. *Malhagem, filiação e afiliação.* São Paulo: Vetor, 2010.

DICIONÁRIO INFORMAL online. Disponível em: https://www.dicionarioinformal.com.br/usuario/id/27/. Acesso em: 7 jan. 2021.

CAILLÉ, P. *Un et un font trois*: le couple révélé à lui-même. Paris: ESF, 1991.

EIGUER, A. *La thérappie psychanalitique de couple.* Paris: Dunod, 1984.

FÉRES-CARNEIRO, T. Casamento contemporâneo: o difícil convívio da individualidade com a conjugalidade. *Psicologia: Reflexão e Crítica*, v. 11, n. 2, p. 379-394, 1998.

FÉRES-CARNEIRO, T.; ZIVIANI, C.; MAGALHÃES, A. S. Questionário sobre a Conjugalidade dos Pais como instrumento de avaliação. *In:* FÉRES-CARNEIRO, T. (org.) *Família e casal: saúde, trabalho e modos de vinculação.* São Paulo: Casa do Psicólogo, 2007. p. 251-267.

FREUD, S. O mal-estar na civilização. *In: Edição standard brasileira das obras psicológicas completas de Sigmund Freud.* Rio de Janeiro: Imago, 1974. (Trabalho originalmente publicado em 1930).

KAËS, R. *Les alliances inconscientes.* Paris: Dunod, 2009.

LEMAIRE, J. *Le couple: sa vie, sa mort.* Paris: Payot, 2005. (Trabalho originalmente publicado em 1979).

LEMAIRE, J. Du je au nous, ou du nous au je? Il n'y a pas de sujet tout constitué. *Dialogue recherches cliniques et sociologiques sur le couple et la famille*, v. 102, n. 4, p. 72-79, 1988.

MAGALHÃES, A. S. Transmutando a individualidade na conjugalidade. *In:* FÉRES-CARNEIRO, T. *Família e casal: arranjos e demandas contemporâneas.* Rio de Janeiro: EDPUC-Rio/Loyola, 2003.

MAGALHÃES, A. S., FÉRES-CARNEIRO, T. Transmissão psíquica geracional: um estudo de caso. *In:* T. Féres-Carneiro (org.) *Família e casal: saúde, trabalho e modos de vinculação.* São Paulo: Casa do Psicólogo, 2007. p. 341-363.

NICOLLÓ, A. O modelo psicanalítico de funcionamento do casal. *In:* ANDOLFI, M., ANGELO, C.; SACCU, C. *O casal em crise.* São Paulo: Summus, 1995.

PUGET, J.; BERENSTEIN, I. *Psicanálise de casal.* Porto Alegre: Artmed, 1994.

RUFFIOT, A. *La thérapie familiale psychanalitique.* Paris: Dunod, 1981.

TISSERON, S. *Tintin et les secrets de famille.* Paris: Aubier, 1992.

TISSERON, S. *Secrets de famille: mode d'emploi.* Paris: Ramsay, 1996.

WINNICOTT, D. *O brincar e a realidade.* Rio de Janeiro: Imago, 1971. (Trabalho originalmente publicado em 1958).

Conluio

Renata Kerbauy

CONCEITO

Quando dois ou mais sujeitos na condição vincular compartilham as mesmas fantasias, desejos, necessidades e demandas inconscientes, formando uma **aliança inconsciente***, uma colusão. No âmbito da teoria das relações vinculares esse conceito se expande para **interfantasmatização*** do casal e família. Há uma ligação dos membros por aspectos inconscientes. Seria um ponto de encontro dos fantasmas individuais de cada membro do casal e/ou família (EIGUER, 1985, p. 43). Um investimento recíproco e simultâneo.

ETIMOLOGIA

Do latim *colludium*: jogo coletivo ou uma conspiração. *Colludium* vem da raiz *colludere*, que tem sentido de brincar ou jogar juntos; planos secretos. *Colludere* é a junção da preposição *cum*, que significa "junto com" ou "companhia de", mais a palavra *ludere*, que significa jogar, brincar. Com o tempo, *colludere* também ganhou significado de conspirar com outras pessoas para fazer algo errado ou maléfico. Quando traduzido para o português, a palavra "conluio" perdeu o sentido de brincadeira e passou a significar "uma conspiração entre várias pessoas", e também "1. Combinação ou acordo estabelecido entre duas pessoas para prejudicar outrem; colusão, maquinação, trama. 2. Sentido figurado: Combinação, conspiração malévola. 3. Estabelecimento de associação; aliança, coligação, acordo. Sinonímia: Colusão" (MICHAELIS, 2016).

EVOLUÇÃO HISTÓRICA DO CONCEITO

Historicamente, o termo conluio começou a ser introduzido na teoria psicanalítica a partir dos conceitos de **transferência*** e **contratransferência***; ou seja, quando iniciou o olhar para a relação entre analista e paciente.

Freud nunca se referiu ao termo conluio, mas faz alusão ao termo em 1905, quando descreve o caso Dora e o conceito de transferência. Ele nos mostra, com esse caso, que o analista desempenha um papel no seu vínculo com o paciente.

Comenta no seu posfácio que o "tratamento psicanalítico não é o criador da transferência, mas simplesmente aquele que a revela, como a tantas outras questões" (FREUD, 1905/1996, p. 112).

Bion, a partir das colocações do conceito de identificação projetiva, visto não apenas como um produto vindo do paciente em relação ao analista, mas também como meio de comunicação entre os sujeitos, foi desenvolvendo os conceitos de campo analítico e intersubjetividade, que frisam a importância da dupla analista-paciente como única e dotada de suas peculiaridades.

Dentre essas peculiaridades, Betty Joseph (1992) mostrou modos como pacientes de difícil acesso podem recrutar sutilmente o analista, induzindo-o a reagir de forma a entrar num conluio inconsciente com objetivos de evitar o *insight*. Segundo essa autora, os conluios inconscientes devem ser vistos como "nós interativos" que podem paralisar a imaginação e o pensamento criativo do analista e imobilizar o processo analítico.

Zimerman (2001), psicanalista brasileiro, define conluio inconsciente como um desvirtuamento analítico no vínculo analista-paciente, que às vezes torna-se crônico, constituindo um sistema que se alimenta e, portanto, é difícil de se desfazer, acarretando um prejuízo no processo analítico de um irreparável conluio de recíprocas resistências.

É a partir dos acontecimentos decorrentes da relação analista-paciente, principalmente com os conceitos de transferência e contratransferência, que o termo conluio inconsciente começa a ganhar corpo na abordagem psicanalítica.

Na psicanálise de casal e família, o conceito conluio foi formulado por Laing (1976) para se referir a um jogo inconsciente de transferências em que se produz um apoio recíproco de fantasias compartilhadas.

Dicks (1967) utilizou o conceito de colusão para descrever os conflitos conjugais de um jogo inconsciente entre os parceiros. Para esse autor, há três áreas em que os membros do casal se relacionam: as expectativas mútuas, o âmbito social (integração do casal) e a complementaridade, a qual é ativada inconscientemente pelas relações primitivas. Dessa maneira, os casais estabelecem uma formação de compromisso entre suas relações objetais inconscientes, desejos e suas expectativas.

Willi (1978) faz um estudo das dinâmicas dos casais em diversos tipos de conluios, designando o termo como uma espécie de intriga, um jogo

Conluio

inconsciente estabelecido entre os cônjuges, que se desenvolve desde a eleição do parceiro (a partir das experiências infantis) e que se aprofunda na relação conjugal, e no qual os conflitos são constantemente repetidos, imobilizando o outro. As fantasias e idealizações inconscientes constituem a predisposição para a formação de um inconsciente comum.

Lemaire (1974) também faz importantes contribuições teóricas e clínicas no enfoque psicanalítico para explicar a natureza dos conflitos conjugais. Para esse autor, conluio inconsciente é visto como um acordo inconsciente, que adquire características rígidas defensivas, uma forma de resistência do casal e/ou família ao processo de análise.

Eiguer (1985, p. 44-45) discorre sobre três organizadores inconscientes que estão na base da formação do **vínculo***: o primeiro organizador é a escolha do objeto (escolha do parceiro), o segundo o *"self* conjugal" ou "eu familiar" (identidade do casal ou família, ligado ao conceito de pertinência) e o terceiro a **interfantasmatização***. A interfantasmatização correlaciona-se ao conceito de colusão, como um jogo combinatório entre os fantasmas dos membros da família. Relata: "[...] ponto de encontro dos fantasmas individuais de cada membro, fantasmas próximos por seu conteúdo. Desejos convergentes, jogo combinatório que é mais que uma adição pura e simples, é a criação de um espaço transicional de intercâmbios [...]".

O conluio é um acordo inconsciente que possibilita a continuidade dos investimentos e dos benefícios ligados à subsistência do **contrato narcísico***. Para Kaës (2014, p. 43), as **alianças inconscientes*** são fenômenos psíquicos comuns e compartilhados que se confundem na conjunção de relações inconscientes que envolvem sujeitos de uma relação. As alianças inconscientes podem ser estruturantes ou defensivas. As estruturantes, como o próprio nome diz, fazem parte da identidade psíquica conjugal e/ou familiar e servem como mantenedoras dos vínculos, pois asseguram a origem, estabelecem uma continuidade (tempo-espaço) e garantem um "lugar" no grupo familiar. As defensivas ou patógenas são pautadas em mecanismos mais primitivos, arcaicos, e estão relacionadas com o **negativo***. Asseguram a manutenção da repressão e negação, sendo vistas como um impeditivo de um devir dos membros da família ou casal.

Na modalidade psicanalítica de atendimento de casais e famílias, acredita-se na pluralidade de conluios. Não apenas o conluio pensado na díade analista-paciente, como também o conluio entre os cônjuges ou membros da família (irmãos, pai-filho, mãe-filho). Deve-se considerar nesse trabalho tanto os aspectos estruturantes e benéficos ao vínculo como os negativos (defensivos). Na prática clínica, os conluios são vistos como uma defesa primitiva de difícil dissolução. Em função desse aspecto, torna-se importante a sensibilidade, empatia e habilidade do analista para que não se constitua nenhum pacto ou conivência com essa forma de aliança, uma vez que prejudicariam o processo analítico e, consequentemente, o vir a ser do paciente (ou uma nova possibilidade de relação entre os membros do grupo casal-família).

REFERÊNCIAS

DICKS, H. *Marital tensions*. London: Routledge/Kegan Paul, 1967.

EIGUER, A. *Um divã para família*. Porto Alegre: Artmed, 1985.

FREUD, S. Fragmento da análise de um caso de histeria. *In: Edição standard brasileira das obras psicológicas completas de Sigmund Freud*. Rio de Janeiro: Imago, 1996. (Trabalho originalmente publicado em 1905).

HEGENBERG, M. *Psicoterapia breve de casal*. São Paulo: Pearson, 2016. (Coleção Clínica Psicanalítica).

JOSEPH, B. O paciente de difícil acesso. *In:* SPILLIUS, E. B.; FELDMAN, M. (org.). *Equilíbrio psíquico e mudança psíquica*. Rio de Janeiro: Imago, 1992.

KAËS, R. *As alianças inconscientes*. São Paulo: Ideias & Letras, 2014.

LAING, R. D. *O eu e os outros*. Petrópolis: Vozes, 1976. (Coleção Psicanálise).

LEMAIRE, J. G. *Terapias de pareja*. Buenos Aires: Amorrortu, 1974.

MICHAELIS. *Dicionário Michaelis*. São Paulo: Melhoramentos, 2016.

WILLI, J. *La pareja humana: relación y conflito*. Madrid: Morata, 1978.

ZIMERMAN, D. E. *Vocabulário contemporâneo de psicanálise*. Porto Alegre: Artmed, 2001.

Continente genealógico/malhagem

Maria Inês Assumpção Fernandes

CONCEITO

A noção de continente refere-se à configuração continente-conteúdo (BION, 1962) como um *modelo* oriundo de um dos aspectos da identificação projetiva (DECOBERT, 1988). Essa configuração tem por função resistir àquilo que possa ameaçar uma estrutura, para transformá-la e superá-la. O continente genealógico decorre de um trabalho psíquico de **malhagem***, desmalhagem e remalhagem dos **vínculos de filiação*** e **afiliação*** (BENGHOZI, 2010, p. 233). A função continente familiar e genealógica permite acolher os processos de transformação.

ETIMOLOGIA

Continente, do latim *continens*, contínuo, ininterrupto; continente terra como terras contínuas; *continere*, conter, abranger (HOUAISS; VILLAR, FRANCO, 2001, p. 818). Genealogia, do latim *genos*, descendência, linhagem; do grego *genea*, raça, espécie, geração (HOUAISS; VILLAR, FRANCO, 2001, p. 1440).

EVOLUÇÃO HISTÓRICA DO CONCEITO

A ideia de continente psíquico remete a Freud, quando este faz a descrição do aparelho psíquico em 1923, apresentando o ego e o id, embora não dispusesse dessa palavra para nomeá-lo. Após descrever a consciência como limite entre mundo interno e mundo externo, "Freud designa o Ego como envelope psíquico, envolvendo neste as funções de manutenção, filtragem e transmissão da informação, sem anunciar, contudo, uma formulação teórica do psiquismo como continente" (DECOBERT, 1988, p. 81, tradução nossa). Contudo, foi Bion, em 1962, inspirado nas propriedades das "barreiras de contato" descritas por Freud em 1895, que utilizou o conceito de *"containment"*. Decobert (1988) afirma que Bion, após ter utilizado *containing* (continente), *content* (conteúdo) e *containment* (contenção) em seus primeiros trabalhos, acrescenta a essas noções a de *configuração* de uma relação continente-conteúdo. Será na obra *Atenção e interpretação* (BION, 1973) que discutirá mais profundamente as noções de *configurações*, sendo a mais estudada a *configuração continente-conteúdo*. Bion atribui a cada termo um signo específico, que representa os símbolos masculino e feminino. Deve-se reconhecer que, nessa obra, o emprego desse *modelo* caracteriza, essencialmente, a identificação projetiva. Assim, enquanto continente, o aspecto da identificação que mais se torna presente é o mecanismo da memória: mecanismo utilizado para preencher as tarefas do pensamento, até que o próprio pensamento possa pensá-las. Por meio da identificação projetiva, um conteúdo (elementos beta) é projetado num continente que o acolhe, contém temporariamente, transforma pela função de *rêverie*, e o devolve sob a forma de elementos alfa.

Esse modelo é frequentemente utilizado nos trabalhos referentes aos grupos e às famílias. Eiguer prioriza a expressão *grupo-família* a *grupo familiar* para sublinhar a dupla identidade desse conjunto: é "um grupo com seu limite, em homomorfia com aquele do corpo e do Ego. É uma família, teoricamente ilimitada considerando a associatividade da filiação e das alianças, em homomorfia com a infinitude associativa dos representantes pulsionais na psique" (EIGUER, 1997, p. 79, tradução nossa). A noção de *continente* e de *função continente* aparecem em trabalhos de Anzieu e Kaës, operando, com tais noções, a reflexão no nível metapsicológico assim como no nível da construção de dispositivos clínicos. O primeiro mostra de que maneira o conceito de Eu-pele constitui-se como um envelope suficientemente flexível às interações com o ambiente e suficientemente continente daquilo que se torna conteúdo psíquico (ANZIEU, 1985). Para Kaës, o grupo "é utilizado pelos sujeitos como continente de seus conteúdos psíquicos, transformados em representações, fantasmas, pensamentos, ou não transformados e expulsos por eles no grupo" (KAËS, 1993, p. 199, tradução nossa). Acrescente-se a tal afirmação a consideração de que a constituição do grupo é, de início, a de um continente das representações pulsionais; será, em seguida, importante que o grupo disponha de "continentes de pensamento que são, precisamente, os organizadores inconscientes do agrupamento, especialmente os fantasmas originários" (KAËS, 1993, p. 248, tradução nossa).

Benghozi proporá o modelo de *continente genealógico grupal*, no nível grupal e comunitário, com uma trama e uma rede (BENGHOZI, 2010). Os continentes genealógicos podem ser representados como constituídos de malhas, e a *malhagem genealógica* permite a integridade e a manutenção desses continentes. Por *trabalho de malhagem*, Benghozi entende o processo de estruturação dos vínculos. Considerando-se uma família, esse processo supõe, de um lado, os vínculos de filiação em relação aos ascendentes e aos descendentes (mesmo os não nascidos) e, de outro lado, os vínculos de afiliação (BENGHOZI, 2010, p. 74). Note-se que o trabalho psíquico da *malhagem* assegura ao aparelho psíquico familiar uma *função continente* de transformação psíquica.

Essa transformação é pensada como uma capacidade de elaboração dos continentes grupais familiares: no nível sincrônico, há a elaboração "das sensações, percepções, dos afetos sentidos pelos membros da família, mas também, no nível diacrônico, de transformação do material psíquico transmitido em nível genealógico inter e transgeracional" (BENGHOZI, 2010, p. 233). O autor faz uma distinção entre vínculo e relação: os vínculos estão para o continente como as relações estão para o conteúdo. Para tanto, afirma que é

> preciso distinguir as transformações dos continentes que engajam a desmalhagem e a remalhagem dos vínculos psíquicos e as transformações dos conteúdos psíquicos que se referem aos processos de ligação-desligamento. O continente pode ser suficientemente estável ou transformar-se. (BENGHOZI, 2010, p. 235)

REFERÊNCIAS

ANZIEU, D. *Le moi-peau*. Paris: Dunod, 1985.

BENGHOZI, P. *Malhagem, filiação e afiliação*. São Paulo: Vetor, 2010.

BION, W. R. *Learning from Experience*. New York: Basic Books, 1962.

BION, W. R. *Atenção e interpretação*. Rio de Janeiro: Imago, 1973.

DECOBERT, S. Contenant (Le groupe comme...). In: ANZIEU, D. *Vocabulaire de psychanalyse groupale et familiale*. Paris: Collège de Psychanalyse Groupale et Familiale, 1998.

EIGUER, A. La part maudite de l'héritage. In: *Le générationnel: approche en thérapie familiale psychanalytique*. Paris: Dunod, 1997.

HOUAISS, A.; VILLAR, M. S.; FRANCO, F. M. de M. *Dicionário Houaiss da língua portuguesa*. Rio de Janeiro: Objetiva, 2001.

KAËS, R. *Le travail psychanalytique dans les groupes: las voies de l'interpretation.* Paris: Dunod, 1982.

KAËS, R. *Le groupe et le sujet du groupe.* Paris: Dunod, 1993.

ZIMERMAN, D. E. *Bion da teoria à prática: uma leitura didática.* Porto Alegre: Artes Médicas, 1995.

Contrato inconsciente

Ana Balkanyi Hoffman

CONCEITO

Expressão utilizada por psicanalistas vinculares para descrever uma dinâmica emocional que envolve maneiras de os casais lidarem com seus desejos, sua vida sexual, como se relacionam com as famílias de origem, formas de criar os filhos, como se organizam financeiramente, quais defesas utilizam diante das fantasias que os ameaçam. Mesmo eles tendo acordado conscientemente as formas de lidar com essas questões, boa parte dos determinantes que prevalecem nesses funcionamentos são de origem inconsciente.

ETIMOLOGIA

Do latim *contractus*, particípio de *contrahere* (contratar); *de com-(junto)* + *trahere*: trazer, puxar. Acordo, pacto, trato em que duas ou mais pessoas assumem certos compromissos ou obrigações, ou asseguram entre si algum direito. Por se tratar de um *contrato inconsciente*, passa a ter uma especificidade que descreve uma dinâmica psíquica. Para diferenciar de outros tipos de contratos conscientes, por exemplo, contrato de aluguel, contrato de trabalho, contrato nupcial (DICIO, 2020).

EVOLUÇÃO HISTÓRICA DO CONCEITO

Quem utilizou o termo *contrato* nos seus escritos foram Cohan de Uribarri e Uribarri:

> O contrato de cada cônjuge se baseia em desejos conscientes, pré-conscientes e inconscientes. Cada um pode atuar como se o seu inconsciente tivesse sido aceito na sua totalidade pelo outro. Cada um supõe que, por procurar satisfazer os desejos do outro como ele ou ela os percebe, garante assim nessa troca a satisfação dos próprios. Caso isso não aconteça, aparecem sentimentos de desilusão, abandono,

depressão ou raiva. (COHAN DE URIBARRI; URIBARRI, 1986, p. 201, tradução nossa)

Porém, encontramos vários termos criados por diversos autores que, com algumas nuances, têm uma equivalência com a expressão de contrato inconsciente: acordos inconscientes, pactos inconscientes, **alianças inconscientes***, complementaridade inconsciente, e outros.

Um dos autores de maior destaque no desenvolvimento da terminologia vincular é Isidoro Bereinstein, que, em seu livro *Psicanalisar uma família*, vai introduzindo a noção do que ele chama de acordos inconscientes:

> Todo vínculo resulta de um conjunto de acordos, pactos, normas e regras, na maioria das vezes inconscientes. São um conjunto de estipulações no qual os egos tentam estabelecer o intercâmbio a respeito de uma matéria comum, como desejos e ações específicas, modalidade da relação, defesas vinculares, formas da cotidianidade, das relações sexuais, como serão as relações econômicas, os nomes próprios, como se ocuparão lugares de parentesco etc. Pode abranger desde o infantil ao adulto, desde o narcisista ao objetal, desde o menos ao mais complexo. (BERENSTEIN, 1996, p. 172, tradução nossa)

O acordo abre, no melhor dos casos, a possibilidade de um maior e mais complexo intercâmbio afetivo e emocional e, no pior dos casos, o nível menor de estabilidade possível para os egos. Implica uma sorte de combinação de representações afetivas e ideativas para criar novas unidades que, contendo as anteriores, gerem vínculos cuja qualidade contém um algo a mais do que a soma das representações do eu e do outro.

Existe uma multiplicidade de referências e intuições na obra de Freud que podem ser consideradas como antecedentes da concepção intersubjetiva. Losso (2001, *apud* MOGUILLANSKY; NUSSBAUM, 2011) menciona que a postulação freudiana (FREUD, 1921) de um descentramento do sujeito a respeito do eu produzido pela identificação originária com a(s) figura(s) parental(is) coloca em questão o alheamento do sujeito com relação ao seu próprio eu.

Embora as concepções relacionais do desenvolvimento do indivíduo tenham longa data, é, sobretudo, a partir da década de 1950 que as teorizações sobre os vínculos adquirem maior desenvolvimento. Dentro das últimas orientações há matizes e diferenças entre os autores. Quando se começa a pensar no **vínculo*** na psicanálise, pensa-se num conector que transcorre na intersubjetividade, e que esse conector dá origem a representações mentais inconscientes pelo fato de estar em um vínculo.

Implicou, então, começar a pensar em um curso bidirecional da causalidade inconsciente: as determinações inconscientes não só provêm do inconsciente singular, como havia sugerido inicialmente a psicanálise ao incorporar a noção de vínculo, como também cada sujeito é determinado de modo inconsciente por pertencer a um vínculo.

Frisamos nessa perspectiva o descentramento do sujeito presente no vincular (MOGUILLANSKY; NUSSBAUM, 2011). A consideração da relação amorosa como vínculo é uma perspectiva que apareceu na psicanálise na segunda metade do século XX, e reconhece sua pedra fundacional nos trabalhos de Henry Dicks, especialmente em seu livro *Tensiones matrimoniales* (1967). Dicks foi discípulo de Fairbairn, o precursor do serviço de casais na Tavistock Clinic, em Londres. O fundamental neste ponto de vista é que os funcionamentos psíquicos não estão determinados somente pelos psiquismos individuais, mas também pelas trocas e condicionamentos recíprocos conscientes e não conscientes entre os *partenaires*, de forma tal que a relação, desde o ponto de vista psíquico, constitui um *plus* não totalmente explicável pelas individualidades em jogo. O casal não é somente a soma de dois sujeitos, mas o que importa fundamentalmente é o que reciprocamente ativam ou desativam um no outro e/ou juntos produzem; o "entre" os dois (SPIWACOV, 2011, p. 46).

Dicks concluía, apoiando-se em Fairbairn e M. Klein, que os mecanismos de projeção e introjeção têm um papel fundamental na maneira como os cônjuges se escolhem mutuamente. Postulava a existência de uma "complementaridade inconsciente", na qual sugeria que se estabeleciam cumplicidades sincronizadas e reciprocidades (MOGUILLANSKY; NUSSBAUM, 2011 p. 68).

Nessa linha de propor abordagens familiares sem uma modificação substancial das noções de inconsciente encontra-se Willi (1976, *apud* MOGUILLANSKY; NUSSBAUM, 2011), um psicanalista suíço que explorava as relações e conflitos de casal, bem como a angústia ante o casamento. Escreveu vários livros, entre eles *Psicologia do amor: o crescimento pessoal na relação de casal*, no qual fala da importância do outro no casal. Para ele, é vital na relação que cada um dos parceiros seja um mistério para o outro, assim estarão sempre se buscando. Afirma que:

> Nada estimula mais o desenvolvimento pessoal que a relação amorosa construtiva. Nada limita mais o desenvolvimento pessoal nem provoca mais insegurança que uma relação amorosa destrutiva. Para desenvolver seu potencial pessoal, o ser humano necessita de outros seres humanos, mas sobretudo de seu par. (WILLI *apud* MOGUILLANSKY; NUSSBAUM, 2011 p. 70)

Ackerman, membro da Associação Psicanalítica Americana, professor de Psiquiatria na Universidade de Columbia e, no mesmo período – anos 1970 –, diretor da Clínica Psicanalítica de Columbia, foi um gigante na exploração dos vínculos familiares com uma perspectiva psicanalítica. Propõe não dissociar os processos psíquicos internos, sugerindo observá-los no contexto de grupo social e cultural ao reavaliar os fatores instintivos sociais nas relações humanas familiares. Sugeria dar ao social sua verdadeira importância, colocando o indivíduo dentro da "matriz de sua situação", no seu grupo familiar primário.

Devemos destacar a importância de Isidoro Berenstein, que, entre os anos 1970 e 1980, tentando fundamentar a ordem inconsciente interpessoal que torne compreensível os vínculos familiares, desenvolve o conceito de **estrutura familiar inconsciente (EFI)***, modelo inspirado no estruturalismo da época. Esse conceito, embora desse conta das relações sincrônicas, não podia explicar a mudança, não incluía uma dimensão histórica e, além disso, ao delimitar um só personagem por suas relações com os outros, não aceitava o que ocorria na singularidade da pessoa. Mais tarde, Berenstein abandonou esse modelo, que foi substituído por outros.

Janine Puget e Isidoro Berenstein deram uma grande virada conceitual ao postular que todo vínculo se origina numa tentativa de resolver uma falta, uma condição de desamparo originário por meio do objeto único que definiram como uma modalidade vincular primária narcisista, que contempla um vínculo entre um eu indefeso e desamparado e outro dotado de capacidade de se opor a tal estado (MOGUILLANSKY; NUSSBAUM, 2011). Nos últimos anos, eles passam a dar ênfase ao papel do novo, do acontecimento, separando-se das noções de repetição, de causalidade histórica e, por conseguinte, dos enunciados de Freud em torno da noção de inconsciente.

Contrato inconsciente

Um autor que, sem supor um *locus* inconsciente, além do inconsciente individual teorizado por Freud, propõe a existência de processos vinculares que têm efeitos inconscientes no seio do vínculo é Käes, representante paradigmático desse tipo de postura. Embora ele não tenha trabalhado especificamente com famílias, há anos vem dando notável contribuição para a teoria do coletivo do ponto de vista psicanalítico, dando apoio teórico às propostas de desenvolvimento psicanalítico sobre família e casal.

O conceito de **alianças inconscientes*** por ele criado é definido como uma produção conjunta dos integrantes de um contexto intersubjetivo e dá lugar a "processos de formação do inconsciente" não descritos na obra de Freud (SPIWACOV, 2011, p. 66).

Incluem-se nesse modelo Losso (2001), que sugere construir uma "metapsicologia vincular", e, em uma linha similar, Eiguer (1983, *apud* MOGUILLANSKY; NUSSBAUM, 2011), que trabalhou a noção de **interfantasmatização*** na família, enfatizando com isto o compartilhamento de representações entre os membros de toda relação (MOGUILLANSKY; NUSSBAUM, 2011).

Entre os que trabalharam com esses modelos também está Spivacow (2002), cujas contribuições teóricas e clínicas na psicanálise contemporânea destacam a importância do outro nos funcionamentos psíquicos do sujeito, em oposição ao que se tem chamado de "o mito da mente isolada" (assim a psicanálise individual entendia a mente humana; o outro tinha pouca importância para determinar o que se passava com ela). Do ponto de vista operacional, propõe que a psicoterapia de casal deva centrar seus objetivos em alcançar *insights* sobre as reações do sujeito às influências do outro, sobre o clima vincular e sobre a bidirecionalidade reinante.

Moguilansky e Nussman (2011) também contribuíram nessa linha, considerando que, sem supor um *locus* inconsciente, mais além do inconsciente individual teorizado por Freud, propõem a existência de processos vinculares que têm efeitos inconscientes no seio do vínculo.

REFERÊNCIAS

BERENSTEIN, I. *Psicanalisar una família*. Buenos Aires: Paidós, 1996.

COHAN DE URIBARRI, A.; URIBARRI, R. Consideraciones sobre el divorcio y la nueva família del divorciado. *Revista Terapia Familiar*, Buenos Aires, v. 9, n. 15, 1986.

DICKS, H. *Tensiones matrimoniales*. Buenos Aires: Hormé, 1970. (Trabalho originalmente publicado em 1967).

FREUD, S. Psicologia das massas. *In:* Obras Completas. Buenos Aires: Amarrotou, 1979. v. 19. (Trabalho originalmente publicado em 1921).

MOGUILLANSKY, R.; NUSSBAUM, S. Psicanálise vincular: teoria e clínica. *In: Fundamentos teóricos e abordagem clínica do casal e da família*. São Paulo: Zagadoni, 2011. v. 1.

SPIVACOW, M. A. La perspectiva intersubjetiva y sus destinos: la terapia psicoanalítica de pareja. *Aperturas Psicoanalíticas*, Madrid, n. 11, 2002. Disponível em: http://www.aperturas.org/articulo.php?articulo=205. Acesso em: 22 fev. 2021.

SPIVACOW, M. A. *La pareja en conflito*: aportes psicoanalíticos. Buenos Aires: Paidós, 2011.

DICIO. *Contrato*. Disponível em: https://www.dicio.com.br/contrato/. Acesso em: 5 maio 2020.

Contratransferência

Sérgio Telles

CONCEITO

Somatória das reações inconscientes do analista à pessoa do analisando, especialmente à sua transferência. Não são muitas as referências explicitas de Freud à contratransferência. Ele a vê como uma resposta inconsciente do analista à pessoa do paciente, dando com isso provas de seus próprios limites e resistências internas. Deve-se à descoberta da contratransferência o estabelecimento da necessidade de que o analista se submeta a uma análise pessoal para poder exercer seu oficio.

EVOLUÇÃO HISTÓRICA DO CONCEITO

A questão da contratransferência suscitou muita polêmica no movimento psicanalítico. Ferenczi foi o primeiro a mencioná-la de forma explícita em 1908, e, a partir daí, sua importância só fez crescer. O próprio Ferenczi, ao se afastar de Freud, desenvolveu a ideia de uma análise mútua, na qual o analista fornece ao analisando elementos de sua contratransferência, criando assim uma outra forma de relacionamento terapêutico. Desdobramentos significativos foram realizados por psicanalistas da corrente norte-americana *ego psychology* e da escola inglesa, como Winnicott, Masud Khan, Paula Heimann e Margareth Little.

Discutiu-se se a contratransferência se ligava apenas às reações inconscientes provocadas no analista pela **transferência*** do analisando ou se dizia respeito a todos os elementos da personalidade do analista que podem interferir no tratamento. Lagache defende a primeira posição, que implica uma especificidade maior de cada relação.

O manejo técnico desses desdobramentos por parte do analista pode ser resumido assim: a) tentar neutralizar ou reduzir ao máximo as reações contratransferenciais em sua própria análise pessoal, de modo a deixar o campo aberto para a projeção do analisando e a recepção da transferência do analisando; b) utilizar as manifestações da contratransferência como um instrumento para captar as manifestações do inconsciente do outro; c) deixar que as manifestações da contratransferência o guiem (o analista) na formulação de **interpretações*** e atitudes frente ao analisando – postura que tem ganho progressivamente mais adeptos.

A importância da contratransferência se firmou à medida que o tratamento psicanalítico passou a ser entendido cada vez mais como uma relação e que novas áreas foram incluídas no âmbito terapêutico, como a análise de criança e de psicóticos – situações que mobilizam mais intensamente as reações inconscientes dos analistas (LAPLANCHE; PONTALIS, 1976).

Lacan, por sua vez, considera inadequado o uso do termo contratransferência, propondo trocá-lo por "desejo do analista", que ressaltaria o descompasso estrutural da relação do analista com o paciente, deixando claro que ela é irredutível a uma relação dual, que nela não se estabelece uma **intersubjetividade*** (KAUFMANN, 1999).

A questão da contratransferência nos grupos nos remete às especificidades da transferência nessas condições, descritas inicialmente por Freud em seu texto de 1921, "Psicologia das massas e análise do ego", e Bion, com as três posições transferenciais básicas – dependência, luta e fuga, acasalamento descritas em sua obra "Experiências com grupos", de 1948.

Segundo Brusset, por serem produto do funcionamento **intrapsíquico*** e **interpsíquico*** da dupla analista-analisando, transferência e contratransferência levantam importantes questões metapsicológicas, dando abertura para a proposição de uma tópica externa **intersubjetiva***, que inclui o outro. Convencionou-se chamar de **terceira tópica*** essa ampliação do espaço psíquico, que tem sido abordada de forma diferente por vários autores. Diz ele:

> Ela (terceira tópica) decorre da tópica interna. É a manifestação maior da ideia da produção da transferência na situação analítica, da construção do espaço psicanalítico. Sua base é aquilo que Freud subestimou: o papel das dotações pessoais do psicanalista e sua participação psíquica na relação transferencial e, de forma mais ampla, o papel do outro, o parceiro do inter-relacionamento na construção do objeto na origem da vida psíquica. (BRUSSET, 2006, p. 1240-1241)

No que diz respeito à psicanálise de família, Zimerman afirma que a contratransferência no grupo familiar se manifesta de forma individual e grupal, ou seja, a partir de cada membro da família e da família como um todo (ZIMERMAN, 2000).

Eiguer (1995) entende que, nessas circunstâncias, a contratransferência é especialmente ativa, na medida em que o analista é o alvo de intensas projeções de todos do grupo familiar, maneira pela qual tenta comunicar-lhe suas vivências inconscientes. Losso *et al.* (2001), por sua vez, veem a contratransferência a partir da interação dos **mitos familiares*** do paciente com os do analista.

Com a introdução dos conceitos de **imposição*** e **interferência***, Berenstein (2007) trouxe uma importante contribuição ao estudo da transferência e contratransferência, na medida em que, com eles, sublinha as implicações produzidas pela presença física de cada sujeito individual ou participante de um grupo. A presença ressalta a diferença entre **alteridade*** e objeto externo, categorias com as quais apreendemos o Outro.

REFERÊNCIAS

BERENSTEIN, I. *Del ser al hacer. Curso sobre vincularidad.* Buenos Aires: Paidós, 2007.

BION, W. R. Experiences in groups: I. *Human Relations*, v. 1, n. 3, p. 314-320, 1948.

EIGUER, A. *O parentesco fantasmático: transferência e contratransferência em terapia familiar psicanalítica.* São Paulo: Casa do Psicólogo, 1995.

FREUD, S. Psicologia das massas e análise do ego. In: *Edição standard brasileira das obras psicológicas completas de Sigmund Freud.* Rio de Janeiro: Imago, 2006. (Trabalho originalmente publicado em 1921).

KAUFMANN, P. *Dicionário enciclopédico de psicanálise.* Rio de Janeiro: Jorge Zahar, 1999.

LAPLANCHE J.; PONTALIS, J. B. *Vocabulário de psicanálise.* Lisboa: Moraes, 1976. p. 146-147.

LOSSO, R. *Transferência e contratransferência em psicanálise de família e casal.* Buenos Aires: Lumen, 2001.

LOSSO, R. et al. *Dicionário de psicanálise.* Rio de Janeiro: Jorge Zahar, 1998.

ZIMERMAN, D. E. Transferência. In: *Fundamentos básicos das grupoterapias.* Porto Alegre: Armed, 2000. p. 160-163.

Coterapia

Almira Rossetti Lopes

CONCEITO

Coterapia em psicanálise de casal e família é uma situação clínica na qual um casal ou uma família é atendida simultaneamente por dois terapeutas em situação de igualdade.

ETIMOLOGIA

"Co", prefixo associativo do grego *Koinos*, que divide mutuamente e não indica subordinação, mais "terapia", do grego *terapia*, acompanhar, atender ao próximo.

EVOLUÇÃO HISTÓRICA DO CONCEITO

Essa condição de igualdade, na qual não há diferença hierárquica entre os dois terapeutas, permite ao cliente uma série de investimentos (projeções, fantasias etc.), quer como um conjunto, quer individualmente, de forma muito rica e cheia de sentido, permitindo aos terapeutas uma melhor compreensão da dinâmica da família ou do casal. A troca de ideias entre os profissionais é importante em qualquer tipo de atendimento em coterapia, permitindo à dupla um entendimento mais apurado do que aconteceu na sessão. É também uma oportunidade de os dois coterapeutas conversarem sobre os seus diferentes pontos de vista a respeito do que ocorreu na sessão, aparando arestas e permitindo uma visão mais enriquecedora do trabalho.

Com a mudança da constituição das famílias, durante e após a Segunda Guerra Mundial, surgiram situações novas e bastante complexas, entre as quais mudanças de papel do casal parental, ou seja, o pai que era o provedor vai para a guerra, ficando a mãe com o trabalho de prover a família e cuidar dos filhos. Essas mudanças trazem então uma preocupação para os profissionais da saúde, que procuram desenvolver situações clínicas que possam auxiliar as famílias. Foi nesse quadro que a coterapia começou a ser utilizada, pois até esse momento o atendimento de família era visto com medo e ansiedade por parte dos terapeutas. Até então, o modo de atendimento psicológico mais comum era o atendimento individual. A coterapia ajudou e ajuda nos casos psicológicos graves. Um dos lugares em que a coterapia se desenvolveu foi na Tavistock Clinic (Londres), quer na Marital Unit, quer no Family Discussion Bureau. Há depoimentos dessa técnica desde 1974. Dicks (1973) descreve os benefícios da coterapia primariamente em termos de continente. O fato de serem duas pessoas ajuda a lidar com sessões terapêuticas altamente complexas. Pode ser útil também no treinamento de futuros terapeutas de casal e família. Nesse caso, é possível estar junto um membro qualificado em psicanálise de casal e família e um membro iniciante; o contato com a situação vivida traz grande aprendizado para o iniciante, desde que haja possibilidade de uma troca de ideias entre os dois terapeutas.

Rossetti-Lopes e Scarano-Hemsi (1992) explicitaram, mais claramente, a noção do que é coterapia do ponto de vista psicanalítico. Recentemente, Culow (2020) apresentou o trabalho "Co-therapy as interpretive action", no qual dá especial destaque ao uso da coterapia, considerando-a como uma ação interpretativa dentro da sessão, como sugerido por Ogden (1996). Este propôs o termo "ações interpretativas" e afirma que o analista, por meio de suas ações, comunica ao paciente aspectos de sua compreensão acerca do processo transferencial e contratransferencial do processo analítico, o que extrapola a comunicação verbal. O fato de serem dois terapeutas faz com que lhes sejam atribuídas inconscientemente qualidades parentais. A ação interpretativa não se restringe então só às palavras, mas a outras maneiras de comunicação com o casal (gestos, tons de voz etc.). Culow se refere ao terceiro analítico intersubjetivo, isto é, a presença de um terceiro na sessão, permitindo pensar com mais clareza as relações entre o casal. Não se trata só do olhar de um para o outro, mas da condição de olhar e ser olhado de diversas formas por meio deste triângulo – terapeutas e casal. Essa experiência enriquece muito a percepção do casal, levando-o a refletir sobre os seus diferentes papéis: marido, mulher, pai, mãe etc.

Podemos ver que o tema coterapia é sempre atual, gerando novos trabalhos e novas pesquisas que certamente aprimoram a clínica psicanalítica.

Sendo a coterapia familiar uma situação clínica, ela é utilizada por diferentes escolas de psicologia. Seu conceito não diverge muito de uma escola para outra, mas vemos diferentes formas de coterapia. Às vezes, num atendimento de grupos de famílias, são usados mais de dois terapeutas. Outras vezes usam-se dois, estando um dentro da sessão e outro fora. Nessa situação é empregado um espelho unidirecional, capacitando o que está fora para que, mesmo assim, tenha voz. A diferença significante, entre as várias escolas – sistêmica, psicanalítica etc. – é a interpretação dada à situação vivida na sessão. Cada escola psicológica tem uma forma de ver o mundo mental, daí a diferença de interpretação. O entendimento de uma situação levará em conta qual é a visão teórica desenvolvida por cada escola psicológica. Várias escolas podem usar a coterapia como método de trabalho, adaptando-a a seus próprios conceitos, uma vez que a coterapia é uma situação clínica, uma técnica. É importante notar que a coterapia é um instrumento de trabalho, a ser utilizado e compreendido segundo a concepção psicológica seguida pelos terapeutas.

REFERÊNCIAS

CULOW, C. *Co-therapy as interpretive action*. Trabalho apresentado ao 7º Congresso Internacional de Psicanálise de Casal e Família IPA, Califórnia, 2020.

DICKS, H. V. *Marital tensions*. London: Routledge and Kegan Paul, 1973.

OGDEN, T. O conceito de ação interpretativa. *In: Os sujeitos da psicanálise*. São Paulo: Casa do Psicólogo, 1996.

ROSSETTI-LOPES, A.; SCARANO-HEMSI, L. Coterapia. *In:* RAMOS, M. *Terapia de casal e família: o lugar do terapeuta*. São Paulo: Brasiliense, 1992. p. 83-91.

WEBSTER'S THIRD NEW INTERNATIONAL DICTIONARY. Chicago: G&C Merriam Company, 1981.

Cripta

Maria Luiza Dias

CONCEITO

Trata-se de uma construção subterrânea, que inspirou alguns estudiosos a utilizarem essa imagem em analogia a processos ocultos de transmissão psíquica. Abraham e Torok (1995) denominaram por cripta uma vivência vergonhosa e indizível que se configura como um segredo inconfessável e se traduz em um **fantasma*** que permanece enterrado no mundo intrapsíquico, como um conteúdo encrustado, encapsulado, havendo a presença da pulsão de morte.

ETIMOLOGIA

A palavra "cripta" vem do grego *kryptós*, que significa "escondido", "oculto", "secreto". Na língua portuguesa, cripta significa "câmara subterrânea". No Latim, encontra-se o termo *crypticus*, que significa "críptico", ou seja, aquilo que tem significados ocultos, que é difícil de entender. O *Dicionário etimológico* aponta, ainda, que outro derivado é "apócrifo", que é o texto de autoria "escondida", isto é, desconhecida.

EVOLUÇÃO HISTÓRICA DO CONCEITO

Abraham e Torok (1995), psicanalistas de origem húngara, utilizaram o termo "cadáver saboroso" para representar o momento de realização de um desejo ilegítimo, conservado em uma cripta – zona clivada do ego. "A cripta constitui precisamente o lugar onde se esconde o **segredo*** da realidade vergonhosa que não deve ser conhecida", tal como a define Antunes (2003, p. 72). Patologias podem, então, surgir como consequência desse conteúdo herdado e encravado no psiquismo. Nesta direção, avalia-se que segredos podem ter efeito dificultador nas relações conjugais e familiares.

Cabe dizer que este tema inspirou muitas outras obras ligadas ao universo da **transmissão psíquica*** e da **transgeracionalidade***. Correa (2003), por exemplo, tratou do tema da transmissão psíquica entre gerações e dessas histórias que não pertencem ao indivíduo e que são transmitidas para a geração seguinte. A autora entende que correspondem a um saber não compreendido, da ordem do **negativo***. Correa (2003, p. 9) apontou que Abraham e Torok elaboraram conceitos-chave na clínica psicanalítica contemporânea, como: "os efeitos dos segredos de família atravessando as gerações (clínica do **fantasma*** ou da assombração)"; "o **luto*** impossível por uma pessoa significativa (tornando-se patológico)"; "a **identificação*** secreta com um outro (fantasma de incorporação)"; e "o enterro **intrapsíquico*** de uma vivência vergonhosa e indizível (cripta)". A autora considera esses conceitos fundamentais na problemática teórico-clínica da **transmissão psíquica*** geracional.

Cabe ressaltar que famílias portadoras de segredos estão suscetíveis à formação de sintoma(s), uma vez que o não dito irá fazer presença por meio de herança psíquica, em forma de um legado que ficará para as novas gerações resolverem, já que a geração anterior não pôde fazê-lo. Desse modo, os conteúdos inconscientes não elaborados operam como heranças psíquicas **transgeracionais***, ao permanecerem encriptados, em forma de vivências traumáticas ou lutos não elaborados, por exemplo. Assim, histórias que não foram vividas pelo próprio indivíduo acabam tendo parte na constituição de seu psiquismo.

REFERÊNCIAS

ABRAHAM, N.; TOROK, M. *A casca e o núcleo*. São Paulo: Escuta, 1995.

ANTUNES, S. P. *Os caminhos do trauma em Nicholas Abraham e Maria Torok*. São Paulo: Escuta, 2003.

CORREA, O. B. R. *Os avatares da transmissão psíquica geracional*. São Paulo: Escuta, 2000.

DICIONÁRIO ETIMOLÓGICO. *Etimologia e origem das palavras*. Disponível em: https://www.dicionarioetimologico.com.br/cripta/. Acesso em: 6 maio 2020.

Crise

Maria Lucia de Souza Campos Paiva
Silvia Brasiliano

CONCEITO

"Estado de manifestação aguda ou de agravamento de uma doença emocional e/ou mental, suscitado pela interferência de fatores objetivos e/ou subjetivos" (HOUAISS; VILLAR; FRANCO, 2004, p. 872).

ETIMOLOGIA

Do grego *krísis,eōs*, ação ou faculdade de distinguir, ação de escolher, decidir, julgar (HOUAISS; VILLAR; FRANCO, 2004, p. 872).

EVOLUÇÃO HISTÓRICA DO CONCEITO

"HIST. MED. segundo antigas concepções, o 7º, 14º, 21º ou 28º dia que, na evolução de uma doença, constituía o momento decisivo tanto para a cura como para a morte" (HOUAISS; VILLAR; FRANCO, 2004, p. 872).

O termo crise é usado tanto por historiadores, sociólogos, cientistas políticos como por psicólogos. Embora ainda não tivesse alcançado um significado científico, Robinson (1979) já apontava para essa necessidade. Segundo o autor, o termo era utilizado por alguns escritores como sinônimo de catástrofe, desastre, tensão, violência ou ainda violência latente. Ávila e Berlinck (2014) evidenciam que se mantém predominante a concepção que trata uma crise como a representação de uma vivência prevendo o pior, e dificilmente como uma experiência com perspectivas de mudanças positivas.

Wiener e Kahn (1962, *apud* ROBINSON, 1979) elencaram algumas dimensões genéricas presentes em uma situação de crise, dentre elas a de que os participantes da situação se veem compelidos a agir; a crise acentua a sensação de urgência, o que provoca tensão e ansiedade entre os que a vivenciam. Miller e Iscoe (1963, *apud* ROBINSON, 1979), ao analisar as características de uma situação de crise, tendo em vista os estudos psicológicos e sociológicos, propõem, entre outras, as seguintes reflexões: a situação de crise é um fenômeno agudo, por princípio, não crônico, com uma duração indeterminada; o que pode ser considerado crise por um indivíduo pode não ser visto do mesmo modo pelos outros envolvidos na situação; a crise cria tensão no corpo, tanto física como ansiedade.

Kaës aponta que pensar em um homem em crise "é pensá-lo como um sistema vivendo uma organização, desorganização e reorganização permanente. Pensar a crise é tentar mentalizar uma ruptura" (KAËS, 1997, p. 13, tradução nossa). O autor salienta o aspecto subjetivo de uma crise, apontando que, sob o efeito de certos acontecimentos, há uma ruptura dolorosa da continuidade do eu, do uso de seus mecanismos defensivos, de sua organização identificatória e de seus ideais, de sua maneira coerente de pensar, de sentir, de agir, da confiança nos **vínculos*** grupais a que o sujeito pertence. Do ponto de vista de Kaës, o grupo assume importância relevante no aspecto de elaboração da crise do sujeito, uma vez que a sustentação grupal permite a ele retomada e elaboração da crise. Leonardo Boff, sob um ponto de vista mais positivo, salienta que "a crise age como um crisol (elemento químico) que purifica o ouro das gangas [...]. Depois de qualquer crise, seja corporal, psíquica, moral, [...] o ser humano sai purificado, libertando forças para uma vida mais vigorosa e cheia de renovado sentido" (BOFF, 2011, p. 27, *apud* ÁVILA; BERLINCK, 2014).

Apesar de alguns autores discorrerem sobre os possíveis aspectos positivos que podem surgir após uma experiência de crise, alguns casais ou famílias não conseguem superá-la. É possível inferir que algumas famílias não puderam superar a dor psíquica desencadeada por um momento de maior fragilidade, o qual não tiveram **resiliência*** para vencer.

Nos **ciclos vitais*** familiares, pode-se identificar momentos em que a família está mais propensa a vivenciar a crise. Esses momentos são denominados fase do ciclo vital. Em uma ampla revisão sobre o tema, Vásquez, Posada e Messager (2015) consideram que existem quatro etapas evolutivas. A primeira é a de formação do casal, que implica a independência da família de origem para construir a identidade do casal. A segunda etapa é de expansão, que inicia com a entrada de um novo membro na família, o que significa primordialmente a passagem de uma relação diádica para uma triádica. Essa etapa é composta pelas seguintes fases: nascimento do bebê e criação dos filhos até a idade pré-escolar. A etapa seguinte é denominada consolidação e abertura e implica nas fases entrada dos filhos na escola, adolescência, família plataforma de lançamento e meia-idade.

Crise

Essa etapa começa com a abertura da família ao mundo extrafamiliar e termina com o fim do trabalho de criação dos filhos, sua saída de casa e o momento em que o casal volta a estar só e precisa reconfigurar seu relacionamento. A fase plataforma de lançamento é definida como aquela em que se promove a separação dos filhos e permite-se sua saída. A última etapa é o envelhecimento e a morte. Cada uma dessas etapas implica uma série de crises chamadas de normativas ou evolutivas, pois se relacionam com mudanças biológicas, psicológicas e sociais dos membros da família e, por conseguinte, de suas formas de relacionamento, implicando crescimento e desenvolvimento da família (BENITEZ, 2000). No interior dessas crises podem surgir conflitos na dinâmica familiar que desorganizam a sua estrutura. Uma situação comum é a da adolescência dos filhos, que pode ser vivida não como o processo de individuação-separação dos filhos, mas sim como uma ameaça à autoridade dos pais e aos valores da família. Na fase da família plataforma de lançamento, a insatisfação conjugal pode constituir um obstáculo à independência dos filhos, seja porque um dos pais infantiliza o jovem, seja porque este teme que sua partida resulte em uma ruptura da relação conjugal. Na evolução da família podem ocorrer ainda outras crises chamadas de não normativas, que, dependendo da capacidade de enfrentamento e evolução, podem gerar sintomas, alterando o funcionamento familiar. Entre essas crises estão o divórcio do casal, o aparecimento precoce de uma enfermidade crônica em um dos membros, a morte prematura, os acidentes, entre outras.

Na teoria psicanalítica, o conceito de conflito possui um significado diferente de crise. Desde logo, aparece na obra de Freud (1893-1895/1980), em seus estudos iniciais sobre a histeria, a noção de conflito psíquico, que é colocado como ideias incompatíveis. Laplanche e Pontalis (1988) analisam que, no decorrer da obra freudiana, o conflito psíquico é explicado em dois níveis diferentes: "ao nível tópico, entre os sistemas ou instâncias, e, ao nível econômico-dinâmico, como conflito entre pulsões" (p. 132).

Spivacow (2008) delineia que os conflitos que permeiam o **vínculo*** conjugal são, de modo geral, conflitos **intersubjetivos***, da ordem de desejos diferentes de como o funcionamento vincular deveria ocorrer. Um outro aspecto que o autor salienta são os conflitos intersubjetivos oriundos de quando "o outro externo não corresponde ao outro interno (imaginado)" (p. 52, tradução nossa). Na clínica psicanalítica com casais e famílias, a demanda por um atendimento pode ser entendida como uma situação de crise, como as mencionadas anteriormente, ou, ainda, uma crise desencadeada por conflitos derivados da dinâmica do vínculo conjugal e/ou familiar.

Em algumas situações, a questão do tempo é um elemento vital para quem vivencia uma crise. A **psicoterapia breve psicanalítica de casal e família*** é bastante indicada para trabalhar quando a questão do tempo é *sine qua non* na resolução do problema.

Há casais que se sentem ameaçados pela perspectiva de desmanchar o laço conjugal, não conseguindo testar suas forças e conviver com as diferenças. A contenção oferecida, entre eles, é algo puramente defensivo, uma tentativa de camuflar a crise conjugal. Esses casais não têm confiança de que haja um continente entre eles. Vivem uma relação que Colman (1994) descreve como sendo um *jack-in-the-box*: se abrir a caixa, pula para fora, sem nenhum tipo de contenção.

Cleavely (1994) afirma que sem divergência não há crescimento. A tensão que nasce de uma oposição proporciona igual oportunidade para potenciais criativos e destrutivos. Esses dois elementos caminham juntos. Segundo essa autora, numa relação conjugal as brigas vividas poderão ser saudáveis, na medida em que o casal puder regular os conflitos relativos ao mundo interno de cada um e ao mundo compartilhado pelos cônjuges.

As situações de crise e de conflito intersubjetivo podem desencadear momentos de muita agressividade e violência no *setting* terapêutico. É importante que o terapeuta de casal e família possa propiciar um ambiente em que as crises e os conflitos possam ser abordados e pensados. A contenção dos impulsos agressivos, em uma intensidade viável a que eles possam ser pensados, no *setting* terapêutico, é uma das funções do terapeuta familiar.

REFERÊNCIAS

ÁVILA, C. S.; BERLINCK, M. T. Reflexões sobre crise e estabilização em psicopatologia fundamental. *Tempo psicanal.*, Rio de Janeiro, v. 46, n. 2, p. 270-286, dez. 2014. Disponível em: http://pepsic.bvsalud.org/scielo.php?script=sci_arttext&pid=S0101-48382014000200006&lng=pt&nrm=iso.

BENITEZ, I. G. Las crisis familiares. *Rev. Cubana Med. Gen. Integr.*, v. 16, n. 3, p. 280-286, 2000.

CLEAVELY, E. Relationships: interaction, defences and transformation. *In:* RUSZCZYNSKI. S. (ed.), *Psychotherapy with couples: theory and practice at the Tavistock Institute of Marital Studies*. 2. ed. London: Karnac, 1994. p. 55-69.

COLMAN, W. The individual and the couple. *In:* RUSZCZYNSKI, S. (ed.), *Psychotherapy with couples: theory and practice at the Tavistock Institute of Marital Studies*. 2. ed. London: Karnac, 1994. p. 70-96.

FREUD, S. Estudos sobre a histeria. *In: Edição standard brasileira das obras psicológicas completas de Sigmund Freud*. Rio de Janeiro: Imago, 1980. v. 2, p. 39-250. (Trabalho originalmente publicado em 1893-1895).

HOUAISS, A.; VILLAR, M. S.; FRANCO, F. M. de M. *Dicionário Houaiss de língua portuguesa*. Elaborado pelo Instituto Antônio Houaiss de Lexicografia e Banco de Dados da Língua Portuguesa. Rio de Janeiro: Objetiva, 2004.

KAËS, R. Introduction à l'analyse transitionnelle. *In:* KAËS, R. *et al. Crise, rupture et dépassement*. Paris: Dunod, 1997. p. 1-83.

LAPLANCHE, J.; PONTALIS, J. B. *Vocabulário de psicanálise*. 10. ed. São Paulo: Martins Fontes, 1988.

MILLER, K.; ISCOE, I. Crisis. *In:* TOMÁS, V. C. *Enciclopedia internacional de las ciencias sociales*. Madrid: Aguilar, 1963. v. 3, p. 275-279.

ROBINSON, J. A. Crisis. *In:* TOMÁS, V. C. *Enciclopedia internacional de las ciencias sociales*. Madrid: Aguilar, 1979. v. 3, p. 275-279.

SPIVACOW, M. *Clínica psicoanalítica con parejas: entre la teoría y la intervención*. Buenos Aires: Lugar, 2008.

VÁSQUEZ, N. S. M.; POSADA, J. J. Z.; MESSAGER, T. Conceptualización de ciclo vital familiar: una mirada de la producción durante el periodo comprendido entre los años 2002 a 2015. *Revista CES Psicología*, v. 8, n. 2, p. 103-121, jul.-dez. 2015.

Dispositivo

Mauro Hegenberg

CONCEITO

Mecanismo (não rígido) com inter-relações diversas, que possui uma correlação de forças capaz de influenciar, controlar, modelar, capturar e garantir (explicitamente ou não) os gestos, condutas, desejos e discursos (o dito e o não dito). Refere-se a uma rede flexível e variável, cujo mecanismo produz subjetivação.

ETIMOLOGIA

Do latim *dispoñere* (INFOPEDIA, 2020), dispor sob, organizar. Também do latim *dispositus*, ajuste, ou *dispositio*, cuja tradução para o português é disposição (*arrangement*, em inglês). *Dispositivo*, em italiano, ou *dispositif* em francês, do latim *fabrica*, a tradução para o português é dispositivo (WEBTRAN.PT, [s.d.]).

Para Agambem (2009), *dispositivo* vem do grego *oikonomia* (economia), que nos primeiros séculos da história da Igreja católica foi usado para justificar a existência da *santíssima trindade*. Agamben (2009) assinala que *oikonomia* foi traduzida pelos sacerdotes latinos como *dispositio*, origem etimológica do termo *dispositivo*, que carrega, portanto, essa herança teológica que o associou à administração (*santíssima trindade*) do mundo; ou seja, uma forma de governar, um mecanismo de governo e de controle.

EVOLUÇÃO HISTÓRICA DO CONCEITO

Em Portugal, na medicina, o termo *dispositivo* **é preferencialmente** utilizado para instrumentos cuja ação é física e não bioquímica. Exemplos: dispositivo intrauterino (DIU), bisturi, estetoscópio, implantes, próteses, termômetros, válvulas cardíacas. Embora o termo DIU também seja usado no Brasil, em terras brasileiras se prefere usar, para tais instrumentos, os termos aparelho, equipamento ou mecanismo.

Dispositivo

Foucault, na década de 1970, começou a usar o termo a partir de conotações precisas: dispositivo é uma rede, um jogo, uma estratégia de relações de força.

Em uma entrevista com Jacques Alain Miller e outros psicanalistas em 1978, ele responde que o dispositivo é um conjunto heterogêneo que:

> engloba discursos, instituições, organizações arquitetônicas, decisões regulatórias, leis, medidas administrativas, declarações científicas, proposições filosóficas, morais, filantrópicas. Em suma, o dito e o não dito são os elementos do dispositivo. O dispositivo é a rede que pode ser estabelecida entre esses elementos. Entre esses elementos, discursivos ou não, há um tipo de jogo, ou seja, mudanças de posição, mudanças de funções. Este é o dispositivo: estratégias de relações de força que apoiam tipos de conhecimento e são sustentadas por eles. (FOUCAULT, entrevista, 1978, apud CECCHIA, 2010)

Para Deleuze, os dispositivos são máquinas para fazer ver e falar: "os dispositivos têm como componentes linhas de visibilidade, linhas de enunciação, linhas de força, linhas de subjetivação, linhas de ruptura, de fissura, de fratura que se intercruzam e se misturam" (DELEUZE, 1990/1999, p. 3, tradução nossa).

Para Agamben:

> o dispositivo é, sobretudo, uma máquina que produz subjetivação, da produção de sujeitos, como o que humaniza ao mesmo tempo que submete o corpo. Vou literalmente chamar como dispositivo qualquer coisa que tenha de alguma forma a capacidade de capturar, guiar, determinar, interceptar, modelar, controlar e garantir os gestos, condutas, opiniões e discursos dos seres vivos. (AGAMBEN, 2009, p. 40)

Para definir dispositivo, então, utilizam-se as palavras mecanismo e máquina. Cada máquina tem componentes específicos. As máquinas são compostas por seus elementos básicos, como um parafuso, ou um dos membros de uma família. Mecanismos são abstrações teóricas do funcionamento das máquinas. Um motor de um carro tem um desenho característico (**enquadre***); nele se observa uma determinada máquina, cujo mecanismo de funcionamento é o dispositivo. A partir do desenho de um motor (que pode ser diferente de um carro para outro, ou seja, enquadres diferentes), nota-se uma máquina que qualquer mecânico reconhece; esta máquina tem uma engrenagem, um mecanismo (dispositivo), cujo funcionamento produz consequências, como movimentar o carro, ou produzir subjetivação, discursos, desejos, no caso da psicanálise.

Enquadre e dispositivo estão intrinsecamente relacionados. O enquadre influencia o funcionamento do mecanismo. Cada vez que se modifica um componente dessa máquina, se modifica o enquadre. Cada modificação do enquadre altera o funcionamento do dispositivo. Enquadre se refere aos parâmetros fixos que dão suporte ao processo psicanalítico, enquanto dispositivo é um mecanismo. Os mesmos elementos que compõem um enquadre, como o horário da sessão, a sala de atendimento, as associações livres, os silêncios, o pagamento, a transferência, por exemplo, interagem instituindo uma configuração dinâmica, um mecanismo, ou seja, o dispositivo.

No texto freudiano, o termo *dispositivo* é contemplado doze vezes. No "Projeto" (1895/1969a), é usado seis vezes como sinônimo de *aparelho mental*, bem como em "Sobre o narcisismo" (1914/1969c); em outros, aparece como sinônimo do *mecanismo de proteção* da neurose. As menções de Freud ao dispositivo não se referem às condições ou elementos da sessão analítica. Só no texto "Repressão" (1915/1969b) é que o dispositivo aparece relacionado à técnica *psicanalítica*, apenas a partir da má tradução do alemão. De acordo com o tradutor Luis Hanns (1996), no original não aparece a palavra *dispositivo*, e a tradução correta seria "*tipo de técnica*".

Em todo o trabalho de Lacan, o termo aparece seis vezes, cinco delas relacionadas à *Gestalt*. Os termos do dispositivo analítico, do dispositivo de passagem ou do cartel não são de Lacan, embora atribuídos a ele.

Lacan (1969/1992) assinala que o dispositivo psicanalítico é também orientado por um princípio ético fundamental: fazer um uso de poder para governar o tratamento, não o analisando.

Segundo Checchia (2010), se para os filósofos o dispositivo tem o propósito de controle, disciplina, captura e indução de gestos, comportamentos, pensamentos e mesmo desejos, para os psicanalistas o dispositivo deve ter como propósito a liberdade. O dispositivo produz sujeitos, é produtor de subjetividades. O dispositivo psicanalítico não foge a esse princípio, mas com a ressalva de que

Dispositivo

se trata do sujeito do inconsciente. O dispositivo favorece a escuta desse sujeito que fala à revelia do Eu, provocando um processo de subjetivação.

Para Kaës (2007/2011), o dispositivo é um aparelho de trabalho construído com um certo objetivo. É artifício, construção. É o arranjo de elementos espaçotemporais e materiais apropriados a um objetivo de conhecimento e de transformação.

Considerando que um vínculo é uma relação de poder, Puget (2010) assinala que o trabalho com casais e famílias propõe novos dispositivos para dar conta das mudanças nos modelos de intervenção deste "fazer entre dois (ou mais) sujeitos".

Para Kaës (2007/2011), temos que estabelecer as características de um dispositivo psicanalítico de grupo e examinar quais transformações conceituais são necessárias para compreender como se operam as transferências e os processos associativos, como são escolhidos os objetos e as modalidades de interpretação. O trabalho psicanalítico produzido nos dispositivos plurissubjetivos não é idêntico àquele que torna possível o dispositivo da análise clássica.

A pluralidade dos sujeitos, a prevalência do face a face e a interdiscursividade são características do grupo (casal e família aí incluídos) que conferem inflexões particulares às transferências, aos processos associativos, à escuta e à interpretação. O modo de trabalho do psicanalista de casal e de família é influenciado por tais modificações do enquadre e do dispositivo.

Mesmo que o dispositivo e o enquadre da psicanálise de casal e família se modifiquem em relação à análise clássica, o psicanalista continua fazendo *psicanálise*, porque o método se mantém inalterado.

Para Kaës (2007/2011, p. 65), o método psicanalítico se apoia em três enunciados:

1. O objetivo da análise é um tratamento.

2. A psicanálise se produz numa *situação* própria para mobilizar, conhecer e pôr em ação os processos e formações do inconsciente. Essa situação se desenvolve a partir de um dispositivo e de um enquadre e de regras estruturantes (regra fundamental). A aplicação pelo analista, que se torna seu suporte, do dispositivo, do enquadre e da regra fundamental gera os processos que especificam essa *situação* como psicanalítica.

3. A eficácia do processo psicanalítico se deve à enunciação da regra fundamental, aos movimentos da transferência e à função da interpretação na situação psicanalítica.

Kaës (2007/2011) entende que o conhecimento do inconsciente se dá a partir da regra fundamental, que consiste no conjunto dos movimentos de repetição, no discurso de livre associação e na transferência. Para Kaës (2007/2011), a situação analítica desenvolve-se com base num dispositivo ordenado às necessidades do método. Ela pode se definir sob o aspecto da experiência e do conhecimento do inconsciente e em termos dos processos psicanalíticos que se desenvolvem a partir de regras estruturantes que especificam o campo contratrânsfero-transferencial e a partir de um discurso chamado de livre associação.

REFERÊNCIAS

AGAMBEN, G. O que é um dispositivo? In: O que é contemporâneo? E outros ensaios. Chapecó: Argos, 2009.

CHECCHIA, M. A. A clínica psicanalítica é um dispositivo? A Praga: Revista da Psicanálise e Sociedade e Filosofia, v. 2, n. 1, p. 89-100, 2010.

DELEUZE, G. Que és um dispositivo? In: BALBIER, E. et al. Michel Foucault, filósofo. Barcelona: Gedisa, 1999. (Trabalho originalmente publicado em 1990).

FREUD, S. Projeto para uma psicologia científica. In: Edição standard brasileira das obras psicológicas completas de Sigmund Freud. Rio de Janeiro: Imago, 1969a. v. 1, p. 381-473. (Trabalho originalmente publicado em 1895).

FREUD, S. Repressão. In: Edição standard brasileira das obras psicológicas completas de Sigmund Freud. Rio de Janeiro: Imago, 1969b. v. 14, p. 169-190. (Trabalho originalmente publicado em 1915).

FREUD, S. Sobre narcisismo: uma introdução. In: Edição standard brasileira das obras psicológicas completas de Sigmund Freud. Rio de Janeiro: Imago, 1969c. v. 14, p. 89-120. (Trabalho originalmente publicado em 1914).

HANNS, L. O dicionário alemão comentado de Freud. Rio de Janeiro: Imago, 1996.

INFOPEDIA. Dicionário Porto Editora. Disponível em: http//www.infopedia.pt. Acesso em: 23 out. 2020.

KAËS, R. Um singular plural. São Paulo: Loyola, 2011. (Trabalho originalmente publicado em 2007).

LACAN, J. *O Seminário, livro 17: o avesso da psicanálise*. Rio de Janeiro: Jorge Zahar, 1992. (Trabalho originalmente publicado em 1969).

PUGET J. Os dispositivos e o atual. *Revista Brasileira de Psicanálise*, v. 44, n. 2, 2010.

WEBTRAN.PT Dicionário. Disponível em: http//www.webtran.pt. Acesso em: 7 fev. 2021.

Duplo vínculo

Maria Luiza Dias

CONCEITO

Gregory Bateson utilizou o termo "duplo vínculo" para denominar um tipo de comunicação humana em que duas ordens de mensagens são emitidas ao mesmo tempo, sendo que a primeira contraria a segunda, havendo uma terceira que impede o indivíduo de sair da situação em que permanece aprisionado (BATESON et al., 1980).

ETIMOLOGIA

Vínculo significa "o que ata, liga ou aperta; atadura, liame, nó; o que estabelece uma relação lógica ou de subordinação; o que liga afetivamente duas ou mais pessoas; relação, relacionamento; o que restringe ou condiciona (algo)" (MICHAELIS, 2020). Etimologicamente, Zimerman (2007, p. 163) apontou que "o termo vínculo tem sua origem no étimo latino *vinculum*, o qual significa uma união, com as características de uma ligadura, uma atadura de características duradouras". Segundo esse psicanalista, o termo vínculo provém da mesma raiz que a palavra "vinco". Surge, dessa maneira, um parentesco com o significado, por exemplo, de "vinco" das calças, ou de rugas. Assim, embora haja uma delimitação clara entre as partes, o termo indica uma ligação entre elas, que permanecem unidas e inseparáveis. A definição etimológica faz-se suficiente para a compreensão do que Bateson procurou nos transmitir ao afirmar que um vínculo pode acontecer em mão dupla, correspondendo a um estado mental.

EVOLUÇÃO HISTÓRICA DO CONCEITO

Na psicanálise e na psicanálise de casal e família, vários autores se dedicaram a compreender a noção de **vínculo***: Freud, Klein, Bion, Pichon-Rivière, Kaës, Berenstein. Foi o antropólogo Gregory Bateson, contudo, que descreveu o fenômeno da dupla vinculação. Esse padrão de comunicação foi observado por ele nos dias de visita dos familiares aos internos, quando trabalhou no VA Hospital como antropólogo, em Palo Alto (Califórnia). Bateson constatou que nas famílias com sintomatologia esquizofrênica, a presença da comunicação por

Duplo vínculo

duplo vínculo era frequente e, embora não considerasse que ela causasse diretamente a esquizofrenia, pensava que se tratava de uma comunicação tóxica e que o comportamento do indivíduo esquizofrênico estava adequado dentro de sua unidade de referência e do tipo de comunicação que lhe era proposto. Alinhou-se assim a pensamentos que emergiam, na época, e que compunham a vertente da antipsiquiatria, e contribuiu para cunhar preceitos importantes em terapia familiar. Descreveu os "ingredientes necessários" para uma situação de duplo vínculo se instalar e produzir sintomas esquizofrênicos: a existência de duas ou mais pessoas, sendo uma designada ao lugar de vítima; a repetição de uma experiência, que chega a construir uma expectativa habitual; uma instrução negativa primária que pode ser: "não faça ou o castigarei" ou "se não fizer o castigarei"; uma instrução secundária que contradiz a primeira em um nível mais abstrato e, como a primeira, "está reforçada por castigos e sinais que põem em perigo a sobrevivência" (BATESON, 1980, p. 27, tradução nossa); uma instrução negativa terciária que proíbe a vítima de escapar do campo. Afirma que, por último, "todos estes ingredientes já não são necessários quando a vítima tiver aprendido a perceber seu universo em padrões de tipo duplo vínculo" (BATESON, 1980, p. 26-28, tradução nossa).

Bateson enumera três características gerais da situação de duplo vínculo: o indivíduo participa de uma relação intensa, atribuindo importância vital a discriminar acertadamente o tipo de mensagem que lhe é comunicada, pois deseja responder adequadamente; o indivíduo fica aprisionado em uma situação na qual a outra pessoa expressa duas ordens de mensagens contraditórias, uma negando a outra; o indivíduo é incapaz de comentar acerca das mensagens que recebeu, portanto, não consegue discriminar a qual ordem de mensagem deve responder e, neste contexto, falha a metacomunicação. Não conseguindo conversar sobre o modo como estão se comunicando e não contando com a ajuda da outra figura parental, ou seja, com um pai presente que possa interferir na relação mãe e filho(a), o indivíduo desenvolve sintomas.

Na psicanálise de casal e família, esse conceito foi incorporado para que se compreendam alguns processos de comunicação no exercício da **conjugalidade*** e no seio familiar. Inúmeros exemplos podem ser mencionados que promoveriam a rápida compreensão de nosso leitor: imagine uma mãe que está dizendo ao filho que o ama (linguagem verbal), mas que o faz com uma tonalidade agressiva (linguagem não verbal), e se o filho tentar esclarecer os sentimentos da mãe, acabará também em mal-estar, sem obter sucesso na tentativa; ou uma mãe que diz ao filho que não berre, pois não se pode berrar porque isso é desrespeito para com a outra pessoa, mas o diz em altíssimo tom. Na literatura encontramos também exemplos: Calil (1987, p. 29) menciona o caso de uma mãe que pede ao filho que vá para a cama, por ele estar cansado, mas que, na verdade, traz implícito nesta fala que deseja que ele saia de sua frente, pois que está cheia dele. Como a criança seria punida se discriminasse adequadamente a mensagem, talvez aceite a ideia de que está cansada. Zimerman (2007, p. 164) exemplifica a dupla vinculação com a seguinte fala parental ao filho: "Eu te ordeno que não recebas ordem de ninguém". Imagine, ainda, um marido que declara querer ser pai, o que implica, então, que sua esposa engravide, mas que a todo período fértil da esposa alega estar muito cansado ou ter que ficar até mais tarde no escritório, evitando relacionar-se sexualmente com sua mulher. Neste caso, o que ele faz se opõe ao que ele diz, e o casal permanece em uma situação que Zimerman sugere ser sem saída.

Bateson *et al.* (1980) compreendem a situação da criança que fica aprisionada em uma comunicação de tipo de duplo vínculo como sendo castigada por discriminar acertadamente o que a mãe expressa e também por discriminar erroneamente. Entendem que a situação familiar do esquizofrênico apresenta as seguintes características gerais: a mãe experimenta ansiedade se o filho lhe responde como a uma mãe afetuosa (quando ocorre a possibilidade da mãe estabelecer um contato íntimo com a criança) e isto desperta nela ansiedade e hostilidade; não podendo aceitar tais sentimentos hostis e sua própria ansiedade, nega-os e afasta-se da criança; não há no entorno da criança um pai ou outro familiar que possa intervir na relação mãe e filho(a), de modo a apoiar a criança frente às contradições existentes.

A atualidade das proposições de Bateson é apontada por Gibney (2006), que considera que, décadas depois, o pensamento de Bateson ainda promove reflexão. Bateson é também bastante conhecido por sua obra *Steps to an ecology of mind* (1972), que originou importantes pressupostos da terapia familiar.

Cabe ressaltar que, para a psicanálise, tais processos são de natureza inconsciente ao sujeito que propõe uma comunicação por duplo vínculo. Fantasias inconscientes reprimidas geram um contexto ambivalente, no qual condições opostas – o desejo negado e sua manifestação consciente – contrapõem-se, gerando expressões paradoxais. Neste caso, é o processo de resistência que impede o sujeito da ação de ter contato com o conteúdo negado. O outro indivíduo capturado por essa modalidade de comunicação terá dificuldade de compreender o que seu interlocutor propõe, uma vez que mensagens antagônicas são simultaneamente emitidas. Watzlawick, Beavin e Jackson (1993, p. 197) já apontavam a ausência de consciência da natureza duplo vincular por parte do emissor dessa modalidade de comunicação ao dizerem: "Esse distanciamento dos problemas reais torna-se tanto mais plausível se nos lembrarmos que um ingrediente essencial numa situação de dupla vinculação é a proibição de estar consciente da contradição implícita".

Cabe mencionar que Bateson e Don Jackson, os autores da teoria do duplo vínculo, receberam o Prêmio Frieda Fromm-Reichmann[1] de 1961-1962, da American Academy of Psychoanalysis, pela contribuição significativa dada para a compreensão da esquizofrenia.

REFERÊNCIAS

BATESON, G. *Steps to an ecology of mind: collected essays in anthropology, psychiatry, evolution, and epistemology*. London/New Jersey: Jason Aronson Inc., 1972.

BATESON, G. et al. Hacia una teoria de la esquizofrenia. *In*: BATESON, G.; FERREIRA, A. J.; JACKSON, D. D. *Interacción familiar*: aportes fundamentales sobre teoría y técnica. Buenos Aires: Ediciones Buenos Aires, 1980. p. 19-56.

CALIL, V. L. L. *Terapia familiar e de casal*. São Paulo: Summus, 1987.

GIBNEY, P. The double bind theory: still crazy-making after all these years. *Psychotherapy in Australia*, v. 12, n. 3, p. 48-55, maio 2006. Disponível em: https://pdfs.semanticscholar.org/3193/d1133a161d2f636da755def259866869ff11.pdf. Acesso em: 29 abr. 2020.

MICHAELIS DICIONÁRIO brasileiro da língua portuguesa. 2020. Disponível em: https://michaelis.uol.com.br/moderno-portugues/busca/. Acesso em: 29 fev. 2020.

WATZLAWICK, P.; BEAVIN, J. H.; JACKSON, D. D. Comunicação paradoxal. *In: Pragmática da comunicação humana*. São Paulo: Cultrix, 1993. cap. 6, p. 168-208.

ZIMERMAN, D. E. Vínculos: o vínculo do reconhecimento. *In: Fundamentos psicanalíticos: teoria, técnica e clínica*. Porto Alegre: Artmed, 2007. cap. 14, p. 163-173.

---

[1] Psicanalista de origem alemã que migrou para os Estados Unidos em 1934.

Enquadre / *setting*

Mauro Hegenberg

CONCEITO

Compreende dois aspectos: um arcabouço (esqueleto) clínico-metodológico que limita e sustenta, a partir de uma série de regras; e um lugar específico, um cenário. O conceito de enquadre alude aos parâmetros fixos que permitem o desenrolar do processo psicanalítico. Ao acordo em torno dessas regras a serem combinadas dá-se o nome de contrato. É a partir de um enquadre e de suas regras que o **dispositivo*** psicanalítico pode acontecer.

ETIMOLOGIA

Do latim *quadrum* (PRIBERAM, 2020) vieram os termos *cadre* (francês), *encuadre* (espanhol) e quadro (português).

Na França do século XVIII, *cadre* era nome dado ao quadro de *officiers* (empregados públicos em uniforme ou militares) de um serviço, no qual se escreviam os nomes dos trabalhadores em atividade. No século XIX passou a designar o conjunto de oficiais e suboficiais militares de um comando qualquer, até se aplicar, a partir do século XX, a qualquer enquadramento funcional de uma empresa ou quadro administrativo.

Em algum momento, em função da proximidade fonética, traduziu-se *encuadre* ou *cadre* por enquadre, em português. A melhor tradução talvez fosse quadro, porque enquadre (do verbo enquadrar) é, em português, um verbo, e não substantivo.

Pela frequência do uso, na psicanálise, pode-se apontar que são utilizados como equivalentes os termos enquadre (português), *encuadre* (espanhol), *cadre* (francês) e *frame* (inglês), nestas diferentes línguas.

Em inglês, *frame* e *setting* são usados às vezes como sinônimos. Na maioria das vezes, *frame* se relaciona a quadro, moldura, estrutura de suporte e *setting* a lugar, cenário.

Todos esses termos se entrelaçam, se confundem e são utilizados de diferentes maneiras para se lidar com o tema do enquadre. Muitos autores da

Enquadre/*setting*

psicanálise utilizam esses termos de forma pouco rigorosa, dando margem a dúvidas e discussões.

Para *cadre* (francês) e *encuadre* (espanhol), a melhor tradução seria qual? Quadro, enquadramento, cenário, moldura? Vários autores, nada simples. O nome enquadre, embora inadequado, será mantido, posto que está consagrado entre os profissionais da área.

Em todo caso, enquadre, do verbo enquadrar, implica *pôr em quadro, emoldurar*, mas também *impor disciplina, disciplinar*, e estes dois sentidos se farão presentes na compreensão do enquadre nas psicoterapias.

EVOLUÇÃO HISTÓRICA DO CONCEITO

Freud, em seus textos de 1912 e 1913, assinala várias questões referentes ao enquadre. Freud (1912/1969a) aponta que o analista não deve ter ambição educativa, nem determinar tarefas ao paciente; assinala também Freud (1913/1969b) que o paciente é responsável pelo seu horário mesmo que não faça uso dele, fala de atender cinco ou três vezes por semana, fala da duração do tratamento, dos honorários, do divã, das associações livres, sobre como lidar com a transferência, por exemplo.

Winnicott (1954/2000) lista alguns aspectos do que ele chama de *setting* clínico de Freud, ou seja: horário estabelecido das sessões; um analista presente, acordado e honesto em relação aos seus sentimentos, com o objetivo de compreender de forma objetiva o material apresentado e comunicar essa compreensão por meio de palavras; trabalha-se em uma sala tranquila com luz, poltrona ou divã, com cobertor e água disponíveis; analista mantém seu julgamento moral fora da sessão; analista pontual que não tem ataques de raiva, nem se apaixona pelo paciente; analista que sabe diferenciar fato e fantasia para não se magoar; analista que não reage (não usa a lei de talião); analista que sobrevive.

Em 1954, o termo *frame* não está ainda estabelecido, e Winnicott usa a palavra *setting* para descrever o enquadre. Ele se refere a alguns parâmetros fixos do tratamento, tanto em relação ao cenário da sala (luz, horários) como em relação ao vínculo analista-paciente (analista não reage, usa a palavra).

Bleger, em 1960 (artigo publicado em 1967), no II Congresso Psicoanalítico de Buenos Aires, propõe o termo *situação analítica* para a totalidade dos fenômenos psicanalíticos incluídos na relação terapêutica entre analista e paciente. Esta *situação* abarca fenômenos que constituem um *processo* (análise e interpretação) e um *enquadre*, quer dizer, um "não processo", no sentido de que são as constantes que formam um quadro dentro do qual se dá o processo.

Segundo Bleger (1967/1988), um processo só pode ser investigado quando são mantidas as mesmas invariáveis (enquadre). É assim que, dentro do enquadre psicanalítico, incluímos o papel do analista, o conjunto de fatores especiais (ambiente) e temporais, além da manutenção de horários, honorários, interrupções regulamentadas etc.

O cenário e o arcabouço clínico-metodológico do enquadre se compõem de regras. São alguns dos elementos que compõem o cenário psicanalítico os horários (todas as segundas, quartas e sextas-feiras às 18h, por exemplo), o local (consultório, hospital), a forma de atendimento (presencial, vídeo), o pagamento (formas de, valor), as férias, as ausências, o número de pessoas (individual, casal, família, grupos), o tempo da sessão (cinquenta minutos, uma hora e meia), o tempo da terapia (com ou sem prazo definido), o uso do divã, a luminosidade da sala, por exemplo.

O arcabouço (esqueleto) se atém a um analista vivo, atento, pontual (ou não); a ver fotos, desenhar, usar brinquedos, jogar um jogo; à comunicação que se faz pela palavra; a falar o que vem à cabeça; à natureza das trocas (pode-se falar tudo, mas não se pode agir/reagir, como no caso do sexo ou da agressão física, por exemplo).

O enquadre molda o processo terapêutico, organiza o que fica dentro e o que fica de fora, lembrando que este "dentro/fora" (fronteira porosa) interage continuamente, segundo uma dinâmica de influência mútua.

O enquadre é o espaço onde a *transferência* tem lugar, a partir do suposto saber atribuído ao analista. Tem-se, então, a possibilidade de trocas (palavras, interpretações, por exemplo) entre paciente e terapeuta, que só fazem sentido dentro desse enquadre.

O enquadre psicanalítico possibilita e garante a movimentação do dispositivo psicanalítico; os dois são flexíveis, dentro dos limites do método e da ética da psicanálise.

Em princípio, idealmente essas regras são fixas, embora saibamos que muitas variações ocorrem ao longo de uma análise entre humanos. Essas regras são porosas em relação ao vínculo paciente-analista e à sociedade em geral; não são rígidas porque se modificam ao longo do tratamento, em função das transferências em jogo; em outras palavras, fixo não quer dizer rígido ou imutável.

Enquadre/*setting*

Para Kaës (2007/2011), o enquadre é, em primeiro lugar, constituído pela psique do analista e, em segundo lugar, por uma extensão desta no espaço psicanalítico. A função essencial do enquadre é atingir a estabilidade para que haja processo, movimentação e criatividade. No entanto, nenhum enquadre é perfeitamente estável; ele se encontra em uma relação dialética com o processo e não deve ser confundido com as invariantes do dispositivo de investigação, de tratamento e de pesquisa. Kaës concorda com Bleger quando afirma que o enquadre é essencialmente o lugar em que se depositam e repousam os elementos arcaicos da "parte psicótica da personalidade". O enquadre é o receptáculo não somente do arcaico como do originário.

Käes (2007/2011) distingue seis funções do enquadre:

- função continente descrita por Bleger (contém a parte psicótica da personalidade);
- função de limitação, assegura distinção entre o Eu e o Não Eu (garantia dos limites do sujeito, do seu espaço corporal e psíquico);
- função transicional, fronteira entre o Eu e o Não Eu;
- função de apoio na formação do sentimento de segurança e identidade;
- função de figuração e de transformação das representações de objetos e afetos em representação de palavras;
- quando as cinco são preenchidas, o enquadre tem uma função simbolizante, condição principal da formação do pensamento.

Para Kaës (2007/2011, p. 89), todo enquadre é enquadrado por outros enquadres: o do tratamento, o da supervisão, o institucional, por exemplo.

Alguns psicanalistas acreditam que o que está fora do enquadre da análise clássica (divã, várias sessões semanais, tempo ilimitado da terapia), e o específico processo daí decorrente, não é psicanálise. Quem pensa assim está confundindo alguns aspectos do enquadre com a própria psicanálise. O enquadre da análise clássica garante o desenrolar de um processo específico, conhecido desde Freud. Outros enquadres, como na terapia com grupos, casal ou família, evocam outros dispositivos que disparam processos diferentes da análise clássica.

Psicanálise para Freud é um tratamento, uma teoria e um método (LAPLANCHE, 1970). O enquadre permite que essa tríade se configure, mas ele não define a psicanálise.

Autores como Herrmann (1979/2001), Kernberg (2001/2003) e Bollas (2001/2003) concordam que o método da psicanálise precede o enquadre e a teoria na definição do que é a psicanálise. Segundo esses autores, o método da psicanálise é a investigação da transferência e sua interpretação, agregado às associações livres que possibilitam a compreensão dos mecanismos inconscientes, respeitada a regra da neutralidade.

Esse método se mantém inalterado nas psicoterapias de casal, de família, de grupos, apenas o enquadre sofre modificações que não corrompem a essência da psicanálise. O fato de haver três ou mais pessoas na sala, de elas estarem frente a frente, com um tempo maior de sessão do que os cinquenta minutos tradicionais, traz modificações ao discurso associativo, ao processo como um todo, mas este continua sendo psicanálise.

REFERÊNCIAS

BLEGER, J. Psicanálise do enquadramento psicanalítico. *In: Simbiose e ambiguidade*. Rio de Janeiro: Francisco Alves, 1988. (Trabalho originalmente publicado em 1967).

BOLLAS, C. (2001) Abandonar o habitual: a derrota da psicanálise freudiana. *In:* GREEN, A. (org.). *Psicanálise contemporânea*. Rio de Janeiro: Imago, 2003. (Trabalho originalmente publicado em 2001).

FREUD, S. Recomendações aos médicos que exercem a psicanálise. *In: Edição standard brasileira das obras psicológicas completas de Sigmund Freud*. Rio de Janeiro: Imago, 1969a. v. 12, p. 149-163. (Trabalho originalmente publicado em 1912).

FREUD, S. Sobre o início do tratamento. *In: Edição standard brasileira das obras psicológicas completas de Sigmund Freud*. Rio de Janeiro: Imago, 1969b. v. 12, p. 164-192. (Trabalho originalmente publicado em 1913).

HERRMANN, F. *Andaimes do real: o método da psicanálise*. São Paulo: Casa do Psicólogo, 2001. (Trabalho originalmente publicado em 1979).

KAËS, R. *Um singular plural: a psicanálise à prova do grupo*. São Paulo: Loyola, 2011. (Trabalho originalmente publicado em 2007).

KERNBERG, O. F. Psicanálise, psicoterapia psicanalítica e psicoterapia de apoio: controvérsias contemporâneas. *In:* GREEN, A. (org.) *Psicanálise contemporânea*. Rio de Janeiro: Imago, 2003. (Trabalho originalmente publicado em 2001).

LAPLANCHE, J.; PONTALIS, J. B. *Vocabulário da Psicanálise*. São Paulo: Martins Fontes, 1970.

PRIBERAM DICIONÁRIO da língua portuguesa online. 2020. Disponível em: http://www.dicionario.priberam.org. Acesso em: 24 out. 2020.

WINNICOTT, D. W. Aspectos clínicos e metapsicológicos da regressão no contexto analítico. *In: Da pediatria à psicanálise*. Rio de Janeiro: Imago, 2000. (Trabalho originalmente publicado em 1954).

Entre

Adriana Laura Navarrete Bianchi

CONCEITO

Descreve o espaçamento potencial criado na relação entre dois ou mais sujeitos. Para que se estabeleça, é necessário que o Outro seja uma **presença*** com qualidade de **alteridade*** e **alheidade*** irredutíveis e, dessa forma, não possa ser identificado com o objeto projetado. O **entre** não é representável nem fruto de uma ação representacional do sujeito; não faz parte da **lógica do Um*** e sim da **lógica do Dois***.

ETIMOLOGIA

Do latim *inter*, 1. Posição ou intervalo que separa (duas coisas) ou intermediário em quantidade ou grau; 2. Feito em conjunto ou reciprocamente; 3. Compartilhado em confiança; 4. Em trânsito de (um para o outro, ou locais de conexão); 5. Combinado (por esforço ou propriedade); 6. Um de... (representando uma escolha) (WIKTIONARY, 2020).

EVOLUÇÃO HISTÓRICA DO CONCEITO

Este conceito da psicanálise vincular, criado por Isidoro Berenstein e Janine Puget por volta do ano 2000, foi definido após um percurso teórico de várias décadas de trabalho de ambos com casal e família. A trajetória do pensamento desses dois autores seminais pode ser dividida em diferentes épocas, segundo Berenstein (2011). A primeira delas foi a da identificação projetiva, nas décadas de 1950 e 1960. Esse período foi influenciado pelo pensamento de Melanie Klein, Bion e Meltzer, entre outros, e trouxe a possibilidade de se pensar as relações no interjogo entre identificação projetiva, **transferência*** e **contratransferência*** – isto é, a família era pensada desde o psiquismo individual, em que os integrantes eram entendidos como a prolongação de uma mente, ou melhor, como uma mente ampliada. "A partir desse período, a mente já não se circunscreveu somente ao indivíduo, já que esta podia habitar outra e outras mentes em um tipo de distribuição geográfica entre as pessoas. Eram estas as primeiras percepções do *entre*" (BERENSTEIN, 2011, p. 56).

A segunda época foi a da **estrutura familiar inconsciente*** (EFI), nas décadas de 1970 e 1980. Aqui se observava o "conjunto de lugares e de vínculos estabelecidos, cada um com seu próprio nome, que 'esperava' a seus ocupantes-habitantes e esperava relacioná-los de acordo com seus vínculos característicos. Cada lugar, o de pai, o de mãe, o de filho, tem funções" (BERENSTEIN, 2009, p. 16, tradução nossa). Tais funções eram pensadas desde um sentido de dever. "Não é um conjunto pautado sobre a mente, mas sobre como os sujeitos adquirem e se investem desde o parentesco" (BERENSTEIN, 2009, p. 16, tradução nossa). Esse modelo da EFI criado por Berenstein, como ele mesmo declarou, foi de grande valia por três décadas graças a sua potência explicativa, mas "algumas dificuldades incipientes e sistêmicas" (BERENSTEIN, 2009, p. 16) foram aparecendo.

Por essa época, em paralelo, Puget (1989), que trabalhava mais com grupos e com o social, introduziu os conceitos de espaços geográficos **intrassubjetivo***, **intersubjetivo*** e **transubjetivo***, os quais ela entendia serem superpostos.

Desse período resultou o *Diccionario de psicoanálisis de las configuraciones vinculares* (PACHUK; FRIEDLER, 1998), do qual consta a maioria dos vocábulos vinculares da década de 1980 e começo de 1990. Vale ressaltar que o termo *entre* não constava dessa obra. Entretanto, em Puget e Berenstein (1988), pode-se encontrar outro termo bastante próximo e que possivelmente seja seu precursor, que é "clima". Dele dizem:

> Em nosso campo terapêutico o clima é o conjunto de emoções e sentimentos que funciona como sustentação de certas interações e é difícil de traduzir em palavras. É a síntese de uma zona de encontro imposta aos egos e à qual é impossível subtrair-se de não mediar algum elemento modificador. [...] Sendo uma condição envolvente do vínculo e dos egos, para não sofrer os efeitos de um clima dado é necessário subtrair-se dele com um funcionamento mental regido por mecanismos defensivos relacionados com a dissociação, a denegação e o isolamento. (PUGET; BERENSTEIN, 1988, p. 156, tradução nossa)

É preciso ressaltar que o modelo estrutural (EFI), utilizado para o entendimento das questões familiares, pode ser visto como um distanciamento da psicanálise tradicional, ainda que persistisse, nele, o uso de toda conceitualização psicanalítica no entendimento individual da mente. Nesse sentido, diz Puget (2015, p. 12, tradução nossa): "Falamos do **objeto único**★ (BERENSTEIN; PUGET, 1982), e fizemos um percurso que abarcava desde o enamoramento à recriminação, nos baseando nas vicissitudes de um modelo estrutural e evolutivo". Começaram eles a perceber que uma lógica era a que se referia ao **singular**★, e outra era a que se referia às relações entre dois ou mais sujeitos.

A terceira foi a época do **acontecimento**★, na década de 1990. Aqui promoveu-se uma ruptura. Não era mais possível seguir adaptando conceitos tradicionais para dar conta daquilo de novo que estavam observando. Nesse sentido, diz Puget (2015, p. 12, tradução nossa): "Foi necessário um corte. Surgiu a ideia de que a subjetividade acontecia em diferentes espaços (PUGET, 1988) e que cada um deles tinha seus próprios mecanismos e sua própria lógica". Neste salto de compreensão, começaram a questionar onde ficaria aquilo que não tem lugar, visto que não seria nem esperado, nem previsto. A forma mais comum de pensar este novo era como trauma, como acidente ou como catástrofe. Esses termos traziam consigo a ideia de uma história linear evolucionista, de uma suprema continuidade, de uma completude de conotação harmônica que poderia ser mantida se não houvesse rupturas, ausências ou excessos. O acontecer do encontro entre dois outros pode trazer situações inesperadas e imprevisíveis que também modificam e constituem suas subjetividades. Por isso, Berenstein afirma: "O sujeito não determina, mas é determinado pela relação" (2009, p. 17, tradução nossa).

A quarta é a época da alheidade (*ajenidad*) a partir de 2000. Devido à necessidade cada vez mais premente de diferenciar a lógica psíquica singular, a do Um, daquilo que se produz a partir do entre-dois imprevisível, a lógica do Dois, surgiu, na sua forma atual, o conceito de **vínculo**★. Esse termo da linguagem cotidiana e da linguagem científica de alguns autores passa, agora, a também fazer parte do marco teórico da vincularidade, no qual ganha um outro sentido. Nesse momento, surge a necessidade de se nomear o conceito de *entre*.

Diz Berenstein (2009, p. 20-21, tradução nossa):

> Esta expressão entre tem certa ambiguidade porque sugere que os sujeitos já existem e que vão em direção a se relacionar produzindo uma relação, um entre. Indica uma direcionalidade. Proponho falar de dois entre: a) entre por

transferência. Transferência tem a partícula "trans" e indica o que vai de um lugar para outro. As identificações e as identificações projetivas são os mecanismos *princeps* deste entre. Um dos sujeitos, supostamente constituído, coloca no outro um objeto interno e este aceita aspectos de sua personalidade, idealizados ou persecutórios ou confusionais (a ausência é recriada como uma presença). É dependente da história infantil e de esta pareceria ter incidência na constituição dessa relação. Parte de nosso trabalho com famílias e individual consiste em resolver esta modalidade; b) entre por **interferência***. Existe outro mecanismo, a interferência, que é resultado da **imposição*** de uma presença, com a qualidade inevitável de alteridade que é irredutível a ser identificado com o objeto projetado, em que a identificação a princípio não pode explicar seus efeitos. Acontece sob o império do momento, não depende de um passado. A imposição inaugura uma abertura e um fecho. Abertura que logo adquire a magnitude de uma fronteira que limita e separa os sujeitos. Se fosse possível imaginar uma direcionalidade, não seria a que vai de um dentro de um sujeito ao dentro de outro, mas sim, que desde o espaço entre vai em direção aos sujeitos para depois voltar ao espaço entre, lugar um tanto indefinido, terra de ninguém, ao mesmo tempo vazio e de passagem, fronteira, mas com capacidade para gerar significados. As inscrições anteriores podem ter vigência, mas o significativo decorre do que se fará agora.

Assim, Isidoro Berenstein e Janine Puget propuseram uma nova forma de pensar o vínculo. Para isso cunharam o conceito de **entre**, quando perceberam que a metapsicologia clássica fundamentada na lógica do Um, baseada na noção de representação, não abarcava tudo aquilo que eles encontravam no atendimento de casal e de família, ou seja, no atendimento de mais de um sujeito em análise.

Nesse novo enfoque surgiram conceitos como o *efeito de presença* do Outro (outro com inicial maiúscula para designar o outro radical, ou seja, o outro como um outro sujeito e não como fruto da representação), o *efeito de presente*, a alteridade do Outro, a alheidade (*ajenidad*) etc., os quais remetem à lógica do Dois, ou seja, à lógica que se estabelece entre os sujeitos devido à percepção da *alteridade radical* e de que, para além do jogo das identificações projetivas entre sujeitos, existe uma alheidade (*ajenidad*) intransponível.

Mais do que um conceito, se estabeleceu uma perspectiva vincular na qual se requer pensar *desde* os vínculos, e não *no* vínculo. Como diz Kleiman (2016, p. 21, tradução nossa):

> Pensar desde os vínculos, diferentemente de pensar nos vínculos, implica começar pelo meio, ou seja, abandonar a ideia de núcleo, de centro em torno do qual tudo ficaria condensado. Requer deixar de pensar cada sujeito como centro ou pensar o vincular como uma relação, um e outro. O vincular é produção. Pensar desde os vínculos é pensar desde o *entre*. É um transitar pelas bordas, pelos interstícios.

Assim, o *entre* não pode ser pensado desde fora do vínculo ou desde a perspectiva de cada sujeito, pois nessa situação não se distingue um centro e sim uma cena, na qual cada sujeito participa com sua singularidade.

De acordo com Berenstein (2011, p. 15-16):

> Pensando desde o "entre", esse fazer produz no presente, não reconhece antecedentes, e o registro que deixa não tem a forma de lembranças do que ocorreu [...] O fazer é evanescente, deu-se e se cumpriu no fazer, e a incerteza do que vai acontecer persiste, não cessa com a representação do ocorrido, daquilo que foi resolvido e possivelmente apreendido.

Isto é o *efeito de presente*.

Atualmente, Janine Puget tem ampliado este conceito ao dizer que o *entre* está presente em todo vínculo entre as pessoas, e que o *entre* tem o que ela chama de força vinculante, equivalente à força de pulsão. Quanto mais vinculados estiverem os sujeitos, mais diferenciados estarão e mais ativada a força vinculante estará, o que implicará um aumento no desejo de conhecer o outro, em sua curiosidade pelo outro. Dessa forma, torna-se necessário pensar nos destinos da força vinculante, da mesma forma que nos destinos da pulsão.

Diz Puget (2019, p. 4) que:

> o amor não se inclui apenas como resultado de um dos destinos da pulsão. É uma condição que nasce "do entre dois", esse espaço impossível de anular e do qual nasce a *força vincular*. E uma diferença possível, para não incluí-lo na atividade

pulsional, é que não busca satisfação, mas que cria espaços de encontro e desencontro, que são inevitáveis, e que dele nascem conflitos também inevitáveis.

Para Puget existem duas modalidades de funcionamento psíquico superpostas: uma do aparato psíquico singular (a lógica do Um) e outra do aparato psíquico vincular (a lógica do Dois), que permanecem continuamente funcionantes. Diz ela:

> É preciso estar atento quando o conhecer tenta anular os efeitos perturbadores da alteridade e da alheidade do ou dos outros. No **dispositivo*** vincular o analista, por sua vez, é apenas um outro sujeito que pode intervir para abrir o amplo campo do pensar juntos. Este deve afinar sua escuta para apontar o que acontece durante o encontro e perceber o que em cada vínculo se opõe à constituição do Dois (o vínculo) e da permanente exposição aos efeitos do Princípio da Incerteza (PUGET, 2002), que é o princípio que sustenta a vida vincular. (PUGET, 2018, p. 3, tradução nossa)

REFERÊNCIAS

BERENSTEIN, I. Consideraciones psicoanalíticas sobre familia. *In:* KLEIMAN, S. (comp.). *Revista Psicoanalistas en América Latina – Comisión de Familia y Pareja FEPAL* (fascículo virtual), n. 1, 2009, p. 14-21.

BERENSTEIN, I. *Do ser ao fazer: curso sobre vincularidade*. São Paulo: Via Lettera, 2011.

KLEIMAN, S. Perspectiva vincular: sin centro, desde el medio. *In:* (comp.). *Diálogos en construcción: espacio de pensamiento vincular*. Buenos Aires: Delhospital, 2016. p. 19-34.

PACHUK, C.; FRIEDLER, R. (coord.). *Diccionario de psicoanálisis de las configuraciones vinculares*. Buenos Aires: Del Candil, 1998.

PUGET, J. Formación psicoanalítica de grupo. Un espacio psíquico o tres espacios ¿Son superpuestos? *Revista de la Asociación Argentina de Psicología y Psicoterapia de Grupo (AAPPG)*, v. 12, n. 1-2, p. 17-38, 1989.

PUGET, J. Qué difícil es pensar. Incertidumbre y perplejidad. *Revista Psicoanálisis APdeBA, Dolor Social*, v. 24, n. 1, p. 129-146, 2002.

PUGET, J. *Subjetivación discontinua y psicoanálisis: incertidumbre y certezas*. 1. ed. Buenos Aires: Lugar, 2015.

PUGET, J. Intervenir – Interpréter. *Revue Internationale de Psychanalyse du Couple et de la Famille (AIPCF)*, n. 19-2, p. 1-8, 2018.

PUGET, J. Famílias de hoje e famílias do passado. Videoconferência. *In:* Jornada: JORNADA: O CASAL E A FAMÍLIA NO DIVÃ – FAMÍLIAS, VÍNCULOS E SEXUALIDADES, 4., 2019. *Anais* [...]. Ribeirão Preto: Sociedade Brasileira de Psicanálise de Ribeirão Preto, 2019. p. 1-6. Mimeografado.

PUGET, J.; BERENSTEIN, I. *Psicoanálisis de la pareja matrimonial*. Buenos Aires: Paidós, 1988.

WIKTIONARY. 2020. Disponível em: https://en.wiktionary.org/wiki/. Acesso em: 30 abr. 2020.

Escolas em psicanálise de casal e família

Maria Lucia de Souza Campos Paiva

CONCEITO

Um dos significados da palavra escola é "conjunto de adeptos ou seguidores de uma doutrina, pensamento ou princípio estético" (MICHAELIS, 2020).

ETIMOLOGIA

A palavra escola tem origem no grego *skholé*, no sentido de "estudo; ocupação de um homem que goza de ócio, livre do trabalho servil, que exerce profissão liberal, ou seja, uma ocupação voluntária de quem não é obrigado, por ser livre, a executá-la; escola, lugar de estudo". Passou para a língua latina como *schŏla*, *schŏlae*, significando "ocupação literária, assunto, tese; lição, escola; sociedade, corporação" (HOUAISS; VILAR; FRANCO, 2004, p. 1206).

EVOLUÇÃO HISTÓRICA DO CONCEITO

As primeiras noções da psicanálise de casal e família têm sua origem nos escritos psicanalíticos pioneiros, quando se buscava uma compreensão dos sintomas que acometiam a sociedade da época. Nos estudos sobre a histeria, Freud (1905[1901]/1980a) circunscrevia a vida psíquica de Dora e a questão do sintoma dentro da cena familiar. Apesar de a análise ter um caráter **intrapsíquico*** na abordagem feita pelo autor para discutir a vida psíquica da jovem, é possível apreender o quanto da dinâmica do casal parental corroborava para tal sintomatologia que a acometia. Sob outro enfoque, Freud (1909/1980b), ao abordar o desejo inconsciente do Pequeno Hans, discutiu a questão do desejo sexual na cena familiar, por meio da explanação da teoria do complexo de Édipo e da função de interdição do pai no desenvolvimento da vida emocional do filho. O interessante desse caso relatado foi o fato de o menino não ser atendido diretamente por Freud, mas por intermédio de seu pai, que trocou várias correspondências com Freud, que, por sua vez, o orientou sobre como proceder na análise de seu filho. O sintoma de Hans não foi somente entendido à luz do desejo do menino em relação a sua mãe, mas também inseriu o pai no entendimento e na cura do sintoma de seu filho. Nascia, nesse atendimento, a possibilidade de Freud confirmar suas teorizações sobre o complexo de Édipo, e introduzia-se, também, o pai na sintomatologia do filho e no seu tratamento. Abria-se um campo para a psicanálise de crianças, como também a possibilidade de se tratar a família como um todo. Outro texto relevante na obra de Freud para a psicanálise de casal e família é "Uma introdução ao narcisismo" (FREUD, 1914/1980c). Os desejos que não puderam ser realizados pelos pais são projetados nos filhos, na expectativa de que eles possam realizá-los. Assim, a criança, ao nascer, já tem um lugar designado na cadeia geracional, no imaginário parental, a partir do desejo de seus ascendentes. Desse modo, podemos pensar que já havia na obra de Freud diversos textos que poderiam dar um estofo teórico para o surgimento de uma psicanálise de casal e família. Apesar dos diversos escritos que apontavam para a família como um grupo social que poderia promover a saúde ou o adoecimento psíquico do sujeito, a psicanálise estava ainda se consolidando, focando a compreensão do sintoma no sujeito da pulsão e sua realidade psíquica.

Ao final da Primeira Guerra Mundial, devido ao surgimento das neuroses de guerra, as discussões sobre as origens do traumático reacenderam debates e levaram a inovações no domínio das psicoterapias. Na época, Viena deixou de ser o centro nevrálgico da psicanálise, e sua disseminação pelo mundo foi ocorrendo. Em 1920, na Inglaterra, é fundada a reconhecida Tavistock Clinic, destinada a tratar os traumas provocados pelos bombardeios de guerra (ROUDINESCO; PLON, 1998). Com a chegada de Melanie Klein a Londres, em 1926, houve uma transformação da psicanálise inglesa. Sua presença não só impulsionou o grupo já constituído como criou em torno de si uma corrente teórica.

A partir de 1930, as modalidades de atendimento foram se estendendo por meio de terapias individuais, bem como em grupos, em comunidades terapêuticas que foram criadas para o tratamento de delinquentes. Aos poucos, a Clínica Tavistock transformou-se em um dos pilares das teorias psicanalíticas. O debate entre os grupos de psicanalistas, que divergiam política e teoricamente sobre os rumos da psicanálise, foram enriquecendo e fomentando o crescimento da própria psicanálise. Oposições teóricas foram encabeçadas por Anna Freud, de um lado, e Melanie Klein, de outro, bem como por seus seguidores.

Desse modo, a rica discussão entre teóricos de notoriedade – Anna Freud, M. Klein, M. Balint, W. Bion, D. W. Winnicott, D. Meltzer, J. Steiner, entre muitos outros – favoreceu o surgimento da reconhecida escola inglesa de psicanálise.

Em 1946, Bowlby introduz a terapia familiar na Clínica Tavistock, seguindo o espírito do grupo dos Independentes, que buscava uma autonomia intelectual nos debates teóricos. Balint, por sua vez, desenvolveu sua técnica de trabalhar com grupos, bem como Bion. Em 1948, foi fundada o que conhecemos hoje como Tavistock Relationships, o Family Discussion Bureau. Henry Dicks foi um dos pilares nesse início, apresentando o conceito de colusão, termo que posteriormente ganha notoriedade e é abordado por outros autores como **conluio***, na análise sobre a dinâmica inconsciente entre os cônjuges. Em sua conhecida obra *Marital tensions* (1967), narrou por meio de vários casos clínicos as concepções teóricas da época.

Atualmente, esse instituto, que desenvolve pesquisa, teoria e prática na área de casal e família, continua sendo um centro de referência nos meios acadêmicos graças à produção científica de seus membros, entre os quais se destacam Colman, Cleavely, Clulow, Morgan, Ruszczynski.

Nos Estados Unidos, o trabalho com famílias já acontecia desde a década de 1930. Em Palo Alto, um grupo que tinha suas origens teóricas na psicanálise individual foi, com o passar dos anos, se distanciando da análise psicanalítica dos mecanismos inconscientes existentes na dinâmica familiar e se encaminhando para uma análise da dimensão relacional existente entre os membros do grupo familiar. Utilizou-se a análise da comunicação como o principal instrumento de trabalho clínico. Desse modo, surgiu um novo referencial de atendimento às famílias e casais, a *abordagem sistêmica* (GOMES; LEVY, 2009)

Bateson (1956), antropólogo sistêmico desse grupo, começou a tratar pacientes esquizofrênicos e suas famílias. A teoria do **duplo vínculo***, desenvolvida por ele, salientou que, em algumas famílias, o indivíduo recebia mensagens conflitantes, paradoxais, que seriam difíceis de serem elaboradas. Esse tipo de comunicação, em uma dinâmica familiar, levaria um dos membros da família a desenvolver patologias graves, como por exemplo, a esquizofrenia.

O pensamento teórico sistêmico interferiu, em um primeiro momento, nos atendimentos familiares iniciados na Clínica Tavistock. Aos poucos, a influência dessa corrente teórica foi se esvaecendo, e a terapia familiar inglesa foi se apoiando, cada vez mais, no pensamento psicanalítico, mais especificamente no referencial teórico da escola inglesa de psicanálise. Concepções teóricas como **paciente identificado***, bode expiatório, passaram a ser introduzidas nessa corrente inglesa de casal e família. Pode-se dizer que, apesar das diferenças teóricas marcantes entre o pensamento sistêmico na abordagem com casais do psicanalítico, encontramos a presença de alguns aspectos da teoria sistêmica em todas as escolas de psicanálise de casal e família.

Na escola inglesa de psicanálise de casal e família, o paradigma está fundamentado na teoria da **relação objetal***. O aparato psíquico é entendido como contendo conflitos, objetos e determinações conscientes e inconscientes. Assim, a compreensão da dinâmica conjugal e familiar parte de um referencial teórico intrapsíquico.

O conceito de **identificação projetiva***, elaborado por Klein (1946, 1955), é um dos pilares conceituais dessa abordagem. São inúmeros os objetivos para que este mecanismo de defesa inconsciente ocorra. Portanto, tendo em vista que o indivíduo pode projetar partes do seu *self* no objeto, tanto as partes boas como más, em uma relação conjugal esse processo inconsciente frequentemente ocorre. Pincus e Dare (1981) salientam que a complementariedade conjugal em um relacionamento pode apresentar tanto aspectos positivos como negativos. Apontam que um parceiro pode identificar no outro algumas características de si mesmo que não pôde desenvolver. Tal percepção poderia favorecer um crescimento pessoal. O aspecto negativo seria quando, na dinâmica conjugal, os parceiros assumissem posições rígidas em um processo de identificação projetiva maciça. Esses autores estudaram "a trama inconsciente dos sentimentos, desejos, crenças e expectativas que unem os membros de uma família entre si, enfatizando os efeitos dos segredos e dos mitos familiares na dinâmica constitutiva de uma família" (GOMES; LEVY, 2009).

Os aportes teóricos de Bion (1991), como a capacidade de *rêverie*, e os de Winnicott (1975), como o objeto transicional, exerceram uma importante função na ampliação do entendimento que o outro exerce na formação do psiquismo do sujeito. Entretanto, foi somente na França e na Argentina que se desenvolveu um novo entendimento teórico do que se estabelece entre dois sujeitos psíquicos.

Desde 1930, a Argentina já sofria influência do que ocorria na Europa. A psicanálise era difundida e reservada aos que padeciam de doenças, tendo sucesso junto à classe média. Um núcleo de freudismo argentino foi formado em 1938, e na sequência, em 1942, fundada a Asociación Psicanalítica Argentina (APA), reconhecida pela International Psychoanalytical Association (IPA) no ano seguinte.

Entre seus fundadores encontrava-se Pichon-Rivière, psiquiatra e psicanalista de grupo. Roudinesco e Plon (1998, p. 34) destacam que a escola argentina não se limitou a uma única doutrina, mantendo seu aspecto "de uma grande família e saberia organizar suas rupturas sem criar clivagens irreversíveis entre os membros de suas múltiplas instituições".

Na década de 1960, era possível identificar a influência de Pichon-Rivière na construção da noção de **vínculo***, bem como na formulação de um novo aparato teórico que visava o entendimento do sofrimento humano. Nessa época, iniciavam-se os primórdios do que hoje se conhece como psicanálise vincular (MOGUILLANSKY, 1999).

Pichon-Rivière (2007) trouxe uma nova contribuição a partir de seus estudos sobre o funcionamento grupal. Apontou que o sujeito humano nasce no vínculo e vive inserido neste por toda a sua vida. Definiu que é impossível estudar um indivíduo isolado, separado de seu meio familiar e social, como praticava a psicologia clássica. Para esse autor, não existe psiquismo fora de um vínculo. Segundo essa perspectiva, o paciente é um porta voz de uma problemática emergente do grupo. Esse autor apresentou como definição de vínculo uma interação mútua entre sujeito e objeto, dentro de uma estrutura complexa. Nessa definição, o autor utiliza o termo objeto, mas, posteriormente, novas definições sobre **vínculo*** foram propostas.

Puget e Berenstein (1993, p. 18) definem: "Chamaremos de *vínculo* uma estrutura de três termos, constituída por dois pólos, os dois egos (descrito a partir de um observador virtual), ou um ego e outro (visto a partir de si mesmo), e um conector (ou intermediário) (KAËS, 1983, 1985) que dará conta da maneira particular de ligar ambos".

Esse grupo de psicanalistas argentinos que trabalhavam com grupos terapêuticos, bem como com casais e famílias, criou um referencial teórico próprio que passou a ser denominado psicanálise das **configurações vinculares***. A utilização do termo vínculo surgiu para marcar uma diferenciação em relação ao que viam como um certo reducionismo em que era pensado o sujeito em sua dimensão intrapsíquica. Compreendiam que era necessário formular e pensar novas hipóteses acerca do sujeito. As investigações levaram a novas concepções sobre as vicissitudes do sistema psíquico. Definiram o sistema como dotado de diferentes espaços, os quais denominaram de **intersubjetivo***, o espaço de dois ou mais sujeitos; **transubjetivo***, o espaço dos sujeitos inseridos em uma sociedade, atravessados por uma cultura; e, por fim, espaço **intrassubjetivo***, que se refere ao sujeito com seu mundo pulsional e suas fantasias (BERENSTEIN; PUGET, 1999). Em um encontro intersubjetivo, a **presença*** do outro produz **interferência***. Neste contato entre dois, o outro tem que ser entendido em suas duas dimensões: enquanto um semelhante ao sujeito e como um outro *ajeno** (BERENSTEIN, 2004).

Sonia Kleiman apontou que *lo vincular* é efeito da *vincularidad*, do encontro entre dois ou mais sujeitos. Esse "entre" que se cria se dá por meio de uma operação consciente e inconsciente; é um devir, algo radical e fundamental de ser entendido, quando ocorre um encontro entre sujeitos (informação verbal).[1]

A lógica proposta pela **psicanálise vincular*** adquiriu um lugar de relevância no meio psicanalítico de casal e família devido a um importante grupo de psicanalistas, entre eles J. Puget, I. Berenstein, S. Kleiman, R. Moguillansky, M. Cristina Rojas, J. Moreno, M. Spivacow, que escreveram e desenvolveram toda uma teorização a respeito de *lo vincular*. O trabalho clínico com casais e famílias passou a ser analisado e entendido a partir do vínculo e dos possíveis mal-estares gerados entre os sujeitos.

Apesar de ser traduzido em diversas línguas, Sonia Kleiman afirmou que o termo *lo vincular* não tem tradução, pois é um termo próprio que tem suas origens no rio da Prata, região de Buenos Aires (informação verbal).[2] Além de marcar um posicionamento político acerca da importância que os argentinos tiveram nas origens da teoria das configurações vinculares, Kleiman refere-se ao significado que a palavra portenha tem, diferente do significado de *le lien* para os franceses. Ela aponta para a especificidade que o termo adquiriu para esse grupo portenho, assim como para o fato de que há, entre esses autores, pequenas ramificações teóricas, embora juntos formem a escola argentina da teoria das configurações vinculares. Apesar das diferenças que o grupo argentino tem em relação ao grupo francês, as duas correntes de pensamento formaram a reconhecida **psicanálise vincular***. Na França, na primeira geração de psicanalistas, não

---

[1] Supervisão de Sonia Kleiman realizada em São Paulo em maio de 2016.
[2] *Idem.*

houve quem tivesse uma obra inovadora e que fosse capaz de unificar o movimento psicanalítico em torno de uma doutrina ou filiação. Coube à segunda geração, a terceira da ordem mundial, esse papel de apresentar um pensamento original. Contemporâneo de Lagache e Dolto, Jacques Lacan, apoiado nas ideias de Freud e da filosofia de Hegel, propõe inovadoras concepções teóricas (ROUDINESCO; PLON, 1998). Lacan estrutura o inconsciente como linguagem e, em sua teoria, conceitos como desejo, libido, pulsão de morte, entre outros, adquirem um outro significado. Assim, Lacan sustenta sua teoria no pensamento clássico da psicanálise freudiana, inovando não só conceitos, mas também o entendimento do papel do outro na constituição do sujeito psíquico.

Diferentemente do que ocorreu em outros países, os terapeutas franceses de todas as linhas teóricas não chegaram a formar uma escola homogênea. Foi o lacanismo que separou, por cinquenta anos, o campo psicanalítico francês em dois extremos, os lacanianos, de um lado, e os antilacanianos, do outro. Havia ainda os tidos como neutros por serem clínicos independentes, com sua própria concepção de psicanálise, sem uma filiação propriamente dita, como André Green e Joyce McDougall. A expansão da psicanálise pela França deu-se, como em outros países, por meio de cisões em cadeia, por conta das divergências entre a análise didática e a análise leiga. Após a morte de Lacan e a dissolução da École Freudienne de Paris, a França freudiana passou por um processo de fragmentação de grupos lacanianos (ROUDINESCO; PLON, 1998, p. 252-253).

No que concerne à psicanálise de casal e família, a partir da década de 1970, surgiu um grupo de pesquisadores que buscou fazer uma aproximação entre a terapia de grupo e a familiar. Apoiado nas teorizações psicanalíticas sobre grupo que ocorriam ao mesmo tempo em outros países, buscava também um entendimento inovador para as novas patologias que surgiam. Esse grupo desenvolveu um processo similar e simultâneo ao dos argentinos no entendimento do sujeito do vínculo. Destacam-se, entre outros, Kaës, Eiguer, André-Fustier, Aubertel, Granjon, Ruffiot e Benghozi.

Entre os autores mencionados, Kaës (2005) destaca-se por apresentar um pensamento próprio em relação ao sujeito psíquico. Para esse autor, o sujeito é um sujeito do grupo, no qual estabelece uma relação dialética, constituído e constituinte, herdeiro e transmissor de conteúdos conscientes e inconscientes. O inconsciente do sujeito tem sua formação, seus conteúdos e seu destino constituídos dentro do grupo. Kaës (1996) propõe uma teoria psicanalítica do vínculo que aborde o movimento do desejo inconsciente nos diversos **espaços psíquicos***. Kaës (1996) sugere uma nova **metapsicologia do 3º tipo***, no campo da inter-relação. As formulações de Kaës (1996, 1997a, 1997b, 2005) trouxeram vários desdobramentos para a teoria e a clínica com casais e família.

André-Fustier e Aubertel (1998) expandiram a hipótese do aparelho psíquico familiar e o definiram como uma aparelhagem psíquica comum entre os membros de uma família. Esses autores apontam para a relevância das heranças psíquicas que ocorrem nas famílias, tanto a **intergeracional*** como a **transgeracional***.

O conceito de Kaës (2014) sobre **alianças inconscientes*** fomentou um entendimento sobre as bases da constituição do vínculo conjugal e sua manutenção. Benghozi (2010) propôs o conceito de **malhagem*** para o entendimento das redes sociais em que o sujeito está inserido, bem como as heranças recebidas de seus antepassados e os conteúdos que serão transmitidos. A partir desse conceito, seria possível uma análise mais aprofundada do sofrimento de um casal ou de uma família.

Os dispositivos teóricos propostos por esses grupos, tanto o francês como o argentino e o inglês, têm alimentado um debate constante entre os psicanalistas, no intuito de aprimorar a teoria e prática. Em 2006, foi fundada a Associação Internacional de Casal e Família (AIPCF) por membros das várias escolas da psicanálise de casal e família. A possibilidade de haver uma instituição cujo intuito é o debate entre os diversos grupos da psicanálise de casal e família tem favorecido o desenvolvimento dos diferentes referenciais teóricos.

REFERÊNCIAS

ANDRÉ-FUSTIER, F.; AUBERTEL, F. A transmissão psíquica familiar pelo sofrimento. *In:* EIGUER, A. (org.). *A transmissão do psiquismo entre gerações*. São Paulo: Unimarco, 1998. p. 129-179.

BATESON G. Towards a theory of schizofrenia behavioral. *Science*, v. 1, p. 251-264, 1956.

BENGHOZI, P. *Malhagem, filiação e afiliação*. São Paulo: Vetor, 2010.

BERENSTEIN, I. *Devenir otro con otros*. Buenos Aires: Paidós, 2004.

BERENSTEIN, I; PUGET, J. Presentación de la historia. *In:* PACHUK, C.; FRIEDLER, R. (coord.). *Diccionario de psicoanalisis de las configuraciones vinculares.* Buenos Aires: del Candil, 1999. p. 7-13.

BION, W. R. *O aprender com a experiência.* Rio de Janeiro: Imago, 1991.

DICKS, H. *Marital tensions.* Londres: Routledge and Kegan Paul, 1967.

FREUD, S. Fragmento da análise de um caso de histeria. *In: Edição standard brasileira das obras psicológicas completas de Sigmund Freud.* Rio de Janeiro: Imago, 1980a. v. 7, p. 5-128. (Trabalho originalmente redigido em 1901 e publicado em 1905).

FREUD, S. Duas histórias clínicas (o "Pequeno Hans" e o "Homem dos Ratos"). *In:* FREUD, S. *Edição standard brasileira das obras psicológicas completas de Sigmund Freud.* Rio de Janeiro: Imago, 1980b. v. 10, p. 15-152. (Trabalho originalmente publicado em 1909).

FREUD, S. Sobre o narcisismo: uma introdução. *In: Edição standard brasileira das obras psicológicas completas de Sigmund Freud.* Rio de Janeiro: Imago, 1980c. v. 14, p. 89-122. (Trabalho originalmente publicado em 1914).

GOMES, I. C; LEVY, L. Psicanálise de família e casal: principais referenciais teóricos e perspectivas brasileiras. *Aletheia,* n. 29, p. 151-160, jun. 2009.

HOUAISS, A.; VILLAR, M. S.; FRANCO, F. M. de M. *Dicionário Houaiss de língua portuguesa.* Elaborado pelo Instituto Antônio Houaiss de Lexicografia e Banco de Dados da Língua Portuguesa. Rio de Janeiro: Objetiva, 2004.

KAËS, R. *Souffrance et psychopathologie des liens institutionnels*: élements de la pratique psychanalytique en institution. Paris: Dunod, 1996.

KAËS, R. Figuras de lo negativo e interdicción de pensar en la cura. *Psicoanálisis,* v. 19, n. 3, p. 387-407, 1997a.

KAËS, R. *O grupo e o sujeito do grupo.* São Paulo: Casa do Psicólogo, 1997b.

KAËS, R. *Os espaços psíquicos comuns e partilhados*: transmissão e negatividade. São Paulo: Casa do Psicólogo, 2005.

KAËS, R. *Les alliances inconscientes.* Paris: Dunod, 2014.

KLEIN, M. Notas sobre alguns mecanismos esquizóides. *In:* MONEY-KYRLE, R. (ed.). *Inveja e gratidão e outros trabalhos (1946-1963).* Rio de Janeiro: Imago, 1991. p. 17-43. (Trabalho originalmente publicado em 1946).

KLEIN, M. Sobre a identificação. *In:* MONEY-KYRLE, R. (ed.). *Inveja e gratidão e outros trabalhos (1946-1963).* Rio de Janeiro: Imago, 1991. p. 169-204. (Trabalho originalmente publicado em 1955).

MICHAELIS. *Dicionário brasileiro da língua portuguesa.* 2020. Disponível em: http://michaelis.uol.com.br/moderno/portugues/index.php. Acesso em: 12 fev. 2020.

MOGUILLANSKY, R. *Vínculo y relación de objeto.* Buenos Aires: Polemus, 1999

MOGUILLANSKY, R.; NUSSBAUM, S. L. *Psicanálise vincular: teoria e clínica.* São Paulo: Zagdoni, 2011.

PICHON-RIVIÈRE, E. *Teoria do vínculo.* 7. ed. São Paulo: Martins Fontes, 2007. v. 1: Fundamentos teóricos e abordagem clínica do casal e da família.

PINCUS, L.; DARE, C. *Psicodinâmica da família.* Porto Alegre: Artes Médicas, 1981.

PUGET, J.; BERENSTEIN, I. *Psicanálise do casal.* Porto Alegre: Artes Médicas, 1993.

ROUDINESCO, E.; PLON, M. *Dicionário de psicanálise.* Rio de Janeiro: Jorge Zahar, 1998.

WINNICOTT, D. W. *O brincar e a realidade.* Rio de Janeiro: Imago, 1991.

Espaço interpsíquico

Carla Martins Mendes

CONCEITO

A **metapsicologia do terceiro tipo**★ desenvolvida por Kaës (1997) descreve a multiplicidade de espaços psíquicos. Ligado à formação do inconsciente, o espaço interpsíquico é uma estrutura dinâmica do espaço psíquico entre dois ou mais sujeitos e desenvolve-se no espaço comum e compartilhado.

ETIMOLOGIA

Junção de inter, do latim *inter*, prefixo que significa entre, no espaço de (MACHADO, 2003), e de psíquico, do grego *psykhikós*, alma, relativo à mente (MACHADO, 2003).

EVOLUÇÃO HISTÓRICA DO CONCEITO

Segundo Kaës (1997), o psiquismo é estruturalmente organizado como um grupo; o sujeito do inconsciente constitui-se na intersubjetividade, sendo denominado por Kaës (1997) como sujeito do grupo. A grupalidade psíquica marca a formação, a organização e os processos do inconsciente, sendo o espaço interpsíquico constituinte da intersubjetividade. O processo psíquico grupal inconsciente tende ao agrupamento de imagens mentais, gerando uma organização comum. As primeiras representações são formadas desde o início da vida psíquica nos vínculos com o grupo primário (família). Posteriormente são transformadas e projetadas nos grupos secundários.

Segundo Kaës, o espaço interpsíquico é organizado por **alianças inconscientes**★, está em um contínuo movimento e obedece a uma lógica vincular. Caillot (2015) destaca a natureza intermediária e transitória do espaço interpsíquico devido à organização edipiana, definindo-o como um lugar de compartilhamento de pensamentos e fantasias sobre a origem, contendo ideais e proibições.

Puget e Berenstein (1988), pioneiros da psicanálise das configurações vinculares na Argentina, defendem a hipótese da constituição de sujeito a partir de uma estrutura vincular sustentada pelo narcisismo primário. O espaço interpsíquico é o espaço do **vínculo***, entendido como uma estrutura inconsciente que une dois ou mais sujeitos, tornando a presença do outro uma condição primária neste espaço psíquico. Os autores concebem o espaço interpsíquico do vínculo entre o eu e o outro externo. Nesse sentido, os modelos de casal e família constituem-se no espaço interpsíquico, assim como as relações intimas e de amizade uma vez que são referenciadas aos estados psíquicos primários. Obedece ao funcionamento lógico da castração e da proibição do incesto.

REFERÊNCIAS

BERENSTEIN, I.; PUGET, J. *Psicoanálisis de la pareja matrimonial*. Buenos Aires: Paidós, 1988.

CAILLOT, J. C. *Le meurtiel, l'incestuel et le traumatique*. Paris: Dunod, 2015.

KAËS, R. *O grupo e o sujeito do grupo*. São Paulo: Casa do Psicólogo, 1997.

MACHADO, J. P. *Dicionário etimológico da língua portuguesa*. Lisboa: Livros Horizonte, 2003.

Espaço intersubjetivo

Sandra Aparecida Serra Zanetti

CONCEITO

Kaës define intersubjetivo como um espaço de realidade psíquica comum, compartilhado e diferenciado, compreendendo processos, formações e experiências por meio dos quais cada sujeito se constitui. A intersubjetividade é aquilo que partilham esses sujeitos

> formados e ligados entre si por suas sujeições recíprocas – estruturantes ou alienantes – aos mecanismos constitutivos do inconsciente: os recalques e as negações em comum, as fantasias e os significantes partilhados, os desejos inconscientes e as proibições fundamentais que os organizam. (KAËS, 2011, p. 22)

Trata-se, portanto, do "trabalho psíquico do inconsciente do outro ou de mais de um outro na psique do sujeito do inconsciente" (KAËS, 2011, p. 225).

ETIMOLOGIA

O prefixo inter indica que, "além de uma necessária reciprocidade, simétrica ou assimétrica, entre dois ou mais sujeitos, são as distâncias entre esses sujeitos que tornam possível o surgimento dos Eus" (KAËS, 2011, p. 23). De acordo com o autor, isso quer dizer que esse conceito aborda a descontinuidade, a distância e a diferença **entre*** os sujeitos em relação. Subjetivo, do latim *subjectivus*, *subicere*, significa colocar sob, mais *jacere*, atirar, jogar, lançar.

EVOLUÇÃO HISTÓRICA DO CONCEITO

Desde "Psicologia de grupo e a análise do ego", Freud (1921/2006) passou a conceber o sujeito a partir de outro olhar. Deixou de lado a concepção solipsista de um aparelho psíquico individual e começou a considerar a determinação do sujeito com fundamento em um campo intersubjetivo, ao observar a exigência de trabalho psíquico imposta ao psiquismo por meio do trabalho da cultura (KAËS, 2005). Freud (1921/2006) inicia essa obra anunciando que a vida psíquica de um indivíduo não deve ser tomada isoladamente, pois sofre sempre a influência de um modelo, de um adversário, de um oponente etc., e por isso devemos considerar que a psicologia individual também é psicologia social. Kaës afirma que encontramos sob essa base um dos "enunciados fundadores de uma abordagem intersubjetiva do sujeito, ao mesmo tempo em que a hipótese de que um conjunto dos outros forma uma *Gruppenpsyche*" (2011, p. 27).

O conceito de intersubjetividade, de acordo com autores psicanalíticos contemporâneos, foi construído em meio a problemáticas oriundas do campo da filosofia e da psicologia, desde o momento em que se tornou importante pensar o sujeito levando em conta o reconhecimento do próximo (JAROSLAVSKY; MOROSINI, 2010). Ou seja, como afirmam Coelho Junior e Figueiredo (2004), "com as exigências éticas colocadas pela necessidade de reconhecimento da **alteridade*** como elemento constitutivo das subjetividades singulares" (p. 10).

Para Jaroslavsky e Morosini (2010), as fontes iniciais do estudo da intersubjetividade são diversas, como a fenomenologia de Hegel, com a dialética do senhor e do escravo; e a fenomenologia de Husserl (1929/1969), que "desenvolveu argumentações centrais quanto à fundamental importância da experiência intersubjetiva para toda e qualquer forma de conhecimento de si e do outro" (COELHO JUNIOR; FIGUEIREDO, 2004, p. 10). Além desses, temos os trabalhos de Scheler (1923/1971), Heidegger (1927/1962), Merleau-Ponty (1964) e Lévinas (1974), que deram prosseguimento ao estudo de Husserl (1929/1969), bem como a linguística da enunciação, a psicologia da interação e a etnologia. No entanto, como apontam Jaroslavsky e Morosini (2010), a intersubjetividade em todas essas vertentes é tomada apenas do ponto de vista descritivo, ou seja, esses filósofos foram capazes de descrever certa categoria de fenômenos que, de forma geral, torna inegável a importância do outro na constituição do sujeito, mas não foram capazes de explicá-los.

Conforme Jaroslavsky e Morosini (2010), foi Kaës (2011) quem permitiu o entendimento dos mecanismos psíquicos no campo intersubjetivo, como em formações de grupos. Estes autores partem da concepção de Kaës (2011), para quem a intersubjetividade não é meramente descritiva, já que considera todo o trabalho psíquico entre dois ou mais sujeitos e, principalmente, do grupo familiar na construção do sujeito. Por esse processo, o sujeito se torna sujeito da **herança***, e seu inconsciente é formado e trabalhado pelos **vínculos*** intersubjetivos. Procurando desprender-se das **alianças inconscientes*** do grupo familiar primário, o sujeito se constituirá como sujeito, subjetivando-se em meio à intersubjetividade (KAËS, 2011).

Para Fernandes (2004), Kaës (1997) propõe a construção de uma metapsicologia intersubjetiva composta por uma relação entre o duplo limite constitutivo do **espaço psíquico***: "entre o Inconsciente e o Pré-Consciente/Consciente e, o limite interpsíquico entre Sujeito (Soi) e o não-Sujeito (non-Soi)" (FERNANDES, 2004, p. 19). É dessa forma, ainda segundo a autora, que o trabalho psíquico da intersubjetividade é concebido "como o trabalho de um outro ou mais de um outro na psique do Sujeito do Inconsciente" (FERNANDES, 2003, p. 50). Tal processo permite sobretudo que o sujeito em sua singularidade adquira graus diversos de "aptidões" para significar e interpretar,

> receber, conter ou recusar, ligar e desligar, transformar e (se) representar, de "brincar" com ou destruir os objetos e as representações, as emoções e os pensamentos que pertencem a um outro sujeito, que transitam através de seu próprio aparelho psíquico e que se tornam, por incorporação ou introjeção, partes "encerradas" – "enquistadas", ou integrantes e reutilizáveis. (FERNANDES, 2003, p. 51)

No espaço intersubjetivo, as alianças inconscientes se formam, constituindo sujeições e subjetividade, uma vez que o sujeito é "representado e procura se fazer representar nas relações de objeto, nas imagos, identificações e **fantasias inconscientes*** de um outro e de um conjunto de outros" (KAËS, 2011, p. 225). Para o autor, esse processo faz emergir uma subjetividade, impondo trabalho psíquico e ligando um aos outros: desse modo, "cada sujeito se liga em formações psíquicas desse tipo com os representantes de outros sujeitos, com os objetos que ele abriga em si. Ele os liga entre si" (p. 225). É, portanto, dessa maneira que Kaës (2011) propõe o conceito de intersubjetividade não como "um regime de interações comportamentais entre indivíduos que comunicam seus sentimentos por empatia, mas a experiência e o espaço da realidade psíquica que se especifica por suas relações de sujeitos enquanto sujeitos do inconsciente" (p. 22).

REFERÊNCIAS

COELHO JUNIOR, N. E.; FIGUEIREDO, L. C. Figuras da intersubjetividade na constituição subjetiva: dimensões da alteridade. *Interações*, v. 9, n. 17, p. 9-28, 2004.

FERNANDES, M. O trabalho psíquico da intersubjetividade. *Psicologia USP*, v. 14, n. 3, p. 47-55, 2003.

FERNANDES, M. I. A. Algumas reflexões sobre a negatividade na construção dos laços sociais. *Vínculo*, v. 1, n. 1, p. 9-16, dez. 2004.

FREUD, S. Psicologia de grupo e a análise do ego. In: *Edição standard brasileira das obras psicológicas completas de S. Freud*. Rio de Janeiro: Imago, 2006. v. 18, p. 79-154. (Trabalho originalmente publicado em 1921).

HEIDEGGER, M. *Being and time*. Trad. John Macquarrie e Edward Robinson. Oxford, UK: Basil Blackwell, 1962. (Trabalho originalmente publicado em 1927).

HUSSERL, E. *Méditations cartésiennes*. Paris: Vrin, 1969. (Trabalho originalmente publicado em 1929).

JAROSLAVSKY, E. A.; MOROSINI, I. *Sufrimiento vincular y sus transformaciones en el psicoanálisis de pareja y familia. Trabajo sobre el vínculo. Mesa Redonda. Sesión Especial*. Trabalho apresentado ao 6º Congreso AIPCF, Buenos Aires, 2010.

KAËS, R. *O grupo e o sujeito do grupo*: elementos para uma teoria psicanalítica do grupo. São Paulo: Casa do Psicólogo, 1997.

KAËS, R. La structuration de la psyché dans Le malaise du monde moderne. In: FURTOS, J.; LAVAL, C. *La santé mentale en actes*. Toulouse: Érès, 2005. p. 239-256.

KAËS, R. *Um singular plural*: a psicanálise à prova do grupo. São Paulo: Loyola, 2011.

LÉVINAS, E. *Autrement q'être ou au-delà de l'essence*. La Haye: Nijhoff, 1974.

MERLEAU-PONTY, M. *Le visible et L'invisible*. Paris: Gallimard, 1964.

SCHELER, M. *Nature et formes de la sympathie*. Paris: Payot, 1971. (Trabalho originalmente publicado em 1923).

Espaço intrapsíquico

Carla Martins Mendes

CONCEITO

Freud construiu a psicanálise segundo um modelo de espaço psíquico individual. A partir da **metapsicologia do 3º tipo*** proposta por Kaës (1997), o espaço intrapsíquico deixa de ser concebido como lugar exclusivo do inconsciente, sendo considerado um prolongamento dos inconscientes individuais no espaço comum e compartilhado.

ETIMOLOGIA

Junção de intra, do latim *intra*, prefixo que significa dentro de, interior (MACHADO, 2003), e psíquico, do grego *psykhikós*, relativo à mente (MACHADO, 2003).

EVOLUÇÃO HISTÓRICA DO CONCEITO

A **metapsicologia do 3º tipo*** proposta por Kaës (1997) concebe o espaço intrapsíquico referente ao sujeito singular que se constitui e se transforma **entre*** o seu inconsciente e o de outro, ou de mais de um outro, tornando-se, por definição, sujeito do grupo. O espaço intrapsíquico corresponde a representações físicas e corporais. Embora interno, não é estritamente individual, uma vez que as representações intrapsíquicas são formações que contêm uma estrutura grupal organizando o espaço psíquico desde o início (grupo interno original). O sujeito singular alude a uma dupla sujeição: ao inconsciente operado por conflitos, desejos, fantasias e pulsões e à "realização de seu próprio fim e o lugar que deve assumir nos vínculos" (KAËS, 1997, p. 51).

Na perspectiva da psicanálise das configurações vinculares, Berenstein e Puget (1988) descrevem o espaço intrapsíquico referente ao sujeito individual. É constituído por imagens, fantasias e sonhos, e dele faz parte a representação da imagem corporal e das relações de objeto. As representações intrapsíquicas estão condicionadas à ausência do objeto externo e obedecem a uma organização fundada no desejo, nos mecanismos de defesa, de projeção e de introjeção.

Para esses autores, o espaço intrapsíquico refere-se, portanto, às representações do mundo interno.

REFERÊNCIAS

BERENSTEIN, I.; PUGET, J. *Psicoanálisis de la pareja matrimonial*. Buenos Aires: Paidós, 1988.

KAËS, R. *O grupo e o sujeito do grupo*. São Paulo: Casa do Psicólogo, 1997.

MACHADO, J. P. *Dicionário etimológico da língua portuguesa*. Lisboa: Livros Horizonte, 2003.

Espaço intrassubjetivo

Sandra Aparecida Serra Zanetti

CONCEITO

O campo da **psicanálise das configurações vinculares*** é compreendido como um espaço que diz respeito ao funcionamento psíquico do sujeito, em termos de uma dinâmica, tópica e economia, que se move independente do outro, mas que, em sua maior parte, foi concebido a partir do **vínculo*** com o outro.

ETIMOLOGIA

Junção do prefixo intra, que designa aquilo que está dentro de; e de subjetivo, do latim *subjectivus, subicere*, colocar sob, mais *jacere*, atirar, jogar, lançar. Trata-se daquilo que é relativo ao sujeito, mas de forma exclusiva ao que se localiza internamente.

EVOLUÇÃO HISTÓRICA DO CONCEITO

Aquilo que é intrassubjetivo, num primeiro momento da teoria freudiana, pode ser entendido como intrapsíquico, e é amparado pela concepção de uma primeira tópica, apresentada no Capítulo 7 de *A interpretação dos sonhos* (FREUD, 1900/2006b), embora possamos seguir sua evolução desde o "Projeto para uma psicologia científica" (1895/2006a), aponta Laplanche e Pontalis (2001). A primeira tópica distingue três sistemas: inconsciente, pré-consciente e consciente, "cada um com sua função, o seu tipo de processo e sua energia de investimento, e que se especificam por conteúdos representativos" (LAPLANCHE; PONTALIS, 2001 p. 506). Com esta tentativa, afirma o autor, Freud queria tornar compreensível a complicação do funcionamento psíquico, ao decompor esse funcionamento e procurar atribuir cada função em especial às diversas partes do aparelho. Em sua dinâmica, esses sistemas se acham em conflito entre si. Importante salientar que, nesse primeiro momento de sua obra, Freud preconiza que "tudo que é consciente começou por ser inconsciente" (LAPLANCHE; PONTALIS, 2001, p. 508), inclusive concebe a ideia de um recalque originário, no sentido de um aparelho psíquico que não sofre influência de um outro em sua base constitutiva.

A partir de 1920, no entanto, esse sistema é modificado. A segunda tópica é centralmente marcada pela compreensão freudiana de que os processos identificatórios possuem formações permanentes que depositam no seio dela ideais, instâncias críticas, imagens de si mesmo (LAPLANCHE; PONTALIS, 2001). A segunda tópica faz intervir três instâncias:

> o *id*, polo pulsional da personalidade, o *ego*, instância que se situa como representante dos interesses da totalidade da pessoa e como tal é investido de libido narcísica e, por fim, o *superego*, instância que julga e critica, constituída por interiorização das exigências e das interdições parentais. (LAPLANCHE; PONTALIS, 2001, p. 508)

É a partir da segunda tópica, mais especificamente a partir de "Psicologia de grupo e análise do ego", que Freud (1921/2006c) anuncia que:

> É verdade que a psicologia individual relaciona-se com o homem tomado individualmente e explora os caminhos pelos quais ele busca encontrar satisfação para seus impulsos instintuais; contudo, apenas raramente e sob certas condições excepcionais, a psicologia individual se acha em posição de desprezar as relações desse indivíduo com os outros. (p. 81)

E continua: "Algo está invariavelmente envolvido na vida mental do indivíduo, como um modelo, um objeto, um auxiliar, um oponente, de maneira que, desde o começo, a psicologia individual [...] é, ao mesmo tempo, também psicologia social" (FREUD, 1921/2006c, p. 81). Kaës (2011) compreende que Freud aqui fala mais em termos do lado do *sujeito* do que do lado do *indivíduo* e que encontramos nesse texto um dos anunciados fundadores "de uma abordagem intersubjetiva do sujeito, ao mesmo tempo em que a hipótese de que o conjunto dos outros forma uma *Gruppenpsyche*" (p. 27). É importante sublinhar que para Kaës (2011) o sujeito é aquele que se apropriou e transformou o que herdou psiquicamente, num processo de subjetivação e diferenciação. E é por isso que o termo intrassubjetivo (relativo a sujeito) diz respeito àquilo que é intrapsíquico (relativo a indivíduo), mas vai além, num movimento de procurar revelar o que

Espaço intrassubjetivo

é próprio ao sujeito e, ao mesmo tempo, o que é deste sujeito, mas provém do trabalho psíquico imposto pelos vínculos.

Para Kaës (2010), ao inaugurar a segunda tópica, Freud se interroga sobre a função do outro no psiquismo do sujeito e a inscrição deste numa cadeia intersubjetiva e intergeracional. Assim, segundo o autor, faz-se necessário ainda rever a tese clássica de relação de objeto, própria de uma concepção intrapsíquica do funcionamento do aparelho psíquico. Para Kaës (2010), as teses clássicas de relação de objeto não assinalam de forma precisa

> as consequências da introjeção do vínculo a um objeto animado de vida psíquica própria, elas não levam em consideração de forma suficiente a experiência da relação do sujeito com as qualidades e as relações que pertencem a este objeto e que são introjetadas com o objeto. (p. 181, tradução nossa)

As premissas da noção de subjetividade do objeto nascem, para Kaës (2010), a partir das obras de Bion (com o conceito de função *alpha*), de Winnicott (com o conceito de capacidade de *rêverie*) e de Aulagnier (com o conceito de porta-voz). Estes autores colocaram em evidência, segundo Kaës (2010), as falhas graves da presença do outro na constituição do psiquismo: a psicose, os distúrbios psicossomáticos, os estados-limite e as perversões.

Portanto, o que esses autores sublinham é a natureza intersubjetiva do que é intrassubjetivo, ainda que uma parcela da realidade psíquica escape a toda determinação social ou intersubjetiva, como assinalou Kaës (2005). O aparelho psíquico individual comporta formações grupais: "imagem do corpo, fantasias originárias, sistemas de objetos internos, estruturas de identificação, imagos e complexos, instâncias do aparelho psíquico" (KAËS, 2010, p. 204, tradução nossa). Falamos, portanto, de um espaço intrassubjetivo quando o "produto" das formações conscientes e inconscientes, próprias e grupais, que decanta no sujeito, se conversam e se entrelaçam, propiciando um espaço interno que possui uma dinâmica única e singular, que constitui ao mesmo tempo o sujeito, quando disto tudo se apropria ao transformar em algo seu.

REFERÊNCIAS

DICIO. *Dicionário online de português.* Porto: 7Graus, 2020. Disponível em: https://www.dicio.com.br/. Acesso em: 7 jan. 2021.

FREUD, S. Projeto para uma psicologia científica. *In: Edição standard brasileira das obras psicológicas completas de S. Freud.* Rio de Janeiro: Imago, 2006a. v. 1, p. 335-468. (Trabalho originalmente publicado em 1895).

FREUD, S. A interpretação dos sonhos. *In: Edição standard brasileira das obras psicológicas completas de S. Freud.* Rio de Janeiro: Imago, 2006. Rio de Janeiro: Imago, 2006b. v. 4 e 5. (Trabalho originalmente publicado em 1900).

FREUD, S. Psicologia de grupo e a análise do ego. *In: Edição standard brasileira das obras psicológicas completas de S. Freud.* Rio de Janeiro: Imago, 2006c. v. 18, p. 79-154. (Trabalho originalmente publicado em 1921).

KAËS, R. La structuration de la psyché dans Le malaise du monde moderne. *In:* FURTOS, J.; LAVAL, C. *La santé mentale en actes.* Toulouse: Érès, 2005. p. 239-256.

KAËS, R. *L'appareil psychique groupal.* Malakoff: Dunod, 2010.

KAËS, R. *Um singular plural*: a psicanálise à prova do grupo. São Paulo: Loyola, 2011.

LAPLANCHE, J; PONTALIS, J. B. *Vocabulário da psicanálise.* São Paulo: Martins Fontes, 2001.

Espaço onírico

Carla Martins Mendes

CONCEITO

Kaës (2002, 2004) concebe um espaço onírico plural comum e compartilhado no qual se depositam os sonhos de cada membro de um grupo. Esse espaço é composto pela interseção da atividade onírica pessoal com a atividade onírica comum e partilhada por meio de um processo associativo, interdiscursivo e polifônico estabelecido pelos vínculos intersubjetivos.

ETIMOLOGIA

Espaço, do latim *spatium*, significa extensão, distância, intervalo (MACHADO, 2003). Oniro + ico, do grego *oneiros*, significa sonho, que se refere à essência do sonho (MACHADO, 2003).

EVOLUÇÃO HISTÓRICA DO CONCEITO

Com a publicação do livro *A interpretação dos sonhos* (*Die Traumdeutung*) em 1900, Freud edificou as bases da teoria psicanalítica e do método interpretativo, rompendo com o paradigma do sonho como fenômeno metafísico ou mitológico. A partir da autoanálise dos seus próprios sonhos e dos sonhos dos seus pacientes, Freud apresentou um modelo em que o sonho é elevado à condição de fenômeno psíquico. *A interpretação dos sonhos*, "não é uma obra de análises de sonhos, menos ainda um livro do sonho, mas uma obra que, pela mediação das leis do *logos* do sonho, descobre a de todo o discurso e funda a Psicanálise" (PONTALIS, 2001, p. 23).

Freud (1900/2006) descreve a formação onírica por meio de uma elaboração primária promovida por excitações psíquicas que buscam associações mediante imagens mentais (pictogramas). A interpretação dos sonhos considera os conteúdos manifestos do sonho, que correspondem aos sonhos lembrados e relatados; e, sobretudo, os pensamentos oníricos latentes que dizem respeito ao material oculto e desconhecido; impressões sensoriais noturnas; fragmentos de pensamentos e ideias relacionadas às atividades diurnas e impulsos do id.

Os conteúdos inconscientes originais (latentes) sofrem uma elaboração secundária por meio da censura, afastando os pensamentos proibidos que ameaçam a consciência, transformando-os em conteúdos manifestos (LAPLANCHE; PONTALIS, 2001). A elaboração onírica responsável pela passagem do conteúdo latente ao conteúdo manifesto é realizada por meio dos mecanismos de condensação, deslocamento, dramatização e simbolização. Para Freud, o sonho é a realização alucinatória de desejos inconscientes reprimidos, e ele lhe atribui a função de guardião do sono; já a interpretação dos sonhos é o caminho real de acesso ao inconsciente.

No seguimento da sua obra, Freud fez várias alusões ao sonho, desenvolvendo uma metapsicologia subjacente à prática do tratamento psicanalítico apoiada na lógica de um espaço psíquico interno, isolado sobre o sujeito e o seu inconsciente, protegido de investimentos externos (GREEN, 1972; KAËS, 2002, 2004). O legado de Freud e os dispositivos psicanalíticos clínico-teóricos que o precederam ampliaram as perspectivas sobre os sonhos, enquanto produção da atividade intrapsíquica, introduzindo o sonho em um espaço onírico interpsíquico.

Kaës (2014) indica que a abordagem psicanalítica sobre os sonhos foi desenvolvida de acordo com o interesse dos autores pelo fenômeno da **intersubjetividade***, explicando que a concepção de *rêverie* desenvolvida por Bion foi determinante para que os estudos sobre os sonhos contemplassem os aspectos intrapsíquicos e intersubjetivos da atividade onírica: "Imaginou, então, um espaço que poderia ser chamado de pré-onírico: um espaço que é ao mesmo tempo um continente (um envoltório), um processo de transformação dos conteúdos psíquicos e um processo gerador, formados todos a partir da capacidade materna de devaneio" (KAËS, 2014, p. 23). Segundo Bion (1991), a atividade de sonhar está ligada à função alfa provida pela mãe, que transforma em elementos alfa as sensações provindas dos órgãos de sentido (protopensamentos), ou elementos beta, emitidos pelo bebê via identificação projetiva. A capacidade de *rêverie* expressa a atitude de acolhimento da função materna e constitui a gênese dos pensamentos oníricos, memória e funções do intelecto. Segundo o autor, "o trabalho onírico que conhecemos é apenas um pequeno aspecto do sonhar propriamente dito – o sonhar, propriamente dito, sendo um processo contínuo e pertencente à vida de vigília" (BION, 2000, p. 50). Portanto, para Bion, o sonhar alcança um estatuto vincular, ampliando, deste modo, o paradigma psicanalítico da produção onírica, tornando-se determinante para o desenvolvimento clínico-teórico sobre os processos oníricos nos vínculos grupais.

Anzieu (1993) propôs uma analogia entre o grupo e o sonho, definindo a matéria psíquica do grupo como sendo de natureza onírica: "os sujeitos humanos vão aos grupos da mesma forma que, no seu sono, entram no sonho. Do ponto de vista da dinâmica psíquica, o grupo é um sonho" (p. 49). Seguindo o modelo desenvolvido por Freud para a formação onírica, Anzieu descreve o acesso ao inconsciente grupal de acordo com as formulações do aparelho psíquico individual. A dinâmica interna subjacente à realização dos desejos inconscientes reverbera nos grupos como uma tópica interna projetada. Inicialmente, o espaço onírico é constituído por um envoltório apoiado no espaço onírico e no corpo da mãe. Posteriormente, o grupo, como o sonho, constitui o lugar da realização alucinatória dos desejos inconscientes mediante a **ilusão*** grupal; meio que possibilita a realização dos desejos edípicos. Portanto, para Anzieu, as atividades oníricas e as manifestações de desejos inconscientes são compreendidas dentro de uma mesma lógica grupal.

Tomando por base os referenciais teórico-clínicos apoiados em modelos de constituição psíquica intersubjetiva e os modelos de sonho desenvolvidos por Freud e Anzieu, Kaës (2002) desenvolve uma metapsicologia em que o sonho tem origem em um espaço onírico comum e compartilhado. Na obra *Polifonia dos sonhos* (2002, 2004), Kaës inaugura uma concepção de sonho como uma estrutura polifônica em que o sonho se desenvolve na interseção de várias fontes. Segundo o autor, "o espaço intrapsíquico do sonho se articula com os espaços psíquicos de outros sonhadores: sonhar exige a precedência de um sonhador, cuja atividade onírica é necessária para que se forme num outro a capacidade de sonhar" (2004, p. 20). O espaço onírico parental funda o arcabouço onírico do recém-nascido, constituindo um espaço onírico originário do qual emerge o espaço onírico singular articulado ao espaço onírico comum e compartilhado. Neste ponto, Kaës difere de Anzieu ao defender a atividade onírica singular e a atividade onírica grupal combinadas entre si, introduzindo a função de porta-sonhos como aquele que, ao sonhar por si, sonha na trama onírica grupal. Esses processos e formações oníricas intrapsíquicas são desenvolvidos em espaços intersubjetivos.

Kaës (2002, 2004) retoma a metáfora do **umbigo do sonho*** desenvolvida por Freud, micélio psicossomático, para introduzir a ideia de um segundo umbigo do sonho relacionada ao micélio intersubjetivo. O segundo umbigo faz a ligação entre o material onírico individual e o grupal e é composto pelo material dos sonhos de cada membro do grupo familiar. Propõe ainda, a existência de um terceiro umbigo de origem social e cultural, em alusão ao trabalho sobre mitos e ritos de iniciação. Desse modo, o sujeito é dotado, desde e antes de nascer, de um **aparelho psíquico grupal***, tendo o espaço onírico uma gênese vincular, que comporta uma produção onírica singular, estruturada pela existência de um espaço onírico compartilhado.

No contexto específico da atividade onírica no grupo familiar, Ruffiot (1981) descreveu o sonho como a matriz primária do **aparelho psíquico familiar*** composto pela fusão dos psiquismos primários individuais dos membros do grupo familiar, tendo na sua gênese uma expressão onírica. A dimensão pré-individual do Eu é ativada no aparelho psíquico familiar concebido como a matriz primária do vínculo, servindo de suporte para a constituição de dispositivos psíquicos individuais.

Tomando por base os trabalhos de Bion e Winnicott, Ruffiot (1981) explica que o psiquismo é um dispositivo essencialmente para sonhar; para alucinar a satisfação e o objeto satisfatório. O encontro entre a atividade onírica da criança e a *rêverie* materna (*holding* onírico) corresponde à atividade psíquica primária que progride para a integração de experiências corporais e psíquicas, organizando as bases da capacidade de sonhar. No caso de falhas no *holding* onírico, a energia psíquica não circula entre o bebê e o ambiente materno, originando a ruptura dos conteúdos simbólicos diferenciados. Para Ruffiot (1981), a terapia psicanalítica familiar é o espaço onde essas experiências poderão ser retomadas, onde se evoca o envelope onírico familiar. Criam-se, portanto, subsídios para que os sonhos, associações, ou memórias possam construir uma narrativa comum e compartilhada.

REFERÊNCIAS

ANZIEU, D. *O grupo e o inconsciente*: o imaginário grupal. São Paulo: Casa do Psicólogo, 1993.

BION, W. R. *O aprender com a experiência*. Rio de Janeiro: Imago, 1991. (Trabalho originalmente publicado em 1963).

BION, W. R. *Cogitações*. Rio de Janeiro: Imago, 2000.

FREUD, S. A interpretação dos sonhos. *In: Edição standard brasileira das obras psicológicas completas de Sigmund Freud.* Rio de Janeiro: Imago, 2006. v. 4 e 5. (Trabalho originalmente publicado em 1900).

GREEN, A. De l'esquisse à l'interprétation des rêves: coupure et clôture. *In:* PONTALIS, J.-B. (ed.). *L'espace du rêve.* Paris: Gallimard, 1972.

KAËS, R. *La polyphonie du rêve. L'espace onirique commun et partagé.* Paris: Dunod, 2002.

KAËS, R. *A polifonia do sonho*: a experiência onírica comum e partilhada. Aparecida: Ideias & Letras, 2004.

KAËS, R. *As alianças inconscientes.* São Paulo: Ideias & Letras, 2014.

LAPLANCHE, J. *Entre o sonho e a dor.* Lisboa: Fenda, 2001.

LAPLANCHE, J.; PONTALIS, J.-B. *Vocabulário de psicanálise.* São Paulo: Martins Fontes, 2001.

MACHADO, J. P. *Dicionário etimológico da língua portuguesa.* Lisboa: Livros Horizonte, 2003.

RUFFIOT, A. *La thérapie familiale psychanalitique.* Paris: Dunod, 1981.

Espaço psíquico

Carla Martins Mendes

CONCEITO

A metapsicologia clássica desenvolvida por Freud assente na ideia de um aparelho psíquico individual, em que o espaço psíquico é uma zona psíquica diferenciada constituinte da subjetividade. No campo da psicanálise de casal e família, as escolas psicanalíticas francesa e argentina são consideradas as principais precursoras da concepção de pluralidade de espaços psíquicos.

ETIMOLOGIA

Espaço, do latim *spatium*, significa extensão, distância, intervalo. Psíquico, do grego *psykhikós*, significa alma, relativo à mente.

EVOLUÇÃO HISTÓRICA DO CONCEITO

Freud construiu a metapsicologia apoiada no espaço intrapsíquico, em que o inconsciente é limitado ao espaço psíquico individual. A constituição subjetiva teria na sua base a relação do sujeito com os objetos internos por meio dos processos de identificação. Kaës (2002), a partir do seu trabalho com grupos, considera a existência de **um aparelho psíquico grupal***, inscrevendo o inconsciente em vários espaços psíquicos. Para tal, elabora uma **metapsicologia do terceiro tipo***, fundamentada na concepção de sujeito cujo inconsciente é moldado e transformado nos vínculos intersubjetivos, descrevendo os processos de ligação entre os espaços intrapsíquico, interpsíquico e transpsíquico. A formação de inconsciente politópica está na origem do que Kaës denominou de sujeito singular plural, assente na realidade psíquica comum e compartilhada.

A partir da introdução do conceito de **vínculo*** por Pichon-Rivière e da experiência com casais e famílias, Berenstein e Puget (1997), a exemplo de Kaës, descrevem os mesmos espaços psíquicos – intrapsíquico, interpsíquico e transpsíquico –, mas diferem quanto à estrutura vincular. Se para Kaës os espaços psíquicos são porosos e articulados entre si, para Puget e Berenstein (1997) os espaços psíquicos são sobrepostos, herméticos e radicalmente opostos.

São independentes entre si em termos de constituição e origem, obedecendo a lógicas de funcionamento e conteúdos específicos.

REFERÊNCIAS

BERENSTEIN, I.; PUGET, J. *Lo vincular. Clínica y técnica psicoanalítica*. Buenos Aires: Paidós, 1997. KAËS, R. *La polyphonie du rêve. L'espace onirique commun et partagé*. Paris: Dunod, 2002.

Espaço transpsíquico

Carla Martins Mendes

CONCEITO

Constituinte do espaço psíquico ligado à dimensão social, cultural e institucional.

ETIMOLOGIA

Trans, do latim *trans*, prefixo que significa além de, através de. Psíquico, do grego *psykhikós*, alma, relativo à mente (MACHADO, 2003).

EVOLUÇÃO HISTÓRICA DO CONCEITO

Para Kaës (1997), o espaço transpsíquico refere-se ao grupo, enquanto entidade específica e conjunto complexo, constituindo um recipiente dos **espaços psíquicos*** intra e interpsíquicos. As formações psíquicas do espaço transpsíquico são transmitidas por meio dos vínculos e de grupos de pertencimentos, garantindo a continuidade entre sujeito, sociedade, cultura e comunidade de pertencimento, incluindo os vínculos institucionais. O espaço transpsíquico, segundo Kaës (1997), assegura a identificação entre os seres humanos e os grupos de pertencimento, tendo na sua gênese os processos e as formações psíquicas transgeracionais, sociais e culturais.

Para Pujet e Berenstein (1997), pioneiros da psicanálise das configurações vinculares, o espaço transpsíquico ocupa um lugar preponderante na constituição vincular. Transcende os espaços intra e interpsíquicos e refere-se aos vínculos estabelecidos no contexto social compartilhado. É composto por crenças compartilhadas e pelas representações do mundo externo (sociais e físicas) adquiridas pelo inconsciente via superego dos objetos parentais. Essas representações psíquicas geram regras e códigos que, compartilhados dentro de um grupo, criam o sentimento de pertencimento. Obedece a um funcionamento lógico de regras e proibições, dentre as quais a proibição de matar.

REFERÊNCIAS

BERENSTEIN, I.; PUGET, J. *Lo vincular. Clínica y técnica psicoanalítica.* Buenos Aires: Paidós, 1997.

KAËS, R. *O grupo e o sujeito do grupo.* São Paulo: Casa do Psicólogo, 1997.

MACHADO, J. P. *Dicionário etimológico da língua portuguesa.* Lisboa: Livros Horizonte, 2003.

Espaço transubjetivo

Sandra Aparecida Serra Zanetti

CONCEITO

Aborda a importância das formações e experiências externas ao sujeito, no âmbito sociocultural, do conjunto coletivo, como fundamentais para a constituição das subjetividades e da formação dos grupos. Puget (1987) concebe o espaço transubjetivo como um conjunto de representações do mundo real (social e físico) que o sujeito adquire de modo direto, a partir de um vínculo originário com raiz inconsciente.

ETIMOLOGIA

O prefixo *trans* designa o que ocorre *através* dos sujeitos e define uma constante e uma continuidade (KAËS, 2011, p. 23). Subjetivo, do latim *subjectivus*, *subicere*, colocar sob + *jacere*, atirar, jogar, lançar. Compondo o termo, este se refere ao que é individual; relativo ao sujeito; próprio de cada pessoa; particular (DICIO, 2020).

EVOLUÇÃO HISTÓRICA DO CONCEITO

Consideramos este conceito bem particular do campo da **psicanálise das configurações vinculares***, que tem como principais fundadores Eiguer e Kaës na França e Pichon-Rivière, Berenstein e Puget na América Latina. O termo transubjetivo propõe a importância do mundo sociocultural para a formação da subjetividade e dos grupos (PUGET; BERESNTEIN, 1997).

No entanto, como estudiosos antecessores da ideia em que se baseia esse conceito, vale destacar os trabalhos de Pichon-Rivière (1977) e Bleger (1977). Para esses autores, o mundo material, físico e social detém uma importância significativa na constituição do psiquismo organizado de modo consciente e inconsciente. Bleger (1963) propõe três espaços ou áreas, como ele as denomina, nas quais desenvolve simultaneamente o comportamento humano, de acordo com os gradientes de predominância dessas três áreas: mente (área um), corpo (área dois) e mundo externo (área três).

Puget e Berenstein, psicanalistas argentinos, propuseram em 1986 um modelo de aparelho psíquico constituído por espaços psíquicos nos quais o sujeito imerge simultaneamente: os espaços intrapsíquico, intersubjetivo e transubjetivo. O primeiro espaço, o conceito intrapsíquico ou **intrassubjetivo***, refere-se à organização psíquica do sujeito – suas representações, imagens, identificações, fantasias, complexos, sonhos etc. – que, embora não deixe de estabelecer pontes com o mundo externo, move-se de forma independente. O segundo espaço, **intersubjetivo***, abarca a importância do vínculo, pois todo indivíduo precisa de mais de um outro para se constituir, e as trocas entre os sujeitos possuem uma dinâmica inconsciente própria a ser estudada. O terceiro espaço, transubjetivo, abrangeria, como vem sendo exposto, o espaço sociocultural, no qual se estabelecem relações com um ou vários representantes da sociedade: valores, crenças, ideologias, histórias, acontecimentos sociais.

De acordo com Vidal (2002), é próprio do transubjetivo a alteridade, a presença de desconhecidos, pertencentes a uma estrutura social, regulamentada e reguladora; cultural e essencial na constituição do sentimento de pertencimento a um grupo, uma cultura, uma sociedade, um país.

Kaës, para quem são caras a formação dos grupos e sua relação com a constituição psíquica, a "psicanálise contemporânea deve pensar a posição do sujeito singular nos conjuntos transubjetivos, nas formações e nos processos inconscientes de onde procede a sua subjetividade" (KAËS, 1991, p. 138, tradução nossa). Rufatto acrescenta:

> Um grupo terapêutico tem seus códigos. Delega papéis. Possui uma identidade. Porém, as pessoas que participam desta vivência grupal trazem consigo marcas e signos próprios, como também os comuns à sociedade em que vivem. Os membros do grupo em sua singularidade, atravessados pelos "códigos sociais", serão colhidos por estas novas vivências, o que marcará a continuidade do percurso pessoal, de cada um, agora implicados com estas novas experiências. Imersos neste caldo, passam a compor o espaço fantasmático do grupo, como o grupo também se integra ao mundo mental de cada um. (RUFATTO, 2003, p. 16-17)

Podemos compreender esse conceito de forma mais profunda entendendo que, ainda que uma parte da realidade psíquica inconsciente escape a toda determinação social ou intersubjetiva, a vida psíquica somente pode se desenvolver sobre uma base de exigência de trabalho psíquico, que impõe ao psiquismo sua inscrição nos vínculos intersubjetivos primários e nos vínculos sociais (KÄES, 2005). Consideramos que é a partir da explicação do que são esses trabalhos psíquicos que podemos visualizar como o campo transubjetivo pode interferir na constituição psíquica.

Kaës (2011) distingue quatro principais exigências de trabalho psíquico: a primeira é a obrigação do sujeito de investir o grupo do qual depende com sua libido narcísica e objetal, a fim de receber deste, em retorno, os investimentos necessários para ser reconhecido pelo conjunto e pelos outros como sujeito membro do grupo. "Esta exigência de trabalho se forma com base no modelo do **contrato narcísico*** descrito por P. Castoriadis-Aulagnier (1975)" (KAËS, 2011, p. 125). A segunda exigência é a renúncia de identificações e ideais pessoais em prol de ideais comuns e em troca de benefícios esperados do grupo. A terceira exigência refere-se a operações de recalque, de denegação ou de rejeição, para que o conjunto se forme e os vínculos se mantenham. Essas alianças inconscientes defensivas são requeridas pelo grupo e pelos interesses pessoais. A quarta exigência

> se articula com os interditos fundamentais em suas relações com o trabalho de civilização (*Kulturarbeit*) e os processos de simbolização. Freud insistiu (1927, 1929) na renúncia mútua à realização direta dos fins pulsionais proibidos, para que se estabeleça uma "comunidade de direito" garantidora de vínculos estáveis e confiáveis. (KAËS, 2011, p. 126)

Nessa perspectiva, os trabalhos psíquicos impostos pelos vínculos são estruturantes e estruturados numa base de organização sociocultural que define uma constante e uma continuidade, como apontou Kaës (2011). Ou seja, a vida psíquica se organiza por meio dos pactos, dos contratos e das alianças, acordos conscientes e inconscientes, que estão amparados em leis e interditos que organizam os vínculos, as instituições, a sociedade e a cultura, modelando-as e instituindo-as de um poder sobre o qual se torna possível a experiência do humano.

REFERÊNCIAS

BLEGER, J. *Psicología de la conducta*. Buenos Aires: EUDEBA, 1963.

DICIO. *Dicionário online de português*. Porto: 7Graus, 2020.

GOMES, P. B.; PORCHAT, I. *Psicoterapia do casal*. São Paulo: Casa do Psicólogo, 2006.

KAËS, R. Rupturas catastróficas y trabajo de la memoria. Notas para una investigación. In: PUGET, J.; KAËS, R. *Violencia de estado y psicoanálisis*. Buenos Aires: Bibliotecas Universitárias Centro Editor de América Latina, 1991. p. 137-163.

KAËS, R. La structuration de la psychédans le malaise du monde moderne. Études, *Recherches, Actions en Santé Mentale en Europe*, v. 1, p. 239-256, 2005.

KAËS, R. *Um singular plural*: a psicanálise à prova do grupo. São Paulo: Loyola, 2011.

PICHON-RIVIÈRE, E. *Del psicoanálisis a la psicología social*. Buenos Aires: Nueva Visión, 1977.

PUGET, J. En la búsqueda de una hipótesis: el contexto social. *Revista de Psicoanálisis*, v. 44, n. 4, p. 897-908, 1987.

PUGET, J.; BERENSTEIN, I. *Lo vincular. Clínica y técnica psicoanalítica*. Buenos Aires: Paidós, 1997.

RUFATTO, A. T. Algumas experiências em psicoterapia de grupo. A visão do psicoterapeuta, do paciente e do observador. *Revista SPAGESP*, Ribeirão Preto, v. 4, n. 4, p. 15-20, dez. 2003.

VIDAL, R. Los espacios psíquicos: intra, inter y transubjetivo. Ejemplificación mediante um tratamiento de pareja. *Aperturas Psicoanalíticas, Revista Internacional de Psicoanálisis*, v. 10, n. 3, mar. 2002.

Espaçograma

Maria Luiza Dias

CONCEITO

Trata-se de representação desenhada do espaço da casa, utilizada como técnica de **mediação*** terapêutica em psicanálise de casal e família. Para Benghozi (2010, p. 184), o espaçograma corresponde à "projeção, sob a forma de uma representação pictural ou plástica dos participantes da terapia, do espaço vivido, habitado".

ETIMOLOGIA

Termo criado por Benghozi (2010), é a junção das palavras espaço e grama. Espaço, do latim *spatĭum*, corresponde à "distância entre dois pontos, ou a área ou o volume entre limites determinados" (CUNHA, 1986, p. 320). Grama, do latim *gramĭna* (MICHAELIS, 2020) e do grego *grámma* (DICIO, 2020), refere-se à gravação sobre uma superfície (ETIMOLOGIA, 2019).

EVOLUÇÃO HISTÓRICA DO CONCEITO

O psicanalista francês Pierre Benghozi introduziu o uso do espaçograma no atendimento a famílias. Esclareceu (2010, p. 15) que sua abordagem se insere "numa perspectiva psicanalítica do **vínculo***", sendo o vínculo suporte da transmissão psíquica. O autor apresentou como abordagem clínica do vínculo sua perspectiva de **malhagem*** dos vínculos genealógicos e propôs uma leitura do mito de família em terapia familiar psicanalítica. Acredita (2010, p. 183) que a utilização do espaçograma como mediação em psicoterapia do grupo familiar, "leva a refletir sobre os limites da verbalização no trabalho clínico", entendendo que o espaçograma opera como mediador para a figurabilidade do irrepresentável, auxiliando na abordagem das falhas na elaboração psíquica da transmissão **inter*** e **transgeracional***. Nas palavras de Benghozi (2010), "Ele permite figurar, em terapia, graças à representação do espaço-casa vivido, uma projeção inconsciente do espaço psíquico individual e familiar, e uma projeção da organização genealógica dos vínculos psíquicos" (p. 184).

Espaçograma

A prática do espaçograma corresponde à realização de um desenho, uma colagem, uma escultura. Benghozi esclarece (2010, p. 184):

Pode tratar-se de um desenho da casa, de um esquema do apartamento, de um plano ou de uma construção em papel, de uma decupagem, de uma colagem, de uma escultura em massa de modelar, representando os lugares de vida, seu arranjo recíproco, os móveis, a existência ou não de uma abertura, porta-janela, escada, corredores, armários embutidos, a existência ou não de jardim, sua disposição, a habitação na rua, no bairro, a cidadezinha.

A confecção do espaçograma se dá em narrativa de construção grupal, uma vez que mesmo que um participante seja convidado pelo terapeuta a desenhá-lo como lhe vem à cabeça, os demais membros da família prosseguem, completam, retomam. Pode-se desenhar em grandes folhas de papel, num quadro ou representar o espaço da casa por qualquer modalidade plástica. O valor para a terapia está no fato de que a realidade material dos espaços habitados representada no espaçograma se revela em consonância com o mundo interior **fantasmático***.

Cabe mencionar que Benghozi (2010) pensa que, no contexto da experiência do espaçograma, podem ser evocados personagens da família e que isso pode conduzir à confecção de um genograma (ver **familiograma***). Chama a atenção para o fato de que, afora as formas configuradas no desenho do espaço da casa, pode surgir a lembrança de odores, imagens, lembranças, sensações, sentimentos, afetos, histórias e assim por diante, elementos que emergem via discurso associativo e serão mediadores de conversas. Para Benghozi (2010), "A prática do espaçograma – como mediação terapêutica – mobiliza um novo domínio do jogo transicional disponível para a criatividade de um neocontinente grupal e familiar" (p. 204).

Nesta linha, compreende-se que o modo como o espaço da residência é ocupado pelo grupo revela a organização dos vínculos; dá acesso a uma figurabilidade da vida psíquica familiar; mostra "projeções inconscientes de uma espacialização do corpo psíquico grupal genealógico"; traduz uma representação da dinâmica "da malhagem dos vínculos de filiação e de afiliação" (BENGHOZI, 2010, p. 186-188).

O espaçograma, como projeção representativa do espaço psíquico do território da habitação, "testemunha impasses à **interfantasmatização*** e a colocação em jogo dos mecanismos de defesa **interpsíquicos*** e **transpsíquicos***" (BENGHOZI, 2010, p. 188).

REFERÊNCIAS

BENGHOZI, P. *Malhagem, filiação e afiliação. Psicanálise dos vínculos*: casal, família, grupo, instituição e campo social. São Paulo: Vetor, 2010.

CUNHA, A. G. da. *Dicionário etimológico Nova Fronteira da língua portuguesa*. 2. ed. Rio de Janeiro: Nova Fronteira, 1986.

DICIO. *Dicionário online de português*. Porto: 7Graus, 2020. Disponível em: https://www.dicio.com.br. Acesso em: 17 maio 2020.

ETIMOLOGIA: origem do conceito. Etimologia de gramática. [S. l.: s. n.], 2019. Disponível em: https://etimologia.com.br/gramatica/. Acesso em: 10 fev. 2021.

MICHAELIS DICIONÁRIO brasileiro da língua portuguesa. 2020. Disponível em: https://michaelis.uol.com.br/moderno-portugues/busca/portugues-brasileiro. Acesso em: 29 abr. 2020.

O estranho (*Unheimlich*)

Isabel Cristina Gomes

CONCEITO

Termo utilizado por Freud (1919/1980) para designar o que não é familiar; o desconhecido que tem suas raízes em algo secretamente familiar que foi recalcado (tornado inconsciente) e retorna à consciência envolto em sentimentos de estranheza e angústia. Aquilo que deveria permanecer em segredo, mas que emerge e manifesta-se muitas vezes como um sintoma.

ETIMOLOGIA

No alemão, a palavra *unheimlich* é designada a partir de seu oposto *heimlich*, segundo Freud (1919/1980). Indica uma incorporação de sentidos contrários entre o conhecido/familiar e o oculto/perigoso. Na tradução para o português, *estranho* e mais recentemente *infamiliar* **são as nomeações que mais se aproximam do sentido freudiano.**

EVOLUÇÃO HISTÓRICA DO CONCEITO

Quando Freud (1919) discute sobre o sentimento de *unheimlich*, ele reafirma as características típicas do reprimido, associando-o a um complexo infantil outrora familiar, mas que, quando reavivado, se torna estranho e assustador (QUINODOZ, 2007). Aprofundando sua análise sobre o fato de familiar e não familiar caminharem sempre juntos, chega ao sentimento de ambivalência e à noção do "duplo". Este último é encontrado nos fenômenos de transmissão de processos psíquicos de um personagem a outro, dificultando a diferenciação entre um e outro, podendo levar à duplicação do eu. Freud (1919/1980) diz ainda que esse fenômeno pode envolver uma repetição abarcando diversas gerações (p. 293).

A **psicanálise das configurações vinculares*** amplia esse conceito freudiano na medida em que dimensiona o estranho ou não familiar sob vários aspectos. Por exemplo, associado à herança geracional de cada um dos parceiros na constituição e manutenção do casal e da família atual, ou por meio do mecanismo de transmissão psíquica e das **alianças inconscientes*** defensivas (KAËS, 2014), principalmente o **pacto*** denegativo, demonstrando a presença do reprimido atuando na perspectiva intersubjetiva e vincular. Ainda sob a constituição dos **vínculos***, Berenstein (2007) enfatiza o processo de diferenciação entre dois (Um e Outro) a partir da relação dialética entre o conhecido/familiar e o desconhecido, representado pela **alteridade*** do(s) Outro(s), definido também como *ajeno**. Essa relação dialética, presente em qualquer vínculo, liga-se também à formação de sintomas, sejam eles de natureza conjugal ou patologias mais graves envolvendo o funcionamento do grupo familiar ou de um de seus membros, por meio dos movimentos de repetição transgeracional (GOMES, 2016).

REFERÊNCIAS

BERENTEIN, I. *Del ser al hacer*: curso sobre vincularidad. Buenos Aires: Paidós, 2007.

FREUD, S. O "estranho". In: *Edição standard brasileira das obras psicológicas completas de Sigmund Freud*. Rio de Janeiro: Imago, 1980. v. 17, p. 273-318. (Trabalho originalmente publicado em 1919).

GOMES, I. C. Pesquisa e clínica com casais. In: SIMON, R.; YAMAMOTO, K.; LEVINZON, G. K. (org.). *Novos avanços em psicoterapia psicanalítica*. São Paulo: Zagodoni, 2016. p. 157-166.

KAËS, R. *As alianças inconscientes*. São Paulo: Ideias & Letras, 2014.

QUINODOZ, J. *Ler Freud*: guia de leitura da obra de S. Freud. Porto Alegre: Artmed, 2007.

Estrutura familiar inconsciente (EFI)

Cynara Cezar Kopittke

CONCEITO

É um modelo psicanalítico-estrutural pensado para definir a matriz simbólica que sustenta as relações familiares, por meio da qual se transmitem e transformam significações provenientes da cultura, assim como circulam as produções inconscientes e interfantasmáticas da família, como nomes próprios, mitos e crenças, segredos, espaço e tempo familiar.

ETIMOLOGIA

Estrutura, do latim *structu̅ra,ae*, estrutura, organização; disposição, arranjo (KOEHLER, 1960). Familiar, do latim *famulus*, conjunto das propriedades de alguém, incluindo escravos e parentes. (KOEHLER, 1960). Inconsciente, do latim *inconscius*, conjunto dos processos mentais que se desenvolvem sem intervenção da consciência (KOEHLER, 1960).

EVOLUÇÃO HISTÓRICA DO CONCEITO

O conceito de estrutura familiar inconsciente foi construído por Isidoro Berenstein (1991, 1992) e Janine Puget (BERENSTEIN; PUGET, 1993) como ferramenta para pensar e trabalhar a clínica familiar. Resulta de uma conjunção entre a teoria psicanalítica freudiana e a antropologia estrutural de Lévi-Strauss. Pensadores de referência para a psicanálise vincular na América Latina, Berenstein e Puget propuseram a ideia de estrutura familiar inconsciente durante a fase estruturalista de sua produção teórica, quando ambos ainda eram fortemente marcados pelo pensamento psicanalítico clássico regido pela causalidade e o determinismo psíquico.

O conceito nasce na interseção entre psicanálise e antropologia, em que a família é pensada como uma produção da cultura decorrente da proibição do incesto e de sua expressão social, a exogamia. O interdito exogâmico obriga a um sistema de trocas no qual as mulheres, por serem um estimulante natural do desejo interditado e possuírem a condição biológica de gerar filhos, aparecem como um valor essencial à vida dos grupos, configurando seu maior bem de troca, segundo o princípio de intercâmbio instaurado pelas regras de interdição (LÉVI-STRAUSS, 1982). A troca de dons recíprocos, sendo a mulher o bem mais precioso, é um fato social de caráter universal, cujo significado é menos econômico do que social, mágico, religioso, moral, afetivo e jurídico. Portanto, trata-se de um modelo da cultura, mesmo que se apresente em diferentes organizações e formas.

A família nuclear como a conhecemos hoje, baseada nos vínculos de parentesco, reunindo as ideias de corresidência e consanguinidade, define-se a partir do século XIX (TURKENICZ, 2012). Mas, em qualquer das configurações que foi assumindo ao longo da história da humanidade, o grupo familiar constitui-se como produto da cultura, ao mesmo tempo que dá origem a ela, mediante o estabelecimento de leis de interdição cujo paradigma é o tabu do incesto. A proibição do incesto e a exogamia que a acompanha representam um ponto de partida e condição *sine qua non* do processo civilizatório e de humanização; a estrutura familiar participa como organização simbólica que, por meio da linguagem e de leis, faz a transcendência do ser biológico ao ser humano, representando mais do que a convivência em um lugar determinado e por tempo prolongado.

A condição de humanização está posta, irredutivelmente, no cruzamento entre natureza e cultura, cujo organizador parte de algum sistema de regras reguladoras das relações entre os indivíduos. O conjunto das regras que prescrevem ou interditam a escolha do cônjuge define e sustenta a estrutura familiar com seus diferentes vínculos: os de aliança ou matrimoniais, e os de sangue ou parentesco.

Os vínculos de sangue definem o parentesco em base biológica: os pais com seus filhos e os irmãos entre si. Os vínculos matrimoniais sustentam-se em laços de compromissos recíprocos entre pessoas não consanguíneas, dando origem ao parentesco a partir do matrimônio. A passagem do parentesco de sangue ao vínculo de aliança representa uma passagem da fantasia de ser um mesmo corpo ou, como refere a Gênesis, "um só osso e uma só carne" (BERENSTEIN, 1992), para uma relação entre duas partes mediante regras de reciprocidade. Dessa perspectiva, a endogamia representa um egoísmo e narcisismo social, ao passo que a exogamia corresponde a tendências altruístas e de responsabilidade com o outro. Esses dois tipos de vínculo carregam o conflito relacionado às tensões entre endogamia e exogamia, e ao dilema humano entre aniquilamento e sobrevivência, presentes já na raiz da estrutura familiar.

Nessa estrutura, a família de origem da mulher, em sua função exogâmica de doação da mulher como bem por excelência, tem adscrita uma marca desse privilégio, o que lhe confere uma espécie de poder, um direito de influência sobre a família conjugal. Essa ligação da família doadora da mulher com a família conjugal foi denominada vínculo avuncular. **Avúnculo*** significa tio materno e representa, na antropologia de Lévi-Strauss, a ascendência da família da mulher sobre a nova família que se constitui a partir da aliança matrimonial.

Comportando a complexa transação implicada na aliança conjugal, o modelo da estrutura familiar inconsciente é composto pelos vínculos de aliança, filiação e consanguinidade (adscritos desde o social), e mais o vínculo avuncular (elemento reprimido e fora da consciência social). Os integrantes do sistema familiar estão ligados e são determinados por essa estrutura que tem como matriz de significado a conflitiva inerente à relação entre a família conjugal e a família materna, por mais que se estabeleçam limites e resoluções mentais e vinculares (BERENSTEIN, 1992). Em situações de crise, a presença latente do vínculo avuncular tende a fazer-se mais consciente na estrutura familiar.

Os quatro termos da estrutura familiar inconsciente ficam assim definidos:

a) Vínculo de aliança ou matrimonial: a exogamia regida pelo princípio de intercâmbio (LÉVI-STRAUSS, 1982) determina que novas famílias sejam fundadas a partir da relação entre sujeitos que não têm consanguinidade direta, havendo, portanto, renúncia ao desejo incestuoso e substituição dos objetos desse desejo por outros fora do grupo familiar.

b) **Vínculo de filiação*** nomeia a relação entre pais e filhos, na qual o sentimento de pertencimento ao grupo se associa a um sobrenome e a um nome dado ao filho, inscrevendo-o, por meio de um processo criativo, na estrutura familiar inconsciente. Os pais transmitem valores, ideologias, crenças, mitos e significados da cultura e próprios. Transmitem, também, um modelo de estrutura de parentesco com espaços delimitados, no qual já ocupam lugares determinados de marido/pai e esposa/mãe e inserem o bebê no lugar designado de filho.

c) **Vínculo fraterno** designa a relação dos irmãos entre si, sendo filhos dos mesmos pais ou ao menos de um deles, pertencentes ao mesmo tronco de parentesco, na composição da estrutura familiar inconsciente.

d) **Vínculo avuncular** designa a relação do filho com a família materna ou seu representante; não encontra na cultura uma denominação de parentesco porque é inconsciente e subjacente a acordos e **pactos inconscientes*** inerentes à constituição de todo vínculo de aliança matrimonial.

Os vínculos de **aliança**, **filiação** e **fraterno** conformam a chamada família conjugal ou restrita e coincidem com o que é observável e representado conscientemente. O vínculo de aliança resulta do intercâmbio entre grupos e promove a transmissão de significados, palavras, bens e produtos entre as famílias e através delas, assegurando a sustentação da cultura. As trocas representam alguma garantia de substituto àquilo que não se pode ter, ao mesmo tempo que cria o compromisso de dar ou devolver de alguma maneira aquilo de que o outro necessita. Apesar da reciprocidade implicada no vínculo de aliança, toda operação de intercâmbio abriga conflitos decorrentes da crença inconsciente de que se dá mais do que se recebe. Além dos conflitos apontados por Freud (1913/2003a, 1925/2003b) referentes à diferença anatômica entre os sexos e às vicissitudes do complexo de Édipo e com profunda influência nas transações que envolvem a constituição da nova família, Berenstein e Puget destacaram outra fonte de conflito nos casamentos: o vínculo avuncular, marca de privilégio da família de origem da mulher sobre a família conjugal, refletindo-se em conflitos de poder, geralmente implícitos, mas que podem tornar-se explícitos em situações de crise. Nas palavras de Berenste*In:* "todo doador da mulher deseja retê-la o mais que pode. Deixá-la ir é perdê-la, e não se ressarce, ainda que receba algo em compensação. E ninguém se resigna facilmente a perder algo próprio" (BERENSTEIN, 1992, p. 26).

A estrutura familiar inconsciente, no que tange ao vínculo de aliança, abarca dois tipos de representação: as representações transubjetivas, que impõem a interdição do incesto e as leis de parentesco (lugar de esposo, esposa, pai e mãe) e inscrevem o casal numa continuidade histórica; e as representações do complexo de Édipo que, pela via do desejo inconsciente, propõem quem e com quem se ocuparão os lugares de esposo e de esposa, definindo a escolha do cônjuge. Os aspectos inconscientes dessa escolha comportam um entrelaçamento entre as estruturas familiares inconscientes dos dois cônjuges. A forma como os

Estrutura familiar inconsciente (EFI)

lugares de esposo, esposa, pai, mãe e filho foram ocupados pelas famílias de origem, assim como a forma de distribuição dos papéis e funções, tende a conformar o novo casal e, a partir dele, a nova família. E para que uma nova família realmente se constitua, precisa haver uma renúncia e uma interdição do casal ao vínculo avuncular. A resolução do complexo de Édipo permite ao filho encontrar um amor possível (nem o pai, nem a mãe) que se assemelhe ao objeto parental e que, embora implique renúncia, protege contra a angústia de castração. Berenstein (1991) tece a seguinte analogia: assim como o inconsciente psíquico é um intermediário entre o corpo e as relações familiares, mediante as quais o corpo se conforma como corpo da família e da cultura, a estrutura familiar inconsciente é um intermediário entre o inconsciente psíquico e a cultura.

Um terapeuta de famílias trabalhará as relações familiares (modos de interagir, falar, conviver, ocupar espaços e tempos) e também a estrutura familiar inconsciente. Do ponto de vista técnico, este modelo privilegia os instrumentos terapêuticos da interpretação e da construção para a compreensão da determinação e significado das relações provenientes da estrutura. As interpretações devem apoiar-se na observação da estrutura e não no funcionamento psíquico de cada integrante. O uso clínico do conceito se aplica, por exemplo, na investigação da **tipologia do vínculo de casal***, de **acordos*** e **pactos inconscientes*** que sustentam a **interfantasmização*** dos cônjuges, e também na análise das influências das famílias de origem sobre a construção da estrutura que deve configurar uma nova matriz familiar. A passagem da endogamia à exogamia depende da disponibilidade e da capacidade de renunciar aos vínculos primários e à resolução do complexo de Édipo.

Gradualmente, Berenstein e Puget, pioneiros no desenvolvimento da psicanálise vincular, foram dando menos ênfase à perspectiva estrutural na escuta dos casais e famílias e priorizando as produções vinculares que ocorrem no aqui e agora por efeito da **presença*** do outro, produções advindas do espaço **entre*** sujeitos que denominaram trabalho do **vínculo***.

REFERÊNCIAS

BERENSTEIN, I. *Psicoanálisis de la estrutura familiar.* Buenos Aires: Paidós, 1991.

BERENSTEIN, I. *Psicoanalisar una familia.* Buenos Aires: Paidós, 1992.

BERENSTEIN, I.; PUGET, J. *Psicanálise do casal.* Porto Alegre: Artes Médicas, 1993.

FREUD, S. Totem e tabu. *In: Obras completas.* Buenos Aires: Amorrortu, 2003a. v. 13. (Trabalho originalmente publicado em 1913).

FREUD, S. Algumas consequências psíquicas da diferença anatômica entre os sexos. *In: Obras Completas.* Buenos Aires: Amorrortu, 2003b. v. 19. (Trabalho originalmente publicado em 1925).

KOEHLER, Pc. H. *Pequeno dicionário escolar latino-português.* Porto Alegre: Globo, 1960.

LÉVI-STRAUSS, C. *As estruturas elementares do parentesco.* Petrópolis: Vozes, 1982.

TURKENITCH, A. *Organizações familiares*: contextualização histórica da família ocidental. Curitiba: Juruá, 2012.

Família

Maria Luiza Dias

CONCEITO

"Núcleo social de pessoas unidas por laços afetivos, que geralmente compartilham o mesmo espaço e mantêm entre si uma relação solidária" (HOUAISS, 2016).

Essa nova definição valoriza a diversidade e afasta a imagem da família como oriunda de relações estabelecidas pelo casamento, por **filiação*** ou por adoção.

ETIMOLOGIA

Família, do latim: *familĭa*, que, segundo Cunha (1986, p. 348), significa "grupo de pessoas do mesmo sangue"; "unidade sistemática constituída pela reunião de gêneros".

EVOLUÇÃO HISTÓRICA DO CONCEITO

O conceito de família mudou significativamente no Brasil nas últimas décadas. A antropologia já havia muito antes afirmado que o conceito de família pode variar dependendo do segmento social ou cultural a que pertence o indivíduo, tal qual a compreensão dos papéis atribuídos a seus elementos. A antropóloga Cynthia Andersen Sarti (1986), por exemplo, encontrou em camadas urbanas pobres em São Miguel Paulista, zona leste da cidade de São Paulo, outra representação de grupo familiar, na qual a família era mapeada por relações de afinidade e não por consanguinidade. Nesse segmento da população, a noção de família se referia a um tipo de relação que incluía pessoas em que se podia confiar e contar ou, ainda, aqueles que retribuíam o que se dava e com quem se tinha obrigação. Sarti concluiu, portanto, que para essas pessoas era o princípio de obrigação moral que fundamentava a família e que estruturava suas relações. A pesquisadora constatou, com isso, que as redes de obrigação é que delimitavam os vínculos, ou seja, o princípio era o da reciprocidade e não o da consanguinidade.

Na antropologia clássica, cabe destacar estudos do antropólogo e etnólogo britânico Radcliffe-Brown (1924/1978) em sociedades em que encontrou costumes diferentes relativos aos papéis familiares. Em seu artigo "O irmão da mãe na África do Sul", focalizou a relação entre o irmão da mãe e o filho da irmã (tio e sobrinho), cujas relações considerou parte de um sistema no qual estaria postulado que o irmão da mãe opor-se-ia à irmã do pai. Sobre a visão de Radcliffe-Brown, Dias (2006, p. 38-39) esclarece:

> Nesse costume, os irmãos do pai seriam tratados como se fossem pais e as irmãs da mãe como se fossem mães. Assim, a identidade do grupo de irmãos seria um dos princípios de classificação de parentes. Deste modo, a nova versão sobre essas sociedades, que tratava a tia materna como uma mãe e a tia paterna como se fosse um "pai feminino", trouxe uma descoberta significativa: seria possível construir um sistema buscando a relação entre as diferentes posições nesse sistema. O sistema de parentesco passa a ser compreendido, então, como um sistema de representações que seria estruturante da ordem social. Nasce, com isso, uma nova forma de análise do sistema de parentesco.

Quando Radcliffe-Brown (1924/1978) encontrou, nas sociedades estudadas, o tio materno assumindo funções educativas perante o sobrinho, enquanto ao pai cabia uma relação afetuosa e de amizade com o filho, ficou claro que se tratava de uma acomodação diferenciada do que encontramos na sociedade ocidental e que, portanto, os papéis sociais são definidos dentro de cada cultura. Segundo o autor (1924/1978, p. 62), um sistema de parentesco corresponde a "um conjunto complexo de normas, de práticas e de padrões de comportamento entre parentes".

O antropólogo Claude Lévi-Strauss (1982) muito se interessou pelos achados de Radcliffe-Brown, explicando o "avunculado" (ver **avúnculo***), que corresponde à relação de obediência e profundo respeito entre tio materno e sobrinho, e considerou que com o estudo da família ter-se-ia acesso às estruturas simbólicas do pensamento social. Em seu artigo "A família" (1956/1980) e em seu livro *As estruturas elementares do parentesco* (1955/1982), Lévi-Strauss aponta que a sociedade nasceu da proibição do incesto, uma vez que esta garante a troca de mulheres e torna as famílias interdependentes. Para ele, o que varia são os tipos de família e casamento, já que o casamento diz respeito à aliança entre grupos (famílias, linhagens ou clãs).

Estes temas – de quem considerar ou não um parente e de como se acomodam as questões pertinentes aos direitos e obrigações dentro do grupo familiar – são extremamente atuais, quando pensamos a família estendida gerada a partir de um divórcio e uniões subsequentes. O advento do divórcio e das novas uniões instaurou inicialmente um grande dilema quanto a como nominar os novos parentes na rede de parentesco e o que é relativo a cada uma das posições. As mudanças ocorridas na família nas últimas décadas, no Brasil, trouxeram profundas transformações, desorganizando as categorias tradicionais da parentela, inaugurando uma demanda por parte dessas famílias e de profissionais que lidam com elas, por compreender o novo universo instaurado.

Assim, aprendemos com os antropólogos a considerar a família um espaço de produção simbólica e a olhar para os fenômenos contemporâneos com estilo investigativo, buscando a compreensão da diversidade instaurada por fatores culturais e históricos. Cabe ressaltar, por exemplo, que a família estendida decorrente de uma ruptura de vínculo e subsequente novo casamento sofreu toda uma crise diante da tarefa de como nominar os novos parentes: a nova mulher do pai é uma madrasta, "boastra", mãe 2, tia ou outro? Chegamos até mesmo a utilizar uma nomenclatura descritiva, quando inquiridos sobre quem era uma nova pessoa presente em um aniversário em família, por exemplo: "Ela é a irmã do pai da moça que casou com o filho de sua segunda esposa". Radcliffe-Brown (1924/1978, p. 66) já havia apontado nos estudos de parentesco que o tipo de terminologia chamado de "descritivo" era necessário quando existiam poucos termos específicos para parentes de primeira e segunda ordem, como: "a filha da filha do irmão da mãe da mãe". Como ponderou Dias (2006, p. 42): "Se os termos carregam significação social e se não temos nomes para esses novos parentes, isso significa que não se encontra disponível um método para se ordenar os relacionamentos, o que equivale a dizer que não dispomos de um sistema prescritivo de atitudes".

Distanciando-se do modelo patriarcal introduzido em nosso país pela colonização portuguesa, outras modalidades de grupo familiar emergiram no Brasil contemporâneo: a família uniparental (os filhos habitam ou com o pai ou com a mãe); a composta por casal homoafetivo; a extensa gerada pela experiência do divórcio; a socioafetiva. Esta última inclui membro parental reconhecido juridicamente como ligado socioafetivamente a um(a) filho(a), havendo a possibilidade de a família ser composta por mais de um pai ou mãe constando na certidão de nascimento do(a) filho(a). Nesses casos, o vínculo de amor e carinho entre os envolvidos fica reconhecido, sem que haja **vínculo de sangue*** ou adoção. Em nossa sociedade, ainda, sempre estiveram presentes famílias anaparentais (inexiste a figura dos pais, e os filhos convivem entre parentes ou outras pessoas sem conotação sexual) e substitutas, compostas a partir do falecimento dos pais ou por sua inapetência para exercer os cuidados aos filhos – formam-se a partir da concessão da guarda dos filhos a outra(s) pessoa(s), da entrega da prole para adoção, ou da situação de tutela em que se determina judicialmente um tutor para o(s) menor(es). Constata-se que a família não é mais somente mapeada por relações entre ascendentes e descendentes consanguíneos (**configurações familiares***).

A psicanalista argentina Raquel Soifer (1989) arrolou algumas funções da família que garantem a "defesa da vida", destacando: a transmissão e desenvolvimento de hábitos da rotina diária; o manejo e a elaboração dos afetos básicos; a promoção da integração social e profissional; a transmissão de valores familiares de modo que o(a) filho(a) possa consolidar uma nova família.

A psicanálise de casal e família volta-se para investigar, compreender e ressignificar os processos de **transmissão** psíquica **transgeracional***, os legados familiares, os processos de **identificação***, as **alianças inconscientes*** que sustentam os **vínculos*** em família, para auxiliar a família na busca por novas formas de convivência mais satisfatórias aos envolvidos. Na psicanálise de casal e família encontramos uma definição mais atualizada, levando em conta os impactos do tempo e as transformações vividas até o século XXI, a partir dos psicanalistas Blay Levisky e Levisky (2019, p. 9-10. Ver também BLAY LEVISKY, 2017). Esses autores propuseram um conceito mais amplo de família:

1. Espaço vincular íntimo construído por sentimentos de compromissos afetivos recíprocos e de cumplicidade, de qualquer natureza, amorosos e/ou perversos, que pretende ser de longa duração.

2. Estes vínculos se estabelecem a partir da filiação e afiliação e podem ter várias configurações em sua organização dinâmica, independentemente dos gêneros. Vínculos que variam de acordo com o momento histórico-cultural.

3. A transmissão de heranças, apesar das transformações que ocorrem ao longo da história, garantem a continuidade do espaço familiar.
4. Espaço complexo de trocas afetivas onde ocorrem identificações, alianças conscientes e inconscientes, aquisição de comportamentos, valores culturais, éticos e morais, que interagem no desenvolvimento das personalidades individual e grupal.

REFERÊNCIAS

BLAY LEVISKY, R. Expressões da intimidade nos vínculos: interferência da cultura. *Revista Ide*, São Paulo, v. 39, n. 63, p. 41-48, 2017.

BLAY LEVISKY, R. *O tempo e as relações familiares nos espaços reais e virtuais*. Trabalho apresentado ao 2º Colóquio da Poiesis, Lisboa, 2019. Mimeografado.

CUNHA, A. G. *Dicionário etimológico Nova Fronteira da língua portuguesa*. 2. ed. Rio de Janeiro: Nova Fronteira, 1986.

DIAS, M. L. *Famílias & terapeutas*: casamento, divórcio e parentesco. São Paulo: Vetor, 2006.

HOUAISS, A. *Dicionário da língua portuguesa online*. 2016. Disponível em: https://www.houaiss.net/corporativo/apps/www2/v5-1/html/index.php#2. Acesso em: 5 abr. 2020.

LEVISKY, D. L. *A difícil arte da função parental na contemporaneidade*. Trabalho apresentado à 4ª Jornada de Psicanálise de Casal e Família: famílias, vínculos e sexualidade. Sociedade Brasileira de Psicanálise de Ribeirão Preto, 2019. Mimeografado.

LÉVI-STRAUSS, C. *As estruturas elementares do parentesco*. 2. ed. Rio de Janeiro/Petrópolis: Vozes, 1982. (Trabalho originalmente publicado em 1955).

LÉVI-STRAUSS, C. Família. *In*: LÉVI-STRAUSS, C.; GOUGH, K.; SPIRO, M. *A família: origem e evolução*. Porto Alegre: Villa Martha, 1980. p. 7-45. (Trabalho originalmente publicado em 1956).

RADCLIFFE-BROWN, A. R. O irmão da mãe na África do Sul. *In*: MELATTI, J. C. *Radcliffe-Brown*. São Paulo: Ática, 1978. p. 59-161. (Trabalho originalmente publicado em 1924).

SARTI, C. A. *A família como espelho*: um estudo sobre a moral dos pobres. Campinas: Autoras Associadas, 1996.

SOIFER, R. *Psicodinamismos da família com crianças*: terapia familiar com técnica de jogo. 2. ed. Petrópolis: Vozes, 1989.

Familidade

Luiz Meyer

CONCEITO

O conceito de familidade está ancorado na teoria das relações de objeto, mais particularmente na concepção de mundo interno como a concebe Melanie Klein e os neokleinianos. Os objetos internos habitantes e formadores do mundo interno compõem uma assembleia cujos membros estão em constante relacionamento. Há sempre algo sendo feito a um objeto e um objeto fazendo algo com o sujeito.

ETIMOLOGIA

Familidade, termo criado por este autor, vem de família; ligado à família. Há dúvidas se a palavra família provém do latim *fames*, fome, ou se deriva do termo *famulus*, servente. Acredita-se que o conceito de família era usado como alusão ao conjunto de escravos e criados, propriedade de um só homem.

EVOLUÇÃO HISTÓRICA DO CONCEITO

Nas próprias palavras de Melanie Kle*In*:

> O mundo interno consiste de objetos internalizados em vários aspectos e situações emocionais. As relações entre essas figuras internalizadas, e entre elas e o ego, tendem a ser vivenciadas, quando a ansiedade persecutória é dominante, como essencialmente hostis e perigosas; são sentidas como sendo amorosas e boas quando o bebê é gratificado e prevalecem sentimentos positivos. Esse mundo interno pode ser descrito em termos de relações e acontecimentos internos. (KLEIN, 1991, p. 170)

A sociabilidade deste mundo é promovida e organizada pelas experiências afetivas implícitas nessas relações. Mas estas, por sua vez, ao retroagir, darão nova tonalidade a essa sociabilidade, criando uma sequência de relações.

Tais relações diádicas, presentes sob a forma de transferência e contratransferência, constituem o foco da psicanálise *tout court* (comum, habitual).

Já na psicanálise de família, é a família como um todo, é a sua dinâmica, é o conjunto das relações que os diferentes membros estabelecem, entre si, é o intercâmbio entre eles que vai merecer a atenção do psicanalista.

A família não é concebida como uma mera soma de indivíduos separados, cada qual com sua personalidade, mas como uma nova unidade, uma concreção, uma individualidade resultante das variadas contribuições desses indivíduos.

Apoiada no mecanismo de identificação projetiva, essa rede se forma ao modo de um acordo inconsciente, de um **conluio***, de uma operação conjunta e coletiva dos vários membros que formam o grupo familiar. Ela não só dá sustentação e continuidade à forma de funcionamento vigente como lhe confere um traço distintivo, uma especificidade. Essa dinâmica se sedimenta num agregado, num precipitado que constitui um neo-objeto com o qual cada membro da família vai se identificar.

Sua **introjeção*** vai compor aquela parte específica do sujeito destinada a promover e apreender a dinâmica familiar. É o segmento da personalidade responsável por aquela parte da vida mental que propicia ao sujeito a vivência de "ter uma família", de "estar numa família", de "ser (de) uma família". Eu chamo esta parte do *self** de familidade.

É o campo formado pela família "em relação" que a faz emergir e que lhe dá inteligibilidade. Neste contexto, a familidade de cada um dos membros, sua **identidade*** familiar, será ativada, criando uma conjunção que constrói e revela a dinâmica familiar. Ela atua produzindo uma circulação de objetos e partes do *self* entre os membros, acionada pela sequência identificação projetiva <-> identificação introjetiva. A familidade de cada membro poderá acolher as identificações projetivas que lhe são dirigidas, introjetá-las, "trabalhá-las" e devolvê-las à circulação. Cada membro pode, pois, ser continente e conteúdo de aspectos de um outro, fator que está na base da circulação de objetos no interior da família. Quando esses objetos são acolhidos e "trabalhados" segundo o funcionamento que caracteriza a posição depressiva (conforme a teoria kleiniana), a identificação projetiva assume a forma comunicativa, e não a de controle ou intrusão. Os fenômenos de transferência entre os diferentes membros da família podem ser aceitos sem se tornar fonte de ansiedade, manipulação ou atenção. Por meio dessa contínua circulação, as boas qualidades de um objeto tornam-se propriedade comum: são compartilhadas, emprestadas, tomadas por empréstimo. O contato do objeto com cada um dos diferentes membros da família o enriquece, e o objeto, ao ser reinternalizado assim modificado, promove nos membros e no funcionamento geral familiar os aspectos adultos e continentes de sua identidade familiar, isto é, da familidade. As facetas estrutural e objetal da familidade estimulam-se reciprocamente, e desta maneira promove-se o crescimento do grupo enquanto família e dos membros enquanto componentes da família.

Mas esta circulação pode ter um caráter diverso: ela pode ser usada unicamente para descartar aqueles seus aspectos da identidade familiar que são sentidos como perigosos e indesejáveis, partes estas que são então forçadas intrusivamente em outro membro, sendo aí mantidas, "imersas", sob pressão e controle. Com o tempo, tal processo pode tornar-se tão solidamente estabelecido que aquele aspecto que foi cindido e colocado no continente passa a ser visto como um atributo dele, naturalizando-se. Cria-se assim uma circulação que promove não o desenvolvimento, mas um campo cristalizado, onde a circulação é unidirecional, repetitiva. Tudo se passa como se os membros da família criassem um *pool*, um conjunto de identificações projetivas a serviço do descarte e, de forma subterrânea e acordados entre si, projetassem em um dos membros da família, escolhido como continente, mas que de certa forma a ela se oferece, esses aspectos indesejáveis que livram os outros membros de aspectos de sua identidade (familiar e individual) que lhes são conflitivos ou inaceitáveis. Está assim criado o **paciente*** emergente. Caberá então ao analista desvelar essa dinâmica, identificando a criação comum – a familidade –, que está na raiz das formas de relacionamento vigentes.

Tecnicamente, isso corresponde a tirar o foco do paciente emergente. Quando isso é feito, surge como que por transparência as razões inconscientes que levaram o grupo familiar a criá-lo e a construí-lo, assim como as razões que o levaram a se oferecer como continente. A natureza da familidade, a somatória dos modos como os membros concebem sua identidade familiar e contribuem para a dinâmica de funcionamento da família, pode ser então flagrada.

REFERÊNCIAS

KLEIN, M. Sobre a identificação. *In:* KLEIN, M. *Inveja e gratidão e outros trabalhos 1946-1963*. Rio de Janeiro: Imago, 1991. (Trabalho originalmente publicado em 1955).

MEYER, L. *Família*: dinâmica e terapia (Uma abordagem psicanalítica). São Paulo: Casa do Psicólogo, 2013.

Familiograma/genograma

Maria Luiza Dias

CONCEITO

Termo utilizado na abordagem psicanalítica para designar a construção de um genograma junto à família em análise. Corresponde a uma representação esquemática com informações sobre a família e seus integrantes, na qual a linha horizontal refere-se ao momento do ciclo vital do grupo familiar e a vertical informa sobre o que ocorre através das gerações.

ETIMOLOGIA

Junção das palavras família e grama. O termo família advém do latim *familĭa*. Segundo Cunha (1986, p. 348), trata-se de "grupo de pessoas do mesmo sangue"; "unidade sistemática constituída pela reunião de gêneros". O termo grama advém do grego *gramma* (DICIO, 2020). Corresponde à gravação sobre uma superfície (ETIMOLOGIA, 2019). A palavra genograma aparece associada ao termo heredograma, que advém do latim *heres -idis*, que significa herdeiro, e é definido como representação gráfica da história familiar em relação a alguma característica (PRIBERAM, 2020).

EVOLUÇÃO HISTÓRICA DO CONCEITO

O familiograma é também chamado de árvore genealógica, genetograma, genograma ou genoespaçograma. O termo genograma foi mais largamente utilizado por terapeutas de abordagem sistêmica. Monica McGoldrick (2012), por exemplo, esclarece que os genogramas "registram informações sobre os membros de uma família e suas relações em pelo menos três gerações" (p. 21). Segundo essa autora, o formato padronizado do genograma utilizado em sua obra *Genogramas: avaliação e intervenção familiar* foi configurado, na década de 1980, por um comitê que trabalhava com terapia e medicina de família. Entre os proponentes estavam Murray Bowen, Jack Froom e Jack Medalie, que buscaram encontrar os símbolos mais práticos para o genograma, definindo um formato padronizado publicado em 1985. Esse comitê foi organizado pelo Grupo

Norte-Americano de Pesquisa em Cuidados Primários. Assim, chegaram a um conjunto de símbolos e convenções para que o genograma, por meio de uma linguagem escrita, possa resumir as informações de uma família e descrever seus padrões.

Por meio do familiograma pode-se, então, representar graficamente a estrutura familiar: que membros a compõem; quem co-habita na mesma residência; quais são as relações biológicas e as por afinidade; como se encontram as relações afetivas; que problemas de saúde existem; causas de falecimento; dados pessoais como idade, escolaridade, profissão; as conexões entre a família nuclear e a extensa; outros dados.

Em psicanálise, o familiograma pode ser visto como um instrumento, uma prática, de mediação terapêutica. Ele se presta a ser uma ferramenta interpretativa e, por isso, auxilia na formulação de hipóteses.

Na abordagem de Pierre Benghozi (2010) da terapia familiar psicanalítica, o genograma, a que também chama de genoespaçograma, equivale a uma projeção inconsciente da imagem do corpo familiar, o qual ele denomina de "corpo psíquico genealógico" e acredita que dá acesso a uma figuração da transmissão psíquica. Esse autor pensa que o objetivo não é obter uma descrição detalhada da árvore genealógica da família, mas sim que, evocando as fratrias, os ascendentes e os descendentes, a partir da criança como **porta-sintoma***, isso colocará em relevo "as diversas modalidades do **Vínculo*** da transmissão genealógica e da vida inter-relacional" (BENGHOZI, 2010, p. 190). Para esse autor, os desenhos do genograma/espaçograma "remetem à imagem do corpo grupal familiar e à morfologia dos continentes grupais genealógicos" (BENGHOZI, 2010, p. 191). O genoespaçograma pode ser realizado em conjunto com os diferentes membros da família em terapia psicanalítica e também na modalidade de casal. É feito em sessão de terapia de casal, com um dos dois parceiros ou com os membros do casal. É composto pela trama dos **continentes genealógicos*** de cada família de origem, constituindo um conjunto com as gerações dos ascendentes e as dos descendentes.

REFERÊNCIAS

BENGHOZI, P. *Malhagem, filiação e afiliação. Psicanálise dos vínculos*: casal, família, grupo, instituição e campo social. São Paulo: Vetor Editora, 2010.

CUNHA, A. G. *Dicionário etimológico Nova Fronteira da língua portuguesa*. 2. ed. Rio de Janeiro: Nova Fronteira, 1986.

DICIO. *Dicionário online de português*. Porto: 7Graus, 2020. Disponível em: https://www.dicio.com.br/. Acesso em: 31 out. 2020.

ETIMOLOGIA: origem do conceito. Etimologia de gramática. [*S. l.: s. n.*], 2019. Disponível em: https://etimologia.com.br/gramatica/. Acesso em: 10 fev. 2021.

McGOLDRICK, M. *Genogramas*: avaliação e interpretação familiar. Porto Alegre: Artmed, 2012.

PRIBERAM DICIONÁRIO da língua portuguesa online. 2020. Disponível em: https://dicionario.priberam.org/. Acesso em: 31 out. 2020.

Fantasia inconsciente

Flavia Costa Strauch

CONCEITO

Fantasia, no *Vocabulário de psicanálise* de Laplanche e Pontalis (1976), é descrita como encenação imaginária da qual o indivíduo participa e que representa, de modo mais ou menos deformado pelos processos defensivos, a realização de um desejo, desejo esse, em última análise, inconsciente. Nesse mesmo *Vocabulário*, inconsciente pode ser entendido como conteúdos ausentes da consciência.

ETIMOLOGIA

Freud (1908/2015a), no texto "O escritor e a fantasia", diz que apenas as insatisfeitas fantasiam e que desejos não satisfeitos é que movem as fantasias, sendo cada uma delas a realização de um desejo, a correção da realidade insatisfeita. Acrescenta que desejos impulsores se diferenciam conforme o sexo, o caráter e as circunstâncias da vida da pessoa que fantasia. E mais, as fantasias e devaneios são flexíveis e mutáveis, alterando-se a cada oscilação na vida. Para Freud, o crescimento excessivo e intenso das fantasias criou condições para a neurose e a psicose.

No texto "As fantasias histéricas e sua relação com a bissexualidade", Freud (1908/1915b) afirma que satisfações de desejos, nascidos da privação e do anseio, referindo-se aos sonhos diurnos, forneceriam a chave para a compreensão dos sonhos noturnos, que seriam as fantasias diurnas complicadas, deformadas, mal entendidas pela instância psíquica consciente que constitui o núcleo da formação onírica.

Segundo Freud, é possível flagrar uma fantasia inconsciente na consciência. Ainda nesse texto, ele considera que as fantasias inconscientes foram desde sempre inconscientes ou foram fantasias conscientes que, ao serem reprimidas, se tornaram inconscientes. A fantasia inconsciente tem um nexo importante com a vida sexual. Para Freud, as fantasias inconscientes são os precursores psíquicos imediatos de toda uma série de sintomas histéricos, que seriam as fantasias inconscientes exteriorizadas mediante a repressão

Fantasia inconsciente

As fantasias inconscientes são difíceis de definir, já que em seu desenvolvimento e após uma neurose persistente o sintoma não mais corresponde a uma única fantasia, mas a várias delas e num padrão regular. Assim, o sintoma histérico pode assumir a representação de impulsos inconscientes diversos que, embora não sexuais, não prescindem de um significado sexual.

Em "Batem numa criança" (1919/2010d), Freud sustenta que a fantasia abordada nesse texto demanda tratamento analítico para as histerias ou a neurose obsessiva, e ela deve ter sido cultivada antes da idade escolar, vindo acompanhada de vergonha e consciência de culpa. Isso porque tal fantasia é sempre investida de elevado prazer erótico.

No Capítulo 7 de "O inconsciente", Freud (1915/2010b) declara que somente a análise de uma das afecções das psiconeuroses narcísicas pode trazer concepções que a aproximem do enigmático inconsciente ou o tornem tangível.

Laplanche e Pontalis (1976) destacam que, embora Freud não tenha explicitado diferentes níveis de fantasia, podem ser identificadas, em seus textos, fantasia consciente, fantasia subliminar e fantasia inconsciente, havendo preocupação nas ligações entre esses aspectos.

Ambos os autores e Hewison lembram a proposta de Susan Isaacs sobre a grafia de *fantasy* e *phantasy*, designando devaneios conscientes e ficções com conteúdo primário dos processos mentais inconscientes, que, para eles, não se harmonizam com o ponto de vista freudiano. O termo *phantasy*, no sentido freudiano, encontra-se entre desejo e memória, localizado entre o princípio do prazer e o princípio da realidade, ocupando a lacuna entre o desejo e o que se pode ter.

Freud (1918/2010c) também introduziu outros dois termos: *Urphantasien* (fantasias primárias) e *Nachträglichkeit* (completude subsequente), ação deferida, também nomeada de *après-coup* em francês, significando algo que ocorre após o evento.

Algumas fantasias são inconscientes e sempre serão. Elas não são produtos da repressão consciente e só podem ser conhecidas pelos efeitos sobre elas da ação deferida, num retrabalho no presente do que ocorreu no passado, de tal maneira que o retrabalho tenha um impacto psíquico que o original não teve. Tais fantasias seriam imagens que estão conosco quando nascemos, como parte da nossa herança filogenética da espécie.

EVOLUÇÃO HISTÓRICA DO CONCEITO

Como definir fantasia inconsciente? Segundo David Hewison (2014), tal expressão foi muito debatida antes de vir a ser um conceito. Freud usou dois termos para fantasia – *"Die Phantasie"* e *"phantasieren"*, que podem ser vertidos para o português como imaginação e fantasia, respectivamente. Strachey, segundo Hewison, ao traduzir essas expressões do alemão para o inglês, não contemplou sutilezas para as quais Freud atentava. Fantasia, para Strachey, é uma atividade puramente mental, sem conexão com a realidade, e ele a considera um "fenômeno psicológico técnico". A dificuldade é que os termos em alemão usados por Freud significam imaginação, conteúdos e atividades criativas, afirma Hewison, daí não se tratar da definição defendida por Strachey.

Fantasia inconsciente motivou discussão na Sociedade Psicanalítica Britânica entre Anna Freud e seguidores e Klein e seus adeptos. O debate era se fantasia inconsciente dizia respeito a algum acontecimento passado ou precoce no desenvolvimento humano (KING; STEINER, 1991, *apud* HEWISON, 2014). Freudianos contemporâneos ingleses pensam que *phantasy*/fantasia está ligada ao passado inconsciente e ao presente também inconsciente (SANDLER; SANDLER, 2003). Para eles, os aspectos dos primórdios da infância existem atrás da barreira de repressão, e assim, ao lidarem com jovens, eles vão regulando uma corrente emocional que surge da fantasia do inconsciente no presente. Já para os kleinianos, a fantasia desponta desde o início da existência, sendo ativa e onipresente. Klein entende que os processos de projeção e introjeção devem ser considerados fantasias inconscientes, e cita Susan Isaacs em sua visão de que

> fantasia é (em primeira instância) o corolário mental, o representante psíquico da pulsão. Não há impulso, necessidade ou resposta emocionais que não sejam vivenciadas como fantasia inconsciente... uma fantasia representa o conteúdo particular das necessidades ou sentimentos (por exemplo, desejos, medos, ansiedades, triunfos, amor ou tristeza) que dominam a mente no momento. (KLEIN, 1991, p. 285)

Segundo Hewison, tal ideia permite pensar a fantasia como uma teoria de tudo. Fantasia inconsciente, na definição de Isaacs, inclui processos defensivos, como projeção, introjeção, negação onipotente, divisão. Com essa compreensão, os kleinianos contemporâneos fazem distinção entre tipos de fantasias. Hewison cita Hanna Segal, que distingue sonhos diurnos (*fantasies*) de

Fantasia inconsciente

imaginação (*phantasy*), equivalendo sonhos diurnos a "parece" ("*as if*"), fenômeno ancorado no princípio do prazer, na alucinação e negação da realidade, e imaginação a um "e se" ("*what if*"), que sugere o que poderia ser, e representa como será. Não é onipotente e pode ser colocada à prova com base no princípio da realidade e nas demandas da posição depressiva.

Para Klein, as fantasias inconscientes não são devaneios, ainda que ligadas a eles, sendo mais uma atividade da mente que ocorre em níveis inconscientes profundos e acompanha todo impulso vivenciado pelo bebê. Ela também entende que as fantasias, quando elaboradas e referidas a uma ampla variedade de objetos e situações, permanecem através de todo o desenvolvimento e acompanham todas as atividades, desempenhando um papel importante na vida mental. E vai além, pontuando a influência da fantasia inconsciente na arte, no trabalho científico e nas atividades da vida cotidiana, que nunca serão devidamente estimadas.

Os kleinianos, segundo Hewison, pensam que as fantasias surgem logo que se nasce e tomam forma na relação com o corpo. Em especial com a cadeia alimentar, isto é, no terreno do psicossomático, e podem relacionar-se com uma mordida, absorvendo ou cuspindo, digerindo, escondendo ou defecando, e atacando alguém. Assim, a criança maneja a relação sexual como evento oral, que vem a se tornar genital na fantasia.

Hewison comenta que os junguianos tendem a usar fantasia como imaginação, porque eles acreditam que imaginação em si é uma atividade primária, inerente à espécie humana. Assim, o termo especial "*phantasy*" é desnecessário. A camada arquetípica da fantasia corresponde a uma aproximação do inconsciente não reprimido de Freud. A definição junguiana da imagem arquetípica como "autorretrato do instinto" (Jung, 1948, p. 277, *apud* HEWISON, 2014) é quase idêntica à definição de Isaacs sobre fantasia inconsciente mencionada há pouco: uma imagem ligando psique e soma, subjacente a todos os processos mentais. Para o autor, as teorias kleinianas e junguianas nos fazem usar uma repetitiva e persistente imagem ou cena como elementos estruturante e de conteúdo da mente dos bebês e adultos, vinculados às experiências mentais e físicas. Autores kleinianos e junguianos veem a mente como uma combinação de elementos tanto de dentro como de fora dessa estrutura. A única diferença é que, para os kleinianos, as cenas são inatas, além de poucas. Para os junguianos existe um número infinito de cenas.

O conceito de fantasia inconsciente não evoluiu em uma única direção, e seu entendimento varia entre diferentes escolas analíticas de pensamento. Freud (1911/2010a) usou esse termo de pelo menos duas diferentes formas: como desejo de preenchimento da atividade quando impulsos instintuais são frustrados; e, mais tarde, como ideia de fantasia primária, cenas comumente imaginadas pelas crianças – relação sexual parental (cena primária), sedução pelo adulto e castração, que são elaboradas em torno da atual proposta vinda da realidade externa (FREUD, 1916-1917). A teoria acerca da fantasia inata comporta, entre outras, as ideias da preconcepção inata e do conhecimento inato dos fatos da vida.

É importante para a saúde mental/psíquica trazer fantasias para o contato com a realidade, o que permitirá um teste de realidade. Fantasia inconsciente está constantemente influenciando e alterando a percepção ou interpretação da realidade. O contrário também é verdadeiro: a realidade tem efeito na fantasia inconsciente. As histórias inconscientes são construídas de forma sobreposta ao longo da existência, podendo ser dissolvidas ou modificadas e retornar, mais tarde, como parte do casal.

Devido aos efeitos distorcidos da fantasia inconsciente, Morgan (2019) assinala que é aconselhável não considerar o histórico de um paciente como uma coleção de fatos. Percepções dos eventos podem mudar, assim como muda a fantasia inconsciente. E como a fantasia inconsciente está presente o tempo todo, influenciando a percepção e a experiência do mundo lá fora, isso afeta tanto a percepção quanto a experiência entre parceiros na vivência de casal. Fantasia inconsciente ajuda o terapeuta a entender como um parceiro experimenta o outro, ou de que modo o casal experimenta o terapeuta.

Trabalhando com casal, nota-se que, numa discussão sobre um evento/acontecimento, eles o veem de maneira completamente diferente, o que torna muito difícil um acordo sobre o que ocorreu. Para Fisher, citado por Morgan, vale ter em mente que, ao falarmos sobre a capacidade de conhecimento da verdade da nossa experiência, estamos nos referindo à verdade da nossa experiência emocional e do significado emocional da nossa experiência (FISHER, 1999, p. 53, *apud* MORGAN, 2019, p. 56).

Outro aspecto relevante da fantasia inconsciente, percebido facilmente no casal, é a possibilidade de criar uma resposta esperada no outro. O modo como se experimenta o mundo externo e como as pessoas se relacionam pode provocar no parceiro a resposta que o outro espera, conforme sua fantasia.

Essa compreensão sobre fantasia inconsciente é central no trabalho de terapia de casal, porque a relação de casal é cheia de percepções equivocadas e mal-entendidos. Algumas das piores brigas entre casais são aquelas em que cada um sente que pode controlar a realidade do evento que está descrevendo, e o outro, não. O conceito de fantasia inconsciente, que pode ter uma influência tão forte na percepção da confiança, ajuda-nos a entender como um casal pode experimentar coisas tão díspares.

REFERÊNCIAS

FREUD, S. O escritor e a fantasia. *In: Obras completas*. São Paulo: Companhia das Letras, 2015a. v. 8. (Trabalho originalmente publicado em 1908).

FREUD, S. As fantasias histéricas e sua relação com a bissexualidade. *In: Obras completas*. São Paulo: Companhia das Letras, 2015b. v. 8. (Trabalho originalmente publicado em 1908).

FREUD, S. Formulações sobre os dois princípios do funcionamento psíquico. *In: Obras completas*. São Paulo: Companhia das Letras, 2010a. v. 10. (Trabalho originalmente publicado em 1911).

FREUD, S. O inconsciente. *In: Obras completas*. São Paulo: Companhia das Letras, 2010b. v. 12, cap. 7. (Trabalho originalmente publicado em 1915).

FREUD, S. Teoria geral das neuroses. Terceira parte: Sentido dos sintomas, 1917. Conferências introdutórias à psicanálise. *In: Obras completas*. São Paulo: Companhia das Letras, 2014. v. 13. (Trabalho originalmente apresentado em 1916-1917).

FREUD, S. História de uma neurose infantil [o homem dos lobos, 1918[1914]]. *In: Obras completas*. São Paulo: Companhia das Letras, 2010c. v. 4. (Trabalho originalmente publicado em 1918).

FREUD, S. Batem numa criança. *In: Obras completas*. São Paulo: Companhia das Letras, 2010d. v. 14. (Trabalho originalmente publicado em 1919).

HEWISON, D. Shared unconscious phantasy in couples. *In:* SCHARFF, D. E.; SCHARFF, J. S. (eds.). *Psychoanalytic couple therapy. Foudantion of Theory and Practice*. London: Karnac, 2014. cap. 2.

KLEIN, M. Nosso mundo adulto e suas raízes na infância: inveja e gratidão e outros trabalhos 1946-1963. *In: Obras completas de Melanie Klein.* Rio de Janeiro: Imago Editora, 1991. v. III. cap. 12. (Trabalho originalmente publicado em 1959).

LAPLANCHE, J.; PONTALIS, J.-B. *Vocabulário da psicanálise.* 3. ed. São Paulo: Livraria Martins Fontes, 1976.

MORGAN, M. Unconscious phantasy, shared defence, unconscious beliefs and fantasy. *In: A couple state of mind. Psychoanalysis of couples and the Tavistock Relationships model.* London: Routledge, 2019. cap. 4.

SANDLER, A.-M.; SANDLER, J. Phantasy and its transformations: a contemporary freudian view. *In:* STEINER, R. (ed.). *Unconscious phantasy.* London: Karnac, 2003. p. 77-88.

Fantasma

Ana Rosa Chait Trachtenberg

CONCEITO

É uma formação do inconsciente resultante da passagem do inconsciente de outro, um dos pais, para o inconsciente de um filho. O fantasma tem uma função diferente do recalcado dinâmico, já que não tem origem pulsional ou de fantasia inconsciente, e se aproxima da ideia de um ventríloquo, um estranho em relação ao próprio sujeito.

ETIMOLOGIA

Do grego *phántasma*, *phanein*, brilhar, aparecer, mostrar, tornar-se visível. Alusão a imagens que podemos criar na mente.

EVOLUÇÃO HISTÓRICA DO CONCEITO

> Por menos segredos que tenham seus pais, eles lhe transmitirão uma lacuna no próprio inconsciente, um saber não sabido [...]. Um dizer enterrado em um dos pais se torna para a criança um morto sem sepultura. Este fantasma retorna, então, a partir do inconsciente e vem assombrar, induzindo fobias, loucuras, obsessões. Seu efeito pode até atravessar gerações [...]. (ABRAHAM; TOROK, 1995 p. 278)

O tema da transmissão psíquica entre gerações estava já presente em "Totem e tabu" (FREUD, 1913/1992), com destaque para o tabu do incesto, o parricídio e o tratamento dado ao luto e aos fantasmas, logo retomados em "Luto e melancolia" (FREUD, 1917).

No pensamento de Nicholas Abraham e Maria Torok (1995), autores que cunharam o termo em sua especificidade, o conceito de fantasma está diretamente ligado às **heranças*/transmissões transgeracionais***. Fantasmas aparecem como efeito de **segredos*** de família em gerações sucessivas.

Ao se referir às ressonâncias do trauma não elaborado em uma dada geração, Abraham e Torok (1995, p. 395) enfatizam que nada pode ser abolido completamente; algo aparecerá em gerações seguintes, como enigma ou como algo impensado. No entendimento desses autores, o fantasma que volta a encarnar é o testemunho da existência de um morto enterrado no outro.

Nessa linha de pensamento, Benghozi (2000) utiliza o termo traumatismo como herança para designar situações em que, embora o fato traumático tenha se dado com o progenitor, é transmitido ao descendente sem que nunca tenha sido falado. Para esse autor, há um risco constante de que um traumatismo psíquico, não metabolizado, seja repetido depois de várias gerações.

O traumatismo, que pode ser um luto, vergonha, violência social etc. sem possibilidade de elaboração psíquica (com clivagem do ego e formação de **cripta***), constitui uma verdadeira pré-história para as gerações seguintes, pela qual estão compulsoriamente atravessadas. As gerações futuras têm que lidar com uma experiência traumática que não é própria, mas sim dos pais, de quem dependem psiquicamente. Serão possíveis prisioneiros de sua pré-história. Serão as gerações fantasma.

O fantasma resulta, então, sobre um sujeito, dos efeitos inconscientes da cripta de outro, de seu segredo inconfessável. De acordo com Trachtenberg (2013, 2017), o fantasma é o possível efeito da não palavra, da cisão ou clivagem, da defesa extremada do sujeito ao longo de sucessivas gerações. Podemos dizer que o sujeito fantasma é, portanto, prisioneiro de outro sujeito, do sujeito cripta.

Tisseron (1997) os descreve da seguinte maneira:

- geração cripta: indizível;
- geração fantasma 1 (filhos): inominável; os conteúdos são ignorados e apenas pressentidos, como um fantasma que ronda uma casa; essa geração poderá apresentar dificuldades de pensamento, de aprendizagem, temores imotivados;
- geração fantasma 2 (netos): impensável; há impossibilidade de pensar os acontecimentos traumáticos ocorridos na geração cripta, podendo aparecer toxicomanias, delírios, transtornos psicossomáticos etc.

Depois da terceira geração, podem aparecer reações afetivas incongruentes, possíveis rupturas de laços de **pertença*** ou tradição.

Por outro lado, também observamos que na ou nas gerações fantasma aparecem sinais de doença que funcionam como uma tentativa de salvar ou libertar a geração precedente de suas feridas não cicatrizadas, por meio da identificação redentora (KANCYPER, 1997).

Muitas vezes, quando há algum grau de **resiliência*** familiar, a criança pode apresentar um sintoma que a conduz a tratamento, permitindo assim um encaminhamento para a abertura de cripta e a consequente possibilidade de elaboração desse traumático não elaborado, silenciado e não representado de gerações anteriores.

REFERÊNCIAS

ABRAHAM, N.; TOROK, M. *A casca e o núcleo*. Trad. M. J. R. F. Coracini. São Paulo: Escuta, 1995.

BENGHOZI, P. Traumatismos precoces da criança e transmissão genealógica em situação de crises e catástrofes humanitárias: desemalhar e reemalhar continentes genealógicos. *In*: CORREA, O. R. (org.). *Os avatares da transmisão psiquica geracional*. São Paulo: Escuta, 2000. p. 89-100.

FREUD, S. Totem y tabu. *In: Obras completas*. Buenos Aires: Amorrortu, 1992. (Trabalho originalmente publicado em 1913).

FREUD, S. Duelo y melancolia. *In: Obras completas*. Buenos Aires: Amorrortu, 1992. (Trabalho originalmente publicado em 1917).

KANCYPER, L. *La confrontación generacional*: estudio psicoanalítico. Buenos Aires: Paidós, 1997.

TISSERON, S. et al. *El psiquismo ante la prueba de las generaciones*. Buenos Aires: Amorrortu, 1997.

TRACHTENBERG, A. R. C. Transgeracionalidade: sobre silêncios, criptas, fantasmas e outros destinos. *Revista Brasileira de Psicanálise*, v. 51, n. 2, p. 77-89, 2017.

TRACHTENBERG, A. R. C. et al. *Transgeracionalidade*: de escravo a herdeiro: um destino entre gerações. Porto Alegre: Sulina, 2013.

Formações intermediárias

Maria Inês Assumpção Fernandes

CONCEITO

São "formações psíquicas de ligação, de passagem de um elemento a um outro, seja no espaço intrapsíquico (formação de compromisso, pensamentos, ego, metáfora...), seja no **espaço interpsíquico**★ (representantes, delegados, objetos transicionais, porta-voz...), seja na articulação entre esses dois espaços" (KAËS, 1993, p. 231). A função dessas formações e processos é a de tornar possível a continuidade e a regulação da vida psíquica. O aparelho psíquico dispõe, em sua organização interna, de instâncias ou sistemas destinados ao trabalho dos processos intermediários.

ETIMOLOGIA

Formação, do latim *formatĭo,ōnis*, formação, forma, configuração (HOUAISS; VILLAR; FRANCO, 2001, p. 1373). Intermediário, do latim *intermedius,a,um*, que está no meio de ou entre dois; interposto. Do francês *intermediaire* (1608), que está entre dois termos e forma transição. Diz-se de quem medeia; pessoa que intervém; busca conseguir algo para outrem; mediador, medianeiro (HOUAISS; VILLAR; FRANCO, 2001, p. 1635).

EVOLUÇÃO HISTÓRICA DO CONCEITO

A construção do conceito insere-se na discussão sobre a construção de uma metapsicologia intersubjetiva que tem como objetivo articular as relações entre o "duplo limite, descrito por A. Green (1982), constitutivo do **espaço psíquico**★: o limite intrapsíquico entre Inconsciente e Pré-Consciente/Consciente; e, o limite interpsíquico entre o *self* (si mesmo) e o não-*self*" (KAËS, 1993, p. 255).

A problemática das formações intermediárias implica a consideração fundamental de duas questões. A primeira diz respeito à descontinuidade psíquica e, mais diretamente, coloca em questão a constituição do aparelho psíquico e sua organização interna de instâncias e sistemas afetados ao trabalho dos processos intermediários como o sistema pré-consciente, o ego e o sonho. A segunda se evidencia (segundo Kaës, quando Freud formula sua Psicologia social) na discussão sobre o problema da **mediação*** nos conjuntos intersubjetivos e discute a figura do chefe/líder (KAËS, 2007).

A construção metapsicológica na qual se insere a discussão sobre a categoria do intermediário impõe o pensar como a questão do inconsciente se inscreve nas relações entre o sujeito singular e os conjuntos **intersubjetivos*** e **transubjetivos*** e, para tanto, exige a distinção de três níveis lógicos de análise. O primeiro remete ao sujeito singular e seu **espaço intrapsíquico***; o segundo diz respeito à especificidade da realidade psíquica mobilizada e produzida no grupo; e o terceiro tratará das "formações e dos processos que se situam nos pontos de enlace/enodamento, de passagem e de transformação da realidade psíquica trabalhada pelo Inconsciente nos dois espaços correlativos definidos nos dois níveis precedentes" (KAËS, 1993, p. 113). As formações intermediárias caracterizam esse terceiro nível e descrevem os processos correspondentes.

Dessa forma, o conceito de intermediário permite fazer a ponte entre duas ordens de realidade que possuem lógicas próprias, são heterogêneas e, dessa maneira, não são redutíveis uma à outra. Portanto, a formação intermediária não é uma solda, mas é alguma coisa que reenvia à descontinuidade, à separação, à ruptura, à efração etc. (KAËS, 2005). Aparece como "uma verdadeira criação original utilizando os processos psíquicos fundamentais (condensação, deslocamento, difração)" (KAËS, 1994, p. 234). Assim, a questão a ser enfrentada pelo intermediário é muito complexa, pois implica lidar com problemas epistemológicos, com problemas metodológicos e com a problemática clínica (KAËS, 2005, 1994).

Freud, na elaboração psicanalítica dos fenômenos de massa, desenvolveu a hipótese de uma psique de massa e, nesse mesmo processo de elaboração, construiu conceitos fundamentais para a psicanálise. Uma das hipóteses formuladas nessa empreitada é a de "formações psíquicas intermediárias e comuns à psique do sujeito singular e aos conjuntos dos quais ele é parte constituinte e constituída: famílias, grupos secundários, classes, nações" (KAËS, 1993, p. 38). É a partir dessa reflexão que se originam os conceitos de ideal de eu e as diferentes figuras de mediação, como o chefe/líder, inaugurando um caminho na compreensão das figuras biface, que constituem a própria matéria da gruppenseele (l'âme du groupe/alma do grupo). A concepção freudiana de chefe/líder,

> encarnando o Ideal de Ego dos membros do grupo adquire novas dimensões se pensarmos na posição particularmente organizada pela polaridade das formações ideais: uma "figura intermediária (Mittelbildung), um mediador (Vermittler) entre

os grupos de dentro de cada um e o grupo social construído por todos... (KAËS, 1993, p. 151)

Essas figuras biface permitem uma articulação entre as formações intrapsíquicas e as interpsíquicas e transpsíquicas. Assim, o conceito de formação intermediária a) inclui objetos intermediários que asseguram as funções de ligação, de não separação, de transicionalidade ou de simbolização; b) "admite processos intermediários eletivamente mobilizados nas representações metafóricas do conjunto e de seus elementos" (KAËS, 1993, p. 114).

A leitura de Kaës sobre a obra freudiana reconhece, contudo, a presença do intermediário desde os primeiros estudos em "Esboço de uma psicologia científica" – por meio da noção de para-excitação pensada no limite entre o externo e o interno; em "Estudos sobre a histeria", quando vai discutir o acesso às representações patógenas. Em realidade, ao longo de toda sua obra pode-se reconhecer a reflexão sobre o intermediário, de 1895 a 1938. Freud a utiliza para pensar a formação do sonho, a formação do pré-consciente e a formação do ego no que se refere ao espaço intrapsíquico. Kaës afirma que:

> quando Freud escreve a interpretação dos Sonhos, ele já dispõe da categoria do intermediário. Esta vai tornar-se central na teoria do sonho, ao ponto que ele a define como o "reino intermediário" entre o sono e a vigília. Não somente o próprio sonho é uma formação intermediária, mas também, seu processo de construção e o trabalho de sua análise são fundados sobre os pensamentos intermediários (Zwischengedanken). (KAËS, 2005, p. 18)

A partir dessa leitura, afirma que a formulação da segunda tópica implicará mudanças na categoria do intermediário; ela irá se aplicar ao objeto e ao ego. Note-se que em "Além do princípio do prazer" (1920) Freud articula o domínio da ausência do objeto, a capacidade de falar, a escolha de um objeto intermediário e a função de ligação do aparelho psíquico. Destaca-se sua presença, também, em "O ego e o id" (1923): neste, a categoria do intermediário articula duas ordens de fenômenos e é utilizada para pensar o funcionamento do pensamento e a especificidade da representação pré-consciente; assim como a posição e a função do ego. Neste caso, Kaës remete a Freud a afirmação de que o ego é condenado a funcionar, ele próprio, como intermediário, em razão de sua posição como projeção de uma superfície (KAËS, 2005, 1984, 1985).

REFERÊNCIAS

CHOUVIER, B. et al. *Les processus psychiques de la médiation*. Paris: Dunod, 2004.

FERNANDES, M. I. A. O trabalho psíquico da intersubjetividade. *Revista Psicologia USP*, Dossiê Fronteiras entre a Psicanálise e a Psicologia Social, v. 14, n. 3, p. 47-55, 2003.

FERNANDES, M. I. A. *Negatividade e vínculo*: a mestiçagem como ideologia. São Paulo: Casa do Psicólogo, 2005.

FREUD, S. Mas allá del principio del placer. In: *Obras Completas*. Madrid: Biblioteca Nueva, 1968. v. 1. p. 1097. (Trabalho originalmente publicado em 1920).

FREUD, S. El yo y el ello. In: *Obras Completas*. Madrid: Biblioteca Nueva, 1968. v. 1. p. 9. (Trabalho originalmente publicado em 1923).

HOUAISS, A.; VILLAR, M. S.; FRANCO, F. M. de M. *Dicionário Houaiss da língua portuguesa*. Rio de Janeiro: Objetiva, 2001.

KAËS, R. La categoria del intermediario y la articulación psicosocial. *Revista de Psicología y Psicoterapia de Grupo*, v. 1, p. 92-106, 1984.

KAËS, R. La catégorie de l'intermédiaire chez Freud: un concept pour la Psychanalyse? *L'Evolution Psychiatrique*, v. 50, n. 4, p. 893-926, 1985.

KAËS, R. *Le groupe et le sujet du groupe*. Paris: Dunod, 1993.

KAËS, R. *La parole et le lien*: processus associatifs dans les groupes. Paris: Dunod, 1994.

KAËS, R. O intermediário na abordagem psicanalítica da cultura. *Revista Psicologia USP*, Dossiê Fronteiras entre a Psicanálise e a Psicologia Social, v. 14, n. 3, p. 15-33, 2003.

KAËS, R. Médiation, analyse transitionnelle et formations intermédiaires. In: CHOUVIER, B. et al. *Les processus psychiques de la médiation*. Paris: Dunod, 2004.

KAËS, R. *Os espaços psíquicos comuns e partilhados*: transmissão e negatividade. São Paulo: Casa do Psicólogo, 2005.

KAËS, R. *Un singulier pluriel*. Paris: Dunod, 2007.

Função do analista

Celia Blini de Lima

CONCEITO

A função do analista refere-se ao exercício da psicanálise pelo analista, em que sua pessoa estaria apta a dar significados ao oculto, ao encoberto, daquilo que é comunicado pelo paciente no registro verbal e no não verbal, respeitando a teoria e o método psicanalíticos. A relação analítica é um **vínculo***, um encontro humano que se dá entre duas ou mais pessoas, com o casal e/ou a família, quando nos referimos a esse tipo de atendimento. Nesse contexto é que acontece a interação, tanto consciente como inconsciente. É uma relação assimétrica, na qual o analista em sua função acolhe as **transferências*** (FREUD, 1912/1969b) nele projetadas e as **identificações projetivas*** (KLEIN, 1946).

ETIMOLOGIA

O termo função significa "obrigação, tarefa a cumprir". Provém do latim *functionem* (CUNHA, 1982, p. 371), "realização, execução, cumprimento de uma tarefa ou serviço", exercício de função a caminho de uma realização. *Functionem*, segundo Blikstein (1972), é a origem de função, que é o caso acusativo (objeto direto), conforme a declinação dos nomes em latim. No sentido de função analítica, poderíamos pensar na prática do analista com seu paciente para realizar a psicanálise.

EVOLUÇÃO HISTÓRICA DO CONCEITO

Considerando que a função analítica se dá no campo da intersubjetividade, Ribeiro (2019) apresenta um recorte teórico da trajetória de algumas ideias psicanalíticas desse campo: encontramos na obra freudiana (FREUD, 1901/1987) a comunicação entre inconscientes, ou seja, que o inconsciente de um pode se comunicar com o inconsciente de outro, contornando o consciente, sem, contudo, deixar claro o que acontece com a atividade pré-consciente, que, nesse momento, é excluída.

Nessa complexa interação da dupla analítica, Klein (1946) e Bion (1962) trazem grandes contribuições à aproximação da pesquisa clínica dos processos

Função do analista

mentais. Klein (1946) com sua teoria da identificação projetiva (mecanismo psíquico para colocar fora do eu conteúdos que geram ansiedade) e construção do objeto interno; e Bion (1962) quando coloca as identificações projetivas como uma atividade mental para comunicar emoções nesse campo da intersubjetividade. Segundo Bion (1962) a mente do analista deve estar disponível, ser capaz de oferecer um continente para as projeções do analisando.

Para praticar a psicanálise, o analista precisa atender a algumas condições, que incluem boa formação, ter sido analisado, ter bom conhecimento da teoria psicanalítica e conhecer e se familiarizar com o método. A teoria é indispensável à função analítica para definir a identidade do analista, pois a experiência precisa ser nomeada dentro desse referencial analítico e refletir uma sobreposição do sonhar do analista e do paciente.

Há muitos fatores e funções que compõem a função analítica, entre eles: *rêverie*, função alfa, intuição, capacidade de criar um ambiente de **holding***, capacidade de nomear, capacidade negativa, capacidade de interpretar, capacidade de reconhecer as **transferências*** e **contratransferências***, atenção flutuante, compaixão e fé. Fé não no sentido religioso, mas no sentido de acreditar no ser humano e na sua capacidade de transformação e na psicanálise como um método que pode levar a um novo estado, de menos sofrimento e de transformações, no qual a pessoa possa sonhar e dar conta de viver sua própria vida.

Entendemos *rêverie* como a definiu Bion (1962), como um campo de sonhos e mitos, o sonho como um mito do indivíduo e o mito como um sonho da humanidade. Ambos, a *rêverie* e a função alfa, correspondem às primeiras etapas do processo de simbolização. Assim, o analista deve se colocar na posição de ouvir e ir além do sentido manifesto, como faz a mãe ao interpretar o bebê, procurando não só compreender, mas sonhar, no intuito de abrir caminho para novas descobertas.

Ao citar Ogden a respeito da experiência analítica, Ribeiro (2019, p. 178) ressalta uma de suas ideias:

> Eu vejo a psicanálise como uma experiência onde o paciente e o analista se engajam em um experimento no interior do *setting* analítico que é desenhado para criar as condições nas quais o analisando (com a participação do analista) pode ser capaz de sonhar o que até então eram experiências emocionais não sonháveis (seus sonhos não sonhados). (OGDEN, 2007, *apud* RIBEIRO, 2019, p. 17)

Ou seja, por meio da *rêverie* e da função alfa (BION, 1962) o analista capta a emoção em estado bruto e a transforma em uma narrativa, que promove novos sentidos e significados ao paciente, de tal forma que seja possível ser compreendida pelo paciente.

A intuição do analista pode funcionar como **vértice***, como um guia para conjecturar hipóteses sobre sua escuta, ou para escolher o que tomará como direção na conversa analítica; da mesma forma, o analista pode mudar o vértice de sua ação, se levar em conta o resultado de uma interpretação. Muitos são os princípios que levam o psicanalista à intuição, capacitando-o a conjeturas imaginativas, que podem se apresentar como uma interpretação, aponta Chuster (2020).

A intuição refere-se ao que ocorre na presença de algo de dentro e algo de fora; tem função integradora entre o que objetivamente é dado por uma percepção que observa o caminho de fora (o ouvido e o percebido) e o de dentro, que faz conexões com o interior do analista e suas experiências emocionais armazenadas. Esse momento da dupla poderia trazer para ambos uma possibilidade de ver o que fica e o que muda de um momento a outro da sessão, após uma interferência intuitiva. Momento que pode estar representando a "experiência emocional compartilhada" (reciprocidade), que pode ser "sentida", mas não "tocada", nem demonstrada pelos processos lógicos (BLINI DE LIMA, 2020).

Devemos ressaltar a pessoa do analista como uma presença viva, capaz de reconhecer e resistir às transferências do paciente e capaz de identificar e reter sua contratransferência, usando-a como mais um elemento auxiliar, de grande importância, do campo de observação da relação analítica, e que o ajuda a discriminar o que pertence a si próprio ou ao paciente.

Podemos pensar a transferência como revivescência na relação com o analista de um modelo de relação vivido com outra pessoa, em outro tempo. Se o analista se tornar a pessoa construída transferencialmente pelo paciente, ficará engessado em sua função, perderá a distância necessária para observar e se descolar do que é dito e vivido na experiência emocional, levando certamente à dificuldade de encontrar palavras para interpretar que possam vir a desfazer o agir transferencial, para deixar emergir o significado da experiência vivida pela dupla analítica no processo de análise (MENEZES, 2008).

Mannoni afirma que a transferência "corresponde à mobilização do inconsciente na relação com o analista" (1990, *apud* MENEZES, 2008). Nesse sentido, traz à tona material inconsciente, que, podendo ser acolhido e compreendido pelo analista, pode trazer revelações do desconhecido que habita cada um de nós. Trata-se de um material para ser notado e interpretado pelo analista, o que garante abertura para novos conhecimentos e mudança psíquica naquilo que promove o sofrimento, ou o sintoma, ou a **compulsão à repetição***, entre outros.

A função analítica permanece constante no atendimento individual e no de casal e família, e o exercício da função depende da pessoa do analista, do manejo dos fatores e funções que deve desempenhar no *setting*. Por essa razão, vamos ver a seguir as especificidades que devem ser consideradas e que ainda não foram levantadas, no caso da psicanálise de casal e família.

Ressalto uma primeira, que seria a familiarização com a teoria ou metapsicologia das relações de casal e família, uma vez que muito contribuem para instrumentar o psicanalista em sua função, auxiliando-o no entendimento e fundamentação de sua prática. Constroem a possibilidade de identificar e nomear certos processos psíquicos relacionados ao interjogo consciente e inconsciente nas relações. Apontam para a complexidade das relações cruzadas, em que o analista já deve observar a relação de dois sistemas intrapsíquicos em relação além do seu, quando se trata do casal, e três ou mais além do seu, quando se trata de família, além das interferências da **transgeracionalidade***, como fator de influência sobre os elementos do grupo, e ainda as influências da cultura e dos acontecimentos da época em que vivem. Embora o psicanalista seja procurado para auxiliar na solução das perturbações e dos conflitos que estejam acontecendo na relação do casal ou no grupo familiar, existe entre eles um acordo inconsciente que favorece que a união estabelecida seja assim mantida; sofrem, mas apoiados nesse vínculo ou conluio inconsciente, resistem à mudança e demonstram isso por sua **resistência*** às intervenções do psicanalista.

Quando o vértice em que o psicanalista familiar se apoia é a psicanálise e o campo do analista é a família, seu foco se volta para o que se passa na rede de relações que se dão entre os elementos da unidade familiar, as **alianças conscientes*** e as **alianças inconscientes*** e como são construídos os vínculos. A estrutura familiar inconsciente contém em seu interior os mitos, os segredos e os acordos, material psíquico oculto que, numa situação de conflito, precisa ser acessado pelo processo terapêutico.

Considerando que a relação familiar se dá numa rede de identificações projetivas (KLEIN, 1946/1991) na qual um conteúdo de um (intrapsíquico) é projetado no outro (continente, BION, 1962), aquele que o recebe pode corporificar a projeção. Isso pode levar, muitas vezes, ao estabelecimento de um conluio na relação, que permite que o intercâmbio se estruture de uma determinada forma no ambiente familiar. Ou seja, torna-se um modo de relação que tende à repetição, impedindo a mudança ou inovações.

Há uma cumplicidade no uso dessas identificações, que organizam padrões de relacionamento, responsáveis por manter o equilíbrio familiar. Esse equilíbrio, no entender de Ackerman (1986, p. 88), refere-se ao "equilíbrio, considerando a preservação de certo núcleo de 'self', com a adição de novas dimensões ao 'self' em uma série infinita de integrações grupais".

Continua Ackerman (1990, p. 24): "Os padrões de conflito interpessoal dentro da família afetam as vicissitudes do controle do conflito internalizado; [...] a cadeia de relações familiares serve como um tipo de correia transportadora, um mensageiro das intensidades patogênicas do distúrbio emocional".

O psicanalista familiar está em um *enquadre/setting**, segundo Kaës (1986/2011), que lhe permite observar que cada enunciado de um ganha sentido na relação com os outros, no curso das associações livres; assim, vai ganhar sentido, seja no que se refere ao sujeito singular, seja no conjunto grupal, uma cadeia associativa grupal, inconsciente.

Berenstein parte dessas mesmas ideias para dizer que:

> O processo associativo grupal, como tal, dá acesso a significados perdidos, ocultos, forcluídos e encriptados que não apareceriam nas associações do sujeito singular. Assim, nessa situação é possível sua emergência na situação de transferência com modalidade especial na situação grupal. (BERENSTEIN, 1990, p. 59, tradução nossa)

Perceber e trabalhar considerando a transferência – reedição dos vínculos infantis que se apresentam no aqui e agora, de natureza primitiva, e que se dá entre os membros da família e também com o psicanalista – é parte da função analítica.

Na medida em que a família, segundo Berenstein:

> se compõe de vários eus com estruturas psíquicas diferentes incluídas em uma rede vincular de parentesco e também inconsciente, determinará tanto as formas interpessoais como as intrapessoais, com um nível de determinação transpessoal, melhor chamado transubjetivo, verdadeiramente inconsciente, não conscientizável, por meio do qual circulam os significados com os quais os eus são colocados

Função do analista

em posições em uma sorte de topologia no espaço inconsciente de parentesco. (BERENSTEIN, 1990, p. 48, tradução nossa)

O vínculo é definido por Bion como uma experiência emocional que corresponde a uma ligação entre duas ou mais pessoas em uma família, uma pessoa a um grupo, partes da mesma pessoa, uma emoção a outra, uma emoção a um significado (BERENSTEIN, 1990, p. 125).

Para Berenstein, "vincular-se é estar juntos e separados, não no sentido de diferenciação e discriminação, mas o que faz do outro não ser um, não ser idêntico" (2007, p. 125, tradução nossa).

Essa forma de conceber, na clínica, promove um olhar para esse ponto: coloca o analista observador do casal naquilo que fere a singularidade de cada um, o não reconhecimento dos limites de cada eu, o que poderia revelar um estado de fusão ou invasão. Num estado de indiscriminação de um e outro do casal, poderíamos pensar que um se apropria do outro, e, nesse sentido, deixaria de haver um **entre*** eles para haver uma identificação no interior de cada um deles. Isso seria o borramento dos limites entre os eus, e não se poderia reconhecer que o outro não é um.

Sabemos da dificuldade de alcance a uma experiência emocional – por ser ela única, referir-se a vivências, sentimentos, com os quais a mente se conecta e que pode ser registrada e evocada num trabalho analítico. Esse é também um ponto que deve ser considerado por um psicanalista de família ao exercer sua função.

Numa atitude de **atenção flutuante*** (FREUD, 1912/1969a), ativa, presente, ética, de respeito aos valores da família em questão, o psicanalista deve procurar compreender os significados do conteúdo narrativo explícito, próprios da família e não de seus valores pessoais, sem memória e sem desejo (BION, 2006).

Sua condição de **escuta*** analítica lhe permitirá acolher e identificar as transferências e contratransferências e usá-las para construir **interpretações***, que por sua vez poderiam construir a continuidade do discurso (repetições de um modelo) ou produzir novas narrativas, que poderiam vir a produzir outras modalidades de relações familiares (descontinuidade), levando a **compulsão à repetição*** a transformar-se em novas modalidades de relação.

A postura de *holding* do analista permite-lhe construir um *setting* que favorece detectar, nas representações conscientes do grupo familiar, seu aspecto encobridor, que mantém a continuidade, característica da natureza inconsciente do vínculo.

A continuidade anula a percepção das diferenças (BERENSTEIN, 2007), o que garante os pactos e acordos inconscientes, dando a impressão de semelhança, uniformidade. Isso se mantém também na expressão verbal. Em sua função, o analista deve ser capaz de revelar esse sistema, promovendo a percepção da individualidade de cada um, deixando transparecer a descontinuidade das mentes no funcionamento vincular, com o intuito de apresentar a força do vínculo inconsciente que deseja reconstruir essa continuidade.

"A estrutura familiar inconsciente é uma construção que outorga ou devolve a continuidade de significado às relações familiares. É um elemento invariante no que diz respeito às variações dos eus" (BERENSTEIN, 1990, p. 204, tradução nossa).

Dentro da função analítica, cabe ao psicanalista observar as disfunções vinculares, que expressam a descontinuidade consciente encobridora, por meio da interpretação do significado inconsciente. Temos que ressaltar, ainda, que nos vínculos é possível a comunicação de um inconsciente a outro, da mesma geração e em gerações sucessivas, que ocorrem entre pais e filhos; ou seja, o inconsciente tem leis gerais ou universais, inerentes ao humano, ainda que se realizem diferentemente em cada caso.

Como o *setting* analítico constrói um campo para que ocorram as transferências de um membro a outro no casal e no grupo familiar e também desperta sentimentos no psicanalista – a contratransferência –, ambos deverão ser considerados e tratados pelo psicanalista em sua função analítica. Esses sentimentos despertados no contexto de trabalho (sensações de tensão e até violentas irrupções de angústia) podem ser um guia, revelar as transferências, resistências, se o psicanalista puder estar em contato com sua emoção e, ao identificá-la, reconhecer ao que se refere, ou a quem se refere, se a si mesmo (e nesse caso deve reservar-se à análise pessoal) ou ao sujeito que a provocou, o que permite revelá-la no sentido de abertura para a compreensão.

O psicanalista é uma pessoa que pode, em sua função, deixar fora sua pessoa real, deixar em suspenso suas opiniões pessoais e seus valores, mas não pode prescindir da matéria viva de seu psiquismo, matéria de que se instrumenta para captação das transferências e das contratransferências.

O psicanalista em função analítica no atendimento de casal e família tem que lidar com uma complexidade maior no que se refere às transferências, que nesse caso são cruzadas, acontecem entre os componentes do casal e da família, e se dirigem também a ele, agora não mais numa dupla. Esse é um ponto bastante crucial por gerar mal-entendidos, uma vez que a fala do analista tem que ser muito cuidada para não ser interpretada como fazendo conluios com um ou outro do casal ou da família. O campo de atuação do psicanalista, nesse sentido, ganha uma complexidade a mais, que exige que ele já tenha internalizado toda a metapsicologia das relações vinculares para ter maior segurança e confiança ao exercer sua função, dentro do *setting* analítico.

A possibilidade de as inúmeras projeções que acontecem numa sessão recaírem também, na maioria das vezes, no analista, de forma inconsciente, aumenta muito. Ele é convocado por um ou mais elementos do casal e da família, pois é um continente para essas emoções, para suportar o volume desses processos psíquicos e pode ver-se sobrecarregado, o que exigirá mais tolerância e capacidade negativa para suportar os sentimentos contratransferenciais. Esses sentimentos podem ser resultado da repercussão em seu próprio psiquismo, ou por quaisquer questões pessoais de provocação de qualquer integrante do trabalho. Temos aqui, portanto, mais um ponto a ressaltar de peso diferente do atendimento individual.

A compreensão do psicanalista familiar munido de sua atenção, capacidade de *holding*, de seu estado de *rêverie* (BION, 1962), sua capacidade de pensar (função alfa, BION, 1962), permite-lhe oferecer em palavras, metáforas, interpretações o conteúdo já transformado por ele, que possa ser acolhido tanto pelo casal como pelos elementos do grupo familiar; e que seja útil a ponto de gerar acréscimo ou mudança. O trabalho do psicanalista familiar deve abrir caminho para mudanças psíquicas e mudanças na relação do casal e/ou família.

Suponhamos que, numa dada situação familiar, as atenções voltem-se todas para um elemento do grupo, e nele recaiam todas as queixas, excessos e responsabilidades. Podemos, usando a função analítica em toda sua abrangência de recursos, pensar que esse uso das projeções pelos membros da família uns sobre os outros estaria encobrindo um acordo inconsciente, que teria como uma de suas finalidades encobrir a verdade desse sistema de comunicação. Isso poderia ser definido como uma hipótese terapêutica inicial, estimular uma investigação aberta, sem memória e sem desejo, até que pudesse ser ou não confirmada.

Ogden (2007, *apud* RIBEIRO, 2019, p. 17), aborda o conceito de *rêverie* como uma receptividade inconsciente do analista que, envolve uma cessão (parcial) da sua individualidade a um terceiro sujeito, um sujeito que não é analista nem analisando, mas uma terceira subjetividade gerada pelo par analítico. Diz ainda o autor sobre o contexto analítico que é preciso criar um lugar onde analista e analisando possam viver, estabelecer uma comunicação que permita que a análise seja um acontecimento humano.

Estendamos isso para o contexto do atendimento de casal e família, ainda que, por sua complexidade, dado ser constituído por vários elementos, traga mais vértices de observação para o analista, exigindo dele estar afinado com sua teoria e de posse de todos os instrumentos de que dispõe na prática da psicanálise familiar, quando exercendo sua função analítica.

REFERÊNCIAS

ACKERMAN, N. W. *Diagnóstico e tratamento das relações familiares*. Porto Alegre: Artes Médicas, 1986.

BERENSTEIN, I. *Psicoanalisar una familia*. Buenos Aires: Paidós, 1990.

BERENSTEIN, I. *Del ser al hacer*. Buenos Aires: Paidós, 2007.

BION, W. *O aprender com a experiência*. Rio de Janeiro: Zahar, 1991. (Trabalho originalmente publicado em 1962).

BION, W. *Atenção e interpretação*. Rio de Janeiro: Imago, 2006.

BLIKSTEIN, I. *Perspectivas da etimologia*. Tese (Doutorado) – Faculdade de Filosofia, Letras e Ciências Humanas, Universidade de São Paulo, São Paulo, 1972.

BLINI DE LIMA, C. *Reciprocidade na experiência emocional*. Trabalho apresentado ao Congresso de Bion, Barcelona, 2020.

CUNHA, A. G. *Dicionário etimológico da língua portuguesa*. Rio de Janeiro: Nova Fronteira, 1982.

CHUSTER, A. *Intuição psicanalítica no sonho e na vigília. Cesura, imaginação, linguagem de êxito*. Trabalho apresentado ao Congresso de Bion, Barcelona, 2020.

FREUD, S. *Recomendações aos médicos que exercem a psicanálise*. Rio de Janeiro: Imago, 1969a. (Trabalho originalmente publicado em 1912).

FREUD, S. *A dinâmica da transferência*. Rio de Janeiro: Imago, 1969b. (Trabalho originalmente publicado em 1912).

FREUD, S. *O inconsciente e a consciência: realidade*. Rio de Janeiro: Imago, 1987. v. 4. (Trabalho originalmente publicado em 1901).

GOLDSTEIN, J. S. El campo dinâmico psicoanalítico: uma mirada retrospectiva. *In*: KANCYPER, L. *Volviendo a pensar con Willy y Madeleine Baranger*. Buenos Aires: Lumen, 1999.

KAËS, R. *Um singular plural*. São Paulo: Edições Loyola, 2011. (Trabalho originalmente publicado em 1986).

KLEIN, M. Notas sobre alguns estados esquizóides, *In: Inveja e Gratidão e outros trabalhos*. Rio de Janeiro: Imago, 1991. (Trabalho originalmente publicado em 1946).

MENEZES, L. C. Articulação entre pessoa e função analítica. *Jornal de Psicanálise*, São Paulo, v. 41, n. 75, 2008.

MEYER, L. *Família*: dinâmica e terapia. Uma abordagem psicanalítica. São Paulo: Brasiliense, 1983.

MINERBO, M. *Transferência e contratransferência*. Clínica psicanalítica. São Paulo: Casa do Psicólogo, 2012.

OGDEN T. H. *Rêverie e interpretação*: captando algo humano. São Paulo: Escuta, 2013.

RACKER, H. *Estudos sobre a técnica psicanalítica*. Porto Alegre: Artes Médicas, 1986.

REZENDE, A. M. A identidade do analista: função e fatores. *Revista Latino-Americana de Psicanálise*, Fepal, v. 3, n. 1, p. 161, jul. 1999.

RIBEIRO, M. Alguns apontamentos acerca da personalidade no campo analítico. *Caderno de Psicanálise*, Rio de Janeiro, v. 41, n. 40, 2019.

Funções fóricas

Maria Inês Assumpção Fernandes

CONCEITO

São funções capitais em todo agenciamento do **vínculo*** intersubjetivo e são estruturadas segundo a dupla determinação intrapsíquica e interpsíquica, e designam localizações (lugares) intermediárias que "qualificam a sustentação (phoria) e a metáfora" (KAËS, 1994, p. 231). As funções fóricas designam "os lugares e as funções cumpridas no grupo por alguns de seus membros, quando eles são **porta-palavra***, **porta-sintoma***, porta-sonho, porta-ideal, ou porta-morte, etc." (KAËS, 2007, p. 32).

ETIMOLOGIA

Funções, do latim *functio,onis*, trabalho, execução, término de desempenho; do latim *fungor*; cumprir, exercer, desempenhar (HOUAISS; VILLAR; FRANCO, 2001, p. 1402). Fóricas, do latim *metáphora,ae*, metáfora; do grego *metáfora,as*, mudança, transposição; do verbo *metaphérö*, transportar (HOUAISS; VILLAR; FRANCO, 2001, p. 1907).

EVOLUÇÃO HISTÓRICA DO CONCEITO

As figuras, as funções e os lugares que assumem o conceito de funções fóricas devem ser compreendidos "simultaneamente e correlativamente do ponto de vista da subjetividade dos sujeitos que as encarnam, do ponto de vista dos **vínculos*** **intersubjetivos*** a que eles servem e do ponto de vista de suas funções na estrutura do grupo" (KAËS, 2007, p. 119).

Elas:

> resultam de processos psíquicos bivalentes ou bifaces, seres mistos, intermediários entre os sujeitos singulares e o grupo, comuns a seus membros; as formações asseguram a continuidade e a articulação entre a psique dos sujeitos e a do grupo, mas

elas se formam e se realizam em cada um desses **espaços psíquicos*** segundo modalidades próprias. (KAËS, 1994, p. 232)

A noção de porta-voz expressa um caso particular de funções fóricas que se localizam e cumprem sua função na articulação da estrutura **intrapsíquica*** e da organização intersubjetiva, permitindo tratar a questão da palavra nos conjuntos intersubjetivos. Ela permite estudar a função do inconsciente do outro – ou de mais de um outro – na formação do aparelho psíquico e, mais diretamente, na constituição do inconsciente.

Essas funções incluem e ultrapassam a simples ligação entre dois espaços descontínuos (KAËS, 2007, p. 119). As pessoas que as encarnam são o suporte dessas funções que sustentam. São funções simultânea e correlativamente subjetivas, intersubjetivas e grupais.

As funções fóricas são discutidas a partir da conceituação de formações intermediárias e fazem parte da pesquisa desenvolvida por René Kaës sobre as articulações entre grupalidade psíquica, sujeito do grupo e realidade psíquica do grupo. O debate sobre a noção de porta-voz permitiu que se desenvolvesse o esboço de um quadro mais geral que conceituasse sua função (KAËS, 1994). Para tanto, Kaës explora o que nomeia como uma de suas direções de pesquisa, ou seja: o interesse pela posição do sujeito no grupo. Essa direção de pesquisa representa revisitar a concepção de sujeito e de inconsciente e considerar que o destaque dado ao grupo evidencia a extensão do campo de objetos e de práticas da psicanálise.

Para realizar essa empreitada, Kaës recupera e discute a noção de **porta-palavra*** em Piera Aulagnier e a noção de porta-voz em E. Pichon-Rivière. Os estudos de Pichon-Rivière são recuperados, principalmente no que se refere a porta-voz, pois Kaës reconhece neles o esboço de um segundo espaço psíquico (KAËS, 2015, p. 77), o que confere a esse autor relevância nos estudos sobre as funções fóricas. A leitura que faz das contribuições de Pichon-Rivière o leva a dizer que este segundo espaço psíquico seria aquele de um indivíduo considerado como paciente designado (segundo a teoria sistêmica), ou como um emergente (segundo a teoria da complexidade). Considerando que a teoria do vínculo e a teoria sobre os grupos/grupos operativos, para Pichon-Rivière, apoiou-se na pesquisa sobre o grupo familiar e sua concepção de doença mental, Kaës mostra que tais considerações permitem pensar o indivíduo em função do papel que ele cumpre num **grupo***, numa **família*** ou numa instituição (KAËS, 2005).

Em relação a Piera Aulagnier e suas contribuições sobre o conceito de porta-palavra, Kaës (1993, 2005) considera que a partir de um contexto muito preciso, o do tratamento individual de pacientes psicóticos, ela descreve um espaço que é, ao mesmo tempo, um **espaço psíquico***, um espaço social e um espaço cultural no qual o eu pode se constituir e advir. Ele reconhece que Aulagnier concede uma atenção particular ao micro meio intermediário entre a psique do sujeito singular e o meio psíquico ambiente. "Este micro meio – o meio familiar ou o que houver em seu lugar – é percebido e investido pelo infans (do latim, aquele que não fala), como metonímia do conjunto" (KAËS, 2005, p. 40).

Reconhece-se, em sua pesquisa, o esboço de uma concepção politópica do inconsciente na qual a experiência de grupo permitirá "a investigação dos conteúdos inconscientes que transitam de um sujeito a outro nas formas de **vínculo*** e segundo mediações não arbitrárias" (KAËS, 1993, p. 95). Esses conteúdos são depositados, alojados, encriptados, decriptados e transmitidos por meio de diversas transformações. As funções fóricas apresentam, assim, as características de encarregar-se, suportar, sustentar, apoiar, conter e incorporar, transportar e transferir, representar e delegar (KAËS, 1994). Elas são sustentadas, em **grupo*** e em **família***, por representações e emoções de natureza diferente e podem ser avaliadas em termos de tolerância psíquica à carga que lhes é associada, interrogando os limites com os quais um grupo ou um membro do grupo se depara.

REFERÊNCIAS

AULAGNIER, P. *A violência da interpretação*: do pictograma ao enunciado. Rio de Janeiro: Imago, 1979.

FERNANDES, M. I. A. *Negatividade e vínculo*: a mestiçagem como ideologia. São Paulo: Casa do Psicólogo, 2005.

FERNANDES, M. I. A. O trabalho psíquico da intersubjetividade. *Revista Psicologia USP*, Dossiê Fronteiras entre a Psicanálise e a Psicologia Social, v. 14, n. 3, p. 47-55, 2003.

HOUAISS, A.; VILLAR, M. S.; FRANCO, F. M. de M. *Dicionário Houaiss da língua portuguesa*. Rio de Janeiro: Objetiva, 2001.

KAËS, R. *Le groupe et le sujet du groupe*. Paris: Dunod, 1993.

KAËS, R. *La parole et le lien*: processus associatifs dans les groupes. Paris: Dunod, 1994.

KAËS, R. *La poliphonie du rêve*. Paris: Dunod, 2002.

KAËS, R. O intermediário na abordagem psicanalítica da cultura. *Revista Psicologia USP*, Dossiê Fronteiras entre a Psicanálise e a Psicologia Social, v. 14, n. 3, p. 15-33, 2003.

KAËS, R. *Os espaços psíquicos comuns e partilhados*: transmissão e negatividade. São Paulo: Casa do Psicólogo, 2005.

KAËS, R. *Un singulier pluriel*. Paris: Dunod, 2007.

KAËS, R. *L'extension de la psychanalyse*: pour une métapsychologie de troisième type. Paris: Dunod, 2015.

PICHON-RIVIÈRE, E. *El proceso grupal*: del psicoanalisis a la psicologia social. Buenos Aires: Nueva Visión, 1975.

Grupalidade

Pablo Castanho

CONCEITO

A noção de grupalidade indica aquilo que é da ordem do grupo. Desde Freud o termo é relacionado a uma qualidade tanto intrapsíquica como intersubjetiva. Seu uso no campo da psicanálise de casal e família faz referência ampla a contribuições das teorias psicanalíticas de grupo naquilo que são também pertinentes ao trabalho com casais e famílias, mantendo ao mesmo tempo a distinção entre esses campos contíguos.

ETIMOLOGIA

O termo grupo foi registrado pela primeira vez em português em 1789 (CUNHA, 1996; HOUAISS, 2001), proveniente do italiano *gruppo*, surgido no Renascimento (primeiro registro de 1536) para designar uma obra de arte que reúne diferentes elementos em si, formando um conjunto. Acredita-se que o termo em italiano seja derivado do teutônico *kruppa* (HOUAISS, 2001; THE OXFORD, 1933; ROBERT, 1985), com a significação original de "massa arredondada".

EVOLUÇÃO HISTÓRICA DO CONCEITO

A definição, trajetória e variações do termo grupo em diferentes línguas são uma fonte valiosa para acessar o significado do termo grupalidade. Buscamos pelo termo em línguas caras para a cultura psicanalítica: o alemão (DUDEN, 1996), o francês (ROBERT, 1985), o inglês (THE OXFORD, 1933) o espanhol (REAL ACADEMIA ESPAÑOLA, 1984) e o português (HOUAISS, 2001). Em todas elas, o termo derivou de modo mais ou menos direto do italiano e suas definições convergem, concebendo-se o grupo como um conjunto de pessoas, objetos ou atributos. É em termos de conjunto de objetos ou atributos que o termo grupo pôde ser usado para descrever a realidade intrapsíquica, importante acepção na psicanálise, como veremos. Curiosamente, no Brasil, além das definições mencionadas há pouco, encontramos uma outra.

Grupalidade

O Dicionário Houaiss indica que, em certas regiões de nosso país, o termo grupo pode ser sinônimo de mentira ou referência a um plano de roubo (HOUAISS, 2001, p. 1487). Apesar de ser um regionalismo desconhecido para muitos brasileiros, podemos encontrar a mesma ideia no termo derivado "engrupir", de registro informal, mas muito mais corrente, sinônimo de enganação (HOUAISS, 2001, p. 1152).

Freud nunca empreendeu uma investigação psicanalítica de grupo nem orientou nenhum de seus discípulos a fazê-lo. Ainda assim, podemos encontrar nesse autor referências importantes para pensarmos esta categoria.

Uma busca pelo radical Grupp na versão digital da Gesammelte Werk (obras completas de Freud em língua original, de 1952) chega a setenta menções ao termo grupo e suas variações. A maior parte delas não remete à acepção de grupo de pessoas, mas apoia-se na amplitude semântica que sublinhamos ara se referir à dimensão **intrapsíquica***, seja nomeando formações como "grupo de sintomas" (Symptomgruppen), grupo de representações (Vorstellungsggruppen), grupo psíquico (Psycher Gruppen), seja para se referir a processos de ligação entre elementos psíquicos, frequentemente na forma verbal da palavra (equivalente ao português "agrupar").

Por meio desse mesmo procedimento, verifica-se que o termo Massen (massa) aparece 347 vezes nas obras completas de Freud. Alguns usos, como o que encontramos no título de sua importante obra "Massenpsychologie und ich Analyses" (FREUD, 1921/1999), aproxima-se bastante do sentido do termo grupo como conjunto de pessoas, tanto que uma das traduções dessa obra para o português, seguindo a opção inglesa, intitula-se "Psicologia de grupo e análise do ego" (FREUD, 1921/1969).

Ao retomar a obra freudiana deste modo, vemos como tanto a dimensão intrapsíquica, na qual o termo é exigido no trabalho de construção de modelos metapsicológicos, quanto a dimensão do grupo como conjunto de pessoas estão presentes. As teorias psicanalíticas de grupo que se seguem, em sua variedade, propõem articulações dessas duas dimensões. É justamente neste cruzamento que surge um importante uso do termo "grupalidade". Ao discutir a investigação psicanalítica dos pequenos grupos humanos, Pontalis coloca em primeiro plano "[...] o estudo da relação de cada um ao grupo e daquilo que, em cada um, é grupalidade [grupalité]" (PONTALIS, 1968/1993, p. 269, nossa tradução). Essa citação é retomada com bastante frequência por René Kaës e outros autores que tiram dela consequências muitíssimo importantes. Assim, ao menos no universo francês, este é o uso do termo estrito "grupalidade", mais significativo e influente.

Notemos que foi René Kaës (2002) quem reuniu diversos trabalhos psicanalíticos sobre o grupo em um conjunto que nomeou de teorias psicanalíticas de grupo. Sua proposta considera as contribuições de Freud, os trabalhos de um grupo que denomina de predecessores, nos Estados Unidos, e três momentos que denomina igualmente de fundadores, sublinhando com este termo o caráter original de cada um deles. Até 2007, Kaës identifica o primeiro desses momentos em Londres, com Bion e Foulkes a partir da segunda metade dos anos 1940, seguido por Buenos Aires com Pichon-Rivière e Bleger nos anos 1950 e a França nos anos 1960, momento no qual ele mesmo se insere ao lado de Didier Anzieu, Pontalis entre outros. Em 2007, Kaës retrocede a datação da escola argentina para os anos 1930, sem alterar as demais. Como em todo processo de datação, trata-se da problemática da escolha de eventos de referência dentro de um continuum. Compreendemos o procedimento, mas, considerando-se o trabalho de Fernando Fabris (2007), que estabelece a construção do referencial teórico de Pichon-Rivière sobre grupos na segunda metade da década de 1950, mantemos aqui a datação anteriormente proposta por Kaës, por considerá-la mais clara.

Interessante notar as influências desses estudos na teoria e prática em diferentes perspectivas do trabalho com casais e famílias. Pichon-Rivière se aventurou a falar sobre o tratamento de famílias entendendo-a como um grupo (1960/2007a, 1965-1966/2007b). Mesmo a obra original de Isidoro Berenstein e Janine Puget sobre casal e família se desdobra em um contexto de grande influência do pensamento de Pichon-Rivière, de quem Puget foi, inclusive, secretária (VELLOSO; MEIRELES, 2007). No caso francês, a proximidade dos campos é ainda maior. Autores que alicerçam o campo dos estudos psicanalíticos de grupo desenvolveram temas e publicaram textos de referência para os estudos de casal e família. É, por exemplo, o caso da teorização de Didier Anzieu sobre o envelope psíquico do casal e da família (1986, 1993), e ainda mais dos estudos de René Kaës (2005) sobre a **transmissão psíquica*** entre as gerações. Além disso, autores originais e fundamentais para a escola francesa pensaram escorados na produção sobre os grupos, como é o caso de André Ruffiot (1983) e seu conceito de **aparelho psíquico familiar***. De fato, pode-se dizer que, em larga medida, a perspectiva francesa sobre casal e família relê os conceitos e teorias sobre grupo pelo prisma da centralidade e especificidade da problemática da transmissão psíquica nos casais e famílias, tirando disso sua originalidade técnica e teórica.

Notemos que o termo grupo pode tanto se referir ao pensamento expresso por esses autores como a um **dispositivo*** específico, o dispositivo de grupo. Neste ponto, o uso do termo grupalidade representa uma vantagem na psicanálise de casal e família, ao permitir o reconhecimento da proximidade desse campo com as teorias psicanalíticas de grupo no que tange à compreensão **inter*** e **transubjetiva*** do ser humano, sem, contudo, perder de vista a sua especificidade, notadamente em termos de dispositivos de trabalho.

REFERÊNCIAS

ANZIEU, D. Introduction à l'étude des fonctions du Moi-peau dans le couple. *Gruppo*, n. 2, p. 75-81, 1986.

ANZIEU, D. Le Moi-peau familial et groupal. *Gruppo*, n. 9, p. 9-18, 1993.

CUNHA, A. G. *Dicionário etimológico da língua portuguesa*. Rio de Janeiro: Lexikon, 1996.

DUDEN. *Deutsches Universalwörterbuch*. Mannheim: Dudenverlag, 1996.

FABRIS, A. F. *Pichon-Rivière*: un viajero de mil mundos. Buenos Aires: Polemos, 2007.

FREUD, S. *Gesammelte Werke*. Rio de Janeiro: Imago, 1952. Disponível em: https://freud-online.de/ Acesso em: 20 jan. 2020.

FREUD, S. Massenpsychologie und Ich-Analyse. *In: Gesammelte Werke*. Frankfurt am Main: Fischer Taschenbuch Verlag, 1999. v. 13, p. 72-161. (Trabalho originalmente publicado em 1921).

FREUD, S. Psicologia de grupo e análise do ego. *In: Edição standard brasileira das obras psicológicas completas de Sigmund Freud*. Trad. J. Salomão. Rio de Janeiro: Imago, 1969. v. 18, p. 89-179. (Trabalho originalmente publicado em 1921).

GRIMM, J.; GRIMM, W. *Deutsches Wörterbuch*. München: Deutschen Taschenbuch Verlags, 1984. 16 v.

HOUAISS, A. *Dicionário Houaiss da língua portuguesa*. Rio de Janeiro: Objetiva, 2001. 2922 p.

KAËS, R. *Les théories psychanalytiques du groupe*. Paris: Presses Universitaires de France, 2002. 128 p.

KAËS, R. Transmissão psíquica e negatividade. *In: Espaços psíquicos comuns e partilhados*. São Paulo: Casa do Psicólogo, 2005.

KAËS, R. *Un singulier pluriel*: la psychanalyse à l'épreuve du groupe. Paris: Dunod, 2007.

MACHADO, J. P. *Dicionário etimológico da língua portuguesa*. Lisboa: Confluência Horizonte, 1967. 3 v.

PONTALIS, J.-B. *Après Freud*. Saint-Amand: Gallimard, 1993. (Trabalho originalmente publicado em 1968).

PICHON-RIVIÈRE, E. Tratamiento de grupos familiares: psicoterapia colectiva. *In: El processo grupal*: del psicoanálisis a la psicologia social. Buenos Aires: Nueva Visión, 2007a. (Trabalho originalmente publicado em 1960).

PICHON-RIVIÈRE, E. Grupos familiares, un enfoque operativo. *In: El processo grupal*: del psicoanálisis a la psicologia social. 2. ed. Buenos Aires: Nueva Visión, 2007b. (Trabalho originalmente publicado em 1965-1966).

REAL ACADEMIA ESPAÑOLA. *Diccionario de la lengua española*. Madri, 1984. v. 1. 714 p.

ROBERT, P. *Le Grand Robert de la langue française*: dictionnaire alphabétique et analogique de la langue française. Paris: Le Robert, 1985. v. 5. 1055 p.

RUFFIOT, A. *La thérapie familiale psychanalytique et ses développements*. Tese (Doctorat d'Etat em letras e ciências humanas). Université des Sciences Sociales de Grenoble, 1983.

THE OXFORD English Dictionary: A New English Dictionary on Historical Principles. London: Oxford University Press, 1933. 12 v.

VELLOSO M. A. F.; MEIRELES M. M. *Seguir a aventura com Enrique Pichon-Rivière*: uma biografia. São Paulo: Casa do Psicólogo, 2007.

Grupo multifamiliar

Maria Luiza Dias

CONCEITO

Método terapêutico que inclui reunião com todos os pacientes, seus respectivos familiares, terapeutas e pessoal auxiliar. A condução da reunião fica a cargo de uma pessoa ou de um pequeno grupo que trabalha em coterapia.

ETIMOLOGIA

Grupo advém do italiano *gruppo*, derivado do germânico *kruppa*, denominando "reunião de pessoas, animais ou coisas formando um todo, conjunto". Multi advém do latim *multi*, de *multus*, que significa "muito, numeroso, abundante". Família advém do latim *familĭa* e significa "grupo de pessoas do mesmo sangue"; "unidade sistemática constituída pela reunião de gêneros" (CUNHA, 1986, p. 397, 538 e 348).

EVOLUÇÃO HISTÓRICA DO CONCEITO

Holzmann e Grassano (2002) consideram que esse modelo terapêutico – grupos terapêuticos multifamiliares – foi desenvolvido por H. Peter Laqueur de 1950 a 1979. Laqueur trabalhou em hospital, em Nova York, inicialmente com famílias de esquizofrênicos, tendo posteriormente ampliado para variados diagnósticos, em diferentes tipos de serviços de saúde mental. Laqueur reunia cinco ou seis famílias com membro internado por quadro de esquizofrenia para sessões regulares, visando o compartir de suas dificuldades e experiências, além da troca de sugestões. Holzmann e Grassano apontam, ainda, que George H. Orvin trabalhou com grupos multifamiliares com famílias com adolescentes em Charleston (Carolina do Sul, Estados Unidos). Mencionam trabalhos posteriores, com a utilização de grupos multifamiliares com populações relacionadas aos temas da dependência química, violência doméstica, abuso sexual, abrigamento. Apontam que o termo "terapia multifamiliar" teve sua origem com Carl Wells. As autoras acrescentam:

Após a morte de Peter Laqueur, em 1979, Lewis Foster fundou um centro de pesquisa, o Multiple Family Group Therapy Resource Center, que tem como objetivo servir de veículo para pessoas e organizações que desejem contatar a H. Peter Laqueur Foundation. Lewis Foster utiliza os grupos multifamiliares no tratamento de famílias com dependência química e outras famílias de risco. (HOLZMANN; GRASSANO, 2002, p. 35)

A origem dos grupos multifamiliares a partir do trabalho terapêutico proposto por Laqueur é também apontada por Ponciano, Cavalcanti e Féres-Carneiro:

> A ideia de tratar famílias, em uma terapia de grupo, surgiu em 1950, no Hospital do estado de Nova York, com Peter Laqueur. No início, trabalhou-se, principalmente, com famílias de esquizofrênicos e, depois, ampliou-se para variados diagnósticos, em diferentes tipos de serviços de Saúde Mental. Os primeiros grupos foram descritos como workshops de comunicação familiar, sendo realizados com quatro ou cinco famílias. (PONCIANO; CAVALCANTI; FÉRES-CARNEIRO, 2010, p. 43)

Observando grupos multifamiliares em uma instituição psiquiátrica no Rio de Janeiro, as autoras concluíram que no grupo multifamiliar "a catarse, o relato dos conflitos e o compartilhamento de informações produzem um efeito de rede. Os familiares trabalham juntos e as famílias se engajam em uma conversação que ajuda a construir uma comunidade de apoio" (PONCIANO; CAVALCANTI; FÉRES-CARNEIRO, 2010, p. 43).

Paralelamente a esse contexto, encontra-se Badaracco (1994, 2000), na psicanálise argentina, como precursor dos trabalhos com grupos multifamiliares em abordagem psicanalítica. Segundo o Instituto de Estudios Psicossomáticos y Psicoterapia Médica (IEPPM, 2019), foi o médico e psicanalista argentino Badaracco quem criou a primeira Comunidade Terapêutica Psicanalítica de Estrutura Multifamiliar, em 1964, e organizou o primeiro hospital diurno para pacientes psiquiátricos em Buenos Aires. Badaracco dirigiu o Departamento de Saúde Mental e Psiquiatria da Faculdade de Medicina na Universidade de Buenos Aires (1987-1994).

Grupo multifamiliar

Em artigo dedicado à técnica de grandes grupos multifamiliares desenvolvida por Badaracco (1999), ele conta que utilizava essa técnica em pacientes com patologias graves em combinação com psicoterapia individual, grupal e familiar. Salienta que as famílias participantes no grupo podem ver e aprender por intermédio do que ocorre com outras. Badaracco concebeu uma nova forma de trabalhar com todos os pacientes da sala ao mesmo tempo, incluindo os familiares em todo tipo de atividades, em particular nos grupos multifamiliares. Menciona que a sala foi se convertendo pouco a pouco em uma comunidade terapêutica (BADARACCO, 1999). Para ele, a comunidade é algo como uma matriz terapêutica que deve se comportar como um "continente" por meio de seus recursos humanos, que pode se encarregar dos componentes mais enfermos e dos momentos mais regressivos do paciente. Nesta direção, o grupo como continente desempenha papel importante, uma vez que Badaracco concebe a psicose sempre como uma patologia vincular. Badaracco observou que as expressões da loucura eram muito mais contidas no grupo grande do que no grupo pequeno ou do que em uma sessão individual. Acredita que isso ocorre porque, no grupo grande, o temor de causar dano diminui, e a violência pode se expressar mais abertamente. Por meio da agressividade verbal, o paciente pode perceber seu ódio, sem que ocorra a passagem ao ato. Para Badaracco, trata-se de criar as condições e o clima necessários para se tornar possível aos participantes o poder pensar no que não se pode pensar, em um contexto de solidariedade em que a função terapêutica é ir criando um clima em que todos possam se sentir acompanhados em seu sofrimento psíquico para expressá-lo livremente, sem sentir vergonha ou temor de ser visto como ridículo.

Cabe ressaltar que Badaracco lembra que nos grupos multifamiliares é produzida uma multiplicação da transferência em **transferências múltiplas***, sendo estas necessárias nessa modalidade de grupo. Para demonstrar esses processos, Badaracco (1999) relata experiências vivenciadas em grupos multifamiliares. Destaco, nesse momento, uma cena em que, num grupo multifamiliar com pacientes esquizofrênicos no Hospital Borda, um paciente se apresentou à reunião totalmente nu. Badaracco contou que, em um primeiro momento, teve intenção de chamar o enfermeiro para que levasse o paciente a se vestir, mas ponderou que não podia tratá-lo como uma criança que estava se portando mal. Passou a pensar, então, sobre qual era a natureza da mensagem trazida por sua atitude. Badaracco permaneceu calado, em meio a um silêncio total – segundo conta, entre cinco e dez minutos, sendo o tempo emocional prolongado, porque ninguém dizia uma palavra. Passou, então, a pensar que o paciente trazia algo que nunca tinha podido compartilhar com ninguém, uma vivência de desamparo, de falta de defesa, que somente poderia expressar de forma atuada, como se expressa na loucura, e que buscava solidariedade em cada um dos presentes. Na sequência, segundo aponta Badaracco, o paciente se retirou e retornou à reunião vestido, conquistou a solidariedade dos demais e pôde trabalhar o tema. Acredita que o paciente, durante o mês que havia estado internado, percebeu o clima solidário que tinha sido criado nos grupos e que podia se mostrar tal como se sentia: nu e desamparado. Badaracco entende que a condução de um grupo multifamiliar consiste em criar as condições e o clima necessários aos participantes para facilitar o pensar no que não se pode pensar por si somente.

Badaracco inspirou muitos outros profissionais em atuação com grupos multifamiliares, e surgiram ainda novas modalidades de trabalho. Reuniões de grupo multifamiliar on-line são um exemplo disso. A pandemia instaurada pela covid-19 trouxe, por consequência, o distanciamento social, o que impediu reuniões presenciais de grupos multifamiliares. Estar em casa e não poder encontrar outras pessoas fez que profissionais da área iniciassem grupos multifamiliares virtuais, respondendo às novas necessidades da realidade familiar durante o período de resguardo. Esse novo espaço inaugurado para os grupos multifamiliares – o virtual – trouxe reflexões em torno da teoria, metodologia e resultados. É o que apontam Maria Elisa Mitre, Claudia Tardugno e Catherine Walter (2020), do Centro Hospitalar Universitário da Universidade de Lisboa – Norte, no trabalho apresentado ao E-Congrès AIPCF – Avancées en Psychanalyse de Couple et de la Famille dans le Monde Moderne, realizado de 21 a 25 de outubro de 2020, intitulado "Dispositivo multifamiliar virtual" ("Dispositif multifamilial virtuel").

O grupo multifamiliar virtual trouxe questões de enquadre e outras especificidades. Mitre, Tardugno e Walter (2020) exemplificam dizendo que, se um paciente desmaia, corta seu braço ou golpeia-se na cabeça, faz-se necessário contar mais com os familiares e trabalhar em parceria com eles. Esse cuidado era antes realizado por profissional da equipe em presença real. Neste contexto, passou a ser delegado aos familiares, que passam a assumir papel mais ativo nessas situações de urgência. Apontam que no computador também se pode ver a todos como ocorre nos grupos, com a vantagem de que ele permite a conexão de familiares que antes não podiam participar porque moravam longe. Acreditam que os familiares passam a fazer parte do processo de forma ativa, ajudando a desenvolver recursos egoicos que não puderam desenvolver anteriormente. As autoras mencionam expressões de agressividade realizadas no chat, espaço no qual é possível dizer coisas terríveis sem se pensar que há, do outro lado, uma outra pessoa real. Salientam que o meio virtual expõe a possibilidade de mostrar somente algumas partes de cada um, que se pode entrar e sair da sessão, com a câmera ou não, e escrever no chat. As autoras mencionam a autenticidade e a solidariedade como elementos fundamentais em um trabalho dessa natureza e um dos fundamentos da psicanálise multifamiliar, que é "não querer ter razão". Dado que a pandemia trouxe um aumento no nível de estresse e de precariedade econômica, o que potencializa atos de violência física e psíquica, a nova modalidade virtual permitiu-lhes seguir com o trabalho, criando espaço para poder compartilhar o que vivem, já que o grupo funciona como um espaço de abertura mental ante o fechamento social. Nesse sentido, lembram que o espaço é virtual, mas que as pessoas são reais, e que fica possível contar com os demais que o escutam com respeito, viabilizando trocas psíquicas importantes.

Como afirmou Badaracco (1999), o grupo multifamiliar se constitui como uma minissociedade, formando-se por famílias de distintas origens e com distintos problemas. Pode operar como valioso dispositivo para obter mudanças favoráveis entre pacientes graves e seus familiares.

REFERÊNCIAS

BADARACCO, J. E. G. *Comunidade terapêutica psicanalítica de estrutura familiar.* São Paulo: Casa do Psicólogo, 1994.

BADARACCO, J. E. G. El grupo multifamiliar em el contexto de la psicoterapia em general. *Revista do Instituto de Estudios Psicossomáticos y Psicoterapia Médica (IEPPM)*, n 41, 1999. Disponível em: https://ieppm.org/wp-content/uploads/2019/06/EL-GRUPO-MULTIFAMILIAR-EN-EL-CONTEXTO-DE-LA-PSICOTERAPIA-EN-GENERAL.pdf. Acesso em: 1 nov. 2020.

BADARACCO, J. E. G. *Psicoanálisis multifamiliar – Los otros en nosotros y el descubrimiento del sí mismo.* Buenos Aires: Paidós, 2000.

CUNHA, A. G. *Dicionário etimológico Nova Fronteira da língua portuguesa*. 2. ed. Rio de Janeiro: Nova Fronteira, 1986.

HOLZMANN, M. E. F.; GRASSANO, S. M. *Multifamílias: construção de redes de afeto*. Curitiba: Integrada, 2002.

IEPPM. Instituto de Estudios Psicossomáticos y Psicoterapia Médica. El grupo multifamiliar em el contexto de la psicoterapia em general, Jorge Garcia Badaracco. *Blog – selección de artículos*, 13 jun. 2019. Disponível em: https://ieppm.org/el-grupo-multifamiliar-en-el-contexto-de-la-psicoterapia-en-general-jorge-garcia-badaracco/. Acesso em: 1 nov. 2020.

MITRE, M. E.; TARDUGNO, C.; WALTER, C. *Dispositivo multifamiliar virtual*. Trabalho apresentado ao E-Congrès AIPCF – Avancées em Psychanalyse de Couple et de la Famille dans le Monde Moderne, 21-25 out. 2020.

PONCIANO, E. L. T.; CAVALCANTI, M. T.; FÉRES-CARNEIRO, T. Observando os grupos multifamiliares em uma instituição psiquiátrica. *Rev Psiq Clín.*, v. 37, n. 2, p. 43-47, 2010.

Herança intergeracional

Ana Rosa Chait Trachtenberg

CONCEITO

Trata-se de um trabalho psíquico de elaboração que diz respeito ao sujeito e ao grupo, favorecendo as transformações e conduzindo a uma diferenciação, a uma evolução entre o que é transmitido e o que é herdado. Esse trabalho permite a cada geração situar-se em relação às outras, perceber e respeitar as diferenças. Nas heranças intergeracionais, o sujeito não é somente beneficiário, herdeiro, servidor forçado, mas também adquirente singular daquilo que é transmitido entre elas. Cada sujeito torna-se um elo e é inscrito em uma cadeia e num grupo.

ETIMOLOGIA

Herança, do latim *heres*, significa aquele que tem condição de receber os bens de um falecido. Inter + geração + al, do latim *generatione*, vem de *generatio*, que significa dar vida, conjunto de funções pelas quais um ser organizado gera outro semelhante a si. (MICHAELIS, 2020).

EVOLUÇÃO HISTÓRICA DO CONCEITO

A transmissão psíquica intergeracional é estruturante e nucleada na existência de um espaço de transcrição transformadora (KAËS, 1996a), no qual se veicula uma herança intergeracional, constituída por fantasias, imagos, identificações etc., organizando uma história familiar, um relato mítico, do qual cada sujeito pode tomar os elementos necessários para a constituição da sua novela individual neurótica.

Essa parece ser a trilha daquelas transmissões psíquicas entre gerações que são bem-sucedidas, exitosas, nas quais o escudo protetor materno cumpriu a sua meta a contento, e a mãe pôde investir adequadamente em seu bebê.

Quando falamos de transmissão psíquica de uma geração para outra (TRACHTENBERG, 2018), nós nos referimos a duas modalidades básicas: herança intergeracional e transgeracional. A primeira delas, a intergeracional, é a que acontece entre as gerações, havendo uma distância, um espaço, entre o "transmissor" e o "receptor", preservando-se as bordas da subjetividade. A **herança transgeracional***, ao contrário, é invasiva e ocorre através dos sujeitos e gerações.

No ano de 1914, no fundamental texto "Introdução ao narcisismo", Freud declara que o indivíduo é, em si mesmo, seu próprio fim, mas se encontra vinculado a uma corrente geracional como elo de transmissão, sendo beneficiário e herdeiro dela.

O tema da transmissão psíquica entre gerações estava já presente em "Totem e tabu" (FREUD, 1913/1992), com destaque para o tabu do incesto, o parricídio e o tratamento dado ao luto e aos **fantasmas***, logo retomados em "Luto e melancolia" (FREUD, 1917/1976).

De acordo com Kaës (2002), as ideias freudianas foram ampliadas com os aportes de Klein, Bion e Winnicott, por meio dos conceitos de **relação de objeto***, de função alfa e de capacidade de *rêverie** materna. Eles introduziram a conjunção das **alteridades*** externa e interna na compreensão dos processos constitutivos da psique do sujeito. Kaës diz ainda que, com Lacan, Green e Piera Aulagnier, se qualifica a questão da fundação do inconsciente do sujeito como efeito da **intersubjetividade***, do desejo do outro, do outro do objeto (KAËS, 2002).

O **contrato narcísico*** de Piera Aulagnier (1997) nos indica que existe um pré-investimento dos pais em relação ao bebê, ao qual reservam um lugar legítimo. A criança demanda ao grupo o reconhecimento de que ela lhe pertence, enquanto o grupo lhe demanda a preservação de seus valores e leis, previamente estabelecidos. Aulagnier também ressalta a importância da atividade de porta--palavra da mãe e diz que o infans, quando a palavra não é trazida, fica psiquicamente mutilado. Apoiada em Bion, ela diz que a criança só pode constituir objetos de pensamento sob a condição de terem sido transformados pela função alfa da psique materna.

REFERÊNCIAS

AULAGNIER, P. *La violência de la interpretación*. Buenos Aires: Amorrortu, 1997.

FREUD, S. Totem y tabu. *In: Obras completas*. Buenos Aires: Amorrortu, 1992. v. 13. (Trabalho originalmente publicado em 1913).

FREUD, S. Introducción al narcisismo. *In: Obras completas*. Buenos Aires: Amorrortu. 1974, v. 14. (Trabalho originalmente publicado em 1914).

FREUD, S. Luto e melancolia. *In: Edição standard das obras psicológicas completas de Sigmund Freud*. Rio de Janeiro: Imago, 1976. v. 14. (Trabalho originalmente publicado em 1917).

KAËS, R. *Vínculo y intersubjetividad*. Montevidéu, 2002. (Comunicação).

KAËS, R. Introducción al concepto de transmissión psíquica en el pensamiento de Freud. *In:* KAËS, R. *et al. Transmissión de la vida psíquica entre generaciones*. Buenos Aires: Amorrortu, 1996a.

KAËS, R. Introducción: el sujeito de la herancia. *In:* KAËS, R. *et al. Transmissión de la vida psíquica entre geraciones*. Buenos Aires: Amorrortu, 1996b.

MICHAELIS. Dicionário etimológico da língua portuguesa on-line. 2020.

TRACHTENBERG, A. R. C. A força da transmissão entre gerações e o transgeracional. *In: Por que psicanálise vincular?* Porto Alegre: Criação Humana, 2018.

Herança transgeracional

Ana Rosa Chait Trachtenberg

CONCEITO

Trata-se de uma herança ou transmissão psíquica inconsciente entre gerações. Relaciona-se a segredos ou traumas familiares que ocorrem em uma dada geração com formação de **criptas**★. Em gerações seguintes, observam-se manifestações emocionais (ou patologias) decorrentes daquele passado familiar, sem que os sujeitos da nova geração tenham conhecimento do ocorrido ou sequer convívio com os antepassados. São mandatos inconscientes que se transmitem de geração em geração.

ETIMOLOGIA

Herança, do latim *heres*, significa aquele que tem condição de receber os bens de um falecido. Trans + geração + al, do latim *generatione*, vem de *generatio*, significa dar vida, conjunto de funções pelas quais um ser organizado gera outro semelhante a si (MICHAELIS, 2020).

EVOLUÇÃO HISTÓRICA DO CONCEITO

Trata-se de uma herança ou transmissão psíquica geracional que, do ponto de vista da natureza e da essência do elo criativo entre as gerações, tornou-se defeituosa, foi interrompida; as histórias de seus personagens estão colapsadas, coladas umas às outras – estão sob o predomínio da repetição e do narcisismo.

Várias situações podem destruir a capacidade e a função parentais necessárias ao desenvolvimento do ser humano: lutos não elaborados, **segredos**★, histórias lacunares, histórias de violência, vazios, migrações – traumas, enfim, que não puderam ser transformados, simbolizados, historizados. Tais situações podem comprometer dramaticamente a capacidade parental de metabolizar as ansiedades primitivas do bebê (função alfa, ***rêverie***★, mãe suficientemente boa), além de promover a inversão da linha geracional, pois o filho – ao contrário do que é esperado na primitiva relação mãe/bebê – passa a conter a ansiedade proveniente do irrepresentável e do não elaborado das angústias parentais.

Esse movimento parental inconsciente poderá traduzir-se em vazio irrepresentável para o bebê, ao mesmo tempo que o leva a carregar uma angústia que não é sua.

A nova geração será herdeira compulsória dessa vesícula que contém produtos tóxicos, será receptora singular de uma transmissão defeituosa. Por estar dominada por sua dependência e seu apego aos pais, bem como por sua necessidade de ocupar o lugar que lhe é determinado, se constituirá em verdadeira escrava de **fantasmas***. Ao ser introduzida na constelação traumática dos pais, a criança cumprirá várias funções para eles. Poderá tomar o lugar dos mortos, identificando-se com eles para satisfazer a mãe, servindo assim de continente para as angústias excessivas do adulto, invertendo as posições na linha geracional, transformando-se, por exemplo, em pai de seus pais. Estará obrigada a submeter-se a um mandato transgeracional, inconsciente.

Assim, encontraremos, em ambas as gerações, o impensável, o indizível, o negativo, o processo do segredar, os restos insensatos, os passados em silêncio, as histórias vazias.

Dessa forma, o trauma pode inaugurar, na história de muitas famílias, as condições para as heranças/transmissões transgeracionais, carentes do espaço de transcrição transformadora. O trauma não elaborado tem poder para interromper a herança/transmissão intergeracional, aquela que se dá **entre*** os sujeitos. Com isso, passa a existir outra, dessa vez defeituosa, transgeracional, que ocorre através dos sujeitos, atravessando o psiquismo, invadindo-o violentamente, numa passagem direta de formações psíquicas de um sujeito a outro, de uma geração a outra, sem preservação dos espaços subjetivos ou intersubjetivos.

Essa história, ou não história, repleta de não ditos, que necessita ser dissociada ou clivada pelo sujeito, habitando uma cripta firmemente lacrada, necessitará encontrar um depósito fora dele próprio. O indivíduo expulsa de dentro de si seu próprio fardo, as partes alienadas/clivadas de si mesmo, e as coloca em alguém narcisicamente selecionado da geração seguinte. Essa **identificação projetiva***/identificação alienante (FAIMBERG, 2000); identificação mórbida (PEREIRA DA SILVA, 2003); identificação radioativa (GAMPEL, 2006); identificação traumática (TRACHTENBERG *et al.*, 2013); identificação tóxica (TRACHTENBERG, 2017) – liberta o representante dessa geração, enquanto escraviza o representante escolhido da geração seguinte. Este, vivendo uma história que, ao menos parcialmente, não é sua, tendo uma parte de seu psiquismo alienada, estrangeira a si mesmo, é um dos protagonistas daquilo que Faimberg (2000) denominou telescopagem de gerações.

No ano de 1914, no fundamental texto "Introdução ao narcisismo", Freud declara que o indivíduo é, em si mesmo, seu próprio fim, mas se encontra vinculado a uma corrente geracional como elo de transmissão, sendo beneficiário e herdeiro dela.

O tema da transmissão psíquica entre gerações estava já presente em "Totem e tabu" (FREUD, 1913/1992), com destaque para o tabu do incesto, o parricídio e o tratamento dado ao luto e aos fantasmas, logo retomados em "Luto e melancolia" (FREUD, 1917/1976).

De acordo com Kaës (2002), as ideias freudianas foram ampliadas com os aportes de Klein, Bion e Winnicott, por meio dos conceitos de **relação de objeto***, de função alfa e de capacidade de *rêverie* materna. Eles introduziram a conjunção das alteridades externa e interna na compreensão dos processos constitutivos da psique do sujeito. Kaës diz ainda que, com Lacan, Green e Piera Aulagnier, se qualifica a questão da fundação do inconsciente do sujeito como efeito da **intersubjetividade***, do desejo do outro, do outro do objeto (KAËS, 2002).

O **contrato narcísico*** de Piera Aulagnier (1997) nos indica que existe um pré-investimento dos pais em relação ao bebê, ao qual reservam um lugar legítimo. A criança demanda ao grupo o reconhecimento de que ela lhe pertence, enquanto o grupo lhe demanda a preservação de seus valores e leis, previamente estabelecidos. Aulagnier também ressalta a importância da atividade de porta-palavra da mãe e diz que o infans, quando a palavra não é trazida, fica psiquicamente mutilado. Apoiada em Bion, ela diz que a criança só pode constituir objetos de pensamento sob a condição de terem sido transformados pela função alfa da psique materna.

O espaço de intermediação (KAËS, 1996b) (*rêverie*, função alfa) marca uma fundamental escolha de caminhos sobre a forma pela qual a transmissão vai acontecer. Transmitir é fazer passar um objeto de identificação, um pensamento, uma história ou afetos de uma pessoa para outra, de um grupo para outro, de uma geração para outra. Quando falo de transmissão psíquica de uma geração para outra, refiro-me a duas modalidades básicas: **intergeracional*** e **transgeracional***. A primeira delas, a intergeracional, é a que acontece **entre*** as gerações, havendo uma distância, um espaço entre o "transmissor" e o "receptor". A transmissão transgeracional, ao contrário, é invasiva e ocorre através dos sujeitos e gerações.

As ideias sobre heranças/transmissões transgeracionais surgiram no pós-Segunda Guerra Mundial e se relacionam diretamente com o Holocausto (Shoá, em hebraico). Os psicanalistas observaram que os sobreviventes do Holocausto tinham enorme dificuldade, uma real impossibilidade, de relatar suas terríveis experiências nos campos de concentração ou de extermínio. Necessitavam realizar uma cisão do ego como movimento defensivo extremado, e assim reorganizar suas vidas.

O passar do tempo e o surgimento de novas gerações acompanhou-se de manifestações que podiam ser entendidas como a herança traumática daqueles sobreviventes, mesmo quando filhos ou netos não eram sabedores daquele terrível passado, já que estavam guardados como segredos.

Os aportes de N. Abraham e M. Torok (1995), na década de 1970, sobre o **luto***, a cripta e o fantasma foram decisivos para as investigações das transmissões transgeracionais, destacando-se a ideia de que no inconsciente de um sujeito se enquista uma parte do inconsciente de um outro, que vem habitá-lo como um fantasma, além do mandato imperativo que o ancestral faz pesar sobre a sua descendência. A cripta é uma sepultura secreta, uma furna, que mantém em conserva um luto indizível, que contém as palavras não ditas, as lágrimas não derramadas, as cenas não lembradas, bem como o correlato objetal da perda que não foi admitida como tal.

Nessa linha de compreensão psicanalítica, Kestenberg (1993) chamou de transposição o fenômeno encontrado em descendentes de sobreviventes do Holocausto, que descreve uma forma de viver em duas épocas distintas simultaneamente: a presente e a passada. Rosenfeld (1993) observou ainda fenômenos de encapsulamento autista, derivados da necessidade de preservação de identificações infantis.

A esse respeito, Gampel (2006), ao referir-se aos sobreviventes do Holocausto e seus descendentes, diz que os traumas encapsulados são convertidos em restos radioativos que não podem ser transformados em pensamento simbólico, em palavras, e surgem sob a forma de enfermidades psíquicas ou físicas, no próprio sujeito ou nas gerações seguintes.

A seguir, apresentamos um quadro sinóptico comparativo entre os dois tipos de herança/ transmissão psíquica entre gerações, ampliando o descrito anteriormente e abrindo novos interrogantes.

QUADRO 1 – Comparação entre transmissão intergeracional e transgeracional

Intergeracional	Transgeracional
1. A serviço dos vínculos, da elaboração, da historização do sujeito	1. A serviço do esquecimento (morte), da repetição, da não história
2. Transmissão intersubjetiva – com resguardo dos bordos da subjetividade – entre sujeitos/entre as gerações	2. Transmissão transpsíquica, invasiva, sem transformação, passagem direta através das gerações
3. Acontecimentos elaborados (traumáticos ou não) "Olhar consistente"	3. Acontecimentos traumáticos não elaborados (lutos, migrações, violências, violência de Estado, segredos) "Olhar transparente"
4. Representação psíquica, simbolização, palavra	4. Cripta, fantasma, silêncio, vazio, negativo, branco, falha no simbólico, elementos não transformados. Não palavra – Não representação
5. Espaço de transcrição transformadora (entre gerações), cadeia (elo) geracional	5. Falta espaço de transcrição transformadora (entre gerações), cadeia traumática transgeracional
6. Memória, historização, herança intergeracional, fantasias, imagos	6. Esquecimento, não história, herança transgeracional, histórias colapsadas
7. Antepassado: objeto intergeracional, núcleo de pertinência, genealogia	7. Antepassado: objeto transgeracional
8. Identificações telescópicas (herança, sobrenome, tradições), identificações secundárias	8. Telescopagem de gerações, identificações alienantes, identificações traumáticas, identificações vampíricas, identificações mórbidas, identificações radioativas
9. Conflitos neuróticos, "miséria comum"	9. Narcisismo, vazio, mandatos
10. Repressão, negação	10. Clivagem, cisão, desmentidas
11. Mantidas as diferenças entre gerações	11. Inversão da linha de gerações, *rêverie* invertida, vesícula de produtos tóxicos, cripta tóxica

Fonte: adaptado de Trachtenberg (2013, p. 138).

REFERÊNCIAS

ABRAHAM, N.; TOROK, M. *A casca e o núcleo*. Trad. M. J. R. F. Coracini. São Paulo: Escuta, 1995.

FAIMBERG, H. El telescopaje de las generaciones. *In:* KAËS, R. *et al. Transmisión de la vida psíquica entre generaciones*. Trad. M. Segoviano. Buenos Aires: Amorrortu, 1996. p. 75-96.

FAIMBERG, H. Entrevista. *Psicanálise, Revista da Sociedade Brasileira de Psicanálise de Porto Alegre*, v. 2, n. 1, p. 249-266, 2000.

FREUD, S. Totem y tabu. *In: Obras completas*. Buenos Aires: Amorrortu, 1992. v. 13. (Trabalho originalmente publicado em 1913).

FREUD, S. Introducción al narcisismo. *In: Obras completas*. Buenos Aires: Amorrortu. 1974, v. 14. (Trabalho originalmente publicado em 1914).

FREUD, S. Luto e melancolia. *In: Edição standard das obras psicológicas completas de Sigmund Freud*. Rio de Janeiro: Imago, 1976. v. 14. (Trabalho originalmente publicado em 1917).

GAMPEL, Y. *Esos padres que viven através de mí*: la violencia de Estado y sus secuelas. Buenos Aires: Paidós, 2006.

KAËS, R. *Vínculo e intersubjetividad*. Montevidéu, 2002. (Comunicação).

KAËS, R. Introducción al concepto de transmissión psíquica en el pensamiento de Freud. *In:* KAËS, R. *et al. Transmissión de la vida psíquica entre generaciones*. Buenos Aires: Amorrortu, 1996a.

KAËS, R. Introducción: el sujeito de la herancia. *In:* KAËS, R. *et al. Transmissión de la vida psíquica entre geraciones*. Buenos Aires: Amorrortu, 1996b.

KESTENBERG, J. S. What a psychoanalyst learned from the Holocaust and genocid. *The International Journal of Psychoanalysis*, v. 74, p. 1117-1129, 1993.

MICHAELIS. *Dicionário etimológico da língua portuguesa on-line*. 2020.

PEREIRA DA SILVA, M. C. *A herança psíquica na clínica psicanalítica*. São Paulo: Casa do Psicológo, 2003.

ROSENFELD, D. A identificação e suas vicissitudes em relação ao fenômeno nazista. *In: O psicótico*: aspectos da personalidade. Trad. L. E. C. Pellanda. Petrópolis: Vozes, 1993. p. 73-96.

TRACHTENBERG, A. R. C. Transgeracionalidade: sobre silêncios, criptas, fantasmas e outros destinos. *Revista Brasileira de Psicanálise*, v. 51, n. 2, p. 77-89, 2017.

TRACHTENBERG, A. R. C. et al. *Transgeracionalidade*: de escravo a herdeiro. Um destino entre gerações. Porto Alegre: Sulina, 2013.

Holding familiar (função continente)

Celia Blini de Lima

CONCEITO

O *holding* **familiar*** poderia ser descrito como o que acontece no **entre*** da relação analítica entre o psicanalista e o casal ou entre o psicanalista e uma família, dentro do processo analítico, no qual a pessoa do analista e suas qualidades de acolhimento são de total relevância. O *holding* inclui, portanto, o ambiente, o próprio *setting* e um dos elementos fundamentais no exercício da função analítica, que se refere a uma pessoa (o psicanalista) recebendo outra (o indivíduo) ou outras (o casal ou a família). Trata-se de uma experiência emocional análoga à vivida na relação mãe-bebê; a função analítica se equipara à função materna no que diz respeito à sustentação e capacitação do manejo das experiências emocionais no campo da relação humana.

ETIMOLOGIA

O termo *holding* é de origem inglesa e provém do verbo *to hold*, segurar, manter, ter capacidade para conter, aguentar, resistir (HOUAISS; CARDIM, 1985, p. 150).

Em português, segurar é derivado do latim *securus*, seguro, livre de perigo, firme (CUNHA, 1982, p. 711). O termo *holding* foi utilizado por Winnicott para referir-se ao suporte físico e psíquico oferecido ao bebê pelo cuidador, e contém uma qualidade de relação.

EVOLUÇÃO HISTÓRICA DO CONCEITO

Holding é a denominação que Winnicott passa a empregar em meados da década de 1950, à provisão ambiental, que inclui a elaboração de experiências que são inerentes à existência, as quais podem parecer puramente fisiológicas, mas acontecem num campo do qual fazem parte as necessidades psicológicas da criança, determinadas pela percepção e empatia da mãe.

"A criança precisa ser 'segurada', 'sustentada' por uma pessoa cujo envolvimento emocional esteja em jogo, assim como as respostas fisiológicas"

(ABRAM, 2000, p. 139, grifos nossos). O *holding* seria uma espécie de manejo do qual faz parte o toque, o calor, o ambiente total na relação mãe-bebê, uma relação de grande significado para o bem-estar, segurança e desenvolvimento do bebê, na qual a qualidade do objeto de relação tem total importância.

Esses cuidados acontecem num momento em que a fisiologia e a psicologia ainda não se diferenciaram, estão a caminho disso, e é, portanto, muito importante levar em conta a sensibilidade da pele do bebê – toque, temperatura, "sensibilidade do cair (pela ação da gravidade) e a falta de conhecimento por parte do bebê da existência de alguma coisa que não o *self*" (ABRAM, 2000, p. 138).

Corresponde aos estágios iniciais do bebê um estado de fusão, de não integração, que é recebido pelo *holding* da mãe, um cuidado materno consistente, que vai gradativamente separando o eu do não eu, de estar fundido com a mãe para ser separado dela. O ambiente de *holding* estende-se, portanto, ao ambiente físico, ao manejo da mãe nos cuidados do bebê, mais a sustentação emocional oferecida pela qualidade de contato da mãe, e se estende ao pai, que faz uma parte importante desse ambiente. O bebê precisa estar fisicamente seguro, contido e psicologicamente acolhido ou sustentado para desenvolver-se de forma satisfatória (MEDEIROS; AIELLO-VAISBERG, 2014).

Winnicott relaciona *holding* também a outros conceitos fundamentais criados a partir de sua clínica, como a noção de ilusão, o sentimento de continuidade e integração.

A ideia de um *holding* suficientemente bom inaugura-se com a relação mãe-bebê dentro da família, completa o autor, e expande-se para outros grupos sociais, garantindo os ingredientes essenciais para o desenvolvimento. Sem esse ambiente de qualidade especial, esses desenvolvimentos não são alcançados, e, se forem, podem não se sustentar. Assim, a preocupação materna primária cria um ambiente que se torna o suporte egoico do bebê e implica a empatia da mãe. É por essa razão que "o bebê torna-se apto para desenvolver a capacidade de integrar a experiência e desenvolver um sentimento de 'EU SOU' eu" (ABRAM, 2000, p. 136).

Inicialmente, Winnicott referiu-se a uma fase – fase de *holding*, imaginando algo que passa. É possível, no entanto, pensar que *holding* é mais que uma fase, é uma necessidade do ser humano, que acontece em situações comuns da vida cotidiana e, em especial, em situações difíceis, como as de desamparo.

Holding familiar (função continente)

Já foi até proposto o *holding* como intervenção terapêutica por Medeiros e Aiello-Vaisberg (2014), que maneja as transferências e as contratransferências, sustenta uma experiência, sem abordagens interpretativas, mas que favorece mudanças no posicionamento pessoal dos pacientes.

Nessa fase inicial (*holding*) de dependência, o bebê caminha da dependência absoluta para uma dependência relativa (quando já percebe os cuidados que recebe e que podem ser transferidos num tratamento analítico), até a independência, quando o bebê desenvolve meios para seguir vivendo com o acúmulo das experiências de cuidado. Inclui a presença viva, confiável da mãe (WINNICOTT, 1990, p. 45). Diz Winnicott:

> Na fase de *holding* outros processos são iniciados; o mais importante é o despertar da inteligência e o início da mente como algo separado da psique. Daí se segue a história toda do processo secundário e da função simbólica, e da organização do conteúdo psíquico pessoal, que forma a base do sonho e das relações vivas. (WINNICOTT, 1990, p. 45)

O termo *holding* foi utilizado no paradigma bebê-mãe suficientemente boa como uma "forma de compreender melhor o que poderia ser provido pela relação analítica" (ABRAM, 2000, p. 136).

Essa função materna poderia ser usada como analogia à função analítica, quando a relação for entre o psicanalista e seu paciente, seja individual, de casal ou família.

O ambiente de *holding* analítico deve fornecer estabilidade e confiança ao paciente. Depende muito da maturidade emocional do analista e de sua capacidade de acolhimento e compreensão das emoções em curso, sua capacidade de *rêverie* (BION, 1962).

A colocação definitiva do *holding* inclui necessariamente, para Winnicott, o pai, como parte integrante do cuidado do bebê.

É o *setting* analítico que fornece o ambiente de *holding* necessário ao paciente, afirma Winnicott), em combinação com o aspecto físico do ambiente – o divã, o calor, a cor da sala, e assim por diante –, que refletem a preocupação materna primária da mãe (*apud* ABRAM, 2000, p. 139).

O psicanalista familiar, portanto, está na função de criar um *setting* capaz de *holding*, que favoreça a **escuta***, "a compreensão", para que o casal ou a família possam colocar suas representações, identificações e fantasias inconscientes, emoções e sentimentos, contando com condições favoráveis, facilitadoras do pensar, e em que as experiências vividas e relatadas possam ser compreendidas, ressignificadas e interpretadas.

De toda essa apresentação do *setting* analítico, identificando-o de alguma forma com o *holding*, Winnicott retira da situação analítica a ideia do analista tocar o paciente, o que acontece no manejo do bebê pela mãe ou cuidador.

Estendendo o conceito de Winnicott para o atendimento de casal e família, o psicanalista em sua função de *holding* suficientemente bom deve ser capaz de acolher o casal ou o grupo familiar para que todos sintam um campo ou um espaço potencial seguro e empático, favorecedor de que se instale livremente a comunicação entre os presentes e a confiança de que serão ouvidos, uma escuta compreensiva, humana.

O *holding* familiar, cria um espaço potencial de tal qualidade, que define o *setting* e permite ao psicanalista estar num estado de atenção e de capacidade intuitiva que abre espaço para as **transferências***, pela sua disponibilidade emocional, comparável à preocupação materna primária da mãe, ao mesmo tempo que encaminha um manejo da cena verbal e não verbal que se passa na sessão.

Poderíamos pensar que, num ambiente de *holding* familiar suficientemente bom, a **contratransferência*** do psicanalista funciona como um "apoio" para as transferências, não como "contra", e encontra espaço para se desenvolver.

Dentro de um atendimento de casal ou família, podemos pensar que o psicanalista familiar capaz de criar um ambiente de *holding* coloca-se numa atitude que abre espaço para as transferências e contratransferências, com sua escuta compreensiva. Essa postura pessoal, viva, humana, por si, torna-se um campo aberto para experiências do casal ou da família, e pode levar a experiências mutativas em um ou mais elementos do grupo, sem que haja qualquer interpretação. Podemos observar algo assim quando atendemos um casal em conflito muito sério, à beira de uma separação, que se mantém no tratamento psicanalítico e suporta as tensões do confronto por um tempo maior, que adia a decisão. A sustentação, portanto, pode promover mudanças, e pode ser considerada um instrumento no trabalho do casal e da família, que participa dele durante todo o tempo de análise.

REFERÊNCIAS

ABRAM, J. *A linguagem de Winnicott*. Dicionário das palavras e expressões utilizadas por Donald W. Winnicott. Rio de Janeiro: Revinter, 2000.

BION, W. *O aprender com a experiência*. Rio de Janeiro: Imago, 1970. (Trabalho originalmente publicado em 1962).

CUNHA, A. G. *Dicionário etimológico da língua portuguesa*. Rio de Janeiro: Nova Fronteira, 1982.

HOUAISS, A.; CARDIM, I. *Webster's dicionário inglês-português*. São Paulo: Divisão de Publicações do Grupo Folha, 1985.

MEDEIROS, C.; AIELLO-VAISBERG, T. M. J. Reflexões sobre *holding* e sustentação com gestos terapêuticos. *Revista de Psicologia Clínica*, Rio de Janeiro, v. 26, n. 2, 2014.

MINERBO, M. *Transferência e contratransferência*: clínica psicanalítica. São Paulo: Casa do Psicólogo, 2012.

WINNICOTT, D. W. *O ambiente e os processos de maturação*: estudos sobre a teoria do desenvolvimento emocional. Porto Alegre: Artes Médicas, 1990.

Idealização

Lidia Levy

CONCEITO

A idealização é descrita por Freud (1914/1976a, 1921/1976b) como um processo que diz respeito ao objeto; este é engrandecido e exaltado na mente do indivíduo. Consequentemente, a idealização é entendida como a tendência do ser humano a falsificar o julgamento em relação ao objeto amado, transformando-o em ideal.

ETIOLOGIA

Idealizar + ção (MICHAELIS, 2020). Vem do grego *idea*; significa forma ou aparência; ou do latim *idealis*, tipo de coisas ou protótipo preexistente (MICHAELIS, 2020).

EVOLUÇÃO HISTÓRICA DO CONCEITO

Em 1914, Freud articula o processo de idealização com o estado do apaixonamento e afirma (1914/1976a, p. 118): "O estar apaixonado consiste num fluir da libido do ego em direção ao objeto" ao qual são atribuídas perfeições imaginárias. Nesse mesmo texto, relaciona a idealização às instâncias ideais (ego ideal e ideal do ego) e a coloca na base da formação do ego ideal e das primeiras relações entre o sujeito e suas figuras parentais. Assim é que a onipotência recalcada dos pais é projetada na criança, dando origem ao ego ideal, uma representação **imaginária**★, de natureza narcísica, que sustenta todas as perfeições daquilo que é de valor. O ego ideal é formado, portanto, tomando por modelo a onipotência presente nos vínculos primários marcados pela idealização. Posteriormente, em "Psicologia de grupo e a análise do ego" (1921/1976b), Freud acrescenta que a "fascinação" e a "servidão", atitudes peculiares ao processo de idealização, recaem sobre aquele que ocupa o lugar do líder. A **ilusão**★ dos membros do grupo de serem igualmente amados pelo líder, tomado como ideal, possibilita a identificação narcísica entre eles e o estabelecimento de laços afetivos, garantindo a coesão do grupo. Nesse sentido, a identificação e a idealização estão na base da formação de uma mente grupal. Outro autor que,

Idealização

historicamente, enfatiza a importância da idealização e do objeto idealizado é Melanie Klein. A idealização é por ela definida como um mecanismo pelo qual os aspectos bons do objeto são intensificados com a finalidade de proteger o eu primitivo da angústia e do temor causados pelos aspectos maus e perseguidores do objeto: "outro fator que facilita a idealização do bom seio é o vigor do medo persecutório do bebê, que cria a necessidade de ser protegido dos perseguidores" (KLEIN, 1969, p. 220). A idealização é, assim, um método de defesa contra a ansiedade. O seio bom se torna o seio ideal, ou seja, aquele que satisfaz de forma inesgotável a voracidade do bebê. A clivagem do objeto em bom e mau favorece a idealização, dificulta o processo de desidealização e a vivência da depressão. Parte-se da premissa de que o apaixonado **projeta*** no objeto de sua paixão as idealizações narcísicas de sua infância. Os pais atribuem todas as perfeições à criança, desconsiderando qualquer exame crítico, dando origem à instância do ego ideal. Esta será o efeito de um discurso desenvolvido pela paixão do enunciante, ou seja, a incondicionalidade do amor do outro converte alguém em ego ideal (BLEICHMAR, 1985). Não raro, no início de uma relação amorosa, espera-se que o objeto amado possa reproduzir a vivência fusional primitiva, mantendo a ilusão de que proverá o sujeito daquilo que lhe falta. A idealização pode ser comparada à **ilusão***, visto que ambas pretendem a realização absoluta do desejo e não resistem à prova da realidade. Aquele que se oferece para sustentar o lugar de ego ideal pretende garantir a incondicionalidade do amor do outro, mantendo a ilusão por meio de um discurso totalizante. Nesse caso, tomado em um estado de fascinação ou servidão, o ego se empobrece e se entrega ao objeto amado. Segundo Freud (1921/1976b), o ego se torna cada vez mais modesto e o objeto cada vez mais sublime. Diferentemente do discurso totalizante do ego ideal, o ideal do ego é uma instância que supõe ter sido perdida a onipotência infantil e ter sido efetuado um trabalho de luto sobre as idealizações ilusórias do ego ideal. Nesse caso, em relação ao objeto amado, o ideal está além de um personagem em particular, refere-se a um traço isolado, um aspecto parcial, não sendo uma referência à pessoa em sua totalidade. Vale dizer que a idealização difere do que ocorre na identificação, pois nesta última o objeto perdido é integrado ao ego; ou seja, uma alteração parcial é efetuada segundo o modelo do objeto perdido e o ego se enriquece com as propriedades **introjetadas***. Lembremos que na idealização, ao contrário, o ego se empobrece e a relação que o sujeito estabelece é marcada pela dependência. Eiguer (1985, p. 43) entende o ideal de ego familiar como um organizador fundamental dos **vínculos*** e da estabilidade do grupo. É uma representação da perfectibilidade do grupo que tem um projeto de progresso social, cultural, educacional para a família, ou seja, ideais a serem atingidos. O ideal do ego familiar não deve ser confundido com a idealização, pois esta indica uma aspiração extremamente elevada, dando a entender que se espera contrabalançar as frustrações sofridas por gerações anteriores que não puderam alcançar suas expectativas por "impedimentos exteriores". Ao tratar de **conflitos**★ presentes em divórcios e separações, Lemaire (2005) observa que, por meio do fenômeno da idealização, virtudes que não possuímos são atribuídas ao outro na expectativa de nos beneficiarmos, mas também aspectos negativos, que recusamos enxergar em nós mesmos, podem ser **projetados**★ no parceiro. Para esse autor, constatar que o parceiro não oferece a totalidade das satisfações libidinais ou narcísicas como desejado dá início à primeira fase do movimento de desilusão, necessário para que um trabalho de luto se inicie, o que significa reconhecer o outro em sua **alteridade**★ e reconhecer em si mesmo sentimentos ambivalentes em relação ao objeto amado. Quando os parceiros ousam se confrontar com expectativas e decepções, é possível construir a relação sobre uma modalidade menos defensiva. Verifica-se, entretanto, que alguns casais se aferram na busca de manter as primeiras formas idealizadas de sua relação. Como vimos anteriormente, na paixão, o vínculo com o objeto tende à fusão, e este pode vir a tornar-se tão indispensável quanto uma droga; são casos em que o casal se articula em torno do ego ideal. Segundo Lemaire (1979), a teoria kleiniana nos auxilia a compreender os processos específicos na origem da construção da conjugalidade. Isso porque o processo de idealização, tão relevante nos primeiros momentos da existência do recém-nascido, fundamenta a construção do laço amoroso. Nada impede que o adulto permaneça nostálgico do "bom seio" e que, no estabelecimento de uma relação amorosa, graças à atividade fantasmática, apele para a clivagem e para a idealização, na tentativa de reencontrar o bom objeto gratificante. Se voltarmos ao que é próprio do início de uma relação amorosa, percebe-se com Kaës (2014, p. 159-160) que "a dupla ou o casal amoroso se forma sobre o distanciamento parcial das fronteiras do Ego de cada um, sob o efeito dos processos de idealização, de clivagem e de identificação". Uma relação fusional se instala, condição da formação de um espaço psíquico próprio do casal, construído a dois e que percorre a experiência da ilusão e da desilusão ao longo do tempo.

REFERÊNCIAS

BLEICHMAR, H. *O narcisismo: estudo sobre a enunciação e a gramática inconsciente*. Porto Alegre: Artes Médicas, 1985.

EIGUER, A. *Um divã para a família*. Porto Alegre: Artes Médicas, 1985.

FREUD, S. Sobre o narcisismo: uma introdução. In: *Edição standard brasileira das obras completas*. Rio de Janeiro: Imago, 1976a. v. 14. (Trabalho originalmente publicado em 1914).

FREUD, S. Psicologia de grupo e a análise do ego. In: *Edição standard brasileira das obras completas*. Rio de Janeiro: Imago, 1976b. v. 18. (Trabalho originalmente publicado em 1921).

KAËS, R. *As alianças inconscientes*. São Paulo: Ideias & letras, 2014.

KLEIN, M. Algumas conclusões teóricas sobre a vida emocional dos bebês. In: KLEIN, M. et al. (org.). *Os progressos da Psicanálise*. Rio de Janeiro: Zahar, 1969.

LEMAIRE, J.-G. *Le couple, sa vie, sa mort*. Paris: Payot, 1979.

LEMAIRE, J.-G. *Comment faire avec la passion*. Paris: Payot & Rivage, 2005.

MICHAELIS DICIONÁRIO brasileiro da língua portuguesa. 2020. Disponível em: http://michaelis.uol.com.br/moderno-portugues/2020. Acesso em: 7 jan. 2021.

Identidade

Maria Aparecida Quesado Nicoletti

CONCEITO

"Função social do ego, que resulta, na adolescência, em um equilíbrio psicossocial relativo, essencial para as tarefas [da subjetividade] do inicio da fase adulta" (ERIKSON, 1980, p. 161, tradução nossa).

ETIMOLOGIA

Do latim *identitas,ātis*, do latim clássico *idem* "o mesmo".

EVOLUÇÃO HISTÓRICA DO CONCEITO

"Identidade" é um conceito pós-freudiano proposto por Erik Erikson em associação com as transformações da subjetividade humana que, sob influências internas e externas, ocorrem concomitantemente, no corpo e no aparelho psíquico do adolescente. Ao contrário do conceito "identificação", utilizado por Freud desde os primórdios do desenvolvimento psicanalítico, a importância do conceito "identidade" passou despercebida pela comunidade psicanalítica internacional durante toda a primeira metade do século XX.

Erikson (1963) desenvolveu o conceito e formulou suas características estruturais e funcionais. Sem negar a influência da sexualidade e dos instintos no desenvolvimento humano, ele centrou seu interesse e sua produção psicanalítica na influência exercida pelo ambiente (outros indivíduos, grupos, incluindo o familiar, cultura, hábitos e costumes de época, educação profissional) na produção do desenvolvimento psicossocial individual, ao longo das oito diferentes etapas do **ciclo vital***, por ele definidas como: recém-nascimento (infancy); primeira infância (early childhood); estágio do brincar (play age); estágio escolar (school age); adolescência (adolescence); adulto jovem (young adult); adulto (adulthood) e estágio idoso (mature age) (ERIKSON, 1980, p. 129).

Identidade

E, mais adiante:

A [estrutura-função] identidade, ao contrabalançar, no final da infância, a dominância potencialmente maligna do superego infantil, permite ao indivíduo renunciar ao repúdio excessivo de si próprio e ao repúdio generalizado da alteridade. Essa liberdade provê ao ego os elementos necessários para integrar maturidade sexual, capacidades desenvolvidas e comprometimentos adultos. (ERIKSON 1980, p. 175)

Erik Homborg Erikson emigrou para os Estados Unidos nos anos 1930, fugindo do nazismo, então em ascensão na Alemanha. Nos anos 1940, passou a pesquisar a influência do ambiente externo sobre a personalidade (cultura de época, crenças e hábitos de grupos sociais) e, a partir dos anos 1950-1960, começou a publicar trabalhos sobre o tema "identidade", colocando ênfase no papel do ambiente externo na formação do ego e nas etapas de desenvolvimento humano, ligadas ao que denominou "ciclos de vida" (ver **ciclos vitais***).

O conceito psicanalítico "identidade", embora nem sempre de maneira explícita, esteve presente ao longo do desenvolvimento da psicanálise. Segundo Erickson, tal presença pode ser resgatada nas palavras que Freud usou quando, em carta datada de 1926, destinada aos membros da loja maçônica que frequentava, usou a expressão "uma nítida consciência de identidade interna, a reserva segura de uma construção mental comum" (ERIKSON, 1963, p. 281, tradução e grifos nossos) para referir-se ao sentimento que o ligava ao povo judeu. Aos olhos de Erikson, essas palavras traduziam muito bem a noção que ele vinha formulando, décadas depois, como identidade: "a familiaridade secreta da construção psicológica idêntica".

Identidade pode ser vista como "uma estrutura/*self*; uma organização interna e dinâmica dos instintos, habilidades, crenças e história individual, construída pelo *self*" (MARCIA, 1980, p. 159, tradução nossa). O autor coloca o conceito desenvolvido por Erikson no contexto da psicanálise do ego. Nota-se a semelhança do conceito de identidade com o conceito de *self*. Sobre esse aspecto, Wallerstein (1998, p. 239) é da opinião de que o que hoje conhecemos como *self* teve origem nas conceitualizações de identidade que Erikson desenvolveu ao longo de toda sua vida.

Na verdade, o próprio Winnicott a ela se refere como "a ideia de um *self* e o sentimento do real que surge do senso de ter-se uma identidade" (WINNICOTT, 1971/1994b, p. 140, *apud* FULGÊNCIO, 2014).

A formação da identidade individual é um processo dinâmico, que perpassa as diferentes fases temporais e atemporais do desenvolvimento individual de cada membro do grupo familiar e se perpetua na constituição transgeracional de novas famílias, formadas a partir do contexto histórico em que elas existem (NICOLETTI, 2012, p. 66).

Apesar da sua importância, o interesse da maior parte dos psicanalistas de casal e família mais conhecidos tem passado ao largo do tema "identidade". Encontramos em Moguillansky e Nussbaum (2011, p. 36) uma breve menção ao tema – "identidades são adquiridas no seio de uma matriz familiar" –, sem desenvolvimento teórico do conceito.

Discorrendo sobre a identidade familiar, Eiguer (1985a, p. 67) afirmou que esta está ligada à evolução da fantasmática da família, ao reconhecimento para com outras gerações e à integração da genealogia. Mais adiante, em outro capítulo, Eiguer (1985b, p. 73-74) se refere às consequências dos traumas sobre a identidade familiar, sem desenvolver o tema mais profundamente.

Depreende-se que a noção de identidade abrange um espectro de subjetivação muito amplo, envolvendo os espaços intrassubjetivos, próprios do sujeito, e as instâncias intersubjetivas necessariamente envolvidas na vida de relação com o outro, no interior do grupo familiar.

REFERÊNCIAS

EIGUER, A. A construção da temporalidade pelo grupo familiar. *In: Um divã para a família*. Porto Alegre: Artes Médicas, 1985a. cap. 3, p. 59-69.

EIGUER, A. Crise de identidade familiar durante a adolescência de um filho. *In: Um divã para a família*. Porto Alegre: Artes Médicas, 1985b. cap. 4, p. 70-80.

ERIKSON, E. Youth and the evolution of identity. *In: Childhood and society*. New York/London: WW Norton Co., 1963. p. 275-284.

ERIKSON, E. The problem of ego identity. *In: Identity and the life cycle*. New York/London: WW Norton Co., 1980. p. 109-175.

FULGÊNCIO, L. Aspectos diferenciais da noção de ego e de *self* na obra de Winnicott. *Estilos Da Clinica*, v. 1, n. 19, p. 183-198, 2014.

MARCIA, J. Identity in adolescence. *In:* ADELSON, J. *Handbook of adolescent psychology.* New York: Wiley, 1980. cap. 5, p. 159-187.

MOGUILLANSKY, R.; NUSSBAUN, S. L. A inclusão da perspectiva vincular na teoria psicanalítica e o papel da família na compreensão do psíquico. *In: Psicanálise vincular: teoria e prática.* São Paulo: Zagodoni, 2011. cap. 2, p. 34-45.

NICOLETTI, M. A. Q. Processos de intersubjetivação na adolescência: o papel da família. *In:* GOMES, I. C., FERNANDES, M. I. A.; BLAY LEVISKY, R. (org.). *Diálogos psicanalíticos sobre casal e família.* São Paulo: Zagodoni, 2012. p. 66-76.

WALLERSTEIN, R. Erikson's concept of ego identity reconsidered. *Journal of the American Psychoanalytic Association,* v. 1, n. 46, p. 229-247, 1998.

Identificação cruzada

Maria Aparecida Quesado Nicoletti

CONCEITO

Fenômeno psíquico originado no desejo relacional entre sujeitos, no contexto de vivências **intersubjetivas***, compartilhadas por meio de mecanismos de **projeção*** e **introjeção***, nos quais a função dos afetos supera a ação do impulso instintual. A transmissão de experiências emocionais internalizadas pode ocorrer nas esferas **interpsíquica*** (dupla analítica) e inter/**transgeracional*** (casal/família).

ETIMOLOGIA

Identificação, idêntico + ação, do latim *identicus*, ação ou efeito de identificar, o mesmo que o outro. Cruzada, derivado de cruz + ar, do verbo cruzar, ter pontos de intersecção (DICIO, 2020).

EVOLUÇÃO HISTÓRICA DO CONCEITO

O conceito "identificação cruzada" foi proposto por Winnicott (1968) para falar das trocas intersubjetivas, às quais se referiu como "intercomunicação" baseada na utilização de mecanismos mentais projetivos e introjetivos. Posteriormente, o conceito foi elaborado pelo mesmo autor no livro O brincar e a realidade, em cujo texto se refere ao "inter-relacionamento, independente do impulso instintual, baseado em identificações cruzadas" (WINNICOTT, 1971/2019, p. 206), às quais o autor confere grande importância na comunicação analista-analisando.

Gargiulo assim se referiu ao funcionamento da identificação cruzada:

> Ambos, o objeto (o outro) e o sujeito (o eu) são integrantes no desejar. Portanto, não se pode falar sobre instintos de maneira solipsista, como se eles pudessem, por si mesmos, ser compreensíveis; como se sua origem e/ou destino fossem as únicas considerações necessárias; ou como se a transferência dos desejos abrangesse a

totalidade do desejo humano. Na verdade, Winnicott fala que os instintos, do ponto de vista psicológico, somente ganham sentido no contexto da experiência pessoal. Durante o período em que a criança aprende a negociar com suas necessidades próprias do desenvolvimento, tais como a autoestima e o reconhecimento pessoal, a identificação cruzada se torna a base do desejo relacional que une, como uma ponte, a distância que existe entre o *self* e o outro. (GARGIULO, 1989, p. 151, tradução nossa)

Benjamin se refere ao conceito winnicottiano "identificação cruzada" ao abordar a complementariedade dos aspectos **intrapsíquico*** e **intersubjetivo*** do desenvolvimento do *self*, ressaltando a importância de se compreender que o elemento central do intersubjetivo é o reconhecimento mútuo e que o desenvolvimento dessa capacidade pode ser pensado como "um processo diferente da introjeção que ocorre nas relações de objeto; como um processo no qual o sujeito, gradualmente, se torna capaz de reconhecer a subjetividade pessoal do outro; torna-se também capaz de harmonizar e de tolerar as diferenças" (BENJAMIN 1990, p. 3, tradução nossa). Benjamin atribuiu a First (em artigo publicado em 1988), exemplos relevantes de desenvolvimento de capacidade de identificação cruzada, dos quais reproduzo a seguir alguns fragmentos:

A imitação [role-playing] inicial que um bebê de 2 anos faz do desaparecimento [departing] de sua mãe é caracterizada pelo espírito de retaliação: "farei para você o que você fizer para mim". Mas, gradualmente, a criança começa a se identificar com a experiência subjetiva da mãe e a perceber que: "eu poderia sentir saudades de você, como você sente saudades de mim" e, portanto, "eu sei que você poderia desejar ter sua própria vida, como eu desejo ter a minha". (FIRST *apud* BENJAMIN, 1990, p. 42, tradução nossa).

Parece claro, no texto citado, que a relação de objeto, instintiva, subjetiva, estabelecida inicialmente pelo bebê com sua mãe, se encaminha para uma relação mais madura, do tipo que se aproxima mais da relação sujeito-sujeito. Benjamin descreve, ainda, da seguinte forma o que seria a trajetória da aquisição da capacidade para a identificação cruzada: "no início do compartilhamento intersubjetivo [sujeito-sujeito] poder-se-ia dizer: 'estamos sentindo este sentimento' – depois [com o amadurecimento das trocas intersubjetivas]: 'eu sei que você, que é uma outra mente, compartilha comigo desse mesmo sentimento'" (BENJAMIN, 1990, p. 42, tradução nossa). Nota-se a grande diferença que existe entre a dinâmica da **identificação projetiva*** de recorte kleiniano e o modelo winnicottiano da identificação cruzada.

No contexto da psicanálise de casal e família, Berenstein e Puget (2007) se referem à necessidade de analisar as diferentes representações que os sujeitos mantêm, nos distintos mundos psíquicos em que vivem. Eles introduzem a noção de **espaços psíquicos*** como metáfora para um tipo de lugar metapsíquico, no qual o eu estabelece vínculos mentais com o próprio corpo, com outros próximos e com o mundo. Tais **vínculos*** são reconhecidos de diferentes formas, uma das quais se dá por meio de identificações cruzadas.

Mais recentemente, Kaës (2009), atribuindo a Freud a associação do inconsciente dinâmico com formações psíquicas fundamentais dos tipos **pulsão***, **fantasma***, pensamento do sonho, sintomas, identificação e outros, propõe que esses mecanismos dão origem ao inconsciente e aos diferentes espaços psíquicos, incluindo o que ele denomina "espaço inconsciente do sujeito" e o que chama "espaço inconsciente na relação com um outro" (KAËS, 2009, p. 41-42).

Criticando a lógica psíquica solipsista da díade sujeito-objeto em psicologia, Eiguer (2012) afirmou, em relação à **intersubjetividade*** e a vincularidade específica da **família***, que esta compreende os vínculos entre pais e filhos e ultrapassa o conceito de sujeito-objeto, valendo ressaltar que o autor sublinha que "ao colocarmos dois sujeitos no mesmo plano, sem privilegiar a um ou outro [...] não se estará mais falando de relação sujeito-objeto e sim relação sujeito-sujeito" (EIGUER, 2012, p. 23). Eiguer afirma ainda que "o vínculo é mais do que a interação entre dois sujeitos que entrecruzam suas identificações projetivas de comunicação. Trata-se aqui de uma estrutura que enquadra o movimento de seus interfuncionamentos e convoca a ideia de grupo" (EIGUER, 2012, p. 24). Ou seja, trata-se da dimensão por onde transitam as identificações cruzadas.

A presença da noção de identificação cruzada pode ser inferida também do conceito "**sujeitos do vínculo***" que Moguillansky (2012) propõe nos seguintes termos:

> Na constituição do vínculo [de casal e família] modificam-se os sistemas de lealdades, uma vez que, para compô-los, deve-se renunciar às certezas de identidades providas pelo pertencimento da família original. Somente essa renúncia dá

condições possíveis para o início de uma nova lealdade, que possibilitará o começo de uma nova história. (MOGUILLANSKY, 2012, p. 37)

Sintetizando, a identificação cruzada, como conceito metapsicanalítico novo, identificável por meio da psicanálise de **casal*** e família, situa-se no marco de referência do vínculo familiar constituidor das famílias de nossa cultura moderna; na sustentação de base narcisista da escolha do objeto amoroso recíproco, somente possível no espaço de relação sujeito-sujeito.

REFERÊNCIAS

BENJAMIN J. An Outline of Intersubjactivity: The Development of Recognition. *Psychoanalytic Psychology*, v. 7, p. 33-46, 1990. Suplemento.

BERENSTEIN I.; PUGET J. En busca de nuevas hipótesis psicoanalíticas. *In: Lo Vincular. Clinica y Tecnica Analitica*. Buenos Aires: Paidós, 2007. p. 15-46.

DICIONÁRIO ON-LINE de português. Disponível em: https://www.dicio.com.br/identificacao/. Acesso em: 4 jun. 2020.

EIGUER, A Os vínculos intersubjetivos na família. *In*: GOMES, I. C.; FERNANDES, M. I. A.; LEVISKY, R. B. (org.). *Diálogos psicanalíticos sobre familia e casal*, São Paulo. Zagoni, 2012. p. 19-32.

GARGIULO, G. Authority, the *self*, and psychoanalytic experience. *Psychoanalytic Review*, v. 76, n. 2, p. 149-161, 1989.

KAËS, R As alianças inconscientes: uma problemática para a psicanálise. *In: As alianças inconscientes*. São Paulo: Ideias & Letras, 2009. p. 41-57.

MOGUILLANSKY, R. Teoria clínica vincular. *In*: GOMES, I. C.; FERNANDES, M. I. A.; LEVISKY, R. B. (org.). *Diálogos psicanalíticos sobre familia e casal*, São Paulo. Zagoni, 2012. p. 36-47.

WINNICOTT, D. La identificación en términos de identificaciones cruzadas. *Revista de Psicoanálisis*, v. 25, n. 3-4, p. 909-918, 1968.

WINNICOTT, D. O inter-relacionamento independente do impulso instintivo baseado nas identificações cruzadas. *In*: WINNICOTT, D. *O brincar e a realidade*. São Paulo: Ubú, 2019. cap. 10, p. 189-218. (Trabalho originalmente publicado em 1971).

Identificação projetiva

Maria Aparecida Quesado Nicoletti

CONCEITO

Designa o complexo processo intersubjetivo constituído por movimentos identificatórios primitivos de defesa, com os quais o ego, frente a experiências percebidas como intoleráveis, projeta sobre um objeto externo suas partes más, criadas por mecanismos alucinatórios de cisão.

ETIMOLOGIA

Identificação, identificar + ção, como *identification*. Ação ou efeito de identificar (-se); processo de assimilação de certas características de outrem que levam ou podem levar a uma transformação na forma de agir do paciente. Projetiva, do latim *projectus* + *ivo*, como *projectif* (MICHAELIS, 2020).

EVOLUÇÃO DO CONCEITO

Melanie Klein foi a introdutora do termo identificação projetiva no vocabulário psicanalítico. Associou a expressão à etapa inicial da vida do bebê, que dispõe apenas de um ego arcaico, interposto entre suas pulsões destrutivas e suas primeiras relações de objeto, dentre as quais a que estabelece com o objeto seio materno, o qual se torna o protótipo para suas futuras relações objetais (KLEIN, 1991, p. 33). Klein (1991) sugere que, em etapas muito precoces do desenvolvimento do bebê, o surgimento de ansiedades, semelhantes às encontradas em indivíduos adultos psicóticos, obriga o ego primitivo do bebê recém-nascido a lançar mão de mecanismos de defesa como a cisão e a idealização fantasiosa, para engendrar as primeiras projeções e introjeções psíquicas que estabelece com a mãe.

Tais projeções, em geral, se referem a partes não desejadas, projetadas agressivamente contra a mãe, embora também possam ocorrer projeções de objetos bons. Diferentes autores psicanalistas foram influenciados pelas ideias kleinianas, dentre os quais Bion, Segal, Rosenfeld, Ogden, Clark e outros.

Identificação projetiva

Referindo-se à identificação projetiva, Ogden (1982) a descreve como o processo psicológico que é, simultaneamente, um tipo de defesa, um evento de comunicação, uma forma primitiva de relação de objeto e uma via intersubjetiva para mudanças psicológicas. Continua sua descrição afirmando que:

> como mecanismo de defesa, a identificação projetiva serve para criar a sensação de distanciamento psicológico relacionado com aspectos (geralmente aterrorizantes) indesejados do *self*; como modo de comunicação, a identificação projetiva é um processo pelo qual sentimentos congruentes com os da pessoa que projeta, são induzidos em uma outra pessoa, criando com isso, a sensação de ser por ela compreendida ou de estar em harmonia com ela. (OGDEN, 1982, p. 361, tradução nossa)

No contexto da psicanálise de família, Box (1978) sugere que a compreensão das dinâmicas intersubjetivas observadas no trabalho com família se apoia fortemente no conceito da identificação projetiva. O conceito, indica a autora mencionada, permite ao analista reconhecer fenômenos intersubjetivos de grupo e compreendê-los à luz das interligações entre papel social (role) e processos inconscientes; entre processos subjetivos e intersubjetivos, que compõem a dinâmica familiar (BOX, 1978, p. 121).

Ainda no contexto da psicanálise de casal e família, Waddell (1994, p. 36) oferece um exemplo elucidativo de identificação projetiva presente na dinâmica intersubjetiva de família:

> [...] era como se o distúrbio familiar estivesse sendo colocado no membro mais vulnerável da família, de forma que, primeiro uma filha, depois a outra, funcionaram como um "bode expiatório" para a desarmonia familiar. Parece que, desconcertante como era, contemplar cada criança como um caso para tratamento, de alguma forma era mais fácil agir assim do que confrontar o grau de perturbação do relacionamento parental. Como acontece frequentemente quando os interesses defensivos são muito altos, essa família estava ameaçada demais para considerar ser vista como um grupo, mas podia tolerar a ideia de terapia para uma criança.

Buscando esclarecer a diferença que existe, na psicanálise vincular, entre os processos de identificação projetiva e interferência, conceito este proposto por

Berenstein (2004), Trachtenberg *et al.* (2013, p. 186) afirmam que, "enquanto a **transferência*** remete aos desdobramentos do mundo infantil e das relações objetais sobre a relação do paciente com o analista, a **interferência*** se define pelo que é produzido **entre*** ambos por ação do **vínculo***".

REFERÊNCIAS

BERENSTEIN, I. *Devenir otro con otro(s)*. Buenos Aires: Paidós, 2004. p. 189-218.

BOX, S. An analytic approach to work with families. *Journal of Adolescence*, p. II9-133, 1978.

KLEIN, M. Notas sobre alguns mecanismos esquizoides. *In:* KLEIN, M. *Inveja e gratidão e outros trabalhos 1946-1963*. Rio de Janeiro: Imago, 1991. p. 20-43.

MICHAELIS dicionário brasileiro da língua portuguesa. 2020. Disponível em: https://michaelis.uol.com.br/moderno-portuguesa/. Acesso em: 4 jun. 2020.

OGDEN, T. H. *Projective Identification and Psychotherapeutic Technique*. London: Jason Aronson, 1982.

TRACHTENBERG, A. R. *et al.* Vir a ser outro com outro(s) – Tributo a Isidoro Berenstein. *Revista Psicanálise da SBPdePA*, v. 15, n. 1, p. 181-189, 2013.

WADDELL, M. A família e sua dinâmica. *In:* BOX, S. *et al.* (org.). *Psicoterapia com famílias*. São Paulo: Casa do Psicólogo, 1994. p. 27-45.

Ilusão familiar

Carla Martins Mendes

CONCEITO

Fenômeno psíquico ligado à área intermediária da realidade psíquica e da realidade externa que faz parte do processo de desenvolvimento emocional. A ilusão é constituinte do processo de amadurecimento psíquico (WINNICOTT, 1975).

No campo da psicologia, a ilusão refere-se ao engano dos sentidos, levando a que se interprete erroneamente um fato ou uma sensação.

ETIMOLOGIA

Deriva do latim *illudere*, significa enganar, troçar, jogar, brincar (MACHADO, 2003).

EVOLUÇÃO HISTÓRICA DO CONCEITO

Freud (1927/1996) remeteu a concepção de ilusão à realização de desejos e à negação do desamparo, apartando-a da ideia de erro ou irrealidade. A ilusão funcionaria como uma defesa contra a realidade (FREUD, 1927/1996). Winnicott, ao introduzir a função do cuidado materno e o paradoxo da ausência do ambiente, mostra que o relacionamento do sujeito consigo mesmo é precocemente habitado pelo outro. O fenômeno da ilusão em Winnicott assume, portanto, o valor de categoria psíquica e de realidade subjetiva.

Winnicott (1975) introduz a ilusão em um espaço intermediário em que a experiência compartilhada bebê-mãe torna-se determinante para a constituição da realidade interna e da realidade externa. Segundo o autor, os processos de desenvolvimento emocional têm início antes do nascimento e duram por toda a vida. Observa que, no estado de desenvolvimento não eu, a tendência inicial de sucção e o modo como o bebê usa os objetos (transicionais) de maneira particular reproduzem a passagem de um estado de ansiedade a um estado de tranquilidade e prazer. Nesse processo é estabelecida uma relação subjetiva com o objeto real e concreto, embora o objeto percebido não se encontre na realidade interna, nem na realidade externa do bebê. A zona intermediária entre a realidade psíquica e a realidade externa é o que Winnicott (1975) definiu como "área intermediária de experimentação" (p. 15). A criação de um espaço de ilusão nessa área intermediária cumpre a função de passagem da fase de dependência absoluta, na qual mãe e bebê encontram-se em simbiose, para a fase de dependência relativa, proporcionada pela separação gradual entre mãe e bebê. Esta separação gradual abre caminho para o processo de desilusão que tem o desmame como um de seus elementos. Segundo Winnicott: "a mãe finalmente terá a tarefa de desiludir a criança pouco a pouco, mas só terá sucesso na medida em que tiver lhe dado possibilidades suficientes de ilusão" (1975, p. 120).

O paradoxo fundamental que liga o objeto criado e o objeto encontrado na área da ilusão permite a abertura à criação, na medida em que a ilusão se encontra e revela uma realidade que lhe corresponde. Para Winnicott (1975), a criatividade é a ilusão de criar um objeto que já estava lá, tendo na sua base a relação materna. A mãe suficientemente boa deve proporcionar que a área de ilusão seja fonte de criatividade na relação com os objetos transicionais, estimulando a sensação de onipotência no estágio de dependência absoluta. Mas, de modo gradual, cause também a desilusão subjetiva. A sensação de desilusão funciona como base para a representação da falta e do desenvolvimento da sensação de tolerância à frustração e às falhas. Portanto, paradoxalmente, a ilusão e a desilusão proporcionam a criação da realidade.

Anzieu (1993) retoma o sentido de ilusão ligada à realização de desejo e à defesa da realidade enunciado por Freud, e o de zona intermediária proposta por Winnicott, para descrever o processo de ilusão grupal. Faz alusão ao envelope grupal para referir que todo contexto grupal é um estado psíquico com representações comuns entre os membros e que pode constituir obstáculos ou viabilizar solidariedade. Faz, deste modo, uma distinção entre grupo e agregado humano. Ao evocar uma analogia entre o sonho e o grupo, Anzieu explana uma categoria espaçotemporal específica do grupo envolto em seus processos inconscientes. As produções psíquicas grupais refletem um estado transitório entre a realidade psíquica interna e a realidade externa de cada membro por meio da experiência da ilusão grupal. A ilusão grupal corresponde, neste sentido, a um desejo de segurança diante da unidade do eu ameaçada, representando uma defesa coletiva contra a ansiedade persecutória comum que, como um eu ideal comum, substituiu o eu ideal de cada membro. Posteriormente, há um desinvestimento da realidade externa.

Anzieu (1993) faz uma analogia entre o movimento regressivo que leva os membros do grupo de volta aos processos primários com a área intermediária desenvolvida por Winnicott. Essa experiência é baseada na convicção que o grupo e seus membros atendem a todas as expectativas, construindo a ilusão de um espaço psíquico comum. Mais tarde, a experiência da desilusão grupal abre uma lacuna no processo grupal, favorecendo o pensamento e a diferenciação.

A partir do trabalho de Anzieu sobre a ilusão grupal, Kaës (2009) descreveu as **alianças inconscientes*** articuladas à ilusão. A ilusão grupal organizada com base em alianças inconscientes com uma relativa negatividade, devido à crença de pertencimento a um grupo forte, promove a sobrevivência criativa face à ameaça de destruição grupal. Em alianças inconscientes baseadas em uma negatividade radical, a ameaça de destruição não tolera as desilusões. As alianças defensivas, por outro lado, têm a função de manter a coesão interna do sujeito e a coesão do grupo por meio da negação e é organizada em torno da onipotência e da ilusão de integridade.

As concepções sobre os desdobramentos psíquicos da ilusão permitem entender a realidade psíquica da família como função constitutiva da experiência comum e compartilhada.

REFERÊNCIAS

ANZIEU, D. *O grupo e o inconsciente: o imaginário grupal*. São Paulo: Casa do Psicólogo, 1993.

FREUD, S. O futuro de uma ilusão. In: *Edição standard brasileira das obras psicológicas completas de Sigmund Freud*. Rio de Janeiro: Imago, 1996. v. 21. (Trabalho originalmente publicado em 1927).

KAËS R. *Les alliances inconscientes*. Paris: Dunod, 2009.

MACHADO, J. P. *Dicionário etimológico da língua portuguesa*. Lisboa: Livros Horizonte, 2003.

WINNICOTT. D. *O brincar e a realidade*. Rio de Janeiro: Imago, 1975.

Imposição

Angela Piva

CONCEITO

Berenstein (2004) definiu a imposição como um mecanismo constitutivo do **vínculo***, para dar conta da ação do outro sobre mim, a qual estabelece uma marca independente do meu desejo. Impor é uma ação instituinte, tem caráter de obrigatoriedade, à medida que se torna necessário fazer um lugar para o outro. Fazer uma marca aporta um novo significado para cada sujeito, propõe algo inédito, específico daquele vínculo. A imposição deve se diferenciar da projeção-introjeção, que é o mecanismo constitutivo da relação de objeto.

ETIMOLOGIA

Do latim *impositu*, aquilo que é realizado sem consentimento.

EVOLUÇÃO HISTÓRICA DO CONCEITO

O mecanismo da imposição institui-se também como um dos mecanismos de constituição do sujeito, assim como a identificação descrita por Freud (1921). No momento inicial há uma identificação primária ou originária, conhecida, na psicanálise, como expressão primeira de uma ligação afetiva com outra pessoa, cujo percurso segue nas identificações secundárias. Tanto a identificação quanto a imposição são com e desde o outro. No entanto, a imposição é sempre originária; ocorre nas primeiras etapas da vida. Porém, os pais não são os únicos sujeitos da imposição, na medida em que ela ocorre em todas as relações e nas várias etapas da vida:

> O "desejar ser" (identificação) como o "dever pertencer" (imposição), tanto o infantil como o atual, carregam uma forte marca cultural, como ocorre com os pais e os outros membros do conjunto social a que se pertence, representado pelo bairro, a cidade, crença religiosa ou a classe econômica. Isso faz o sujeito social. (BERENSTEIN, 2004, p. 32, tradução nossa)

Imposição

A imposição por pertencer não reconhece o desejo como determinante, ainda que possa com ele coincidir. O pertencimento e a forma de pertencer levam o sujeito a adotar uma série de açõesque o convertem em sujeito deste vínculo e não de outro. Estas novas marcas funcionam de forma suplementar, não dependente das marcas primitivas.

Ao autor não escapou o fato de haver necessidade de outras palavras para operações que são distintas. Frente a isto, diz ser preciso diferenciar uma imposição subjetivante de seu excesso, que se caracteriza como imposição dessubjetivante, da qual o autoritarismo seria uma das expressões.

Sintetizando, pode-se dizer que o sujeito se sustenta na pertença inerente ao vínculo e na identidade inerente ao eu, ambas constituindo subjetividade. Sobre a base da identificação se produz um eu dividido, e sobre a base da imposição se produz um sujeito múltiplo e indeterminado. O mundo interno, o pulsional, os outros, a família, o social são mundos distintos que geram processos de subjetivação.

A imposição como mecanismo obrigatório exige um trabalho psíquico e vincular que põe em marcha os juízos de atribuição, existência e presença, não para anulá-la, mas para significá-la, inscrevê-la e decidir as ações necessárias a serem tomadas. Este processo obriga, em muitos casos, um fazer com outro.

O vincular permite formular outra concepção acerca da origem do psiquismo, baseada no desamparo originário, na mãe como objeto amparador que marca uma posição de assimetria. As noções de presença, imposição e alheiodescentram o desamparo inicial e o colocam como uma das determinações, mas não como a única. A posição da mãe e a posição do bebê marcam uma relação de diferenças e resultam do encontro, de uma forma bidirecional. Na diferença, cada um propõe ao outro a heterogeneidade. As marcas que deixamos nos outros e as que eles nos deixam se instituem suplementarmente com as inscrições originárias.

Imposição se relaciona com **poder***. Poder, como verbo, dá conta das ações e experiências emocionais em que a imposição subjetivante traz como condição necessária a modificação da subjetividade.

Poder passa a ser um substantivo quando o impor se torna uma investidura do eu que aspira se perpetuar neste lugar. Torna-se um excesso, pois o mecanismo de instituição vincular passa a ser de anulação do vínculo e destituição do outro enquanto sujeito, colocando-o na condição de objeto. Nesse caso, fala-se de violência (BERENSTEIN, 2007).

REFERÊNCIAS

BERENSTEIN, I.*El sujeto y el otro: de la ausencia a la presencia*. Buenos Aires: Paidós, 2001.

BERENSTEIN, I. *Devenir otro conotro(s)*. Buenos Aires: Paidós, 2004.

BERENSTEIN, I. *Del ser al hacer*. Buenos Aires: Paidós, 2007.

FREUD, S. Psicologia de grupo e a análise do ego. *In: Obras psicológicas completas de Sigmund Freud*, (1920-1922). Rio de Janeiro: Imago, 1976. v. 18

Incestualidade

Sonia Thorstensen

CONCEITO

Incestualidade (diferenciando-se do incesto propriamente dito, ou seja, a passagem ao ato) representa uma dimensão primitiva e regressiva da sexualidade sustentada pela ilusão de completude; ou seja, refere-se a uma das maneiras pelas quais a sexualidade circula na família, como é o caso da relação mãe-bebê. Para Freud, o inconsciente humano é sexual, e é em torno do desejo incestuoso e da interdição de sua passagem ao ato que organiza-se a família.

ETIMOLOGIA

Do latim *incestare*, manchar, tornar impuro, corromper (CUNHA, 1982, p. 430).

Naouri faz uma pesquisa etimológica mais extensa do termo incesto e chega a algumas conclusões. Segundo ele, o termo incesto:

> deriva do latim *incestum*, que significa exatamente sacrilégio. *Incestum* deriva de *incestus*, que significa impuro, sujo. *Incestus* surge do *in*, privativo, e *cestus*, deformação de *castus* que significa casto, puro. Assim, *incestus* terá também o sentido de não casto. Na evolução da língua, *castus* confunde-se com *cassus*, que significa vazio, esvaziado de, até o suplantar, como supino do verbo *careo*, equivalente a "me falta", em português. Não haveria então nenhum abuso em traduzir *incestus* por "a quem não falta nada" e relacionar esse sentido ao desejo de toda mãe de que a seu bebê não falte nada. (NAOURI, 2000, p. 189, tradução nossa)

EVOLUÇÃO HISTÓRICA DO CONCEITO

Os neologismos "incestualidade" e "incestual" foram forjados pelo psicanalista francês Racamier (1995/2010) a partir de sua experiência com pacientes esquizofrênicos, sobre a dinâmica dos quais ele construiu uma teorização extensa.

Para o antropólogo Lévi-Strauss (1982, p. 62-63), "A proibição do incesto constitui o passo fundamental graças ao qual se realiza a passagem da natureza para a cultura. [...] Com ela a natureza deixa de existir no homem, como um reino soberano".

Cromberg (2001, p. 29), em seu livro *A cena incestuosa*, aponta:

> [...] a palavra incesto designa circuitos muito variáveis de uma cultura a outra, mas cada vez que ela é empregada suscita um autêntico sentimento de horror. Parece que cada cultura secreta tem uma teoria do incesto e seus oponentes. O incesto mesmo, ou o simples fato de dever falar dele, provocam um tal desgosto a alguns que, por vezes, como na China e Indonésia, não se pode pronunciar a palavra. Compreende-se, então, que se trata do impronunciável.

Esta constatação nos remete imediatamente a Freud (1913-1914/1955b, p. 132), que afirmou inúmeras vezes que só há a necessidade do recalque e do tabu para algo muito desejado.

Naouri, portanto, remete o termo à noção de abolição da falta, própria à propensão incestuosa natural da mãe, conceito proposto por ele para designar o posicionamento inicial da mãe com seu bebê.

Contrapondo-se ao conceito de incesto, temos o conceito de exogamia. Segundo o *Novo Dicionário Aurélio Ferreira* (1975), exogamia refere-se ao regime social em que os matrimônios se efetuam com membros de tribo estranha, ou, dentro da mesma tribo, com os de outra família ou de outro clã.

Ainda segundo esse dicionário, o prefixo *exo*, de origem grega, significa *para fora*. É nesse sentido simplificado de *para fora da família* que o termo exogâmico contrapõe-se ao incesto. Dentro dessa perspectiva, enquadram-se como procura de objetos *fora da família* certos movimentos da criança como ir para a escola e sentir-se bem lá, assim como passar algum tempo brincando com o filho da vizinha, na casa dele. O que estamos querendo apontar é o fato de que, para que esses movimentos "exogâmicos" progressivos sejam possíveis, é necessário que a circulação do fenômeno de incestualidade na família dê-se de tal forma que os permitam.

Incestualidade

No que se refere à função materna, certamente há aí um grande paradoxo. Espera-se da mãe que mergulhe nessa experiência inerentemente passional, conquiste o amor-paixão de seu bebê por ela, condição essencial para a constituição subjetiva dele e, em seguida, saiba aos poucos desiludi-lo, informando-o de que ele deverá adiar para o futuro a realização amorosa, que, já sabemos de antemão, nunca será satisfeita, mas que de toda forma será o motor da busca futura.

Considerando o tema da incestualidade sob o ponto de vista de seus aspectos benéficos, somos levados a refletir sobre o quanto as trocas amorosas primitivas entre mãe e bebê são erotizadas de ambos os lados. E é imprescindível que assim seja, pois é por meio delas que se faz a inscrição erógena no corpo do bebê e ele é colocado no caminho do desejo.

Em 1905, Freud já nos apontava:

> O relacionamento de uma criança com quem seja responsável por seu cuidado oferece-lhe uma fonte sem fim de excitação sexual e satisfação de suas zonas erógenas. [...] sua mãe o vê com sentimentos derivados de sua própria vida sexual: ela o acaricia, o beija, o embala e muito claramente o trata como um substituto de um objeto sexual completo. [...] todos seus sinais de afeição despertam o instinto sexual de sua criança e a preparam para sua intensidade posterior. [...] Como sabemos o instinto sexual não é somente despertado pela excitação direta da zona genital. O que chamamos afeição mostrará infalivelmente seus efeitos um dia nas zonas genitais também. [...] A mãe está somente cumprindo sua tarefa de ensinar a criança a amar. (FREUD, 1905/1955a, p. 223)

Dessa forma, espera-se da família que "organize" em seu interior uma profusão de impulsos, dos mais intensos que o ser humano conhece, todos pressionando para encontrar seu modo de se expressar, satisfazer-se, deslocar-se, sublimar-se, recalcar-se, numa verdadeira e contínua "ciranda" pulsional familiar.

Vejamos como Freud compreendeu a constituição da família enquanto espaço do amor sexual e incestual concomitantes e conflitantes. Referindo-se ao amor sexual, ele apontou:

> A vida comunitária dos seres humanos teve, portanto, um duplo fundamento: a compulsão a trabalhar, criada pela necessidade externa, e o poder do amor, que fez

com que o homem não quisesse ser privado de seu objeto sexual: a mulher, e fez com que a mulher não quisesse ser privada da parte de si própria que foi separada dela: sua criança. [...] a descoberta do homem de que o amor sexual (genital) lhe oferecia as mais fortes experiências de satisfação, e de fato lhe provia do protótipo de toda a felicidade, pode ter-lhe sugerido que ele deveria continuar a procurar a satisfação da felicidade em sua vida ao longo do caminho das relações sexuais e que ele deveria tornar o erotismo genital o ponto central de sua vida. (FREUD, 1930, p. 101)

E, referindo-se ao amor incestual, completou (p. 102-103):

O amor que funda a família continua a operar na civilização tanto na sua forma original, na qual não há renúncia à satisfação sexual direta, e em sua forma modificada, como afeição inibida quanto à meta. [...] As pessoas dão o nome de "amor" para o relacionamento entre um homem e uma mulher cujas necessidades genitais os levaram a fundar uma família; mas elas também dão o nome de "amor" aos sentimentos positivos entre pais e filhos, e entre irmãos e irmãs de uma família, embora sejamos obrigados a descrever isso como amor inibido quanto à meta, ou afeição. O amor inibido quanto à meta era, de fato, originalmente, amor plenamente sensual, e ainda é assim no inconsciente do homem.

Devido às características da função materna, os perigos incestuais lhe são muito próximos. No entanto, a relação incestual do pai com sua criança também pode ocasionar o mesmo efeito se, em seu funcionamento, coincidir com as premissas da incestualidade aprisionadora materna, isto é, que na constituição subjetiva da criança esta permaneça com seu desejo cativo do desejo paterno sobre ela. O mesmo vale para a relação fraterna. Jaitin (2006, p. 147) desenvolveu um longo trabalho sobre a incestualidade e o incesto fraterno e aponta que "este é o resultado da indiferenciação transgeracional, as lacunas no envelope familiar e a não diferenciação do irmão como terceiro marcando as condições de acesso ao incesto fraterno".

Um outro ponto a ser enfatizado é que os fenômenos incestuais tanto podem surgir em suas formas constitutivas do eu da criança como também compõem um campo de patologias muito graves.

Racamier sustenta que:

As psicoses são o terreno predileto do incestual e não somente porque aí encontramos uma quantidade notável de incestos. Isso não é constante e não é uma prova. Mas porque, numa proporção bem maior, aí se detecta a marca das relações incestuais. Uma parte importante da patologia psicótica é incestual; a incestualidade transparece na patologia manifesta e, mais ainda, ela se infiltra em profundidade na patologia latente. (RACAMIER, 1995/2010, p. 133)

E acrescenta: "Não há uma patologia incestual que seja puramente individual e que não envolva o ambiente familiar inteiro. Ou seja, quando se pensa em incestualidade [aprisionadora], não se deve extrair a patologia de um indivíduo, fora da dinâmica de seu meio familiar" (RACAMIER, 1995/2010, p. 125).

Esse autor também propõe que não existe uma patologia especificamente incestual. Ele afirma: "A incestualidade [aprisionadora] constitui, ela própria, o fundo sobre o qual, como um micélio (fungo), germinam e crescem patologias diversas" (RACAMIER, 1995/2010, p. 125).

Racamier trabalha com casos graves de psicose, mas mesmo na clínica de famílias não psicóticas pode-se observar essa característica da incestualidade aprisionadora, que é a de funcionar como pano de fundo para sintomatologias diversas, o que pode confundir o clínico em sua avaliação.

REFERÊNCIAS

CROMBERG, R. U. *Cena incestuosa*. São Paulo: Casa do Psicólogo, 2001.

CUNHA, A. G. *Dicionário etimológico da língua portuguesa*. Rio de Janeiro: Nova Fronteira, 1982. p. 430.

FREUD, S. Three essays on the theory of sexuality. In: *The standard edition of the complete psychological works of Sigmund Freud*. London: The Hogarth Press, 1955a. v. 7. (Trabalho originalmente publicado em 1905).

FREUD, S. Totem and taboo. In: *The standard edition of the complete psychological works of Sigmund Freud*. London: The Hogarth Press, 1955b. v. 13. (Trabalho originalmente publicado em 1913-1914).

FREUD, S. Introductory lectures on psycho-analysis. *In: The standard edition of the complete psychological works of Sigmund Freud*. London: The Hogarth Press, 1955c. v. 16. (Trabalho originalmente publicado em 1916-1917).

FREUD, S. Civilization and its discontents. *In: The Standard Edition of the Complete Psychological Works of Sigmund Freud*. London: The Hogarth Press, 1955. v. XXI. (Trabalho originalmente publicado em 1930).

JAITIN, R. *Clinique de l'inceste fraternel*. Paris: Dunod, 2006.

LÉVI-STRAUSS, C. *As estruturas elementares do parentesco*. Petrópolis: Vozes, 1982.

NAOURI, A. Un inceste sans passage à l'acte: la relation mère-enfant. *In:* HÉRITIER, F. *De l'inceste*. Paris: Odile Jacob, 2000.

NOVO DICIONÁRIO AURÉLIO FERREIRA. Rio de Janeiro: Ed Nova Fronteira, 1975.

RACAMIER, P.-C. *L'inceste et l'incestuel*. Paris: Dunod, 2010. (Trabalho originalmente publicado em 1995).

Interferência

Angela Piva

CONCEITO

Assim como a **transferência*** é um conceito fundamental para a psicanálise clássica, a interferência o é para a psicanálise vincular. Enquanto a transferência remete aos desdobramentos do mundo infantil e das relações objetais, a interferência se define pelo que é produzido no **entre*** pelo efeito de imposição da **presença***. Não se trata da repetição, mas do novo que excede e não pode ser reduzido e nem remetido ao previamente inscrito.

ETIMOLOGIA

Do latim *infere*, trazer para, causar; formado por *in+ ferre*, trazer, portar.

EVOLUÇÃO HISTÓRICA DO CONCEITO

Na psicanálise, o conceito de interferência surgiu como algo negativo, que atrapalhava o processo de transferência, marco importante para o trabalho psicanalítico, junto com a **contratransferência***. Portanto, era algo que obstaculizava o desenvolvimento da sessão e que deveria ser suprimido, e não algo cuja emergência deveria ser compreendida.

Berenstein e Puget, ao longo de seu trabalho, foram interrogando conceitos bem sedimentados da psicanálise, na medida em que resultavam insuficientes ou inadequados para dar conta da complexidade que se apresentava na clínica, especialmente quando se trabalhava em dispositivos vinculares. Um deles foi o conceito da dinâmica da transferência/contratransferência, que apresentava uma limitação para dar lugar ao analista enquanto sujeito, o que os levou a interrogar e aceitar que a presença do analista enquanto alteridade e alheio é uma constante interferência no discurso do(s) outro(s).

Nesse percurso, Berenstein (2001) apontou duas linhas de pensamento da transferência como uma instância bifronte:

1. A transferência como desdobramento do mundo infantil e das relações de objeto, a partir do qual se observará cada personagem do relato do paciente como representações dos personagens edípicos, como uma variante da repetição.
2. A transferência como produção de um fato novo produzido na relação analítica.

Posteriormente, foi proposto um novo sentido para interferência, sendo aquele produzido entre o paciente e o analista, um processo de encontro e desencontro que se cria em cada vínculo a partir da imposição da presença. Uma outra modalidade de novo (BERENSTEIN, 2004).

Na lógica da interferência se produz uma qualidade que não é passível de ser pensada a partir de um reencontro, porque se trata de um traço inédito, sentido como se obstaculizasse a subjetividade já instituída. Produz efeitos que precisam ser mantidos assim por um tempo para que possam, quiçá, receber um sentido. Não é requisito que tudo o que aconteça em uma relação deva ser colocado em palavras, assim como as diferentes formas de subjetividade. As marcas da infância e o que acontece na atualidade podem permanecer lado a lado, sem serem uma unidade, sendo apenas suplementares.

Podemos dizer que na sessão psicanalítica estão incluídas as seguintes instâncias:

- transferência: o emergente do mundo interno do paciente sobre o psicanalista e seu entorno;
- contratransferência: o retorno do mundo interno do psicanalista em resposta àquilo que emergiu do paciente, capturado pela mente do analista em termos de sentimentos e que na verdade pertence ao paciente;
- interferência: aquilo que ocorre e se produz *entre* o paciente e o psicanalista como sujeitos únicos, que possuem suas próprias idiossincrasias. Cumpre lembrarque a diferença básica entre transferência e interferência está nisto que é produzido entre dois alheios, cujo instrumento é a **imposição***, diferentemente da identificação que ocorre na transferência.

A interferência desestabiliza, desloca, interrompe uma história linear, gera seus próprios conflitos. Esse efeito poderá estar permeado emocionalmente de aspectos persecutórios, de confusão, de depressão ou de alegria pelo encontro, produções subjetivantes que se ativam pelo efeito da presença de duas ou mais pessoas que trocam ideias, opiniões, emoções. Estabelece-se uma relação que se baseia no que Puget (2011) denomina de "efeito de presente" ou "efeito alteridade", a qual cria estados de ânimos, ações, que vão do enriquecimento até a irritação por precisar abrir um espaço e abrigar algo que não existia. Fazê-lo requer um trabalho de aceitar o novo, aceitar que "há um imposto para pagar". Esse imposto a ser pago significa tomar consciência, fazer algo com o que a alteridade do outro impõe, e reconhecer que é impossível não o pagar, a não ser que se passe a ser um transgressor.

A autora questiona: "o que se entende por transgressor neste contexto? Simplesmente não aceitar as regras do jogo, ou seja, tentar um tipo de intercâmbio sem que se realize o pagamento do imposto" (PUGET, 2011, p. 6, tradução nossa).

Esta conceitualização leva a diferenciar a fala do analista quando emitida como objeto de transferências e quando emitida a partir de sua alteridade. Essas falas, no primeiro caso, recebem classicamente o nome de interpretações; no segundo, de acordo com a lógica da interferência, recebem o nome de intervenções. Os instrumentos da intervenção são o comentário, a indicação, a advertência quando o que interfere incomoda, quebra o sentimento de identificação entre o paciente e o analista (BERENSTEIN, 2018; PUGET, 2011.).

Desse ponto de vista, a análise da interferência não deveria ser vista como uma falha do critério de neutralidade e abstinência, mas como um modo de apresentar-se do vincular na análise mediante a imposição:

> Em um processo analítico se faz necessário dar cidadania a todas as produções da sessão, não as incluindo necessariamente na transferência, senão reconhecendo tanto o produzido pela cidadania transferencial como pelos outros "habitantes" da sessão em seu caráter inicial de estrangeiros. (BERENSTEIN, 2004, p. 194, tradução nossa)

Isso traz algumas implicações técnicas no sentido de não ser obstruída a interferência, mas sim incluída no trabalho analítico, como uma dimensão vincular e subjetivante.

REFERÊNCIAS

BERENSTEIN, I. *El sujeto y el otro: de la ausencia a la presencia*. Buenos Aires: Paidós, 2001.

BERENSTEIN, I. Devenir otro con otro(s).Buenos Aires: Paidós, 2004.

BERENSTEIN, I. El debate que propone la vincularidad. *Revista Actualidad Psicológica*, Buenos Aires, 2005.

BERENSTEIN, I. Del ser al hacer. Buenos Aires: Paidós, 2007.

BERENSTEIN, I. Experiencia clínica vincular y sus presupuestos. Conferência. São Paulo, 2009. In: *Por que psicanálise vincular?* Porto Alegre: Criação Humana, 2018.

BERENSTEIN, I. Interrogações: entrevista com Isidoro Berenstein, entrevista realizada em abril de 2010. In: *Por que psicanálise vincular?* Porto Alegre: Criação Humana, 2018.

BERENSTEIN, I.; PUGET, J. Implicancias e interferencias en la clínica vincular. Encuentro con Janine Puget e Isidoro Berenstein. AUPCV, Uruguai, ago. 2004.

PUGET, J. Lo mismo y lo diferente. *Actualidad Psicológica*, Buenos Aires, ano 26, n. 284, p. 9, mar. 2001.

PUGET, J. *Efectos de presencia, efectos de ausencia, la impresencia*: diversas maneras de pensarlos. Montevideo: AUPCV, 2011. (Conferência realizada na Associação Uruguaia de Psicanálise das Configurações Familiares).

PUGET, J. *Subjetivación discontinua y psicoanálisis*. Buenos Aires: Lugar, 2015.

Interpretação

Maria de Lourdes Caleiro Costa

CONCEITO

Ato do analista que se produz no encontro com o paciente, a partir do que se dá como repetição e resistência na **transferência***, e que visa trazer à luz conflitos e desejos inconscientes, de forma a possibilitar processos de singularização.

Na situação de grupo, a **interpretação*** visa ora ao grupo – suas construções comuns e compartilhadas –, ora a tal ou qual sujeito, sua posição no grupo ou em determinado vínculo (KAËS, 2015).

ETIMOLOGIA

Do latim *interpretatio,onis*, explicação, sentido; *interpres, interpretis*, intermediário, ajudante, assistente, agente, mensageiro, enviado; o que explica; comentador; tradutor (HOUAISS, 2001).

EVOLUÇÃO HISTÓRICA DO CONCEITO

Em um primeiro momento, trazemos aqui alguns pontos centrais de dois textos de Renato Mezan, "A **interpretação*** dos sonhos: origem e contexto" e "Cem anos de interpretação" (MEZAN, 2002, p. 17 e p. 174).

O uso do termo, diz ele, remonta à Antiguidade, referido ao campo religioso; interpreta-se segundo a vontade dos deuses, de acordo com os sinais codificados pela cultura.

Sua entrada para o universo da linguagem humana, afirma o autor, se dá com os gregos, após a constituição de um corpo literário, quando, em Alexandria, procedimentos se constituíram para a compreensão dos "clássicos". Cria-se, assim, a hermenêutica.

Hermes é um dos deuses ligados ao trânsito, à passagem, (...) filho de Zeus e Hera, protetora das viagens e do comércio. A ideia de movimento entre lugares (ou entre sentidos) está aparentada à palavra *hormé*, "apetite", que Aristóteles elevará à categoria de um conceito na Ética a Nicômaco (em que hormé significa "desejo") [...] [A hermenêutica] "será a arte do trânsito e do **vínculo**★ entre pontos distantes, sejam geográficos ou semânticos. Também a arte da tradução, da recuperação ou da preservação do sentido" (MEZAN, 2002, p. 175-176).

Como arte da tradução contínua é a capacidade de expressão que está posta; colocar em palavras o próprio pensamento. Aristóteles nomeia "Sobre a interpretação" um dos tratados de sua Lógica, sendo "o essencial da hermeneía a ideia de vínculo ou conexão, no caso entre um sujeito ou substância e os predicados ou atributos que lhe convêm" (MEZAN, 2002, p. 176).

Em Freud, diz Mezan, esses diversos sentidos do que foi se compreendendo por interpretação estarão presentes. Assim:

> um de seus termos mais frequentes, Vernüpfung, significa ligação ou conexão, e na Interpretação dos Sonhos encontramos a ideia de que a expressão verbal do sonho, o seu relato, já é uma interpretação, sobre a qual irá se exercer a interpretação do analista. [...] Freud utiliza a palavra Deutung que significa interpretação, sem dúvida, mas também sugere a ideia de esclarecimento ou explicação, de introduzir ordem ao caos aparente: deut é a raiz de deutlich, nítido, claro, distinto, e do substantivo correspondente Deutlichkeit. Deuten é tornar nítido o que aparecia como confuso ou embaçado e ao mesmo tempo revelar a lógica, mostrar as conexões daquilo que se está interpretando com o conjunto da vida psíquica do indivíduo. (MEZAN, 2002, p. 176-177)

Mezan ressalta, ainda, a frequência das citações elogiosas do Pai da Psicanálise a Artemidoro, "o intérprete antigo dos sonhos, alinhado à tradição religiosa, mas atento às circunstâncias de cada cliente para o desvendamento de seu sentido" (MEZAN, 2002, p. 177).

Assim, Freud, ao se perguntar sobre o sentido dos sintomas e sonhos de suas pacientes, bem como de seus próprios sonhos, na pesquisa e escrita de sua obra revolucionária "A interpretação dos sonhos", evoca para si a longa tradição do campo da interpretação e nele se insere. Mas é justamente a partir dele que provoca uma grande ruptura, ao considerar o **estranho**★ como intrínseco à linguagem. A linha entre a razão e a loucura desfaz-se.

Freud mostra que as paixões obedeciam a uma lógica própria, a do inconsciente. Com isso, se, por um lado, a razão perde espaço, por outro, ela se vê

Interpretação

ampliada, pois os sintomas poderão ser revertidos pela compreensão de seu percurso, mediante o método proposto por Freud, a interpretação (MEZAN, 2002, p. 28).

Preocupado com os excessos no uso da interpretação, Freud enfatiza que ela faz parte do tratamento psicanalítico e que seu manejo está sujeito às regras técnicas do tratamento. Mais tarde, ao referir-se à força da repetição na transferência, a interpretação será voltada para a dissolução das resistências, com a consequente reconstrução da história do paciente, que, se tomada como própria, será a mola para a cura. E, a partir da segunda tópica, Freud destaca os efeitos da libido e da agressão na formação dos sintomas (MEZAN, 2002, p. 182-183).

Psicanalistas interlocutores de Freud, bem como outros que se seguiram, conceberam os processos inconscientes de forma própria, gerando teorias diferentes. E cada uma delas levou a maneiras diferentes de conceber a interpretação.

> Logo antes e logo depois da Segunda Guerra Mundial, temos o seguinte quadro. De um lado, a "psicologia do ego" manteve o princípio freudiano de interpretar os impulsos subjacentes ao material associativo como derivados das pulsões sexuais e agressivas que buscam expressar-se na consciência; de outro, os que procuravam interpretar apenas as defesas, tal como discípulos de Reich, os que desejavam apoiar-se exclusivamente na interpretação da transferência (por exemplo Strachey), e os kleinianos, que enfatizavam a necessidade de interpretar a angústia, a agressividade e a transferência negativa, mas num quadro psicológico que foi se afastando progressivamente dos esquemas herdados de Freud. (MEZAN, 2002, p. 190)

Na última parte de "Cem anos de interpretação", em meio a considerações sobre a interpretação em Lacan, lemos: "Na ótica lacaniana os elementos que os outros analistas destacariam como alvo da interpretação pertencem ao registro do imaginário, enquanto a técnica analítica deveria visar ao simbólico – ou, no último Lacan, 'o real da pulsão'" (MEZAN, 2002, p. 192).

Roudinesco, por sua vez, aponta para a crítica de Lacan ao que ele via como um excesso de interpretação e a consequente necessidade, segundo sua visão, de interrogar constantemente o desejo do analisando. Mas enfatiza o afã com que também se lançaram à interpretação muitos dos seguidores de Lacan (ROUDINESCO; PLON, 1998, p. 334).

Os anos 1970 e 1980 serão anos de fervilhantes debates contra quaisquer dogmatismos e de uma crítica severa às posições de Lacan. O retorno à leitura de Freud e à clínica estará no centro desses debates, dos quais fazem parte Laplanche, Pontalis, Green, Aulagnier, McDougall, Deleuze, Foucault, Lyotard, Derrida e tantos outros.

Em 1968, Deleuze publica Diferença e repetição, uma crítica à lógica da **identidade***, à redução do outro à figura dele; o pensamento, diz ele, não busca identidade, mas a afirmação de sua diferença. Em 1972, publica com Guattarri, que se dedicava à clínica institucional em La Borde e em Cour-Cheverny, O anti--Édipo, que na época causou muita controvérsia, mas também um debate importante com relação a "um edipianismo excessivo que encerrava a libido plural da loucura em um quadro excessivamente estreito do tipo familiar" (ROUDINESCO; PLON, 1998, p. 388).

A interpretação está no foco dessa crítica quando ela reduz as manifestações dos pacientes a sistemas de significação estabelecidos a priori. Essa questão estará no centro dos debates e encontrará desdobramentos singulares mobilizados por diferentes escutas, diferentes clínicas.

Mais tarde, no âmbito da psicoterapia vincular, Janine Puget, que constantemente chama a atenção para "o efeito de **presença***", dirá:

> Pensar advém também como resposta ao efeito de um **acontecimento*** novo ou de uma presença que se impõe, e excede à organização anterior. Este excesso terá vários destinos: ou bem será incorporado em uma organização que já está lá, apesar de saber que nada será como antes, ou bem ele determina a produção de uma nova organização independente, que só conservará com a precedente uma relação conectiva. Inaugura-se um novo trajeto. (PUGET, 2006, p. 8, tradução nossa)

Mas bem antes disso, para situarmos a questão da interpretação em situações vinculares, retomemos muito brevemente alguns pontos de inflexão sobre os quais René Kaës joga luz ao escrever a Polifonia dos sonhos.

Kaës chama a atenção para o fechamento em Freud do **espaço psíquico***, do espaço do sonho, bem como dos dispositivos analíticos, incluindo a interpretação. Mas destaca, em "A interpretação dos sonhos", uma possível abertura,

Interpretação

quando Freud fala do **umbigo do sonho*** como passagem para o desconhecido. Diz Freud:

> ali há um novelo de pensamentos oníricos que não é possível desembaraçar [...] o ponto que ele assenta no desconhecido. Os pensamentos oníricos que encontramos na interpretação têm de permanecer geralmente inconclusos e ramificar em todas as direções na emaranhada rede do nosso mundo de pensamento. (FREUD, 1900/2019, p. 575)

Em Melanie Klein, outras perspectivas se abrem. Ela falará dos **fantasmas*** inconscientes, do sonho como cena de ação, e dos mecanismos de **identificação projetiva*** e de introjeção. Esses três conceitos geram a noção de espaço psíquico interno, em estreita relação com o espaço psíquico dos outros. Mas permanecerá, como produção intrapsíquica, o sonho (KAËS, 2002).

Bion, "com a capacidade de *rêverie**, faz bascular a pesquisa sobre os sonhos na direção das condições **intrapsíquicas*** e **intersubjetivas*** da atividade onírica" (KAËS, 2002, p. 4, tradução nossa).

O que se destaca como questão a partir de Bion, Meltzer e Winnicott, afirma Kaës, é a capacidade onírica de um outro, especialmente da mãe (KAËS, 2002).

Destaca também o trabalho de inúmeros psicanalistas que, a partir de suas clínicas, contribuíram para a discussão desses "limites sempre moventes" do que seja espaço interno e espaço externo, mas, a partir da própria clínica, da análise dos sonhos de seus pacientes, dos sonhos nos grupos, como produção comum e compartilhada, Kaës, em acordo com Janine Puget e Isidoro Berenstein, fala da especificidade do conceito de vínculo em psicanálise e da necessidade de diferenciá-lo da relação de objeto.

No campo das relações objetais, ressaltamos ainda a forte contribuição de Aulagnier no que diz respeito ao afeto na situação analítica e, o que aqui destacamos, na interpretação. Esse ato de palavra, que não é da ordem da compreensão, é algo que se constrói na relação analítica, pela memória analítica, em ressonância com o fundo sonoro do analisante, em um momento de grande investimento emocional tanto do analista como do analisante, e supõe uma escolha do analista, uma escolha ética (BIRMAN, 1989).

Puget enfatiza que "a relação de objeto e o vínculo estão sempre em **conflito*** e presentes no **dispositivo*** (analítico)" (PUGET, 2006, p. 3, tradução nossa). Conflitos estes que constituem, junto a outros afetos, zonas de fricção e produção de sentido. Escuta polifônica, multiplicidade de discursos, a interpretação vem ao encontro de dar voz à polifonia do que está em jogo. Os sonhos, escutá-los, acolhê-los. Respectivas interpretações serão mais voltadas para sua função no que diz respeito ao processo do grupo. A escuta simultânea das dimensões intrapsíquicas e **interpsíquicas***, os dois umbigos do sonho. As primeiras permanecem sobretudo como informação, memória. Eventualmente em outro momento, transformadas em outras figuras, somadas às do grupo, serão retomadas, pontuadas, interpretadas, geralmente como porta-vozes do que ali acontece – e pede passagem.

Deleuze dirá: "A história não é experimentação, ela é somente o conjunto das condições quase negativas que tornam possível a experimentação daquilo que escapa à história" (DELEUZE, 1990, p. 144, tradução nossa).

A interpretação se dá no campo trânsfero-contratransferencial, campo este multidirecional na clínica de casal e família, e visa, junto a outras formas de intervenção do analista, sustentar o movimento de transformação dos assujeitamentos a **alianças inconscientes*** em direção a novas possibilidades de experimentação intrassubjetiva e intersubjetiva (KAËS, 2015, p. 184).

Kaës supõe ainda um "terceiro umbigo do sonho, um terceiro lugar onde o sonho se liga ao desconhecido, um terceiro novelo de relações sociais, representações culturais, onde se articulam com o sonho, o rito e o mito" (KAËS, 2002, p. 184, tradução nossa). Um terceiro lugar de estranhamento e constituição dos sujeitos a ser escutado – também nas situações clínicas.

REFERÊNCIAS

AULAGNIER, P. Le temps de l'interprétation. Conferência apresentada ao VIII Fórum Internacional de Psicanálise. Rio de Janeiro, 1989.

BIRMAN, B. A interpretação e a singularidade do sujeito na experiência psicanalítica. Conferência proferida a partir da conferência de P. Aulagnier no VIII Fórum internacional de psicanálise. Rio de Janeiro, 1989.

DELEUZE, G. *Pourparlers*. Paris: Minuit, 1990.

FREUD, S. A interpretação dos sonhos. *In:* Obras completas. São Paulo: Companhia da Letras, 2019. v. 4. (Trabalho originalmente publicado em 1900).

HOUAISS, A. *Dicionário Houaiss da língua portuguesa*. Rio de Janeiro: Objetiva, 2002. (Trabalho originalmente publicado em 2001).

KAËS, R. *La polyphonie du rêve*. Paris: Dunod, 2002.

KAËS, R. *L'extension de la psychanalyse; pour une métapsychologie de troisième type*. Paris: Dunod, 2015.

LAPLANCHE, J.; PONTALIS, J.-B. *Vocabulário de psicanálise*. São Paulo: Martins Fontes, 1985. (Trabalho originalmente publicado em 1967).

MEZAN, R. *Interfaces da psicanálise*. São Paulo: Companhia das Letras, 2002.

PUGET, J. Penser seul ou penser avec un autre. *Revue de Psychothérapie Psychanalytique de Groupe*, v. 1, n. 46, p. 31-40, 2006. Disponível em: https://www.cairn.info/revue-de-psychotherapie-psychanalytique-de-groupe-2006-1-page-31.htm. Acesso em: 7 jan. 2021.

ROUDINESCO, E.; PLON, M. *Dicionário de psicanálise*. Rio de Janeiro: Zahar, 1998.

Intertransferência

Maria Luiza Dias

CONCEITO

Deriva do conceito de **transferência***, que designa um processo de revivescência de uma experiência do passado, em geral da infância, em um vínculo do presente. Em forma de resistência à tomada de consciência desses conteúdos inconscientes, o analisando transfere essas imagens, ideias, sentimentos, para o analista, como se dissessem respeito ao vínculo analítico atual. Posteriormente, o termo intertransferência foi utilizado para denominar a transferência estabelecida entre dois indivíduos em sentido de mão dupla.

ETIMOLOGIA

Inter, do latim: entre, no meio de (CUNHA, 1986, p. 440). *Transferência*, do latim: *interferentia*, ação ou efeito de transferir; ato pelo qual um direito é passado para outra pessoa. O termo completo não foi encontrado nos dicionários etimológicos consultados. O prefixo "inter" advém do latim e significa "entre; no meio de" (CUNHA, 1986, p. 440).

EVOLUÇÃO HISTÓRICA DO CONCEITO

Freud (1912/1976b) construiu o conceito de **transferência*** a partir de observações realizadas no atendimento a seus pacientes. No caso Dora, Freud (1901/1976a, p. 115) afirmou: "Vi-me obrigado a falar em transferência, pois somente através deste fator posso elucidar as peculiaridades da análise de Dora". Mais adiante, acrescentou: "A princípio era evidente que eu substituía o pai em sua imaginação, o que era muito provável, em vista da diferença de idade entre nós". Freud pensava que a paciente conscientemente o comparava a seu pai, porque precisava se assegurar de que ele, Freud, estava sendo sincero, uma vez que o pai de Dora lhe guardava segredos.

Os fenômenos da transferência tornaram-se essenciais em muitas outras modalidades de trabalho em psicanálise, como nos casos da análise de instituições, dos dispositivos de grupo, de grupo familiar e do vínculo conjugal.

Intertransferência

Psicanalistas acreditam que o objetivo da psicanálise seria exatamente este: utilizar da interpretação como tentativa de correlacionar dados do presente com dados do passado. Nesta direção, afirma Baremblitt:

> Não se pode caracterizar a transferência pela repetição de atos, pensamentos ou afetos conscientes e descritíveis porque a repetição transferencial – é claro – tem muitos aspectos da repetição empírica. O sujeito vai apresentar, frente ao analista, uma série de atitudes, ideias, etc. que já teve antes. A transferência, digamos, tem uma repetição visível, descritível, consciente. Mas ela é predominantemente inconsciente e deve ser reconstruída. O que se repete deve ser "descoberto" como tal. (BAREMBLITT, 1996, p. 30)

A clínica conjugal psicanalítica interessa-se por observar e entender processos transferenciais, porém não somente mais do indivíduo dirigidos para seu analista e respectivo processo **contratransferencial***, mas também os processos transferenciais vividos entre a díade que estabelece um **vínculo***.

Segundo Castanho (2018), o termo intertransferência foi introduzido por René Kaës em 1976 e revisado por ele em 1982. O fenômeno foi abordado para compreender as transferências entre dois ou mais psicanalistas, quando em situação de cocoordenação de um grupo. A existência de mais de um coordenador difrata a transferência central (estabelecida pelos membros do grupo com o[s] coordenador[es] do grupo, ocasionando que as vivências contratransferenciais de cada coordenador sejam diversas, porém complementares no que diz respeito ao processo grupal. A intertransferência ocorre, então, na inter-relação entre os analistas. Esses aspectos são considerados para auxiliar nos trabalhos de interpretação em equipe na situação de grupo. Nas palavras de Kaës:

> A intertransferência qualifica o estado da realidade psíquica transferida entre os psicanalistas no que ela é induzida pela situação grupal, pelas transferências que eles recebem, por suas próprias disposições contratransferenciais e por sua escolha de trabalhar juntos. A intertransferência não pode ser tratada, portanto, de maneira independente da transferência e da contratransferência. É composta pelos mesmos componentes, as mesmas questões em relação ao tornar consciente: é ao mesmo tempo repetição e criação, resistência e via de acesso ao conhecimento dos movimentos do desejo inconsciente. (KAËS, 2011, p. 75)

Para compreender as intertransferências que ocorrem em relações conjugais, porém, penso que podemos compará-las com as que receberam a nominação de transferências laterais, que correspondem a "investimentos paralelos ou concorrentes ao da transferência com o analista" e que "são compreendidas em relação ao processo analítico em curso" (CASTANHO, 2018, p. 201-202), já que, na intertransferência entre o casal, ela ocorre em relação interpessoal não direta com o analista, mas diz respeito ao processo de análise. Nesta direção, aspectos do passado vividos pelos membros de um casal entrelaçam-se, reeditando vivências experienciadas com figuras significativas do passado por ambos os parceiros, em seus grupos primários, em geral a família de origem. Assim, como propôs Baremblitt no trecho citado no início desse texto, o trabalho do analista é concebido como o de descobrir o que se repete e ofertar um espaço de continência que viabilize elaboração. A díade conjugal, portanto, necessita do processo de análise para reviver e ressignificar a experiência passada, rumo à possibilidade de obter um arranjo mais conveniente de acordo com as necessidades atuais e as novas condições almejadas. Tais processos são inconscientes e alimentam a formação de **conluios***/pactos inconscientes entre o par conjugal ou membros do grupo familiar. Outras denominações para o processo interpessoal descrito há pouco são encontradas na literatura específica.

Puget e Berenstein abordaram o tema da transferência no vínculo conjugal enquanto "reedição de encontros e desencontros originários infantis reproduzidos graças ao contexto da terapia", decorrente do clima emocional instalado na interação no enquadramento terapêutico. Nesta direção, afirmam: "O chamado clima vincular é a resultante da transferência vincular e das transferências individuais, pelas quais os integrantes de um casal ajudam-se a repetir no vínculo" (PUGET; BERENSTEIN, 1993, p. 114, grifos nossos). Eles concebem por clima um campo emocional configurado a partir dos conflitos atualizados pelo enquadramento terapêutico, "provenientes das áreas da díade e individuais de cada paciente" (PUGET; BERENSTEIN, 1993, p. 112). Os autores mencionam, a partir dessa visão, transferências vinculares e transferências intrassubjetivas.

Spivacow (2011, p. 83) denominou o processo transferencial entre o casal de transferencias intraparejas, correspondendo à transferência que ocorre no intersubjetivo do casal. Desse modo, ampliou o estudo do funcionamento psíquico em um conjunto plurissubjetivo, como o que ocorre com o casal e a família, aceitando os conceitos de interdeterminação e de **alianças inconscientes***.

Entende, então, que a maneira pela qual um analista pode ajudar é produzindo insight sobre as transferências que unem ambos os parceiros.

A título de exemplo, imaginemos um casal que ingresse em uma psicoterapia psicanalítica conjugal e relate que a grande insatisfação que possuem está em torno de se sentirem distanciados. O marido, por mais que desejasse estar junto à sua família, na verdade, acabava por chegar sempre bem tarde em casa; sua esposa reclamava recorrentemente dessa condição, na qual acreditava estar abandonada pelo marido e destinada à solidão. Tão logo o diálogo pôde ocorrer, descobre-se que esse marido, na infância, havia sofrido violência doméstica. Seu pai alcoolizava-se e, ao chegar em casa, derrubava e quebrava objetos da casa e era percebido como violento e capaz de agredir fisicamente quem se pusesse em seu caminho. Como estratégia de defesa e cuidado com a prole, a mãe levava as crianças para o outro lado da rua, onde permaneciam escondidos e ouvindo o alvoroço atuado pelo pai, até que ele adormecesse e eles pudessem retornar para a casa. A esposa, por sua vez, sentia-se abandonada, mas essa vivência não lhe era tão nova, já que vinda de uma família numerosa, sentiu-se muito mal atendida por seus pais, que precisavam trabalhar intensamente para obter o sustento da família e, quando estavam no lar, acabavam tendo que dividir o pouco da atenção dispensada entre inúmeros filhos. A carência do passado ressurgia na família que constituíra posteriormente com o parceiro atual. Esse encontro não podia ocorrer, pois o registro do marido é que acabaria em confusão e o da esposa é que ela se sentiria com muito pouco e em lugar secundário, ressurgindo o que sempre acreditava ter vivenciado. Juntos, no arranjo obtido, reeditavam e mantinham as sensações indigestas e não elaboradas do passado. A revivescência de sentimentos de abandono e sua áurea de violência unia esse par conjugal que muito desejava, na verdade, a oportunidade, finalmente, de um encontro amoroso.

Nessa vinheta, flagramos o velho contribuindo no modo como o par conjugal se enxerga em um interjogo velho e novo, cuja compreensão e tomada de consciência conduz à saída para que o passado elaborado possa, de fato, constituir-se num passado, libertando os cônjuges a poderem criar outro enredo e evitar que, por **transmissão psíquica*** geracional, repassem essas impressões e emoções à geração seguinte que ao seu mundo trouxeram. E o novo está aí na possibilidade de pensar e sentir de modo diferente e ressignificar e recriar experiências. Esses processos transferenciais compartilhados e complementares presentes na relação dessa díade conjugal constituem o que, nesse momento, denomina-se por intertransferência. Ocorrem em paralelo à transferência central – dirigida ao analista. Visitando obras de autores expoentes da psicanálise de família, vimos que outras denominações para esse mesmo fenômeno são possíveis: transferência vincular; intersubjetiva, interpessoal, intracasal.

REFERÊNCIAS

BAREMBLITT, G. *Cinco lições sobre a transferência*. 3. ed. São Paulo: Hucitec, 1996.

CASTANHO, P. *Uma introdução psicanalítica ao trabalho com grupos em instituições*. São Paulo: Linear-A Barca, 2018.

CUNHA, A. G. *Dicionário etimológico Nova Fronteira da língua portuguesa*. 2. ed. Rio de Janeiro: Nova Fronteira, 1986.

EIGUER, J. *Um divã para a família. Do modelo grupal à terapia familiar psicanalítica*. Porto Alegre: Artes Médicas, 1985.

FREUD, S. Fragmento da análise de um caso de histeria. In: *Edição standard brasileira das obras psicológicas completas de Sigmund Freud*. 1. ed. Rio de Janeiro: Imago, 1976a. v. 12, p. 1-119. (Trabalho originalmente publicado em 1901).

FREUD, S. A dinâmica da transferência. In: *Edição standard brasileira das obras psicológicas completas de Sigmund Freud*. 1. ed. Rio de Janeiro: Imago, 1976b. v. 12, p. 128-143. (Trabalho originalmente publicado em 1912).

KAËS, R. *L'appareil psychique groupal*. Paris: Dunod, 2000. (Trabalho originalmente publicado em 1976).

KAËS, R. *L'intertransfert et l'interprétation dans le travail psychanalytique dans les groupes*. Paris: Dunod, 1982. v. 2: Les voix de l'élaboration.

KAËS, R. *Um singular plural. A psicanálise à prova do grupo*. São Paulo: Loyola, 2011.

PUGET, J.; BERENSTEIN, I. *Psicanálise do casal*. Porto Alegre: Artes Médicas, 1993.

SPIVACOW, M. A. *La pareja en conflicto. Aportes psicanalíticos*. 1. ed. Buenos Aires: Paidós, 2011.

Intimidade

Ruth Blay Levisky

CONCEITO

Intimidade é a qualidade de ser íntimo, um sentimento profundo, abrangente e complexo, que se expressa de diferentes maneiras nas relações consigo mesmo e entre sujeitos. As múltiplas expressões da intimidade e suas variações dependem do momento histórico-cultural em que as experiências são vividas.

ETIMOLOGIA

Íntimo, palavra derivada do latim *intimus*, cujo prefixo *in* refere-se ao interior, ao profundo, ao intrínseco; a natureza íntima de um ser, presente no âmago, nas profundezas da alma; sentimento privado compartilhado com a família, entre pessoas próximas ou até desconhecidas. Intimidade pode ter o sentido de domínio sobre um assunto; sentimento por um cantinho especial da casa (MICHAELIS, 2020).

EVOLUÇÃO HISTÓRICA DO CONCEITO

Tisseron (2011) usou o termo extimité para expressar o desejo que existe no ser humano de mostrar, por meio de gestos, palavras ou imagens, partes de sua vida íntima, sejam elas de natureza física ou psíquica. Esses movimentos de extimité não são necessariamente conscientes; funcionam como se fossem atos "instintivos" que representam, segundo o autor, "um motor da existência", ou seja, expressam uma relação entre os aspectos emocionais individuais e os **vínculos sociais***. Desejo de intimidade e desejo de extimidade são como sístole e diástole na construção da autoestima e da identidade. O autor faz uma distinção entre íntimo, cujos sentimentos não podem ser compartilhados, e intimidade, quando ocorre compartilhamento. A extimidade pode circular da esfera do privado ao público. Intimidade e extimidade são componentes inseparáveis para o desenvolvimento da autoestima, uma vez que ela depende do espaço do íntimo para ser construída e desenvolvida. No plano pessoal e analítico, a intimidade é usada no sentido da interioridade; o sujeito, para percorrer os meandros do inconsciente e atingir aspectos íntimos, precisa desbravar um árduo e complexo caminho para dentro de si mesmo. O percurso necessário para atingir a esfera do íntimo apresenta vários níveis de aprofundamento; alguns deles são inatingíveis, nunca alcançados, nem compartilhados e revelados para outros, nem para si mesmo. Partes da intimidade podem ser vividas e atingidas consigo mesmo, entre pares, com um grupo, com a família, com desconhecidos e com membros que se identificam por acreditarem em valores semelhantes. As **identificações*** podem ser um facilitador para abrir caminho para a exploração do íntimo. Ao serem transmitidas e estruturadas a partir da história e das vivências do sujeito, elas podem levar à aproximação e união das pessoas, facilitar o convívio, a comunicação e a construção de uma identidade comum. Como psicanalistas, tentamos construir uma relação entre analista e pacientes para atingir a dimensão de algumas partes do íntimo, trazer à tona conteúdos encobertos e abrir espaço para dar sentido às fantasias, aos conteúdos reprimidos, e/ou não vivenciados. Quais seriam as condições para que os vínculos entre analista e pacientes, entre membros de uma **família*** ou entre as relações de forma geral possam alcançar dimensões íntimas? Relações de confiança, de afinidade, podem ser fatores que contribuem para alcançar a intimidade. Pessoas introspectivas, narcísicas, com **fantasias*** persecutórias, sentem maior dificuldade para se abrir para um compartilhamento íntimo com o outro e para consigo mesmas. Geralmente se prendem aquilo que é externo, pois lidar com a angústia do desconhecido pode ser assustador. As defesas emocionais surgem justamente para mascarar e trancafiar a esfera do íntimo, minimizar fantasiosamente a angústia e a frustração. O aprofundamento do trabalho analítico pode levar ao desenvolvimento de um **vínculo*** de confiança entre o analista e seus pacientes, e criar um espaço relacional que possa promover gradativamente uma trajetória para o interior do ser. A possibilidade de o sujeito encontrar um espaço para colocar seus afetos amorosos ou agressivos no processo analítico pode colaborar para uma quebra gradual desse aprisionamento defensivo dos conteúdos latentes e possibilitar ao sujeito encontrar caminhos de maior autoconhecimento e que possam levá-lo a desvendar aspectos de sua intimidade. A qualidade e a natureza de como são formados os vínculos, a história da vida pessoal de cada uma das partes, os modelos identificatórios transmitidos pelas famílias, os modos de mostrar e lidar com os afetos são fatores que podem facilitar ou impedir o desenvolvimento da intimidade entre sujeitos. A transmissão dos valores familiares para outras gerações fica facilitada quando a memória e a palavra conseguem criar um sentido para o sujeito. Existe uma estreita relação entre o espaço íntimo e os processos de **transmissão psíquica*** entre gerações. Dessa maneira, o diálogo com o passado torna-se presente e ocorre a **transmissão transgeracional***. A **cripta*** é uma sepultura onde habitam no inconsciente **segredos***, **lutos*** e **traumas familiares***. A nova geração pode se tornar herdeira desses produtos encriptados ou eles podem se expressar por meio de **somatizações*** (TRACHTENBERG, 2013). Faz parte de nosso dia a dia como analistas trabalhar a quebra dos segredos que ficam reclusos em criptas no nosso mundo mental e íntimo. Sentimentos de confiança, continência, escuta e respeito na relação são elementos essenciais para se tentar construir um caminho que possa facilitar ao sujeito atingir um certo grau de intimidade. Por isso, a análise é um processo delicado, que requer tempo para que se possa tentar criar condições emocionais favoráveis ao alcance desse estado íntimo. O sonho pode adquirir uma voz no grupo familiar e trazer revelações encriptadas, segredos que podem estar guardados durante gerações. Kaës (2012) desenvolveu a ideia da existência de uma **polifonia dos sonhos***. O desvendar do sonho numa terapia de família pode servir como uma ferramenta terapêutica importante para a revelação de aspectos íntimos que emergem mediante o compartilhamento de alianças inconscientes existentes entre os membros da família e no espaço transferencial da análise.

Carel (1992) entende que o íntimo seria o **espaço intrapsíquico*** onde guardamos nosso jardim secreto. Eiguer (1999) diz que a intimidade lembra a solidão e que leva o sujeito a ir buscar suas raízes. Winnicott (1988) coloca que, enquanto o bebê não sai do estado de fusão com a mãe, ele não desenvolve sua própria identidade e, consequentemente, não é capaz de alcançar intimidade consigo mesmo, nem com outros (BORAKS, 2002). Meltzer (1996) acredita que a experiência do paciente de tolerar e participar da investigação de sua intimidade com o analista produz uma expansão de sua mente e um enriquecimento pessoal. Darchis (2003) descreveu dois tipos de intimidade. A primária é vivida durante o período perinatal, quando o bebê tem sua primeira experiência de intimidade por meio da indiferenciação mãe-bebê; essa intimidade durante o desenvolvimento da criança vai progressivamente se modificando, até ela sair da fase fusional para formar sua própria **identidade***; é o momento da construção da intimidade secundária. Para se entender a enorme gama de expressividade que envolve a esfera da intimidade, penso também ser interessante agregar o conceito de "reversão da perspectiva" (BION, 1991), com o qual Bion diz que é possível a percepção de uma quantidade de vivências que se transformam à medida que se muda o ângulo de observação; agrego a esse conceito as mudanças e transformações ocorridas na cultura em diversos tempos. Por isso, sugiro o conceito de complexo íntimo (BLAY LEVISKY, 2017), as múltiplas expressões que a intimidade adquire ao longo da vida, dependendo do contexto e do momento histórico-cultural em que se vive a experiência. Complexo é definido, sob o viés psicanalítico, como um conjunto de representações e de investimentos conscientes e inconscientes, formados a partir de **fantasmas*** e de experiências emocionais vividas nas relações **intersubjetivas*** (KAËS, 2005). O aparelho psíquico faz parte de um complexo, por ter a capacidade de sofrer organizações e reorganizações a partir de seus próprios conflitos e vivências. Nossas mentes constroem **identificações cruzadas***, em sua maioria inconscientes, vindas do mundo externo e interno, a partir de vivências internalizadas por meio das relações interpessoais e das influências histórico-culturais. Esse emaranhado de estímulos e de vivências serão os condutores que poderão levar o sujeito a entrar em contato com partes de seu íntimo, com maior ou menor facilidade, dependendo das características da personalidade de cada um e da cultura. A intimidade é um sentimento perene, o que muda é sua expressão ao longo do tempo e da cultura. Algumas pessoas sentem mais facilidade para compartilhar "intimidades" pela internet do que presencialmente; penso que isso pode acontecer pelo fato de as defesas estarem mais afrouxadas e pela diminuição fantasiosa da crítica. Mesmo casais que vivem juntos há muitos anos nem sempre alcançam uma profundidade de trocas íntimas (BLAY LEVISKY, 2014). Eiguer (2013), ao se referir às famílias, coloca a existência de dois tipos de intimidade: a intimidade em família e a intimidade consigo mesmo. O autor diz que a intimidade em família parece estar cada vez mais ameaçada pelo aumento de conflitos conjugais que geram separações, divórcios e novas **configurações familiares*** e tendem a fragilizar os vínculos; outro fator é o aumento dos aplicativos de encontros pela internet, sintoma de que o espaço íntimo está voltado cada vez mais para o mundo externo. "O importante é encontrar a justa medida entre a intimidade consigo mesmo e com o outro" (EIGUER, 2013, p. 36, tradução nossa).

REFERÊNCIAS

BION, W. *Elementos de psicanálise*. Rio de Janeio: Imago, 1991.

BLAY LEVISKY, R. Amores reais e virtuais: estamos falando da mesma coisa? *In*: BLAY LEVISKY, R. *et al*. *Diálogos psicanalíticos sobre família e casal*: as vicissitudes da família atual. São Paulo: Zagodoni, 2014. p. 64.

BLAY LEVISKY, R. Expressões da intimidade nos vínculos: interferências da cultura. *Rev. Ide*, São Paulo, n. 63, p. 41, 2017

BORAKS, R. Do íntimo à intimidade: ressonâncias de um percurso. *Rev. Bras. Psic.*, v. 36, n. 4, p. 886, 2002.

CAREL, A. L'intime, le privé et le public. *Gruppo*, Paris, Apsygée, n. 8, 1992.

DARCHIS, E. Aux sources de l'intimité. *Le Divan Familial*, Paris, v. 2, n. 11, p. 87-101, 2003.

EIGUER, A. *Au coeur de l'intimité. Du bon visage du narcisisme.* Paris: Bayard, 1999.

EIGUER, A. *Votre maison vous révèle.* Paris: Dunot, 2013. cap. 1, p. 35-36.

KAËS, R. *Os espaços psíquicos comuns e partilhados: transmissão e negatividade.* São Paulo: Casa do Psicólogo, 2005.

KAËS, R. Poliphonie et polytopie du rêve. *Le Divan Familiale*, Paris, v. 2, n. 29, 2012.

LITO, A. M. La réssonance du rêve dans la psychanalyse de couple. *Rev. Int. Psych. Couple et Fam.*, v. 14, n. 1, 2015.

LITO, A. M.; VOTERO, M. Pratique thérapheutique familiale: quand l'analyse d'un rêve permet aux membres d'une famille de s'affranchir des alliances inconscientes pour rétrouver leur subjectivité. *Rev. Int. Psych. Couple et Famille*, v. 14, 2015.

MELTZER, D. *Dream life*. Conferência da Sociedade Brasileira de Psicanálise de São Paulo, abr. 1996.

MICHAELIS. *Dicionário da língua portuguesa*. São Paulo: Melhoramentos, 2020.

TISSERON, S. *L'intimité sur exposée*. Paris: Ramsay, 2011.

TRACHTENBERG, A. R. et al. *Transgeracionalidade: de escravo a herdeiro. Um destino entre gerações.* 2. ed. Porto Alegre: Sulina, 2013.

WINNICOTT, D. Distorção do ego em termos de falso e verdadeiro *self*. In: *O ambiente e os processos de maturação*. Porto Alegre: Artes Médicas, 1988.

Introjeção

Ana Balkanyi Hoffman

CONCEITO

Caracteriza-se pela incorporação oral, porém é importante fazermos a ressalva de que introjeção não se restringe ao limite corporal, mas estende-se ao interior do aparelho psíquico. Por identificação com as pessoas com quem se mantém vínculos primários e por introjeção dessas identificações, vai se constituindo a personalidade de cada indivíduo. Tanto na escolha do parceiro como no convívio do casal e familiar, esses objetos introjetados entram em cena, determinando, por meio de projeções cruzadas, boa parte da dinâmica que os constitui. Termo criado em contraste com **projeção***.

ETIMOLOGIA

Do latim *injectione-*, injeção, com troca do prefixo *in* por *intro*.

EVOLUÇÃO HISTÓRICA DO CONCEITO

O termo foi criado por Ferenczi (1909, *apud* HINSHELWOOD, 1992) durante o estudo dos pacientes psicóticos; para ele, os problemas encontrados nos neuróticos estariam ligados à introjeção excessiva e nos psicóticos, à projeção excessiva.

Ferenczi foi um dos primeiros a apontar a correlação existente entre impulsos orais e introjeção e entre impulsos anais e projeção (HINSHELWOOD, 1992, p. 359). Para ele, o paranoico expulsa do seu ego as tendências que se tornaram desagradáveis, ao passo que o neurótico procura a solução fazendo entrar no seu ego a maior parte possível do mundo exterior, fazendo dele objeto de fantasmas inconscientes.

Freud, em 1915, faz a correlação de prazer-desprazer com introjeção e projeção, entendendo que tudo que é fonte de prazer é introjetado e tudo que gera desprazer, projetado (LAPLANCHE; PONTALIS, 1983, p. 324). Ainda em 1923, Freud modifica o conceito de introjeção em função do desenvolvimento do superego, quando considera que, com o abandono dos objetos edipianos amados (mãe e pai), eles são introjetados para formar o superego, que se torna um verdadeiro objeto interno (HINSHELWOOD, 1992, p. 360).

Para Klein, os objetos introjetados povoam o mundo interno, levando às mais variadas vivências, e podem ser tanto objetos bons que tranquilizam como maus que aterrorizam.

Para ela, no desenvolvimento do mundo mental, por volta dos 4 a 6 meses de idade, a introjeção vem para o primeiro plano com a construção do mundo interno separado e distinto do mundo externo, constituindo, assim, a posição depressiva. Na posição esquizoparanoide que antecede a posição depressiva, o que prevalece é a projeção (HINSHELWOOD, 1983, p. 361).

REFERÊNCIAS

HINSHELWOOD, R. D. *Dicionário do pensamento kleiniano*. Porto Alegre: Artes Médicas, 1992.

LAPLANCHE, J.; PONTALIS, J. B. *Vocabulário de psicanálise*. São Paulo: Livraria Martins Fontes, 1983.

INFOPEDIA. Disponível em: http://infopedia.pt/dicionarios/lingua-portuguesa/. Acesso em: 5 maio 2020.

Irrepresentável

Regina Maria Rahmi

CONCEITO

Somente parte do inconsciente pode ser conhecida pelos traços simbólicos deixados em nossa vida consciente. Alguns impulsos instintivos não se tornam conscientes. Freud distingue entre o inconsciente organizado – o inconsciente reprimido – e os elementos pré ou protopsíquicos – o segundo muito maior, amorfo, infinito (FREUD, 1915/2010).

ETIMOLOGIA

Representável, do latim *representatio*, expressar por símbolos. Irrepresentável, derivado do vocábulo composto do latim *in* + *repraesentare* + *vel*, impossível de ser representado por imagem (MICHAELIS, 2020).

Vorstellung é um termo do vocabulário clássico da filosofia alemã e da psicologia, que designa aquilo que se representa, o que forma conteúdo concreto do pensamento (LAPLANCHE; PONTALIS, 1970, p. 582). Refere-se a algo presente na mente. De acordo com Freud, essa presença resulta no fato de esse algo ter sido uma vez percebido no mundo externo. Em seu artigo "O inconsciente" (*Das Unbewuste*, 1915/2010), Freud chama-lhe de representantes da pulsão. A pulsão aparece na fronteira entre o somático e o psíquico. Em um dos primeiros modelos teóricos do aparelho psíquico freudiano, este é definido como uma sucessão de inscrições (*Niedershriften*), de sinais. As representações inconscientes são dispostas em fantasmas, histórias imaginárias em que a pulsão se fixa e nas quais podemos perceber verdadeiras encenações do desejo, o inconsciente recalcado.

EVOLUÇÃO HISTÓRICA DO CONCEITO

O inconsciente inclui experiência existencial bruta. Existem alguns registros ou inscrições que são pré-verbais ou protopsíquicas, com a impossibilidade de desenvolver capacidade suficiente de nomear, verbalizar, simbolizar e pensar.

Irrepresentável

Freud (1895/1990a), no "Projeto", apresenta um modelo de aparelho mental em que aparecem dois elementos fundamentais – neurônios e quantidades; a quantidade de excitação do aparelho neuronal pode levar a uma liberação em uma ação externa ou a uma descarga somática, ou, ainda, ramificações neuronais têm como característica a capacidade de memória. Freud progressivamente abandona a linguagem neurológica por uma metapsicológica, na qual os neurônios serão substituídos por representações ou ideias – as inscrições, as primeiras marcas, prévias à linguagem, livres de autocontradição.

Em sua primeira topografia, Freud refere-se às pulsões com um conceito-limite que existia na fronteira entre psique e soma. Dessa forma, a formulação freudiana é a de que deveria haver um trabalho de transformação necessário para que os desejos aparecessem na mente consciente ou inconsciente (FREUD, 1915/1990c).

O inconsciente é o lugar em que os conteúdos estão presentes como coisas (apresentação de coisas) até que sejam processados, de modo que se tornem parte do pré-consciente/consciente e assim sejam representados. Logo, os conteúdos inconscientes (apresentação de coisas) devem estar ligados à apresentação de palavras (FREUD, 1915/2010).

A distinção que Freud estava fazendo era entre o subconjunto organizado e articulável do inconsciente, chamado de inconsciente reprimido ou dinâmico, e o subconjunto de elementos pré ou protopsíquicos, muito maior, talvez infinito, amorfo, ainda não organizado ou articulável.

A maioria dos textos freudianos anteriores à segunda tópica assimilam o inconsciente ao recalcado, entretanto, vários outros textos reservam lugar para conteúdos não adquiridos pelos indivíduos, filogenéticos, que constituiriam o "núcleo do inconsciente" (LAPLANCHE; PONTALIS, 1970, p. 307). Freud, em "Totem e tabu" (1913/2012), desenvolve a ideia de que nada do que foi retido poderá permanecer totalmente inacessível para a geração seguinte – deixará traços, pelo menos em sintomas que continuarão a ligar as gerações entre si.

Freud (1923/2011) apresenta uma definição da mente e de seu funcionamento na qual divide o sistema Ics em id e ego inconsciente. Nesse sentido, deixou em aberto a possibilidade de que em níveis mais profundos do id os impulsos pudessem ser concebidos como uma força quase desprovida de organização ou conteúdo e de que o ego inconsciente estivesse em contato mais direto com o id. Abre-se, então, espaço para uma visão de psique contendo áreas que poderíamos chamar de ainda não representadas ou pouco representadas. A partir disso, muitos autores psicanalíticos foram ampliando a noção de irrepresentável, dentre eles André Green, o qual reconheceu que a teoria de Freud não mais considerava que a representação existia em combinação com a pulsão, conforme a teoria topográfica. As pulsões eram concebidas como estando dentro do aparelho psíquico. Assim, o aspecto mais importante da psique não era mais os conteúdos e significados que difeririam em sua proximidade da consciência. O objetivo mais primitivo da psique tornou-se a satisfação instintual envolvida no ato interno ou externo e a descarga energética. Então, além do ato, muito importante foi a ideia da descarga de atos primitivos dentro do corpo para prazer ou dor. Surge a possibilidade de incluir um id com o insaturado e o amorfo – em termos pragmáticos, a ausência da capacidade de representar (GREEN, 2005).

Bion (1970/1973) e Green (1998) relacionam a existência de fenômenos que podem preceder a obtenção de representação. Quanto ao domínio da psique ou do soma, pode-se supor que eles tenham habitado anteriormente uma mente primordial. Os fenômenos protopsíquicos, ou seja, a experiência primitiva, em condições ideais, podem ser transformados em psíquicos. Bion, em 1962/1991 e 1970/1973, referiu-se aos elementos beta (β) como protopsíquicos, pois não era possível pensar a respeito deles, os quais fazem surgir uma turbulência sobre a psique por trabalho – função alfa (α). A mãe, por meio da *rêverie*, ao receber, conter, pode então atribuir um sentido; atribui-se então à mãe e sua função alfa a possibilidade de transformar os elementos beta impensáveis em elementos alfa que poderão ser utilizados pelo bebê. Entretanto, se essa transformação não for possível, os elementos beta podem ser evacuados por identificação projetiva.

Segundo Bion (1965/1982), essas transformações possibilitam a transmissão de objetos transformáveis e a transmissão de objetos não transformáveis. Os objetos psíquicos inconscientes, transformáveis, se expressariam por meio do sintoma ou de lapsos. Esses objetos transformam-se naturalmente dentro das famílias, formando a base e a matéria psíquica da história que elas transmitem aos seus descendentes. Entretanto, existem os objetos não transformáveis, cujos efeitos podem ser percebidos nos objetos brutos; espécie de coisas, esses objetos permanecem enquistados, incorporados.

Bion (1997/2016) sustenta que, além dos estados mentais consciente e inconsciente, há uma terceira área psíquica, chamada de inacessível, que é anterior aos demais estados e nunca foi psiquicamente representada ou consciente. Ele a relaciona principalmente à vida intrauterina. Os traços mnêmicos mais arcaicos, incluindo os relacionados aos primeiros traumas, só podem ser registrados de uma forma não representacional.

Winnicott enfatiza que o primeiro ambiente se constitui para o bebê e a mãe, sendo que no início ambos estão fundidos em uma estrutura ambiente-indivíduo. Em outras palavras, o indivíduo não existe – o que existe no início é uma unidade corporal. O *holding* tem como principal função reduzir ao mínimo a invasão a que o bebê deve reagir. A existência de um ambiente de *holding* possibilita que o potencial herdado seja transformado em continuidade de ser. Caso isso não seja possível, a alternativa do ser é a reação. O suporte egoico da mãe é necessário a fim de proteger o núcleo do *self* do bebê, que, sem o suporte materno, é forçado a manter a proteção por sua própria conta, ou seja, desenvolve defesas psicóticas.

As angústias primitivas ou ansiedades impensáveis apresentam-se como: ficar em pedaços, cair para sempre, ausência de relação com o corpo, ausência de orientação. Estas constituem uma vivência de intrusão, causando no bebê o sentimento de que o *self* foi aniquilado. Em seu artigo "O medo do colapso", Winnicott (1974/2005) desenvolve que o temor é do colapso que já ocorreu, mas sem que o ego fosse capaz de metabolizar o que foi vivido sem qualquer representação de palavras. Este é o colapso das defesas, originalmente estruturadas contra as ansiedades impensáveis (ABRAM, 2000).

Segundo Kaës (2001), a transmissão psíquica se organiza a partir do negativo, do que falta e falha, algo que já havia sido detectado por Freud em 1914, em "Sobre o narcisismo: uma introdução", para quem o narcisismo da criança apoia-se sobre o que falta na realização do desejo dos pais. Kaës (2001) descreve que a maioria das investigações contemporâneas nos confronta com uma negatividade mais radical: não é só a partir do que falta e falha que a transmissão se organiza, mas a partir do que não adveio, o que é ausência de inscrição e de representação.

Desde o início dos anos 1970, as investigações de Nicolas Abraham e Torok sobre incorporação, luto, cripta e fantasma desenvolveram importantes contribuições para a perspectiva de novas investigações clínicas e teóricas. O que passou a ser enfatizado é a falha na transmissão (encriptação, forclusão, rejeição), destacando-se o lugar do segredo e da não simbolização (KAËS, 2001).

REFERÊNCIAS

ABRAM, J. *A linguagem de Winnicott*. Rio de Janeiro: Revinter, 2000.

ABRAHAM, N.; TOROK, M. *A casca e o núcleo*. São Paulo: Escuta, 1995.

BION, W. *O aprender com a experiência*. Rio de Janeiro: Imago, 1991. (Trabalho originalmente publicado em 1962).

BION, W. *Transformations, passage de l'apprentissage à la croissance*. Paris: PUF, 1982. (Trabalho originalmente publicado em 1965).

BION, W. *Atenção e interpretação*. Rio de Janeiro: Imago, 1973. (Trabalho originalmente publicado em 1970).

BION, W. *Domesticando pensamentos selvagens*. São Paulo: Blucher, 2016. (Trabalho originalmente publicado em 1997).

FREUD, S. Projeto para uma psicologia científica. In: *Edição standard brasileira das obras psicológicas completas de Sigmund Freud*. Rio de Janeiro: Imago, 1990a. v. 1. (Trabalho originalmente escrito em 1895 e publicado em 1950).

FREUD, S. Totem e tabu. In: *Obras completas*. Trad. P. C. Souza. São Paulo: Companhia das Letras, 2012. v. 11. (Trabalho originalmente publicado em 1913).

FREUD, S. Sobre o narcisismo: uma introdução. In: *Edição standard brasileira das obras psicológicas completas de Sigmund Freud*. Rio de Janeiro: Imago, 1990b. v. 14. (Trabalho originalmente publicado em 1914).

FREUD, S. O inconsciente. In: *Obras completas*. Trad. P. C. Souza. São Paulo. Companhia das Letras, 2010. v. 12. (Trabalho originalmente publicado em 1915).

FREUD, S. Os instintos e suas vicissitudes. In: *Edição standard brasileira das obras psicológicas completas de Sigmund Freud*. Rio de Janeiro: Imago, 1990c. v. 14. (Trabalho originalmente publicado em 1915).

FREUD, S. O eu e o id. In: *Obras completas*. Trad. P. C. Souza. São Paulo: Companhia das Letras, 2011. v. 16. (Trabalho originalmente publicado em 1923).

GREEN, A. The primordial mind and the work of the negative. *International Journal of Psychoanalysis*, v. 79, p. 649-665, 1998.

GREEN, A. *Key ideas for a contemporary psychoanalysis: misrecognition and recognition of the unconscious*. Trad. A. Weller. New York/London: Routledge, 2005.

KAËS, R. *Transmissão da vida psíquica entre gerações*. São Paulo: Casa do Psicólogo, 2001.

LAPLANCHE, J.; PONTALIS, J.-B. *Vocabulário de psicanálise*. São Paulo: Martins Fontes, 1970.

MICHAELIS. *Dicionário etimológico on-line*. 2020. Acesso em: 27 maio 2020.

WINNICOTT, D. W. O medo do colapso. *In: Explorações psicanalíticas*. 2. ed. Porto Alegre: Artmed, 2005. (Trabalho originalmente publicado em 1974).

Lógica contratualista

Ruth Blay Levisky
David Léo Levisky

CONCEITO

Contrato baseado em princípios morais e religiosos que possibilitam condições para uma vida em sociedade. As atividades psíquicas simbólicas e representacionais surgiram pelas interdições e frustrações criadas dentro de uma lógica contratualista. As proibições do incesto e do assassinato do pai, os pactos feitos pelos irmãos que assassinaram o pai da horda primitiva possibilitaram a organização de normas culturais, para o enfrentamento do animal primitivo que o homem carrega dentro de si.

ETIMOLOGIA

Lógica, do grego *logiké*, *tékhné*, representa a ciência do raciocínio. Modo de raciocinar coerente, que expressa uma relação de causa e consequência. Contratual, do latim *contractus*, é a doutrina que teve origem na filosofia grega e adquiriu importância política, no pensamento liberal moderno, pois considera a sociedade humana e o Estado como originados por um acordo ou contrato, estabelecido entre cidadãos, em detrimento dos excessos estatais ou da autocracia (DICIO, 2020).

EVOLUÇÃO HISTÓRICA DO CONCEITO

A busca de satisfação pulsional leva os integrantes de uma relação a construir **vínculos*** afetivos e sociais. Freud, nos textos "Totem e tabu" (1913/1973a) e "Mal-estar na cultura" (1930) procura demonstrar a existência de uma lógica contratual na formação dos vínculos; as descargas das pulsões amorosas ou agressivas precisam se adequar a uma realidade e, por isso, devem ser desviadas, sublimadas, reprimidas e compensadas para possibilitar a construção dos vínculos. Esse desvio traz sofrimentos e frustrações, gratificações e compensações (CASTANHO, 2015). Freud (1913/1973a) baseou-se no conceito da lógica contratualista de Hobbes (1642/2002) para compreender as funções psíquicas inconscientes presentes no mito de Édipo. Hobbes, por sua vez, baseou-se em elementos da filosofia política, enquanto Freud fez uma leitura psicanalítica do mito. Hobbes instituiu a fundação do Estado com suas leis políticas e sociais, enquanto Freud, a partir do mito de Édipo, criou um contrato baseado em princípios morais e religiosos para uma vida em sociedade. Ambos identificaram a necessidade da criação de normas sociais para a organização da sociedade. Do ponto de vista freudiano, apesar dessa lógica ser fundamental, as pressões que ela acarreta sobre as pulsões amorosas ou agressivas produzem sofrimento e frustração, elementos para a construção de uma metapsicologia do **vínculo social***. Os tabus do **incesto*** e do parricídio (FREUD, 1913/1973a) possuem papel fundamental na estruturação psíquica de cada membro do grupo social (CASTANHO, 2015). A formação dos **vínculos*** está diretamente relacionada à obediência das leis impostas pelo tabu. A construção da **identidade*** do sujeito depende da cultura, e a cultura necessita do controle das pulsões do grupo para se constituir (CASTANHO, 2015). Outro conceito que se baseia nas ideias da lógica contratualista é o das **alianças inconscientes*** (KAËS, 2009). Freud (1930/1973c) assinala que para se viver em sociedade com segurança é necessário suportar as renúncias ligadas à satisfação das pulsões. As defesas surgem no aparelho psíquico como mecanismos que trazem uma diminuição ilusória do sofrimento, diante das dolorosas mudanças provocadas pela realidade. Os seres humanos, ao se identificarem com o sofrimento grupal, podem criar um delírio coletivo, ou seja, um mecanismo inconsciente cuja finalidade é a busca de outros caminhos para encontrar a felicidade. Pela lógica contratualista, os indivíduos que decidem sair do delírio compartilhado pelo grupo podem colocar em risco a estratégia de busca da felicidade em relação aos que permanecem nesse grupo. Percebe-se uma tensão entre a necessidade singular e a do grupo. O grau de sofrimento dos membros de um grupo registra variações, dependendo do momento histórico-cultural e dos valores morais da época; a culpa, por exemplo, surge como consequência da morte do pai primevo, assassinado pelos filhos. Em função da culpa, surgem os tabus da proibição do incesto e do homicídio, e infringir a lei faz do sujeito um criminoso (FREUD, 1930/1973c). O **complexo de Édipo*** corresponde ao início da ideia de um **pacto*** (contrato) feito pelos irmãos, que produziu normas para se viver em sociedade. É no totemismo primitivo que se encontra o germe da vida civilizada, um conjunto de leis morais.

A figura do pai simbólico, morto pelos filhos e depois divinizado, é a base para legitimar as normas do processo civilizatório. Os tabus do incesto e do parricídio foram construções do grupo social da época, que impuseram a cada membro da sociedade um trabalho psíquico de enfrentamento da realidade, com a criação de mecanismos defensivos contra o sofrimento coletivo e individual, uma complexa rede entre o singular e o social. (MARANHÃO, 2008, p. 197)

REFERÊNCIAS

CASTANHO, P. O conceito de alianças inconscientes como fundamento para o trabalho vincular em psicanálise. *Estudos Interdisciplinares: Psic.*, Londrina, v. 6, n. 2, p., 92, dez. 2015.

DICIO. *Dicionário online de português*. Porto: 7Graus, 2020. Disponível em: https://www.dicio.com.br. Acesso em: 7 jan. 2021.

FREUD, S. Totem e tabu. In: *Obras completas*. 3. ed. Madrid: Biblioteca Nueva, 1973a. v. 2, ensaio 74, p. 1745-1850. (Trabalho originalmente publicado em 1913).

FREUD, S. Psicologia de las massas y analisis del yo. In: *Obras completas*. 3. ed. Madrid: Biblioteca Nueva, 1973b. v. 3, ensaio 113, p. 2563-2603. (Trabalho originalmente publicado em 1921).

FREUD, S. Malestar en la cultura. In: *Obras completas*. 3. ed. Madrid: Biblioteca Nueva, 1973c. v. 3, ensaio 158, p. 3017-3067. (Trabalho originalmente publicado em 1930).

HOBBES, T. *Do cidadão*. São Paulo: Martins Fontes, 2002. p. 1642-1647. (Trabalho originalmente publicado em 1642).

KAËS, R. *Les aliances inconscientes*. Paris: Dunot, 2009.

MARANHÃO, B. C. C. *Do contrato social em Hobbes e em Freud*: desejo, discurso e os fundamentos do direito. Tese (Mestrado) – Pontifícia Universidade Católica de Minas Gerais, 2008.

Lógicas do um e do dois

Solange Aparecida Emílio

CONCEITO

A "lógica do Um" e a "lógica do Dois" foram conceitos utilizados por Berenstein (2004) e Puget (2009) para diferenciar a subjetividade **singular*** da vincular. A lógica do Um refere-se ao mundo interno do indivíduo, e a lógica do Dois, ao espaço que se impõe nos encontros entre dois ou mais sujeitos, que tem como características primordiais a **alteridade***, o ineditismo e a imprevisibilidade, em que se alternam, de forma conflitiva, o que se apresenta e o que se representa (PUGET, 2015).

EVOLUÇÃO HISTÓRICA DO CONCEITO

Os conceitos de lógica do Um e do Dois surgiram das experiências e teorizações realizadas por Janine Puget e Isidoro Berenstein, que precisaram elaborar adequações ao enquadre individual de sessões em psicanálise com o qual estavam familiarizados a partir do momento em que passaram a realizar atendimentos em **configurações vinculares***, pois perceberam que havia muitas diferenças entre o que se opera em uma sessão de psicanálise clássica, com as recordações e representações do sujeito, e que se produz no "entre dois ou mais", como ocorre nas sessões de grupos e de casais e famílias, nas quais também há os efeitos da **presença*** do(s) outro(s) na sessão (PUGET, 2015).

A utilização de novos dispositivos trouxe o desafio de adequação teórica dos conceitos da psicanálise individual para a compreensão dos fenômenos identificados em contextos tão diferentes. Puget (2009) percebeu que poderiam ser pensados diferentes espaços de constituição subjetiva – **intra***, **inter*** e **transobjetivos*** – com origem própria, que não resultam da multiplicação ou transformação das primeiras relações objetais.

O desenvolvimento da diferenciação entre as lógicas do Um e do Dois constitui uma quebra paradigmática, na medida em que Puget e Berenstein a têm como base para a reformulação do conceito de **vínculo***, diferenciando-o do apresentado por outros autores, como Bion, Kaës, Pichon-Rivière e Winnicott.

Puget afirma que estes utilizam o conceito para referência ao que se processa também no mundo interno dos sujeitos, ficando indiferenciado, muitas vezes, da **relação de objeto***, enquanto ela e Berenstein, defenderam a importância da manutenção do conceito de vínculo exclusivamente para o espaço criado entre dois ou mais sujeitos, que é ampliado a cada troca, tendo como especificidade a **imposição*** da alteridade de cada um ao(s) outro(s) (PUGET, 2015).

Apesar de Puget (2015) ter incluído René Kaës como um dos autores que trazem uma concepção de vínculo diferente da apresentada por ela e Berenstein, essa afirmação parece não se confirmar, pelo menos em uma das publicações relativamente recentes do autor, na qual ele afirma que "no vínculo o outro é encontrado em sua concretude e não pode ser reduzido ao mundo interno de seus sujeitos" (KAËS, 2011, p. 19).

Para Berenstein (2004), a lógica do Dois dá lugar a uma prática e a uma ética diferentes das relacionadas à lógica do Um. Por exemplo, em uma terapia de casal ou família, quando se considera cada sujeito a partir da lógica do Um, a leitura se dará a partir da frustração ou do alívio resultantes da concretização ou da oposição à realização de desejos provocados nos encontros com o(s) outro(s), que podem se manifestar como inveja, hostilidade, rivalidade, prazer ou satisfação. Por outro lado, quando considerada a lógica do Dois, a ética pressupõe a compreensão e a ação, de forma a permitir que se perceba e registre a diferença e a estranheza que se produz no "entre-dois ou mais".

A intervenção que considera os signos próprios da vincularidade, segundo Puget (2015), sofre consequências importantes e lança mão de diferentes instrumentos clínicos e práticos. A autora destaca alguns dos mais conhecidos, como a descrição, com uma pontuação adequada e pontual dos relatos; a explicação-**interpretação***, ajudando a traduzir situações vivenciadas, a estabelecer diferenciações entre o que se apresenta e o que se representa; e a intervenção-**interferência***, que reconhece a interferência da presença do analista na sessão. Mas a escuta afinada do analista pode alcançar uma intervenção ainda mais delicada, que auxilie na transformação de uma fala que chega como uma denúncia ("veja o que ele/ela faz comigo") para a de uma situação que precisa ser testemunhada (algo ocorreu aqui com o casal ou a família e foi presenciado pelo analista). Caberá ao analista vincular não ocupar o lugar de juiz (que julgaria quem está certo ou errado na situação), mas sim a função de um depoente, que buscará apontar o que testemunhou. O testemunho cria uma fronteira que separa o dentro e o fora, apresenta uma informação, oferecendo outra perspectiva, para que possa ser metabolizada pelos participantes da cena presenciada.

REFERÊNCIAS

BERENSTEIN, I. *Devenir otro con otro(s): ajenidad, presencia, interferencia*. 1. ed. Buenos Aires: Paidós, 2004.

KAËS, R. *Um singular plural: a psicanálise à prova do grupo*. São Paulo: Loyola, 2011.

PUGET, J. Teoria de la técnica: qué, cómo, cuando, dónde, por qué, una clínica de pareja, de família y de grupo. *Vínculo*. São Paulo: v. 6, n. 2, p. 113-140, 2009. Disponível em: http://pepsic.bvsalud.org/scielo.php?script=sci_arttext&pid=S1806-49022009000200002&lng=es&nrm=iso. Acesso em: 7 abr. 2020.

PUGET, J. *Subjetivación discontínua y psicoanálisis. Incertidumbre y certezas*. Buenos Aires: Lugar, 2015.

Lutos familiares

Vera L. C. Lamanno Adamo

CONCEITO

Luto familiar diz respeito às perdas reais e simbólicas que a família enfrenta ao longo de seu ciclo histórico: casamento, nascimento do primeiro filho e dos seguintes, entrada na escola, adolescência do(s) filho(s), saída do(s) filho(s), entrada na vida adulta, envelhecimento do casal parental, assim como mudanças de residência, perda de emprego, divórcio, emigração, doenças, morte. Essas situações trazem analogia com a morte, carregando em si sentimento de dor, pesar e tristeza, demandando um trabalho grupal de luto.

ETIMOLOGIA

Do latim luctus, que significa aflição, pesar, dor.

EVOLUÇÃO HISTÓRICA DO CONCEITO

Em 1915, logo após a eclosão da Primeira Guerra Mundial, a convite da Sociedade Goethe, Freud escreve um ensaio intitulado "Sobre a transitoriedade" (FREUD, 1915/2006a). Nesse ensaio, registra uma conversa que teve com um jovem poeta já famoso sobre a mortalidade, a eternidade e o sentido da vida. Empreendiam uma caminhada através de um campo florido, contemplando a beleza do ambiente, mas o poeta estava perturbado pelo pensamento que tamanho encanto findaria com o inverno, as flores murchariam e morreriam. Tudo aquilo, disse o poeta, que em outra circunstância teria amado e admirado, parecia-lhe despojado de seu valor por estar fadado à transitoriedade. O poeta não conseguia se alegrar com a beleza da natureza ao antecipar que todo aquele transbordamento de vida desapareceria com achegada do próximo inverno. Para o poeta, por ser tão frágil e fugaz, a existência valia menos. Freud, ao contrário, insistia que a transitoriedade valorizava a vida ainda mais. O valor da transitoriedade é o valor da escassez no tempo. A limitação da possibilidade de fruição aumenta a sua preciosidade. É incompreensível que a ideia da transitoriedade do belo deva perturbar a alegria que ela nos proporciona. Não! É impossível que toda essa beleza da natureza e da arte, do mundo de nossas sensações e do mundo externo, realmente venha se desfazer em nada (1915/2006a, p. 317). Com esse pensamento, Freud assinala a dificuldade do homem de realizar o luto pelas perdas que a vida inevitavelmente impõe. No mesmo ano, escreve "Luto e melancolia", publicado em 1917. Para Freud, no processo de luto, o objeto perdido deve ser acessado em todas as suas variadas representações, ocorrendo durante esse tempo uma verdadeira "devoção ao luto, devoção que nada deixa a outros propósitos ou a outros interesses" (FREUD, 1917/2006b, p. 276). O sujeito vive um processo que poderia ser considerado de adoecimento, caso não fosse tão corriqueiro e natural, pois grande parte da energia psíquica disponível fica ocupada nessa devoção ao objeto perdido. O modo de se desligar desse objeto e liberar a energia psíquica que está investida nele é o que Freud chamou de "trabalho do luto": o teste da realidade revela que o objeto não mais existe, exigindo que a libido investida nele seja retirada. O desinvestimento do objeto é feito pouco a pouco e com grande dispêndio de energia psíquica, o que, por sua vez, prolonga a existência do objeto perdido. Durante esse processo, cada uma das representações é evocada, hiperinvestida e posteriormente desligada, fazendo-se o domínio da realidade da perda de forma fragmentária e penosa. Ao final desse trabalho, para Freud, o Eu fica outra vez livre e desinibido, podendo reinvestir libidinalmente novos objetos. Diferentemente do sujeito enlutado, o melancólico não sabe "o que perdeu" na perda, não consegue distinguir conscientemente "quem perdeu" de "o que perdeu" nessa perda. Trata-se, portanto, de uma perda objetal retirada da consciência (FREUD, 1917/2006b, p. 278). O sintoma central e definidor da melancolia é a diminuição da autoestima, "encontrando expressão em auto-recriminação e auto-envilescimento" (FREUD, 1917/2006b, p. 276). Para Freud, esse ataque ao Eu, que danifica profundamente a autoestima, está, na verdade, dirigido ao objeto que foi internalizado ambivalentemente após a perda. Assim, a autocensura do melancólico seria uma repreensão, um ataque ao objeto perdido com o qual se identifica – objeto este ao mesmo tempo amado e odiado. Esse ódio destrói o Eu do sujeito, que está identificado com o objeto de amor odiado, gerando um empobrecimento significativo do Eu. Klein (1940/1996) traz um acréscimo importante à teoria de Freud. Para Klein, a perda de uma pessoa amada reativa necessariamente o luto arcaico pela perda do objeto bom internalizado. O luto é um luto interno pela perda do objeto bom e uma repetição de inumeráveis ocasiões de perdas anteriores. Desse modo, segundo

Klein (1940/1996), a dor associada ao luto se deve à necessidade de renovar os elos com o mundo externo e desligar-se do objeto perdido, mas principalmente à reconstrução, com agonia e dor, do mundo interno, que o sujeito julga estar em risco de desmoronamento ou que foi destruído quando houve a perda real. O êxito na reconstrução desse mundo interior, isto é, na reintegração do objeto bom perdido, caracteriza o trabalho de luto bem-sucedido. Durante um processo de luto bem-sucedido ocorre uma restauração de objetos internos amados, a perseguição se reduz e o anseio pelo objeto amado perdido é vivido em toda sua intensidade. Há "um recuo do ódio e o amor se liberta" (KLEIN, 1940/1996, p. 402).

> Todo avanço no processo do luto resulta num aprofundamento da relação do sujeito com seus objetos internos, na felicidade de reconquistá-los depois que eles foram considerados perdidos, numa maior confiança e amor por esses objetos, pois eles se mostraram bons e prestativos no final das contas. (KLEIN, 1940/1996, p. 403)

A aplicação do conceito de luto no núcleo familiar implica o reconhecimento de como o inconsciente grupal irá efetuar o trabalho de luto ligado às perdas reais e simbólicas durante o seu ciclo histórico. Essas perdas desencadeiam angústia, pesar, dor, desorganização e uma repetição de inumeráveis ocasiões de perdas anteriores. Para Eiguer (1983/1985), as reações da família diante desses estádios ou fases são fundamentais para a introjeção da experiência recente e a consolidação da identidade familiar. Quando consegue ultrapassar a **negação***, a família reatualiza os antigos problemas; desvenda equilíbrios precários; trabalha as emoções, angústias e fantasmas despertados; modifica regras e o nível de autonomia recíproca, respeitando a natureza dos vínculos de filiação, de aliança ou de consanguinidade. No entanto, algumas famílias funcionam em um luto permanente, cada perda real e simbólica é vivida com desespero, desorganização intensa e temor pelo futuro: "formulam ideias de fracasso e sempre pessimistas professam um importante culto aos mortos" (EIGUER, 1983/1985, p. 36). Nessa perspectiva, Kaës (2001) propõe a noção de pacto de resistência **intergeracional*** ao luto. O autor concebe um **pacto denegativo***, um pacto de desconhecimento, ou de resistência, que se conclui entre as gerações de tal forma que os membros da família não sejam confrontados ao trabalho de luto. Resultam daí zonas de silêncio, bolsões de intoxicação, espaços-lixeira ou linhas de fuga que mantêm o sujeito estrangeiro de sua própria história.

REFERÊNCIAS

EIGUER, A. *Um divã para a família*. Porto Alegre: Artes Médicas, 1985. (Trabalho originalmente publicado em 1983).

FREUD, S. Sobre a transitoriedade. *In: Edição standard brasileira das obras psicológicas completas de Sigmund Freud*. Rio de Janeiro: Imago, 2006a. v. 14. (Trabalho originalmente publicado em 1915).

FREUD, S. Luto e melancolia. *In: Edição standard brasileira das obras psicológicas completas de Sigmund Freud*. Rio de Janeiro: Imago, 2006b. v. 14. (Trabalho originalmente publicado em 1917).

KAËS, R. Um pacto de resistência intergeracional ao luto. *In:* CORREA, O. R. (org.). *Os avatares da transmissão psíquica geracional*. São Paulo: Escuta, 2001. p. 45-59.

KLEIN, M. *Amor, culpa e reparação e outros trabalhos*. Rio de Janeiro: Imago, 1996. (Trabalho originalmente publicado em 1940).

Mãe esquizofrenizante

Maria de Lurdes de Souza Zemel

CONCEITO

É a mãe que transmite a seu filho uma mensagem favorecedora do desenvolvimento de sintomas da esquizofrenia. Essa mensagem pode ser de muitas formas: com comunicação de duplo **vínculo***, por exemplo. O desenvolvimento do sintoma também dependerá da condição do seu receptor (o filho); a relação que ele estabelece com essa mãe e a condição de resiliência que ele tem.

ETIMOLOGIA

Do grego *schizein*, fender, clivar, e *phrenós*, pensamento.

EVOLUÇÃO HISTÓRICA DO CONCEITO

Em 1911, Bleuler cunhou o termo esquizofrenia

a partir do grego schizein (fender, clivar) e phrenós (pensamento), para designar uma forma de loucura a que Emil Kraepeling dera o nome de "demência precoce", e cujos sintomas fundamentais são a incoerência do pensamento, da afetividade e da ação (chamada Spaltung ou clivagem), o ensimesmamento (ou autismo) e a atividade delirante. (ROUDINESCO; PLON, 1998, p. 189)

Freud, em 1924, (1924/1966, p. 167), em seu trabalho "Neurose e psicose", escreve: "a neurose é o resultado de um conflito entre o ego e o id, ao passo que a psicose é o desfecho análogo de um distúrbio semelhante nas relações entre o ego e o mundo externo".

O conceito da patologia passou a ser ampliado para ser compreendido na relação já desde os primeiros tempos de vida com bebê.

Na década de 1940 Melanie Klein trouxe uma contribuição importante ao estudar as crianças e mostrar que o medo paranoide inibe a simbolização e o desenvolvimento do pensamento. Foi Klein que nos trouxe a "posição esquizoparanoide" como uma etapa do desenvolvimento, e não como uma patologia (HINSHELWOOD, 1992). Klein mostrou, ainda, a ligação dessa posição com a pulsão de morte para os mais comprometidos psiquicamente.

Em 1952, Winnicott, dirigindo-se a Money-Kyrle por meio de uma carta, explica o que é para ele a mãe suficientemente boa.

> Penso frequentemente em referir-me à mãe, a pessoa real que está com o bebê, como se ela fosse perfeita ou como se correspondesse à "mãe boa" que faz parte do jargão kleiniano. Na verdade, sempre me refiro à "mãe suficientemente boa" ou à "mãe que não é suficientemente boa" pois, no que diz respeito ao fato que estamos discutindo, ou seja, a mulher real, temos consciência que o melhor que ela tem a fazer é ser boa o suficiente. [...] A "mãe boa" e a "mãe má" do jargão kleiniano apresentam-se como objetos internos, não tendo nada em comum com as mulheres reais. O melhor que uma mulher real tem a fazer com um bebê é ser suficientemente boa de uma forma sensível inicialmente, de modo que a ilusão para ele se torna algo possível desde o início. Essa mãe suficientemente boa também é um "seio bom". (ABRAM, 2000, p. 144)

Em 1956, Winnicott situa a etiologia das psicoses na estrutura ambiente-indivíduo. A mãe viveria uma situação oposta à do *holding*:

> Na prática o que se passa é que as mulheres, tendo produzido uma criança, mas perdido o trem nos primeiros estágios, deparam-se com a incumbência de restabelecer aquilo que foi perdido. Elas passam por um longo período no qual devem adaptar-se às necessidades da criança em crescimento, mas não é certo que obtenham sucesso na correção da distorção precoce. Em lugar de supor certos efeitos benéficos na preocupação precoce e temporária, elas insistem em que a criança precisa de uma terapia, ou seja, de um período prolongado de adaptação às necessidades, ou então insistem em mimá-la. Elas preferem a terapia em vez de serem mães... Essa tarefa da mãe (ou da sociedade) é exercida com um enorme esforço, pois não se dá de uma forma espontânea. Esta incumbência, nas mãos certas, faz parte de um período precoce, neste caso à época em que o bebê começa a existir como indivíduo. (ABRAM, 2000, p. 29)

Essa falha materna ou ambiental, como Winnicott a nomeia, pode levar a incontáveis efeitos sobre a saúde mental do bebê.

Nos anos 1970, houve uma grande revolução psiquiátrica conhecida como antipsiquiatria, que consistiu na constatação da observação de que a instituição psiquiátrica estabelecia uma relação institucional doente, psicótica, com seu "paciente". Esse movimento foi encabeçado por dois psiquiatras ingleses: Laing e Cooper. Segundo Mannoni (1971), "A antipsiquiatria fez a escolha de defender o louco contra a sociedade" (p. 180).

Voltando com seus "loucos" para suas casas, as famílias tiveram também que repensar suas estruturas de funcionamento. Apresentaremos alguns teóricos que cuidaram desse assunto.

Trinca nos apresenta a força das mensagens entre os pais e os filhos e a mistura do amor e do ódio nestas mensagens causadoras de sintomas esquizofrenizantes:

> Mensagens ambíguas e esquizofrenogênicas dos pais têm a capacidade de provocar nos filhos sentimentos generalizados de impotência, inutilidade e fracasso, alterando essencialmente a relação de objetos e a noção que eles têm de si mesmos. Quando o ódio e a rejeição se misturam com mensagens pseudoamorosas, é provável que façam os filhos acreditar que as hostilidades sejam tão válidas quanto o amor que desse modo lhes é dedicado, sendo difícil distinguir uma coisa da outra. Cria-se, assim, uma origem e uma justificativa para a autodestrutividade. (TRINCA, 2011, p. 91)

E Trachtenberg (2007, p. 7) mostra a importância da **transmissão transgeracional*** na patologia de gerações futuras:

> Transmitir é fazer passar um objeto de identificação, um pensamento, uma história ou afetos de uma pessoa para outra, de um grupo para outro, de uma geração para outra. Na transgeracionalidade as transmissões são inconscientes e poderão ser determinantes nas patologias de gerações seguintes. (TRACHTENBERG, 2007, p. 7)

Explica que a transmissão intergeracional é estruturante e a transgeracional é invasiva:

e costuma estar relacionada a situações de traumas, lutos, violências (pessoais ou sociais), vergonhas, presentes e/ou passadas. Ela é potencialmente desestruturante para a geração receptora, pois não há circulação de palavras ou afetos. Predominam, em seu lugar, o silêncio e o segredo [...] Para esse sujeito torna-se insustentável lembrar, rememorar, pensar, sentir, sonhar ou falar. A resultante, que é a não elaboração do trauma, abre o caminho para a transmissão inconsciente de tais vivências e a repetição transgeracional. (TRACHTENBERG, 2007, p. 7)

A transmissão transgeracional ocorre, portanto, quando não há metabolização psíquica.

REFERÊNCIAS

ABRAM, J. *A linguagem de Winnicott: dicionário das palavras e expressões utilizadas por Donald W. Winnicott*. Rio de Janeiro: Revinter, 2000.

FREUD, S. Neurose e psicose. In: *Edição standard brasileira das obras psicológicas completas de Sigmund Freud*. Rio de Janeiro: Imago, 1996. v. 19. (Trabalho originalmente publicado em 1924).

HINSHELWOOD, R. D. *Dicionário do pensamento kleiniano*. Porto Alegre: Artes Médicas, 1992.

MANNONI, M. *O psiquiatra, seu "louco" e a psicanálise*. Rio de Janeiro: Zahar, 1971.

ROUDINESCO, E.; PLON, M. *Dicionário de psicanálise*. Rio de Janeiro: Jorge Zahar, 1998.

TRACHTENBERG, A. R. C. Transgeracionalidade: o que é isso? *ABP Notícias*, v. 11, n. 34, p. 7, out. 2007.

TRINCA, W. Notas sobre a esquizofrenia no contexto da psicanálise. *ALTER Revista de Estudos Psicanalíticos*, v. 29, n. 1, p. 89-110, 2011.

Mediação familiar psicanalítica

Maria Luiza Dias

CONCEITO

Processo de intervenção no qual o mediador coloca-se entre duas partes conflitantes. Ato de servir como intermediário entre pessoas ou grupos, com o objetivo de eliminar divergências ou disputas. Em psicanálise, o termo é utilizado para designar o uso de práticas mediadoras com indivíduos ou grupos que se submetem à psicanálise para acessar material psíquico latente.

ETIMOLOGIA

Mediação, do latim *mediatio, mediari*, intervir, colocar-se entre duas partes; medius, médium, no meio (MICHAELIS, 2020; PARKINSON, 2016).

EVOLUÇÃO HISTÓRICA DO CONCEITO

Na área jurídica, a mediação é definida como uma intervenção por meio da qual se procura chegar a um acordo. Parkinson (2016, p. 39), mediadora familiar inglesa, aponta que a mediação familiar "é usada, basicamente, para ajudar casais em vias de separação, a chegarem a um acordo mutualmente aceitável". Para tanto, entende que "todos os membros da família devem ser levados em consideração – crianças, adolescentes, avôs e, ainda, padrastos e madrastas". Nessa perspectiva, a mediação visa ajudar os membros da família, ao melhorar a comunicação entre eles e buscar acordos "tanto nos momentos de crise quanto nos momentos de transição".

No Brasil, o termo mediação nasceu a partir de trabalhos desenvolvidos nos Fóruns do Tribunal de Justiça e em serviços particulares de mediação de conflitos relacionados a divórcios de casais. Essa prática busca a acomodação de conflitos relacionados à guarda e definição de residência de filhos, regulamentação de visitas e acordos na partilha de bens e estabelecimento de pensão alimentícia.

Na Europa, há uma frente que caminha em direção semelhante à brasileira. A carta europeia da formação dos mediadores familiares de 1992, atualizada pelo

Fórum Europeu dos Centros de Formação de Mediação Familiar em 1997, segundo informa a psicanalista italiana Anna Maria Nicolò (2014), esclarece que a mediação familiar não corresponde a uma consulta legal ou conjugal, nem a uma terapia. A autora acredita que o modelo de intervenção que tem caracterizado o processo de mediação é o de abordagem sistêmica, geralmente breve, que focaliza mais os sintomas do que as representações e os significados. Cabe ressaltar que, ao lado da abordagem sistêmica, desenvolveu-se a abordagem psicanalítica focal, que oferece, segundo Nicolò (2014, p. 235), instrumento para realizar trabalho de mediação com o casal, de modo rápido e eficaz, sem, contudo, deixar de lado as "recaídas fantasmáticas da separação", tanto em cada membro do casal como nos filhos. Desse modo, a **parentalidade*** é protegida e intervém-se em possíveis transtornos futuros. Segundo Nicolò, dentro da psicanálise, esse tipo de intervenção decorre da vertente focal breve, já que geralmente prevê contrato com tempo predefinido, posição mais ativa do psicoterapeuta e trabalho específico sobre as inter-relações disfuncionais. A autora lembra que, embora a psicoterapia focal breve anteceda a mediação, esses trabalhos não se confundem. Nicolò encontra-se nessa primeira concepção do trabalho de mediação, a qual vê a mediação familiar como uma intervenção que permite a resolução dos conflitos familiares de casais com problemas de separação ou que se separaram já há muito tempo, objetivando encontrar um acordo que considere as necessidades de cada membro da família e, sobretudo, dos filhos. Acredita que a mediação permite, ainda, que os advogados possam assistir a seus clientes em condições menos críticas de emotividade, garantindo uma maior atenção ao bem-estar dos filhos.

Na psicanálise de casal e família, encontra-se o uso do termo mediação também caminhando em outra direção: para denominar a utilização de práticas mediadoras com indivíduos ou grupos, para acessar material psíquico latente.

Tendo por referência a psicanálise francesa, a obra de Anne Brun, Bernard Chouvier e René Roussillon (2013) é representativa. Os coautores apresentam a teoria e a prática da mediação terapêutica em diversos tipos de contextos institucionais e de problemáticas psicopatológicas. O livro que publicaram está dividido em duas partes, que buscam articulação entre teoria e prática: a primeira propõe os principais elementos de uma metapsicologia da mediação terapêutica (fundada na metapsicologia freudiana, apresenta alguns principais aportes de diferentes autores sobre a temática); a segunda apresenta diferentes formas de trabalho terapêutico, segundo o tipo de mediação (conto, dança, equiterapia, escrita, mediação sensorial olfativa, modelagem, fotografia de família, teatro). Esses autores acreditam que se pode enriquecer a prática psicanalítica tradicional com a mediação terapêutica no campo da clínica e buscam pôr em evidência os fundamentos teóricos e epistemológicos do recurso da mediação no cuidado psíquico.

Segundo Brun *et al.* (2013), o percurso em Freud se articula, em particular, em torno da interação entre a psicanálise e a criação artística e a questão do papel exercido pela sublimação no processo criador. A abordagem freudiana propôs a linguagem verbal como o meio principal do trabalho psicanalítico com adultos, o que marca a propriedade plástica das palavras. Brun afirma que Freud foi sensível às propriedades maleáveis da língua e da palavra, percebendo a plasticidade da atividade representativa. Lembra, ainda, que foram Melanie Klein e Anna Freud que introduziram o desenho na análise de crianças. Acrescenta a esse espectro a teoria de Winnicott da transicionalidade e a teoria do meio maleável na forma como é concebida por Marion Milner.

A psicanalista e artista inglesa Marion Milner (1950, *apud* DEVITO, 2015) assinalou que a pintura pode refletir o problema do pintor e seu mundo por um "meio maleável". Este pertence ao mundo objetivo, mas é suficientemente maleável para permitir a experiência de fusão do indivíduo com o outro: faz aflorar a questão da reciprocidade entre o "eu" e o "outro", idêntico ao problema original da criança e sua mãe.

Devito (2015, p. 42) se debruçou a estudar a obra de Milner e acredita que a hipótese da autora é de que "a pintura se torna um meio de registrar a verdadeira percepção imaginária do sujeito, as suas memórias, os seus sentimentos em um território definido, e ao qual se pode atribuir um nome". Brun *et al.* (2013) mencionam, também, que esse universo da mediação exerceu papel central na história psicanalítica das psicoses; que a maior parte dos dispositivos utilizados em práticas institucionais são grupais; que o uso da mediação terapêutica, como a modelagem, a pintura, a música, é anterior na história da psicoterapia psicanalítica de crianças e de psicóticos; que os arteterapeutas (psicólogos) pouco se referem à epistemologia psicanalítica; que os psicanalistas se aventuram pouco no processo de mediação, principalmente no que se refere ao **enquadre*** institucional; que a mediação terapêutica muito contribui para fazer emergir a figuração das experiências primitivas não simbolizadas, de ordem afetivo-motoras, permitindo a emergência da protorrepresentação com reatualização de sensações alucinadas (de traços perceptivos), o que permite levar em conta a emergência de formas primárias de simbolização. Pela implicação do corpo e da sensorialidade, a exploração da mediação artística com fins terapêuticos se engaja no caminho de experiências sensório-afetivo-motoras e serve de suporte para a revivescência de experiências corporais.

Caminha nessa direção a utilização da Fotolinguagem©, como propôs Vacheret (2008), método de trabalho de compreensão psicanalítica, dirigido a fins terapêuticos e de formação, originalmente utilizado em grupo. O método é constituído por um conjunto de fotos em preto e branco, as quais são agrupadas por temas. A utilização de fotos que servissem de suporte à fala de indivíduos em situação de cuidado e que encontravam dificuldades para se expressar em grupo e para falar de suas diversas experiências, eventualmente dolorosas, teve início em trabalho com jovens adolescentes realizado por um grupo de psicólogos e psicossociólogos de Lyon, a partir de 1965.

Também se encontram iniciativas de publicações brasileiras. Machado, Féres-Carneiro e Magalhães (2008) utilizaram um instrumento de avaliação e construção familiar na clínica denominado arte-diagnóstico familiar (ADF), para auxiliar a família a perceber sua demanda no transcorrer das entrevistas, procurando aproximar as motivações individuais de cada integrante a fim de criar uma demanda conjunta. Sua obra apresenta a análise de um caso. Essa técnica foi proposta por Kwiatkowska (1978) e consiste em uma série de seis desenhos que são realizados com o grupo familiar: desenho livre, retrato de família, retrato da família abstrata, rabisco individual, rabisco em conjunto e segundo desenho livre.

O uso da mediação em psicanálise não é novo. Winnicott (2000) já havia instalado essa experiência ao propor o "jogo do rabisco", em suas consultas terapêuticas. O procedimento corresponde a um desenho realizado conjuntamente entre o profissional e o indivíduo atendido. O profissional realiza um rabisco sobre a superfície de uma folha sulfite e pede para que a criança atendida o transforme em um desenho; na sequência, o profissional pede à criança para que faça outro rabisco, e então será a vez do profissional de transformá-lo em alguma coisa, via desenho. Essa técnica passou a ser utilizada também com indivíduos adolescentes ou adultos. Segundo Safra (1984), o jogo de rabiscos é uma técnica clínica que tenta reproduzir as condições para o aparecimento do espaço transicional entre psicanalista e cliente, facilitando a comunicação de aspectos profundos do psiquismo do indivíduo atendido. Cabe ressaltar que muitos outros trabalhos que utilizam recursos mediativos podem ser encontrados na literatura.

REFERÊNCIAS

BRUN, A.; CHOUVIER, B.; ROUSSILLON, R. *Manuel des mediations thérapeutiques*. Paris: Dunod, 2013.

DEVITO, J. *Marion Milner e a clínica da criatividade*: estilo, ética e técnica. 2015. 173 p. Dissertação (Mestrado em Psicologia Clínica) – Pontifícia Universidade Católica, São Paulo, 2015.

KWIATKOWSKA, H. Y. *Family therapy and evaluation through art*. Springfield, IL: Charles C. Thomas, 1978.

MACHADO, R. N.; FÉRES-CARNEIRO, T.; MAGALHÃES, A. S. Demanda clínica em psicoterapia de família: arte-diagnóstico familiar como instrumento facilitador. *Paideia*, Ribeirão Preto, v. 18, n. 41, p. 555-566, 2008. Disponível em: http://www.scielo.br/scielo.php?script=sci_arttext&pid=S0103-863X2008000300011. Acesso em: 18 jan. 2021.

MICHAELIS. *Dicionário brasileiro da língua portuguesa on-line*. 2020. Disponível em: http://michaelis.uol.com.br/busca?id=D9jWM. Acesso em: 29 fev. 2020.

MILNER, M. *On not being able to paint*. London: Routledge, 2011. (Trabalho originalmente publicado em 1950).

NICOLÒ, A. M. La mediación familiar psicoanalítica. *In*: *Psicoanálisis y família*. Barcelona: Herder, 2014. p. 235-255.

PARKINSON, L. *Mediação familiar*. Belo Horizonte: Del Rey, 2016.

SAFRA, G. Procedimentos clínicos utilizados no psicodiagnóstico. *In*: TRINCA, W. et al. *Diagnóstico psicológico*: a prática clínica. São Paulo: EPU, 1984. cap. 5, p. 51-66, 1984. (Coleção Temas básicos de psicologia, v. 10).

VACHERET, C. A fotolinguagem©: um método grupal com perspectiva terapêutica ou formativa. Trad. e revisão Pablo de Carvalho Godoy Castanho. *Psicologia: Teoria e Prática*, v. 10, n. 2, p. 180-191, 2008.

WINNICOTT, D. W. *Da pediatria à psicanálise*: obras escolhidas. Rio de Janeiro: Imago, 2000.

Metapsicologia do terceiro tipo e tópica do terceiro tipo

David Léo Levisky

CONCEITO

A partir do conceito de **aparelho psíquico grupal***, Kaës (1976) descreve uma metapsicologia adicional àquela proposta por Freud. Ele busca compreender os espaços gerados pelos vínculos em seus aspectos dinâmicos, tópicos e econômicos. Espaços da realidade psíquica que se formam, estranhos e complexos, além daquele do sujeito singular, graças aos vínculos estabelecidos entre os sujeitos do grupo. Espaços inconscientes a serem decifrados e identificados nas relações intersubjetivas e transubjetivas, com suas bordas e intersecções (KAËS, 2015, p. 195).

ETIMOLOGIA

Metapsicologia é o termo criado por Freud para designar conceitos teóricos da psicologia que ele fundou, a psicanálise. A metapsicologia freudiana formula um conjunto de modelos conceituais que configuram um aparelho psíquico singular, dividido em instâncias como a teoria das pulsões, os processos de recalque etc. Essa metapsicologia abrange três aspectos: dinâmico, tópico e econômico, na busca de compreensão do funcionamento desse modelo ficcional que representa o aparelho psíquico individual (LAPLANCHE; PONTALIS, 1973, p. 238).

Tópica vem do grego *topikós*, que significa pertencente a um determinado lugar; do grego, *tópos*, fundamentada na diferenciação de lugares distintos do aparelho psíquico. Instâncias ou sistemas psíquicos com diferentes consistências, conteúdos, modos de funcionamento e lógicas distintas. (Dicionário Etimológico on-line).

EVOLUÇÃO HISTÓRICA DO CONCEITO

A metapsicologia freudiana propõe duas tópicas: 1. inconsciente, pré-consciente e consciente; 2. id (pulsão), ego (mecanismos de defesa e relação entre mundos interno e externo) e superego (herdeiro do complexo de édipo). Diferencia-se da metapsicologia descrita por Kaës, denominada metapsicologia do terceiro tipo. A concepção de Kaës discrimina os espaços oriundos das relações vinculares, e não aqueles intrapsíquicos do sujeito singular, como na metapsicologia freudiana. Diz Kaës:

> o inconsciente se inscreve em múltiplos espaços psíquicos, diversos em suas estruturas, heterogêneos em suas formações e nos seus processos, mas trabalhando sobre a mesma matéria psíquica; é de se admitir que a metapsicologia do aparelho psíquico individual não se pode a ela somente conceber a pluralidade de lugares do inconsciente e dos efeitos desta politopia sobre as formações e os processos psíquicos em cada um desses espaços. (KAËS, 2015, p. 189, tradução nossa)

Autores contemporâneos identificam uma **terceira tópica***, distinta das duas primeiras propostas por Freud, e também distinta daquela proposta por Kaës. Uma terceira tópica já havia sido descrita por autores como Dejours, Green, Racamier, Brusset, como assinalam Azevedo (2007) e Kaës (2015), na perspectiva de se ter uma compreensão melhor das patologias-limite, dos estados fronteiriços ou borderline e das falhas narcísicas precoces. Estes são quadros clínicos que não se enquadram nas neuroses, psicoses e perversões, apesar de poderem estar associados a elas. Essas terceiras tópicas contemplam os espaços do inconsciente no que se refere ao sujeito singular, ao intrapsíquico e intrassubjetivo. O espaço psíquico da tópica do terceiro tipo de Kaës, aqui focalizada, diz respeito ao espaço formado pelo prolongamento dos inconscientes individuais no espaço compartilhado, o **entre***, oriundo dos vínculos geradores e interatuantes que se formam nos espaços inter e transubjetivos. Nas relações grupais como casais, famílias, grupos e instituições, criam-se espaços gerados e compartilhados pelos integrantes dos vínculos, por meio de identificações e alianças conscientes e inconscientes, que se estabelecem entre eles. Cada sujeito projeta nos demais membros do grupo e no espaço comum formado pelos seus integrantes uma zona compartilhada, carregada de elementos conscientes e inconscientes de cada um dos participantes e outros produzidos pelo processo histórico, genealógico, transgeracional e cultural. Os conteúdos inconscientes presentes no espaço vincular tendem a interferir e a gerar mudanças nos processos dinâmicos, econômicos e estruturais em níveis intrassubjetivos, intersubjetivos e transubjetivos. As duas tópicas propostas por Freud em sua metapsicologia são insuficientes para a compreensão dos fenômenos ocorridos no espaço compartilhado, ou no "entre", assim como para a compreensão dos fenômenos dos estados-limites e borderline. A expressão criada por Kaës – terceira tópica – gerou confusão por referir-se a um espaço inconsciente distinto daquele observado por outros autores que se referiam ao sujeito singular. Kaës, para dirimir dúvidas, alterou o nome do seu conceito para **tópica do terceiro tipo***, que veio complementar e expandir a metapsicologia freudiana. Segundo Kaës:

> o aparelho psíquico grupal abrange três espaços da realidade psíquica inconsciente, cada um dispondo de conteúdos psíquicos, de organização e de funcionamento específico, com uma tópica, uma dinâmica e uma economia distinta. Ele propõe uma inteligibilidade das relações complexas que articulam, distinguem e opõem o espaço do sujeito singular e aqueles dos espaços plurais intersubjetivos e transubjetivos. (KAËS, 2015, p. 195, tradução nossa)

Kaës introduz o conceito de prolongamento do inconsciente para o espaço vincular, um espaço plural. Winnicott (1978) descreve a importância dos vínculos mãe-pai-bebê com a criação do espaço da ilusão, do objeto e do fenômeno transicional. O objeto transicional distingue-se do objeto interno, descrito em 1934 por Klein. O objeto transicional não é um objeto interno; é uma possessão. Também não é um objeto externo. "O objeto transicional jamais está sob controle mágico, como o objeto interno, nem tampouco fora de controle, como a mãe real (WINNICOTT, 1978, p. 400)". O espaço transicional, ainda que contenha projeções do inconsciente do bebê e da mãe, não se configura como um espaço mental interno, pois o bebê está em desenvolvimento quanto ao processo de discriminação entre o Eu e o não Eu. O objeto, o espaço e os fenômenos transicionais irão constituir o espaço intrapsíquico, o espaço da intrassubjetividade. Winnicott diz que a "área intermediária a que me refiro é a área concedida ao bebê, entre a criatividade primária e a percepção objetiva baseada no teste de realidade" (WINNICOTT, 1978, p. 402).

Green afirma que "Winnicott não acredita ser possível pensar em termos de indivíduo nos primeiros tempos, pois, para ele, na origem não existe um eu individual para separar o Eu do não-Eu" (GREEN, 2007, p. 76).

A área compartilhada entre mãe-bebê é um espaço virtual externo/interno do bebê em contato com aspectos do inconsciente materno, mas distingue-se do espaço formado pelos prolongamentos dos inconscientes de cada um dos elementos do vínculo já discriminados entre o Eu e o não Eu, área intersubjetiva. Os objetos e fenômenos transicionais se conectam na rede das identificações e alianças inconscientes. A díade mãe-bebê ou tríade mãe-pai-bebê são relações inseparáveis e complementares, fundamentais na configuração do psiquismo do bebê. Psiquismo que, por sua vez, interfere no psiquismo dos integrantes do vínculo familiar. Entendo que, nas condições iniciais do desenvolvimento do bebê, o "espaço transicional" descrito por Winnicott e o espaço da "terceira tópica" de Kaës se confundem, uma vez que os espaços psíquicos do bebê estão em estruturação. Mas, na medida em que o bebê discrimina o Eu do não Eu e a simbiose inicial progressivamente se atenua, estabelecem-se os espaços intersubjetivos, frutos dos encontros dos inconscientes individuais dos pais com o inconsciente do bebê, em meio às identificações e alianças inconscientes. Os casos clínicos diagnosticados como patologias-limite, fronteiriços, borderline ou como falhas estruturais narcísicas ligadas a situações ocorridas nos momentos iniciais de constituição do psiquismo podem gerar fragilidade do ego, predominância de mecanismos defensivos primitivos, angústia maciça, simbolização inadequada, polimorfismo de sintomas e inconsistências nas relações de objeto. Como compreender patologias cujo início ocorreu em momentos precoces do desenvolvimento? Algumas teorias tentam explicar esses quadros clínicos como perturbações durante a fase de estruturação do objeto e fenômenos transicionais. Outros autores, como Junqueira e Coelho Jr. (2017), em "Acerca da metapsicologia dos limites", alinhados com as ideias de Brusset (2005b/2006) e Green (2008), sugerem que tais estruturas psíquicas estão localizadas fora do *self* e da parte integrada da personalidade, talvez no espaço somático, fora do psiquismo, mas localizado no espaço intrassubjetivo. Vemos, assim, que as ideias de uma tópica do terceiro tipo de Kaës, as ideias de Winnicott quanto à formação do espaço e do objeto transicional, bem como as hipóteses de outros autores quanto às patologias-limites e falhas narcísicas precoces são distintas e complementares. A questão dos espaços do inconsciente e da necessidade de criação de outras tópicas além das propostas por Freud foi tema central do 66º Congresso Psicanalítico de Língua Francesa, realizado em Lisboa em 2006. Nessa oportunidade, Brusset defendeu a ideia de uma nova metapsicologia denominada de terceira tópica para explicar a natureza dos casos singulares há pouco descritos. Kaës a chamou, inicialmente, de terceira tópica, mas, diante das confusões surgidas, passou a chamá-la de tópica do terceiro tipo:

> as terceiras tópicas permanecem centradas sobre os efeitos intrapsíquicos das relações precoces, ela só esboça a questão da intersubjetividade, restringindo-se aos efeitos que produzem no sujeito as relações que o enovelam a um outro ou mais de um outro (o objeto e o grupo de objetos da relação), e não como espaço comum e compartilhado. (KAËS, 2015, p. 193, tradução nossa)

Freud, em "Totem y tabu" (1912-1913/1973a, p. 1745-1850) e em "Psicologia de las masas y analisis del yo" (1920/1973b, p. 2563-2610), abriu espaço para o que chamou de "psicologia social". Seu entendimento difere daquele que os psicólogos atuais têm de psicologia social. Freud estava voltado para a compreensão do sujeito singular quanto aos caminhos para a obtenção da satisfação de desejos e necessidades. O processo básico de psicologia social de Freud é a identificação. Ele introduz a ideia de um psiquismo de grupo, de uma "alma" das massas, noção revolucionária no campo dos objetos teóricos da psicanálise – conceito que ultrapassa o de aparelho psíquico individual, indo além ao instaurar a alteridade como função estruturante do psiquismo. Em "Totem y tabu" (FREUD, 1912-1913/1973a), sugere que o grupo é o espaço e o meio de passagem para a realização das pulsões e do processo de simbolização. Diz Azevedo:

> Freud, ao defrontar-se com questões advindas de sua aproximação com a psicose, em 1938, propõe que talvez a espacialidade poderia ser vista como uma projeção da extensão possível do aparelho psíquico. As teorias de relação de objeto, provavelmente fazendo uso desse modelo e trabalhando amplamente as questões de projeção e introjeção, contribuíram com uma visão espacial do mundo mental [...]. (AZEVEDO, 2007, p. 86)

Melanie Klein (1946/1991, p. 17-43) também descreve que a atividade psíquica se caracteriza por um jogo de movimentos de projeção, introjeção e identificação projetiva, na criação de um mundo interno e externo pautado pela teoria das relações objetais. Percebe-se que, nessa proposição, a extensão do espaço do inconsciente para fora do sujeito singular envolve e interfere nas configurações dos espaços psíquicos de cada um dos integrantes da relação, mas não se refere ao espaço comum compartilhado, o **entre***. Os vínculos afetivos, por meio das redes de **identificação*** e de **alianças inconscientes***, contribuem para a função de **continência*** familiar – rede cuja malha dará maior ou menor continência aos conteúdos psíquicos decorrentes de sua estrutura, dinâmica e economia em níveis intra, inter e transubjetivos. Benghozi (2010) denominou essa produção psíquica de **malhagem***. Tais redes de **configurações vinculares*** produzem tessituras complexas, formadas a partir dos vínculos familiares, grupais, institucionais e na relação com a cultura. Dependem, também, de elementos genealógicos e de transmissão psíquica. A metapsicologia do terceiro tipo nasce, portanto, do encontro formado por espaços psíquicos inconscientes dos integrantes da relação; espaços desconhecidos, estranhos e complexos, a serem identificados e decifrados.

REFERÊNCIAS

AZEVEDO, A. M. A. Uma terceira tópica? *Rev. Bras. Psicanál.*, São Paulo, v. 41, n. 1, p. 84-90, 2007.

BENGHOZI, P. *Malhagem, filiação e afiliação*. São Paulo: Vetor, 2010.

BRUSSET, B. *Psychanalyse du lien, les relations d'object*. Paris: PUF, 2005a.

BRUSSET, B. Métapsychologie des liens et troisième topique? Trabalho apresentado ao 66º Congrès des Psychanalystes de Langue Française, Lisboa, 2006. *Bulletin de la Société Psychanalytique de Paris*, n. 78, 2005b.

FREUD, S. Totem y tabu. *In: Obras completas*. Madrid: Nueva, 1973a. v. 2. (Trabalho originalmente publicado em 1912-1913).

FREUD, S. Psicologia de las masas y analisis del yo. *In: Obras completas*. Madrid: Nueva, 1973b. v. 2. (Trabalho originalmente publicado em 1920).

GREEN, A. Demarcação originária e transformações da ligação, de Freud a Winnicott. *Rev. Bras. Psicanál.*, São Paulo, v. 41, n. 1, p. 69-83, 2007.

GREEN, A. *Orientações para uma psicanálise contemporânea*. Rio de Janeiro: Imago, 2008.

JUNQUEIRA, C.; COELHO Jr., N. Acerca da metapsicologia dos limites. *Ágora*, Rio de Janeiro, v. 20, n. 1, 2017.

KAËS, R. *L'appareil psychique groupal. Constructions du groupe*. Paris: Dunod, 2010. (Trabalho originalmente publicado em 1976).

KAËS, R. *L'extension de la psychanalyse – pour une métapsychologie du troisième type*. Paris: Dunod, 2015.

KLEIN, M. Notas sobre alguns mecanismos esquizoides. *In: Obras completas*. Rio de Janeiro: Imago, 1991. v. 3: Inveja e gratidão e outros trabalhos 1946-1963. (Trabalho originalmente publicado em 1946).

LAPLANCHE, J.; PONTALIS, J. B. *Vocabulaire de la psychanalyse*. Paris: PUF, 1973.

WINNICOTT, D. W. *Textos selecionados: da pediatria à psicanálise*. Rio de Janeiro: Francisco Alves, 1978.

Mito familiar

Lidia Levy

CONCEITO

O conceito de mito familiar foi inspirado no de mito social, que geralmente descreve como algo surgiu, seja um povo, uma cidade ou um herói. O conteúdo dos mitos tanto pode expressar uma exaltação e veneração dos personagens de quem falam como sublinhar os aspectos negativos e as incapacidades desses personagens. O mito familiar é definido como um relato que implica um conjunto de crenças partilhadas por toda a família e, eventualmente, transmitidas há gerações.

ETIMOLOGIA

Do grego mythós, fábula (FERREIRA, 1986).

EVOLUÇÃO HISTÓRICA DO CONCEITO

A expressão mito familiar foi criada por Antonio Ferreira (1963) para indicar um conjunto de crenças compartilhadas pelo grupo familiar concernente aos papéis e atribuições de seus membros em suas relações recíprocas. Refere-se ao modo como a família se representa enquanto grupo, à imagem que seus membros contribuem para construir e preservar. Buscando compreender grupos familiares disfuncionais, o autor propunha que o mito familiar funcionava como uma válvula de segurança, impedindo a desorganização ou a ruptura do sistema, reforçando os papéis de cada membro, ainda que falsificando a "realidade". A partir da introdução do termo, o mito familiar foi ganhando novos sentidos, a ponto de Eiguer (1995) comentar que, se fosse solicitado a um grupo de terapeutas de família defini-lo, seriam encontradas definições muito diferentes e até contraditórias. O mito familiar é uma produção fantasmática grupal, expressão de uma **interfantasmatização***; ou seja, antes de constituir-se como um mito, uma **fantasia inconsciente*** se configura e é compartilhada pelo grupo. O mito é, então, construído na forma de uma narrativa e consolida uma crença, cristalizando-se como um conhecimento que adquire o valor de verdade para os membros da família. Eiguer (1995, 2009) levanta dois temas que costumam formar o conteúdo dos mitos: uma lenda ou fábula, às vezes de caráter heroico, e um preceito ou clichê de origem social, **transgeracional*** ou atual. Em relação à diferença entre mito e fantasia, Ruffiot (2015) esclarece que, **enquanto o mito é uma produção do imaginário* coletivo,** a fantasia, no sentido psicanalítico, é uma produção individual. O mito familiar não se caracteriza apenas por ser compartilhado por seus membros, mas é também parte de uma mesma fantasmática familiar sustentada nos psiquismos individuais. O mito surge da soma das fantasias singulares deformadas pela censura familiar, consciente e inconsciente, criando uma realidade psíquica familiar que se distancia do que é percebido por um observador externo. O mito familiar não tem autor reconhecido nem origem precisa no tempo. Ele é elaborado ao longo de várias gerações, e suas versões mudam ao longo do tempo e das gerações. Se um dos membros da família se permite colocar em dúvida um determinado mito, isso indica ser possível criticar uma verdade adquirida e criar uma outra instância mítica que se aproprie da nova situação (EIGUER 1995, 2009). Quando um mito não pode ser questionado, torna-se um mito canônico, que não tolera variantes. Em famílias psicóticas, o mito é um rito mental rígido, que se impõe ao grupo às custas da autonomia dos aparelhos psíquicos singulares e congela as regras familiares ao ser transmitido de uma geração a outra. Nesse caso, o mito não pode ser transgredido nem questionado, apesar de sua característica de irrealidade (RUFFIOT, 2015). Também para Nicoló (2014), se um mito pode ser desmentido por um membro, reelaborado ou modificado, é possível para cada um encontrar seu caminho pessoal a partir da história familiar. Entretanto, em famílias que se caracterizem por uma fragilidade egoica, o mito pode ser o único elemento de segurança. Percebe-se, assim, que os mitos podem ter um sentido alienante, mas também podem ser estruturantes e evolutivos. Nicoló (2014) enfatiza o lado defensivo do mito familiar, concebido como uma tentativa de elaborar um fato histórico ou uma experiência traumática, de manejar, conter e representar as potentes emoções despertadas por um **acontecimento***. O mito, por esse prisma, é uma tentativa de construir e reconstruir a experiência ou o acontecimento traumático. Portanto, tem importante função defensiva em momentos de **crise*** e tensão. A autora nos remete a situações em que o sujeito constrói uma parte de sua própria **identidade*** sobre um personagem mítico que dificilmente pode ser modificado, justamente porque não pertence ao presente e já perdeu suas características, transfigurado pelas **projeções**★ nele feitas pelos demais membros. Nesse sentido, o presente só pode ser uma repetição do passado, mostrando que o evento doloroso em sua origem ainda não foi assimilado. A relação entre mito e defesa é estudada por Eiguer (1995, p. 145), para quem "considerar exclusivamente o mito enquanto defesa pode levar a subestimar o fundamento fantasmático de todo mito". Todo mito, seja ele social ou familiar, tem sua origem na **interfantasmatização**★ inconsciente, que não tem uma função defensiva. Portanto, além de uma dimensão defensiva, o mito familiar também apresenta uma dimensão adaptativa e criativa. Das construções míticas surgem as regras e **mandatos transgeracionais** e **intergeracionais**★ que marcam os papéis, as missões e os **legados**★ de cada membro da família. O mito ajuda a criar **vínculos**★ e proporciona um sentimento de identidade e de **pertença**★ ao grupo, fornece o contorno de uma identidade familiar. Assim, para se manter como um mito grupal, é necessário que os membros dele se apropriem individualmente e coletivamente, criando uma **realidade psíquica grupal**★ de pertencimento. Verifica-se que cada família tem seus mitos e que, quando ela os abandona, sente necessidade de criar outros, um indicativo da capacidade de mitopoiese dos sujeitos (RUFFIOT, 2015).

REFERÊNCIAS

EIGUER, A. *O parentesco fantasmático*. São Paulo: Casa do Psicólogo, 1995.

EIGUER, A. Les mythes de la famille et du thérapeute familial et leur deconstruction. *Le Carnet PSY*, v. 3, n. 134, p. 31- 35, 2009.

FERREIRA A. J. *Family, myths and homeostasis. Archives of General Psychiatry*, n. 9, p. 457-463, 1963.

FERREIRA, A. B. H. Novo dicionário da língua portuguesa. Rio de Janeiro: Nova Fronteira, 1986.

NICOLÓ, A. M. *Mitos familiares, psicoanálisis y familia*. Barcelona: Herder Editorial, 2014.

RUFFIOT, A. La función mitopoiética de la família. Mito, fantasma, delírio y su génesis. *Psicoanalisis e Intersubjetividad*, n. 8, jun. 2015.

Não verbal

Marcia Maria dos Anjos Azevedo

CONCEITO

A linguagem encarnada tem função mediadora fundamental e apresenta as diversas tonalidades afetivas dentro da terapia familiar. O que não pode ser verbalizado carrega a marca não só do que é indizível, mas, também, do que é impensável e irrepresentável (AZEVEDO, 2006, p. 33). Nesse caso, o que não pode ganhar o estatuto de pensamento será atuado, e, nessa circunstância, os recursos disponibilizados serão mais primitivos, fundamentalmente corporais.

ETIMOLOGIA

Do latim *non*, não, e *verbalis*, origem latina de verbal, que significa o que consiste em palavras. *Verbalis* passou para o latim vinda de uma raiz indo-europeia, *Were*, que significa falar. Verbo vem do latim *verbum*, que significa palavra, parte do discurso que expressa ação. Aqui, pode ser associada à perspectiva do não dito, enquanto o dito é o particípio passado de dizer, do latim *dicere* (DICIONÁRIO ETIMOLÓGICO). Uma das consequências desse modelo, de acordo com Eiguer (1995, p. 7), é que toda análise se desloca da semântica (relação entre significado e significante) para a pragmática (relação entre o emissor da mensagem e a ação sobre o receptor).

EVOLUÇÃO HISTÓRICA DO CONCEITO

A base da experiência intersubjetiva implica formas complexas de comunicação que se encontram organizadas dentro de um domínio compartilhado de conversação linguística ou extralinguística (COELHO Jr.; FIGUEIREDO, 2012. p. 22). Esse processo envolve a presença concreta do corpo. A demarcação do lugar que cada sujeito vai ocupar na organização familiar e na transmissão da herança psíquica na corrente de gerações (KAËS *et al.*, 2001) depende ainda da associação entre as dimensões temporal, espacial e histórica, tendo em vista que o grupo é o lugar de produção e manifestação do inconsciente (KAËS, 1997, p. 248). A comunicação entre os sujeitos e através deles ocorre a partir da transmissão de elementos verbais e não verbais, conscientes e inconscientes, intricada entre afetos, mitos, tabus, ideais e sombras.

A dimensão não verbal constitutiva da experiência humana individual e grupal é múltipla e complexa, elemento primordial no estabelecimento da comunicação intersubjetiva e na composição da **malha psíquica ou malhagem**★ que enreda o processo de **transmissão psíquica**★ e as modalidades vinculares entre membros de um grupo, composta de impressões, expressões, sensações e percepções, traduzíveis ou não, apoiada sobre o alicerce corporal. Cada grupo possui códigos linguísticos próprios, produzidos a partir de um intercâmbio dentro de cláusulas específicas em **alianças**★, **contratos**★ e **pactos inconscientes**★. Estes interferem na constituição narcísica, identificatória, e na capacidade simbólica dos envolvidos em diversos graus de intensidade.

A psicanálise com grupos e família importou subsídios teóricos da obra freudiana, tendo em vista que, a partir dessa premissa, não seria possível analisar os processos psíquicos individuais ou grupais apenas por critérios linguísticos (GREEN, 1984). Há que se incluir na escuta de um grupo familiar os processos psíquicos em ação, a trama identificatória e edípica cujos discursos, individual e coletivo, nem sempre denunciam as filigranas da relação entre o que é possível ser acessado pela narrativa, o alcance dos processos simbólicos e a organização de estratégias defensivas. De acordo com Kaës (1997, p. 165), "a escuta de um grupo familiar " consiste em discernir os elementos que funcionam como núcleos de articulação, de que certos sujeitos se fazem porta-vozes e porta-sintomas".

Desde a década de 1960, observa-se uma necessidade de diferenciar os termos **silêncio**★ e não verbal, devido a sua importância no trabalho com grupos e famílias. Nesse contexto, o aspecto sensorial deve ser levado em conta, em função do **vínculo**★ materno-filial ser essencialmente psicossomático, e uma vez que, neste, se processa uma comunicação corporal primitiva. É por meio da sensorialidade do corpo que a mãe transmite afeto e seus conteúdos inconscientes, pela expressão do olhar, o tom de voz, o calor do colo, a delicadeza ou a ansiedade no toque, os batimentos cardíacos etc. Segundo Aulagnier (1979, p. 22), "todo ato, toda experiência, tudo o que foi vivido, dá lugar, simultaneamente, a um pictograma, a uma fantasia e a uma atribuição de sentido".

Nessa perspectiva, o corpo, como uma fronteira porosa, será a via pela qual transitam os ditos, os não ditos, e na qual se aloja a **cripta**★ familiar. Sobre a comunicação não verbal, há que ressaltar a importância do olhar na constituição psíquica e subjetiva e no laço parental, elemento que encontra respaldo na teorização de Winnicott (1975) sobre o papel de espelho do olhar materno na constituição infantil e na de Lacan (1987) sobre o estádio do espelho. A partir da construção do reflexo de si e de sua existência no olhar do outro significativo é que o Eu constitui seu repertório interpretativo e reage às exigências da vida em função dos conteúdos incorporados, advindos do outro e do Outro materno. Então, por meio do olhar limites são estabelecidos e cria-se uma referência no enlaçamento identificatório familiar entre romances, dramas e tragédias, no modo como transitam ideais e afetos inconscientes. Mais uma vez um retorno a Freud faz-se necessário, para realçar o fato de que "a **identificação*** é conhecida pela psicanálise como a mais remota expressão de um laço emocional com outra pessoa" (FREUD, 1921/1982e, p. 133). Assim, qualquer que seja a perspectiva de trabalho com grupo familiar, o território não verbal será atravessado por vetores identificatórios. Seguindo esse raciocínio, a capacidade de decodificação das mensagens recebidas depende da existência de uma instância intermediária responsável pela construção de sentido, em uma dinâmica que envolve mecanismos de incorporação, introjeção e projeção, a partir das possíveis ligações entre os aparelhos psíquicos que compõem a **malha psíquica ou malhagem*** grupal inconsciente (BENGHOZI, 2010). Aqui, o sujeito **porta-sintoma*** (KAËS, 1997, p. 165), **paciente identificado***, será aquele que denuncia a patologia vincular no grupo em questão, havendo sempre uma "trama de família e encontros cruzados" (ROUDINESCO, 2016, p. 47).

Observa-se, com relação às condições de transmissão, que há sempre operações falhas oriundas do psiquismo humano, denunciadas a partir do modo de estabelecimento dos vínculos. A transmissão via sensorialidade, não verbal, apresenta, segundo Laplanche, uma interferência dos "significantes enigmáticos" (LAPLANCHE, 1988), transmitidos dentro de uma conjuntura de familiaridade, aos quais os processos conscientes de pensamento não têm acesso. Nessas situações, observa-se a ação de elementos excluídos de elaboração simbólica, inerentes às alianças, contratos e pactos inconscientes a que os sujeitos se encontram submetidos. A sustentação da corrente que liga o sujeito a sua história estará apoiada na capacidade de diferenciação entre os membros, marcada pelos entraves **transgeracionais***. Observada uma situação em que, em lugar de um olhar que reflita a posição de "Sua Majestade, o bebê" (FREUD, 1915/1982c), apresenta-se um olhar vazio de significação e de sentido, a **filiação***, segundo Aulagnier (1990), pode ganhar uma conotação persecutória. Então, em função da tonalidade ambivalente demonstrada em certos vínculos afetivos indiferenciados, no caso de haver uma ameaça de ordem narcísica, por exemplo, há situações clínicas em que diferenciação e separação se confundem de modo desorganizador, remetendo o sujeito, em última instância, ao medo de rompimento, reativando a angústia frente à ameaça de desamparo.

É necessário observar que um **luto*** que não pode ser elaborado em uma geração, em função do caráter traumático e violento, se mantem como uma sombra, na condição de encriptado, produzindo ressonâncias somáticas na perspectiva **transgeracional***. Nesse caso, segundo Eiguer (2016), na **identificação*** ao objeto ancestral, aparece uma **identificação alienante***, em função da presença de um "traumatismo não elaborado". Esse aspecto se aproxima da identificação ao negativo, ao **irrepresentável***, que criou vazios e falhas, situação responsável por transtornos no processo de pensamento. Adoecer dentro desse espectro seria um modo de manifestação da "sombra do objeto" (FREUD, 1915/1982c), com a reativação do desamparo primordial em seu aspecto traumático. Situação em que o corpo, fonte pulsional, é transformado em alvo de uma força mortífera. Esse movimento de um "retorno sobre si" como destino pulsional apresenta um paradoxo. O Eu, ao mesmo tempo que é sustentado pela necessidade de manutenção de uma ligação, promove um ataque ao "corpo estranho interno" (AZEVEDO, 2003, *apud* ABRAHAM; TOROK, 1995, p. 45), de maneira que o que deveria manter-se oculto reaparece como conteúdo estranho e temido, aproximando-se do "unheimlich" freudiano (1919/1982d). Em termos psicanalíticos, é o outro, em sua condição de **alteridade***, que oferece as condições mínimas de tradução da experiência vivencial e da construção de sentido, uma vez que o comunicado não verbal por si só não legitimaria o sentido e o percebido. Essa afirmativa nos remete ao que Ferenczi (1909/1989) sustenta no conceito de "desmentido". Seu aspecto traumático interfere no processo de introjeção. Além disso, o sentimento de orfandade advindo do desmentido familiar compromete a relação com os ideais e a constituição da alteridade. Ainda, para não abandonar seu objeto tão amado, a criança se dispõe a clivar-se, gerando uma reação em cadeia, com um comprometimento na discriminação entre realidade e **fantasia***, do juízo de realidade e em sua capacidade simbólica.

Se a instância egoica, responsável pela inteligibilidade e construção do sentido, tem papel fundamental como agenciador e tradutor das mensagens transmitidas pelo outro, nesse sentido a ausência deste como uma instância intermediária contribui para a promoção de um modo de adoecer em que fonte e alvo pulsional se confundem em um curto-circuito. Essas situações são acionadas por uma insuficiência de recursos, que serão o gatilho para uma ausência de resposta psíquica, com entrave ou paralisação do trabalho de pensamento. Esse quadro remete a falhas precoces, relacionadas à função continente dos objetos primários.

Os não ditos familiares guardam o **silêncio*** que habita a **cripta***. Segundo Abraham e Torok (1995, p. 251), isso ocorre "porque palavras indizíveis não cessam de desenvolver sua ação subversiva" e são mantidas inacessíveis ao processo de elaboração psíquica. Nesse contexto, a identificação projetiva será o mecanismo defensivo predominante, assim como a atuação e a repetição, uma vez que são mecanismos encontrados quando as bases narcísicas dos sujeitos do grupo encontram-se ameaçadas. Essa perspectiva não verbal pode ser observada, ainda, como fator promotor de uma desvitalização das vivências emocionais, a partir do que acontece quando "experiências carregadas de afeto são reveladas dentro da relação psicanalítica" (AZEVEDO, 2001, p. 78). A escuta do aspecto não verbal vai exigir do analista um empréstimo maior de sua capacidade de *rêverie*, de sentir e pensar, que as modalidades vinculares estabelecidas no grupo, em que as cláusulas de seus contratos inconscientes não favorecerão necessariamente uma flexibilização nem a tradução dos afetos envolvidos, assim como o manejo das ligações e referenciais identificatórios. Contudo, uma hipótese desenvolvida por Eiguer (1995, p. 122) é a de que o **segredo*** que envolve o **fantasma*** familiar promove muito desgaste na perspectiva econômica entre os sujeitos do grupo. Voltando ao corpo e sua importância na relação ao aspecto não verbal, cabe dizer que, se o Eu é a "projeção de uma superfície" (FREUD, 1923/1982e), será a partir das sensações corporais, suas expressões, o sentimento de inadequação em relação a si mesmo, ao seu lugar no mundo, em sua imagem e ao outro, que a manifestação do mal-estar será condição de denúncia nos desenlaces familiares. Assim, em função do lugar nuclear do corpo na corrente de gerações e no processo analítico, Abraham diz que "a metabolização da interpretação transita pelo corpo do analista, relacionado com o fantasma e com o afeto, passando pelo corporal de onde ambos emanam" (ABRAHAM *apud* ROUCHY, 2001, p. 174).

REFERÊNCIAS

ABRAHAM, N.; TOROK, M. *A casca e o núcleo*. São Paulo: Escuta, 1995.

AULAGNIER, P. *A violência da interpretação do pictograma ao enunciado*. Rio de Janeiro: Imago, 1979.

AULAGNIER, P. *Um intérprete em busca de um sentido*. São Paulo: Escuta, 1990. v. 1 e 2.

AZEVEDO, M. M. A. *O adoecimento do seio e a transmissão psíquica*. 113 f. Dissertação (Mestrado em psicologia) – Universidade Federal do Rio de Janeiro, Rio de Janeiro, 2001.

AZEVEDO, M. M. A. *Segredos que adoecem: um estudo psicanalítico sobre o críptico adoecimento somático na dimensão transgeracional*. 170 f. Tese (Doutorado em Psicologia) – Universidade Federal do Rio de Janeiro, Rio de Janeiro, 2006.

BENGHOZI, P. *Malhagem, filiação e afiliação. Psicanálise dos vínculos: casal, família, grupo, instituição e campo social*. São Paulo: Vetor, 2010.

COELHO Jr., N.; FIGUEIREDO, L. Figuras da intersubjetividade na constituição subjetiva: dimensões da alteridade. *In*: COELHO Jr., N.; SALEM, P.; KLAUTAU, P. (org.). *Dimensões da intersubjetividade*. São Paulo: Escuta, 2012.

DICIONÁRIO ETIMOLÓGICO. Disponível em: https://www.dicionarioetimologico.com.br. Acesso em: 7 jan. 2021.

EIGUER, A. *O parentesco fantasmático*. São Paulo: Casa do Psicólogo, 1995.

EIGUER, A. Os vínculos intersubjetivos na família: função da identificação. *In*: GOMES, I. C.; FERNANDES, M. I. A.; LEVISKY, R. B. (org.). *Diálogos psicanalíticos sobre família e casal*. São Paulo: Escuta, 2016.

EIGUER, A. et al. *A transmissão do psiquismo entre gerações: enfoque em terapia familiar psicanalítica*. São Paulo: Unimarco, 1998.

FERENCZI, S. *Escritos psicanalíticos 1909-1933*. Rio de Janeiro: Taurus, 1989. (Trabalho originalmente publicado em 1909).

FERENCZI, S. Transferência e introjeção. *In*: *Obras completas: psicanálise*. São Paulo: Martins Fontes, 2011. v. 1. (Trabalho originalmente publicado em 1909).

FREUD, S. Estudos sobre a histeria. *In*: *Edição standard brasileira das obras psicológicas completas de Sigmund Freud*. Rio de Janeiro: Imago, 1982a. v. 2. (Trabalho originalmente publicado em 1893-1895).

FREUD, S. Sobre o narcisismo: uma introdução. *In: Edição standard brasileira das obras psicológicas completas de Sigmund Freud*. Rio de Janeiro: Imago, 1982b. v. 14. (Trabalho originalmente publicado em 1914).

FREUD, S. Luto e melancolia. *In: Edição standard brasileira das obras psicológicas completas de Sigmund Freud*. Rio de Janeiro: Imago, 1982c. v. 14. (Trabalho originalmente publicado em 1915).

FREUD, S. O estranho. *In: Edição standard brasileira das obras psicológicas completas de Sigmund Freud*. Rio de Janeiro: Imago, 1982d. v. 14. (Trabalho originalmente publicado em 1919).

FREUD, S. Psicologia de grupo e análise do ego. *In: Edição standard brasileira das obras psicológicas completas de Sigmund Freud*. Rio de Janeiro: Imago, 1982e. v. 18. (Trabalho originalmente publicado em 1921).

FREUD, S. O ego e o id. *In: Edição standard brasileira das obras psicológicas completas de Sigmund Freud*. Rio de Janeiro: Imago, 1982e. v. 19. (Trabalho originalmente publicado em 1923).

GREEN, A. *El lenguaje em el psicoanálisis*. Argentina: Amorrortu, 1984.

KAËS, R. *O grupo e o sujeito do grupo*. São Paulo: Casa do Psicólogo, 1997.

KAËS, R. et al. *Tansmission de la vie psychique entre générations*. Paris: Dunod, 1993.

KAËS, R. et al. *Transmissão da vida psíquica entre gerações*. São Paulo: Casa do Psicólogo, 2001.

LACAN, J. *Complexos familiares*. Rio de Janeiro: Zahar, 1987.

LAPLANCHE, J. *Teoria da sedução generalizada e outros ensaios*. Porto Alegre: Artmed, 1988.

LAPLANCHE, J.; PONTALIS, J. *Vocabulário de psicanálise*. São Paulo: Martins Fontes, 1986.

ROUCHY, J. C. Fantôme in héritage: du morcellement au lien. *Revue de Psychothérapie Psychanalytique de Groupe*, Paris, n. 34, 2001.

ROUDINESCO, E. *Sigmund Freud na sua época e em nosso tempo*. Rio de Janeiro: Zahar, 2016.

WINNICOTT, D. W. *O brincar e a realidade*. Rio de Janeiro: Imago, 1975.

Narcisismo

Susana Muszkat

CONCEITO

Originário da mitologia grega, o narcisismo é um conceito psicanalítico central, que está na base da compreensão e do estabelecimento dos **vínculos***. No mito, Narciso, jovem excepcionalmente lindo, morre capturado pelo próprio reflexo, como resultado do castigo dos deuses pelo apreço excessivo a si mesmo.

ETIMOLOGIA

Do grego *nárkissos*, palavra supostamente mediterrânea, da ilha de Creta, de base indo-europeia, *nerg*, encarquilhar, estiolar, morrer, ou do grego *nárke*, entorpecimento, torpor. Base etimológica da palavra narcótico. Relaciona-se com a flor narciso, tida como estupefaciente (SENNA HILL, 2007).

EVOLUÇÃO HISTÓRICA DO CONCEITO

Freud usou o conceito pela primeira vez em 1910 (LAPLANCHE; PONTALIS, 1967/1983) para explicar a escolha de objeto nos homossexuais – afirmou que estes tomavam a outros homens, semelhantes a eles, como objeto de amor, amando-os como suas próprias mães os teriam amado. É essa a formulação de narcisismo empregada tanto em "Uma recordação de infância de Leonardo da Vinci" (FREUD, 1910/2013) como no caso Schreber (FREUD, 1911/2010a). Mas é em 1914, com a publicação do essencial "Introdução ao narcisismo" (FREUD, 2010b), que o conceito se amplia, passando a fazer parte do corpo teórico psicanalítico. Nesse artigo, o autor descreve uma espécie de reservatório libidinal finito e imprescindível à constituição do sujeito, como um reservatório de amor-próprio e autoestima – libido do ego –, decorrente das primeiras relações do bebê com a mãe, seu primeiro objeto de amor – libido objetal, dirigida ao outro.

Descrevendo a relação dos pais com os filhos pequenos, afirma: "O amor dos pais, comovente e no fundo tão infantil, não é outra coisa senão o narcisismo dos pais renascido, que na sua transformação em amor objetal revela inconfundivelmente a sua natureza de outrora" (FREUD, 1914/2010b, p. 37). Atribuindo à criança pequena o status de Sua Majestade, o bebê, resgatam, por meio do relacionamento com ela, seu próprio narcisismo infantil, cujo abandono imposto pela castração edípica nunca será completamente aceito. Vemos nessas formulações freudianas claros indícios (ainda que não expressos nestes termos) da imprescindibilidade da relação com um outro como fundante e constitutiva do sujeito humano. A relação do sujeito consigo mesmo, suas relações vinculares e o estabelecimento dos laços sociais estarão totalmente associados a essas primeiras relações, que são ao mesmo tempo produto do narcisismo dos pais e componentes do narcisismo de cada um.

Em 1917, em "Luto e melancolia", Freud (2010c) descreve o entrelaçamento do narcisismo com o mecanismo da **identificação***, ao diferenciar melancolia de luto. Em ambas as perdas, o sentimento de esvaziamento pessoal e a retirada de libido do mundo externo devido à perda vivenciada expressam o sentimento de desamparo e abalo narcísico que se abate sobre o sujeito. No entanto, na melancolia – uma modalidade alternativa de vivência da perda – dá-se um tipo especial de identificação com o objeto perdido, de caráter ambivalente, como forma de mantê-lo dentro de si, a fim de garantir a própria estabilidade narcísica. Freud chama a atenção para as autorrecriminações incongruentes presentes na melancolia, apontando então o verdadeiro destinatário das acusações: não o sujeito em si, mas o objeto ambivalente perdido – com o qual o sujeito se identifica de modo oral regressivo –, mantido e atacado fantasticamente, dentro de si.

Maria Rita Kehl (2011), em seu prefácio à tradução de "Luto e melancolia" feita por Marilene Carone, assevera a importância da qualidade do investimento narcísico na relação inicial com o bebê como base para a instalação da melancolia enquanto organização psíquica.

> Além da satisfação libidinal autoerótica, o infans haverá de identificar-se com o objeto privilegiado que ele representa frente ao amor e ao desejo de seus pais. A partir desse ponto, está estabelecida a base para a formação da unidade do ego freudiano [...] e dessa forma particular de amor a que chamamos narcisista. [...] Nesse ponto da constituição psíquica, Freud haverá de encontrar, em 1915, a relação narcísica com um objeto frustrante que marca a estrutura da melancolia. (KEHL, 2011, p. 17)

Vale reafirmar: ainda que não o encontremos textualmente descrito, é inegável em Freud a implicação de um outro e das relações que se estabelecem logo de saída para a constituição do sujeito e de um si-mesmo. Sobre essa temática, Sonia Eva Tucherman (2019), numa linguagem simples, mas profunda, descreve a construção da **identidade*** e da noção de si-mesmo, seu maior ou menor equilíbrio, como o que coloquialmente chamamos de "autoestima".

Retomando: daquilo que Freud chamou de uma "nova ação psíquica", decorrerão ideias como as de Lacan – que em 1949 conceitua o estádio do espelho (ROUDINESCO; PLON, 1998), momento integrador da identidade da criança, como experiência narcísica fundamental (LAPLANCHE; PONTALIS, 1967/1983) – e as de Winnicott (1971/1975) – ao descrever o olhar da mãe, que, em sua função de espelho do desejo materno para o bebê, será responsável pela constituição da subjetividade dele. Outros autores dedicados à compreensão dos estágios iniciais da vida do bebê, marcados pelo absoluto desamparo deste e a consequente dependência do cuidador, farão importantes contribuições para a compreensão do estabelecimento do narcisismo. Piera Castoriadis-Aulagnier (1975/2014) define a violência da interpretação como um ato necessário e incontornável na tradução que a mãe faz das necessidades do bebê a partir de seus próprios recursos. Assim, o que a mãe pensa sobre o bebê se confunde com ela mesma, podendo eventualmente ultrapassar o estado necessário da violência primária e tornar-se a excessiva violência secundária, impeditiva do surgimento original do Eu em razão dos excessos da **presença*** narcísica da mãe (VIOLANTE, 2010). Também é de Aulagnier a descrição de **contratos narcísicos***, isto é, **contratos inconscientes*** que estabelecem vínculos de continuidade entre uma geração e outra, como compromissos assumidos pelos filhos diante do pedido inconsciente dos pais, assegurando ao recém-nascido um lugar vincular de pertencimento a partir do investimento narcísico dos pais. Decorre desses o conceito de **alianças inconscientes***, desenvolvido por Kaës (2007).

> As alianças inconscientes têm a estrutura de um sintoma partilhado para o qual cada sujeito contribui e do qual retira benefício para seus próprios interesses, sob a condição de que aqueles com os quais se liga tenham, se não exatamente o mesmo interesse, ao menos o interesse de fundar seu vínculo sobre essa aliança. (KAËS, 2009, *apud* CASTANHO, 2015, p. 105)

Narcisismo

Ainda entre os contemporâneos pós-freudianos, Laplanche (1987, *apud* TARELHO, 2019), retomando a concepção freudiana, a amplia com suas formulações relativas às mensagens enigmáticas e da teoria da sedução generalizada, atribuindo ao adulto uma condição de agente obrigatório de sedução do bebê, ao transmitir-lhe de forma inconsciente conteúdos enigmáticos, que o bebê, em sua passividade, deverá traduzir, dentro de sua precária capacidade para tal, situação que evidencia a relevância incontornável de um outro para a constituição do sujeito.

De fato, a ideia de um narcisismo anobjetal – como Freud define o narcisismo primário, anterior a um narcisismo secundário, este sim produto de investimento num objeto externo ao sujeito – torna-se problemática para muitos autores, e já em Klein representa o ponto de ruptura radical em relação à teoria freudiana (HINSHELWOOD, 1991). Klein é categórica ao recusar uma fase anobjetal do bebê, contestando o que Freud chamou de "autoerotismo" e "estágios narcisistas", preferindo a terminologia "estados narcisistas". Nesses estados, o sujeito se retrairia para objetos internalizados, na linha da identificação com objetos parciais, como forma defensiva do ego. Alguns desdobramentos teóricos, em especial o de **identificação projetiva***, serão de grande valia na compreensão das dinâmicas vinculares, como meio pelo qual o **sujeito do vínculo*** poderá tentar livrar-se de aspectos indesejados/insuportáveis, a fim de restabelecer seu narcisismo. Na corrente kleiniana, a concepção de relações de objeto narcisistas, descritas por Rosenfeld (1965/1990), aponta para relações em que predominam defesas agressivas, cuja função é evitar o reconhecimento da separação entre *self* e objeto, negando assim a dependência de um outro e a ansiedade resultante dessa consciência.

Em formulações mais contemporâneas, Minerbo (2009) se baseia em Green para articular Freud e Klein e diferenciar as duas grandes organizações psíquicas propostas por esses autores. "A expressão 'não neurose' reúne todas as estruturas psíquicas que se organizam/desorganizam a partir de distúrbios – maiores ou menores – na constituição do narcisismo" (MINERBO, 2009, p. 73) A organização não neurose, portanto, decorre de falhas nas trocas que se dão nas relações mais primitivas do bebê com seu objeto primário, impedindo a constituição do *self* do sujeito, na construção de sua subjetividade e na aquisição de recursos de **simbolização***. A isso Minerbo denomina "depleção simbólica". Em seu livro, a autora articula esse seu conceito ao de "desamparo identitário", cunhado por mim (MUSZKAT, 2006), segundo o qual o sujeito, encontrando-se destituído dos recursos que lhe garantiriam suporte identitário/narcísico, é tomado pela vivência de desamparo identitário, cujo resultado é a tentativa de resgate e reequilíbrio narcísico por meio da **violência*** contra o outro.

De acordo com Minerbo (2009), as chamadas patologias narcísicas, decorrentes de relações primárias traumáticas e penosas, resultam numa rede de representações "esburacada", em que a busca desesperada por uma sustentação narcísica ou o sentimento de vazio sem nome se traduzem em tentativas de resgate efêmeras e violentas, como adições (álcool, drogas), ataques ao próprio corpo (feridas, cortes, marcas) e excessos de várias modalidades. A constituição satisfatória do narcisismo, daquilo que se pode denominar Eu, "implica a possibilidade de conceber a **alteridade*** do outro" (MINERBO, 2009, p. 153), ou seja, o reconhecimento do outro enquanto alteridade radical, como já postulado por Janine Puget e Isidoro Berenstein.

Novos desdobramentos levaram autores do rio da Prata a uma ampliação teórica para dar conta do trabalho com mais de um sujeito. Assim, a teoria vincular, que tem Puget e Berenstein como dois de seus principais pensadores, estabelece novos estatutos teóricos para a compreensão e a prática clínica no trabalho vincular. Ao tirar o foco principal do sujeito e deslocá-lo para o vínculo como ponto privilegiado de observação, essa teoria propõe uma notável mudança paradigmática. Esse movimento já anuncia, por si, um golpe narcísico ao sujeito, agora destituído de seu lugar de centralidade. A introdução da ideia de um sujeito regido pelo uno (Um), voltado para suas próprias necessidades de tintas narcisistas, em oposição à estruturação regida pelo dos (Dois), é a pedra de toque que indica o entre dos como o que é próprio e exclusivo do vínculo, numa relação entre dois sujeitos em suas diferenças radicais. A ideia de um **casal*** como as duas metades da laranja ou as duas faces da mesma moeda, de forma complementar, não mais se sustenta nessa formulação.

Janine Puget refere-se à força do narcisismo de cada sujeito como elemento impeditivo do espaço para dois na relação vincular:

> a força do narcisismo, a dificuldade de aceitar que estar com um outro requer dar-se conta daquilo que esse outro tem de diferente e que essa diferença é irredutível. Quando alguém acusa ou repreende a um outro, uma das ideias é a de que o próprio acusador não tem a ver com a geração dos **conflitos***. O outro está na origem

do mal-estar, e, portanto, é esse outro que terá de solucioná-lo. (PUGET, 2009, p. 9, tradução nossa)

Moguillansky e Nussbaum (2011), também argentinos, descrevem o amor romântico, produto da modernidade, como fundado na **ilusão*** de ter a mesma ilusão, propiciando uma experiência de plenitude narcísica máxima, recuperada de Sua Majestade o Bebê. Essa premissa ilusória, alcançada à custa da **negação*** das diferenças, estará na base, como já apontado por Puget, da vivência de frustração narcísica e desilusão, eventual motivadora da deterioração do vínculo.

A relação vincular criativa será possível na medida em que o narcisismo deixe de ter que reivindicar, nos sujeitos do vínculo, um lugar de protagonismo. Spivacow (2011) desenvolve uma interessante formulação, descrevendo uma condição vincular em que predominam a sintonia e a validação. Nessa condição, verifica-se uma possibilidade dos sujeitos em que uma espécie de regulação e tolerância às diferenças do outro não é vivida como ataque narcísico. Diz ele:

> [A sintonia] é um modo de captação ativa e imaginativa do outro. Inclui uma receptividade e um registro hospitaleiro, de tal forma que as representações regidas pelo **princípio da realidade*** se ligam às **transferências*** que sustentam a relação. [...] Devemos pensá-la como um modo de trabalho psíquico alternativo à violência e luta pelo poder, [havendo um] processamento criativo das diferenças e sua aceitação, bem como uma metabolização da insuperável singularidade. (SPIVACOW, 2011, p. 126-127, tradução nossa)

REFERÊNCIAS

CASTANHO, P. O conceito de alianças inconscientes como fundamento ao trabalho vincular em psicanálise. *Estudos Interdisciplinares em Psicologia*, Londrina, v. 6, n. 2, p. 92-112, dez. 2015.

CASTORIADIS-AULAGNIER, P. *La violencia de la interpretación: del pictograma al enunciado*. Trad. Víctor Fischman. Buenos Aires: Amorrortu, 2014. (Trabalho originalmente publicado em 1975).

FREUD, S. Uma recordação de infância de Leonardo da Vinci. *In: Obras completas.* Trad. Paulo César de Souza. São Paulo: Companhia das Letras, 2013. v. 9, p. 13-50. (Trabalho originalmente publicado em 1910).

FREUD, S. Observações psicanalíticas sobre um caso de paranoia (*dementia paranoides*) relatado em autobiografia. *In: Obras completas.* Trad. Paulo César de Souza. São Paulo: Companhia das Letras, 2010a. v. 10, p. 13-107. (Trabalho originalmente publicado em 1911).

FREUD, S. Introdução ao narcisismo. *In: Obras completas.* Trad. Paulo César de Souza. São Paulo: Companhia das Letras, 2010b. v. 12, p. 13-50. (Trabalho originalmente publicado em 1914).

FREUD, S. Luto e melancolia. *In: Obras completas.* Trad. Paulo César de Souza. São Paulo: Companhia das Letras, 2010c. v. 12, p. 170-194. (Trabalho originalmente publicado em 1917).

HINSHELWOOD, R. D. *A dictionary of Kleinian thought.* London: Free Association Books, 1991.

KAËS, R. *Um singular plural: a psicanálise à prova do grupo.* Trad. Luiz Paulo Rouanet. São Paulo: Loyola, 2007.

KEHL, M. R. Melancolia e criação. *In:* FREUD, S. *Luto e melancolia.* Trad. Marilene Carone. São Paulo: Cosac Naify, 2011. p. 8-31.

LAPLANCHE, J.; PONTALIS, J.-B. *Vocabulário de psicanálise.* Trad. Pedro Tamen. São Paulo: Martins Fontes, 1983. (Trabalho originalmente publicado em 1967).

MINERBO, M. *Neurose e não neurose.* São Paulo: Casa do Psicólogo, 2009. (Coleção Clínica Psicanalítica).

MOGUILLANSKY, R.; NUSSBAUM, S. L. *Psicanálise vincular: teoria e clínica.* São Paulo: Zagodoni, 2011. v. 2.

MUSZKAT, S. *Violência e masculinidade.* São Paulo: Casa do Psicólogo, 2006. (Coleção Clínica Psicanalítica).

PUGET, J. Un recorrido por las ideas de Janine Puget. [Entrevista concedida a] Leonia Fabbrini, Iluminada Sánchez García y Beatríz Bonanata. *En Clave Psicoanalítica,* n. 2, p. 7-11, jul. 2009.

ROSENFELD, H. *Psychotic states: a psychoanalytical approach.* 3. ed. London: Karnac, 1990. (Trabalho originalmente publicado em 1965).

ROUDINESCO, E.; PLON, M. *Dicionário de psicanálise*. Trad. Vera Ribeiro e Lucy Magalhães. Rio de Janeiro: Jorge Zahar, 1998.

SENNA HILL, M. T. Narcisismo. *Jornal Ato Falho*, São Paulo, Instituto Sedes Sapientiae, set. 2007.

SPIVACOW, M. A. *La pareja en conflicto: aportes psicoanalíticos*. Buenos Aires: Paidós, 2011.

TARELHO, L. C. *Paranoia*. São Paulo: Zagodoni, 2019.

TUCHERMAN, S. E. *Autoestima*. São Paulo: Blucher, 2019. (Série O Que Fazer?).

VIOLANTE, M. L. V. (org.). *Desejo e identificação*. São Paulo: Annablume, 2010.

WINNICOTT, D. W. *O brincar e a realidade*. Trad. José Octávio de Aguiar Abreu e Vanede Nobre. Rio de Janeiro: Imago, 1975. (Trabalho originalmente publicado em 1971).

Negativo

Maria Inês Assumpção Fernandes

CONCEITO

"Ao Negativo são atribuídos sentidos bastante diversos: o de uma inversão de contrastes, segundo a metáfora da fotografia, [...] qualifica também uma forma de alucinação, uma qualidade agressiva da **transferência*** e, certas reações de rejeição ao processo terapêutico" (KAËS, 2005, p. 97). São três as principais conotações: ausência de representação ou de representabilidade; um destino nocivo do funcionamento psíquico e, por trás de todas essas conotações, a experiência da perda e da falta (GUILLAUMIN, 1989, p. 24).

ETIMOLOGIA

Do latim *negativus,a,um*, de *negatum*, que nega, que exprime negação ou recusa (HOUAISS; VILLAR; FRANCO, 2001, p. 2004).

EVOLUÇÃO HISTÓRICA DO CONCEITO

A problemática do Negativo em psicanálise remete ao não pensado, ao não ego, ao grau zero do funcionamento psíquico como formulações presentes nos escritos da psicanálise contemporânea, herdados, com certeza, dos escritos freudianos sobre a alucinação negativa, a transferência negativa e a reação terapêutica negativa (MISSENARD, 1989), os quais, por sua vez, precederam o notável texto de Freud sobre "A negação" (FREUD, 1925/1968). Esse texto de Freud, objeto de incontáveis releituras, teve em Lacan um grande impacto no debate com Jean Hyppolite sobre a Verneinung, ocupando um lugar no Apêndice I de seus Écrits (LACAN, 1966, p. 879). Inúmeros outros psicanalistas testemunham a importância do Negativo em suas pesquisas, como P. Ricoeur, A. Green, G. Rosolato, J. Guillaumin. Este último reconhece o uso do termo por Freud desde 1905, em "Três ensaios sobre a teoria da sexualidade", no qual este último opõe a neurose à perversão, e procura mostrar que a descoberta freudiana sofre a influência dos debates que marcam o fim do século XIX, quando um colapso social evidencia as fraturas das simbolizações sociais. Nesse contexto, para Guillaumin, o

> pensamento do Negativo e do irrepresentável se perfila em referência às noções de "alienação", de hipnose, de dominação ou de transmissão do pensamento, de sub- ou de in-consciente, bem antes de Freud. Mas existe igualmente um desabrochar de formações defensivas, sociais e individuais, também de finalidade e de efeito estruturantes. (GUILLAUMIN, 1989, p. 26, tradução nossa)

Dessa forma, coexistem no final do século XIX, segundo o autor, três grandes direções de pensamento do Negativo: a celebração estética do obscuro, do duplo e da sombra, como nas artes plásticas e na poesia; um discurso de resistência a toda experiência de incerteza e do desconhecido; e o esforço intelectual, a terceira via (em Hegel, por exemplo), para delimitar ou identificar a lógica ou a dialética do negativo em sua relação com a produção do pensamento e da realidade social e histórica. Pode-se, portanto, reconhecê-las na cultura, tanto nas artes e na literatura como nas ciências, na filosofia e no pensamento místico. Será Freud, contudo, que descobrirá a quarta via, ou seja, a que dará nascimento à episteme psicanalítica. Essa quarta via consiste em:

> abordar diretamente o problema pela prática psicoterapêutica clínica, ao mesmo tempo deixando-se guiar por ela e mantendo sob tensão o duplo e aparentemente contraditório desejo, de uma parte, de uma fidelidade sem fraqueza ao realismo e ao determinismo; e, de outra parte, de levar em consideração, sem redução prematura nem fetichização, o desconhecido e o desconhecível e seus traços em nós. (GUILLAUMIN, 1989, p. 27, tradução nossa)

O que se apresenta nesse caminho é a compreensão de que, em alguns sujeitos, há uma incapacidade de regular de maneira estável, com fronteiras bem estabelecidas, a distância entre suas fantasias e a percepção de si mesmo e do meio ambiente. O espaço analítico no qual se mostra tal instabilidade evidencia que o analista é colocado como intermediário no trajeto dessas identificações instáveis, em trânsito, carentes de representação e de oponibilidade, expressão do Negativo. O dispositivo analítico seria, na vasta discussão sobre a relação transferência/contratransferência que se segue e se desenvolve no curso teórico freudiano, uma cilada para o Negativo.

A concepção de um trabalho do Negativo encontra em Green grande expressão. Em busca de uma resposta sobre a que responde a categoria do Negativo em psicanálise, o autor constrói uma obra de referência na qual explora os aspectos linguísticos, semânticos e psíquicos do Negativo e os traços do Negativo na obra freudiana. Ao afirmar que o trabalho do Negativo se encontra no princípio de toda operação psíquica, constrói uma complexa arquitetura teórica, enfrentando os desafios metapsicológicos e clínicos da psicanálise (GREEN, 1993).

Segundo Kaës:

> três modalidades do Negativo estão no princípio do trabalho da psique: uma negatividade de obrigação, que corresponde à necessidade da psique de produzir o Negativo a fim de efetuar seu trabalho de ligação; uma negatividade relativa, que situa o negativo em relação a um possível; uma negatividade radical, que coincide com a categoria do impossível, em outras palavras, daquilo que não é no espaço psíquico [...]. (KAËS, 2005, p. 98)

Para o autor, a negatividade de obrigação diz respeito àquilo que exige que o aparelho efetue as operações de rejeição, de negação, de recusa, de desmentido, de renúncia ou apagamento, tendo como finalidade a preservação da organização psíquica, seja a do próprio sujeito, seja a dos sujeitos a quem está vinculado num conjunto, por um interesse maior (KAËS, 2005, 1989). A negatividade relativa "se constitui sobre a base daquilo que permaneceu em suspenso na constituição de continentes e conteúdos psíquicos, na formação das operações que os ligam" (KAËS, 1989, p. 114, tradução nossa). Isso quer dizer que o objeto e a experiência do objeto foram constituídos em sua desaparição, em sua insuficiência, sua falta (KAËS, 1989) e sustentam o espaço do possível no vínculo, aquilo que insiste em ser constituído na realidade psíquica: "o que não foi, mas poderia ser, o que poderia ter sido e tornar-se, abre-se assim sobre o possível o que no nosso espaço psíquico é dependente da psique do outro" (KAËS, 1989, p. 115, tradução nossa). Por fim, a negatividade radical é aquilo que, dentro do espaço psíquico, tem o status "daquilo que não é". Ela se deixa representar como não vínculo, não experiência, irrepresentável, pelas figuras do branco, do desconhecido, do vazio, do ausente ou do não ser (KAËS, 2005, 1989). Ela seria aquilo que se torna refratário a toda ligação, um não ligado irredutível. Distingue-se, dessa forma, daquilo que é des-ligado e que diz respeito às outras modalidades do negativo.

REFERÊNCIAS

FERNANDES, M. I. A. *Negatividade e vínculo*: mestiçagem como ideologia. São Paulo: Casa do Psicólogo, 2005.

FREUD, S. La negación. *In: Obras completas*. Madrid: Biblioteca Nueva, 1968. v. 2. (Trabalho originalmente publicado em 1925).

FREUD, S. Tres Ensayos de Teoria Sexual. *In: Obras completas*. Buenos Aires: Amorrortu Editores, 2008.

GREEN, A. *Le travail du négatif*. Paris: Éditions du Minuit, 1993.

GUILLAUMIN, J. Étrange espèce d'espace ou la pensée du négatif dans le champ de la Psychanalyse. *In:* MISSENARD, A.; ROSOLATO, G.; GUILLAUMIN, J. *Le négatif*: figures et modalités. Paris: Dunod, 1989.

HOUAISS, A.; VILLAR, M. S.; FRANCO, F. M. de M. *Dicionário Houaiss da língua portuguesa*. Rio de Janeiro: Objetiva, 2001.

HYPPOLITE, J. Commentaire parlé sur la Verneinung de Freud. *In:* LACAN, J. *Écrits*. Paris: Éditions du Seuil, 1966.

KAËS, R. Le pacte dénégatif dans les ensembles transsubjectifs. *In:* MISSENARD, A.; ROSOLATO, G.; GUILLAUMIN, J. *Le négatif*: figures et modalités. Paris: Dunod, 1989.

KAËS, R. *Espaços psíquicos comuns e partilhados*: transmissão e negatividade. São Paulo: Casa do Psicólogo, 2005.

LACAN, J. *Écrits*. Paris: Éditions du Seuil, 1966.

MISSENARD, A. Introduction: repérages du négatif aujourd'hui. *In:* MISSENARD, A.; ROSOLATO, G.; GUILLAUMIN, J. *Le négatif*: figures et modalités. Paris: Dunod, 1989.

RICOEUR, P. *Da interpretação*: ensaio sobre Freud. Rio de Janeiro: Imago, 1977.

ROSOLATO, G. Le négatif et son lexique. *In:* MISSENARD, A.; ROSOLATO, G.; GUILLAUMIN, J. *Le négatif*: figures et modalités. Paris: Dunod, 1989.

Neurose familiar

Maíra Bonafé Sei

CONCEITO

Combinação do conceito neurose ao adjetivo familiar, evidenciando a ampliação da compreensão acerca da neurose como afecção que não se restringe apenas ao indivíduo em suas questões intrapsíquicas e sinalizando para o aspecto **intersubjetivo*** dessa condição.

ETIMOLOGIA

Neurose, combinação dos vocábulos gregos *neûron* (nervo) + *ose* (estado) (MICHAELIS, 2015). Familiar, do latim *familiaris*; como adjetivo, refere-se àquilo que é da família, "que se tornou ou é considerado da família; íntimo"; como substantivo, designa "pessoa de mesmo sangue que é membro da família" ou que "goza do convívio da família e é considerado como tal; agregado" (MICHAELIS, 2015).

Famíla, do latim *família*, é primitivamente o conjunto de escravos e criados de uma pessoa; deriva de *famulus*, que significa serventes, escravos que são pertences à casa do amo ou ao próprio patrão. As pessoas que viviam sob o mesmo teto formavam uma família, um conjunto com nome próprio e vínculos entre si que evoluíram ao longo dos séculos. O *pater familia* romano que temos documentado em textos do século III a.C. amplia essa ideia para além dos escravos, incluindo a mulher, os filhos e os servos. (ETIMOLOGIA).

EVOLUÇÃO HISTÓRICA DO CONCEITO

Acerca da evolução histórica sobre o uso do conceito, observa-se que o termo composto "neurose familiar" foi utilizado por Freud uma única vez em sua obra, sendo encontrado no texto "A etiologia da histeria" (FREUD, 1896/1996). Apesar de tê-lo citado, Freud não discorreu efetivamente sobre como tal termo poderia ser conceituado. De forma similar, o uso do termo para ilustrar situações clínicas, sem um exercício de conceituação, é também observado na obra de variadas psicanalistas infantis, como Aberastury (1982), Dolto (1980) e Mannoni (1980).

Houzel (2005) sinaliza que o tema da "neurose familiar" foi também abordado por Laforgue (1936) e Leuba (1936). Pontua que, para esses autores, o conceito designaria "a organização dos modos de investimento libidinais e agressivos em uma família disfuncional, assim como as fantasias inconscientes subjacentes a esses modos de investimento" (HOUZEL, 2005, p. 449-450).

Nesse sentido, Laplanche (1992) argumenta terem sido os psicanalistas de língua francesa aqueles que mais se utilizaram do termo "neurose familiar" após a proposição de Laforgue (1936), sinalizando não haver um uso de tal expressão na atualidade. Sobre "neurose familiar", Laplanche define-a como uma:

> expressão usada para designar o fato de que, em uma determinada família, as neuroses individuais se complementam, se condicionam reciprocamente, e para evidenciar a influência patogênica que a estrutura familiar, principalmente a do casal parental, pode exercer sobre as crianças. (LAPLANCHE, 1992, p. 310)

No que se refere às contribuições de Dolto (1980), ao discorrer sobre a patogenia e a profilaxia dos distúrbios mentais no prefácio do livro A primeira entrevista em psicanálise (MANNONI, 1980), ela indica que:

> As descobertas clínicas psicanalíticas impõem a compreensão dinâmica dos distúrbios infantis pela análise das dificuldades encadeadas que remontam às carências, na estruturação edipiana, não dos pais, mas dos avós e, às vezes, dos bisavós. Não se trata de hereditariedade (se não uma psicanálise não modificaria as coisas), mas de uma neurose familiar. (DOLTO, 1980, p. 23)

Mais adiante, Dolto aponta para a necessidade de se refletir sobre as intervenções e argumenta que "Muitas famílias vivem num estado de simbiose mórbida. Sem a psicanálise do indutor dominante, a neurose familiar não é modificável" (DOLTO, 1980, p. 24).

A primeira entrevista em psicanálise é um livro dedicado às entrevistas iniciais em psicanálise, de maneira que Mannoni (1980) apresenta variadas situações clínicas. Para discorrer sobre elas, aponta para as queixas que motivaram a busca pelo atendimento, sendo que, ao iniciar a apresentação sobre as desordens escolares, por exemplo, indica que:

> Se existem dificuldades escolares de origem puramente pedagógica – também não deixa de ser verdade que esse sintoma encobre quase sempre outra coisa. É não entendendo ao pé da letra o pedido dos pais que o psicanalista permitirá que a porta se entreabra para o campo da neurose familiar, dissimulada, fixada no sintoma de que a criança se torna o apoio. (MANNONI, 1980, p. 35)

O termo "neurose familiar" aparece em trechos nos quais Aberastury trata da entrevista inicial com os pais, quando pontua quais dados sobre a criança devem ser indagados, argumentando que uma investigação sobre os "domingos, dias de festa e aniversários nos ilustra sobre o tipo e o grau da neurose familiar, o que nos permite estimar melhor a da criança e nos orientarmos no diagnóstico e prognóstico do caso" (ABERASTURY, 1982, p. 94). Também faz uso do termo ao abordar o tema das entrevistas posteriores com os pais e do tratamento da criança, demarcando que:

> durante muitos anos segui a norma clássica de ter entrevistas com os pais e, em certa medida, essas entrevistas me serviam para ter uma ideia da evolução do tratamento e para aconselhamentos. A experiência possibilitou-me compreender que esta não era uma boa solução à neurose familiar, já que os motivos da conduta equivocada eram inconscientes e não podiam modificar-se por normas conscientes. (ABERASTURY, 1982, p. 140)

A partir dos trechos expostos, pode-se observar que estas são considerações realizadas por autoras cuja prática se centrou na psicanálise de crianças, que apontam para aspectos concernentes à dinâmica familiar que acabam por se evidenciar na criança, motivando a busca pelo atendimento. Questionam sobre o tipo de intervenção indicada em tais casos, tendo em vista que a criança pode apresentar uma problemática não necessariamente centrada em aspectos intrapsíquicos, e pode-se lembrar do papel desempenhado no grupo familiar pelo **paciente identificado***. Em consonância, Laplanche (1992) argumenta que, ao se discutir a "neurose familiar", focaliza-se "o papel desempenhado por cada membro da família numa rede de inter-relações inconscientes" (LAPLANCHE, 1992, p. 311).

Tal cenário traria consequências para o tratamento, haja vista que "isto pode levar o psicoterapeuta não apenas a procurar agir diretamente sobre o meio, mas até a referir à neurose familiar o pedido formulado pelos pais para tratar a criança (criança encarada como 'sintoma' dos pais)" (LAPLANCHE, 1992, p. 311).

REFERÊNCIAS

ABERASTURY, A. *Psicanálise da criança*: teoria e técnica. Porto Alegre: Artmed, 1982.

DOLTO, F. Prefácio. In: MANNONI, M. *A primeira entrevista em psicanálise*. Rio de Janeiro: Campus, 1980. p. 9-30.

ETIMOLOGIA. Origem do conceito. Disponível em: etimologia.com.br. Acesso em: 5 jun. 2020.

FREUD, S. A etiologia da histeria. In: *Edição standard brasileira das obras psicológicas completas de Sigmund Freud*. Rio de Janeiro: Imago, 1996. v. 3, p. 185-215. (Trabalho originalmente publicado em 1896).

HOUZEL, D. Influência de fatores familiares sobre a saúde mental de crianças e de adolescentes. *Revista Latinoamericana de Psicopatologia Fundamental*, v. 8, n. 3, p. 443-479, 2005. Disponível em: http://www.scielo.br/scielo.php?script=sci_arttext&pid=S1415-47142005000300443&lng=en&nrm=iso. Acesso em: 27 abr. 2020.

LAFORGUE, R. La névrose familiale. *Revue Française de Psychanalyse*, v. 9, n. 3, p. 327-359, 1936.

LAPLANCHE, J. *Vocabulário da psicanálise*. São Paulo: Martins Fontes, 1992.

LEUBA, J. La famille névrotique et les névroses familiales. *Revue Française de Psychanalyse*, v. 9, n. 3, p. 360-419, 1936.

MANNONI, M. *A primeira entrevista em psicanálise*. Rio de Janeiro: Campus, 1980.

MICHAELIS. *Dicionário brasileiro da língua portuguesa*. São Paulo: Melhoramentos, 2015. Disponível em: https://michaelis.uol.com.br/moderno-portugues/. Acesso em: 19 abr. 2020.

Objeto único

Angela Piva

CONCEITO

O objeto único é aquele que inicialmente provê a ação específica, discrimina mundo interno e externo, eu/não eu, dá os primeiros indícios de realidade, tem a aptidão de antecipar-se ao desejo, assim como fornecer ao eu inerme e desamparado um auxiliar capaz de significar. Ele é a contrapartida do desamparo originário baseado na imaturidade do bebê. Por meio de uma conjunção semântica, o objeto único primitivo do desamparo se associa com o objeto amoroso e único doador de segurança e amor incondicional.

EVOLUÇÃO HISTÓRICA DO CONCEITO

Berenstein e Puget formularam, em 1989 a noção de objeto único para descrever uma modalidade vincular primitiva narcisista de funcionamento do casal que dá conta de um tipo de **vínculo*** entre um eu desamparado e outro dotado de capacidades para, mediante o exercício de uma série de funções, tirá-lo dessa condição.

No momento, essa formulação alicerça-se em um modelo evolutivo que está na base de toda relação de casal, fundamentado na situação inicial de desamparo originário e condição humana essencial que coloca em movimento um investimento no outro como objeto com atributos de onipotência, onipresença e onisciência, e que deseja uma fusão com esse "objeto" produtor de uma sensação oceânica que se reproduz na situação de enamoramento.

Berenstein e Puget consideram a relação com o objeto único como um dos elementos prévios para a constituição de uma plataforma inconsciente do casal. Esse conceito, de fundamento estruturalista, é uma tentativa de estabelecer uma metapsicologia do funcionamento do casal visando compreender a complexa relação **interfantasmática*** que regula os intercâmbios verbais, emocionais e econômicos. Ela é uma relação estável, mas não imutável, sendo sustentada por **pactos*** e acordos inconscientes e fornecendo um código de significados implícitos.

Objeto único

As funções do objeto único são:

- Assistente: o objeto único terá uma dupla inscrição vincular, ou seja, de um lado, o bebê que deseja e precisa contar com este objeto e, de outro, aquele que tem o desejo de se instalar nesse lugar. A partir daí, gera-se um vínculo de completude, sem espaço para a dúvida. A satisfação de estar nesse lugar de assistente único oferece a ilusão de uma relação objetal, que pode rapidamente converter-se em uma ilusão narcisista. Conforme Berenstein e Puget (1989, p. 193) "parafraseando Freud, se converte em sua majestade o assistente".
- Este modelo de vinculação se reativa em situações de conflitos, de desproteção, de insegurança, bem como nas crises vitais. Pode ser ativada também a necessidade de se constituir como um objeto único messiânico para um outro ser desamparado, fazendo predominar suas necessidades megalomaníacas.
- Embora esse outro tenha sido escolhido por suas possibilidades de oferecer apoio e proteção, que facilitam sua colocação na posição de objeto único, a realidade vai oferecendo os sinais das condições desse outro para desempenhar tal função, estabelece-se a diferenciação entre desamparo originário e desproteção. Lembrando que na relação conjugal está implícita, mediante os acordos inconscientes, uma relação de proteção mútua que se dá de forma flexível e constante.
- Doador de significados: os pais ou cuidadores, por meio de sua capacidade identificatória, têm a possibilidade de significar e dar sentido aos desejos do bebê, criando um tipo de comunicação para além das palavras, até que esta capacidade se instale. A partir daí, cria-se um tipo de comunicação peculiar, própria daquele vínculo e que para um observador externo pode ser incompreensível.
- Se, por um lado, os pais traduzem as necessidades do bebê, por outro, o fazem a partir de seus próprios significados. A semantização parental também limita as possibilidades de semantização do bebê, experiência esta que Piera Aulagnier (1993) denominou de violência primária, na medida em que a mãe tem o privilégio de ser para a criança o enunciador mediador do discurso do ambiente, do permitido e do proibido. Esse discurso materno é marcado pela repressão que operou sobre ela.

- Doador da indicação: uma função importante das figuras parentais é a de fornecer indícios para que o bebê gradativamente estabeleça uma distinção entre estímulos externos e estímulos internos. Os pais fornecem um sistema de representações pré-verbal e verbal, e o bebê lentamente irá construindo suas próprias representações.
- O objeto único indica ao bebê sua condição de desejante, ao mesmo tempo que ocupa a posição de amparador, exerce sua função de proteção e promove a realização dos desejos.
- Nas relações amorosas, se estabelece um contexto compartilhado no qual os sujeitos se alternam na posição de desejante e de objeto de desejo. Especialmente no enamoramento, as estipulações se baseiam em premissas ilusórias e reeditam a necessidade de um contexto em que não haja diferenças. O surgimento de novas demandas, o nascimento dos filhos, a passagem do tempo, tornam necessário dar lugar a outros, a esses novos elementos.
- Berenstein e Puget (1989) apontam que uma tentativa de manter essa relação com objeto único pode ser o surgimento de uma relação com um amante, que pode se constituir como um vínculo com essa configuração de contexto único. A ruptura de uma relação com caráter dual é vivida como uma violenta intrusão, denunciando o caráter primitivo e interrompendo o gozo da situação de segredo.
- Doador da temporalidade: a função de ordenação do tempo vai se configurando a partir da vivência de postergação da realização dos desejos, quando se tem a experiência de que desejar não é sinônimo de ter.
- As indicações das diferenças geracionais também são outro elemento de ordenação temporal, bem como as narrativas sobre a história familiar em um contexto ampliado, que inclui as gerações precedentes.
- Na relação conjugal a inclusão da temporalidade passa pela construção de projetos vitais compartilhados em diferentes momentos da vida.
- Doador da função antecipatória: a função de prever o mal-estar do bebê, antecipando o surgimento da necessidade, atenua a angústia e ameniza a situação ameaçadora para um ser em estado de desamparo. Neste, se impõe a presença e ação de alguém conhecedor e capaz de decodificar o mal-estar e a dor, promovendo as ações necessárias de maneira estável

e repetida para que também vá se configurando sentido para as experiências.

- É comum que nos casais se estabeleça a suposição e o desejo de que o outro deva conhecer e antecipar-se aos desejos, o que forneceria um prazer a mais ao do desejo explicitado. Quando o outro é predominante investido dessa exigência de antecipação, a consequência é o estabelecimento de uma situação de indiferenciação e de caos.

- Doador da função semiótica: as figuras parentais também precisam ser capazes de diversificar e estabelecer uma relação entre signo e significado. Por exemplo, se a mãe oferece alimento toda vez que o bebê chora, reúne vários signos em um mesmo significado e promove uma ansiedade confusional. Da mesma forma, na relação amorosa se faz necessário que os parceiros tenham a capacidade de diversificação dos signos, especialmente na passagem do estado do enamoramento, que a complexidade de uma relação demanda.

Com o desenvolvimento da teoria vincular, essa denominação de objeto único apresenta alguns obstáculos por propor a noção de objeto como uma modalidade vincular, por se embasar em um modelo evolutivo, sustentando-se em uma relação de assimetria, pensada a partir do modelo biológico (CINCUNEGGUI; KARASIK, 1998).

Caberia uma revisão à luz das novas formulações, que privilegiam o trabalho do vínculo e as manifestações do seu fracasso ou impossibilidade.

REFERÊNCIAS

AULAGNIER, P. *La violência de la interpretación*. Buenos Aires: Amorrortu, 1993.

BERENSTEIN, I.; PUGET, J. *Psicondlisis de la pareja matrimonial*. Buenos Aires: Paidós, 1989.

CINCUNEGGUI, S.; KARASIK, Y. Objeto único. *In*: PACHUK, C.; FRIEDLER, R. (coord.). *Dicionário de psicoánalisis de las configurações vinculares*. Buenos Aires: Del Candil, 1998.

Paciente identificado/porta-voz/ porta-sintoma

Maíra Bonafé Sei

CONCEITO

O termo "paciente identificado" é, usualmente, utilizado para designar o familiar que é apontado como o doente da família, se configurando como o indivíduo que motiva a busca ou o encaminhamento por parte de terceiros pelo atendimento clínico. Nichols e Schwartz (2007, p. 435) defendem que "paciente identificado" seria "o portador do sintoma ou paciente oficial conforme identificado pela família" (p. 439), tecendo relações com o conceito de "bode expiatório", ao considerar este último como o "membro da família, habitualmente o paciente identificado, que é o objeto de críticas ou conflitos deslocados".

ETIMOLOGIA

Paciente, do latim *patiens*: enquanto substantivo, alude à pessoa que necessita de cuidados médicos e, por extensão, indica aquele que está doente. Enquanto adjetivo, refere-se não àquele que pratica a ação, mas sim àquele que é alvo dela (DICIO, 2020). Identificado se refere ao particípio do verbo "identificar" e significa "que se conseguiu identificar, saber quem é; que foi descoberto, detectado, percebido" (DICIO, 2020).

EVOLUÇÃO HISTÓRICA DO CONCEITO

A ideia de a patologia da família estar centralizada em um familiar já é abordada na obra de Pichon-Rivière (1980/1998) quando este, ao discorrer sobre o adoecimento mental, acaba por refletir sobre o papel da família na etiologia de tal problemática. Esse autor defende que é possível considerar "a doença mental não como a doença de um sujeito, mas como aquela unidade básica da estrutura social: o grupo familiar. O doente desempenha um papel, é o porta voz, emergente dessa situação total" (PICHON-RIVIÈRE, 1980, p. 64). Nesse sentido, esse indivíduo acaba por se configurar como um depositário das ansiedades e tensões existentes na família.

Essa perspectiva foi abordada por outros autores que discorreram sobre os transtornos mentais, como Berenstein (1988), que discute a polarização existente nas famílias dos doentes mentais, havendo uma divisão entre aqueles que são considerados sadios e os doentes. Defende ser necessário ressaltar os aspectos inconscientes contidos em tal tipo de organização. Berenstein (1988) apresenta e discute alguns casos clínicos, entre os quais uma situação de roubo em uma família, e discorre sobre "a participação grupal e social na sua determinação. Daí o desejo compartilhado de descobrir o ladrão e expulsar junto com ele todas as iniquidades familiares que o tinham convertido no 'bode expiatório'" (BERENSTEIN, 1988, p. 96).

De modo semelhante, Raquel Soifer, psicanalista que voltou sua prática para o atendimento de crianças, adolescentes e famílias, discorre sobre o adoecimento psíquico dos filhos, defendendo que "seu [da criança] papel de bode expiatório representa uma aprendizagem que seus progenitores não puderam completar no momento evolutivo correspondente" (SOIFER, 1982, p. 37). Assim, os filhos passam a ser responsáveis por situações emocionais que os pais não puderam assumir, situação que implica consequências para tais indivíduos, que não podem simplesmente ser entendidas como algo advindo de um funcionamento intrapsíquico, mas relativo a questões intersubjetivas.

Sobre o uso dos diferentes termos, Zimerman (2010) trata como sinônimos os termos "paciente identificado" e "bode expiatório", defendendo que o primeiro seria "aquele membro da família que, de forma inconsciente, foi escolhido pelos demais familiares para exercer o papel de 'bode expiatório', e que fica sendo o portador de todas as mazelas psíquicas que os outros projetam nele, assim negando a parte doente de cada um deles" (ZIMERMAN, 2010, p. 13). Já Meyer (2002) discorre sobre o "paciente-emergente", sinalizando que a função do terapeuta recairia na retirada do foco dele, enquanto alvo do tratamento (na concepção da família), e no desvio desse foco "para a interação familiar de modo que abranja todos os membros da família" (MEYER, 2002, p. 164).

Nota-se, assim, haver uma consonância entre o uso de terminologias como "paciente identificado", "bode expiatório", "paciente emergente", significando aquele que acaba por ser portador da patologia da família, a despeito de se observar que ela advém da dinâmica familiar e de estar depositada em um dos membros da família.

Tem-se, ademais, um acordo quanto à posição do profissional, que deve se desviar dessa perspectiva de haver um membro da família considerado como o doente, compreendendo que "nem só a família é o único determinante da enfermidade do paciente identificado, nem este é o único que origina o desequilíbrio familiar" (RAMOS, 2006, p. 89). Nesse sentido, Cunha *et al.* (2009, p. 129) sinalizam que dificilmente a família procura a terapia espontaneamente, com a "convicção de que existe algo errado com um de seus membros: o paciente emergente ou paciente identificado".

O trabalho do profissional recairia, então, em deslocar o foco do paciente identificado e apontar para a interação estabelecida entre os familiares, promovendo uma redefinição da queixa (CUNHA *et al.*, 2009). Como indicado por Ramos (2006, p. 90), "o paciente a ser tratado é a família toda e, sob esse ângulo, não existem divisões possíveis".

REFERÊNCIAS

BERENSTEIN, I. *Família e doença mental*. São Paulo: Escuta, 1988.

CUNHA, A. M. T. R. *et al*. A psicanálise das configurações vinculares e a terapia familiar. *In:* OSORIO, L. C.; VALLE, M. E. P. (org.). *Manual de terapia familiar*. Porto Alegre: Artmed, 2009. p. 119-138.

DICIO. *Dicionário online de português*. Porto: 7Graus, 2020. Disponível em: https://www.dicio.com.br. Acesso em: 19 abr. 2020.

MEYER, L. *Família: dinâmica e terapia: uma abordagem psicanalítica*. 2. ed. São Paulo: Casa do Psicólogo, 2002.

NICHOLS, M. P.; SCHWARTZ, R. C. *Terapia familiar: conceitos e métodos*. 7. ed. Porto Alegre: Artmed, 2007.

PICHON-RIVIÈRE, E. *O processo grupal*. São Paulo: Martins Fontes, 1998. (Trabalho originalmente publicado em 1980).

RAMOS, M. *Introdução à terapia familiar*. São Paulo: Claridade, 2006.

SOIFER, R. *Psicodinamismos da família com crianças: terapia familiar com técnica de jogo*. Petrópolis: Vozes, 1982.

ZIMERMAN, D. Prefácio. *In:* MELLO FILHO, J.; BURD, M. (org.). *Doença e família*. São Paulo: Casa do Psicólogo, 2010. p. 11-14.

Parâmetros definitórios do casal

Gislaine Varela Mayo De Dominicis

CONCEITO

A partir do conceito de casal matrimonial (BERENSTEIN; PUGET, 1989/1994), os autores apresentam certos parâmetros definitórios para se designar um casal. Casal matrimonial seria uma estrutura vincular entre duas pessoas de sexo diferente, a partir do momento que elas se comprometem a fazer parte dessa estrutura em toda a sua amplitude. Esses parâmetros são: cotidianidade, projeto vital compartilhado, relações sexuais e tendência monogâmica.

ETIMOLOGIA

As raízes lexicais de parâmetro são: para (junto a) + metron (medida, instrumento para medir). Palavra de origem grega cujo significado está relacionado à ideia de norma ou padrão utilizado em uma relação de comparação entre coisas, pessoas, fatos, acontecimentos, condições ou circunstâncias equivalentes.

Definitório, por sua vez, é assembleia de definidores, e definidor é aquele que define.

Casal vem do latim tardio casâles, relativo ou pertencente a uma casa, conjunto de casas. Significa par constituído por duas pessoas que se amam, dois indivíduos que mantêm, entre si, uma relação amorosa e/ou sexual (FERREIRA, 2002).

EVOLUÇÃO HISTÓRICA DO CONCEITO

A **teoria das configurações vinculares*** foi criada a partir de 1950 por Berenstein e Puget para compreender e tratar o paciente vincular ou pluripessoal, considerando seus inconscientes. Ela pode ser vista como o estudo psicanalítico que, a partir da teoria freudiana, evolui para a clínica dos vínculos no atendimento e compreensão dos casais, famílias, grupos e instituições. Essa teoria foi ampliando o entendimento da estruturação do sujeito, partindo do intrapsíquico e incluindo os aspectos **intrapsíquicos*** e os **transpsíquicos***.

Nessa ótica, vemos a subjetividade humana ser constituída e mantida em uma rede **interfantasmática*** que se constrói na família e no social. A definição de casal matrimonial foi apresentada como uma estrutura vincular entre duas pessoas de sexos diferentes, a partir do momento em que elas se comprometem a fazer parte dessa estrutura em toda a sua amplitude (BERENSTEIN; PUGET, 1989/1994, p. 3). Diante das mudanças socioculturais, essa definição merece ser atualizada, inicialmente em relação ao sexo dos sujeitos, uma vez que hoje se considera casal independentemente do gênero. Além disso, em relação aos compromissos assumidos pela dupla podemos também repensar sobre o momento e a qualidade desses compromissos atuais. Critérios de décadas anteriores, como namoro, noivado, pedido de casamento, ritual do casamento e mudança para um lugar compartilhado, têm se mostrado diferentes ou foram simplesmente eliminados. Porém, é necessário ainda se perguntar quais seriam os critérios para se definir um casal matrimonial e quais as diferenças entre esse vínculo e outros, como o vínculo entre amantes, entre amigos ou apenas namorados não comprometidos. Na linguagem corrente, quando se diz casal, subentende-se uma referência conjugal e uma relação de aliança. O casal tem elementos definitórios que permitem referir-se a ele como uma unidade e uma estrutura com um alto grau de complexidade.

> A necessidade científica de ter parâmetros definitórios, para os fins de distinguir este objeto de estudo, de outros possíveis, de outros possíveis, encontra a sua realização na seguinte proposição: toda pessoa disposta a constituir um vínculo de casal sabe, consciente ou inconscientemente, a partir de modelos socioculturais, que isso implica certos elementos constantes e pressupostos que dão sentido ao campo do permitido, oposto ao do proibido. (BERENSTEIN; PUGET, 1989/1994, p. 5)

Para se estabelecer uma aliança conjugal, os sujeitos precisam se desprender dos vínculos parentais de suas famílias de origem, um movimento que pode causar sofrimentos que coexistem com o desejo de formar uma nova estrutura de casal. Há uma alternância entre a angústia de indiferenciação com a família de origem e a necessidade de diferenciar-se e construir outra família. Também se faz necessária, no registro psíquico, a criação de um "objeto-casal" compartilhado que consiste na conjugação das construções imaginárias de "objeto-casal"

Parâmetros definitórios do casal

de cada um. O conceito de objeto-casal (PUGET, 1982, *apud* BERENSTEIN; PUGET, 1989/1994 p. 5) é uma construção imaginária constituída a partir de representações provenientes do enorme desamparo do bebê, da sua exclusão do casal parental e de representações sociais de contextos extrafamiliares que incluem o pai, a mãe, o bebê, códigos e sinais referentes à estrutura familiar extensa. A **conjugalidade*** seria o resultado de uma transformação do objeto--casal de cada um em um objeto-casal compartilhado (BERENSTEIN; PUGET, 1989/ 1994, p. 6).

Os parâmetros apresentados por Berenstein e Puget (1989/1994) são: cotidianidade, projeto vital compartilhado, relações sexuais e tendência monogâmica. Os parâmetros designam o enquadramento, o sentido e os significados da dupla matrimonial. Ao redor deles se estabelecem contratos, que seriam pactos conscientes e inconscientes, para possibilitar que o casal cumpra suas funções e que a vivência da dupla seja satisfatória para ambos. Esses parâmetros podem ser funcionais ou disfuncionais, o que neste caso geraria grande sofrimento para o casal.

- Cotidianidade: tipo de estabilidade baseada em uma unidade temporal e espacial caracterizada pelos intercâmbios diários. O significado literal de cotidianidade é um atributo do que é cotidiano, ou seja, diário. Observamos que, na pós-modernidade, tornaram-se bastante comuns os casais que não coabitam o mesmo espaço e nem têm intercâmbios diários. A comunicação é realizada à distância. Há casais que habitam em países distintos, por necessidade profissional ou outros interesses. Apesar da grande diversidade de convivência que nos foi proporcionada pelas novas formas de locomoção e comunicação, vemos que casais que não têm trocas diárias estabelecem um ritmo e frequência de trocas afetivas e de encontros. A cotidianidade é um organizador dos ritmos, dos encontros e não encontros do casal. Segundo os autores, a cotidianidade ativa modalidades primárias de relação, baseadas em ações estáveis como ritmos, forma e modalidade de comida, da ordem e da limpeza (BERENSTEIN; PUGET, 1989/1994, p. 7). As dificuldades do casal podem surgir quando alguns desses elementos individuais não são compartilháveis e nem negociáveis. A renúncia ou arranjos de alguns desses elementos são impossíveis quando se trata de elementos que fazem parte importante da própria identidade do sujeito. O trabalho necessário do casal é conseguir harmonizar os critérios individuais e chegar

a uma modalidade de casal. Alguns casais se queixam da sua estabilidade excessiva, causadora de tédio, enquanto outros se queixam de sua instabilidade, causadora de insegurança.
- Projeto compartilhado: segundo Berenstein e Puget (1989/1994), é a ação de reunir representações de realização, situadas na dimensão futura. O primeiro projeto vital de um casal é compartilhar um espaço-tempo vincular.

Provavelmente, o início de sua realização é a aquisição de uma linguagem com significado particular. Será o momento em que ambos os egos do casal falam ou utilizam significantes, sabendo que lhes outorgam significado específico; portanto, nenhum outro pode dá-lo. (BERENSTEIN; PUGET, 1989/1994, p. 8)

Esse projeto evolui, e o casal começa a pensar em projetos localizados no tempo futuro. Os autores colocam que o modelo paradigmático de projeto futuro, para um casal, passa pela criação de filhos, reais ou simbólicos. Com a evolução da sociedade e as liberdades de escolhas pessoais cada vez mais respeitadas, vemos hoje um aumento de casais que optam por não ter filhos reais. Os filhos simbólicos podem se manifestar de muitas formas: projetos sociais, artísticos, aquisições, produções intelectuais e muitos "pets". Esses projetos têm importância na estabilidade do casal, pois quando um dos projetos é concretizado, surge a necessidade de forjar outros. Uma crise específica do casal pode aparecer quando um projeto foi realizado e, portanto, perdido. A perda do projeto (também na sua realização) pode significar a perda do futuro em comum. Quando o casal não se sente capaz ou desejoso de formular outro projeto compartilhado, essa crise pode ocasionar a separação do casal.

Parâmetros definitórios do casal

- Relações sexuais:

Relações sexuais são aquelas com as quais se inter-relacionam através dos órgãos genitais: o pênis no homem e a vagina na mulher. Outras zonas corporais intervêm como preliminares, e se subsomam à atividade genital propriamente dita. Ocasionalmente o fim sexual é obtido com outras zonas corporais, sobressignificadas como genitais. (BERENSTEIN; PUGET, 1989/1994, p. 9)

Essa definição pressupõe um casal heterossexual e é bastante normativa. Os autores explicam também que as relações sexuais são classificadas por modelos socioculturais que podem variar bastante entre as culturas. O sistema social propõe relações prescritas, não prescritas, matrimoniais, não matrimoniais e proibidas. As relações incestuosas são proibidas na maioria dos sistemas sociais. Cada sociedade organiza à sua maneira esse universo. Os autores ressaltam que, para que haja relações sexuais, deve haver uma aceitação da diferença, conceito fundamental, assim como o papel de outro, para a obtenção de uma fonte de prazer renovada. A necessidade do outro está vinculada à aceitação da incompletude humana.

Frente às grandes transformações contemporâneas, vemos que os relacionamentos conjugais estão criando formas mais flexíveis, nas quais cada casal define o seu jeito de ser e a sua expressão sexual, inclusive a ausência de sexo. As relações incestuosas continuam sendo consideradas anormais e passíveis de punição legal. Cada indivíduo tem seu modelo (em função da sua constituição) de relações permitidas e de outras excluídas. Esse deve ser mais um elemento de acordo entre o casal. Com as alterações do comportamento humano, em decorrência das modificações tecnológicas de comunicação, vemos que o sexo virtual tem sido, para algumas pessoas, tão ou mais gratificante e prazeroso. Para os mais jovens, relações afetivas e sexuais virtuais são bastante comuns. Porém, vemos também pessoas mais maduras que buscam no sexo virtual prazer e satisfação com menos risco. O contato físico, a presença do corpo do outro, fica dispensável, considerando-se que a sexualidade é capaz de se realizar de maneira fantasiosa.

- Tendência monogâmica: monogamia é um tipo de ligação matrimonial na qual os cônjuges combinam entre si de serem exclusivos. Várias sociedades permitem e até preconizam vários esposos ou esposas, mas é comum verificar que há um deles que está colocado numa posição especial de objeto escolhido. A base metapsicológica da monogamia é a estrutura do **objeto único**★. Berenstein e Puget (1984, *apud* BERENSTEIN; PUGET, 1989/1994) colocam que o ego, ao se apaixonar, imagina realizar com o outro ego a relação de objeto único ilusório da sua plataforma inconsciente, e exigirá que esse objeto seja permanente, que o conforte e lhe dê apoio.

A tendência monogâmica pode orientar-se da menor para a maior complexidade, assim como a oscilação entre a tentativa de concretizar a relação com um único objeto ilusório, primário enquanto funcionamento, ou um objeto amoroso ou objeto unificado. No outro ego podem coexistir características e aspectos contraditórios, contrários ou diferentes, e no entanto, continua sendo o melhor para aquele ego. O objeto unificado é aquele no qual convivem diferentes aspectos, e alguns, inclusive, não compatíveis. A passagem do objeto único ao objeto amoroso ou unificado marca um percurso em um casal, desde o enamoramento até uma maior complexidade vincular. (BERENSTEIN; PUGET, 1989/1994, p. 10)

A tendência monogâmica pode significar para alguns casais estabilidade e conforto e para outros a sensação de aprisionamento e incentivador de tentativas de fuga para relações extraconjugais.

REFERÊNCIAS

BERENSTEIN, I.; PUGET, J. *Psicanálise de casal*. Porto Alegre: Artes Médicas, 1994. (Trabalho originalmente publicado em 1989).

FERREIRA, A. B. H. *Mini dicionário Aurélio da língua portuguesa*. 4 ed. Rio de Janeiro: Nova Fronteira, 2002.

MAGALHÃES, A. S. Transmutando a subjetividade na conjugalidade. *In*: FÉRES CARNEIRO, T. (org.). *Família e casal arranjos e demandas contemporâneos*. Rio de Janeiro: Loyola, 2003. p. 225- 245.

Parentalidade

Andrea Seixas Magalhães

CONCEITO

A parentalidade, do ponto de vista da psicanálise, é resultante de um processo maturativo, de uma reestruturação psíquica e afetiva que possibilita aos adultos assumirem o lugar de pais, atendendo às necessidades de seus filhos nos níveis corporal, afetivo e psíquico (LAMOUR; BARRACO, 1998). Esse processo mobiliza a reorganização dos investimentos narcísicos e objetais, transformando a economia psíquica do sujeito (LEBOVICI, 2004).

ETIMOLOGIA

Do latim parentalis, refere-se a uma qualidade do que é parental (i) + dade. Relativo a parente, a pai e mãe. O substantivo compreende um conjunto das funções e atividades desenvolvidas por um progenitor ou cuidador, com o objetivo de promover o desenvolvimento saudável da criança. Na área do Direito, são regulamentados os direitos e as obrigações da parentalidade (HOUAISS; VILLAR; FRANCO, 2001).

EVOLUÇÃO HISTÓRICA DO CONCEITO

A noção psicanalítica de parentalidade começou a ser desenvolvida nos Estados Unidos, no final dos anos 1950, sendo abordada como uma etapa importante do processo de maturação psíquica e do desenvolvimento da personalidade (BENEDECK, 1959). Na literatura psicanalítica francesa, o termo parentalidade foi usado inicialmente por Paul-Claude Racamier, em 1961, com ênfase no caráter psicodinâmico e processual implicado no exercício das funções dos pais em relação aos filhos.

A parentalidade pode ser diferenciada da maternidade (RACAMIER; SENS; CARRETIER, 1961) e da paternidade (DELAISI DE PARSEVAL, 1981), destacando-se as operações identificatórias que são mobilizadas por ocasião do nascimento do primeiro filho (a), fase do ciclo de vida marcada pela revivescência de conflitos infantis recalcados.

No aparelho intrapsíquico, a parentalidade promove o estabelecimento de categorias mentais como idade, diferença de gerações e de gênero, organizando as interações entre pais e filhos, demarcando suas diferentes atribuições. A parentalidade favorece a introdução da assimetria, da heterogeneidade e da complexidade como elementos organizadores das relações familiares (SOLIS-PONTON, 2004).

Houzel (2004) postula três eixos definidores da parentalidade: exercício da parentalidade, experiência da parentalidade e prática da parentalidade. O primeiro eixo, o do exercício da parentalidade, remete aos laços de parentesco, aos direitos e deveres prescritos pela sociedade, e opera na regulação dos laços de **filiação***, de **afiliação*** e na transmissão familiar. O segundo eixo, o da experiência da parentalidade, é estruturado com base na experiência consciente e inconsciente da assunção dos papéis parentais, incluindo o desejo de ter filho, o desejo de reparar os objetos parentais dos pais e as transformações do desejo face à **alteridade*** do filho. O terceiro eixo é o da prática da parentalidade e inclui cuidados físicos e psíquicos, que mobilizam a afetividade da criança e de suas figuras parentais.

Aspectos coletivos, marcados pela cultura e pela história, também operam na construção da parentalidade tanto quanto aspectos individuais dos membros do casal parental (MORO, 2005). Ao tornarem-se pai e mãe, emergem a história dos pais e suas representações parentais, incluindo suas mitologias e seus traumas familiares (BYDLOWSKI, 2010; MAGALHÃES; FÉRES-CARNEIRO, 2011). As representações parentais sobre o bebê se iniciam na própria vivência infantil dos pais, nas brincadeiras de boneca e nas fantasias da adolescência, de maneira que a parentalidade não se restringe à gestação e ao nascimento de um filho, e sim é moldada por identificações ao longo da vida (STERN, 1997). Cabe ao pai/à mãe se apropriar de seu lugar na cadeia genealógica, identificando-se e diferenciando-se dos seus antepassados na construção da parentalidade, que pode ser exercida de forma criativa ou sintomática (ZORNIG, 2010).

Freud (1913/1976a), ao estudar o totemismo, já apontara que os princípios do funcionamento inconsciente estariam na origem da parentalidade como estrutura psíquica, inaugurando o campo de estudos que diferencia parentesco de parentalidade. Embora o autor não tenha desenvolvido esse conceito, lançou as bases teóricas para desdobramentos posteriores. O horror ao incesto e o totemismo são organizadores do psiquismo grupal e individual, constituindo a base de uma parentalidade socialmente referendada (SOLIS-PONTON, 2004). A interdição ancorada na lei paterna é o fundamento social da parentalidade, devendo garantir a civilidade nas relações familiares e sociais, prevenindo irrupções pulsionais caóticas.

O parentesco e a cultura são organizadores que cada sujeito e cada grupo social constituirá segundo seu contexto e sua genealogia (DEVEREUX, 1965). Nas sociedades patriarcais, o futuro dos filhos era determinado com base no poder parental, incluindo suas escolhas conjugais, com o propósito de manter a fidelidade aos valores da linhagem. Na modernidade, houve um declínio da imagem social do pai e do poder paterno (SINGLY, 2007). Paulatinamente, institui-se uma clivagem entre público e privado, sendo o público considerado o lugar da parentalidade e o privado o lugar da **conjugalidade*** (JULIEN, 2000).

Como consequências do declínio do poder paterno, destacam-se o esmaecimento do valor da tradição familiar e a exaltação do relativismo, que repercutem na diferenciação de posições na família. Os pais passam a se sentir mais sozinhos diante do dever de veicular a interdição, sem a necessária sustentação social. Aos poucos, a autoridade parental foi sendo substituída pela responsabilidade parental, ou seja, diminui o poder e aumentam os deveres parentais (LEBRUN, 2001/2004).

A família contemporânea, engolfada pelo igualitarismo e pelo individualismo, sofre com o apagamento de alguns de seus limites internos e, em muitos casos, de diferenças geracionais. Em termos sociais, contudo, as exigências quanto à eficácia parental no cuidado dos filhos aumentam. Ao longo dos séculos XIX e XX, a definição civil da parentalidade passa a ser privilegiada, e a autoridade parental é reconhecida pelas leis sociais. A parentalidade passa a ser definida não somente pela biologia, mas por fatores socioafetivos e civis, sendo determinada cada vez mais pelo social, que age por meio dos especialistas (FÉRES-CARNEIRO; MAGALHÃES, 2014). O social regulamenta a relação entre pais e filhos, intermediado pelas intervenções de profissionais de saúde, educadores e representantes da lei, consideradas figuras do terceiro social (JULIEN, 2000).

Os estudos sobre parentalidade foram desenvolvidos em diferentes perspectivas teóricas. Algumas abordagens valorizam mais os aspectos psicossociais e desenvolvimentais desse constructo, enquanto outras enfatizam o vínculo parento-filial e suas implicações psíquicas. Os primeiros trabalhos acerca da parentalidade na literatura psicanalítica enfatizavam o vínculo mãe-bebê;

os estudos que destacam o papel do pai na parentalidade se desenvolveram mais recentemente (MARTY, 2003). De modo geral, as diferentes abordagens ressaltam que a competência das famílias no exercício da parentalidade depende, sobretudo, da qualidade das relações familiares (LAZARTIGUES, 2007).

O lugar que a criança ocupa no narcisismo dos pais mobiliza trocas intersubjetivas na parentalidade, com função constitutiva da subjetividade da criança e função reparadora da subjetividade dos seus pais, numa via de mão dupla. O amor pela criança deriva do retorno do narcisismo dos pais (FREUD, 1914/1976b). Autores mais recentes (KONICHECKIS, 2008; GOLSE, 2003; ZORNIG, 2010) realçam as transformações simbólicas que ocorrem no psiquismo de ambos os pais com o nascimento de um filho. Nesse sentido, a clínica dos primórdios representa um avanço importante nos estudos psicanalíticos, repercutindo no desenvolvimento da psicanálise de família, embasando teoricamente a mutualidade das trocas intersubjetivas que ocorrem na família com ênfase no vínculo parento-filial.

Ademais, o narcisismo é um eixo estruturante da transmissão psíquica geracional, e há uma urgência em transmitir a herança psíquica familiar. O casal parental imprime a sua marca geracional por meio da parentalidade. Kaës (2001) ressalta que, na teoria freudiana, a questão narcísica é marcada por uma luta constante entre inscrever-se na linhagem assumindo o legado dos pais e manter a ilusão de autoengendramento.

O estudo da parentalidade também é importante para o desenvolvimento da psicanálise do casal, na medida em que as dimensões da conjugalidade e da parentalidade são interdependentes. A conjugalidade pode ser reestruturada pela parentalidade, sendo alimentada ou esvaziada pelo investimento narcísico parental (MAGALHÃES, 2009; MAGALHÃES; FÉRES-CARNEIRO, 2011). Por outro lado, uma conjugalidade psiquicamente precária também pode repercutir sobre a parentalidade, interferindo na construção do sentido de existência própria do filho (PALERMO et al., 2016).

As dimensões da conjugalidade e da parentalidade requerem o reconhecimento da alteridade do parceiro e do filho. Contudo, a simples **presença*** do outro não é condição suficiente para que ocorra uma vinculação no sentido do potencial transformador do vínculo. A função vinculante (PUGET, 2000) favorece o enriquecimento do ego a partir da produção de novas significações. Quando as trocas intersubjetivas são empobrecidas na parentalidade ou na conjugalidade, os sujeitos permanecem cativos do narcisismo dos pais, repetindo sintomaticamente a história familiar.

REFERÊNCIAS

BENEDEK, T. Parenthood as a developmental phase: a contribution to the libido theory. *Journal of the American Psychoanalytic Association*, v. 7, n. 3, p. 389-417, 1959.

BYDLOWSKI, M. *Je rêve un enfant: l'expérience intérieure de la maternité*. Paris: Odile Jacob, 2010.

DELAISI DE PARSEVAL, G. *La part du père*. Paris: Le Seuil, 1981.

DEVEREUX, G. Considérations ethnopsychanalytiques sur la notion de parenté. *L'Homme*, v. 5, n. 3/4, p. 224-247, 1965.

FÉRES-CARNEIRO, T.; MAGALHÃES, A. S. Transformations de la parentalité: la clinique auprès de familles séparées et de familles reconstituées. *Subjetividad y Procesos Cognitivos*, n. 18, p. 104-121, 2014.

FREUD, S. Totem e tabu. In: *Edição standard brasileira das obras psicológicas completas de Sigmund Freud*. Rio de Janeiro: Imago, 1976a. v. 13. (Trabalho originalmente publicado em 1913).

FREUD, S. Sobre o narcisismo, uma introdução. In: *Edição standard brasileira das obras psicológicas completas de Sigmund Freud*. Rio de Janeiro: Imago, 1976b. v. 14. (Trabalho originalmente publicado em 1914).

GOLSE, B. *Sobre a psicoterapia pais-bebê: narratividade, filiação e transmissão*. São Paulo: Casa do Psicólogo, 2003.

HOUAISS, A.; VILLAR, M.; FRANCO, F. M. de M. *Dicionário Houaiss da língua portuguesa*. Rio de Janeiro: Objetiva, 2001.

HOUZEL, D. As implicações da parentalidade. In: SOLIS-PONTON, L. (org.). *Ser pai, ser mãe. Parentalidade: um desafio para o terceiro milênio*. São Paulo: Casa do Psicólogo, 2004. p. 47-51.

JULIEN, P. *Abandonarás teu pai e tua mãe*. Rio de Janeiro: Companhia de Freud, 2000.

KAËS, R. *Transmissão da vida psíquica entre gerações*. São Paulo: Casa do Psicólogo, 2001.

KONICHECKIS, A. *De génération en génération: la subjectivation et les liens précoces.* Paris: PUF, 2008.

LAMOUR, M.; BARRACO, M. *Souffrance autour du berceau, des émotions aux soins.* Paris: Gaëtan Morin, 1998.

LAZARTIGUES, A. Nouvelles familles, nouveaux enfants, nouvelles pathologies. *Neuropsychiatrie de l' Enfance et de l'Adolescence,* n. 55, p. 304-320, 2007.

LEBOVICI, S. Diálogo Leticia Solis-Ponton e Serge Leibovici. *In:* SOLIS-PONTON, L. (org.). *Ser pai, ser mãe. Parentalidade: um desafio para o terceiro milênio.* São Paulo: Casa do Psicólogo, 2004. p. 21-27.

LEBRUN, J. P. *Um mundo sem limite: ensaio para uma clínica psicanalítica do social.* Rio de Janeiro: Companhia de Freud, 2004. (Trabalho originalmente publicado em 2001).

MAGALHÃES, A. S. Conjugalidade e parentalidade na clínica com famílias. *In:* FÉRES-CARNEIRO, T. (org.). *Família e casal: permanências e rupturas.* São Paulo: Casa do Psicólogo, 2009. p. 205-217.

MAGALHÃES, A. S.; FÉRES-CARNEIRO, T. Em busca de uma conjugalidade perdida: quando a parentalidade prevalece. *In:* FÉRES-CARNEIRO, T. (org.). *Casal e família: conjugalidade, parentalidade e psicoterapia.* São Paulo: Casa do Psicólogo, 2011. p. 161-172.

MARTY, F. La parentalité: un nouveau concept pour quelles réalités?. La place du père. *Le Carnet PSY,* v. 81, n. 4, p. 27-33, 2003.

MORO, M. R. Os ingredientes da parentalidade. *Revista Latinoamericana de Psicopatologia Fundamental,* v. 8, n. 2, p. 258-73, 2005.

PALERMO, F. R. *et al.* Ambiente conjugal: repercussões na parentalidade. *Cadernos de Psicanálise,* Rio de Janeiro, v. 38, n. 34, p. 129-148, 2016.

PUGET, J. Disso não se fala... Transmissão e memória. *In:* CORREA, O. B. R. (org.). *Os avatares da transmissão psíquica geracional.* São Paulo: Escuta, 2000. p. 73-87.

RACAMIER, P. C.; SENS, C.; CARRETIER L. La mère et l'infant dans les psychoses du postpartum. *L'Évolution Psychiatrique,* v. 26, 4, p. 525-557, 1961.

SINGLY, F. *Sociologia da família contemporânea.* Rio de Janeiro: FGV, 2007.

SOLIS-PONTON, L. *Ser pai, ser mãe. Parentalidade: um desafio para o terceiro milênio.* São Paulo: Casa do Psicólogo, 2004.

STERN, D. *A constelação da maternidade*. Porto Alegre: Artes Médicas, 1997.

ZORNIG, S. Tornar-se pai, tornar-se mãe: o processo de construção da parentalidade. *Tempo Psicanalítico*, v. 42, n. 2, p. 453-470, 2010.

Parentalização

Terezinha Féres-Carneiro

CONCEITO

Diz respeito a quando uma criança passa a se encarregar das funções parentais em relação aos próprios pais, em um determinado contexto sociocultural e histórico. Tais encargos ultrapassam as competências características dos estágios de desenvolvimento infantil, sendo tomados, portanto, de modo prematuro pela criança. As necessidades prementes dos pais (pai ou mãe) são consideradas à custa da desconsideração das necessidades dos filhos. Nessas condições, a conduta regressiva dos progenitores termina por exigir uma conduta progressiva dos filhos, levando a criança a se tornar um adulto em miniatura.

ETIMOLOGIA

Do latim *parentalis*, refere-se a uma qualidade do que é parental (i) + zação. Relativo a parente, a pai e mãe. O substantivo compreende um conjunto de funções e atividades desenvolvidas por um progenitor ou cuidador, com o objetivo de promover o desenvolvimento da criança. O sufixo zação refere-se à ação de parentalizar, ou seja, de promover o exercício de funções parentais (DICIONÁRIO INFORMAL).

EVOLUÇÃO HISTÓRICA DO CONCEITO

Uma das mais antigas referências à noção de parentalização, no que se refere ao aspecto de inversão do papel parental, se encontra em um artigo de Schmideberg (1948), intitulado "Parents as children". Nesse artigo, a psicanalista aponta como alguns pais, em função de experiências altamente emocionais, envolvendo perdas significativas, tendem a investir no filho como uma figura parental. No curso dessas ideias, Mahler e Rabinovitch (1956) observam como a criança pode assumir vários papéis na família, como pacificadoras, ajudantes e confidentes, para fortalecer os laços familiares, especialmente a relação conjugal dos pais. Nesse sentido, Anna Freud (1966/2011) também sugere que o lugar vazio deixado pela separação do casal conjugal pode levar o filho a preenchê-lo.

Nesse contexto, podemos perceber como a parentalização dos filhos se mostra tributária de uma certa fragilidade narcísica dos pais, os quais encontram dificuldades para arcar com a estrutura e o direcionamento familiar. É importante sublinhar que tais referências iniciais já colocam em evidência um elemento fundamental para a compreensão do processo de parentalização, que consiste no esforço das crianças para assegurar o bem-estar de seus progenitores.

Apesar de a noção de parentalização dos filhos ter sido forjada no campo psicanalítico, a sua emergência enquanto um conceito definido emerge, essencialmente, no seio das práticas de terapias de família nas suas vertentes sistêmica e psicanalítica. Em torno dos anos 1960 e 1970, surgem, assim, duas perspectivas fundamentais a respeito da parentalização dos filhos. Inicialmente, o terapeuta de família argentino Minuchin, em conjunto com seus colaboradores, introduz, em 1967, o conceito de "criança parental", ao se referir à atribuição de poder parental a uma criança. Poucos anos depois, em 1973, o psiquiatra e terapeuta de família húngaro-americano Boszormenyi-Nagy, em parceria com Spark, propõe o termo "parentalização" para designar a distorção subjetiva das relações, nas quais um dos membros, frequentemente uma criança, torna-se um pai para o outro. As duas formulações aparecem de forma privilegiada e, intimamente, associadas na literatura sobre o tema, mas guardam algumas nuances, de acordo com a perspectiva teórico-clínica de cada um dos autores. Tais nuances contribuem para o enriquecimento da discussão sobre a problemática da parentalização.

A partir de seus trabalhos com famílias que habitam os guetos (bairros extremamente pobres, com forte presença de imigrantes) da cidade de Nova York, Minuchin, Montalvo, Guerney, Rosman e Shumer (1967) chamam a atenção para as crianças que assumem responsabilidades parentais em um contexto desorganizado e socioeconomicamente precário. No ambiente de famílias caóticas, frequentemente numerosas, os pais exercem uma gestão relativa das suas funções parentais, demonstrando uma certa autoridade na relação com os filhos, por um lado, e uma indisponibilidade, por outro. Nesse sentido, as crianças, às vezes, podem contar com os pais, às vezes, não. Em caso de ausência parental, portanto, os filhos tomariam para si parte da função dos pais. Há, por assim dizer, uma delegação da responsabilidade adulta à criança, o que, por sua vez, pode ser feito de maneira explícita e consciente ou implícita e inconsciente. Com efeito, atribuir a função parental à criança implica a desorganização dos subsistemas parentais e fraternos e a inversão dos papéis parentais e filiais na dinâmica familiar.

No curso dessas ideias, Boszormenyi-Nagy e Spark, em "Lealdades invisíveis" (1973/2012), aprofundam o conceito de parentalização. Calcados numa ética relacional, destacam a distorção subjetiva das relações entre pais e filhos como elemento central da problemática da parentalização. Nesse caso, trata-se da transformação da criança em um adulto imaginário, de modo que o progenitor passa a tomar a criança como se fosse um igual do ponto de vista geracional. Assim, a diferença existente entre as gerações é negada em prol da sustentação da parentalização. Para os autores, até o mais maduro dos adultos possui, em determinadas oportunidades, necessidades regressivas de gratificação, sendo a parentalização uma manobra radical de atualização dessas necessidades na dinâmica familiar. Por esse viés, a conduta regressiva dos pais termina por demandar uma postura progressiva dos filhos, independentemente do despreparo infantil para tanto. Desse modo, parece-nos evidente que a parentalização se institui num sistema familiar, sem fronteiras geracionais, no seio do qual os pais estão, eles mesmos, sofrendo carências emocionais e afetivas (FÉRES-CARNEIRO *et al.*, 2019a; BENGHOZI, 2018; MELLO; FÉRES-CARNEIRO; MAGALHÃES, 2015).

Do ponto de vista dos pais, podemos reconhecer a presença de alguns fatores históricos e outros conjunturais subjacentes ao fenômeno da parentalização, a fim de propiciar uma contextualização das atitudes parentais. No que se refere aos fatores históricos, Harrus-Révidi (2004) afirma que a "criança-adulta" se constitui a partir de um adulto imaturo, no sentido de que ele está orientado em torno das suas próprias necessidades. A autora sustenta que esses pais imaturos não sabem se adaptar à criança, na medida em que eles também não obtiveram tal adaptação dos seus progenitores. Por essa via de compreensão, Olson e Gariti (1993) também se referem aos pais das crianças parentalizadas com base no não atendimento das suas próprias necessidades pelos seus pais, ou seja, a própria infância dos pais não teria sido, assim, considerada pelos seus progenitores. Dando relevo ao aspecto **transgeracional***, Bekir, McLellan, Childress e Gariti (1993) apontam ainda que muitos desses pais também foram parentalizados por seus pais quando crianças, motivo pelo qual encontram dificuldades em assumir as funções parentais com seus próprios filhos.

Existem também alguns fatores mais conjunturais, observados, sobretudo, no que diz respeito ao exercício da **parentalidade*** nas novas configurações familiares na contemporaneidade. Por esse viés, podemos nos referir, por exemplo, aos pais separados ou recasados que se encontram muito absorvidos pelas suas vidas afetivas instáveis, ocupados em reconstruir suas vidas conjugais (HAXHE, 2013). Nesses moldes, podemos evocar as crianças pertencentes a uma família monoparental, que terminam por assumir certas responsabilidades parentais, na ausência do outro par do casal parental. Trata-se, então, de situações familiares, nas quais a parentalização se apresentaria potencialmente, isto é, como um recurso cotidiano necessário para o funcionamento da família (WALKER; LEE, 1998). Cabe acrescentar, ainda, que quanto mais limitadas são as vinculações externas da família, isto é, quanto menos relações significativas são estabelecidas para além do núcleo familiar, maior o compromisso entre os membros familiares.

Nesse sentido, é importante precisar que a parentalização não se circunscreve de forma incondicional no campo da patologia ou da disfunção relacional. A esse propósito, Boszormeny-Nagy e Spark (1973/2012) chegam a afirmar que provavelmente certo grau de parentalização inconsciente seja parte constituinte da atitude dos progenitores em relação aos seus sucessores. Nessa medida, Le Goff (1999) sublinha que a parentalização é um risco inerente à responsabilidade parental e à filiação, podendo ser encontrada em todas as famílias, independentemente de qualquer relação patológica. Para os autores, a inversão geracional não é, portanto, sinônimo de padecimento psíquico, podendo favorecer, inclusive, a identificação da criança com a imagem de uma boa figura parental, algo que ela pode vir a ser no futuro. Assim, tratar-se-ia da construção de um contexto familiar de solidariedade e confiança, bastante funcional.

Do nosso ponto de vista, a vivência de um filho que se ocupa, de modo delimitado e provisório, do cuidado dos pais ou da família em geral é, absolutamente, diferente da vivência de um filho instado a adotar uma postura parental, a fim de satisfazer a dependência de adultos regredidos. Nessa linha de pensamento, em determinadas circunstâncias, a necessidade dos pais de parentalizar o filho se mostra extremamente perniciosa para a criança, repercutindo, sobremaneira, nos seus processos de maturação. Entendemos que a parentalização assume um sentido patológico, na medida em que interfere nas possibilidades de crescimento da criança, sobretudo, quando a inversão é negada ou desmentida pelos pais.

A partir de tais considerações, podemos circunscrever dois tipos de parentalização: uma parentalização construtiva – fonte de maturação e tomada de responsabilidade – e uma parentalização destrutiva – fonte de sofrimento e adoecimento psíquicos (BOSZORMENYI-NAGY; SPARK, 1973/2012; JURKOVIC, 1997/2014; LE GOFF, 1999). Em relação à parentalização construtiva, as responsabilidades delegadas ao filho não devem ser esmagadoras considerando o seu estágio de desenvolvimento. Além disso, o fato de a criança contar com uma rede de apoio familiar e social também se apresenta como um atenuante da sobrecarga infantil. Com relação à parentalização destrutiva, as tarefas assumidas pelo filho se mostram excessivas e inapropriadas para a sua idade, servindo apenas para a gratificação das necessidades parentais.

De fato, nos parece importante avaliar o grau das responsabilidades instrumentais e emocionais assumidas pela criança. Entendemos que quando o filho adota a postura parental por um período determinado e transitório, sob alguma supervisão objetiva e respaldo emocional, ele pode tirar proveito disso em favor da sua evolução. Nesse sentido, Coale (1999) afirma que as crianças podem se beneficiar de algum nível de parentalização quando seus papéis parentais são reconhecidos e valorizados, isto é, quando as figuras parentais podem de forma consistente nomear, respeitar e honrar as funções adultas que as crianças realizam para a família.

Considerando diversos parâmetros da parentalização, Jurkovic (1997/2014) identifica quatro protótipos de atividades de cuidado que a criança desempenha no ambiente familiar, estabelecendo, assim, um espectro do processo de parentalização, no qual a "infantilização" se encontra em uma extremidade e a "parentalização destrutiva" no extremo oposto. Esta última se refere ao filho que assume explicitamente responsabilidades instrumentais e/ou emocionais excessivas em relação ao seu estágio de desenvolvimento, não sendo prescritas culturalmente nem atribuídas de forma justa. A parentalização destrutiva, além de violar os limites pessoais e as fronteiras familiares, torna-se uma fonte primária da identidade do filho. O segundo tipo, definido como "parentalização adaptativa", também diz respeito ao filho cujas atividades de cuidado ultrapassam seus recursos maturacionais, porém, trata-se de crianças que não são cativadas por seu papel e recebem suporte e tratamentos justos de suas famílias.

O terceiro modelo, designado como "não parentalização saudável", engloba filhos capazes de comprometimento em nível moderado de cuidado instrumental e expressivo, relativos ao seu estágio de desenvolvimento. Nesse caso, os esforços infantis são reconhecidos e supervisionados. O quarto padrão corresponde à "infantilização" e diz respeito aos filhos cujas expectativas dos pais são de engajamento mínimo com cuidados expressivos e/ou instrumentais na dinâmica familiar. Nessas condições, os pais satisfazem as necessidades dos filhos em demasia, dificultando a tomada de responsabilidade e a conquista da autonomia. Assim, entendemos que o que perpassa os diferentes modos de parentalização é o nível de responsabilidade creditada à criança, para preencher as necessidades dos pais, e o quanto ela excede a capacidade infantil.

No âmbito dessas considerações, torna-se fundamental chamar a atenção para as repercussões da parentalização no desenvolvimento emocional da criança, especialmente, quando a inversão se consolida como via privilegiada da relação entre pais e filhos. Marcada, especialmente, pela distorção entre as fronteiras geracionais, o lugar parental adotado pelos filhos visa proteger a estabilidade familiar ameaçada pela fragilidade das figuras parentais. A parentalização não envolve apenas certo número de competências e tarefas desenvolvidas pela criança, custosas por certo, mas uma ética relacional, na qual se encontram em jogo os vínculos de confiança entre pais e filhos.

REFERÊNCIAS

BEKIR, P. *et al.* Role reversal in families of substance misusers: a transgenerational phenomenon. *The International Journal of the Addictions*, n. 28, p. 613-630, 1993.

BENGHOZI, P. *Parentification fonctionelle et parentification perverse.* Trabalho apresentado ao Congrès International de Sexualité, Porto Alegre, 2018.

BOSZORMENYI-NAGY, I.; SPARK, G. M. *Invisible loyalties.* Kindle ed. New York: Routledge, 2012. (Trabalho originalmente publicado em 1973).

COALE, H. W. Therapeutic rituals and rites of passage: helping parentified children and their families. *In:* CHASE, N. (org.). *Burdened children: theory, research, and treatment of parentification.* Thousand Oaks, CA: Sage, 1999. p. 132-140.

DICIONÁRIO INFORMAL online. Disponível em: https://www.dicionarioinformal.com.br.

FÉRES-CARNEIRO, T. et al. L'enfant parentifié: maturation psychoaffective et contexte familial. *Revue de Psychothérapie Psychanalytique de Groupe*, n. 72, p. 187-200, 2019a.

FÉRES-CARNEIRO, T. et al. Demand for family therapy and contemporary parenting. *Psicologia Clínica*, PUC-RJ, n. 31, p. 15-32, 2019b.

FREUD, A. *Normality and pathology in childhood: assessments of development*. Kindle ed. London: Karnac Books, 2011. (Trabalho originalmente publicado em 1966).

HARRUS-RÉVIDI, G. *Parents immatures et enfants-adultes*. Paris: Payot, 2004.

HAXHE, S. *L'enfant parentifié et sa famille*. Toulouse: Éditions Érès, 2013.

JURKOVIC, G. J. *Lost childhoods: the plight of the parentified child*. Kindle ed. Abingdon, UK: Routledge, 2014. (Trabalho originalmente publicado em 1997).

LE GOFF, J.-F. *L'enfant, parent de ses parents. Parentification et thérapie familiale*. Paris: Harmattan, 1999.

MAHLER, M. S.; RABINOVITCH, R. The effects of marital conflict on child development. *In:* EISENSTEIN, V. E. (org.). *Neurotic interaction in marriage*. New York: Basic Books, 1956. p. 44-56.

MELLO, R.; FÉRES-CARNEIRO, T.; MAGALHÃES, A. S. A maturação como defesa: uma reflexão psicanalítica à luz da obra de Ferenczi e Winnicott. *Revista Latinoamericana de Psicopatologia Fundamental*, n. 18, p. 268-279, 2015.

MINUCHIN, S. et al. *Families of the slums. An exploration of their structure and treatment*. New York: Basic Books, 1967.

OLSON, M.; GARITI, P. Symbolic loss in horizontal relating: defining the role of parentification in addictive relationships. *Contemporary Family Therapy*, n. 15, p. 197-208, 1993.

SCHMIDEBERG, M. Parents as children. *Psychiatric Quarterly Supplement*, n. 22, p. 207-218, 1948.

WALKER, J.; LEE, R. Uncovering strenghts of children of alcoholic parents. *Contemporary Family Therapy*, n. 20, p. 521-533, 1998.

Parentesco fantasmático

Carmen Roberta Baldin

CONCEITO

O conceito parentesco fantasmático foi definido como organizador familiar em sua complexa teia das relações e dos vínculos familiares. A **aliança inconsciente*** e a aliança convencional da família são considerados aspectos importantes em sua constituição. A maneira como um indivíduo introjeta e elabora as experiências vividas em sua família de origem, associada com as experiências de fantasias dos pais que são depositadas no campo familial, contribui para a constituição deste conceito.

ETIMOLOGIA

Parentesco origina-se da palavra parente, que significa pessoa que está em relação a outra que pertence a mesma família, quer pelo sangue, quer pelo casamento. Do latim *parens – entis*, aparentado, aparentar, parentado, parental, parentela, parentesco (CUNHA, 2010).

Fantasmático, traduzido do francês *fantasmagorie*, fantástico, do latim, *phantasticus*, palavra que é um desdobramento da palavra fantasia, cujo significado etimológico advém do latim *fantasia*, aquele que imagina e que devaneia (CUNHA, 2010). Sabe-se que a fantasia se configura por objetos introjetados e está ligada originalmente ao instinto; portanto, essa palavra está implicada na relação direta com o objeto (BARANGER; BARANGER, 1993).

EVOLUÇÃO HISTÓRICA DO CONCEITO

Freud, em "Psicologia de grupo e a análise do ego" (1921/1980), destacou a presença da intersubjetividade na constituição psíquica do sujeito. Afirma que a construção subjetiva de um indivíduo está invariavelmente envolvida com algo a mais, como um modelo, um objeto, desde o princípio das relações mais primitivas da infância. Podemos pensar em dizer que a psicologia individual é também psicologia social. A ideia é a de que "o inconsciente de cada indivíduo leva a marca, na sua estrutura e nos seus conteúdos, do inconsciente de um outro, e, mais precisamente, de mais de um outro" (KAËS, 1998, p. 14). Um parente é um porta-voz de um antepassado próximo ou distante (família ancestral e ampliada ou família ampliada e nuclear). Esse parente representa em seus **vínculos*** resíduos introjetados e reintrojetados, e posteriormente depositados **entre*** as partes ligadas, configurando, dessa forma, um organizador dos vínculos parentais/familiares.

Além disso, o material da vida psíquica é algo que se torna passível de ser transmitido, no interior de uma família, entre gerações, intergerações e transgerações, consolidando a experiência das **transmissões psíquicas***. O verbete parentesco fantasmático é o resultado de uma combinação de duas palavras que foram utilizadas a princípio separadamente. A palavra parentesco foi citada por Lévi-Strauss pela primeira vez em (1947/2012). Para ele, a unidade elementar que envolve todas as relações que constituem os sistemas de parentesco corresponde a um sistema de relações quadrangular: entre marido e mulher, pai e filho, irmão e irmã e tio materno e sobrinho, ou seja, quatro pares de relações, e não apenas três (triangulação, marido-mulher, pai-filho, irmão-irmã). Portanto, para compreender o sentido do significado da palavra parentesco, se faz necessário pensar a família como sistema de comunicação que existe na troca e na reciprocidade de sua estrutura fundante (a aliança). O objetivo das relações de parentesco, como de qualquer sistema social, é instituir a comunicação, na qual o sujeito só se define em relação a um outro.

Os elementos não são pensados por suas propriedades intrínsecas, mas pelas relações e vinculações nas quais estão situadas, ou seja, a resultante de um fazer entre as partes. O real e o imaginário se fundem, e o que prevalece é o sentido e significado que aquele parentesco apresenta no vínculo com o outro no campo familiar a que pertence, construindo, assim, sentido, e representando significado a essas experiências emocionais quase sempre segregadas, encapsuladas e transmitidas. Considera-se que o parentesco fantasmático se configura pela identificação inconsciente (imaginada e/ou sonhada, introjetada e construída) de partes introjetadas e reintrojetadas no campo familial vincular.

Ambos, relação e vínculo, operam a partir da ideia da troca e da reciprocidade como uma estrutura fundante. As relações de parentesco são uma linguagem, e é a partir dessas relações que se constroem as alianças (LÉVI-STRAUSS, 1956/1980). Considerando os estudos realizados por Lévi-Strauss (1947/2012) na antropologia estruturalista, Eiguer (1995) nomeia o parentesco como organizador familiar, aprofundando a definição antropológica de relação quadrangular para conceitos psicanalíticos e sugerindo a complexidade dos vínculos. Considera, dessa forma, os quatro tipos de vínculos existentes no grupo familiar como aspectos importantes da aliança inconsciente e convencional da família, sendo que o vínculo inconsciente é compreendido pelo modo como o indivíduo, que constituiu família atual, introjetou e elaborou as experiências vividas em sua família de origem. Muitas dessas experiências vividas e fantasiadas no psiquismo dos pais são depositadas na relação com os membros da família de origem. Portanto, deve-se entender que essa vinculação está intimamente relacionada ao modo como o membro que constituiu sua família atual está inspirado, quase sempre, em experiências afetivas diárias fantasiadas e advindas dos pais na relação com os membros das famílias de origem. Já o vínculo convencional foi instituído por uma norma social tácita segundo a qual os modos de relação são considerados como uma ação da sociedade. Constitui-se, dessa maneira, a denominação de "átomo do parentesco". Para compreender esses vínculos, porém, é preciso pensar em dois tipos de relações vinculares: as narcísicas e as objetais.

Nos vínculos narcísicos ocorre um investimento comum entre os membros de uma família havendo contribuição entre as partes envolvidas. Já no vínculo libidinal de objeto o funcionamento ocorre de modo conjugado, articulando-se entre parceiros pela identificação projetiva ou perda de interação. Os dois vínculos contribuem para a solidez e permanência do grupo (EIGUER, 1995).

Portanto o parentesco fantasmático apresenta aspectos peculiares a cada indivíduo e grupo familiar, sendo uma característica fundamental para a compreensão interdinâmica e transdinâmica dos vínculos familiares.

REFERÊNCIAS

BARANGER, M. La teoria del campo. *In: Verdade, realidad y el psicoanalista: contribuciones latino-americanas al psicoanálisis*. London: Internation Psychoanalysis Library, 2005.

BARANGER, M.; BARANGER, W. *Problemas del campo psicoanalítico*. Buenos Aires: Kargieman, 1993.

CUNHA, A. G. *Dicionário etimológico da língua portuguesa*. Rio de Janeiro: Lexikon, 2010.

EIGUER, A. *O parentesco fantasmático: transferência e contratransferência em terapia familiar psicanalítica*. São Paulo: Casa do Psicólogo, 1995.

EIGUER, A. et al. *A transmissão do psiquismo entre gerações: enfoque em terapia familiar psicanalítica*. São Paulo: Unimarco, 1998.

FREUD, S. Psicologia de grupo e a análise do ego. *In: Edição standard brasileira das obras psicológicas completas de Sigmund Freud*. Rio de Janeiro: Imago, 1980. v. 18, p. 89-179. (Trabalho originalmente publicado em 1921).

KAËS, R. Os dispositivos psicanalíticos e as incidências da geração. *In:* EIGUER, A. *A transmissão do psiquismo entre gerações: enfoque em terapia familiar psicanalítica*. São Paulo: Unimarco, 1998.

LÉVI-STRAUSS, C. A família. *In:* SPIRO, M. et al. *A família: origem e evolução*. Porto Alegre: Villa Martha, 1980. p. 7-45. (Trabalho originalmente publicado em 1956).

LÉVI-STRAUSS, C. *As estruturas elementares do parentesco*. 7. ed. Petrópolis: Vozes, 2012. (Trabalho originalmente publicado em 1947).

Pertença

Maria Ângela Favaro Nunes

CONCEITO

Pertença refere-se ao sentimento de ser integrante de um conjunto, seja ele familiar, grupal, comunitário, social. É construída a partir da aquisição de um nível de familiaridade entre os semelhantes, tendo com ponto de partida usos e costumes, hábitos compartilhados e também ritos sociais. O familiar oferece o primeiro modelo de conjunto que chega ao Eu como específico à pertença (PUGET, 2007).

ETIMOLOGIA

O Diccionario de filosofia argentino de Mora (1971) aponta que o termo pertenencia, além do sentido lógico da palavra, pode ter um sentido antropológico-filosófico. Pode debater, por exemplo, se os conteúdos de dada existência humana pertencem ou não autenticamente a essa existência. O vocábulo pertenencia tem, então, uma significação similar à do vocábulo "propriedade", mas quase sempre menos forte que a deste último. Com efeito, "propriedade" é a ação e o efeito de apropriar-se a si mesmo, mais perto de todos os conteúdos possíveis e eficazes. O termo pertenencia pode ter também um sentido social; isto porque se fala de uma determinada pessoa pertencer ou não a uma determinada sociedade, classe, casta etc. e, de um modo mais geral, de uma determinada pessoa pertencer ou não à sociedade, o que significa, aproximadamente, perguntar se está ou não incorporada à sociedade, ou "ajustada" à sociedade (MORA, 1971, p. 409). Os termos pertença e pertinência tem sua origem no étimo latino pertinere, o qual significa pertenço a, faço parte de. Pertinência, segundo o Dicionário etimológico Nova Fronteira da língua portuguesa (CUNHA, 1986), é a qualidade ou condição de pertinente, pertença. Em conversa com Claudio César Montoto, tradutor da língua espanhola, este apontou que na palavra pertença – no sentido de pertencimento e de reconhecimento, fazendo parte da identidade, das identificações – não há emissão de um juízo de valor. Trata-se de pertencer a algum lugar, a algum grupo. Já a palavra pertinência

– algo ser considerado ou não pertinente, apropriado – indica adequação, ou seja, contém um juízo de valor, relevante a partir de determinado ponto de vista. No Dicionário Houaiss da língua portuguesa não se encontra "pertença", e sim "pertencente", que indica "que faz parte de; que pertence a (alguém ou algo); que diz respeito a alguma coisa; concernente, relativo" (HOUAISS; VILLAR; FRANCO, 2015, p. 727). No dicionário francês Le Robert (2006, p. 58), encontramos appartenance, que significa o fato de pertencer e deriva do verbo appartenir, que significa fazer parte de.

EVOLUÇÃO HISTÓRICA DO CONCEITO

A psicanalista argentina Janine Puget (2009) propõe incluir a constituição do sentimento de pertença a um contexto. Dado que a subjetividade se constrói em cada momento e em cada conjunto, pode-se considerar que não haveria um si-mesmo válido para a vincularidade. O pertencer é ativado por algo inerente aos vínculos parento-filiais e aos vínculos de aliança. Tem-se a ilusão de que o corpo do outro lhe pertence, seja por aliança ou vínculo de sangue e, no caso de instituições, por pagar algum direito para estar nela. Nesse sentido, refere-se à propriedade ("é meu") e à possibilidade ou não de comparti-lo com o outro, como os pais em relação ao corpo dos filhos, os esposos em relação ao corpo do outro (PUGET, 2009).

Puget (2015) julgou empobrecedor seguir pensando que todos os processos de constituição subjetiva provinham de uma lenta transformação de um estado inicial primitivo. Diferencia-se do ponto de vista pulsional do narcisismo das pequenas diferenças (FREUD, 1921/2011), ao tomar como referência a pertença inconsciente a um mundo social (família, grupos étnicos, sociais, de classe) dentro da comunidade. Puget (2007) considera imprescindível a estrutura de pertença para sustentar essas ideias. Considera a ideia de lógicas e espaços superpostos conectados por descontinuidades. Diferencia a **lógica psíquica do Um**★ para pensar o que se produz a partir de um entre-dois inevitável, a **lógica do Dois**★, surgindo, assim, o termo vínculo. Entretanto, Puget (2015) salienta que vínculo é uma noção diferente daquelas postuladas por Bion, Winnicott, Pichon-Rivière e Kaës. A psicanálise vincular enfatiza a experiência produzida pelo "entre", a de ir sendo entre outros, ir fazendo entre dois e ir habitando diversos espaços. Dessa maneira, o vínculo ocorre considerando-se que o indivíduo está sempre ligado à noção de pertencimento aos grupos dos quais provém, família, instituição e sociedade.

Desde a publicação dos textos sociais, principalmente "Psicologia de grupo e análise do eu" (1921/2011) e "O mal-estar na civilização" (1930/2010), Freud procurou compreender a ligação de um indivíduo ao grupo, família, instituição e comunidade. A identificação do recém-nascido com os pais é o processo por meio do qual o bebê toma para si os atributos do casal parental, constituindo uma instância egoica e superegoica, que representam os valores, princípios, costumes e ideais de uma sociedade.

A ideia de **vínculo*** é a de que o indivíduo está sempre ligado à noção de pertencimento aos grupos dos quais provém, por exemplo, a família. Para Bion, os vínculos são elos de ligação emocional e relacional que unem duas ou mais pessoas, ou duas ou mais partes dentro de uma mesma pessoa. Seguindo a linha de Bion, Zimerman (1999) discorre sobre o sentimento de uma necessidade de reconhecimento, que aparece na literatura psicanalítica desde os seus primórdios até a atualidade, perpassando diversos autores de distintas correntes psicanalíticas, com denominações, abordagens e contextos diferentes. A indiferenciação, ou seja, o não reconhecimento das diferenças, pode manifestar-se em situações muito diversas, como é o caso dos vínculos simbióticos fusionais. Assim também pode ocorrer nas situações grupais, nas quais o grupo prevalece sobre o indivíduo, como acontece com a crença em certas seitas de que o líder trará aos seus próximos o "sentimento oceânico". Zimerman (1999) salienta o vínculo do reconhecimento em relação à inserção social do indivíduo nos mais diversos lugares, como a família e as instituições, entre outros. Em relação a seus grupos sociais, os sujeitos desejam de "o reconhecimento, por parte dos demais, de quem esperam demonstrações que confirmem a sua legítima 'pertencência' e a aceitação de seu pleno direito a compartir o mesmo espaço e valores comuns a todos" (p. 171, grifo do autor).

Kaës (1976/2017) menciona "a marca da pertinência" no grupo representado (p. 105), considerando que as marcas no corpo ou na roupa são sinais de uma adesão, sinais de referência dirigidos a outras pessoas. Ser parte do grupo é ser parte desse grupo especificamente, "que tem um nome e pais no romance familiar do grupo" (p. 105). Esse psicanalista liga a marca da pertinência à imagem do corpo e a fantasias originárias nas representações do grupo. É o que distingue um sujeito do outro. Ter aquela marca demonstra a incorporação e reincorporação do ideal do ego, a agregação ao grupo escolhido. Para Kaës, vínculo indica pertencer a um grupo. Estando investido do narcisismo dos pais, o filho é membro do grupo, tem o ideal compartilhado com o conjunto social ao qual pertence (TRACHTENBERG et al., 2011, p. 264).

Em uma linha teórica semelhante, Moguilansky afirma que o vínculo gera pertença; pertence-se a um novo vínculo, e abre-se espaço nesse laço a uma nova "familiaridade". O sentimento de pertencer criado pelo novo conjunto produz novas identidades, fazendo emergir um sentimento ilusório de homogeneidade. Dessa maneira, configura-se uma espacialidade "cujas margens são estabelecidas por esse novo conjunto ao qual se sente pertencer" (MOGUILLANSKY, 2008, p. 10).

> Entre os membros do vínculo surge a expectativa de reciprocidade e um sentimento de propriedade que não pode ser contestado. Todo vínculo intersubjetivo estável tem como base uma experiência fusional "que ocorre sobre o modelo do encontro ilusório com o idêntico ou o complementar" (MOGUILLANSKY, 2008, p. 11)

É reconhecida uma implicação referida ao pertencimento: saber-se um sujeito sem identidade prévia, sujeito da situação e ao mesmo tempo afetado por ela. Na família, por exemplo, há lugares predeterminados. Outra questão é a de pertencer a situações inesperadas, que dependem do que os sujeitos façam juntos. O "dois", na visão de Puget (2012, p. 94), é uma entidade própria que pode ser ocupada por vários sujeitos unidos por uma diferença que é precisamente a riqueza dos intercâmbios. Compartilhar torna possível a incorporação dos modos como o outro organiza sua identidade. Esta concerne às representações daquilo que figura como base comum de como o Eu e os outros constroem suas raízes como sujeito. Disto depende estar inserido em um contexto. A qualidade de integrante de um conjunto obriga-nos a tomarmos contato com grupos heterogêneos, o que marca a diferença com outras pertenças.

Por fim, considera-se relevante a diferenciação proposta por Berenstein (2001), no que se refere a pertencimento e identidade. Para ele, o sujeito se sustenta no sentimento de pertencimento inerente ao vínculo, o que difere do sentimento de identidade que é inerente ao Eu. Pertencimento e identidade fazem parte da construção da subjetividade. No vínculo ou "relação de sujeito", diferentemente da relação de objeto, o sujeito não apenas preexiste, mas também se constitui nessa relação. Um mecanismo de imposição é utilizado como defesa quando os habitantes do vínculo não toleram que sua subjetividade se modifique por pertencer a essa relação, a fim de torná-los semelhantes, anulando sua alteridade (BERENSTEIN, 2001).

REFERÊNCIAS

BERENSTEIN, I. El vínculo y el otro. *Psicoanálisis APdeBA*, v. 23, n. 1, p. 9-21, 2001.

CUNHA, A. G. *Dicionário etimológico Nova Fronteira da língua portuguesa*. Rio de Janeiro: Nova Fronteira, 1986.

FREUD, S. Psicologia das massas e análise do eu. *In: Obras completas*. São Paulo: Companhia das Letras, 2011. v. 15. (Trabalho originalmente publicado em 1921).

FREUD, S. O mal-estar na civilização. *In: Obras completas*. São Paulo: Companhia das Letras, 2010. v. 18. (Trabalho originalmente publicado em 1930).

KAËS, R. Do grupo representado. *In: O aparelho psíquico grupal*. São Paulo: Ideias & Letras, 2017. p. 95-148. (Trabalho originalmente publicado em 1976).

LE ROBERT MICRO. *Dictionnaire de la Langue Française*. Paris: Poche, 2006.

MOGUILLANSKY, R. Representação, relação de objeto e vínculo: uma visão pessoal sobre a "noção de vínculo". *In*: GOMES, I. C. *Família: diagnóstico e abordagens terapêuticas*. Rio de Janeiro: Guanabara Koogan, 2008. p. 1-16.

MORA, J. F. *Diccionario de filosofia*. Buenos Aires: Sudamerica, 1971.

HOUAISS, A.; VILLAR, M. S.; FRANCO, F. M. de M. *Pequeno dicionário Houaiss da língua portuguesa*. São Paulo: Moderna, 2015.

PUGET, J. *Lo vincular: clínica y técnica psicoanalítica*. Buenos Aires: Paidós, 2007.

PUGET, J. Teoria de la técnica: qué, como, cuando, dónde, por qué, para qué, una clínica de pareja, de família y de grupo. *Vínculo – Revista do NESME*, v. 2, n. 6, p. 113-140, 2009.

PUGET, J. Transferência, contratransferência e interferência. *In*: GOMES, I. C.; FERNANDES, M. I. A.; LEVISKY, R. *Diálogos psicanalíticos sobre família e casal*. São Paulo: Zagodoni, 2012. p. 85-94.

PUGET, J. *Subjetivación discontinua y psicoanálisis: incertidumbre y certezas*. Buenos Aires: Lugar Editorial, 2015.

TRACHTENBERG, A. R. *et al.* Por que René Kaës? *Psicanálise*, v. 13, n. 1, p. 257-270, 2011.

ZIMERMAN, D. E. Vínculos: o "vínculo do reconhecimento". *In: Fundamentos psicanalíticos: teoria, técnica e clínica. Uma abordagem didática.* Porto Alegre: Artmed, 1999. p. 163-173.

Plural

Solange Aparecida Emílio

CONCEITO

Para Kaës (2011), o sujeito **singular***, aquele que se apresenta em uma sessão individual de psicanálise, é também plural, pois seu inconsciente foi e é constituído em **vínculos* intersubjetivos***, por **alianças inconscientes*** e por **espaços psíquicos*** compartilhados. O sujeito, para o autor, é "uma pluralidade organizada de pessoas psíquicas" (KAËS, 1997, p. 298).

ETIMOLOGIA

Do latim *plurālis*, "que contém, indica ou consiste em mais de um"; o que é múltiplo (MICHAELIS, 2015). Apesar de trazer como antônimo o termo singular, Kaës (1997) utiliza-o de forma conjugada ao seu oposto, como referência ao sujeito singular-plural (que é, simultaneamente, múltiplo e um).

EVOLUÇÃO HISTÓRICA DO CONCEITO

Nos anos de 1965 e 1966, René Kaës e Didier Anzieu – inspirados por psicanalistas que os precederam, como Pichon-Rivière, Bion e Foulkes, entre outros – passaram a utilizar dispositivos de grupo para a realização de trabalho psicanalítico (KAËS, 2016). Anzieu (2012) apresentou, em uma conferência proferida em 1971, uma forma de utopia coletiva, vivenciada quando estamos em grupo, que nos deixa fora do tempo e fora do espaço e que foi denominada por ele como "**ilusão*** grupal", a partir da qual o inconsciente deixa de ser uma realidade intrapsíquica para ser inter e transindividual.

Dos estudos de Anzieu e a partir dos desenvolvimentos de outros autores, como Pichon-Rivière, Bion, Foukes, entre outros, Kaës propõe uma nova leitura dos textos freudianos para buscar "uma teoria latente sobre a **grupalidade***" (KAËS, 1997, p. 312) e desenvolver novas considerações acerca da realidade psíquica que considerassem a vivência em grupos.

Após mais de quarenta anos de estudos e pesquisas, Kaës (2011) afirma que a abordagem psicanalítica dos grupos foi uma forma de encontrar algumas respostas para compreender como o sujeito singular tem o inconsciente "mantido e moldado nos vínculos intersubjetivos dos quais faz parte, nas alianças que o precedem e que ele contrata por conta própria, nos espaços psíquicos comuns que ele partilha com os outros" (KAËS, 2011, p. 11).

Pode-se concluir, com Fernandes (2005), que o trabalho de Kaës é a construção de uma nova metapsicologia, que pode ser aplicada tanto à análise individual como à direcionada às **configurações vinculares***, que incluem as intervenções com casais e famílias.

Freud tem alguns textos nos quais aparecem ideias que não foram tão exploradas pelos psicanalistas dedicados ao atendimento individual, mas que são bem importantes para quem trabalha com grupos, casais e famílias. Em seu conhecido trabalho "Totem e tabu", o autor pressupõe "a existência de uma mente coletiva, em que ocorrem processos mentais exatamente como acontece na mente de um indivíduo" (FREUD, 1913/1995a, p. 159). Propõe, assim, a continuidade psíquica de uma geração para a outra, que se daria por uma espécie de transmissão **intergeracional***. Em um texto posterior (FREUD, 1914/1998), afirma que o indivíduo tem uma existência dúplice, uma servindo às suas próprias finalidades, enquanto a outra faz parte de uma cadeia, da qual é tanto herdeiro como transmissor. Alguns anos depois, em "Psicologia de grupo e a análise do ego", o autor afirma que cada indivíduo partilha numerosas mentes grupais, pois encontra-se ligado por vínculos de identificação, possuindo "um fragmento de independência e originalidade" (FREUD, 1921/1995b, p. 163).

No entanto, segundo Kaës (2011), Freud não chegou a colocar à prova da clínica tais formulações, motivo pelo qual foi a partir da experiência com grupos que ele pôde desenvolver o conceito de **aparelho psíquico grupal***, o qual o ajudou a compreender "os processos de investimento, produção e tratamento da realidade psíquica no grupo e entre os sujeitos membros do grupo" (KAËS, 2011, p. 45).

A partir de Kaës (2011), podemos considerar que, em um casal ou uma família, para além do espaço psíquico singular, há o que permanece diferente, que se refere-se à **alteridade*** radical do outro, relativa ao que nele é singular; mas há também o espaço comum, substância psíquica que une os membros, promovendo a perda de certos limites individuais; assim como há o espaço partilhado, que diz respeito ao lugar que cada sujeito ocupa nos processos psíquicos do grupo.

Ainda no que se refere ao espaço comum e partilhado, Kaës (2003, 2011) propõe o conceito de **polifonia dos sonhos***, a partir do qual compreende-se que o sonho de um membro da configuração vincular é organizado, relatado e elaborado a partir da comunicação com o **espaço onírico*** partilhado com outros membros: "É esse sujeito que sonha, dividido entre a realização de seus próprios objetivos e sua inserção em um vínculo intersubjetivo" (KAËS, 2003, p. 8).

O conceito de plural também é importante para a compreensão da pluralidade dos discursos trazidos por Kaës (2011). Para o autor, esta remete à presença de diferentes níveis de discurso em uma configuração vincular. Assim, os enunciados trazidos por cada membro situam-se em um ponto de junção das cadeias associativas próprias de cada um às associações promovidas pelo conjunto.

REFERÊNCIAS

ANZIEU, D. *O grupo e o inconsciente: o imaginário grupal*. 2. ed. São Paulo: Casa do Psicólogo, 2012. 258 p.

FREUD, S. Totem e tabu. *In: Edição standard brasileira das obras psicológicas completas de Sigmund Freud*. 2. ed. Rio de Janeiro: Imago, 1995a. v. 13, p. 13-162. (Trabalho originalmente publicado em 1913).

FREUD, S. Sobre o narcisismo: uma introdução. *In: Edição standard brasileira das obras psicológicas completas de Sigmund Freud*. Rio de Janeiro: Imago, 1998. v. 14, p. 77-108. (Trabalho originalmente publicado em 1914).

FREUD, S. Psicologia das massas e análise do ego. *In: Edição standard brasileira das obras psicológicas completas de Sigmund Freud*. Rio de Janeiro: Imago, 1995b. v. 18, p. 89-179. (Trabalho originalmente publicado em 1921).

FERNANDES, M. I. Prefácio. *In:* KAËS, R. *Os espaços psíquicos comuns e partilhados: transmissão e negatividade*. São Paulo: Casa do Psicólogo, 2005.

KAËS, R. *O grupo e o sujeito do grupo*. São Paulo: Casa do Psicólogo, 1997.

KAËS, R. A polifonia do sonho e seus dois umbigos: os espaços oníricos comuns e compartilhados. *Rev. SPAGESP*, Ribeirão Preto, v. 4, n. 4, p. 1-14, dez. 2003. Disponível em http://pepsic.bvsalud.org/scielo.php?script=sci_arttext&pid=S1677-29702003000100002&lng=pt&nrm=iso. Acessos em: 30 abr. 2020.

KAËS, R. *Um singular plural: a psicanálise à prova do grupo*. São Paulo: Loyola, 2011.

KAËS, R. A ideologia é uma posição mental específica: Ela nunca morre (mas se transforma). *J. psicanal.*, São Paulo, v. 49, n. 91, p. 207-224, dez. 2016. Disponível em: http://pepsic.bvsalud.org/scielo.php?script=sci_arttext&pid=S0103-58352016000200019&lng=pt&nrm=iso. Acessos em: 24 abr. 2020.

MICHAELIS. *Michaelis dicionário brasileiro da língua portuguesa*. São Paulo: Melhoramentos, 2015. Disponível em: https://michaelis.uol.com.br/moderno-portugues/. Acesso em: 7 jan. 2021.

Poder

Angela Piva

CONCEITO

Toda relação de poder implica a imposição da presença do outro, institui-se na medida em que ambos se fazem como sujeitos em uma relação. A relação de poder há de se exercer sempre com e entre outros cuja **presença*** é estritamente necessária (BERENSTEIN, 2001, 2004, 2005, 2006; PUGET, 2002).

ETIMOLOGIA

Do latim *possum*: potes, posse, ser capaz de.

EVOLUÇÃO HISTÓRICA DO CONCEITO

O tema do poder é pouco abordado pelas teorias psicanalíticas, mas é largamente focalizado pela filosofia, especialmente por Foucault, pela sociologia, história e por outros pensadores. O obstáculo para isso, do ponto de vista de autores como Berenstein e Puget, está em que o poder seja considerado como um derivado da pulsão de domínio e vinculado ao sadismo. O pulsional é uma das condições do sujeito para ocupar um lugar de poder, mas sua determinação inconsciente é a partir do vincular.

Traçando o desenvolvimento dessa noção de poder, remetemos ao artigo de Berenstein (2001) "Notas sobre o complexo de Édipo", em que propõe uma ampliação desse conceito ao sugerir a inclusão de um "quarto termo", representado pela figura de Creonte, dando abertura a outro conjunto de emoções e mecanismos vinculados ao poder. O sociocultural define três termos – o lugar do pai, o lugar da mãe e o lugar do filho –, e também três tipos de vínculos: de **aliança***, de **filiação*** e de consanguinidade. Lévi-Strauss (1976), a partir do prisma da antropologia, inclui o vínculo com a família materna, o **avúnculo***, especialmente o tio materno. Para Berenstein, o avúnculo não é somente a pessoa do tio, mas estende-se ao "representante do poder" da família materna, responsável pelo princípio de intercâmbio. O doador da mulher tem atitudes opostas ao papel do pai. Se o avúnculo tem a lei, o pai não pode tê-la; se o tio materno é encarregado da lei, o marido da irmã está submisso a esta lei. A relação do filho com o pai é oposta à relação do sobrinho com o tio. O citado autor salienta que o essencial não é o sistema familiar em si, mas a relação entre dois sistemas: o poder do irmão-irmã (Creonte-Jocasta) versus o poder conjugal. Quanto maior a predominância do vínculo avuncular, menor a força significativa do vínculo matrimonial. A presença do avúnculo no conjunto familiar como um lugar habitado e significativo aproxima as relações familiares da ordem da psicose. Essa relação baseada no intercâmbio permanece inconsciente e é fundante por estar associada ao tabu do incesto e, necessariamente, dirige a procura do cônjuge para fora do grupo biológico. Vale lembrar que é Creonte quem oferece a irmã (lógica da sexualidade) e o trono de Tebas (lógica do poder) como prêmio, funcionando como o doador. O poder é retomado no personagem de Creonte, irmão de Jocasta. Creonte se identifica com os deuses e interrompe o encadeamento geracional e a descendência, que são uma maneira de prolongar a vida. O quarto termo, o lugar de Creonte, precisa desestruturar-se para dar investidura ao lugar do pai. Aceitar que a mulher dada como irmã, ou filha, ou neta, terá um filho com alguém que não é da própria família (exogamia) e mudar de posição – passar a ser avô do neto, tio do sobrinho – implica renunciar ao resto de sexualidade infantil, ceder o uso da função de indicação e aceitar um lugar definitivo de exclusão que só persiste como alheio.

A função de indicação, segundo Berenstein (1990), é de máxima importância e realiza o ordenamento semiótico dos lugares e posições tanto da estrutura de parentesco como marcando onde tem lugar o desejo ou a ação específica. É cuidar dos parâmetros definitórios de cada relação e de todos os vínculos da estrutura familiar. O contexto de uma relação de casal (aliança) há de poder diferenciar-se do vínculo dos pais com os filhos, **vínculo de filiação***, ou do vínculo entre irmãos, **vínculo fraterno***. O contexto familiar há de ter indicação para poder diferenciar-se do não familiar. É uma função específica do lugar e da função paterna. Se a mãe faz a indicação do lugar, por exemplo, em que deve permanecer o filho, significa que o pai está representado dentro da mãe. O quarto termo tem que ceder o uso da função de indicação para o cunhado ou genro. Todo símbolo supõe a ausência do simbolizado, o pensamento supõe a ausência do objeto real que é pensado. O tio materno (o avúnculo ou quarto termo) como presença pressupõe a ausência do pai. Na tragédia, Creonte persiste e se sustenta como possuidor de um saber universal acerca de tudo, da vida e da morte, acerca da continuidade e oposição; das diferenças e do alheio entre o eu e o outro, o feminino e masculino, entre uma geração e a seguinte, ante a hierarquia endogamia e exogamia e, por último, se identifica com o Eu ideal. O Édipo de quatro termos está na base da estrutura identificatória do Eu, assim como as raízes da sua identidade e de seu pertencimento social.

O Édipo de quatro termos deu lugar ao desenvolvimento de uma teoria psicanalítica do poder onipresente, invisível em sua estrutura, mas visível em seus efeitos.

Há duas dimensões nos vínculos: a dimensão da sexualidade, que foi tratada por Freud e pela psicanálise nos primeiros anos, e a dimensão das relações de poder. Uma não remete à outra, pois circunscrevem universos distintos, ainda que possam sobrepor-se, mas que demandam ferramentais técnicos e conceituais distintos.

As relações de poder podem passar ao excesso de poder e à violência ao adotar uma ação que destitui o outro de sua condição de sujeito:

> Violência e poder não são a mesma coisa. O poder é um saber fazer, e violência é uma ação que está dirigida para suprimir ou destruir o outro. O poder é: uma ação, uma potência, atividade para modificar; um ato verdadeiramente intersubjetivo, que leva a modificar os sujeitos em relação com a sua identidade, porque um sujeito impor sua presença é inerente. São movimentos de imposição recíprocos, em que cada um deixa sua marca no outro e o coloca em uma nova subjetividade. (BERENSTEIN, 2006, p. 4, tradução nossa)

Merece atenção como as relações de poder podem passar ao excesso de poder e à violência as se adotar a obrigatoriedade de fazer algo de determinada forma. Além disso, cada configuração vincular, seja grupo, casal, família, organização social e até mesmo a relação paciente-analista, pode gerar os seus próprios sintomas, que anulam a função de vinculação (PIVA; DARIANO; SEVERO, 2007).

REFERÊNCIAS

BERENSTEIN, I. *Psicoanalizar una familia*. Buenos Aires: Paidós, 1990.

BERENSTEIN, I. *El sujeto y el outro: de la ausencia a la presencia*. Buenos Aires: Paidós, 2001.

BERENSTEIN, I. *Devenir otro con otro(s)*. Buenos Aires: Paidós, 2004.

BERENSTEIN, I. El debate que propone la vincularidad. *Revista Actualidad Psicológica*, Buenos Aires, 2005.

BERENSTEIN, I. *Amor, poder y sexualidad en los vínculos en la contemporaneidad*. Conferência proferida à VII Jornada do Contemporâneo, Instituto de Psicanálise e Transdiciplinaridade. Porto Alegre, 2006.

BERENSTEIN, I. *Del ser al hacer*. Buenos Aires: Paidós, 2007.

BERENSTEIN, I.; PUGET, J. *Implicancias e interferencias en la clínica vincular*. Encuentro con Janine Puget e Isidoro Berenstein. AUPCV, Uruguai, ago. 2004.

LEVI-STRAUSS, C. *As estruturas elementares do parentesco*. Petrópolis: Vozes, 1976.

PIVA, A.; DARIANO, J.; SEVERO, A. Poder e violência. Formas de subjetivação e desubjetivação. Contemporânea. *Revista de Psicanálise e Transdicipinaridade*, Porto Alegre, n. 2, abr.-jun. 2007. Disponível em: http://www.revistacontemporanea.org.br/revistacontemporaneaanterior/site/wp-content/artigos/artigo76.pdf. Acesso em: 7 jan. 2021.

PUGET, J. Las relaciones de poder, solidaridad y racismo. *In*: Seducción, domínio y poder: psicoanálisis de las configuraciones vinculares. *Revista de la Asociacción Argentina de Psicologia y Psicoterapia de Grupo*, Buenos Aires, v. XXV, n. 1, abr.-2002.

Polifonia dos sonhos

Maria Luiza Dias

CONCEITO

Polifonia dos sonhos foi um termo empregado por Kaës (2004) para designar que o sonho contém significados em múltiplas direções e pode estar organizado a partir de uma combinação "de várias vozes ou de várias partes de voz" (2011, p. 193).

ETIMOLOGIA

Polifonia, do grego *polys* + *phonos*: muitos sons ao mesmo tempo. Sonho, do latim *somnium*: ilusão (DICCIONARIO ETIMOLÓGICO; DICIO, 2020).

EVOLUÇÃO HISTÓRICA DO CONCEITO

A natureza polifônica do sonho foi apontada pelo psicanalista René Kaës (2011, p. 177-178), que afirmou: "O sonho é trabalhado por uma e numa multiplicidade de espaços e tempos, imagens e vozes. Ele integra a ideia de um espaço onírico plural, comum e partilhado, e de dois umbigos do sonho". Kaës propôs, então, a passagem do **espaço intrapsíquico*** do sonho para um espaço interpessoal, já que o espaço psíquico onírico é visto como comum e partilhado, uma vez que a criação é individual, porém também tecida na **intersubjetividade***. Ao mencionar que o sonho possui "dois umbigos", amplia o pensamento de Freud (1900/2006), que concebeu a interpretação do sonho como infinita, por esbarrar no "**umbigo do sonho***". Este seria o ponto no qual o sonho é insondável, em que se interrompe o sentido ou toda possibilidade de sua interpretação, marcando a presença do desconhecido. Kaës propôs que, além do umbigo singular, existe um umbigo plural, ambos interconectados. Os membros de um grupo se comunicam, portanto, por meio de seu ego onírico, constituindo a matéria psíquica do grupo.

Um sonho relatado em uma sessão de terapia conjugal ou familiar, por consequência, precisa ser olhado como expressão grupal e não somente como manifestação pessoal do indivíduo que teve o sonho. Encontramos, então, uma leitura dupla do sonho: uma a partir da concepção do sonho como formação intrapsíquica produzida necessariamente por um sonhador individual; outra que interroga o sonho – em suas condições, seus processos e conteúdos – a partir de um espaço onírico comum e compartilhado (**espaço interpsíquico***).

Sendo o sonho abordado como uma expressão da problemática conjugal e/ou familiar compartilhada e em analogia ao termo "porta-sintoma" (**paciente identificado***), Kaës (2004) propôs o termo "porta-sonhos", para indicar que um indivíduo pode operar como "porta-sonhos" de outro indivíduo ou de um conjunto de outros. Se na situação analítica individual são focalizadas as associações do sonhador a respeito do sonho, no grupo também são trabalhadas as associações de seus outros membros. Assim, na mesma linha em que indicou a existência de um **aparelho psíquico grupal***, ao tratar da elaboração onírica, ampliou a visão desse fenômeno para um espaço comum e partilhado no plano da intersubjetividade. Em suas próprias palavras: "Tentei estabelecer que o conceito de um espaço onírico partilhado e comum a vários sonhadores dá conta da ancoragem do sonho numa matriz intersubjetiva" (KAËS, 2011, p. 184). Cabe apontar que, além disso, o sonho é visto por Kaës como experiência criativa, reparadora e transformadora.

REFERÊNCIAS

DICCIONARIO ETIMOLÓGICO castellano en línea. Disponível em: http://etimologias.dechile.net. Acesso em: 29 abr. 2020.

DICIO. *Dicionário online de português*. Porto: 7Graus, 2020. Disponível em: https://www.dicio.com.br/sonho/. Acesso em: 31 out. 2020.

FREUD, S. A interpretação dos sonhos. In: *Edição standard brasileira das obras psicológicas completas de Sigmund Freud*. Trad. J. Salomão. Rio de Janeiro: Imago, 2006. v. 4 e 5. (Trabalho originalmente publicado em 1900).

KAËS, R. *A polifonia do sonho*. São Paulo: Ideias & Letras, 2004.

KAËS, R. O espaço onírico comum e partilhado: a polifonia dos sonhos. In: *Um singular plural: a psicanálise à prova do grupo*. São Paulo: Loyola, 2011. cap. 9, p. 173-195.

Presença/ausência

Cynara Cezar Kopittke

CONCEITO

A dialética presença/ausência subjaz e sustenta a concepção psicanalítica de construção do aparelho psíquico, bem como a incessante produção de subjetividade por meio da relação com o outro, seja pela via da identificação, seja por pertencimento a um vínculo. A presença do outro é imprescindível à sobrevivência e humanização, face ao estado de desvalimento e dependência absoluta do recém-nascido em relação ao contexto. O encontro com o outro primordial promove vivências que imprimem marcas psíquicas as quais virão a compor sua **representação*** como objeto interno, espécie de presença em ausência.

ETIMOLOGIA

Presença, do latim *praesentia*, estar fisicamente a vista de, diante de. É o antônimo de ausência, do latim *absentia*, falta, afastamento, inexistência (CUNHA, 1986).

EVOLUÇÃO HISTÓRICA DO CONCEITO

A construção da psicanálise por Freud, nos primórdios do século XX, ocorreu em um contexto científico e filosófico permeado pela noção de reencontro e repetição, tendo no conceito de **representação*** um de seus pilares (FREUD, [1895]1950/2003a, 1925/2003b). O modelo de aparelho psíquico freudiano concebe que os registros psíquicos acontecem, inicialmente, sob o critério do juízo de atribuição pertinente ao ego-prazer do narcisismo, que julga se algo percebido é bom ou mau para ser acolhido ou não no interior do eu. Assim vai sendo constituída a representação do objeto, signo de sua ausência, que quando investida pela pulsão promove um reencontro, sob a condição que Freud chamou de satisfação alucinatória do desejo; graças a essa vivência alucinada, o bebê suporta sem sofrimento psíquico a falta da mãe durante sua ausência.

Com a crescente complexidade do aparelho e a constituição do ego-realidade definitivo, introduz-se o juízo de existência, cuja função é aferir se algo existente como representação e alcançado alucinatoriamente pode ser encontrado na realidade pela via da percepção, ou seja, discernir se o objeto inscrito e reavivado como objeto desejado é real ou não real. O juízo de existência busca identificar o objeto externo com base num critério de semelhança.

Ocorre, porém, que o objeto externo, alvo das projeções do eu, nunca coincide com sua representação, e a não coincidência entre objeto interno e objeto externo conduz à diferenciação entre objeto externo e outro, e entre **representação*** e **apresentação*** (BERENSTEIN, 2004). O objeto externo é pertinente ao Eu, produto de sua capacidade de ajuizar, perceber e reconhecer. Já o outro, a partir de seu atributo de presença, inevitavelmente apresenta algo que excede sua representação, o denominado *ajeno** (BERENSTEIN, 2004), expressão advinda do latim *alius* que significa outro (os termos *ajeno* e *ajenidad* serão mantidos em espanhol a fim de conservar seu valor semântico).

O termo presença adquiriu valor conceitual a partir da teorização de Isidoro Berenstein e Janine Puget, mestres precursores da psicanálise vincular na América Latina. Suas ideias acompanharam a cultura da virada do século XXI, embebida em noções como heterogeneidade, apresentação, acontecimento e incerteza, as quais demandaram novos sentidos e lógicas na concepção dos processos de subjetivação.

Na medida em que o conceito de presença abarca a noção do *ajeno*, já não inclui apenas o que está no campo perceptivo, mas também os efeitos de presença advindos da lacuna existente entre a representação do objeto e sua apresentação real. A exterioridade, então, é discernível pelo juízo de existência, enquanto o *ajeno*, concebido como o inapreensível do outro, se regula pelo juízo de presença. A figura do *ajeno*, pilar da teoria vincular de Berenstein e Puget, traduz aquilo do outro que é da ordem de uma diferença radical que nunca poderá ser incorporada, sendo, portanto, **irrepresentável***. Não sendo passível de apropriação, demanda o reconhecimento de uma alteridade radical e trabalho para dar-lhe um lugar. A par a identificação e a semelhança, o *ajeno* do outro não se deixa transformar em ausência e não pode ser simbolizado, significando todo o registro do outro que não conseguimos inscrever como próprio.

O efeito de presença advindo da diferença radical entre os sujeitos pode ser fonte de dor, naquilo que fere o narcisismo, ou de novas subjetividades a partir do trabalho de vínculo que mobiliza. O Eu precisa decidir o que fazer com isso do outro que não tem registro: reduzir ao semelhante já conhecido, fazê-lo desaparecer como *ajeno*, ou promover, em sua *"ajenidad"*, operações que impliquem mudança subjetiva. Assim, todo reencontro é marcado por um desencontro que abre para um novo encontro, ou um encontro com o novo, quando a imposição da diferença entre os sujeitos do vínculo pode ser motor de trabalho psíquico e vincular, gerador de novas subjetividades.

Segundo Berenstein:

> mais que uma opção de escolher entre a ausência do objeto e a presença do outro, deveríamos poder pensar em uma zona fluida que resulta do vaivém entre ambas. Presença se liga à densidade do corpo, do qual se pode obter uma imagem, a qual se pode investir, porém da qual se deverá aceitar um traço de inacessibilidade que assinala seu caráter de estranho, de *ajeno*. (BERENSTEIN, 2010, *apud* TRACHTENBERG *et al.*, 2018, p. 24)

Janine Puget (1995, 2003) fala em uma dimensão de crise da representação pela insistência em sustentá-la como única forma de conceber a vida psíquica e a produção de subjetividade. O novo paradigma que a teoria vincular aporta à psicanálise contemporânea abarca conceitos que abarcam espaços e lógicas de constituição subjetiva heterogêneos, convivendo em sobreposição: o intrapsíquico, âmbito das relações de objeto regidas pela **lógica do Um***, e o **vínculo***, espaço **entre*** dois ou mais sujeitos, no qual o efeito de presença tem um caráter de **imposição*** da diferença e da *"ajenidad"* do outro, regido pela **lógica do Dois*** (BERENSTEIN, 2004; PUGET, 2015; TRACHTENBERG *et al.* 2018).

A noção de diferença, com profundas e diversas repercussões na cultura do século XXI, questiona a hegemonia de noções já consagradas como a **identificação***, o semelhante, a **transferência*** etc. As figuras de representação que povoam o intrapsíquico têm a qualidade de retorno ao passado – portanto, de repetição – e inserem-se no contexto da transferência. O que advém no encontro entre sujeitos por efeito de presença está no âmbito da **interferência*** (BERENSTEIN, 2004), expressão empregada para designar o que sucede entre sujeitos em presença, porquanto não seja passível de reconhecimento ou identificação e seja potencialmente produtor de fatos inéditos. O surgimento de novos sentidos depende, porém, de que os sujeitos suportem, pelo menos por um tempo, não os articular, não os converter em parte do que já está, recurso para lidar com o desconhecido e o incerto.

A imposição de presença define um mecanismo constitutivo do vínculo, pois dá um lugar ao outro onde não havia, possibilitando novas marcas e significados em cada sujeito do vínculo, desde o espaço entre dois (TRACHTENBERG et al., 2018). Falar na presença do outro não é o mesmo que falar do outro em sua ausência. Exemplifiquemos com o que ocorre num dispositivo individual, quando um paciente fala de sua relação com alguém; esse alguém falado em ausência existe como objeto interno, permeado por identificações projetivas e fantasias inconscientes. Quando estamos em um dispositivo vincular, o objeto interno sempre será confrontado com o outro em presença. A presença real faz obstáculo à construção intrapsíquica e costuma denunciar um limite e uma insuficiência da representação; a diferença entre o objeto representado e o outro real costuma gerar mal-entendidos e ser fonte de surpresa e mal-estar, demandando trabalho vincular para o reconhecimento da alteridade. Nas palavras de Berenstein:

> Como o saber acerca do outro não é suficiente, como a experiência adquirida ajuda porém não alcança, pois algo da relação com o outro não se faz experiência, os sujeitos se encontram com o que devem realizar, um fazer com essa heterogeneidade, radical diria, e que é algo distinto de trabalhar as já sabidas diferenças, a sexual e a geracional. Se não se está no lugar do outro, a tarefa é fazer com o outro. (BERENSTEIN, 2005, *apud* TRACHTENBERG *et al.*, 2018, p. 22-23)

REFERÊNCIAS

BERENSTEIN, I. *El sujeto y el otro: de la ausencia a la presencia.* Buenos Aires: Paidós, 2001.

BERENSTEIN, I. *Devenir otro con otro(s): ajenidad, presencia, interferencia.* Buenos Aires: Paidós, 2004.

CUNHA, A. G. *Dicionário etimológico.* Rio de Janeiro: Nova Fronteira, 1986.

FREUD, S. Projeto de psicologia. *In: Obras completas.* Buenos Aires: Amorrortu, 2003a. v. 1. (Trabalho originalmente escrito em 1895 e publicado em 1950)

FREUD, S. La negación. *In: Obras completas.* Buenos Aires: Amorrortu, 2003b. v. 19. (Trabalho original publicado em 1925)

GOMEL, S. Problemáticas de la representación/presentificación. *In: Clínica familiar psicoanalítica*. Buenos Aires: Paidós, 2010

PUGET, J. Vínculo-relación objetal en su significado instrumental y epistemológico. *Psicoanálisis APdeBA*, v. 17, n. 2, 1995.

PUGET, J. *Crisis de la representación*. Trabalho apresentado à Conferência Anual do Departamento de Casal da AAPPG. Buenos Aires, 2003.

PUGET, J. *Subjetivación discontinua y psicoanálisis*. Buenos Aires: Lugar Editorial, 2015.

TRACHTENBERG, A. et al. *Por que psicanálise vincular*. Porto Alegre: Criação Humana, 2018.

Princípio de prazer

Lívia Maria Saadi Ezinatto

CONCEITO

Um dos dois princípios reguladores do funcionamento mental, com uma função complementar ao **princípio de realidade***. Processo primário por meio do qual o aparelho mental se esforça para manter a quantidade de excitação tão baixa quanto possível, ou, pelo menos, mantê-la constante, já que a excitação é sentida como desprazer e a diminuição da excitação é sentida como prazer. Associado às funções do id.

ETIMOLOGIA

Princípio, do latim *principium*, principiar; fundamento de algo, iniciar, começar, abrir. Prazer, do latim *placere*, agradar, satisfazer, gosto, satisfação (CUNHA, 2010).

EVOLUÇÃO HISTÓRICA DO CONCEITO

O conceito de princípio de prazer foi citado pela primeira vez por Gustav Fechner em 1848, que o propôs como a chave do funcionamento de todos os seres vivos, no sentido de tenderem para a estabilidade. Nos escritos de Freud, apareceu pela primeira vez em seu artigo de 1911 "Formulações sobre os dois princípios do funcionamento mental" (FREUD, 1911/1996a). Em "A interpretação dos sonhos" (FREUD, 1900/2014), embora citado, recebera o nome de "princípio de desprazer". No ano de 1915, no texto "Os instintos e suas vicissitudes" (FREUD, 1915/1996b), os conceitos de prazer e desprazer aparecem como consequências relacionadas à quantidade de estímulos que afetam a vida mental. No ano de 1920, em seu artigo intitulado "Além do princípio de prazer" (FREUD, 1920/1996c), Freud traz uma mudança na compreensão acerca do funcionamento psíquico, antes tido como o modelo "princípio prazer-desprazer", e sugere uma nova hipótese para o funcionamento mental: a de que o psiquismo do indivíduo é regido por um conflito fundamental entre instinto de vida e instinto de morte. Os eventos mentais são colocados em movimento por uma tensão desagradável. O prazer e o desprazer estão relacionados a essa quantidade de excitação na mente, sendo o desprazer relacionado ao aumento na quantidade de excitação, e o prazer, à diminuição. O aparelho mental se esforça para manter a quantidade de excitação nele presente tão baixa quanto possível, ou, pelo menos, mantê-la constante. O princípio de prazer é um método primário de funcionamento. Ele é substituído pelo **princípio de realidade***, instintos de autopreservação, um processo secundário em estado de vigília normal. Os conceitos de instinto de vida e instinto de morte receberam, anteriormente, as denominações de instintos sexuais e instintos do ego, respectivamente, o primeiro exercendo pressão no sentido de um prolongamento da vida, e o segundo, no sentido da morte. Este segundo grupo de instintos possui um caráter conservador, correspondente à compulsão à repetição, já que os instintos do ego se originam da animação da matéria inanimada e procuram restaurar o estado inanimado. Ou seja, a compulsão à repetição se dá no sentido de elaborar o que foi reprimido para aliviar a tensão causada e voltar ao nível mínimo, trazendo a sensação de prazer. Compreendemos, então, a partir da perspectiva freudiana, que os processos primários regem as formações e os processos do inconsciente, trabalham para manter as melhores condições de satisfação psíquica, organizam a atividade de representação de acordo com os mecanismos que favorecem o melhor da realização: deslocamento, condensação, dramatização e simbolização do desejo inconsciente e que facilitam o investimento da energia psíquica sobre essas representações (KAËS, 2017, p. 72).

Com esse objetivo, as exigências da censura desencadeiam um trabalho psíquico de transformação. Os processos primários são ativos na formação de sintoma, no trabalho do sonho, no arranjo cênico da fantasia e no núcleo organizador da cadeia associativa (KAËS, 2017).

Anzieu (1999) compara o grupo ao sonho, como um meio e lugar de realização imaginária dos desejos inconscientes infantis e de desejos insatisfeitos. Sua tese de 1966 propõe um modelo de grupo como entidade inteligível a partir do modelo do sonho: segundo esse modelo, os fenômenos diversos que se apresentam nos grupos aparecem como conteúdos manifestos, derivados de conteúdos latentes. Tanto no grupo como no sonho, os processos primários são determinantes. Se o grupo está realizando efetivamente a tarefa à qual se designou ou se está paralisado, esse é um debate com uma fantasia subjacente. Ele é um cenário de projeção de tópicas internas. Como o sonho, como o sintoma, o grupo é a associação de um desejo inconsciente que procura por uma via de realização imaginária e de defesas contra a angústia que tais realizações suscitam no ego. Entendemos, então, o grupo como um lugar de uma realidade psíquica própria, produzida, contida, transformada e gerenciada por um aparelho psíquico grupal. Esse modelo propõe a existência de organizadores **fantasmáticos*** inconscientes descritos como grupos internos, centrados nas articulações entre o sujeito e o grupo, precisamente nos nós dos efeitos do grupo com os efeitos do inconsciente. Nessa dinâmica, com a participação dos aparelhos psíquicos individuais produzindo o aparelho psíquico grupal, dá-se o processo de interfantasmatização, que descreve a formação de fantasias compartilhadas (KAËS, 2017, p. 75). Os quatro mecanismos citados são mobilizados nos organizadores psíquicos inconscientes do aparelho psíquico grupal, que é a realidade psíquica comum e compartilhada e que realiza um trabalho psíquico particular de produzir e tratar a realidade psíquica do e no grupo, articulando os processos intrapsíquicos e intersubjetivos. Em toda essa complexa articulação, formam-se **alianças inconscientes***, que são o fundamento de todo vínculo, e é por meio delas que o sujeito pode ter diversos benefícios, como a continuidade de seu vínculo e a segurança que este proporciona, certas realizações que não podem ser realizadas senão no vínculo, por meio de aliança, por exemplo, um investimento narcísico recíproco, uma relação amorosa suficientemente estável, uma proteção contra os perigos – reais ou fantasísticos, um poder que não pode ser adquirido sem o acordo inconsciente do outro (KAËS, 2009). Dessa forma, estabelece-se um interjogo na dinâmica entre os membros dos vínculos, por meio do qual cada membro busca seu equilíbrio intrapsíquico influenciado pelas forças instituais dos princípios de prazer e de realidade.

A terapia familiar psicanalítica com base nas configurações familiares é um método de tratamento e pode ser definida como uma terapia verbal do grupo familial em seu conjunto: todos os membros da família nuclear, e eventualmente da família ampliada, principalmente se morarem no mesmo lugar, são convidados a participar das sessões. Segundo Ruffiot, esse dispositivo clínico "visa à reatualização, graças à transferência, do modo mais primitivo da psique, pelo restabelecimento da circulação fantasmática no aparelho psíquico grupal familial, à autonomização dos psiquismos individuais de cada um dos membros da família" (RUFFIOT, 1981, *apud* EIGUER, 1995, p. XIII). Com isso, a terapia familiar produz remanejamentos intrapsíquicos, e os membros da família evoluirão da simbiose psíquica enquanto depósito dessa psique mais primitiva e mais indiscriminada. Assim, temos nos vínculos as manifestações do aparelho mental de cada membro participante, com as influências constantes dos princípios de prazer e de realidade em constante dualidade de equilíbrio e desequilíbrio, por meio do processo de interfantasmatização que reverbera no **aparelho psíquico grupal***. Os conteúdos projetados vão se influenciando e atualizando mediante as diversas modalidades de alianças inconscientes, na busca de satisfações individuais e compartilhadas por meio da manutenção dos vínculos. A clínica vincular é um dispositivo no qual se torna possível o esclarecimento da escolha e a gestão dos destinos da vida instintiva humana.

REFERÊNCIAS

ANZIEU, D. *Le groupe et l'inconsciente*. Paris: Dunod, 1999.

CUNHA, A. G. *Dicionário etimológico da língua portuguesa*. 4. ed. revista pela nova ortografia. Rio de Janeiro: Lexikon, 2010.

EIGUER, A. *O parentesco fantasmático: transferência e contratransferência em terapia familial psicanalítica*. São Paulo: Casa do Psicólogo, 1995.

FREUD, S. *A interpretação dos sonhos*. Trad. do alemão de Renato Zwick, revisão técnica e prefácio de Tania Rivera, ensaio biobibliográfico de Paulo Endo e Edson Sousa. Porto Alegre: L&PM, 2014. (Trabalho originalmente publicado em 1900).

FREUD, S. Formulações sobre os dois princípios do funcionamento mental. *In: Edição standard brasileira das obras psicológicas completas de Sigmund Freud*. Rio de Janeiro: Imago, 1996a. v. 12, p. 237-244. (Trabalho originalmente publicado em 1911).

FREUD, S. Os instintos e suas vicissitudes. *In: Edição standard brasileira das obras psicológicas completas de Sigmund Freud*. Rio de Janeiro: Imago, 1996b. v. 14, p. 123-144. (Trabalho originalmente publicado em 1915).

FREUD, S. Além do princípio de prazer. *In: Edição standard brasileira das obras psicológicas completas de Sigmund Freud*. Rio de Janeiro: Imago, 1996c. v. 18, p. 17-75. (Trabalho originalmente publicado em 1920).

KAËS, R. *Les alliances inconscientes*. Paris: Dunod, 2009.

KAËS, R. *Les théories psychanalytiques du groupe*. Paris: PUF, 2017.

Princípio de realidade

Lívia Maria Saadi Ezinatto

CONCEITO

Trata-se de um dos dois princípios reguladores do funcionamento mental, com função complementar ao **princípio de prazer***, que domina os processos psíquicos secundários. Considera as circunstâncias do mundo externo, direcionando o psiquismo para a autoconservação, adiamento de satisfação, desenvolvimento de funções sensórias, consciência, atenção, memória, fantasia e pensamento, associadas às funções do ego.

ETIMOLOGIA

Princípio, do latim principium, principiar, iniciar, começar, abrir. Real, "que existe de fato, verdadeiro", do latim realis, de res, rei, coisa, realidade. Do latim realitas -atis (CUNHA, 2010).

EVOLUÇÃO HISTÓRICA DO CONCEITO

O conceito de princípio de realidade foi citado por Freud pela primeira vez em seu artigo de 1911 "Formulações sobre os dois princípios do funcionamento mental" (FREUD, 1911/1996a). Mais tarde, em 1920, aparece no artigo intitulado "Além do princípio de prazer", no qual Freud (1920/1996c) diz que toda neurose tem o propósito de arrancar o paciente da vida real, de aliená-lo da realidade, e nos coloca a tarefa de investigar o desenvolvimento da relação dos neuróticos e da humanidade em geral com a realidade, de maneira a trazer a significação psicológica do mundo externo e real para a estrutura da teoria psicanalítica. Podemos pensar a realidade primeira, os primeiros **vínculos*** nos quais o sujeito é inserido, que é a **família***. Os vínculos familiares apresentam uma problemática específica com as dimensões **intrapsíquica***, **intersubjetiva*** e **transgeracional***, que se manifestam por meio de **alianças***, **pactos inconscientes***, vínculos de filiação, proibições, incesto e morte. O vínculo familiar determina uma representação de pertencimento da família inserida em uma cultura e nos espaços social e político. Assim, a história individual se constrói

Princípio de realidade

sobre a história familiar e social, de modo que a família antecede o sujeito e possui uma dupla condição (ou dimensão): a manifesta e a latente. A primeira permite perpetuar os mitos da linhagem familiar em sua articulação com o conjunto social, cultural e político. A segunda permite ao grupo familiar ser a pedra fundamental do nascimento psíquico do sujeito (JAITIN, 2010).

Em 1914, em "Sobre o narcisismo: uma introdução", Freud faz uma vinculação entre as dinâmicas intrapsíquicas e intersubjetivas nos psiquismos dos pais e do bebê ao afirmar que

> a criança concretizará os sonhos dourados que os pais jamais realizaram – o menino se tornará um grande homem e um herói em lugar do pai, e a menina se casará com um príncipe como em compensação para sua mãe. No ponto mais sensível do sistema narcisista, a imortalidade do ego, tão oprimida pela realidade, a segurança é alcançada por meio do refúgio na criança. O amor dos pais, tão comovedor e no fundo tão infantil, nada mais é senão o narcisismo dos pais renascido, o qual, transformado em amor objetal, inequivocamente revela sua natureza. (FREUD, 1914/1996, p. 98)

Essa articulação entre o intrapsíquico e o espaço intersubjetivo dos sujeitos que compõem esses vínculos, Kaës (2009, p. 56) nomeou como **contrato narcísico***, que é a **aliança inconsciente*** primária entre o bebê e seu primeiro grupo intersubjetivo.

Dessa forma, estabelece-se um interjogo na dinâmica entre os membros dos vínculos, mediante o qual cada membro busca seu equilíbrio intrapsíquico influenciado pelas forças instintuais dos **princípios de prazer*** e de realidade – este último, regido pelos processos secundários e que especificam o sistema pré-consciente/consciente. Segundo Kaës (2017), os processos secundários se caracterizam pelo deslocamento de quantidades de energia de baixa intensidade na rede de representações e por um investimento suficientemente forte para manter a identidade dos pensamentos. Eles organizam a estabilidade das experiências mentais ligando a energia e sustentando as operações do pensamento de vigília, de atenção, de julgamento e de ação controlada. Realizam uma função reguladora em relação aos processos primários, transformando os conteúdos que são associados a ele em uma estrutura inteligível.

Com essa dinâmica intrapsíquica e intersubjetiva, levemos em consideração o conceito de sujeito do grupo, para precisar como o sujeito do inconsciente se forma na intersubjetividade. O sujeito do grupo é assujeitado a um conjunto intersubjetivo de sujeitos do inconsciente. Essa situação impõe ao psiquismo a exigência de um trabalho, pelo próprio fato de sua ligação com o grupo. Retomamos, assim, a questão do grupo no espaço intrapsíquico. A ideia central é que o sujeito do inconsciente é assujeitado às formações e aos processos inconscientes intrapsíquicos, mas também aos processos inconscientes que preexistem a ele no grupo e que contribuem para dividi-lo sob o eixo de sua dupla existência. Ele é, portanto, o sujeito sendo seu próprio fim e, ao mesmo tempo, é elo dessa cadeia da qual ele procede, herdeiro dos desejos que anteciparam sua existência e que organizaram seu próprio desejo, servidor do conjunto e beneficiário de investimentos, de representações e de lugares que ele recebe do grupo. Em uma implicação recíproca, as formações inconscientes são transmitidas pela cadeia de gerações e pelos contemporâneos. A função de ligação das formações e dos processos psíquicos individuais se dá por meio do **aparelho psíquico grupal***, assim como a função de transformação das formações e dos processos psíquicos dos seus sujeitos, dos seus próprios complexos psíquicos (KAËS, 2010).

Na perspectiva de P. Aulagnier, o processo secundário trabalha o lugar do significado. Isso implica a prevalência do princípio de realidade e da participação do sujeito aos símbolos culturais. Ele é, então, estreitamente associado ao trabalho do pensamento, e a lógica do processo secundário está submetida às restrições da linearidade do discurso comum e partilhado. Todos os discursos já estão inscritos na cultura e foram criados com as contribuições dos sujeitos no grupo. Assim, os sujeitos os reutilizam, retomam, modificam e integram essas declarações em seus próprios discursos associativos. Os resultados são o conteúdo, a organização e o estilo de um pensamento que adquire as características e as funções grupais (KAËS, 2017).

Podemos compreender, assim, que o princípio de realidade dos sujeitos constituintes dos vínculos, por meio desta articulação dos movimentos intrapsíquicos e intersubjetivos, tem a função de inserir e articular a participação da família na cultura, no tempo histórico e social, sendo também base para a construção de sua identidade.

REFERÊNCIAS

CUNHA, A. G. *Dicionário etimológico da língua portuguesa*. 4. ed. revista pela nova ortografia. Rio de Janeiro: Lexikon, 2010.

FREUD, S. Formulações sobre os dois princípios do funcionamento mental. *In: Edição standard brasileira das obras psicológicas completas de Sigmund Freud*. Rio de Janeiro: Imago, 1996a. v. 12, p. 237-244. (Trabalho originalmente publicado em 1911).

FREUD, S. Uma introdução sobre o narcisismo. *In: Edição standard brasileira das obras psicológicas completas de Sigmund Freud*. Rio de Janeiro: Imago, 1996b. v. 14. (Trabalho originalmente publicado em 1914).

FREUD, S. Além do princípio de prazer. *In: Edição standard brasileira das obras psicológicas completas de Sigmund Freud*. Rio de Janeiro: Imago, 1996c. v. 18, p. 17-75. (Trabalho originalmente publicado em 1920).

JAITIN, R. *Clínica del incesto fraternal*. Buenos Aires: Lugar Editorial, 2010.

KAËS, R. *Les alliances inconscientes*. Paris: Dunod, 2009.

KAËS, R. *L'appareil psychique groupal*. Malakoff: Dunod, 2010.

KAËS, R. *Les théories psychanalytiques du groupe*. Paris: PUF, 2017.

Projeção

Ana Balkanyi Hoffman

CONCEITO

O termo é utilizado em psicanálise vincular para identificar os conteúdos mentais que um sujeito expulsa de si, colocando-os inconscientemente num objeto (pessoa ou coisa) e não reconhecendo que lhes pertencem. A projeção é considerada um mecanismo de defesa do ego arcaico, passível de ser observado na dinâmica emocional dos casais e/ou das famílias, na qual constitui grande parte da forma como estes se comunicam e se enxergam entre si. Ocorre, com frequência, um intenso entrecruzamento de projeções mútuas.

ETIMOLOGIA

Do latim *projectio, -onis*, ato de estender, alongamento, arremesso, saliência (DICIONÁRIO PRIBERAM, 2008-2021).

EVOLUÇÃO HISTÓRICA DO CONCEITO

A projeção foi pela primeira vez descrita por Freud em 1895, e, desde então, a história de seu significado tem sido longa. O termo veio primeiramente da óptica e da nova ciência da cartografia no século XVI, chegando à psicologia da percepção no século XIX, quando Freud o introduziu na psicanálise, ele já havia notado a ligação existente entre projeção e paranoia. Abraham (1924), ao investigar a melancolia e a importância, nessa condição, do "objeto perdido" ou do temor de perdê-lo, reconheceu que uma importante fantasia era a fantasia anal de expelir fisicamente do corpo um objeto. Ele ligou o impulso à expulsão anal ao mecanismo de projeção (*apud* HINSHELWOOD, 1992, p. 428).

Klein utilizou o termo "projeção" em várias expressões:

- Projeção do objeto interno: este emprego do termo foi tirado de Abraham (1924, *apud* HINSHELWOOD, 1992); por exemplo, um bebê a chorar de fome experiencia a mãe/seio/mamadeira ausentes como a presença ativa

de um objeto mau e hostil que lhe causa as dores da fome em sua barriguinha.
- Projeção da pulsão de morte: na visão kleiniana haveria uma agressão primária interna que se volta para fora, contra algum objeto exterior.
- Externalização de conflitos: no brincar das crianças, elas atuariam nos brinquedos os conteúdos dos conflitos internos, projetados no mundo exterior.
- Identificação projetiva: é a visão mais tradicional da projeção, na qual parte do *self* é atribuída a um objeto.

Muitos desses empregos não podem ser completamente distinguidos; a projeção do objeto, o impulso, o relacionamento ou a parte do *self* envolvida são, todos eles, aspectos inextricáveis do relacionamento objetal (HINSHELWOOD, 1992).

Grande parte dos analistas que não privilegia o vértice vincular para interpretar a dinâmica dos casais ou das famílias utiliza a teoria objetal (freudiana) e, junto com ela, considera que os conteúdos emocionais que eles veiculam entre si é baseado em projeções mútuas.

Na teoria vincular, o entendimento passa a ser de uma **aliança inconsciente***, a qual resulta do encontro de partes inconscientes dos egos que criam elementos distintos do que apenas as projeções que acontecem entre eles.

REFERÊNCIAS

HINSHELWOOD, R. D. *Dicionário do pensamento kleiniano*. Porto Alegre: Artes Médicas, 1992.

DICIONÁRIO PRIBERAM da língua portuguesa. 2008-2021. Disponível em: https://dicionario.pribera.org/. Acesso em: 5 maio 2020.

Projetos familiares

Denise Lea Moratelli

CONCEITO

De uma perspectiva da psicanálise vincular, refere-se a um projeto que tem sua fundação no enamoramento, que, por sua vez, desenvolve-se para uma ligação amorosa, podendo compor um casal, seguido da aliança. Esta tem como desafio fundar uma ordem familiar com autonomia daqueles de quem se apartaram. Isso é possível pois é nesse momento vincular que se sentem participando de um sentimento de plenitude, compartilhando a **ilusão*** de ser um todo (MOGUILLANSKY; SEIGUER, 1996, p. 94-95).

ETIMOLOGIA

A palavra projeto vem da palavra latina *projectu*, do verbo em latim *projicere*, que significa lançar, arremessar (BUENO, 1968). Familiares vem do latim *familiare*, que faz parte dos escravos da casa; da casa, da família, doméstico; amigo da casa, familiar, íntimo; amigável, confidencial, íntimo; habitual; relativo ao estado, à terra, à casa (MACHADO, 1995).

EVOLUÇÃO HISTÓRICA DO CONCEITO

O pensamento dos autores interessados na psicanálise vincular acompanha o pensamento do filósofo Lévi-Strauss (1983, apud PUGET; BERENSTEIN, 1993), que trata de algumas propriedades invariáveis ligadas ao começo da família:

1. a família tem sua origem no matrimônio;

2. inclui o marido, a mulher e os filhos nascidos dessa união, formando um núcleo ao qual outros parentes podem eventualmente se agregar;

3. os membros de uma família estão unidos entre si por:

a) laços juridícos;
b) direitos e obrigações de natureza econômica, religiosa e outras;
c) uma rede precisa de direitos e proibições sexuais e um conjunto variável e diversificado de sentimentos, como o amor, o afeto, o respeito, o temor etc.
(LÉVI-STRAUSS, 1983, *apud* PUGET; BERENSTEIN, 1993, p. 5)

Berenstein e Puget (1993), pioneiros da psicanálise vincular, consideram o casal tradicionalmente como a origem da **família*** do ponto de vista evolutivo e convencional. Também psicanaliticamente se poderia pensar que o casal se afasta da família da qual se originam seus modelos. Deve-se levar em conta o desejo dos diferentes egos de uma família de perpetuarem-se no tempo por meio da transmissão do desejo de ter filhos, transformado no desejo de ter uma família, mediante vínculos de aliança.

Para Moguillansky e Seiguer (1996), cada pessoa nasce e cresce em uma família que é diferente da sua. E cada família se firma e se inaugura pelo casal, que forma, nos ritos estabelecidos socialmente, acordos, com cerimônias culturais como o casamento (com o nome de aliança). Este marca uma cesura a partir da qual se inicia uma nova legalidade vincular e social, sustentada por uma intrincada trama emocional que nos diz que aí se cria algo novo, contém um novo começo, e o começo de cada família define o começo de uma nova história.

O casal Ruth Blay e David Léo Levisky, estudiosos da psicanálise vincular no Brasil, nos contemplam com um conceito de família e projetos familiares muito atual e amplo, levando em conta os impactos do tempo e as transformações vividas até o século XXI:

> É o espaço vincular íntimo construído por sentimentos de compromissos afetivos recíprocos e de cumplicidade, de qualquer natureza, amorosos e/ou perversos, que pretende ser de longa duração. Estes vínculos se estabelecem a partir da filiação e afiliação e podem ter várias configurações em sua organização dinâmica, independentemente dos gêneros. Vínculos que variam de acordo com o momento histórico-cultural.

A transmissão de heranças, apesar das transformações e mutações que ocorrem ao longo da história, garantem a continuidade do espaço familiar. Neste espaço complexo de trocas afetivas ocorrem identificações, alianças conscientes e inconscientes, aquisição de comportamentos, valores culturais, éticos e morais que interagem no desenvolvimento das personalidades individual e grupal. (BLAY LEVISKY, 2017, p. 41; LEVISKY, 2019, p. 6)

Os casais e famílias da atualidade já não contemplam o formato anterior ao se constituírem. Antes, as funções e normas que a mãe, o pai e os filhos teriam para si e/ou seguiriam eram conhecidas de antemão, embasadas no tabu do incesto e na diferença dos sexos. Essa diferença, hoje, já não é necessariamente explicável a partir de uma identidade que se constrói solidamente, mas sim pelo que vêm impondo os modelos atuais.

E em função disso, pode ocorrer que não saibamos como nomear aos pacientes, aos casais e famílias. É mulher ou homem ou trans ou extraterrestre [...] e não se trata de que é, mas do que hoje é. E não se trata de um casal, nem sabemos quem compõe uma família e, mais ainda, não sabemos quem desempenha as diversas funções parentais. Não sabemos se todas as funções tradicionais são necessárias para que um conjunto se denomine: família. O que fica claro é que os lugares tradicionais como, por exemplo, de pai e mãe podem ser ocupados por vários sujeitos ou por um só, e não dependem necessariamente do sexo, nem da idade. Nem são eternos. Criam futuros, na melhor das hipóteses. Hoje pode desempenhar essas funções qualquer membro do conjunto e, amanhã, outro. (MORATELLI *et al.*, 2019)

O advento da "liberdade", no dizer de Spivacow (2013), o previsível, os caminhos preestabelecidos já não existem, e hoje podem aparecer diversas formas de **vínculo**★; há a "liberdade", mas não as "garantias" do modelo anterior.

Pensar o casal e a família atual, novas **configurações vinculares**★, é pensar em mudança, na diversidade e na pluralidade do mundo contemporâneo, em que pese o fato de que tudo isso ainda é um "lugar", é um "valor" que todos os indivíduos querem ter e do qual querem participar.

REFERÊNCIAS

BLAY LEVISKY, R. Expressões da intimidade nos vínculos: interferência da cultura. *Ide*, n. 63, p. 41, 2017.

BUENO, F. da S. *Grande dicionário etimológico-prosódico da língua portuguesa: vocábulos, expressões da língua geral e científica – sinônimos: contribuições do tupi-guarani*. São Paulo: Saraiva, 1968. v. 6.

LEVISKY, D. L. *A difícil arte da função parental na contemporaneidade*. Apresentado à IV Jornada de Psicanálise de Casal e Família-famílias, Vínculos e Sexualidade. Sociedade Brasileira de Psicanálise de Ribeirão Preto, 2019.

MACHADO, J. P. *Dicionário etimológico da língua portuguesa*. Lisboa: Livros Horizontes, 1995. v. 3.

MOGUILLANSKY, R.; SEIGUER, G. *La vida emocional de la família. Su complejidad: vínculos y estados vinculares*. Buenos Aires: Lugar Editorial, 1996.

MORATELLI, D. L. et al. *Entrevista pessoal com Janine Puget*. Grupo Psicanálise de Casal e Família da Sociedade Brasileira de Psicanálise de Ribeirão Preto, ago. 2019.

PUGET, J.; BERENSTEIN, I. *Psicanalise do casal*. Porto Alegre: Artes Médicas, 1993.

SPIVACOW, M. A. Parejas 2013. *Página 12*, 24 out. 2013. Disponível em: https://www.pagina12.com.ar/diario/psicologia/9-231931-201310-24.html. Acesso em: 7 jan. 2021.

Psicanálise vincular

Ruth Blay Levisky

CONCEITO

Psicanálise vincular ou psicanálise das configurações vinculares é uma extensão da psicanálise freudiana que trabalha a partir da observação do **vínculo*** que se estabelece **entre*** sujeitos, numa dimensão intersubjetiva, ou seja, com o material que emerge na **presença*** dos envolvidos, do outro real. O pensar "entre" leva a um descentramento do sujeito, uma vez que o vínculo nessa abordagem representa uma outra lógica, um produtor contínuo de subjetividades (BERENSTEIN; PUGET, 1997).

ETIMOLOGIA

Psicanálise, do grego *psykne* + análise: teoria da psique (alma ou espírito) elaborada por Freud (1856-1939), neurologista austríaco, tendo como base suas experiências clínicas com pacientes histéricos. Vincular, do latim *vinculare*: estabelecer vínculos, unir-se por laços, cordas ou nós, ligar-se (MICHAELIS, 2020).

EVOLUÇÃO HISTÓRICA DO CONCEITO

A psicanálise vincular parte da clínica do conjunto, da relação "entre" sujeitos, em que é construído um inconsciente vincular, a partir de conteúdos que surgem na relação transferencial-contratransferencial. É uma prática que se aplica aos casais, famílias, grupos e instituições, embora na psicanálise individual seja possível trabalhar dentro de uma leitura vincular, que é construída na relação entre analista e paciente. Em meados de 1940, Bion organiza um trabalho de grupo com enfermos da Segunda Guerra Mundial, experiência a partir da qual ele define vários conceitos ligados à psicodinâmica grupal, como os pressupostos básicos, já utilizados com referenciais teóricos, na psicanálise de casais e famílias (BION, 1961/1975). A escola francesa de psicanálise grupal, desenvolvida a partir dos trabalhos de Anzieu e seus seguidores, e a bioniana fazem parte do gérmen que foi se desenvolvendo na direção do que hoje denominamos de psicanálise vincular. Kaës, autor francês, tem relevante expressão nessa área de pesquisa, com inúmeras contribuições para a psicanálise de grupo e vincular, como os conceitos de **alianças inconscientes***, **negativo***, inconsciente grupal, **metapsicologia do terceiro tipo***. Os pioneiros da psicanálise das configurações vinculares na Argentina foram Berenstein e Puget. Em 1970, realizou-se o I Congresso de Psicopatologia do Grupo Familiar, cujo desenvolvimento resultou no livro Família y enfermedad mental. A partir daí, outros autores têm ampliado conhecimentos nessa área de estudo. Se fizermos uma retrospectiva histórica dos conceitos que contribuíram para a evolução teórico-clínica da psicanálise vincular, temos:

1. a identificação projetiva (KLEIN, 1946/1991), conceito revolucionário, que introduziu a ideia de que partes de uma mente podiam ser alojadas em outra e seus efeitos vivenciados por outro sujeito;
2. a contratransferência como forma de comunicação (BLAY NETO, 1989; LEVISKY, 2013);
3. as relações e dinâmicas grupais introduzidas por Bion (1961/1975), segundo o qual o inconsciente não ficava circunscrito somente ao indivíduo, mas também coabitava outras mentes;
4. a inclusão por Winnicott (1975) do ambiente e da importância do outro como objeto real, e não só como uma projeção, que contribuiu também para o conceito do intersubjetivo;
5. o uso por Lévi-Strauss (1949/1969) da teoria dos conjuntos, criando a estrutura de parentesco: filiação e afiliação;
6. a compreensão sobre vínculo de Pichon-Rivière (1956/1985) como uma interação dialética entre sujeito e objeto, modos de comunicação e de aprendizagem.

Foram as primeiras percepções do **entre***.

Outros psicanalistas, como Rodrigué, Bernard, Puget, Kleiman, Rojas, entre outros, passaram a trabalhar com o enfoque vincular, atendendo grupos, casais e famílias.

Puget e Berenstein (1993) propuseram hipóteses que reconheciam a especificidade dessa forma de trabalhar analiticamente, e assim foram nascendo vários conceitos de configurações vinculares. A evolução dos conceitos da psicanálise das configurações vinculares teve o seguinte percurso:

- **Estrutura familiar inconsciente***: Berenstein (1970, 1980), ao sentir a dificuldade para trabalhar com pacientes psicóticos num enquadre analítico individual, criou o conceito de "estrutura familiar inconsciente" como fundante do trabalho psicanalítico com famílias.
- **Acontecimento***: tem o sentido do novo, do imprevisto, do a posteriori. Recorda-se o acontecimento, não o acontecer (BERENSTEIN, 1990).
- *Ajeno**: traduzido para o português como alheio, o outro, o estrangeiro, alteridade; é todo registro do outro, que não se inscreve como próprio; o *"ajeno"* do outro não representa a interioridade do sujeito projetado no outro; a presença do outro não tem inscrição prévia no mundo psíquico e não é representada, nem simbolizada, é real e presente.
- **Presença***: o que se vive no aqui e agora na relação com o outro; a presença do outro com sua parte "ajena" cria uma imposição a nós. Além da **transferência*** e da **contratransferência*** na relação, tem-se a **imposição*** e a **interferência***, produzidas pela presença do outro na relação.

Na perspectiva vincular, os sujeitos não antecedem a relação, e sim a instituem. É um processo dinâmico, é um ir sendo. A clínica vincular identifica a rede interfantasmática formada entre os sujeitos da relação ao nível inconsciente, por meio dos pactos, acordos e **alianças*** (KAËS, 2015) que são produzidos na trama familiar individual e social.

Na clínica vincular trabalha-se com duas lógicas que se superpõem: a do inconsciente, com suas memórias do passado e do presente, e a da experiência emocional, vivida no presente, na presença entre sujeitos. O analista é também **sujeito do vínculo***, e não apenas objeto de transferência.

Na psicanálise clássica, a relação é pensada entre sujeito e objeto da pulsão e sua representação no mundo inconsciente; a psicanálise vincular trabalha na dimensão relacional entre os sujeitos, no **espaço interpsíquico***. Não é a mesma coisa falarmos de um outro ausente, se comparado a um outro presente. Daí surgiu a diferença entre representação, fenômeno inconsciente que é simbolizado na ausência do outro e presentação, que ocorre na presença real do outro (BERENSTEIN; PUGET, 1998).

A psicanálise das configurações vinculares define o aparelho psíquico vincular composto por três **espaços psíquicos*** com lógicas que se inter-relacionam: o **intrapsíquico*** refere-se ao mundo interno, inconsciente;

o **interpsíquico***, ao relacional; e o **transpsíquico***, ao da relação com a cultura (BERENSTEIN; PUGET, 1997).

A subjetividade é construída ao longo de um processo, no qual o vínculo é uma unidade necessária para que se forme um sujeito.

Berenstein e Puget (1998) propõem a ideia de um inconsciente vincular, uma ampliação do que Freud denominou de "o inconsciente". Os autores entendem que, na dimensão vincular, os membros de uma família ou casal perdem a nitidez de cada um isoladamente para adquirirem uma outra subjetividade, a do conjunto.

Puget e Berenstein (1993) definem vários tipos de vínculos entre casais, assim como a representação corporal no vínculo e os aspectos ligados ao significado dos conflitos matrimoniais na análise de casais.

Rojas (1997) diz que no relato familiar aparecem formações que podemos considerar como específicas de uma estrutura familiar inconsciente e de heranças familiares transmitidas através de gerações.

Puget (2001) discute a diferença entre interpretação e intervenção na psicanálise individual e na familiar e de casal. A psicanálise vincular trabalha na intersubjetividade, no "fazer entre", no qual a intervenção é construída a partir da interferência de uma mente sobre a outra, ou seja, o que se passa entre analista e pacientes na sessão.

Puget (2005) tem vários artigos nos quais discute as relações vinculares entre política, instituições e poder e suas interferências na clínica psicanalítica. Discute em seu artigo "El mundo superpuesto entre pacientes y analista" a reação emocional do analista quando o(s) paciente(s) traz(em) temas na sessão com os quais ele também se identifica; ou, ao contrário, quando emergem assuntos a respeito dos quais analista e pacientes vivenciam ideologias distintas (PUGET; WENDER, 2005; PUGET, 2010).

Puget (2015) acredita haver uma subjetivação descontínua e também uma heterogeneidade entre os diferentes espaços psíquicos. A complexidade do **"Dois*"** deve-se a uma superposição das atividades referentes aos efeitos da presença.

"Pensar a partir dos vínculos é abandonar a ideia de núcleo. Deixa-se de pensar em cada sujeito como centro, para pensar no vincular como uma relação, um e outro. O vincular é uma produção" (KLEIMAN, 2016, p. 21).

É uma teoria que, no início, enfrentou muita resistência para ser aceita no meio psicanalítico e continua em desenvolvimento; vem se expandindo, e hoje conta com adeptos nacionais e internacionais.

REFERÊNCIAS

BERENSTEIN, I. *Familia y enfermedad mental*. Buenos Aires: Paidós, 1970.

BERENSTEIN, I. *Psicoanalisis de la estrutura familiar*. Buenos Aires: Paidós, 1980.

BERENSTEIN, I. *Psicoanalizar una família*. Buenos Aires: Paidós, 1990.

BERENSTEIN, I. El vínculo y el outro. *Revista de la Associación Psicoanalitica de Buenos Aires*, Buenos Aires, v. 23, n. 1, 2001.

BERENSTEIN, I.; PUGET, J. *Lo vincular. Clínica y técnica psicocanalítica*. Buenos Aires: Paidós, 1997.

BERENSTEIN, I.; PUGET, J. Presentación de la historia. In: PACHUK, C.; FRIEDLER, R. (coord.). *Diccionario de psicoanálisis de las configuraciones vinculares*. Buenos Aires: Del Candil, 1998.

BION, W. R. *Experiências em grupos*. São Paulo: Imago/USP, 1975. p. 134-154. (Trabalho originalmente publicado em 1961).

BLAY NETO, B. Contraponto. Comentários ao trabalho "O acting-out em pacientes seriamente perturbados e psicóticos". *Revista Brasileira de Psicanálise*, v. 23, n. 2, p. 307-312, 1989.

KAËS, R. *L'extension de la psychanalyse: pour une métapsychologie du troisième type*. Paris: Dunod, 2015.

KLEIMAN, S. Perspectiva vincular: sin centro, desde el médio. In: KLEIMAN, S. (comp.). *Diálogos en construcción. Espacio del pensameiento vincular*. Buenos Aires: Del Hospital, 2016.

KLEIN, M. Notas sobre alguns mecanismos esquizoides. In: *Obras completas*. Rio de Janeiro: Imago, 1991. v. 3: Inveja e gratidão e outros trabalhos 1946-1963. (Trabalho originalmente publicado em 1946).

LÉVI-STRAUSS, C. *Las estructuras elementales del parentesco*. Buenos Aires: Paidós, 1969. (Trabalho originalmente publicado em 1949).

LEVISKY, D. Contratransferêcia na análise de adolescentes: uma modalidade de comunicação e percepção. *In: Adolescência: reflexões psicanalíticas.* 4. ed. São Paulo: Zagodoni, 2013. cap. 11, p. 222-240.

MICHAELIS dicionário da língua portuguesa. São Paulo: Melhoramentos, 2020.

PICHON-RIVIÈRE, J. Teoria del vínculo. Buenos Aires: Nueva Visión, 1985. (Trabalho originalmente publicado em 1956).

PUGET, J. Nuevas dificuldades: lo idêntico y lo multiple. *Rev. de la Sociedad Argentina de Psicoan.*, n. 4, p. 115-124, 2001.

PUGET, J. Lo común entre dictaduras, terror de Estado y exclusion social. *In:* CONGRESSO IPA, 44., 2005. Anais.. Rio de Janeiro, 2005.

PUGET, J. O dispositivo e o atual. *Rev. Bras. de Psicanálise*, São Paulo, v. 44, n. 2, 2010.

PUGET, J. *Subjetivación discontinua y psicoanálisis: incertidumbre y certezas.* Buenos Aires: Lugar Editorial, 2015.

PUGET, J.; BERENSTEIN, I. *Psicanálise do casal.* Porto Alegre: Artes Médicas, 1993.

PUGET, J.; WENDER, L. El mundo superpuesto entre pacientes y analista: revisitado al cabo de los años. *Revista de la Assoc. Escuela Argentina de Psicoterapia para Graduados*, n. 30, p. 69, 2005.

ROJAS, M. C. Fundamentos de la clinica familiar psicoanalitica. *In:* BERENSTEIN, I.; PUGET, J. Lo vincular. *Clínica y técnica psicocanalítica.* Buenos Aires: Paidós, 1997.

WINNICOTT, D. *O brincar e a realidade.* Rio de Janeiro: Imago, 1975.

Psicodinâmica familiar

Flavia Costa Strauch

CONCEITO

Psicodinâmica familiar pode ser entendida como um grupo de pessoas ligadas entre si, afetivamente ou por fortes vínculos emocionais, com sentido de posse e inclinação para participar das vidas uns dos outros, e cujo funcionamento é regulado em boa parte tanto pelo social quanto pelas questões individuais dos seus membros. Quer dizer: elementos de caráter privado se imiscuem na ordem do coletivo, pertencem à sociedade e se transformam, ao longo do tempo, em aspectos jurídicos, sociais e culturais.

ETIMOLOGIA

Psicodinâmica familiar: "conjunto de fatores de natureza mental e emocional que motivam o comportamento humano, especialmente os que aparecem como reação inconsciente aos estímulos ambientais" (HOUAISS; VILLAR; FRANCO, 2004).

Família: "um grupo de pessoas vivendo sob o mesmo teto (pai, mãe e filhos)". E ainda: "grupo de pessoas que têm uma ancestralidade comum ou que provêm de um mesmo tronco". Pode ser também: "pessoas ligadas entre si pelo casamento, pela filiação ou, excepcionalmente, pela adoção" (HOUAISS; VILLAR; FRANCO, 2004).

EVOLUÇÃO HISTÓRICA DO CONCEITO

Até meados do século XX o modelo familiar, conforme Kehl (2013), era o genealógico. Esse modelo veicula a ideia de filiação como fato natural, acrescido de uma norma, ou seja, a exclusividade de filiação. Segundo essa norma, cada sujeito é colocado em posição de filho ou filha em relação a um único homem e a uma única mulher.

Lebrun, em seu livro Um mundo sem limites, comenta que:

Família sempre foi o caldeirão da via social, o lugar onde se preparava para o futuro sujeito o acesso à sociedade de que fazia parte; no seio dessa família, que, então, nunca foi somente privada, mas desde sempre estreitamente articulada com o social, o papel do pai era representar a autoridade – idêntica àquela do topo da pirâmide – e encarar a figura de exceção pela qual transmitia legitimidade na continuidade temporal. (LEBRUN, 2004, p. 14)

Nos primórdios do século XIX, a família se fechou em si mesma, estruturando-se entre seus membros, e, nos dois séculos seguintes, o casal passou a se organizar de forma mais igualitária, diluindo assim a hierarquia da autoridade do pai, que possuía até então os encargos de provedor e mentor da família. Na pré-história, os homens eram os responsáveis pela proteção da família.

Na atualidade coexistem as mais diferentes configurações familiares, e a isso se dá o nome de pluriparentalidade, que, segundo Kehl, traduz tanto a inversão da dominação masculina como um novo modo de conceituação da família, sendo derivada de parentalidade, que por sua vez vem de parental.

Entre as diversas formações de famílias contemporâneas, encontram-se os tipos nuclear, hetero, homoafetiva, monoparental, adotiva, de coabitação ou de novo casamento, institucional, extensa e burguesa. Mais recentemente, temos as famílias nomeadas de poliamorosa ou poliafetiva, bem como as constituídas de casais transgêneros.

Zornig (2012) considera que se tornar pai ou mãe exige um longo percurso, que teria início na infância de cada um dos futuros pais, e que o nascimento de um filho produz mudanças de tal ordem no psiquismo parental que poderão levar a uma ressignificação da história infantil desses pais. Mudanças na situação de nascimento e puerpério podem interferir de forma significativa na dinâmica familiar, uma vez que exigem não só cuidados específicos à puérpera e ao recém-nascido, como também a reformulação dos papéis e das regras do funcionamento familiar. Além disso, ocorre desgaste físico e mental. Daí ser importante compreender a saúde a partir das relações entre os membros da família, sua estrutura e sua dinâmica.

Como se pode perceber, definir o conceito de família não é mais uma tarefa simples. No entanto, ainda que a estrutura das famílias se modifique, estudar a dinâmica familiar continua sendo relevante para o entendimento do comportamento humano.

Historicamente, as relações de aliança se estabeleciam sob o patrimônio familiar. Com o romantismo, porém, o amor entre casais e entre pais e filhos adquiriu importância, e as alianças conjugais começaram a ser feitas ancoradas no afeto. Mas outros elementos de caráter privado são peculiares a cada um dos futuros pais, sendo incorporados, após a formação do casal, à própria história familiar deles. Tais elementos colocam em jogo aquilo que é transmitido consciente ou inconscientemente, como os traumas infantis e as formas pelas quais cada membro do casal lida com esses fatores. Sem esquecer que a criança possui seus próprios elementos e é ela que transforma seus genitores em pais. Desse modo, a relação entre pais e filhos também sofreu essa influência, passando a educação e a formação dos pequeninos a ter grande importância para o desenvolvimento e a garantia de uma sociedade saudável.

São vetores da parentalidade o sangue, o leite e o esperma, segundo Parceval (1986). O sistema que dá conta da vivência da representação da parentalidade é o sistema simbólico de representação. Diz a autora que a sociedade ocidental utiliza o conhecimento biológico e médico em função dos seus objetivos ideológicos. E foi assim que a sociedade se serviu desse conhecimento fisiológico e transformou a concepção de um bebê em assunto exclusivamente materno e feminino, o que excluiu o pai do processo que privilegia gravidez, parto, amamentação, a relação mãe/bebê, desvalorizando, com isso, a paternidade em nossa cultura.

Com a separação entre público e privado, entre a conjugalidade e a parentalidade, os arranjos familiares não estão mais submetidos à parentalidade. Assim, as configurações familiares da contemporaneidade dependem apenas do desejo entre o par/casal de estabelecer relações íntimas, de forma que as relações conjugais são de caráter privado e dizem respeito unicamente ao casal. No entanto, quando esse par se dispõe a ter filhos, o espaço privado é invadido pelo espaço público, que passa a determinar, mediante leis de proteção às crianças (tidas como vulneráveis), as relações de parentesco, definindo as responsabilidades dos pais e do Estado, sinaliza Zornig (2012), referindo-se a Julien (2004).

A família, ao longo de sua existência, se acomoda e se modifica junto com a sociedade. Devido a essa mobilidade, ela vem sofrendo um desmapeamento desde a sua antiga organização – a família patriarcal. Enquanto a família moderna é fundada no amor romântico, na contemporaneidade a família, chamada de pós-moderna, busca por relação íntima, constata Roudinesco (2003) em seu livro Família em desordem – desordem no sentido de instauração de novo paradigma, desordem porque a família atual não comporta um modelo, mas um mosaico de arranjos. No entanto, esses movimentos familiares se mantêm como estrutura organizadora e segura para seus membros, constituindo um espaço fundamental para a troca afetiva e a transmissão simbólica. Diz essa autora que "a família é o único valor seguro ao qual ninguém quer renunciar" (ROUDINESCO, 2003, p. 198).

Para Zornig (2012), assim como para Julien (2004) e Roudinesco (2003), a relação de consanguinidade ou de aliança não é suficiente para assegurar o exercício da parentalidade. A parentalidade não é a pedra fundamental da estrutura familiar contemporânea. Dessa forma, uma questão se impõe: o que sustenta o desejo do par conjugal no processo de transição à parentalidade? Zornig pontua que, com a queda das referências simbólicas estáveis – mundo líquido, como definiu Bauman (2001) – e com a pluralização das leis e da possibilidade de subjetivação, tornar-se pai ou mãe depende, hoje, muito mais da história de cada membro do casal.

Desde os primórdios da humanidade, as pessoas se agruparam em famílias. E essa dinâmica é bem conhecida. Os homens eram responsáveis pela proteção do território de seu grupo, pela caça e pela pesca. As mulheres, por sua vez, tinham como função colher frutas e raízes, além de cuidar das crianças.

Com as mudanças sociais, o modo como as famílias se organizavam foi se alterando com o tempo. Havia casamentos arranjados, que persistem em algumas culturas até hoje. E, assim, muitas famílias foram criadas mediante esse acordos, que tinham por fim preservar as riquezas.

Esse tipo de contrato não vigora mais no Ocidente, onde as pessoas se casam movidas pelo amor (amor romântico) que sentem umas pelas outras. Com base nesse sentimento, as estruturas familiares se flexibilizaram. Hoje se encontram lares com pessoas divorciadas, com crianças criadas por avós, pessoas casadas com outras do mesmo sexo e até mesmo unidas com mais de uma pessoa.

Outras mudanças significativas ocorrem no seio das famílias, como nascimento de filho deficiente ou de gêmeos, mortes, desemprego, alcoolismo, drogas, doença degenerativa, separação, transferência para outra cidade/país.

Enfim, tudo que quebre a homeostase do grupo familiar pode desequilibrar o psicodinamismo da família, que é sempre sensível às alterações inesperadas da vida.

Vale ter em mente que as funções da parentalidade não são previamente determinadas pelo gênero – elas podem ser intercambiáveis ou fixas, dependendo da cultura dos implicados. Nos dias atuais, admite-se que o corte simbólico atribuído à presença do pai pode ser feito pela mãe, desde que ela pense em seu bebê como um ser independente.

Ramires (1997) chama a atenção para o fato de que as variadas organizações familiares estão levando a uma mudança no conceito de paternidade de duas maneiras: a primeira é que os laços biológicos entre pais e filhos não garantem mais a ligação permanente entre eles. A segunda maneira é que as famílias formadas por novos casamentos se multiplicaram, de modo que os homens têm mantido relações parentais com os filhos de novas parceiras. Nessa modalidade, dá-se a passagem da parentalidade biológica para a parentalidade socioafetiva, trazendo novos desafios para os que acolhem filhos de outrem e ainda devem preservar a relação com os próprios filhos. Tal situação, aliada às técnicas reprodutivas, levanta questões sobre o que é um pai ou como é ser mãe na contemporaneidade.

REFERÊNCIAS

BAUMAN, Z. *Modernidade líquida*. Rio de Janeiro: Jorge Zahar, 2001.

HOUAISS, A.; VILLAR, M. S.; FRANCO, F. M. de M. *Dicionário da língua portuguesa*. 1. reimp. com alterações. Rio de Janeiro: Objetiva, 2004.

JULIEN, P. *Abandonarás teu pai e tua mãe*. Rio de Janeiro: Companhia de Freud, 2004.

KEHL, M. R. *Em defesa da família tentacular*. 2013. Disponível em: https://www.fronteiras.com/artigos/maria-rita-kehl-em-defesa-da-familia-tentacular. Acesso em: 7 jan. 2021.

LEBRUN, J-P. *Um mundo sem limite: ensaio para uma clínica psicanalítica do social*. Rio de Janeiro: Companhia de Freud, 2004.

PARCEVAL, G. D. *A parte do pai*. Porto Alegre: L&PM, 1986.

RAMIRES, V. R. *O exercício da paternidade hoje*. Rio de Janeiro: Record; Rosa dos Tempos, 1997.

ROUDINESCO, E. *A família em desordem*. Rio de Janeiro: J. Zahar, 2003.

ZORNIG, A. S. Construção da parentalidade: da infância dos pais ao nascimento do filho. *In: Maternidade e paternidade*. São Paulo: Casapsi/Casa do Psicólogo, 2012.

Psicoterapia breve psicanalítica de casal e família

Mauro Hegenberg

CONCEITO

Processo no qual o analista e seu(s) paciente(s) estabelecem um vínculo com finalidade terapêutica, dentro de **enquadre*** de tempo e espaço limitados/delimitados. Na psicoterapia psicanalítica de casal e família estão presentes na sessão a díade conjugal ou os membros de uma família.

ETIMOLOGIA

Breve, do latim brevis, resumo, sinopse. O termo psicoterapia breve não é apropriado, porque não é o tempo maior ou menor que a define, mas sim o limite de tempo. Seria mais interessante a denominação psicoterapia de tempo limitado, mas o nome consagrado é psicoterapia breve.

EVOLUÇÃO HISTÓRICA DO CONCEITO

No início da psicanálise, as psicoterapias eram de curta duração. Em 1908, por exemplo, Freud tratou o compositor Gustav Mahler de impotência sexual em quatro horas, conversando com ele à beira de um penhasco. Em 1906, atendeu o maestro Bruno Walter de paralisia do braço direito em seis consultas.

Ferenczi analisou-se com Freud em duas oportunidades: durante três semanas em 1914 e mais três semanas em 1916, então com duas sessões ao dia. Freud e Ferenczi saíam juntos em férias, trocavam confidências e foram amigos durante alguns anos.

Distante da suposta "ortodoxia" psicanalítica, Freud supervisionou o pai do Pequeno Hans no tratamento de fobia do filho e, no caso do Homem dos lobos, propôs um prazo para o término do tratamento.

Em todo caso, estávamos no início da história da psicanálise. O tempo passou, e Freud viu-se envolvido com dissidências que o levaram a endurecer suas posições (GILLIÉRON, 1983/1991).

Apesar disso, no final da vida, em "Análise terminável e interminável", Freud foi cauteloso ao deixar a questão em aberto: "empreguei a fixação de um limite de tempo também em outros casos (além do Homem dos lobos), e levei ainda em consideração as experiências de outros analistas". E, na sequência, continua: "não se pode estabelecer qualquer regra geral quanto à ocasião correta para recorrermos a esse artifício técnico compulsório (limite de tempo); a decisão deve ser deixada ao tato do analista" (FREUD, 1937/1969, p. 250).

Ferenczi, por ter aprofundado o processo de discussão e questionamento da prática psicanalítica, propondo diversas variações do enquadre clássico do tratamento padrão, pode ser considerado o precursor da psicoterapia breve.

Freud faleceu em 1939 e deixou a psicanálise estabelecida como disciplina reconhecida em vários países do mundo. Após a Segunda Guerra Mundial (1939-1945), aumentou o interesse e o número de casos atendidos em psicoterapia. O tratamento padrão (ou análise clássica), com várias sessões semanais, uso do divã e tempo ilimitado da terapia, foi seriamente questionado.

De 1950 a 1960, as necessidades da população e as situações de crise passaram a fazer parte das publicações dedicadas ao assunto, e as variações de enquadre foram aprofundadas. O psicodrama, a terapia sistêmica, a terapia em grupo e a psicoterapia breve têm muitos trabalhos desenvolvidos nessa época.

As publicações em psicoterapia breve psicanalítica se tornaram comuns entre as décadas de 1960 e 1980, com autores como Balint, Orstein e Balint (1975), Malan (1976/1981) e Gilliéron (1983/1991), por exemplo.

Diferentemente de uma intervenção breve (como as consultas terapêuticas de Winnicott), uma psicoterapia breve, para ser assim denominada, exige uma sequência com horários combinados, a fim de estabelecer uma continuidade garantida no tempo, um processo.

A maioria dos autores da psicoterapia breve entende que o foco e o limite de tempo são seus parâmetros definidores, embora alguns prefiram não trabalhar com a noção de focalização. O tempo máximo convencionado é de um ano para que se possa utilizar a denominação de terapia breve, e geralmente o prazo é combinado no início da terapia.

O enquadre da psicoterapia breve psicanalítica implica a disposição espacial frente a frente, com uma sessão semanal e tempo limitado da terapia. No enquadre da psicoterapia breve psicanalítica de casal ou de família, também ocorre mudança em relação ao número de participantes, geralmente o tempo da sessão é maior do que cinquenta minutos, e a periodicidade, frequentemente, é semanal ou quinzenal.

Alguns autores, tecendo uma definição via enquadre, restringem o conceito de psicanálise apenas ao tratamento padrão (ou análise clássica) e ao processo daí decorrente; segundo essa definição pelo enquadre, as terapias psicanalíticas de casal e de família também seriam inaceitáveis. Cabe ressaltar que a psicoterapia breve será ou não psicanalítica dependendo do que se considere como psicanálise, e de quais critérios serão utilizados para defini-la.

Segundo Laplanche e Pontalis (1967/1970), psicanálise é a disciplina fundada por Freud, na qual podem se distinguir três níveis:

- um método de investigação para evidenciar significados inconscientes, baseado nas associações livres;
- um método psicoterápico baseado nessas investigações e especificado pela interpretação da transferência, das resistências e do desejo; e
- um conjunto de teorias derivadas dos métodos de investigação e de tratamento.

Isto posto, seguindo Freud, para se situar dentro de um vértice psicanalítico, além da teoria, o método adotado passa pela análise ou investigação/interpretação da **transferência/contratransferência*** e pela utilização das associações livres/atenção flutuante, além do respeito à regra da neutralidade.

Então, uma psicoterapia que respeite esses parâmetros, como a psicoterapia psicanalítica breve de casal e de família, será considerada como pertencente ao campo da psicanálise, mesmo que seu enquadre seja diferente do tratamento padrão ou análise clássica.

Muitos repetem que psicoterapia breve é uma técnica. Cabe lembrar que método é o caminho, é a maneira de proceder ou fazer algo, por exemplo, método de investigação, de observação, indutivo, qualitativo. Técnica não é o caminho, mas a maneira de percorrer esse caminho, ou como se percorre esse caminho.

Como e quando perguntar, observar, conversar, por exemplo, são questões técnicas da psicanálise. Se o terapeuta fala muito ou pouco, rápido ou devagar, se faz perguntas ou não, por exemplo, são questões técnicas.

Quando se afirma que o terapeuta pode ser mais ativo, está-se falando de uma variação técnica em relação à técnica padrão da análise clássica; quando, por exemplo, Lemaire (1998) assinala que o terapeuta de casal não pode ser tímido, ou seja, tem que garantir a palavra a um dos membros do casal, que se sente oprimido pelo cônjuge, Lemaire está propondo uma alteração da técnica clássica. Note-se, nesse caso, que o método da psicanálise se mantém inalterado.

Em geral, psicanalistas se incomodam com a proposta de um foco na terapia breve. Mas propor um foco no trabalho com a terapia breve é uma simples variação técnica. Segundo Aiello-Vaisberg (2004), quando o método e a teoria são psicanalíticos, as variações técnicas não impedem a prática de continuar sendo psicanalítica.

Privilegiar, durante as sessões, um aspecto do discurso ou das emoções do paciente em detrimento de outros é corriqueiro em nossa prática clínica: lacanianos (focalizam) prestam atenção às palavras e seus duplos sentidos, kleinianos se atêm (focalizam) frequentemente ao aqui e agora da transferência, por exemplo. São possibilidades técnicas, baseadas em pressupostos teóricos.

Quando um terapeuta propõe ao casal desenhar a casa de família, ele promove uma variação técnica, propondo um foco para a sessão.

A maneira como se utiliza um foco também é uma possibilidade técnica; alguns autores se atêm ao foco de forma ativa; outros lidam com o foco respeitando as associações livres, por exemplo.

A técnica também se utiliza de instrumentos, que constituem as vias pelas quais se aplicam as técnicas; é o caso do genograma, do **espaçograma*** (BENGHOZI, 2010), assim como desenhar a casa de família, ou preencher um questionário, por exemplo.

O que se pode dizer é que a terapia breve, assim como a terapia de casal e de família, propõe alterações técnicas, enquanto o método psicanalítico se mantém inalterado nessas diversas variações de enquadre.

Segundo Nyberg (2011), no National Health Service (NHS) inglês, o trabalho cognitivo, comportamental-cognitivo ou sistêmico é mais frequente, em função dos organismos formadores psicanalíticos não prepararem seus membros para o trabalho com a terapia breve psicanalítica.

Em relação à terapia sistêmica, em 1959, Don Jackson funda o Mental Research Institute (MRI), em Palo Alto. Jackson e Virginia Satir se mantiveram na linha da terapia familiar sistêmica, com um projeto de pesquisa que levou à criação do Brief Therapy Center em 1967. Em 1974, Paul Watzlawick, John

Weakland e Richard Fisch, membros do MRI, publicaram seu primeiro trabalho importante, o artigo "Brief therapy: focused problem resolution" (WEAKLAND et al., 1974).

Nyberg (2011) pontua que as publicações sobre terapia breve são comuns nas outras abordagens, embora pouco frequentes na psicanálise, e menos ainda na terapia breve psicanalítica de casal, embora os membros da Tavistok Clinic publiquem artigos sobre esses temas desde a década de 1970; o primeiro deles em 1974, com Gill e Temperley (1974).

Um artigo publicado em 1986 por Clulow, Dearnley e Balfour, membros da Tavistok Clinic, propõe uma terapia com seis sessões e mais três individuais com cada cônjuge. Pengelly (1997), com um modelo de doze sessões, indica um término definido e um foco formulado em termos da fantasia inconsciente e das defesas compartilhadas.

Em 2001, pela Karnak, Francis Grier organizou o livro Brief encounters with couples: some analytic perspectives. A Tavistok Clinic continua até hoje a trabalhar com a psicoterapia breve psicanalítica com casais e famílias.

Nyberg (2011) faz um esforço para estabelecer as bases teóricas para a terapia breve psicanalítica de casal de acordo com os estudos da Tavistok. Com periodicidade semanal e tempo limitado, a autora trabalha em Londres no NHS, onde o trabalho "longo" individual dura um ano, com 45 sessões, e a terapia com casais tem vinte sessões por ano, além das primeiras duas ou três.

Nyberg (2011) sumariza os pontos principais abordados nos vários artigos escritos sobre a terapia breve psicanalítica, salientando alguns pontos como: a necessidade de encarar o término do processo terapêutico; saber que há níveis de profundidade dos problemas; debater se a terapia breve se atém aos problemas atuais; discutir se os problemas profundos permanecem inatingíveis; e salientar a importância de haver um foco, um problema central, com suas fantasias e defesas compartilhadas pelo casal. Esses assuntos permeiam as preocupações de quem trabalha com esse enquadre e são discutidos nessas publicações.

Nyberg (2011) comenta que essa questão de superficial e profundo faz pouco sentido, pois interpretações atingem vários níveis, difíceis de qualificar, sendo mais útil utilizar os termos de Gill e Temperley (1974): conflitos mais ou menos acessíveis.

O foco, para Nyberg, seguindo Lanman e Grier (2001). incide nas fantasias inconscientes compartilhadas, ou no ajuste inconsciente do casal. Para Lanman e Grier (2003), o foco é uma arena mental para projeções mútuas, onde são atuados (enacted) dilemas, ansiedades e defesas inconscientes.

Poucos serviços publicam artigos ou livros em psicoterapia psicanalítica de casal e de família, entre eles a Tavistok e o Núcleo de Atendimento e Pesquisa da Conjugalidade e da Família (NAPC). Desde 1999, o NAPC atende casais e famílias no Instituto Sedes Sapientiae, respeitando o vértice psicanalítico (HEGENBERG, 2016/2020). O tempo da terapia varia de quatro a seis meses, podendo chegar a um ano. Na esfera do NAPC, o foco incide no modo como as pessoas lidam com as angústias de castração, de fragmentação e de separação, analisadas no âmbito individual, do casal e da família (ver **tipologia do casal***).

REFERÊNCIAS

AIELLO-VAISBERG, T. M. J. Os enquadres clínicos diferenciados e a personalização/realização transicional. *Cadernos ser e fazer: o brincar* (caderno laranja), p. 6-17, 2004. Disponível em: http://serefazer.psc.br/wp-content/uploads/2012/09/texto-Tania-caderno-laranja.pdf. Acesso em: 7 jan. 2021.

BALINT, M.; ORSTEIN, P. H.; BALINT, E. *La psychothérapie focale*. Paris: Dunod, 1975.

BENGHOZI, P. *Malhagem, filiação e afiliação*. São Paulo: Vetor, 2010.

CLULOW, C.; DEARNLEY, B.; BALFOUR, F. Shared phantasy and therapeutic structure in a brief marital psychotherapy. *British journal of psychotherapy*, v. 3, n. 2, p. 124-132, 1986.

FREUD, S. Análise terminável e interminável. In: *Edição standard brasileira das obras psicológicas completas de Sigmund Freud*. Rio de Janeiro: Imago, 1969. v. 23, p. 247-290. (Trabalho originalmente publicado em 1937).

GILL, H.; TEMPERLEY, J. Time-limited marital treatment in a foursome. *British Journal of Medical Psychology*, v. 47, n. 2, p. 153-161, 1974.

GILLIÉRON, E. *Introdução às psicoterapias breves*. São Paulo: Martins Fontes, 1991. (Trabalho originalmente publicado em 1983).

GRIER, F. A psychoanalytic approach to brief marital psychotherapy. *In:* GRIER, F. A (org.). *Brief encounters with couples: some analytic perspectives*. London: Karnac, 2001.

HEGENBERG, M. *Psicoterapia breve psicanalítica de casal.* São Paulo: Artesã, 2020. (Trabalho publicado originalmente em 2016).

LANMAN, M.; GRIER, F. A psychoanalytic approach to brief marital psychotherapy. *In:* GRIER, F. (org.). *Brief encounters with couples: some analytic perspectives.* London: Karnac, 2001.

LANMAN, M.; GRIER, F. Evaluating change in couple functioning: a psychoanalytic perspective. *Sexual and relationship therapy,* v. 18, n. 1, p. 13-24, 2003.

LAPLANCHE J.; PONTALIS, J.-B. *Vocabulário da psicanálise.* São Paulo, Martins Fontes, 1970. (Trabalho publicado originalmente em 1967).

LEMAIRE, J. G. *Le mots du couple.* Paris: Payot, 1998.

MALAN, D. *As fronteiras da psicoterapia breve.* Porto Alegre: Artes Médicas, 1981. (Trabalho publicado originalmente em 1976).

NYBERG, V. Time-limited couple psychotherapy: treatment of choice, or an imposition. *Couple and Family Psychotherapy Journal,* v. 1, n. 1. p. 20-33, 2011.

PENGELLY, P. In bed with Procrustes. *Bulletin of the Society for Psychoanalytic Marital Psychotherapy,* n. 4, p. 9-13, 1997.

SIFNEOS, P. E. *Short-term psychotherapy and emocional crisis.* Cambridge: Harvard University Press, 1978. (Trabalho publicado originalmente em 1972).

WEAKLAND, J. H. *et al.* Brief therapy: focused problem resolution. *Family Process,* v. 13, n. 2, p. 141-168, 1974.

Pulsão

Sonia Thorstensen

CONCEITO

"Pulsão (Trieb) nos aparece como um conceito na fronteira entre o mental e o somático, como o representante psíquico dos estímulos originados dentro do organismo e alcançando a mente, como uma medida da demanda feita sobre a mente para trabalhar em consequência de sua conexão com o corpo" (FREUD, 1915/1957, p. 122).

ETIMOLOGIA

Pulsão vem de *pulsion*, termo surgido na França em 1625, derivado do latim *pulsio*, para designar o ato de impulsionar. A escolha da palavra pulsão para traduzir a palavra em alemão *Trieb* correspondeu à preocupação de evitar qualquer confusão com as noções de instinto e tendência. Em alemão, como em francês ou português, os termos *Trieb* e pulsão remetem à ideia de um impulso, independentemente de sua orientação e de seu objetivo (ROUDINESCO; PLON, 1998, p. 628).

EVOLUÇÃO HISTÓRICA DO CONCEITO

A noção de pulsão já era mencionada pelos psiquiatras alemães do século XIX, preocupados com a questão da influência da sexualidade na gênese da doença mental. Por outro lado, Nietzsche (1844-1900) concebia o espírito humano como um sistema de pulsões suscetíveis de entrarem em colisão ou se fundirem umas com as outras, e também atribuía um papel essencial aos instintos sexuais, distinguindo-os dos instintos de agressividade e de autodestruição.

Em Freud, o conceito de pulsão está estreitamente ligado aos de libido e narcisismo e suas transformações e, juntos, constituem os três eixos da teoria freudiana da sexualidade (ROUDINESCO; PLON, 1998, p. 628).

Segundo Freud (1915/1957), a meta da pulsão é sempre a satisfação, que somente poderá ser obtida removendo-se o estado de estimulação em sua fonte. Embora a meta última de cada pulsão permaneça imutável, pode haver diferentes caminhos levando à mesma meta última; dessa forma, uma pulsão pode ter várias metas próximas ou intermediárias, que são combinadas ou trocadas por outra. As pulsões também podem apresentar-se inibidas quanto à meta, no caso de processos que podem fazer alguma aproximação na direção da satisfação pulsional, mas que é então inibida ou defletida, embora sempre envolvendo uma satisfação parcial.

De fato, o sujeito está submetido a dois tipos de excitação: as externas, das quais ele pode fugir ou proteger-se; e as internas, portadoras de um afluxo constante de excitação da qual o indivíduo não pode fugir ou proteger-se e que são o fator propulsor do funcionamento psíquico.

Freud também propôs o conceito de força da pulsão (Drang). Esta impele o indivíduo a partir de dentro e o leva a ações que provocam a descarga dos excessos da excitação interna.

Segundo Hanns:

> o excesso de excitação (Reiz) é vivido pelo sujeito como algo avassalador que o leva a um estado de desamparo. Impõe-se, portanto, para este sujeito lidar com o excesso de estímulos tentando conseguir sua descarga, evitando, dessa forma, o desamparo. Em alemão, o termo desamparo (Hilflosigkeit) é carregado de intensidade, expressando um estado próximo do desespero e do trauma, semelhante àquele vivido pelo bebê, o qual, após o nascimento, seria incapaz, pelas próprias forças, de remover o excesso de excitação pela via da satisfação, sucumbindo a Angst (medo, ansiedade, angústia). (HANNS, 1999, p. 54)

É na descrição da **sexualidade*** que se delineia a noção freudiana de pulsão, mostrando como o objeto da pulsão é variável, contingente, e como só é escolhido sob a sua forma definitiva em função da história do indivíduo.

A pulsão sexual é contraposta a outras pulsões; Freud sempre falou das pulsões dentro de uma teoria dualista. No início de sua obra, ele contrapôs as pulsões sexuais às pulsões de autoconservação (como a fome e a função de alimentação que funcionam como apoio para a função sexual). Mais adiante, ele postulou a contraposição entre as pulsões de vida e as pulsões de morte.

Para a psicanálise, a pulsão sexual expressa um campo muito mais vasto do que a atividade sexual, no sentido comum. Por essa razão, diz-se que Freud descobriu a psicossexualidade inerente ao humano. A diversidade das fontes

Pulsão

somáticas da excitação sexual implica que a pulsão sexual não está desse logo unificada, mas, no início, está fragmentada em pulsões parciais, cuja satisfação é local (prazer do órgão). Ela é, portanto, polimorfa e está estreitamente ligada a um mecanismo de representações ou fantasmas, que a especificam. Só ao fim de uma evolução complexa e aleatória, ela se organiza sob o primado da genitalidade. A pressão interna, que de início é indeterminada, evolui para destinos cada vez mais individualizados. Freud (1915/1957) chama de libido a energia da pulsão sexual. A pulsão sexual é um polo necessariamente presente no conflito psíquico e é o objeto privilegiado do recalcamento.

A pulsão de morte, por outro lado, contrapõe-se à pulsão de vida e tende para a redução completa das tensões, isto é, tende a reconduzir o ser vivo ao estado inanimado, supondo-se ser este o estado de repouso absoluto. Voltada inicialmente para o interior e tendente à autodestruição, a pulsão de morte secundariamente dirige-se para o exterior, manifestando-se então sob a forma de pulsão de agressão.

Freud chegou ao conceito de pulsão de morte a partir da sua vivência clínica, para explicar a compulsão à repetição, a ambivalência, a agressividade, o sadismo, o masoquismo e o ódio.

As pulsões de vida tendem não apenas a conservar as unidades vitais existentes, como também, a partir destas, a construir unidades cada vez maiores. O princípio subjacente às pulsões de vida é o da ligação. O alvo de Eros é, portanto, conservar. O alvo da pulsão de morte é dissolver os agregados e, portanto, destruir.

> A originalidade de Freud foi ter inserido o conceito Trieb num construto psicanalítico no qual as pulsões sexuais e destrutivas ocupam um lugar central, bem como propor um tratamento possível dos conflitos pulsionais [...] O que move Freud é explicar a raiz do conflito psíquico, isto é, o conflito pulsional. É este que ele pretende encontrar na forma mais irredutível, expresso como um combate entre dois princípios ou duas pulsões básicas: as pulsões de vida e de morte. (HANNS, 1999, p. 36, 39)

Hanns (1999, p. 76) aponta como os estímulos endógenos, ao chegarem à psique, transformam-se em imagens-representações carregadas de afeto, que operam como representantes da pulsão e que se fixarão na memória e, junto com os estímulos exógenos (originários da interação com o meio), formarão os conjuntos de ideias que habitam o mundo psíquico. É esse sistema de representações (conscientes ou inconscientes) que compõe o que Freud denomina de aparelho psíquico.

O aparelho psíquico, decodificador e regulador das pulsões, está organizado conforme dois tipos de funcionamento, um arcaico e outro mais moderno: o processo primário, imagens, afetos (prazer/desprazer); e o secundário (palavras).

O processo primário refere-se a um estado em que o aparato psíquico se restringe a colocar as pulsões sob a forma de imagem e a qualificá-las afetivamente (associá-las ao prazer e ao desprazer).

Quando a pulsão se manifesta (por exemplo, a fome no bebê), evoca-se um conjunto de imagens e afetos a ela vinculado e desencadeiam-se certos movimentos motores que se modulam em função das associações já vividas. Mas como o fazem de forma pouco flexível, e diante das circunstâncias variadas em que os objetos de prazer podem se encontrar (**presença*-ausência***, distância etc.), ocorre frequentemente um fracasso da ação, e uma frustração se instala. Nesse estado de urgência/necessidade não atendida, surge o que Freud chamou de sensação de desamparo (HANNS, 1999, p. 87).

No processo secundário, as pulsões passam a assumir formas mais estáveis no âmbito representacional e operam segundo as regras do raciocínio. Nessa situação, as relações de sentido entre imagens e afetos direcionarão o movimento. Será o pensamento, o simbólico, a linguagem, a vontade como desejo que estarão em jogo (HANNS, 1999, p. 92).

O conflito psíquico, tema central da psicanálise freudiana, sempre aparecerá ao sujeito como um impasse entre o prazer e o desprazer. Para evitar o desprazer, inibições e repressões se organizam no sentido de conter as pulsões "perigosas". Pulsões, no entanto, não deixarão de estar sempre sendo ativadas e, não podendo ser suspensas, em seus impasses levam o sujeito às sensações de angústia e medo (HANNS, 1999, p. 119).

O destino das representações carregadas de energia pulsional não será sempre a descarga, podendo sofrer uma retenção, um recalcamento, inclusive no seu acesso à consciência. A pulsão pode retornar, no entanto, sob a forma de sintoma (HANNS, 1999, p. 130), ou como regulação da descarga das excitações pulsionais. Nesse caso, trata-se de um escoamento processual, multifacetado e regulado em seu ritmo e eventual postergação dos objetivos pulsionais (HANNS, 1999, p. 137).

O ciclo desprazer-prazer será sempre constituído por satisfações provisórias, pois não só na dimensão da necessidade o corpo não cessa de se manifestar, como também, na esfera representacional, o desejo sempre se reinstala. A combinação de carência insatisfeita com instantes de saciedade manterá o sujeito em movimento, em busca da promessa do repouso pulsional.

Sendo a pulsão um postulado-base do edifício teórico da psicanálise, ele a perpassa por inteira e, como não poderia deixar de ser, a clínica psicanalítica com casais e famílias também é construída sobre esse postulado. Vale lembrar que a **sexualidade*** adulta, assim como a vida amorosa, é a revivência das experiências dos amores primitivos e da sexualidade infantil que, com todo o ímpeto dos processos primários, irrompem no casal e na família em busca de sua satisfação. Só o apelo às simbolizações do processo secundário, com suas renúncias e lutos, é que torna possível a vida em casal, em família e em sociedade – sempre lembrando que, nas relações amorosas e na família, as renúncias e lutos dos primeiros objetos de amor não podem ser totais, pois são seus resquícios que mantêm o desejo em movimento e Eros circulando.

REFERÊNCIAS

FREUD, S. Instincts and their vicissitudes. *In: The standard edition of the complete psychological works of Sigmund Freud*. London: The Hogarth Press, 1957. v. 14. (Trabalho originalmente publicado em 1915).

HANNS, L. A. *A teoria pulsional na clínica de Freud*. Rio de Janeiro: Imago, 1999.

ROUDINESCO, E.; PLON, M. *Dicionário de psicanálise*. Rio de Janeiro: Jorge Zahar, 1998.

Resiliência familiar

Silvia Brasiliano

CONCEITO

É a capacidade da família de reconstruir os seus laços psíquicos de **filiação*** e **afiliação*** em situações potencialmente geradoras de **crises***, seja nos processos de crescimento e ciclos de vida (**ciclo vital***) familiar, seja frente aos traumas (**traumas familiares***). Não há consenso entre os diferentes autores se resiliência se refere apenas à superação dos traumatismos ou se inclui também um processo de transformação criativo e bem-sucedido.

ETIMOLOGIA

Do latim *resiliens*, do verbo *resilire*, rebater, ricochetear. Também: *re*, de volta, mais atrás, novamente e *salire*, saltar, pular (ORIGEM DA PALAVRA, 2020; BARBOSA, [2017]). Provém do inglês *resilience*, que significa: 1. Habilidade de ser feliz, bem-sucedido novamente, após algo difícil ou ruim ter acontecido; 2. Habilidade de uma substância de retornar à sua forma original depois de ter sido flexionada, esticada ou pressionada (CAMBRIDGE ADVANCED, 2020, tradução nossa).

EVOLUÇÃO HISTÓRICA DO CONCEITO

Os primórdios da noção de resiliência estão na física e datam do século XIX. Nessa disciplina, o conceito significa a capacidade de um material de sofrer uma deformação e voltar ao estado original sem se alterar. Em português, no Dicionário Aurélio (AURÉLIO DIGITAL, 2010), a palavra resiliência é definida em sentido duplo: 1. Físico – propriedade pela qual a energia armazenada em um corpo deformado é devolvida quando cessa a tensão causadora duma deformação elástica; 2. Figurado – Resistência ao choque.

No campo da psicologia, os estudos têm início nos anos 1970, definindo a resiliência como a capacidade de enfrentar, responder e adaptar-se às situações adversas. Fazem parte do conceito tanto os aspectos **intrapsíquicos*** como os aspectos do meio familiar e social. O respaldo inicial veio da psicologia cognitivo-comportamental e ecossistêmica, e a maior parte das investigações avalia a resiliência de forma indireta, a partir dos fatores de risco e proteção. Existem basicamente duas correntes de pensamento sobre a resiliência. A primeira considera a resiliência como um atributo pessoal dependente dos recursos de cada um. A outra aponta que a resiliência depende da qualidade dos vínculos e interações com o meio do indivíduo. Mesmo nessas correntes, há variações conceituais dependendo do autor e de sua abordagem teórica, e ainda hoje o termo é de difícil conceituação.

A utilização do conceito de resiliência pela psicanálise não é consensual. Há controvérsias, principalmente, em razão de ter sido desenvolvido em outra base epistemológica e com intervenções clínicas diversas das psicanalíticas. Os autores que trabalham com esse conceito afirmam que a psicanálise ainda está se apropriando do entendimento da resiliência. Contudo, essa noção não é totalmente estranha ao campo psicanalítico. Em 1920, em "Além do princípio do prazer", Freud (1920/1973) já sugeria que o aparelho psíquico poderia ter uma espécie de proteção contra o excesso de excitação exterior.

Do ponto de vista psicanalítico, a resiliência está intimamente ligada à clínica do **trauma***. Nenhum acontecimento é traumático em si mesmo, ou seja, não é o agente exterior que faz o trauma. Ao contrário, é a subjetividade, a percepção intrapsíquica que permitirá a atribuição de sentido a um dado fato, gerando ou não o traumatismo. A resiliência seria a capacidade de deter e reorganizar-se psiquicamente após o traumático. Cyrulnik (2004), neuropsiquiatria, etólogo e psicanalista, frisa que a resiliência é um processo de desenvolvimento apesar de um traumatismo e em circunstâncias adversas, "a arte de navegar nas torrentes" (CYRULNIK, 2004, p. 207).

O estudo da resiliência em psicanálise se dá segundo duas vertentes principais. A primeira ocorre no âmbito da teoria das pulsões, a partir dos mecanismos de defesa usados pelo ego para fazer frente ao traumatismo. Nesse sentido, a resiliência estaria relacionada à possibilidade de o sujeito recorrer a mecanismos defensivos mais ou menos adaptativos. Cremasco (2018) considera que existem dois tempos no traumático. O primeiro seria a confrontação do trauma e a resistência à desorganização psíquica. Nessa fase, os mecanismos de proteção utilizados são os mais primitivos: negação, projeção, repressão dos afetos, comportamento passivo-agressivo, passagem ao ato, deslocamento, **fantasia***. O segundo tempo seria a integração do traumatismo e a reparação, quando os mecanismos primitivos podem ser abandonados e recorre-se a defesas mais maduras: criatividade, humor, altruísmo, sublimação, intelectualização. No funcionamento dito resiliente seria possível a representação psíquica e a simbolização dos afetos em um processo de **subjetivação***. A outra vertente de estudo da resiliência em psicanálise ocorre no contexto da teoria das relações objetais. Os recursos intrapsíquicos necessários a um funcionamento resiliente seriam adquiridos na relação inicial da mãe com o bebê (CYRULNIK, 2004). Uma mãe capaz de investimento narcísico, continência e possibilidade de recepção e tradução das necessidades da criança permitiria a "constituição de um objeto interno capaz de garantir o enfrentamento das adversidades ao longo do crescimento" (McDOUGALL, 2001, p. 206), fundamental para a promoção da resiliência. No entanto, esse não é um atributo individual imutável, que se manifesta em qualquer situação a qualquer tempo. A partir dos aspectos intrapsíquicos, a resiliência é um processo, uma construção psíquica que se desenvolve inicialmente no relacionamento do bebê com os pais e que torna possível ao sujeito confiar que pode tornar simbolizável e reelaborar uma situação traumática. Para Cyrulnik (2004), o esquema de apego desenvolvido nas relações iniciais determina em grande parte a capacidade de resiliência de um sujeito. Nesse sentido, Trachtenberg (2013) aponta que o sujeito precisa do outro para se tornar resiliente. Mais além, Cyrulnik (2004) afirma que a resiliência precisa de um outro para se manifestar. Esse outro, definido como tutor da resiliência, é o que permite que o desenvolvimento se processe após o traumatismo.

Resiliência familiar é um conceito relativamente novo e ainda está em processo de investigação. Um dos primeiros estudos específicos nessa área data de 1988 (McCUBBIN; McCUBBIN *apud* YUNES, 2003) e versa sobre a tipologia das famílias resilientes, ressaltando a resistência e a adaptação familiar frente às situações de crise. Em 1988, Walsh (*apud* YUNES, 2003) propõe que os processos-chave da resiliência em família estariam centrados em três domínios: sistemas de crença, padrões de organização e processos de comunicação. Na teoria sistêmica, a resiliência familiar "se apresenta como a capacidade coletiva de construir, organizar e/ou reorganizar-se diante de circunstâncias difíceis" (CABRAL; LEVANDOWSKY, 2013, p. 45). Embora definida de forma semelhante à resiliência individual, quando se trata do âmbito da família o fenômeno deixa de ser considerado como próprio ao indivíduo e passa a ser visto como uma qualidade sistêmica das famílias. Benghozi (2005) afirma que a resiliência familiar é constituída pelos recursos da família como um todo e pelos membros que dela fazem parte. Segundo ele, o traumatismo seria equivalente a um dilaceramento dos laços e expressaria a desmalhagem (ver **continente genealógico/malhagem***) dos continentes psíquicos individuais e familiares. A resiliência seria a capacidade de remalhagem dos laços psíquicos de **filiação*** e **afiliação***.

Na clínica de casais e famílias, o conceito de resiliência dá ênfase à possibilidade terapêutica de constituição e reconstituição dos laços familiares após um traumatismo, quer oriundo de um fato violento ou catastrófico ou das **crises*** do **ciclo vital***. Uma forma encontrada pela família para tentar cerzir os laços é o sintoma. Segundo Benghozi:

> A malhagem do continente de rede é sustentada, precisamente, a partir da problemática trazida pelo indivíduo "porta-vergonha familiar", que é, ao mesmo tempo, portador ventríloquo de uma falha de simbolização na **transmissão psíquica inter e transgeracional***. Trata-se da expressão individual de um sofrimento grupal.
> (BENGHOZI, 2005, p. 107)

No trabalho analítico, a relação transferencial permite a expressão da resiliência familiar, ou seja, sua capacidade de transformação e criação, abrindo caminho para uma nova representação simbólica.

REFERÊNCIAS

AURÉLIO DIGITAL. *Dicionário Aurélio da Língua Portuguesa*. 5. ed. 2010.

BARBOSA, M. Evolução do conceito da resiliência. Sociedade Brasileira de Resiliência (SOBRARE), [2017]. Disponível em: www.sobrare.com.br/evolucao-do-conceito-da-resiliencia/. Acesso em: 16 maio 2020.

BENGHOZI, P. Resiliência familiar e conjugal numa perspectiva psicanalítica dos laços. *Psic. Clin.*, Rio de Janeiro, v. 17, n. 2, p. 101-109, 2005.

BENZONI, S. A. G.; VARGA, C. R. R. Uma análise dos artigos de resiliência a partir de uma leitura kleiniana. *Psic. Est.*, Maringá, v. 16, n. 3, p. 369-378, 2011.

CABRAL, S. A.; LEVANDOWSKY, D. C. Resiliência e psicanálise: aspectos teóricos e possibilidades de investigação. *Rev. Latinoam. Psicopat. Fund.*, São Paulo, v. 16, n. 1, p. 42-55, mar. 2013.

CAMBRIDGE ADVANCED learner's dictionary & thesaurus. Cambridge University Press. 2020. Disponível em: www.dictionary.cambridge.org/pt/dicionário/inglês/resilience. Acesso em: 13 out. 2020.

CREMASCO, M. V. F. Violência e resiliência: enfrentamento do traumático na clínica psicanalítica. *Lat.-Am. Journal of Fund. Psychopat. Online*, São Paulo, v. 5, n. 2, p. 222-240, nov. 2008.

CREMASCO, M. V. F. Quando a resiliência pode ser uma aposta para a psicanálise: ampliações clínicas do trauma e do luto. *Tempo Psicanal.*, Rio de Janeiro, v. 50, n. 2, p. 349-372, 2018.

CYRULNIK, B. *Os patinhos feios*. São Paulo: Martins Fontes, 2004.

FREUD, S. Além do princípio do prazer. *In: Obras completas*. Madrid: Nueva, 1973. v. 2. (Trabalho originalmente publicado em 1920).

MARTINS, M. *Resiliência familiar – revisão teórica, conceitos emergentes, principais desafios*. Faro (Portugal): Grupo de Estudos Interdisciplinares Giordano Bruno (GREI), 2014.

McDOUGALL, J. The psychic economy of addiction. *In:* PETRUCELLI, J.; STUART, C. (ed.). *Hunger and compulsions: the psychodynamic treatment of eating disorders & addictions*. New Jersey: Jason Aronson, 2001. p. 3-26.

ORIGEM DA PALAVRA. 2020. Disponível em: www.origemdapalavra.com.br. Acesso em: 17 maio 2020.

TRACHTENBERG, A. R. C. Transgeracionalidade, resiliência e vínculo. *Psicanálise Rev. Soc. Bras. Psicanal Porto Alegre*, v. 14, n. 2, p. 443-447, 2013.

YUNES, M. A. M. Psicologia positiva e resiliência: o foco no indivíduo e na família. *Psic. Est.*, Maringá, v. 8, n. esp., p. 75-84, 2003.

Romance familiar

Sérgio Telles

CONCEITO

Termo cunhado por Freud e Otto Rank para caracterizar as fantasias derivadas do **complexo de Édipo***, nas quais o sujeito modifica imaginariamente as relações com seus pais e demais familiares, atribuindo-lhes diferentes origens e histórias, tecendo com isso um tipo de "romance", no qual fica configurada uma outra família inventada. (LAPLANCHE; PONTALIS, 1976).

ETIMOLOGIA

Romance, do latim *romanice*, descrição longa das ações e sentimentos de personagens fictícios, numa transposição da vida para um plano artístico, novela. Família, do latim *família* respeitante à ou próprio da família (FERREIRA, 1975).

EVOLUÇÃO HISTÓRICA DO CONCEITO

A ideia do romance familiar já aparecera em cartas de Freud a Fliess, mas em 1909 ele dedicou ao tema um artigo escrito para o livro O mito do nascimento do herói, de Otto Rank, no qual afirma que a família inventada corresponde à lembrança dos pais idealizados da infância. Na clínica, essas fantasias são frequentes nos delírios paranoicos, embora não sejam raras também nos neuróticos, e podem ter várias configurações. Por exemplo, um filho, ao se imaginar adotado, fantasia não ter nascido de seus pais reais e sim de outros, possivelmente mais ricos e poderosos; ou que é fruto de uma ligação clandestina de sua mãe com um homem nobre e de muito prestígio; ou ainda que é o único filho legítimo e seus irmãos são bastardos etc. Tais fantasias cumprem com várias funções – driblar a barreira do incesto, manter a idealização infantil dos pais que teve de ser abandonada no embate com a realidade, vingar-se dos pais e dos irmãos etc.

Baseando-se nessa ideia, Rank estuda as lendas típicas das grandes mitologias sobre o nascimento de reis e criadores de religiões, detectando ali inúmeras variações em torno desse tema. Podem ser listados na sequência Rômulo,

Moisés, Édipo, Paris, Lohengrin, Jesus Cristo. São filhos abandonados e criados por terceiros, que só posteriormente descobrem sua verdadeira origem, muitas vezes em circunstâncias trágicas.

Rank aponta uma diferença entre o romance familiar e a estrutura das lendas. No romance familiar mais comum, na maioria das vezes é a criança quem se livra de sua família de origem e inventa uma outra. Nos mitos, é o pai quem abandona o filho, que é criado por uma família geralmente mais humilde.

O romance familiar está implícito em grandes obras freudianas, como "Leonardo da Vinci e uma lembrança da infância" (1910/1996), "Totem e Tabu" (1913/1972) e "Moisés e o monoteísmo" (1937/1996), que abriram ligações da psicanálise com a antropologia, a literatura, a religião, ao evidenciarem uma analogia entre uma fantasia subjetiva e a mitologia, os romances modernos, os sistemas delirantes e religiosos (ROUDINESCO; PLON, 1998, p. 669).

Em "Psicologia das massas e análise do eu", Freud retoma suas impressões iniciais e as contribuições de Rank, e as formula com um aprofundamento maior (KAUFMANN, 1999, p. 459)

Nas terapias de família, nos casos em que se evidencia a dimensão **transgeracional*** do **complexo de Édipo***, tais fantasias estão presentes.

Quando se leva em conta o desejo dos pais, o romance familiar adquire dimensões mais amplas. Eiguer pensa que, a partir desse prisma, o romance familiar pode ser expressão da percepção (distorcida?) da criança de que seus pais delegaram a função paterna para terceiros (seus próprios pais ou outras pessoas disponíveis), pois não puderam assumi-la devido a conflitos inconscientes (EIGUER, 1998, p. 71).

REFERÊNCIAS

EIGUER, A. A parte maldita da herança. *In*: EIGUER, A. (org.). *A transmissão do psiquismo entre gerações: enfoque em terapia familiar psicanalítica*. São Paulo: Unimarco, 1998.

FERREIRA, A. B. de H. *Novo dicionário da língua portuguesa*. Rio de Janeiro: Nova Fronteira, 1975.

FREUD, S. Leonardo da Vinci e uma lembrança de infância. *In: Standard Edition*. Rio de Janeiro: Imago, 1996. v. XI. (Trabalho originalmente publicado em 1910).

FREUD, S. Moisés e o Monoteísmo. *In: Standard Edition*. Rio de Janeiro: Imago, 1996. v. XXIII. (Trabalho originalmente publicado em 1937).

FREUD, S. Totem e Tabu. *In: Standard Edition*. Rio de Janeiro: Imago, 1972. v. XIII. (Trabalho originalmente publicado em 1913).

KAUFMANN, P. *Dicionário enciclopédico de psicanálise*. Rio de Janeiro: Jorge Zahar, 1999.

LAPLANCHE J.; PONTALIS, J.-B. *Vocabulário de psicanálise*. Lisboa: Moraes, 1976.

ROUDINESCO, E.; PLON, M. *Dicionário de psicanálise*. Rio de Janeiro: Jorge Zahar, 1998.

Segredo

Almira Rossetti Lopes

CONCEITO

Situação emocional ou fato sobre o qual um ou mais membros da família guarda um rigoroso silêncio, ocultando-o do resto da família. É uma ideia ou afeto que não pode ser verbalizado. O segredo é escondido de uma forma consciente, impedindo a família de entrar em contato com ele. Quando um membro da família esconde o segredo, os outros membros da família perceberão essa situação de uma forma inconsciente, transformando-o em ansiedade. O segredo, mesmo escondido, mesmo não sendo expresso, passa de uma geração para outra, por mecanismos inconscientes transgeracionais.

ETIMOLOGIA

Do latim *secretus*, separar, afastar da vista.

EVOLUÇÃO HISTÓRICA DO CONCEITO

O conceito de segredo familiar começa a ser usado após a Segunda Guerra Mundial, quando a família, como um grupo, passa a ser objeto de estudo da psicanálise. Até então, esta abordava somente o aspecto individual e considerava o segredo como um fato que dizia respeito apenas ao indivíduo e não à família como um todo.

Tisseron (1996) fala sobre "segredo de família" como situações bastante traumáticas, por exemplo, crianças nascidas de pai desconhecido ou de relações incestuosas. As pessoas que guardam um segredo, segundo o autor, raramente procuram auxílio psicológico, elas se acostumam a viver com esse peso.

Quanto maior o número de gerações que guardam o segredo familiar, mais ele vai se apagando, permanecendo somente traços inconscientes que trazem à família muitas perturbações, prejudicando, sobretudo, sua comunicação (TRACHTENBERG et al., 2013).

Essa disfunção familiar, quando muito exacerbada, leva, às vezes, a família a procurar a ajuda de uma análise familiar. O terapeuta pode, então, perceber o segredo de diferentes formas: um ato falho, uma palavra lentificada ou apressada, uma comunicação truncada sem muito sentido. O aparecimento de uma dessas situações surge por meio da manifestação de um ou mais membros da família e será considerada como pertencente à família como um todo, de modo que aquele – ou aqueles – que se expressa funciona como porta-voz desse todo familiar.

O segredo também pode ser percebido pela contratransferência do analista que percebe uma estranheza, uma atmosfera pesada na família, e, usando dessa percepção contratransferencial e com a ajuda da família, traz à tona, aos poucos, aquilo que estava escondido.

É enriquecedor perceber que essa situação do segredo se assemelha ao que Freud fala em seu artigo "O estranho", em que afirma: "o estranho é aquela categoria do assustador que remete ao que é conhecido, de velho e, há muito, familiar" (FREUD, 1919/1976, p. 277). Nesse mesmo artigo, ele considera: "todo afeto pertencente a um impulso emocional, qualquer que seja a sua espécie, transforma-se, se reprimido, em ansiedade, então, entre os exemplos de coisas assustadoras deve haver uma categoria em que o elemento que amedronta pode mostrar-se ser algo reprimido que retorna" (FREUD, 1919/1976, p. 300).

Essa leitura de Freud nos faz compreender que o segredo familiar é uma situação emocional sobre a qual um ou mais membros da família guardam um rigoroso silêncio, ocultando-o do resto da família – trata-se de uma ideia ou um afeto que não pode ser verbalizado. Ao escondê-lo, o segredo se transforma em ansiedade, um elemento que amedronta, assusta, e "pode mostrar-se ser algo reprimido que retorna" (FREUD, 1919-1976, p. 300).

REFERÊNCIAS

TISSERON, S. *Secrets de famille: mode d'emploi*. Paris: Ramsay, 1996.

FREUD, S. O estranho. História de uma neurose infantil e outros trabalhos. In: *Edição standard brasileira das obras psicológicas completas de Sigmund Freud*. Rio de Janeiro: Imago, 1976. v. 17, p. 271-314. (Trabalho originalmente publicado em 1919).

TRACHTENBERG, A. R. C. et al. *Transgeracionalidade. De escravo a herdeiro: um destino entre gerações*. Porto Alegre: Sulina, 2013.

WEBSTER'S third new international dictionary. Chicago: G&C Merriam Company, 1981.

Self conjugal

Gislaine Varela Mayo De Dominicis

CONCEITO

Self conjugal ou Eu conjugal significa um sistema, com funcionamento autônomo, que se refere a uma dinâmica inconsciente compartilhada e sustentada por acordos e pactos entre os cônjuges. Trata-se de uma construção **interfantasmática*** e de uma trama identificatória inconsciente. Significa um aparelho psíquico comum conjugal, que transcende os individuais, sem que, para isso, haja um empobrecimento das suas singularidades.

ETIMOLOGIA

Self, modo próprio de comportamento ou caráter particular de alguém, de acordo com a maneira como essa pessoa se expressa. Do inglês *self*, si mesmo. Conjugal, do latim *cônjuge*, com, um com o outro + *juge,re*, ligação ou união (FERREIRA, 2002).

EVOLUÇÃO HISTÓRICA DO CONCEITO

O termo *self* ou si mesmo tem uma longa história na psicologia. William James distinguiu em 1892 entre "eu" como a instância interna conhecedora e o "si mesmo" como o conhecimento que o indivíduo tem sobre si próprio (KINOUCHI, 2009). O termo *self* foi bastante desenvolvido por Jung, como o principal arquétipo e o centro de toda a psique. Winnicott apresenta a teoria de que o *self* é uma descrição psicológica de como o indivíduo se sente subjetivamente, sendo o "sentir-se real" como o centro do *self*. Embora Winnicott, frequentemente, afirme que existe uma diferença entre o *self* e o ego, essa distinção nem sempre fica clara na sua obra, pois o termo *self* é empregado alternadamente com os termos ego e psique.

Um exame mais acurado do emprego que Winnicott faz da palavra "ego" demonstra que ele é uma função específica do *"self"*. O "me" é um termo que Winnicott escolhe pela mesma razão pela qual Freud escolheu o Das Ich, ou seja, colocar em destaque as experiências subjetivas e internas. (ABRAHAM, 2000, p. 236).

Magalhães (2003) apresenta a conjugalidade como uma dimensão referida à vivência compartilhada dos parceiros, baseada na relativa continuidade e estabilidade do vínculo conjugal. Essa dimensão origina-se na trama identificatória dos parceiros. A trama configura uma identidade que engloba sentimentos, emoções, fantasias, projetos compartilhados nos seus aspectos conscientes e inconscientes. A mesma autora apresenta uma evolução histórica dentro do campo da psicanálise da noção de conjugalidade. Os psicanalistas teóricos das relações objetais ressaltam os jogos de identificações projetivas que acontecem na constituição do casal conjugal e das famílias, priorizando os aspectos pré-edípicos e as experiências iniciais da relação mãe-bebê. Os teóricos ingleses do Tavistock Institute of Marital Studies compreendem que a dinâmica do casal conjugal favorece o amadurecimento dos sujeitos. Winnicott apresenta a noção de um objeto que se produz em uma realidade compartilhada, a qual pressupõe uma área transicional. A transicionalidade é um fenômeno essencial para a aceitação da realidade externa e para o desenvolvimento da criatividade. O ser humano, antes de progredir para a independência, precisa vivenciar uma dependência absoluta com confiança. Na conjugalidade ocorreria uma oscilação entre dependência-independência, diferenciação e indiferenciação, já que o objeto amoroso não é realidade e nem fantasia e se constitui na transicionalidade. No espaço potencial entre os cônjuges existe também a possibilidade de vivenciar o paradoxo de achar o objeto e/ou criá-lo. Cada parceiro é parte do mundo subjetivo do outro e ao mesmo tempo é outra pessoa que deve ser reconhecida na sua objetividade. Winnicott também apresenta a conjugalidade como um espaço privilegiado para o desenvolvimento da criatividade de cada cônjuge, porém nem todos os casais a alcançam.

Eiguer (1985) aponta que no casal conjugal se estabelecem relações subjetivas e **fantasmáticas***, criando um "Eu conjugal". A partir da escolha do parceiro (primeiro organizador familiar) se põe em andamento a constituição do mundo interior grupal desse casal. Aspectos conscientes e inconscientes se entrecruzam nesse processo, e acontece uma reedição das resoluções edípicas de cada um. Isso pode significar uma possibilidade de reelaboração de conflitos infantis. O segundo organizador seria o "Si familiar" ou "Eu familiar", que permitiriam os sentimentos de pertença, o habitat interior e o ideal de ego coletivo.

Na escolha dos parceiros, que é o momento inicial na constituição da trama identificatória do casal, observamos uma conformação dos "Eus" em função da criação do "Nós conjugal", logo a conjugalidade faz parte da série identificatória constituinte da subjetividade.

> Os teóricos grupalistas, dentre os quais destacamos Ruffiot e Eiguer, foram significativamente influenciados pelos pressupostos da psicanálise de grupo e desenvolveram uma abordagem da conjugalidade fundamentada na concepção de um inconsciente compartilhado, um "psiquismo conjugal". (MAGALHÃES 2003, p. 235)

Anzieu (1985) afirma que os parceiros conjugais formam uma "pele comum", um "si" mesmo comum que faz perceber o casal como uma unidade, que assegura a ambos uma comunicação empática recíproca.

> O autor sustenta que toda função psíquica se desenvolve de uma função corporal, sendo o eu-pele um envelope psíquico com a função de demarcar o mundo interior do exterior [...] No casal, um envelope semelhante tem a função de dar continente aos conteúdos psíquicos surgidos do encontro, favorecendo o estabelecimento da diferença entre o que é do *self* conjugal e o que provém de si e do outro. (ANZIEU, 1985, *apud* MAGALHÃES, 2003, p. 37)

No "Eu conjugal" acontecem conflitos não só quanto aos limites dos egos individuais, como também quanto ao enfrentamento narcísico pessoal, às relações de objeto e às diferenças sexuais. Ruffiot ressalta que no casal há uma convergência de espaços individuais, formando um espaço transicional. Os limites do ego de cada parceiro e os movimentos regressivos geram a vivência de um corpo único (MAGALHÃES, 2003).

O "Eu conjugal" constitui-se como um sistema com funcionamento autônomo, mas também apresenta situações de conflito que se referem a uma dinâmica inconsciente compartilhada, e não apenas à incompatibilidade de duas personalidades diferentes.

Kaës (2007/2011) apresenta a estrutura do **aparelho psíquico grupal*** e descreve que o grupo funciona, do ponto de vista inconsciente, como uma estrutura independente dos psiquismos que ela reúne, possuindo sua própria organização e coexistindo então espaços comuns e compartilhados. O "Eu conjugal" teria esse mesmo funcionamento.

REFERÊNCIAS

ABRAM, J. *A linguagem de Winnicott dicionário das palavras e expressões utilizadas por Donald W. Winnicott*. Rio de Janeiro: Revinter, 2000.

EIGUER, A. *Um divã para a família*. Porto Alegre: Artes Médicas, 1985.

FERREIRA, A. B. H. *Mini dicionário Aurélio da língua portuguesa*. 4 ed. Rio de Janeiro: Nova Fronteira, 2002.

KAËS, R. *Um singular plural: a psicanálise à prova do grupo*. São Paulo: Loyola, 2011. (Trabalho originalmente publicado em 2007).

KINOUCHI, R. Tão perto, tão distante: William James e a psicologia contemporânea. *Scientiae Studia*, São Paulo, v. 7, n. 2, p. 309-315, abr.-jun. 2009. Disponível em: http://www.scielo.br/scielo.php?script=sci_arttext&pid=S1678-31662009000200009&lng=en&nrm=iso. Acesso em: 1 maio 2020.

MAGALHÃES, A. Transmutando a subjetividade na conjugalidade. *In:* FÉRES-CARNEIRO, T. (org.). *Família e casal: arranjos e demandas contemporâneas*. Rio de Janeiro: Loyola, 2003. p. 225-245.

PALERMO, F.; MACHADO, R.; MAGALHÃES, A. Espaço potencial conjugal: um estudo sobre o empobrecimento do laço conjugal. *Cadernos de Psicanálise, Sociedade de Psicanálise do Rio de Janeiro (SPCRJ)*, v. 32, n. 1, p. 33-42, 2016.

Sexualidade

Sonia Thorstensen

CONCEITO

Cientistas do fim do século XIX preocupavam-se com a questão da sexualidade, na qual viam uma determinação fundamental da atividade humana. Mas foi Freud quem efetuou uma ruptura epistemológica com a sexologia, estendendo a noção de sexualidade a uma disposição psíquica universal e extirpando-a de seu fundamento biológico, anatômico e genital para fazer dela a própria essência da atividade humana (ROUDINESCO; PLON, 1998, p. 704).

ETIMOLOGIA

Sexo, do latim *seccare*, dividir, partir, cortar. Sexo carrega a marca da divisão, do corte e, portanto, da incompletude. Estado de ser macho ou fêmea (GRAMATICA.NET.BR).

EVOLUÇÃO HISTÓRICA DO CONCEITO

Partindo da clínica, Freud (1905/1955a) nos concebeu como seres sexuais desde o início da vida. Ele propôs que a sexualidade desenvolve-se apoiando-se nas funções de sobrevivência como a alimentação, na qual, além da saciação da fome, o bebê experimenta uma sensação prazerosa. Ele passa, então, a buscar sua repetição, independentemente da necessidade do alimento, mas pelo prazer a ela associado. Freud designou como sexual o desejo que a impulsiona. Já não se trata mais de uma necessidade, mas de um desejo que busca um prazer. Mais tarde, ele chamou esse impulso de impulso de vida.

Em 1905, Freud já nos indicava a ligação direta entre os cuidados primitivos com o bebê e o erotismo adulto, marcando assim a tecelagem do substrato biológico com as representações sobre a sexualidade. Diz ele:

> O relacionamento de uma criança com quem seja responsável por seu cuidado oferece-lhe uma fonte sem fim de excitação sexual e satisfação de suas zonas erógenas. [...] sua mãe a vê com sentimentos derivados de sua própria vida sexual: ela

a acaricia, a beija, a embala, e muito claramente a trata como um substituto de um objeto sexual completo. [...] todos seus sinais de afeição despertam o instinto sexual de sua criança e a preparam para sua intensidade posterior. [...] como sabemos, o instinto sexual não é somente despertado pela excitação direta da zona genital. Aquilo que chamamos de afeição, um dia, mostrará infalivelmente seus efeitos também nas zonas genitais. [...] A mãe está somente cumprindo sua tarefa de ensinar a criança a amar. (FREUD, 1905/1955a, p. 223, tradução nossa)

Das experiências de prazer primordiais na relação com a mãe (dizemos que os cuidados maternos erogenizam o corpo do bebê), a entrada do pai como terceiro, as vivências de identificação e competição fraternas, as experiências sensoriais com o entorno familiar, todas essas situações proveem as marcações eróticas inconscientes que nos constituem como humanos e que passarão a organizar nosso desejo daí para a frente. Certamente, experiências posteriores também darão origem a marcações importantes e passarão a constituir formações inconscientes de atração e rejeição.

Esses fenômenos primitivos são regidos pelos processos primários ou princípio do prazer; nele, o impulso procura sua satisfação imediata, passando, sem barreiras, em busca de vivências de satisfação do desejo primitivo. Já o princípio de realidade vai se instalar aos poucos, concomitantemente à instalação do "outro" como alteridade, o "outro" como diferente de si mesmo.

Freud, portanto, descreveu a constituição de um sujeito que é, por definição, sexual; apontou para a sexualidade infantil, para sua repressão e para sua importância na vida amorosa adulta.

Freud (1930/1955c) nos apresenta a característica de inibição quanto à meta dos primeiros amores. Ele assim se expressa:

O amor que funda a família continua a operar na civilização tanto na sua forma original, na qual não há renúncia à satisfação sexual direta, como em sua forma modificada, como afeição inibida quanto à meta. Em cada uma, ele continua tendo como função manter unidos considerável número de pessoas, e o faz de um modo mais intenso do que poderia ser efetuado por meio do interesse do trabalho em comum. O modo descuidado com que a linguagem usa a palavra "amor" tem sua justificação genética. As pessoas dão o nome de "amor" para o relacionamento entre um homem e uma mulher cujas necessidades genitais os levaram a fundar uma família; mas elas também dão o nome de "amor" aos sentimentos positivos entre pais e filhos, e entre irmãos e irmãs de uma família, embora sejamos obrigados a descrever isso como amor inibido quanto à meta, ou afeição. O amor inibido quanto à meta era, de fato, originalmente, amor plenamente sensual, e ainda é assim no inconsciente do homem. (FREUD, 1930/1955c, p. 102-103, tradução nossa)

Em 1915, referindo-se às pulsões sexuais, ele escreve:

Elas são numerosas, emanam de uma grande variedade de fontes orgânicas, agem primeiramente independentemente umas das outras e somente alcançam uma síntese mais ou menos completa num estágio posterior. O objetivo para o qual cada uma se dirige é o "prazer do órgão"; somente quando a síntese é alcançada elas entram a serviço da função reprodutiva e, a partir daí, tornam-se geralmente reconhecíveis como pulsões sexuais. Em suas primeiras aparições elas estão ligadas às pulsões de autoconservação das quais só gradualmente se separaram. Elas também se distinguem por possuir a capacidade de agir vicariamente umas pelas outras em larga escala e serem capazes de mudar seu objeto prontamente. [...] Levando-se em consideração que há forças motivacionais que trabalham contra uma pulsão ser descarregada de uma forma não modificada, podemos também tomar essas vicissitudes como modos de defesa contra as pulsões. (FREUD, 1915, p. 126-127, tradução nossa)

Sendo a sexualidade a base pulsional do amor e sendo a pulsão sexual formada por múltiplos componentes (pulsões parciais), a questão da unificação ou independência entre componentes psíquicos heterogêneos da pulsão é tradicionalmente aludida por meio do conceito de dissociação.

A dissociação mais sinalizada por Freud (1912/1955b) é entre a corrente da afeição e a corrente sensual, na qual uma se torna independente da outra. Ele propõe como conquista evolutiva que as duas correntes, sensualidade e afeição, confluíssem sobre um mesmo objeto; a unificação era, para ele, uma meta. Ele aponta:

A corrente da afeição é a mais antiga. Brota nos primeiros anos da infância; é formada na base dos interesses dos impulsos de autopreservação [...]. Desde o início ela carrega consigo contribuições dos impulsos sexuais, componentes do interesse erótico. [...] ela corresponde à primeira escolha de objeto da criança. Dessa forma, as primeiras satisfações sexuais são primeiramente experimentadas ligadas às funções corporais necessárias para a preservação da vida. [...] Essas fixações da afeição da criança persistem através da infância, sempre carregadas de erotismo e desviadas, no entanto, de suas metas sexuais. Na puberdade, elas passam a ser acompanhadas pela poderosa corrente "sensual", já não mais desviada de sua meta. Estas nunca falham, aparentemente, em seguir as trilhas mais antigas e investir os objetos da primeira escolha infantil com cotas de libido que serão agora muito mais fortes. Aqui, entretanto, elas passam a correr contra os obstáculos que foram erigidos, nesse ínterim, pela barreira contra o incesto; consequentemente, elas farão esforços para passar desses objetos, que não são adequados na realidade, e encontrar um caminho, tão logo seja possível, para outro objeto com o qual uma verdadeira vida sexual pode ser mantida. Esses novos objetos serão ainda escolhidos a partir dos modelos (imagos) infantis, mas ao longo do tempo eles atrairão para si a afeição que era ligada aos antigos objetos. [...] A afeição e sensualidade então se unem. (FREUD, 1912, p. 180-181, tradução nossa).

Freud assinala, ainda, dois fatores que podem impedir esse desenvolvimento da libido: frustrações na realidade e a intensidade da atração que os objetos infantis a serem renunciados são capazes de exercer, e que está na mesma proporção dos investimentos eróticos ligados a eles na infância.

Freud também aponta a ambivalência amor-ódio como inerente ao ato de amar. Ele propõe a transformação da pulsão de amor em ódio e diz que, quando esse fenômeno ocorre em relação a um mesmo indivíduo, temos o que ele chamou de ambivalência de sentimentos. E segue: "É impossível duvidar da existência da mais íntima relação entre esses dois sentimentos opostos e a vida sexual" (FREUD, 1915/1957, p. 133, tradução nossa).

Alerta, ainda, para o fato de a ambivalência amorosa ter suas raízes não só nas formas do amor primitivo (próprias dos processos primários) que se perpetuam na relação adulta, como também em conflitos atuais da relação em questão. Ele propõe:

A história das origens das relações de amor nos permite compreender como o amor tão frequentemente manifesta-se como ambivalente, isto é, acompanhado por impulsos de ódio em relação ao mesmo objeto. O ódio que se mistura com o amor deriva em parte das fases preliminares do amor que ainda não foram inteiramente superadas; baseia-se, também, em reações de repúdio do ego que, tendo em vista os frequentes conflitos entre os interesses do ego e os do amor, encontram bases em motivações reais e contemporâneas. (FREUD, 1915/1957, p. 139, tradução nossa)

Dessa forma, na vida conjugal, os conflitos atuais inerentes a qualquer relação humana suscitam, como que automaticamente, os conflitos e anseios primitivos dos primeiros amores, confundindo os processos secundários de apreciação da realidade e tomada de decisão. O fato é que as "necessidades" afetivas amorosas são tão exigentes quanto o foram na primeira infância. Quando frustradas, levam a sentimentos de ressentimento e raiva e à ambivalência amorosa.

Pensando na clínica de casal e família, podemos concluir que manter certo equilíbrio na convivência entre os anseios infantis, próprios à sexualidade infantil, especialmente os de indiferenciação e completude do Um, marcas indeléveis das primeiras experiências de prazer, e as exigências de acomodação diante da inevitável alteridade do outro, requer uma capacidade sutil de elaboração de perdas na qual as renúncias ocorrem ao mesmo tempo que se preserva o desejo.

REFERÊNCIAS

FREUD, S. Three essays on the theory of sexuality. *In: The standard edition of the complete psychological works of Sigmund Freud*. London: Hogarth, 1955a. v. 7. (Trabalho originalmente publicado em 1905).

FREUD, S. On the universal tendency to debasement in the sphere of love. *In: The standard edition of the complete psychological works of Sigmund Freud*. London: Hogarth, 1955b. v. 11. (Trabalho originalmente publicado em 1912).

FREUD, S. Instincts and their vicissitudes. *In: The standard edition of the complete psychological works of Sigmund Freud*. London: Hogarth, 1957. v. 14. (Trabalho originalmente publicado em 1915).

FREUD, S. Civilization and its discontents. *In: The standard edition of the complete psychological works of Sigmund Freud*. London: Hogarth, 1955c. v. 21. (Trabalho originalmente publicado em 1930).

GRAMATICA.NET.BR. Disponível em: https://www.gramatica.net.br/origem-das-palavras/. Acesso em: 24 abr. 2020.

ROUDINESCO, E.; PLON, M. *Dicionário de psicanálise*. Rio de Janeiro: Jorge Zahar, 1998.

Silêncio

Marcia Maria dos Anjos Azevedo

CONCEITO

O silêncio não implica ausência de linguagem, mas ausência de palavras. No âmbito da psicanálise, abarca a dimensão **não verbal*** do inconsciente, as ressonâncias corporais dos não ditos e o não sabido do segredo. Em seu viés polissêmico, a comunicação humana carrega uma linguagem amalgamada de impressões, sensações e percepções. Em uma perspectiva **inter** e **transgeracional***, a história do grupo familiar e os diversos processos identificatórios implicados também são transmitidos por meio do silêncio.

ETIMOLOGIA

Do latim *silentium*, ato de estar quieto, de *silere*, ficar quieto, evitar ruído (DICIONÁRIO ETIMOLÓGICO, [s.d.]).

EVOLUÇÃO HISTÓRICA DO CONCEITO

Se a pertinência humana ao mundo simbólico é assegurada pela existência de um outro e de mais de um outro, cuja ligação será sustentada por elementos advindos mediante o discurso do meio, os aspectos não verbais, incluindo os não ditos familiares, interferem diretamente na concepção da **genealogia*** do grupo e do sujeito do grupo. Segundo Eiguer (1995, p. 5), o trabalho psicanalítico com famílias e grupos desde sempre apresentou a natureza paradoxal da comunicação no seio da família, cujo eixo norteador ainda hoje seria a escuta e o grupo fantasmático. Observam-se, ainda, a partir dessa perspectiva, defesas grupais, vínculos interindividuais, objetos ancestrais, **interfantasmatização***, o funcionamento grupal em termos de afeto, pensamento e comunicação. Exatamente por não ser possível não se comunicar é que "o sintoma teria um sentido como mensagem endereçada a um outro" (EIGUER, 1995, p. 5).

Segundo Green (1995, p. 38), foi a partir de Saussure que a língua foi considerada um sistema de signos. Enquanto um sistema, estaria relacionada a outros elementos e necessariamente associada ao contexto extralinguístico. Dentro dessa articulação, observa-se que a linguagem, apesar de cumprir uma função de ordenação do mundo em sua realidade, traz em si uma insuficiência constitutiva ao refletir o mundo interior e, mais especificamente, o que abrange a realidade psíquica imaginária. Para Green (1995, p. 40), atravessando diversas teorias de Saussure a Wittgenstein, é "a intenção que conduz a linguagem", ainda que se reconheça em sua estrutura uma dimensão que escapa à compreensão. Segundo Green, o que não pode ser falado, se mantém silenciado, constitui-se em força de lei. Então, a palavra traz consigo a diferença entre fora-dentro, eu-outro, e favorece uma possível comunicação (VALANTIN, 1992). Nessa direção, pode-se falar sobre a instauração de vínculo familiar composto por um processo complexo que envolve uma conexão delicada dependente do modo como se transmitem afetos e são estabelecidas as **identificações***. Cabe dizer ainda que o afeto, segundo Abraham (1995, p. 98), está sujeito a uma gênese contínua. Para Freud (1897/1982a), na "Carta 69", o silêncio que compõe o segredo não pode ser revelado desde as experiências da infância ao delírio da psicose. Então, o silenciado torna-se incorporado e vai estar sempre implicado na formação psíquica do sujeito (AZEVEDO, 2006, p. 34). Cada membro de um grupo familiar seria "o veículo mortal de uma substância (possivelmente) imortal, herdeiro de uma propriedade inalienável, é o único dono temporário de um patrimônio que lhe sobrevive" (FREUD, 1914/1982b, p. 95). Então, na constituição da subjetividade, grande parte do enredo se passa em silêncio, na dimensão inconsciente, em função das vicissitudes dos investimentos afetivos.

Um dos conceitos sustentadores do trabalho psicanalítico com famílias e grupos trazido por Kaës (2001) se refere ao processo de **transmissão psíquica***. Neste, a mãe é a figura nuclear, considerada a prótese transmissora das estruturas portadoras de simbolização, com a qual são estabelecidas as **alianças inconscientes*** (AULAGNIER, 1979). Estas são, por função e por estrutura, destinadas a permanecer inconscientes e a produzir a inconsciência. Essa hipótese faz conjunção com o estabelecido por Freud em "Introdução ao narcisismo" (1914/1982b): que o inconsciente de cada indivíduo leva a marca, na sua estrutura e nos seus conteúdos, do inconsciente de um outro, e, mais precisamente, de mais de um outro (EIGUER et al., 1998). Então, a capacidade de imanência humana apoia-se no fato de haver um duplo estatuto para a existência individual, sendo o sujeito o seu próprio fim e, ao mesmo tempo, parte de uma corrente à qual ele está assujeitado, involuntariamente, como um elo, beneficiário e herdeiro do conjunto intersubjetivo. A nomeação, por exemplo, é uma das primeiras inscrições que demarcam o lugar do sujeito em uma genealogia. Essa reflete as projeções que o grupo atribui a cada membro (AZEVEDO, 2006, p. 37). Na escolha do nome se encontram as marcas de romances, dramas e/ou tragédias vividos na história familiar, tanto aquelas conscientes, que entram na narrativa sobre a origem de cada sujeito, quanto as inconscientes, que contribuem para uma alienação ao lugar estabelecido dentro do grupo.

Cada membro da família ocupa um lugar que, associado ao investimento narcísico recebido, vem acompanhado pelos **fantasmas*** e **fantasias*** que habitam a **malha psíquica familiar ou malhagem*** e, principalmente, daquele que ocupou a função de "prótese psíquica" (AULAGNIER, 1979). São estes que invadem, por meio da sensorialidade, o corpo da criança e podem vir a entravar sua constituição psíquica. No caso de haver uma inibição, interdição ou recusa em relação ao que é comunicado aos sujeitos de um grupo, é estabelecido uma **transmissão transgeracional***. Nesta observa-se o postulado freudiano segundo o qual "a sombra do objeto recai sobre o Eu do sujeito" (FREUD, 1915/1982c, p. 281) e compromete sua capacidade de **simbolização***. Esse aspecto interessa ao estudo sobre o silêncio, uma vez que no estabelecimento de **vínculos*** narcísicos há um empenho em anular os limites e a diferença, extravasando o espaço individual. Constata-se a existência de um resíduo do narcisismo primário, sempre em atividade, na busca do semelhante e na manutenção do vínculo primário.

O sujeito do grupo se constitui no espaço ocupado pelo eu no próprio corpo e de seu corpo no mundo, além do espaço a ser ocupado pelo eu na malha psíquica familiar. A história fica impressa no corpo, e, para assumir a condição de alteridade, é preciso que seja construído um "filtro protetor". Nos transbordamentos do corpo aparece a denúncia dos entraves do eu, sendo esse, segundo Freud (1923/1982e), um ser de fronteira, mais precisamente, a projeção de uma superfície. É no tempo-espaço do eu-corpo que se viabiliza a passagem do passado ao futuro (AULAGNIER, 1979), não esquecendo que Tânatos age de modo silencioso e invisível. Cada grupo em seu "**continente genealógico*** grupal familiar" (AULAGNIER, 1979, p.16) poderá servir como espaço de subjetivação e de adoecimento, resultantes da interação entre a história do grupo e as ressonâncias entre a circulação dos ideais, encenados a partir do cenário identificatório e denunciados em função do modo de atuação dos sujeitos entre romances, dramas e tragédias familiares.

De acordo com Benghozi (2010, p. 34), a noção de vínculo está para a de **vínculo de filiação* e afiliação*** assim como o conceito de relação está para um vínculo singular, com seu emaranhamento de laços. Aqui, filiativo e afiliativo são repensados em termos de dinâmica de **malhagem***, desmalhagem e remalhagem, não como vínculos radicalmente dissociados, mas como suscetíveis de serem interconectados, para formar um espaço psíquico novo. Quando as ligações são marcadas por limites estreitos, quiçá ausentes, sua característica aprisionante e alienante apresenta ao analista a figura de um pacto (KAËS, 1997). Nessa configuração, a característica relacional em questão fala de uma indiferenciação entre os membros do grupo, pela ausência de uma instância intermediária que estabeleça um limite. É nesse contexto em que o que é transmitido entre os sujeitos não é da mesma ordem do que é transmitido por meio deles. De acordo com Benghozi (2010, p. 23), "a transmissão está para o vínculo assim como a comunicação está para a relação" e "todo processo que coloque em jogo um ataque destrutivo do vínculo se traduz em nível grupal por um enfraquecimento dos continentes psíquicos". Então, se a condição humana fundamental se sustenta por uma "alienação afetiva" (GREEN, 1982, p. 253), Laplanche (1972/1988) sustenta a importância da ocorrência de um processo chamado de "implantação" no eu da criança de um "significante enigmático" pelo qual ela é identificada e, com o qual é levada a identificar-se. O risco será manter-se na indiferenciação e, com isso, "o corpo do sujeito como representante do outro vai ser o estranho a ser atacado e excluído" (AZEVEDO, 2006, p. 36).

Então, apesar do sujeito encontrar-se submetido a uma linguagem e a um discurso que o precedem, "na própria operação de linguagem inscreve-se a impossibilidade de satisfazer sua exigência" (PONTALIS, 1988, p. 144). Segundo Pontalis "deslocando-se justamente por ali onde falha, a linguagem realiza seu fracasso"; é, ao mesmo tempo, "um luto que se faz e um luto que não termina" (1988, p. 144). Nesse sentido, para esse autor não existiria palavra plena (ou vazia) quanto não haveria silêncio compacto (ou oco) (PONTALIS, 1988, p. 144). Em relação à herança recebida de predisposições significantes, das quais o sujeito deveria se apropriar e utilizar para seus próprios fins, alguns entraves podem impedir ou entravar essa apropriação. Nesse caso, sendo-lhe imposta uma presença de um conteúdo enigmático, de um outro, ou de mais de um outro, o sujeito se torna estrangeiro em seu corpo, deslocado na dimensão espaço-temporal. Kaës (1993, p. 8) sinaliza que a inscrição da transmissão feita no registro do negativo se revela naquilo que escapa à nossa atividade de representação, além de apontar para uma falência na estruturação da instância egoica, constituindo, assim, a patologia da transmissão. São necessárias condições psíquicas mínimas para que os processos de transmissão possam se efetuar. Quando instaurada a situação de ausência de mediação e de simbolização na transmissão, o que se transmite fica como uma sombra, como um fantasma. Essa imagem foi desenvolvida por Abraham e Torok (1995) para fazer referência a "uma lacuna transmitida no próprio inconsciente" (p. 278) e a "um segredo não revelável do sujeito" (p. 278), tal como se manter "um morto sem sepultura" (1995, p. 278). O silêncio aparece no negativo daquilo que deveria ter sido colocado em palavras, e a presença de uma **cripta*** aponta para o que jaz escondido, enterrado e oculto (LANDA, 1999, p. 300). Se é no corpo que se instala a cripta familiar, o aspecto discursivo tão necessário no estabelecimento da diferença encontra-se ausente. Segundo Eiguer (1995, p. 6), é o temor da desorganização, relacionado à possibilidade de esgarçamento dos vínculos, de diferenciação, de perda, à intensidade dos conflitos e às diversas formas de desestabilização narcísicas, que leva aos não ditos. Nesse caso, em lugar da denúncia surge uma renúncia, e o silêncio das palavras aparece em diversas formas de sofrimento, em ato, nas adições e nas **somatizações***.

Trabalhar sobre as resistências que surgem no trabalho psicanalítico com o **grupo familiar*** abre a possibilidade de produzir remanejamentos e novos encontros. Muitas são as forças de ligação e de desligamento em ação na **interfantasmatização***, na organização psíquica de um grupo familiar. São os conflitos, os lutos, os **segredos*** não revelados, mas atuados, e as decorrentes ameaças de perda de ordem narcísica que trazem a temática do **trauma*** para o centro do campo transferencial. É uma força em ação com função defensiva. Laplanche e Pontalis (1986) definem resistência como obstáculo à elucidação dos sintomas e à progressão do tratamento. Segundo Freud, a transferência deve ser considerada parcialmente como resistência, na medida em que substitui pela repetição atuada a rememoração falada. A defesa surge em função de alguma ameaça de ordem narcísica que poderá estar vinculada à posição ocupada por um dos membros do grupo, assim como à angústia produzida sobre a possibilidade da revelação de algum segredo que ameace a frágil organização do grupo em questão.

Silêncio

Entre fronteiras porosas e esgarçadas, limites esmaecidos, a manutenção do silêncio sustenta o **pacto inconsciente***. Entre o silêncio do não sabido e as ressonâncias dos não ditos, é preciso relembrar a indicação de Freud de que é no id que se acham abrigados resíduos de experiências de incontáveis egos. O sujeito, ao formar seu superego a partir do id, pode talvez estar apenas revivendo formas desses antigos egos, ressuscitando-os. Será, então, a partir dos aspectos sensoriais, não verbais, que será denunciada a presença de lutos não elaborados impressos em negativo no corpo do sujeito porta-sintoma. Esse aspecto sensível, implicado com o trabalho de continência, em sustentar o lugar de um terceiro, tradutor e intérprete, além de reorganizar novos modos de comunicação entre seus membros, será elemento primordial na escuta dos aspectos que organizam as resistências no trabalho com o casal ou com família.

REFERÊNCIAS

ABRAHAM, N.; TOROK, M. *A casca e o núcleo*. São Paulo: Escuta, 1995.

AULAGNIER, P. *A violência da interpretação do pictograma ao enunciado*. Rio de Janeiro: Imago, 1979.

AZEVEDO, M. M. A. *Segredos que adoecem: um estudo psicanalítico sobre o críptico adoecimento somático na dimensão transgeracional*. 170 f. Tese (Doutorado em Psicologia) –Universidade Federal do Rio de Janeiro, Rio de Janeiro, 2006.

BENGHOZI, P. *Malhagem, filiação e afiliação. Psicanálise dos vínculos: casal, família, grupo, instituição e campo social*. São Paulo: Vetor, 2010.

DICIONÁRIO ETIMOLÓGICO. [s.d.]. Disponível em: https://www.dicionarioetimologico.com.br. Acesso em: 7 jan. 2021.

EIGUER, A. *O parentesco fantasmático*. São Paulo: Casa do Psicólogo, 1995.

EIGUER, A. Os vínculos intersubjetivos na família: função da identificação. In: GOMES, I. C.; FERNANDES, M. I. A.; LEVISKY, R. B. (org.). *Diálogos psicanalíticos sobre família e casal*. São Paulo: Escuta, 2016.

EIGUER, A. et al. *A transmissão do psiquismo entre gerações: enfoque em terapia familiar psicanalítica*. São Paulo: Unimarco, 1998.

FREUD, S. Carta 69. In: *Edição standard brasileira das obras psicológicas completas de Sigmund Freud*. Rio de Janeiro: Imago, 1982a. v. 1. (Carta originalmente escrita em 1897).

FREUD, S. Sobre o narcisismo: uma introdução. In: *Edição standard brasileira das obras psicológicas completas de Sigmund Freud*. Rio de Janeiro: Imago, 1982b. v. 14. (Trabalho originalmente publicado em 1914).

FREUD, S. Luto e melancolia. In: *Edição standard brasileira das obras psicológicas completas de Sigmund Freud*. Rio de Janeiro: Imago, 1982c. v. 14. (Trabalho originalmente publicado em 1915).

FREUD, S. O estranho. In: *Edição standard brasileira das obras psicológicas completas de Sigmund Freud*. Rio de Janeiro: Imago, 1982d. v. 14. (Trabalho originalmente publicado em 1919).

FREUD, S. O ego e o id. In: *Edição standard brasileira das obras psicológicas completas de Sigmund Freud*. Rio de Janeiro: Imago, 1982e. v. 19. (Trabalho originalmente publicado em 1923).

GREEN, A. *O discurso vivo. Uma teoria psicanalítica do afeto*. Rio de Janeiro: Francisco Alves, 1982.

GREEN, A. *El lenguage em el psicoanálisis*. Buenos Aires: Amorrortu, 1995.

KAËS, R. *O grupo e o sujeito do grupo*. São Paulo: Casa do Psicólogo, 1997.

KAËS, R. et al. *Tansmission de la vie psychique entre générations*. Paris: Dunod, 1993.

KAËS, R. et al. *Transmissão da vida psíquica entre gerações*. São Paulo: Casa do Psicólogo, 2001.

LANDA, F. *Ensaio sobre a criação teórica em psicanálise. De Ferenczi a Nicolas Abraham e Maria Torok*. São Paulo: EdUnesp, 1999.

LAPLANCHE, J. *Teoria da sedução generalizada e outros ensaios*. Porto Alegre: ArtMed, 1988. (Trabalho originalmente publicado em 1972).

LAPLANCHE, J.; PONTALIS, J.-B. *Vocabulário de psicanálise*. São Paulo: Martins Fontes, 1986.

PONTALIS, J.-B. *Perder de vista. Da fantasia de recuperação do objeto perdido*. Rio de Janeiro: Zahar, 1988.

VALANTIN, S. Les troubels corporels: l'étrangement de l'âme et du corps. In: *Actes du Colloque de Montreal*. Paris: PUF, 1992. p. 251-260.

Simbolização

Regina Maria Rahmi

CONCEITO

O simbolismo, em sentido lato, é um modo de representação indireta e figurada de uma ideia, de um conflito, de um desejo inconsciente. Nesse sentido, pode-se considerar simbólica qualquer formação substituta (LAPLANCHE; PONTALIS, 1970).

Freud (1900/2019) reconheceu a existência do simbolismo do sonho desde o início, a partir da experiência com pacientes que exibiam de forma surpreendente a compreensão do simbolismo onírico.

ETIMOLOGIA

Do latim, *symbolum*, marca, símbolo; do grego *symbolón: syn*, junto, + *ballien*, lançar, arremessar, atirar (MICHAELIS, 2020).

EVOLUÇÃO HISTÓRICA DO CONCEITO

A palavra simbolização provém do grego symbolón, sinal de reconhecimento, referindo-se a um objeto dividido em duas partes e portado por duas pessoas pertencentes a uma mesma seita; cada uma delas ficava com uma metade e, após uma longa ausência, uma delas apresentaria sua metade. Se ela correspondesse à outra metade que o outro indivíduo possuía, isso colocaria em evidência o vínculo entre eles (DI CEGLI, 1987).

A etimologia descreve dois sujeitos que devem ou desejam separar-se. O symbolón denotava a ligação entre eles. De um modo mais geral, podemos dizer que um símbolo é o que liga dois elementos. Na constituição subjetiva, o sujeito se constitui a partir de uma experiência de separação de um outro.

Símbolos são artefatos que resultam de um trabalho de modificação ou de transformação por um ser humano e que representam a realidade em sua ausência.

A mais antiga simbolização é a que está nas cavernas de Lascaux, na França – um complexo de cavernas famoso por conter pinturas rupestres da pré-história. Essas imagens eram expressão das vivências do cotidiano e possibilitaram a transmissão da história do homem.

O simbolismo não é próprio dos sonhos, mas sim da imaginação inconsciente, do povo. No início, Freud (1900/2019) atribuía o termo símbolo aos elementos que possuíam um significado universal, de uma determinada cultura, nos mitos populares, lendas, expressões idiomáticas, provérbios, piadas

A metapsicologia freudiana propõe especificamente para a noção de inconsciente, proposta em 1895-1896, a existência de três registros da experiência psíquica: traços mnésicos, representação de coisa e representação de palavra.

Em 1914, Freud descreve que certos pacientes não conseguiam lembrar, re-presentar internamente, fatos da realidade. Nessas situações, os fatos registrados no corpo ou na mente pré-simbólica se manifestam por meio de repetições, ou em ato, ou no próprio corpo (FREUD, 1914/2010).

Freud (1915/2010) sustenta que o inconsciente é o lugar onde os conteúdos estão presentes como coisas, até que sejam processados de forma que permita que eles se tornem parte da região pré-consciente/consciente e assim sejam representados. Para que essa representação ocorra, conteúdos inconscientes (apresentações de coisas) devem estar ligados à apresentação de palavras.

Em 1923, ao descrever a segunda tópica, Freud (1923/2011) mantém a ideia geral sobre os primeiros registros sensoriais, seu armazenamento na memória e sua ligação à palavra para ter acesso à consciência. Apenas situa esses processos nas novas instâncias descritas, no ego.

Melanie Klein, ao dirigir-se às questões do inconsciente, formula que havia fantasias inconscientes que eram subjacentes e acompanhavam toda a atividade mental. Elas são a representação mental de eventos somáticos no corpo que abrangem as pulsões. Os eventos somáticos são sensações físicas interpretadas no relacionamento com o objeto e que causam essas sensações. As fantasias inconscientes são transformadas pelo surgimento de um mundo simbólico da cultura a partir do mundo primário do corpo. A técnica do brincar possibilitava o emergir do mundo interno e uma rica vida de fantasias. Klein interpretava os elementos do brincar e respeitava-lhes o valor simbólico, como se fossem elementos de um sonho (HINSHELWOOD, 1991/1992).

A compreensão e interpretação do simbolismo inconsciente é uma das principais ferramentas de um psicanalista. Por vezes, não basta compreender o significado de um símbolo, mas sim de todo o processo de formação de símbolos. Hanna Segal, em 1957, formula o conceito de equações simbólicas, quando o símbolo e o simbolizado se confundem, resultando em um pensamento concreto quase sem incremento de significado (SEGAL, 1981/1983).

Para Bion (1962/1991), o biológico se manifesta por meio das preconcepções, fenômenos que esperam e buscam a realização. Nesse encontro com a realidade, vivem-se experiências emocionais que tornarão humano aquilo que antes era apenas biológico. As experiências emocionais podem se instalar na mente primordial como registros que não puderam ser simbolizados. Os registros, traços, farão parte do inconsciente não reprimido, mente arcaica ou primordial. Bion deixa de lado o objeto e passa a falar em vínculo e função.

No bebê, a capacidade de simbolização desenvolve-se a partir de uma relação intersubjetiva com a mãe ou alguém que exerça essa função, de emprestar a função alfa (α) ao bebê, transformando elementos brutos beta (β) em elementos pensáveis. O bebê aos poucos introjeta a função alfa, ou seja, internaliza uma complexa relação intersubjetiva com a mãe, pois atrás da mãe existe um casal e atrás do casal temos a família. A *rêverie* é um estado mental aberto a receber e acolher as identificações projetivas do bebê. Ela é um fator da função alfa (BION, 1962/1991). Quando existe a introjeção da função alfa pelo bebê, que dela se nutre para formar sua própria capacidade de sonhar, a psique da criança contém os traços da capacidade onírica da mãe.

Por outro lado, as experiências emocionais podem ser traumáticas, devido à intensidade dos estímulos e à qualidade em relação à capacidade de sonhar. Logo, a simbolização fica prejudicada. A incapacidade transformadora da função alfa, além da cisão de aspectos mentais, faz com que sejam evacuados em elementos beta, constituindo-se então objetos bizarros.

Winnicott (1971/1975) avança e formula os conceitos de objeto e fenômenos transicionais, espaço intermediário ou um entre dois, estruturando o espaço de **ilusão*** e a condição de criação.

O objeto transicional: 1) significa uma primeira possessão do não Eu, o primeiro objeto que não é parte da realidade interna nem externa; 2) serve para enfrentar angústias de separação da mãe; 3) faz parte do espaço da ilusão.

No início, o bebê tem uma dependência absoluta da mãe. Ao abandonar a dependência absoluta para ingressar no estágio de dependência relativa, o bebê faz uso do objeto transicional. Essa passagem, necessária ao desenvolvimento, conduz ao uso da ilusão, ao uso de símbolos e ao uso do objeto. Os fenômenos transicionais estão inevitavelmente associados ao brincar e à criatividade (WINNICOTT, 1971/1975).

Na criação do espaço transicional, a criança começa a substituir a mãe por objetos que ficam no seu lugar como substitutos maternos. E esse objeto criado/encontrado pertence a um espaço que não é nem dentro, nem fora, mas forma uma terceira área. Para Winnicott, criar significa imprimir ao objeto um colorido emocional e um significado próprio que o torna diferente.

A mãe suficientemente boa faz uma adaptação quase completa às necessidades do bebê e, à medida que o tempo passa, de forma gradual, adapta-se cada vez menos, considerando a capacidade do bebê em lidar com o fracasso dela. Winnicott (1971/1975) estava ciente de que a interrupção ou o afastamento da presença materna por um tempo além do que o bebê possa tolerar pode levar a uma falha no desenvolvimento progressivo em direção à simbolização, na esfera transicional.

Roussillon (2013) tem como base as ideias de Winnicott sobre o desenvolvimento psíquico. Ele pensa que o processo de subjetivação se dá pelo espaço constituído com um objeto significativo entendido como um outro sujeito. Esse processo é uma contínua apropriação reflexiva da experiência vivida por meio da linguagem, e isso se dá em dois tempos: a simbolização primária e a simbolização secundária. Roussillon utiliza como referência as inscrições da experiência psíquica como postuladas por Freud em 1895, traço mnésico afetivo-perceptivo--sensório-motor, a experiência em estado bruto; isso é o que Feud denomina representação-coisa: a primeira forma/imagem psíquica da coisa que ele já considera um símbolo – embora não verbal – e a simbolização pela linguagem verbal, incluindo, em sentido amplo, a linguagem onírica, ou qualquer outra linguagem expressiva de que o ser humano é capaz. Para Roussillon, a busca de análise é uma demanda de simbolização.

O paciente tem a necessidade de simbolizar; caso isso não seja possível, haverá uma clivagem ou recalcamento em sua história. O campo intersubjetivo é constituído por elementos do psiquismo do paciente e do analista, e isso possibilita que o processo de simbolização possa ser retomado. A partir de Roussillon, podemos pensar na relação intersubjetiva entre membros de uma família.

Simbolização

Ao pensar as dimensões das representações, Kaës (1976/2017) estabelece que a base da experiência originária do sujeito se dá na relação com a experiência no corpo materno e em seu próprio corpo. Nessas experiências originárias do ventre, das cavidades continentes, da boca, do trato oro-anal, dos envelopes portadores, formam-se pictogramas – representações da experiência originária do corpo de prazer e desprazer, no início constituídos com a sustentação da pulsão na experiência do corpo materno e da satisfação das necessidades corporais necessárias à vida.

Kaës (2002/2004) lembra que Freud foi o primeiro a falar em espaço psíquico pré-natal quando, em "Introdução ao narcisismo" (1914), diz que o bebê foi sonhado pela mãe quando estava em seu ventre e, poderíamos dizer também, pelo pai e por todo o grupo familiar. O filho é sonhado como o portador da esperança de realizar os sonhos dos desejos irrealizados daqueles que o geraram. O infans não está separado de cada um daqueles que, juntos, constituem seu berço psíquico. A vinda de uma criança inscreve-a na organização onírica inconsciente do casal parental e da família. Entretanto, é, geralmente, o empobrecimento ou obstrução desses espaços oníricos comuns pré-natais e pós-natais que leva os pais e a família a procurar a terapia. Trata-se, muito frequentemente, de distúrbios na capacidade de sonhar.

A representação do grupo na criança pressupõe certa evolução emocional, intelectual e social. A simbolização é possível quando pode haver a capacidade de representar as relações entre as pessoas além de compreendê-las desde o início.

O desenho é um modo natural e familiar de expressão para a criança, assim como o jogo ou a história contada ou inventada. O desenho é uma imagem, uma transcrição gráfica de uma imagem mental construída pela criança a partir de sua percepção do mundo. Essa imagem não se confunde com a realidade interna nem externa. O significado das imagens gráficas apresenta dois níveis: pré-consciente ou inconsciente. Logo, as formulações e os processos inconscientes se projetam no sistema gráfico da criança, no qual o processo primário age na figuração simbólica. Nesse sentido, a linguagem gráfica se aproxima do sonho diurno e compartilha com ele seu caráter figurativo e alusivo graças ao recurso de simbolização (KAËS, 1976/2017). Dessa forma, o aparelho psíquico familiar organiza, transforma e contém a realidade psíquica produzida nas relações intersubjetivas.

REFERÊNCIAS

ABRAM, J. *A linguagem de Winnicott: dicionário das palavras e expressões utilizadas por Donald Winnicott*. Rio de Janeiro: Revinter, 2000. (Trabalho originalmente publicado em 1996).

BION, W. R. *O aprender com a experiência*. Rio de Janeiro: Imago, 1991. (Trabalho originalmente publicado em 1962).

DI CEGLI, G. Symbolism and symbolon: disturbances in symbol formation in two borderline cases. *Journal of IPA*, London, 1987.

FERREIRA, A. B. H. *Dicionário Aurélio*. 5. ed. São Paulo: Positivo, 2014

FREUD, S. A interpretação dos sonhos. *In: Obras completas*. Trad. P. C. Souza. São Paulo: Companhia das Letras, 2019. v. 4. (Trabalho originalmente publicado em 1900).

FREUD, S. Introdução ao narcisismo. *In: Obras completas*. Trad. P. C. Souza. São Paulo: Companhia das Letras 2010. v. 12. (Trabalho originalmente publicado em 1914).

FREUD, S. O Eu e o ID. *In: Obras completas*. Trad P. C. Souza. São Paulo: Companhia das Letras, 2011, v. 16. (Trabalho originalmente publicado em 1923)

FREUD, S. O inconsciente. *In: Obras completas*. Trad. P. C. Souza. São Paulo: Companhia das Letras, 2010. v. 12. (Trabalho originalmente publicado em 1915).

HINSHELWOOD, R. D. *Dicionário do pensamento kleiniano*. Porto Alegre: Artes Médicas, 1992. (Trabalho originalmente publicado em 1991).

KAËS, R. *O aparelho psíquico grupal*. São Paulo: Ideias & Letras, 2017. (Trabalho originalmente publicado em 1976).

KAËS, R. *A polifonia do sonho*. São Paulo: Ideias & Letras, 2004. (Trabalho originalmente publicado em 2002).

LAPLANCHE, J.; PONTALIS, J.-B. *Vocabulário de psicanálise*. São Paulo: Martins Fontes, 1970.

MICHAELIS DICIONÁRIO brasileiro da língua portuguesa. 2020. Disponível em: https://michaelis.uol.com.br. Acesso em: 14 abr. 2020.

ROUSSILLON, R. Teoria da simbolização: a simbolização primária. *In:* FIGUEREDO, L. C.; SAVIETTO, B. B.; SOUZA, O. (org.). *Elasticidade e limite na clínica contemporânea*. São Paulo: Escuta, 2013.

SEGAL, H. *A obra de Hanna Segal*. Rio de Janeiro: Imago, 1983. (Trabalho originalmente publicado em 1981).

WINNICOTT, D. W. Objetos transicionais e fenômenos transicionais. *In:* WINNICOTT, D. W. *O brincar e a realidade.* Rio de Janeiro: Imago, 1975. (Trabalho originalmente publicado em 1971).

Singular

Solange Aparecida Emílio

CONCEITO

René Kaës (1997, 2011) utiliza o conceito como referência ao espaço psíquico que singulariza o desejo inconsciente do sujeito: "sua organização pulsional, suas fantasias secundárias, seus mecanismos de defesa e seus conteúdos recalcados ou clivados, suas identificações, suas relações de objeto" (KAËS, 2011, p. 54). No entanto, para o autor, todo sujeito é também **plural***, pois foi e é constituído em **vínculos* intersubjetivos***.

ETIMOLOGIA

Do latim *singularis*; único, distinto e ímpar; tem, como seu antônimo, o que é múltiplo e plural (MICHAELIS, 2020). Kaës (1997) utiliza o termo de duas formas: conjugado ao seu antônimo, como referência a um sujeito, simultaneamente, múltiplo e um; e de forma separada, para marcar a existência de um espaço psíquico privado.

EVOLUÇÃO HISTÓRICA DO CONCEITO

Nos anos de 1965 e 1966, René Kaës e Didier Anzieu – inspirados por psicanalistas que os precederam, como Pichon-Rivière, Bion e Foulkes, entre outros – passaram a utilizar dispositivos de grupo para a realização de trabalho psicanalítico (KAËS, 2016). Essa experiência inicial promoveu a percepção da necessidade de reformulação de algumas concepções teóricas já existentes para promover a ligação entre a psicanálise dos processos individuais e a psicanálise dos processos grupais (KAËS, 2011).

Após mais de quarenta anos de estudos e pesquisas sobre grupos e a **grupalidade***, Kaës publica um livro no qual se dedica a discutir de forma mais aprofundada os conceitos de singular e plural (KAËS, 2011), e já anuncia, em seu prefácio, que a abordagem psicanalítica dos grupos foi uma forma de encontrar algumas respostas para a busca de compreender como o sujeito que se apresenta em uma sessão individual; o sujeito singular tem o inconsciente "mantido e moldado nos vínculos intersubjetivos dos quais faz parte, nas alianças que o precedem e que ele contrata por conta própria, nos espaços psíquicos comuns que ele partilha com os outros" (KAËS, 2011, p. 11).

A partir da retomada da obra de Kaës, pode-se concluir, com Fernandes (2005), que seu trabalho é a construção de uma nova metapsicologia, que pode ser aplicada tanto ao trabalho individual como nos grupos – aí também inseridas as intervenções com casais e famílias.

Em "Introdução ao narcisismo", Freud (1914/1998, p. 85) afirma que o indivíduo tem uma existência dúplice: "uma para servir suas próprias finalidades e outra como um elo numa corrente, que ele serve contra a sua vontade ou pelo menos involuntariamente". Aqui, o autor já aponta que há algo de múltiplo no sujeito singular, pois tanto herda algo que o antecede, sendo "o veículo mortal de uma substância (possivelmente) imortal – como um herdeiro de uma propriedade inalienável", como também é responsável por ser seu transmissor, na medida em que "é o único dono temporário de um patrimônio que lhe sobrevive" (FREUD, 2014/1998, p. 86).

Kaës (1997) partiu dessa concepção para explicar os efeitos dos grupos sobre a constituição do sujeito singular, considerando que este é sujeito do inconsciente e sujeito do grupo. Assim como Puget e Berenstein (PUGET, 2015) quando apresentam os conceitos da **lógica do Um e do Dois***, Kaës (2011) propõe uma revisão na concepção psicanalítica do conceito de vínculo, uma vez que nos grupos, casais e famílias o outro está presente em sua concretude, não podendo ser reduzido às representações do mundo interno do sujeito singular como na **relação de objeto***.

O autor também diferencia o sujeito do grupo do sujeito no grupo, propondo uma superação epistemológica, a partir da qual não há oposição entre indivíduo e grupo:

> É nessa medida que sustento que o sujeito do inconsciente é, de maneira indissociável, o sujeito do grupo e que, de modo correlato, o sujeito do grupo é uma dimensão do sujeito do inconsciente. Ao adotar este ponto de vista, admito também que uma parte do sujeito está "fora do sujeito", que o sujeito possui vários centros, que algumas de suas formações inconscientes são deslocadas, exportadas e depostas em lugares psíquicos que o grupo predispõe e que o sujeito utiliza. (KAËS, 2011, p. 51)

O sujeito singular, de acordo com Kaës (1997), ao agrupar-se (podemos pensar aqui nos casais e nas famílias constituídas), traz suas projeções, mas também deposita nessa configuração vincular o seu **negativo***, constituído pelos desejos não realizados que o constituíram – próprios e de outros –, num movimento de repetição, a partir do qual as funções estruturantes realizadas pelo grupo primário são reproduzidas.

Kaës (2011) considera que as **alianças inconscientes*** estabelecidas entre os sujeitos de um casal ou uma família constituem-se como pontos de ligação entre a realidade psíquica do vínculo e de cada sujeito. Assim, o "singular", como espaço psíquico que marca a subjetividade, a história e a estrutura de um sujeito que é membro de um casal ou de uma família, que singulariza o seu desejo inconsciente, coexistirá com outras singularidades a partir das zonas comuns e partilhadas com os demais participantes daquela configuração familiar. Essa é uma concepção importante e que serve de base para outros conceitos utilizados na psicanálise de casais e famílias, como os desenvolvidos pelo próprio Kaës (2011), como alianças inconscientes, **aparelho psíquico grupal***, **pacto denegativo*** e **transmissão transgeracional***, e para a compreensão de conceitos elaborados por autores como Benghozi (2010), por exemplo, de **afiliação***, **filiação*** e **malhagem***.

REFERÊNCIAS

BENGHOZI, P. *Malhagem, filiação e afiliação*. 1. ed. São Paulo: Vetor, 2010.

FERNANDES, M. I. Prefácio. In: KAËS, R. *Os espaços psíquicos comuns e partilhados: transmissão e negatividade*. São Paulo: Casa do Psicólogo, 2005.

FREUD, S. Sobre o narcisismo: uma introdução. In: *Edição standard brasileira das obras psicológicas completas de Sigmund Freud*. 2. ed. 1. reimp. Rio de Janeiro: Imago, 1998. v. 14, p. 77-108. (Trabalho originalmente publicado em 1914).

KAËS, R. *O grupo e o sujeito do grupo*. São Paulo: Casa do Psicólogo, 1997.

KAËS, R. *Um singular plural: a psicanálise à prova do grupo*. **São Paulo: Loyola, 2011.**

KAËS, R. A ideologia é uma posição mental específica: ela nunca morre (mas se transforma). *J. Psicanal.*, São Paulo, v. 49, n. 91, p. 207-224, dez. 2016. Disponível em: http://pepsic.bvsalud.org/scielo.php?script=sci_arttext&pid=S0103-58352016000200019&lng=pt&nrm=iso. Acesso em: 24 abr. 2020.

MICHAELIS DICIONÁRIO brasileiro da língua portuguesa. 2020. Disponível em: https://michaelis.uol.com.br/moderno-portugues/. Acesso em: 7 jan. 2021.

PUGET, J. *Subjetivación discontínua y psicoanálisis. Incertidumbre y certezas.* Buenos Aires: Lugar Editorial, 2015.

Sintomas familiares

Lívia Maria Saadi Ezinatto

CONCEITO

Trata-se de uma produção manifesta do grupo familiar, na maioria das vezes expressa por meio de um dos membros do grupo, o **paciente identificado***, como expressão de uma dinâmica inconsciente conflitiva que emerge no corpo familiar, em articulação com os conteúdos latentes desta realidade psíquica comum e partilhada.

ETIMOLOGIA

Sintoma, "sinal, indício (de uma doença)", do francês *symptôme*, derivado do latim *symptoma*, e este do greto *Sýmptōma,atos*. Família, "grupo de pessoas do mesmo sangue", "unidade sistemática constituída pela reunião de gêneros", do latim *famílĭa* (CUNHA, 2010).

EVOLUÇÃO HISTÓRICA DO CONCEITO

O nascimento de uma criança mobiliza psiquicamente questões narcísicas dos pais que projetam seu ego ideal sobre a criança, estabelecendo o **contrato narcísico***, uma aliança estruturante primária inconsciente entre o bebê e o seu primeiro conjunto intersubjetivo, necessária ao desenvolvimento da vida psíquica. As **alianças inconscientes*** estão presentes no **espaço intrapsíquico*** de cada sujeito e também no intersubjetivo. São essencialmente a matéria e a organização da realidade psíquica que especifica cada vínculo. Surge, assim, o **aparelho psíquico grupal***, que tem como função a articulação intrapsíquica e intersubjetiva, a continência das angústias arcaicas, a transmissão entre as gerações e a transformação das sensações e vivências psíquicas representáveis. As famílias, quando estão em sofrimento, não conseguem receber nem transformar essas angústias e utilizam de defesas pulsionais para resistir à vivência de dissolução e à angústia de morte (JAITIN, 2010). Pensamos o sintoma familiar como uma produção manifesta desse grupo, como expressão de uma dinâmica inconsciente conflitiva que emerge no corpo familiar, em articulação com os conteúdos latentes da realidade psíquica comum e partilhada.

O sofrimento familiar geralmente é depositado sobre um de seus membros, o paciente identificado – geralmente o "mais forte", pois suporta e assume o peso do conflito, o porta-voz, que expressa, então, o individual e o grupal nesta dupla posição ativa. Seria o depósito de uma fantasia grupal comum, preservando inconscientemente a família do caos e da desestruturação, se tornando, simultaneamente, o objeto de segregação (JAITIN, 2010). É preciso ter em conta que a manifestação de um sintoma familiar gera um grande sofrimento psíquico em todos os membros do grupo.

O espaço psíquico dos vínculos interpessoais define um subgrupo no qual as **transferências*** se manifestam. O vínculo não é a soma de dois ou mais sujeitos, e sim um espaço psíquico construído a partir do conteúdo psíquico dos indivíduos envolvidos nas relações, por meio das alianças que o organizam (KAËS, 2017). Os sintomas familiares são as manifestações de um conflito dessa dinâmica inconsciente, manifestados por meio de um dos sujeitos do grupo, como uma formação de compromisso, podendo ser a representação de algo recalcado que retorna como sintoma para que possa ser admitido no consciente, como uma produção coletiva dos vínculos. Graças à dinâmica das alianças inconscientes, os sujeitos colaboram com a manutenção dos lugares e funções que cada membro participante do grupo ocupa, recebendo benefícios em uma troca constante e recíproca. Assim, para evitar uma possível mudança na dinâmica familiar já instaurada, os sintomas são inconscientemente mantidos, já que uma possível melhora do paciente identificado reverbera nas funções e lugares ocupados por todos os membros envolvidos. Os sintomas manifestos em um filho podem, por exemplo, ter a função de manutenção do casamento dos pais, em nome dos cuidados exigidos por ele, mantendo-o no lugar de **porta-sintoma***. A possibilidade de melhora desse filho pode significar, em fantasias, a dissolução dos laços familiares.

Sobre as famílias com crianças psicóticas, O. Masson (*apud* KAËS, 2010) descreveu as características de famílias com jovens esquizofrênicos – trata-se de famílias simbióticas nas quais as crianças não podem se individualizar ou emitir uma opinião diferente. Os membros das famílias simbióticas, nas quais os limites do ego são confundidos, negam suas próprias necessidades individuais, mas as reconhecem em outro membro da família, graças a um mecanismo de externalização mútua das partes rejeitadas dos respectivos *self*. Isso é acompanhado de uma incapacidade por cada um dos sujeitos de falar em nome de si próprio, além de não reconhecerem as diferenças que existem entre eles, protegendo-se contra o risco de fragmentação do ego e do terror que acompanha o processo de individuação (KAËS, 2010).

Di Loreto, com o conceito de psicopatogênese – definido como origem e modo de construção das moléstias da mente, especialmente de sintomas psíquicos de crianças –, traz em sua contribuição teórica a premissa de que "a patogenia contida nas relações familiares resulta da interação de todos com todos, mas o vínculo 'fundador' da patogenia é o vínculo Mãe-Pai. O vínculo que antecede os filhos" (2004, p. 169). Defende a ideia de que, para ser patogênica, não é necessária uma ação que se faça diretamente sobre o filho. As ações que acontecem no vínculo "distante" são tão patogênicas quanto as ações "diretas", pois há um processo de transmissão dos distúrbios, no qual os filhos recebem a matéria-prima do movimento que ocorre na relação mãe-pai e, com esse material transmitido, constroem suas mentes. Assim, além das relações diretas, ou seja, das relações bipessoais entre sujeitos e objetos, estão presentes as imagens de cada um refletidas pelos outros, as "vias reflexas". Elas evidenciam a excepcional influência psicológica exercida indiretamente pelo "outro", o "outro" que cada um tem na cabeça. O autor ressalta que não importa o conteúdo do que se transmite, seja denegrir ou idealizar, a devastação será a mesma, especialmente nos triângulos em que as relações entre os pais foram invadidas por desprezo crônico e/ou por rivalidades perpetuadas, que usam as diferenças como armas, e a patogênese começa quando as diferenças passam a ser veículos para desprezos e desencantos.

Benghozi (2010) contribui com a proposição da teoria da **malhagem*** e o paradigma das anamorfoses, sendo a malha uma unidade de continência dos conteúdos psíquicos do **vínculo***, e o continente grupal familiar é a malhagem construída pelos vínculos psíquicos de filiação e afiliação. As anamorfoses são acontecimentos como adolescência, gravidez, menopausa e nascimento, que mobilizam as competências do vínculo e da malhagem, sendo que esta última pode se enfraquecer e causar os continentes esburacados. Desse ponto de vista, o sintoma é uma forma particular de remalhagem de **continentes genealógicos*** enfraquecidos. É fundamental que exista na dinâmica familiar a possibilidade sempre aberta de um trabalho de remalhagem. Essa capacidade vai depender da **resiliência familiar***, por meio da malhagem dos vínculos psíquicos, da capacidade psíquica subjetiva, intersubjetiva e transubjetiva dos membros do grupo familiar para desmalhar e remalhar, para descontruir e reconstruir os vínculos de filiação e afiliação. Ela vai permitir a manutenção do corpo psíquico familiar apesar do rasgo, quando os conteúdos genealógicos familiares são rompidos. Assim, as vulnerabilidades psíquicas como os não ditos, **segredos*** inconfessáveis, marcas vazias de **transmissão transgeracional***, transmitem-se sem serem transformadas, metabolizadas e simbolizadas. Pensemos a adolescência como uma fase do **ciclo vital*** familiar que é capaz de mobilizar intensos sentimentos no grupo. A crise de adolescência é o processo de crescimento inscrito naturalmente no ciclo de vida individual e genealógico. O adolescente está em crise quando a função continente familiar se encontra enfraquecida para assegurar o apoio da mudança de continência individual e esse adolescente se torna o porta-sintoma. A produção de sintomas dos quais o adolescente é portador é, assim, uma forma de remalhagem dos continentes familiares esburacados. Isso se fala por meio do corpo do adolescente (anorexia, bulimia, escarificações...) ou pelas ações (auto/heteroagressivas) do paciente, como expressão dos mecanismos de defesa, ao mesmo tempo, individuais e grupais, visando a uma remalhagem dos continentes esburacados. A construção de um vínculo terapêutico, um novo continente psíquico grupal pode acolher um processo de transformação e novas elaborações familiares para novas representações, por meio de mobilizações das resiliências familiares.

Na terapia de casal com base na psicanálise das configurações vinculares, algumas das causas de infertilidade podem ser entendidas como um sintoma manifesto, sendo produção desse vínculo. A transição do vínculo conjugal para o surgimento do vínculo parental mobiliza fantasias como o nascimento de novos lugares e funções (parentais). A história do casal, a história de cada um do casal, de suas famílias de origem, são buscas para a compreensão de o que essa infertilidade pode significar. Segredos e não ditos transmitidos psiquicamente entre as gerações, como mortes precoces e situações incestuosas, podem estar presentes em situações de infertilidade. Nesses casos, a integridade narcísica do casal pode estar ferida e o ódio pelo outro aparecer como confirmação de sua própria incapacidade. É preciso que haja uma permissão, uma legitimação do desejo do casal de se tornarem pais para que consigam engravidar. Temos, assim, as três dimensões psíquicas envolvidas: a intrapsíquica, a intersubjetiva e a transgeracional, podendo interferir e determinar a realização do desejo de, a partir do casal, nascer uma família.

Diversos sintomas denunciam uma problemática familiar inconsciente em curso: os transtornos alimentares, as violências intrafamiliares, as manifestações psicossomáticas, as dependências químicas, as separações, os incestos, as psicoses, os transtornos obsessivos compulsivos que podem ser analisados a partir do dispositivo da clínica psicanalítica baseada nas configurações vinculares. Tentar compreender seus significados e desenvolver possíveis ressignificações com os devidos cuidados técnicos possibilita que novas formas de vínculos e de relações possam surgir, trazendo novas possibilidades de desenvolvimentos para todos os sujeitos envolvidos.

REFERÊNCIAS

BENGHOZI, P. *Malhagem, filiação e afiliação. Psicanálise dos vínculos: casal, família, grupo, instituição e campo social.* São Paulo: Vetor, 2010.

CUNHA, A. G. *Dicionário etimológico da língua portuguesa.* Rio de Janeiro: Lexikon, 2010.

DI LORETO, O. *Origem e modo de construção das moléstias da mente (psicopatogênese): a psicopatogênese que pode estar contida nas relações familiares.* São Paulo: Casa do Psicólogo, 2004.

DOLTO, F. *L'image inconsciente du corps.* Paris: Points, 1984.

JAITIN, R. *Clínica del incesto fraternal.* Buenos Aires: Lugar, 2010.

KAËS, R. *L'appareil psychique groupal.* Paris: Dunod, 2010.

KAËS, R. *Les théories psychanalytiques du groupe.* Paris: Presses Universitaires de France, 2017.

McDOUGALL, J. *Théâtre du corps.* Paris: Gallimard, 1989.

Somatização

Lívia Maria Saadi Ezinatto

CONCEITO

Processo por meio do qual o indivíduo expressa conflitos inconscientes, no funcionamento simultâneo de afetação psique ↔ soma, como uma tentativa de solução de algo que está causando uma excitação além da possível de suportar e busca por vias de expressão que, muitas vezes, se dão mediante sintomas físicos ou, também, alterações do funcionamento mental.

ETIMOLOGIA

Somatização, do grego *soma-atos*, "relativo ao corpo", "o corpo, em oposição à alma", que já se documenta em vocábulos formados no próprio grego, como somático, e em muitos outros introduzidos a partir do século XIX. (CUNHA, 2010).

EVOLUÇÃO HISTÓRICA DO CONCEITO

Segundo Sarti (2011), o primeiro teórico a se debruçar sobre o tema da "psicossomática" foi um clínico geral e psiquiatra de nome Heinroth, em 1818, que exprimia sua convicção quanto à influência das paixões sexuais sobre a tuberculose, a epilepsia e o câncer. A partir de então, durante o século XIX, a ideia de psicossomática esteve presente entre vários médicos, mas permanecia fora do campo da ciência pela ausência de uma metodologia adequada para sua compreensão. Foi a psicanálise, em 1927, com Deutsch, Franz Alexander e colegas, que reintroduziu a noção de psicossomática. Sua definição já abrangeu "todo distúrbio somático que compreende em seu determinismo um fator psicológico interveniente, não de modo contingente como pode ocorrer em qualquer doença, mas por uma contribuição essencial à origem da doença" (SARTI, 2011, p. 2) (CID – 09). Na CID 10 (SARTI, 2011), o termo psicossomática já não é mais usado, sob a justificativa de que o seu uso poderia sugerir que fatores psicológicos não exercem um papel na ocorrência, curso e evolução de outras doenças, as quais não são chamadas de psicossomáticas, quando, na verdade, outros quadros clínicos também exigiriam atenção à interação entre aspectos médicos e psíquicos. Diversos teóricos contribuíram para a proposição dos conceitos e do estudo de aspectos relacionados à psicossomática. Groddeck é considerado um dos pioneiros do estudo. Franz Alexander fundou a Escola de Medicina Psicossomática de Chicago, por volta de 1930, onde ocorreram os primeiros estudos sistemáticos a esse respeito. Já a Escola Psicossomática de Paris foi fundada em 1962 por M. Fain, M. de M'uzan e P. Marty, com o propósito de entendimento da aplicação da psicanálise aos distúrbios corporais. De acordo com esse grupo, os pacientes ditos psicossomáticos possuem uma estruturação psíquica favorecedora de somatização de afetos, tendo, assim, uma estruturação psíquica específica. Recentemente, a psicossomática é uma abordagem que enfoca o ser humano como um ser biopsicossocial, considerando que os fatores psicológicos podem interferir tanto no determinismo como na manutenção da doença. Partindo do pressuposto de que a doença incide em um ser sempre provido de soma e psique, pode-se considerar a ideia de que toda doença, sob esse ponto de vista, pode ser psicossomática, pois os processos biológicos, mentais ou físicos são simultâneos, exteriorizando-se predominantemente em uma área ou outra.

Pensar o processo de somatização, as manifestações das doenças psicossomáticas, o lugar do corporal no grupo familiar, exige uma compreensão acerca de diversos conceitos, necessários para nos dar suporte. A terapia de casal e família com base na psicanálise das configurações vinculares leva em conta as formações psíquicas integradas pelo psiquismo individual, do tecido familiar que precede a individuação psíquica e que permite apoiar o psiquismo individual ao longo da vida (JAITIN, 2010).

Dolto (1984) trouxe sua contribuição a partir do conceito de imagem do corpo, própria de cada um, eminentemente inconsciente e que pode tornar-se em parte pré-consciente, mas apenas quando ela se associa à linguagem consciente. É a síntese viva de nossas experiências emocionais inter-humanas. Pode ser considerada como a encarnação simbólica inconsciente do sujeito desejante, e isso antes mesmo que o indivíduo em questão seja capaz de se designar pelo pronome pessoal "eu". É graças à imagem do corpo, transportado por – e cruzado ao – nosso esquema corporal, que é o mesmo para todos de mesma idade e sob o mesmo clima, que nós podemos entrar em comunicação com o outro. Todo contato com o outro é sustentado pela imagem do corpo, pois é nela, suporte do narcisismo, que o tempo se cruza no espaço, que o passado inconsciente ressoa na relação presente. Dessa forma, os problemas psicossomáticos e a manifestação de sintomas estão na relação entre o corpo real e a imagem do corpo, que é sempre inconsciente, com relação ao narcisismo nos sintomas. Enquanto sujeitos, nós não conhecemos os outros senão por meio de nossa relação mosaica com eles e deles conosco, e está aí o problema da psicossomática, ligada à relação simbólica e à realidade.

McDougall (1989) diz que, na verdade, toda demanda de ficar livre de sintomas psicológicos constitui um paradoxo, na medida em que esses sintomas são tentativas infantis de autocura e foram inventados como soluções a uma dor mental insuportável. Consequentemente, existe uma força interna poderosa que teme o desaparecimento dos sintomas, apesar dos sofrimentos que eles causam. Entretanto, esse sintoma que aparece como uma possível tentativa de resolução do conflito pode gerar sérios comprometimentos, dor e, em uma extrema gravidade de manifestação, até a morte.

Anzieu (2006) definiu o conceito de eu-pele, que realiza uma função de manutenção do psiquismo. Segundo ele, a função psíquica se desenvolve pela interiorização do *holding** materno – é uma parte da mãe, particularmente suas mãos, que foram interiorizadas – que mantém o psiquismo em estado de funcionar. Ao mesmo tempo, a mãe mantém o corpo do bebê em um estado de unidade e solidez.

A noção do eu-pele aplicada ao grupo descreve com bastante precisão a experiência de objeto-grupo representada como um corpo. Todavia, quando adere à metáfora do corpo "grupal", corre o risco de servir a uma teoria tipicamente funcionalista, dando suporte à representação de que os membros do grupo são (e devem ser) solidários ao grupo como os "membros" são do corpo. Segundo essa perspectiva organicista, o corpo grupal e a pele do grupo são uma construção da crença, uma ilusão, uma representação, uma formação defensiva. Ao contrário, o conceito de envelope grupal qualifica a função de contenção, de filtro e de paraexcitação que os dispositivos de grupo têm que configurar para assegurar seu espaço próprio. "Um grupo, escreveu Anzieu (1995), é um envelope que mantém juntos os indivíduos. Desde que este envelope não esteja constituído, pode-se encontrar um agregado humano, não há o grupo" (KAËS, 2017, p. 50). O envelope psíquico grupal é a "rede que envolve os pensamentos, as palavras, as ações, que permite ao grupo constituir um espaço interno [...] e uma temporalidade própria" (KAËS, 2017, p. 50, tradução nossa).

Assim, a chegada de um bebê inaugura a família, criando vínculos de **filiação*** e **afiliação***, colocando em jogo os primeiros **vínculos intersubjetivos***, que se influenciam reciprocamente, formando os **contratos narcísicos*** e o **aparelho psíquico grupal***. Uma nova dinâmica se estabelece entre os sujeitos componentes desse grupo familiar e do envelope familiar, que é uma espécie de barreira que permite diferenciar o interior e o exterior da família. A interação da mãe com o bebê, desde os primeiros cuidados, passa a ser introjetado pelo bebê, em uma constante troca de projeções e introjeções, base sobre a qual a família passa a construir a sua própria identidade. Dessa forma, o psiquismo individual começa a se formar baseado em um determinado tempo histórico, político, social e cultural que o antecede e o influenciará em todo o seu desenvolvimento, assim como ele também passará a exercer influência sobre a dinâmica dos **vínculos*** que o antecedia. Mediante essa influência recíproca e constante, as manifestações somáticas de um dos membros repercutem em todos os níveis de todos os outros membros, bem como em toda a dinâmica familiar. Os **sintomas familiares*** são compreendidos como expressão de uma dinâmica familiar inconsciente conflitiva que – em consonância com McDougall (1984), para quem a somatização é um paradoxo enquanto manifestação de um aparelho psíquico individual – se for compreendida enquanto expressão de um **paciente identificado***, de um porta-sintoma da família, pode também ser compreendida como um paradoxo no sentido de causar sofrimentos ao indivíduo e, consequentemente, a todo o grupo familiar, ainda que desempenhando alguma função importante para a manutenção desse grupo, ou, até mesmo, como uma tentativa de denunciar os conflitos latentes nos vínculos dessa forma manifesta.

REFERÊNCIAS

ANZIEU, D. *Le moi-peau*. Paris: Dunod, 2006.

CUNHA, A. G. *Dicionário etimológico da língua portuguesa*. Rio de Janeiro: Lexikon, 2010.

DOLTO, F. *L'image inconsciente du corps*. Paris: Points, 1984.

JAITIN, R. *Clínica del incesto fraternal*. Buenos Aires: Lugar, 2010.

KAËS, R. *Les théories psychanalytiques du groupe*. Paris: PUF, 2017.

McDOUGALL, J. *Théâtre du corps*. Paris: Gallimard, 1989.

SARTI, R. *Psicossomática: história e contexto*. Monografia (Especialização em Saúde Mental) – Universidade de Ribeirão Preto, Ribeirão Preto, 2011.

Subjetivação

Sandra Aparecida Serra Zanetti

CONCEITO

É o processo de transformação do sujeito assumido pelo Eu, que "está sob o efeito da intersubjetividade, isto é, das situações dos sujeitos do inconsciente do vínculo" (KAËS, 2011, p. 224). Portanto, "a condição do processo de subjetivação é a intersubjetividade" (p. 224), e é no espaço **intersubjetivo*** que o sujeito é "representado e procura se fazer representar nas relações de objeto, nas imagos, identificações e fantasias inconscientes de um outro e de um conjunto de outros" (p. 225).

ETIMOLOGIA

Do latim *subjectivus*, aquilo que é relativo ao sujeito, individual, pessoal + ação, refere-se à ação de tornar subjetivo o que é relativo ao sujeito (CUNHA, 2012).

EVOLUÇÃO HISTÓRICA DO CONCEITO

Para falar de subjetivação, os conceitos de sujeito, subjetividade e intersubjetividade serão necessariamente também abordados. Contudo, trata-se de conceitos que podem ser compreendidos sob vertentes diferenciadas do conhecimento, podendo passar pelo campo da filosofia, da sociologia, da psicologia, da psicanálise, e, em cada um desses campos, esses conceitos serão investidos de significados e olhares próprios, em um entrelaçamento com a dinâmica de cada área do conhecimento, naquilo que envolve a tentativa de decifrar as experiências do humano. Portanto, para a compreensão da evolução do conceito de subjetivação, no que se refere a um percurso que visa alcançar a ideia do conceito já definido aqui, definições provenientes do campo da psicologia e da filosofia e posteriormente da psicanálise serão consideradas.

O campo das psicologias, para Coelho Junior e Figueiredo (2004), confronta-se, cada vez mais, "com as exigências éticas colocadas pela necessidade de reconhecimento da **alteridade*** como elemento constitutivo das subjetividades singulares" (p. 10). Contudo, consideram que foi a vertente filosófica fenomenológica que trouxe ao primeiro plano o estudo do conceito e da experiência da intersubjetividade, quando Edmund Husserl (1929/1969), em seu pioneirismo, "desenvolveu argumentações centrais quanto à fundamental importância da experiência intersubjetiva para toda e qualquer forma de conhecimento de si e do outro" (COELHO Jr.; FIGUEIREDO, 2004, p. 10). Os trabalhos de Scheler, Heidegger, Merleau-Ponty e Lévinas deram prosseguimento ao trabalho de Husserl, porém foram capazes de explorar o tema da intersubjetividade em outras dimensões (COELHO Jr.; FIGUEIREDO, 2004).

Por outro lado, com repercussões menos profundas e amplas, Coelho Junior e Figueiredo (2004) destacam George Herbert Mead, proveniente do chamado behaviorismo social, que, desde o começo do século XX até a década de 1930, construiu uma nova concepção do Eu e de mim (*self*), fundamentada na "pressuposição do caráter social e intersubjetivo dos gestos e comportamentos do sujeito dirigidos a outros sujeitos, e dos significados que os indivíduos implicados nessa trama social produzem para o mundo, para a própria vida e a própria pessoa" (COELHO Jr.; FIGUEIREDO, 2004, p. 11).

No entanto, não parece haver dúvida, tanto para Mead como para os filósofos fenomenólogos, que existe na formação do *self* um Outro, um *self* generalizado, apontam os autores. Ou seja, para todos esses autores, de alguma forma podemos perceber que o outro *self* sente e o que ele percebe (COELHO Jr.; FIGUEIREDO, 2004).

Ainda no campo da filosofia, encontraremos pensadores como Deleuze, Guattari e Foucault, que relacionam esses conceitos à dimensão política da vida (MANSANO, 2009). Foucault (2004), por exemplo, considera que os modos de subjetivação envolvem uma escolha estética e política, por meio da qual se acolhe um determinado tipo de existência. "Os modos de subjetivação podem tomar as mais diferentes configurações, sendo que estas cooperam para produzir formas de vida e formas de organização social distintas e, cabe insistir, mutantes" (MANSANO, 2009, p. 114). Portanto, o que consideramos importante é notar que o campo da filosofia vem nos oferecer um olhar que aborda a constituição subjetivação num enlace necessário com o outro, ou mais de um outro, e o campo da psicologia procura se apropriar disto.

Se tomarmos a psicanálise de Freud, o conceito de construção subjetiva baseia-se, num primeiro momento, na metapsicologia do aparelho psíquico

intrasubjetivo*. A hipótese de que esta construção está ao mesmo tempo invariavelmente envolvida com algo a mais, um oponente, um modelo, um auxiliar ou um adversário será anunciada em "Psicologia de grupo e a análise do ego" (FREUD, 1921/2006). Dessa maneira, o autor passou a compreender, após essa obra, que desde o princípio, das relações mais primitivas da infância, poderíamos dizer que a psicologia individual é também psicologia social. Assim, deixa-se de lado a concepção solipsista de um aparelho psíquico individual e começa-se a considerar a determinação do sujeito com fundamento em um campo **intersubjetivo***, tendo em vista a exigência de trabalho psíquico imposta ao psiquismo por meio do trabalho da cultura (KAËS, 2005). Segundo Freud (1921/2006), os laços de um grupo têm a natureza da identificação, processo pelo qual o ego se enriquece com propriedades do objeto, introjetando o objeto em si próprio.

Para Kaës (2011), encontramos nessa obra "um dos enunciados fundadores de uma abordagem intersubjetiva do sujeito, ao mesmo tempo em que a hipótese de que o conjunto dos outros forma uma Gruppenpsyque" (p. 27). Nesse contexto, portanto, a hipótese sustentada é a de que "o inconsciente de cada indivíduo leva a marca, na sua estrutura e nos seus conteúdos, do inconsciente de um outro, e, mais precisamente, de mais de um outro" (KAËS, 1998, p. 14). A noção de sujeito que utiliza Kaës (2011) define-se como um "modo de existência do indivíduo na medida em que se encontra sob o efeito de uma ordem da realidade que o governa e o organiza: suas pulsões, suas fantasias, seus desejos e seus conflitos inconscientes" (p. 51).

Contudo, em sua concepção, o sujeito não é dividido somente a partir de dentro, pelo efeito da cisão criada pelo inconsciente, mas divide-se também "entre a realização de seu próprio fim e o lugar que ele deve assumir nos vínculos que o constituíram" (KAËS, 2011, p. 51). Esta segunda divisão é também estrutural, na hipótese de Kaës (2011), e exerce um efeito decisivo na formação do sujeito do inconsciente. Este refere-se a um sujeito submetido às formações e aos processos do inconsciente, estando, portanto, sob o efeito de "uma ordem, de uma instância, de uma lei que o constitui em sujeito" (KAËS, 2011, p. 222).

> Especifiquemos esta hipótese: os mecanismos de correcalque ou de denegação conjunta, os contratos que fundam o narcisismo do sujeito e do conjunto, e de maneira mais geral as alianças inconscientes, desempenham um papel determinante nas modalidades constitutivas do inconsciente do sujeito, em seus conteúdos,

nas condições do retorno do recalcado e da formação dos sintomas. (KAËS, 2011, p. 51)

Para concluir, se retomarmos o significado do termo subjetivação como a "ação de tornar subjetivo o que é relativo ao sujeito", baseando-se na obra de Kaës, que se apropriou dos ensinamentos de Freud e soube explicar, para além de descrever, o que é o **intersubjetivo***, poderíamos traduzir essa definição pela capacidade do sujeito de se representar por meio do processo de apropriação daquilo que o constitui em meio às intersubjetividades. Isso é o que dá a ele a noção de pertencimento e o que permite a construção da própria subjetividade, num processo de transformação, de criação, do material que é recebido e transmitido por meio da **herança*** psíquica familiar. É por esse processo que o indivíduo também se torna, por um lado, autor, e, por outro, proprietário de sua herança. Em última instância, é algo que representa e permeia a história pessoal, familiar e da própria civilização.

REFERÊNCIAS

COELHO Jr., N.; FIGUEIREDO, L. C. Figuras da intersubjetividade na constituição subjetiva: dimensões da alteridade. *Interações*, São Paulo, v. 9, n. 17, p. 9-28, jun. 2004.

CUNHA, A. G. da. *Dicionário etimológico da língua portuguesa*. Rio de Janeiro: Lexikon, 2012.

DICIO. *Dicionário online de português*. Porto: 7Graus, 2020.

FOUCAULT, M. *Ditos e escritos*. Rio de Janeiro: Forense Universitária, 2004. v. 5: Ética, sexualidade, política.

FREUD, S. Psicologia de grupo e a análise do ego. In: *Edição standard brasileira das obras psicológicas completas de Sigmund Freud*. Rio de Janeiro: Imago, 2006. v. 18: Além do princípio de prazer psicologia de grupo e outros trabalhos, p. 79-154. (Trabalho originalmente publicado em 1921).

HUSSERL, E. *Méditations cartésiennes*. Paris: Vrin, 1969. (Trabalho originalmente publicado em 1929).

KAËS, R. Os dispositivos psicanalíticos e as incidências da geração. *In:* EIGUER, A. *A transmissão do psiquismo entre gerações: enfoque em terapia familiar psicanalítica.* São Paulo: Unimarco, 1998. p. 5-19.

KAËS, R. La structuration de la psyche dans le malaise du monde moderne. *Études, recherches, actions em santé mentale em Europe,* v. 1, p. 239-256, 2005.

KAËS, R. *Um singular plural: a psicanálise à prova do grupo.* São Paulo: Loyola, 2011.

MANSANO, S. R. V. Sujeito, subjetividade e modos de subjetivação na contemporaneidade. *Revista de Psicologia da Unesp,* v. 8, n. 2, 2009.

Sublimação

Rosely Pennacchi

CONCEITO

Trata-se de uma modificação da orientação originalmente sexual de um impulso ou de sua energia, de maneira a levar a um outro ato aceito e valorizado pela sociedade; transformação de um motivo primitivo e sua colocação a serviço de fins considerados mais elevados como a atividade religiosa, artística e intelectual, exemplos típicos de sublimação. É um dos destinos da **pulsão***, conceito fundamental na teoria freudiana em sua relação com o desejo e a repetição. As pulsões são manifestações parciais, manifestações de uma única força que é o desejo, constante em sua pressão e eterno em sua busca, diferentemente de necessidade.

ETIMOLOGIA

Do latim *sublimatio,ónis*, ação de elevar, exaltar, ação de purificar; do latim *sublimare*, elevar para o alto, relação com o sublime (LONGINO, 1973).

EVOLUÇÃO HISTÓRICA DO CONCEITO

A sublimação não implica a dessexualização, mas a canalização da pulsão. Podemos dizer que a castração não se opõe ao desejo, mas o engendra. A pulsão, para Lacan, insiste em todas as formações do inconsciente, mas não consiste em nenhuma delas. Cabe perguntar: como se articula o desejo com a pulsão? As raízes e a energia do processo de sublimação são pulsionalmente sexuais (pré-genitais, orais, anais, fálicas), enquanto a conclusão desse processo é uma realização não sexual de acordo com os ideais simbólicos e valores sociais de uma determinada época. O conceito de sublimação responde à necessidade de dar conta da origem sexual do impulso criador do homem. A sublimação envolve o cerceamento imposto à atividade pulsional para um desvio do curso, do fluxo, para uma satisfação diferente da satisfação sexual. O elemento que impõe esse desvio não é a censura, mas o ideal do eu que exalta, guia e envolve a capacidade plástica da pulsão, enquanto o eu ideal inicia e orienta a sublimação. Para Lacan, o eu ideal tem a ver com o olhar idealizado dos pais. Para se transformar em ideal do eu é necessário romper com a alienação que pressupõe o eu idealizado, ou seja, assumir a castração. Eu ideal e ideal do eu são duas instâncias relacionadas a duas formas de se conectar com o outro. No eu ideal, o sujeito se encontra alienado no outro por ver-se capturado por uma ilusão narcisista de estar completo. No ideal do eu, pressupõe-se a alteridade como forma de se relacionar. Para Lacan, ideal do eu designa a instância da personalidade cuja função no plano simbólico é regular a estrutura imaginária do eu, as identificações e os conflitos que regem suas relações com seus semelhantes. A especificidade das produções artísticas, intelectuais e científicas elaboradas com a força sexual de uma pulsão sublimada reside sobretudo em sua qualidade de objetos imaginários. Essa imagem provoca no espectador uma satisfação não sexual semelhante ao movimento pulsional, que ocorre na sublimação. A marca do "eu", do criador, mostrada na obra de arte como apresentada, cria no espectador seu específico desejo diferente do desejo do criador. Cria um desejo de desejo.

Freud menciona pela primeira vez o termo "sublimação" na carta de 2 de maio de 1897 a Fliess, quando, ao falar das fantasias histéricas, diz que as fantasias são edifícios protetores, sublimações de fatos, embelezamento deles e ao mesmo tempo servem de autodescarga. Em 1908 ("Moral sexual civilizada e doença nervosa moderna"), a sublimação implica a inscrição da pulsão sexual no registro da cultura por meio de uma dessexualização da pulsão; haverá um deslocamento do registro erótico para o espiritual, transformando o objeto ruim" em objeto sublime. Em 1910, em "Leonardo da Vinci e uma lembrança da sua infância", Freud diz que na sublimação não há recalque das pulsões sexuais, mas sim a passagem direta para a produção de objetivos sublimes. Em 1914, em "Introdução ao narcisismo", Freud apresenta na sublimação uma ultrapassagem do recalque. É somente em 1915, em "Os instintos e suas vicissitudes", que Freud vai afirmar que as pulsões têm sua origem numa fonte puramente somática, entendendo-se por fonte somática o órgão do qual provém tanto a excitação como o próprio processo de excitação. É a fonte, junto com o objetivo, que confere à pulsão parcial a sua especificação. Nesse texto, falará dos destinos da pulsão. Em 1915, Freud fez um estudo comparativo do luto e do processo melancólico, publicado em 1917 como "Luto e melancolia". Diante do reconhecimento do desaparecimento do objeto externo, o sujeito precisa realizar um certo trabalho, o trabalho de luto. A libido precisa se desligar das lembranças, esperanças, ambições que a relacionavam ao objeto desaparecido, para que volte a ser livre e possa ocupar-se de outras coisas. Para haver a sublimação da pulsão é fundamental que tenha ocorrido o luto pela perda do objeto primordial, ou seja, a transformação do eu ideal em ideal do eu. O processo sublimatório promove um movimento de transformação psíquica. Não se trata de trocar um objeto por outro, mas de um funcionamento diferente que não passa pela alienação ao objeto, mas permite o surgimento da criação.

A sublimação não é um sintoma, nem realização sexual. Como já vimos, também não é uma produção substituta, nem evitação, nem velamento, nem defesa. O recalque enquanto defesa é produção substituta que tem efeito não total, algo escapa, sublimando-se.

Em relação à conjugalidade, podemos pensar em um casal que não resistiu à desilusão de muitos sonhos, de uma vida "feliz e plena", que interrompe a relação e separa-se, ou vive junto, brigando. Um casal também pode tentar perpetuar, bem ou mal, a ilusão que mantém o estado amoroso e a relação, diminuindo os questionamentos sobre o vínculo, podendo suprimir ou negar os aspectos insatisfatórios do outro. O modo como cada um lidou no passado com seus sentimentos de castração vai permitir que tanto um quanto o outro aceite a própria castração, assim como a do parceiro. Isso faz nascer uma nova solidariedade, na qual o amor é menos "egoísta", menos onipotente. Ama-se o outro pelo que ele é, e pelo que ele simboliza. Como conseguir isso? A relação pode nos proteger da solidão e desenvolver uma prática constante de conversa, mas no momento em que as palavras perdem a eficácia, a violência pode se instalar e complicar a relação. Os desejos do homem e da mulher não são simétricos. A não homogeneidade de posições é estruturante, isso nos faz pensar na afirmação de Lacan de que a relação sexual não existe e que o encontro sexual será sempre faltoso. Não existe "relação sexual", mas isso não implica que não exista "conjunção sexual".

Relação é um conceito matemático que envolve dois elementos iguais. Como pensar uma relação entre um homem e uma mulher se eles são diferentes? A ideia geral é que o amor é um pensamento que envolve uma ideia de diferença. Como avaliar o quanto de amor cada um dá? Uma relação deve ser uma relação real entre dois termos. Se esses termos são realmente diferentes, a relação deve conter essa diferença e mostrar essa diferença. A relação entre homem e mulher não é simétrica, ou seja, nenhum dos termos pode ocupar o lugar do outro, salvo se os termos são exatamente os mesmos. Se afirmamos que não existe relação sexual, afirmamos que não existe, entre homem e mulher, uma relação de ordem. Toda a ordem sexual é imaginária, portanto sexualmente o que existe é desordem. Podemos afirmar que não existe relação sexual, pois o desejo é desordem. O ser humano está condenado a enfrentar o sexo sem poder ter a chave para decifrar o mistério nele contido. Para o ser humano o sexo não é natural porque não existe regra para o desejo. Freud propôs uma tensão dialética entre uma sexualidade consciente e a ordem sexual inconsciente. A sexualidade dissociada da dimensão da fantasia, do desejo, produz a fragmentação do corpo do Outro, reduzindo-o a um instrumento de gozo, uma relação com um pedaço do corpo. Para Freud, toda vida amorosa porta a inibição primeira da pulsão sexual total quanto ao alvo, e o estado amoroso não é nada mais do que uma repetição de reações infantis. No texto "Sobre a tendência universal à depreciação na esfera do amor", número II, Freud (1912/1980) afirma que encontrar um amor é na verdade reencontrá-lo, mas é também descobri-lo e de certa maneira inventá-lo.

A castração abrange a ferida narcísica e o sentimento de solidão, isto é, uma incompletude, a presença permanente de uma lacuna, a busca incessante de algo que falta e é impossível de ser conquistado. Outra constatação difícil é que o amor engloba um jogo de desejos cujas regras nunca são definidas e são impossíveis de serem controladas. Amamos o outro ou o amor que sentimos por ele?

Imaginar uma complementaridade de desejos não é uma boa ideia. A falta e a diferença continuam a desempenhar seu papel nas nossas ligações. Não é fácil viver juntos! Não dominar ou possuir o outro, mas ser amado, protegido, consolado, compreendido e perdoado talvez sejam bons objetivos para uma vida em comum. Dado que o desejo arcaico de simbiose existe, busca-se a cumplicidade perfeita; mas a dependência traz muitos problemas. Muitos ressentimentos e mágoas aparecem aí.

No momento da descoberta amorosa, registros diferentes se sobrepõem: realidade, fantasia, ficção. Com o desenvolvimento da relação amorosa pode ocorrer uma defasagem entre a expectativa colocada sobre o outro e o que ocorre na realidade, provocando decepção ou uma série de reivindicações, na tentativa de que o outro corresponda ao modelo sonhado. Ama-se somente enquanto o amado puder sustentar para o amante a circulação do desejo e fazer circular constantemente Eros na relação; não é tarefa fácil! Um usa o outro como cabide

Sublimação

de suas próprias fantasias. Certamente, processos sublimatórios terão que entrar em ação ao negociar com o(a) parceiro(a) os desejos de liberdade, períodos de desenvolvimentos diferentes, ambições diversas. Atualmente, nos deparamos com pouca disponibilidade aos sacrifícios e o altruísmo encontra seus limites, principalmente na relação conjugal, na qual se exige reciprocidade e renúncias.

Que investimentos libidinais uma vida de casal supõe? Uma certa ilusão deve sempre continuar, e como lidar com uma certa perversidade própria ao amor, à paixão e a qualquer relação de casal?

Atualmente, os ideais se apresentam de modo múltiplo e heterogêneo, com constantes variações, e os casais e famílias já se configuram de modo diferente, variando em suas conformações e estilos. As desarticulações entre sexualidade e reprodução trouxeram consequências enormes para o conceito de família, **parentalidade*** e **conjugalidade***. Tais alterações levam a um eclipse da diferença geracional, deixando a família assemelhar-se a um grupo de irmãos, no qual às vezes os pais parecem jovens desconcertados e os filhos assumem funções de precoce autonomia.

Falar de gerações é falar de diferenças, transmissão, regras de sucessão, relação pai e filho, lei, limite, Outro, dívida, filiações. É necessário que os jovens tenham a quem se opor. Opor-se é necessário para quem delineia sua forma e busca identidade; o confronto (entre/de) gerações é um processo essencial, pois protege, possibilita o desenvolvimento e a instalação da vida subjetiva e preserva o sujeito da alienação. A denegação das diferenças das gerações provoca severas perturbações na identidade; o sujeito que não atravessa o necessário e inevitável confronto apresentará carência de relevo, de densidade, de limites preciosos, ficando preso por um angustiante e incessante exílio interior e exterior, instabilidade e falta de referências.

Os pais são necessários, pois trazem a diferença necessária para a noção de autoridade; constituem-se no terreno para as identificações, desidentificações e reidentificações. A "tensão" com o diferente é fortificante (se dois são iguais, um é desnecessário!). Os pais podem ajudar não tendo medo de se confrontar com seus filhos, os filhos não podem perder o direito de serem cuidados como filhos. Eclipsar o confronto ou seus desdobramentos mantém vínculos mesclados de superproteção e, consequentemente, infantilização.

A relação pai, filhos, avós exige uma dissimetria radical entre a função parental e filial, e, para isso, pais e filhos precisam atravessar diferentes e complexas elaborações psíquicas. Quando se estabelecem lugares, tornam-se possíveis deslocamentos, construção, movimento! O indivíduo se faz sujeito quando rompe o próprio egoísmo e abre-se para o outro, quando se descobre investido e chamado pelo outro. O ato de encarregar-se do outro nasce da consciência da diferença e da complementaridade. É força amadurecida, exige esforço e planejamento.

É no encontro do diferente que eu vou saber quem eu sou, o diferente de mim me dá a própria consciência de mim. A relação com a diferença é uma relação ética.

O outro, a **alteridade*** não anula minha liberdade, não me destrói – é uma relação ética porque envolve comprometimento, investimento, misericórdia.

O cotidiano das relações demanda coragem, calma e muita vontade de ouvir e falar.

A psicanálise é convocada, pois, a responder sobre os caminhos que nos permitem reencontrar o próximo. É a sublimação que abre uma via de reconciliação como o Outro na sua estranheza, na sua alteridade absoluta.

Dada a diversidade de formas das relações humanas em um período de desregulamentação e informalização de vínculos afetivos, criar e reinventar talvez sejam os verbos mais adequados para o momento.

REFERÊNCIAS

BLEICHMAR, H. *Introdução ao estudo das perversões*. Porto Alegre: Artes Médicas, 1984.

CYPEL, L. *A parte perversa da personalidade e seu espectro no processo de subjetivação, dessubjetivação*. Comunicação pessoal. São Paulo, 2005.

HOUAISS, A. *Dicionário eletrônico Houaiss da língua portuguesa 3.0*. Rio de Janeiro: Objetiva, 2009.

FREUD, S. Os instintos e suas vicissitudes. In: *Edição standard das obras psicológicas completas de Sigmund Freud*. Rio de Janeiro: Imago, 191980. v. 14. (Trabalho originalmente publicado em 1915).

FREUD, S. Introdução ao narcisismo, ensaios de metapsicologia e outros textos. In: *Edição Standard Brasileira das Obras Psicológicas Completas de Sigmund Freud*. Rio de Janeiro: Imago, 1980. v. XIV. (Trabalho original publicado em 1914-1916).

FREUD, S. Leonardo da Vinci e uma lembrança da sua infância. *In: Edição Standard Brasileira das Obras Psicológicas Completas de Sigmund Freud*. Tradução de J. Salomão. Rio de Janeiro: Imago, 1980. v. 11. p. 53-124. (Trabalho original publicado em 1910).

FREUD, S. Luto e Melancolia. *In: Edição Standard Brasileira das Obras Psicológicas Completas de Sigmund Freud*. Rio de Janeiro: Imago, 1980. v. XIV. (Trabalho original publicado em 1917).

FREUD, S. Moral sexual civilizada e doença nervosa moderna. *In: Edição Standard Brasileira das Obras Psicológicas Completas de Sigmund Freud*. Rio de Janeiro: Imago, 1980. v. IX. (Trabalho originalmente publicado em 1908).

FREUD, S. Sobre a tendência universal à depreciação na esfera do amor (número II). *In: Edição Standard Brasileira das Obras Psicológicas Completas de Sigmund Freud*. Rio de Janeiro: Imago, 1980. v. XI. (Trabalho original publicado em 1912).

GERMÁN, L. G. *Política do sintoma*. São Paulo: Cespuc-Hacker, 1997.

LACAN, J. *Escritos*. México: Siglo Veintiuno, 1971. v. 1: El estádio del espejo como formador de la función del jo (je) tal como se nos revela en la experiência psicoanalítica.

LONGINO, D. *Do sublime*. Brasília: Rio, 1973.

MASSON, J. M. (ed.). *A correspondência completa de Sigmund Freud para Wilhelm Fliess: 1887-1904*. Tradução de Vera Ribeiro. Rio de Janeiro: Imago, 1986. (Coleção Psicologia Psicanalítica).

PENNACCHI, R. *A relação entre o desejo do homem e a posição masculina*. Trabalho apresentado no Congrès International de Psychanalyse de Couple et de Famille. Le psychanalyse face aux familles e aux couples du XXI siècle: de nouveau défis techniques. Padoue, 25-28 jul. 2012.

Sujeito do vínculo

Maria Aparecida Quesado Nicoletti

CONCEITO

Em um vínculo significativo estabelecido entre dois adultos, por exemplo, um casal, são produzidas marcas inconscientes originárias, próprias do pertencimento a essa relação. Elas estabelecem uma suplementação do eu-sujeito, constituído na infância dos sujeitos do casal e instituído novamente como sujeito na relação de casal: é o **sujeito do vínculo*** (BERENSTEIN, 2001, p. 14).

ETIMOLOGIA

Sujeito, do latim *subjectus,a,um*, posto debaixo, colocado, situado abaixo. Durante o feudalismo, indivíduo dependente de um suserano; súdito, vassalo. Pessoa indeterminada, cujo nome não se sabe ou não se quer revelar. Conforme o pensamento aristotélico, ser real, substância ou realidade permanente à qual são atribuídas transformações, qualidades ou acidentes. Vínculo, do latim *vincŭlum,i*, cadeia, atadura. (MICHAELIS, 2020).

EVOLUÇÃO HISTÓRICA DO CONCEITO

Sujeito do vínculo é uma das expressões propostas por Isidoro Berenstein no curso de sua contribuição para o desenvolvimento teórico e prático da psicanálise de casal e família, na Argentina, durante os anos 1990. Trata-se de expressão linguística usada para representar os novos desenvolvimentos teóricos relacionados com os métodos e as teorias que hoje embasam a psicanálise de casal e família, notadamente, a diferença existente na relação entre sujeitos e aquela estabelecida nas relações objetais, por ele consideradas solipsistas.

Alberto Eiguer afirma que, "quando colocamos dois sujeitos no mesmo plano, sem privilegiar um ou outro, já estamos numa concepção diferente da utilizada pela psicologia solipsista" (EIGUER, 2012, p. 23).

A noção de vincular nasceu em oposição ao conceito "objeto":

> Deve-se diferenciar entre o objeto externo e o outro, visto que o primeiro está centrado no eu, do qual é objeto, enquanto o segundo se opõe ao eu, como seu contrário; lhe oferece a possibilidade de uma característica nova; propõe uma apresentação, que é maior do que a re-presentação e o enfrenta com uma *ajenidad*. (BERENSTEIN, 2004, p. 34)

No mundo vincular de um casal, por exemplo, espera-se que as relações intersubjetivas do par ocorram entre subjetividades individuais, de estaturas intrapsíquicas similares (daí a não referência a objeto, na vincularidade de casal). Cada um busca no outro a complementaridade estável, não apenas sexual, mas também o protagonismo no legado transgeracional de seus antepassados, a ser transmitido para a próxima geração.

Embora o vincular e a vincularidade tenham sido estudados por diferentes autores, como Eiguer, Moguillansky, Nussbaum, Puget e outros, foi Isidoro Berenstein (BERENSTEIN, 2001) quem propôs, conceituou e delineou os constituintes do vincular: o vínculo **entre*** sujeitos; as modalidades de relações na família; a relação de objeto na ausência do outro; a ***ajenidad**** no vínculo; a **presença*** e a **ausência*** no vínculo; a relação entre vínculo e pulsão; a **imposição*** no vínculo e a origem da marca subjetiva, no vínculo.

Por outro lado, a psicanálise vincular de casal e família constitui uma extensão socioadaptativa da psicanálise tradicional, na medida em que desaloja o eu de sua egocentricidade absolutista para dar lugar ao outro, reconhecido em sua **alteridade*** e *ajenidad*.

REFERÊNCIAS

BERENSTEIN, I. El vínculo y el otro. *Psicoanálisis APdeBA*, Buenos Aires, v. 23, n. 1, p. 9-23, 2001.

BERENSTEIN, I. *Devenir otro con otro(s). Ajenidad, presencia, interferencia.* 1. ed. Buenos Aires: Paidós, 2004. cap. 1 p. 21-42.

MICHAELIS DICIONÁRIO brasileiro da língua portuguesa. 2020. Disponível em: https://michaelis.uol.com.br/moderno-portuguesa/. Acesso em: 4 jun. 2020.

EIGUER, A. Os vínculos intersubjetivos na família: função da identificação. *In:* GOMES, I. C.; FERNANDES, M. I. A.; BLAY LEVISKY, R. (org.). *Diálogos psicanalíticos sobre família e casal.* São Paulo: Zagodoni, 2012. cap. 1, p. 19-32.

MOGUILLANSKY, R. A introdução da perspectiva vincular: um novo sujeito da psicoterapia e da psicanalise: a família. *In:* MOGUILLANSKY, R.; NUSSBAUM, S. *Psicanalise vincular: teoria e clínica.* Buenos Aires: Zagodoni, 2011. v. 1, cap. 1, p. 15-33.

Tipologia do casal

Mauro Hegenberg

CONCEITO

Em 1931, em seu artigo "Tipos libidinais", Freud compõe três tipos psicológicos: obsessivo, narcísico e erótico (atualmente denominados neurótico, narcísico e anaclítico).

Na *tipologia do casal* esboçada por Eiguer (1984/1991), os casais podem ser organizados em três tipos: neuróticos, narcísicos e anaclíticos.

ETIMOLOGIA

Tipologia, do latim *typus*, modelo, imagem (DICIONÁRIO PRIBERAM, 2008-2020). Tipo pode ser definido como uma série de características que definem as coisas, como a qualidade comum usada para separar os indivíduos ou coisas em grupos: cantores do mesmo tipo, tipo de música, por exemplo.

Lógos, do grego *logos*, linguagem; pensamento ou razão; norma ou regra (DICIONÁRIO PRIBERAM, 2008-2020). Logia é usado como segundo elemento de várias palavras compostas e indica: conhecimento de; explicação racional de; estudo de.

Em psicologia, *tipologia* é o estudo sistemático dos traços de caráter; é uma abordagem que não privilegia a singularidade, mas padrões de funcionamento psíquico comuns a determinados grupos de pessoas.

EVOLUÇÃO HISTÓRICA DO CONCEITO

A tentativa de descrever o ser humano em tipos psicológicos é tema antigo. O filósofo grego Hipócrates (480-377 a.C.) descreveu quatro tipos de temperamento: sanguíneo, fleumático, colérico e melancólico.

Ernst Kretschmer (1921) baseou sua tipologia em três tipos principais de aspectos corporais: leptossômico (magro, frágil: Dom Quixote, por exemplo); atlético (musculoso, ossos grandes: Batman, por exemplo) e pícnico (gordo, atarracado: Sancho Pança, por exemplo). Cada um desses tipos estaria associado a certas características de personalidade, e, em formas extremas, de psicopatologia.

Carl Jung (1921/1991) postula dois grandes tipos de caráter: extrovertido e introvertido. Em 1931, em seu artigo "Tipos libidinais", Freud compõe três tipos psicológicos: os tipos obsessivo, narcísico e erótico, que correspondem, respectivamente, aos tipos neurótico, psicótico e anaclítico (ou estado limite) de Bergeret (1974/1985), sendo possível relacioná-los às angústias básicas de todo ser humano: de castração, de fragmentação e de separação (ou de perda do objeto). A seguir, exploraremos os tipos e suas angústias.

- Angústia de fragmentação (tipo narcísico): é uma das angústias mais primitivas que nos acompanha. Para Klein (1946/1991), o bebê nasce imerso na posição esquizoparanoide, cuja principal característica é a fragmentação do ego. Seguindo a posição esquizoparanoide de Klein e as teorizações de Bergeret (1974/1985), é possível tecer um estilo de personalidade a partir da composição do tipo libidinal narcísico de Freud (1931/1969c).

  Nesses termos, as pessoas influenciadas pela angústia de fragmentação são permeadas pela questão da organização/desorganização. São profundas, mais próximas do id, centradas nelas mesmas, estabelecendo delicada relação com o ambiente potencialmente desestruturador. Alguns são confusos, às vezes são desconfiados, outros são obsessivamente rígidos para evitar a desorganização. Em geral têm um mundo interno rico, são criativos, com ideias próprias, em função de a instância dominante ser o id. Preferem amar a ser amados. A relação de objeto é fusional. Para se defenderem de uma opinião potencialmente invasiva e desorganizadora, podem se tornar teimosos. Segundo Freud, "podem assumir o papel de líderes" (1931/1969c, p. 252-253). O terapeuta, diante desses pacientes, tende a organizá-los.

- Angústia de separação (tipo anaclítico): diversos autores, como Freud (1914/1969a), Klein (1948) e Bowlby (1969), teorizaram a respeito da importância da angústia de perda do objeto, ou de separação, na estruturação do psiquismo do ser humano.

  Partindo do princípio de que o bebê humano nasce prematuro e depende da mãe/ambiente para sobreviver, John Bowlby, em suas pesquisas e publicações sobre a separação nas décadas de 1940 a 1970, considerou o apego como um mecanismo básico dos seres humanos, ligado a uma necessidade básica de proteção e de segurança.

Seguindo o tipo libidinal erótico de Freud e os estudos sobre personalidade de Bergeret, pode-se compor o tipo anaclítico, baseado na angústia de separação: são pessoas "dominadas pelo temor da perda do amor e acham-se, portanto, especialmente dependentes de outros que podem retirar seu amor deles" (FREUD, 1931/1969c, p. 252).

Como a instância que predomina é o ideal do ego, são frequentes os conflitos com o objeto de apoio a partir da ambiguidade instalada com a equação dependência/independência. Segundo Freud, seu lema é: "amar, mas acima de tudo ser amado" (1931/1969c, p. 252). Na relação transferencial, o terapeuta tende a confortar, a apoiar.

- Angústia de castração (tipo neurótico): mesmo a angústia de castração não sendo tão primitiva como as de separação e de fragmentação, posto que ela se impõe mais tarde, por volta dos 4 a 5 anos de idade, ela é fundamental na constituição do ser humano.

Pode-se deduzir, a partir dos tipos libidinais descritos por Freud, que as pessoas apresentam formas de se relacionar entre si e com o mundo. Quando influenciadas pela angústia de castração, compõem o tipo neurótico: "pessoas dominadas pelo temor de sua consciência, em vez do medo de perder o amor" (FREUD, 1931/1969c, p. 252), ou seja, o conflito entre o id e o superego. Freud, referindo-se ao mesmo tema, as considera como pessoas de ação, que "nunca abandonarão o mundo externo, onde podem testar sua força" (1929/1969b, p. 103).

São pessoas distinguidas pela ambição e pela competitividade, dotadas de um superego severo e com defesas obsessivas. Os aspectos neuróticos levam a pessoa à ação, à conquista, à busca pelo poder, à disputa. Notam-se, nesse tipo, características tanto histéricas como obsessivas. São pessoas que levam o terapeuta a querer competir na relação transferencial ou a se sentir questionado, incompetente, castrado.

Não há um tipo de personalidade mais evoluído ou mais saudável que o outro. No âmbito desses tipos, a personalidade passa da normalidade à patologia, com variações de grau.

Freud (1931/1969c) alerta que os tipos puros são teóricos e que os tipos mistos são os clinicamente observáveis. Para ele, "nos sentimos no terreno firme da experiência quando nos voltamos para os tipos mistos, que podem ser observados com mais frequência do que os tipos não mistos" (FREUD, 1931/1969c, p. 253). Os tipos mistos enunciados por Freud são estes: anaclítico-neurótico, narcísico-neurótico e o narcísico-anaclítico.

Baseado nas tipologias de Freud e de Bergeret, Eiguer (1984/1991) propõe uma tipologia do casal com três tipos, próxima à tipologia de J. Willi (1975/1978). Para Eiguer (1984/1991), os casais os narcísicos (ou psicóticos) são organizados por simetria ou narcisicamente, os anaclíticos por apoio e os neuróticos pelo Édipo.

No casal narcísico predomina o controle, o desprezo, a procura de intenções negativas escondidas, e nele um tende a apontar as falhas do outro. O casal narcísico aspira à fusão total, sendo influenciado por fantasmas de interpenetração, de cerceamento e de aniquilação.

Alguns casais são simbióticos, fusionados; ou são casais que se defendem agressivamente da fusão (por exemplo, quando a relação se torna carinhosa ou erótica). Nos casais narcísicos são comuns sintomas como alterações psicóticas, autodepreciação, negação do outro, afirmação agressiva de si, além da recusa de comunicação.

Os vínculos narcísicos, embora possam se tornar complicados em um casal narcísico, estão presentes em todos os casais e servem como fator de união, justamente pelas suas características "psicóticas' inconscientes de fusão e de interpenetração.

Na visão de Eiguer (1984/1991), o casal anaclítico está fundado inconscientemente no medo da perda do objeto e se estrutura para ultrapassar esse sentimento de aflição, com o relacionamento servindo como apoio.

Cada membro do casal traz seus ideais, mas o ideal de ego conjunto do casal é uma representação da perfectibilidade do grupo em relação a seu próprio destino, a um projeto social, cultural e educacional para o casal e para a família. No casal anaclítico, esses ideais podem ser problemáticos devido ao alto grau dessas exigências.

Em função desses aspectos, o casal anaclítico tem de lidar com questões como forte/fraco, dependência/independência, daí decorrendo problemas de confiança um no outro e com os circunstantes (pais, parentes, amigos que abandonam). São sensíveis a mudanças nos vínculos, assim como os narcísicos, mas aqui a nostalgia predomina, enquanto o ressentimento prevalece no casal narcísico.

Em relação ao casal neurótico, a compreensão passará pelas questões ligadas à castração. O casal neurótico vive inserido intensamente nos vínculos libidinais, em que predominam temas como dificuldades sexuais (impotência, vaginismo, ejaculação precoce, por exemplo), a inveja, o poder fálico e a rivalidade profissional. Nesses casos, as relações extraconjugais são frequentes.

Eiguer faz menção a um casal perverso, com as características de frequentes agressões mútuas, verbais ou físicas, cabendo observar as características de base neuróticas, anacliticas e narcísicas em cada casal perverso considerado.

REFERÊNCIAS

BERGERET, J. *La personnalité normal et pathologique*. Paris: Dunod, 1985. (Trabalho originalmente publicado em 1974).

BOWLBY, J. *Apego e perda: apego, a natureza do vínculo*. São Paulo: Martins Fontes, 1990. v. 1. (Trabalho originalmente publicado em 1969).

DICIONÁRIO PRIBERAM da língua portuguesa. 2008-2021. Disponível em: https://dicionario.priberam.org. Acesso em: 24 out. 2020.

EIGUER, A. *La thérapie psychanalytique du couple*. Paris: Dunod, 1991. (Trabalho originalmente publicado em 1984).

FREUD, S. Introdução ao narcisismo. In: *Edição standard brasileira das obras psicológicas completas de Sigmund Freud*. Rio de Janeiro: Imago, 1969a. v. 14, p. 89-122. (Trabalho originalmente publicado em 1914).

FREUD, S. O mal-estar na civilização. In: *Edição standard brasileira das obras psicológicas completas de Sigmund Freud*. Rio de Janeiro: Imago, 1969b. v. 21, p. 81-177. (Trabalho originalmente publicado em 1929).

FREUD, S. Tipos libidinais. In: *Edição standard brasileira das obras psicológicas completas de Sigmund Freud*. Rio de Janeiro: Imago, 1969c. v. 21, p. 251-254. (Trabalho originalmente publicado em 1931).

KLEIN, M. Notas sobre alguns mecanismos esquizoides. In: *Inveja e gratidão e outros trabalhos*. Rio de Janeiro: Imago, 1991. (Trabalho originalmente publicado em 1946).

KLEIN, M. *Contributions to psycho-analysis*. London: Hogart, 1948.

JUNG, C. G. *Tipos psicológicos*. Petrópolis: Vozes, 1991. (Trabalho originalmente publicado em 1921).

KRETSCHMER, E. *Köperbau und Charakter*. London: Routledge, 1921.

WILLI, J. *La pareja humana: relación y conflicto*. Madrid: Morata, 1978. (Trabalho originalmente publicado em 1975).

Transferência

Maria Luiza Dias

CONCEITO

Em psicanálise, corresponde ao processo pelo qual os desejos inconscientes se atualizam sobre determinados objetos "no quadro de um certo tipo de relação estabelecida com eles e, eminentemente, no quadro da relação analítica", tratando-se de uma "repetição de protótipos infantis vivida com uma sensação de atualidade acentuada" (LAPLANCHE; PONTALIS, 2001, p. 668-669).

ETIMOLOGIA

O prefixo "trans" advém do latim e significa "através de"; "para além de" (CUNHA, 1986, p. 781). Transferência, do latim, *transferentia*, ato de levar algo ou pessoa de um lugar para outro; cessão de direitos (PRIBERAM, 2020).

EVOLUÇÃO HISTÓRICA DO CONCEITO

Zimerman (2001, p. 411) ressalta que o vocábulo transferência não é específico do vocabulário psicanalítico, pois é adotado em muitos outros campos, indicando "ideia de deslocamento, de transporte, de substituição de um lugar por outro, ou de uma pessoa por outra, sem que isso afete a integridade do objeto". Laplanche e Pontalis (2001) já haviam assinalado o uso amplo do termo.

Na psicanálise, o termo foi introduzido por Freud (1912/1976a), quando denominou como transferência o processo de retorno à situação anterior, que se renova na situação analítica. Ele afirmou: "Superamos a transferência mostrando ao paciente que seus sentimentos não se originam da situação atual e não se aplicam à pessoa do médico, mas sim que eles estão repetindo algo que lhe aconteceu anteriormente" (FREUD, 1917/1976c, p. 517). Isso porque o analista é colocado no lugar de alguém que o paciente teria tido em sua história pregressa.

Trata-se, portanto, de uma tendência do indivíduo a interpretar a sua experiência baseando-se no passado e movido por conteúdo inconsciente que deforma seus sentimentos e reações no relacionamento com outro indivíduo.

Desse modo, o indivíduo reproduz no presente as atitudes adotadas no início de sua vida em família ou com figuras significativas, sem que se aperceba desses processos, reeditando uma antiga relação vivenciada. A transferência é um fenômeno universal e não é restrita ao vínculo transferencial com o analista. Sobre isso, diz Lagache:

> Freud, Ferenczi e numerosos psicanalistas sublinharam que a transferência não era um fenômeno próprio da psicanálise, mas um fenômeno geral. Entretanto, admite-se quase sempre, na esteira de Freud, que os fenômenos de transferência são ativados e intensificados pelo fato de se estar em análise. Poderia ser cômodo, no decorrer de uma análise, distinguir as transferências analíticas, realizadas na relação entre o paciente e o analista, e as transferências extrapsicanalíticas, realizadas em outras relações que não as psicanalíticas; a este tipo de transferência dá-se, às vezes, o nome de "transferência lateral". (LAGACHE, 1990, p. 103)

Freud entendeu que a transferência na situação analítica funciona como um obstáculo, já que representa uma resistência que traz a dificuldade de levar em frente o tratamento. Em suas palavras: "Aprendemos que o paciente repete ao invés de recordar e repete sob as condições da resistência" (FREUD, 1914/1976b, p. 198). Em uma de suas conferências, ele afirmou que, para remover a resistência, a tarefa é descobri-la e mostrá-la ao paciente: "A repressão deve ser eliminada – e a seguir pode efetuar-se desimpedidamente a substituição do material consciente pelo inconsciente" (FREUD, 1917/1976c, p. 509).

Ao deslocar o passado sobre o presente, o indivíduo repete relações objetais, vínculos e suas relações (escolhas de objeto). Freud propôs uma divisão desse fenômeno segundo o tipo de afeto e de investimentos que estão em jogo. A transferência positiva propicia a realização da cura e da elaboração e subdivide-se em amistosa, que garante um vínculo de colaboração, que seria o motor da cura; e erótica, que corresponde à transferência de pulsões, desejos, **fantasmas*** de tipo amoroso-erótico sobre o analista, esta funcionando como resistência, como a transferência negativa, que corresponde à repetição de elementos hostis.

Muitos psicanalistas de gerações subsequentes adotaram essa abordagem, interpretando o passado no presente como parte de sua técnica analítica. Ruth Riesenberg Malcolm (1986/1990), por exemplo, em seu texto "Interpretação:

o passado no presente", abordou esse tema ao apresentar um relato de caso, em que demonstra como, ao interpretar a transferência, o(a) analista está simultaneamente interpretando passado e presente. De acordo com essa perspectiva, a gênese e a resolução dos conflitos do paciente só podem ser alcançadas e conseguidas interpretando-se o relacionamento do paciente com o analista. Ela assinala que as chamadas "interpretações genéticas", isto é, interpretações que se referem à história passada do paciente, não são o objetivo do trabalho analítico, mas "têm a função de dar ao paciente um sentido de continuidade em sua vida" (MALCOLM, 1986/1990, p. 89).

Em psicanálise de casal e família, o fenômeno da transferência foi abordado por algumas vertentes. Alguns autores aderem ao manejo da transferência no contexto da análise da díade conjugal ou das relações familiares. Vejamos alguns exemplos.

Alberto Eiguer (1995), ao propor que a família que se engaja em uma psicoterapia familiar psicanalítica faz a passagem por etapas no processo evolutivo da transferência, interessou-se por examinar a maneira como a família vê o terapeuta. Apontou que, por meio da transferência, os membros da família têm a oportunidade de elaborar seus conflitos, de evocar os traumatismos e **fantasmas***, e que o terapeuta poderá fornecer aos membros da família um estilo associativo mais flexível, de modo a abandonar um funcionamento estereotipado por um novo.

Eiguer afirmou que a primeira definição de transferência na terapia familiar data de 1981 e que foi retomada e analisada em 1983, sendo a que segue: "A transferência familiar é o denominador comum dos fantasmas e dos afetos ligados à psique comum ou a um objeto do passado familiar, que é referenciada ao terapeuta seja por um deslocamento, seja pela projeção" (EIGUER, 1995, p. 150). Esse autor acredita que a família que chega para atendimento psicanalítico passa por quatro fases na evolução do processo transferencial grupal:

- Fase 1: a família sofre a influência da clivagem, estabelecendo uma divisão entre o subgrupo familiar dos "sadios de espírito" e o subgrupo estabelecido pelo "**paciente identificado***". Essa oposição põe o terapeuta como alvo de projeções massivas, de resistências marcadas pela negação, pela chantagem ou sedução, de modo que ele tome partido em favor de um dos lados. Ele pode, ainda, ser tratado como enfermo ou criança.

- Fase 2: há uma mudança na orientação de sentido da clivagem, pois "os membros subvalorizados se tornam os *juízes* dos outros e, às vezes, seus pais" (EIGUER, 1995, p. 150). Emergem diferentes aspectos da cena primitiva, e o terapeuta simultaneamente é idealizado. Surgem os desentendimentos do casal, que passa a se perguntar sobre a origem do laço que os une.
- Fase 3: a clivagem muda de lugar, o lado de fora se revela hostil e, simultaneamente, o lado de dentro é idolatrado – surgem imagos fundadores com caráter de exaltação correspondente a um ancestral idealizado.
- Fase 4: dissolução das clivagens; elaboração das separações e das perdas.

No processo aqui descrito, o terapeuta, no início da terapia, é vivido como estranho, intruso (como os pais diante de um recém-nascido, antes de chegarem a experimentar um sentimento paterno ou materno). Em um segundo momento, o terapeuta passa a ser considerado como um familiar e é convocado a participar (como na fusão "mãe-criança-de-peito", ele representa o prato a ser devorado). Nessa fase, o recém-nascido encontra-se totalmente integrado à sua origem. No terceiro momento, o terapeuta é tido como um pai ou mãe adotivo (portador da lei, garantidor da estrutura).

A transferência reproduz, assim, o vivido mais primitivo, e o quarto personagem familiar é introduzido pela dupla paternidade ("um padrinho, um diretor, um professor, o avô – aquele que dá o nome" – EIGUER, 1998, p. 151): o pai simbólico/pai da cultura, que evoca objetos significativos, e o terapeuta passam a ser considerados como um pai adotivo. Nesse contexto, em geral não mais sofre ataques e não é mais visto como juiz. Para esse psicanalista, as três fases da transferência (estranho, familiar, adotivo) sobrepõem-se aos quatro períodos do processo da terapia, resultado das transformações operadas pela clivagem (dissociação/cisão). Em suas palavras:

> A fase do terapeuta visto como estranho evoca o primeiro período da clivagem enfermo/sadio de espírito. A fase seguinte (o terapeuta vivido como um familiar) reconduz ao segundo período, o da flexibilização das clivagens e da aparição da problemática parental, bem como ao terceiro período, o da "elação maníaca", quando a clivagem se redefine em relação à oposição dentro/fora. O período de transferência, quando o terapeuta é considerado como um pai adotivo, coincide

com aquele da resolução das clivagens, de entrada no Édipo, e, mais tarde, de sua ultrapassagem. (EIGUER, 1998, p. 156)

Nessa direção, Eiguer entende que, no decorrer do processo psicoterapêutico, ocorre a interiorização do quarto personagem familiar, que corresponde àquele com o qual não há laço de sangue, mas sim um caráter psíquico, de característica estruturante e coercitiva; de proteção e de instauração da lei.

Ao lado de autores que adotam a noção de transferência no olhar para a teoria e técnica psicanalíticas aplicadas ao grupo familiar, como o fez Eiguer, existe outra vertente, oriunda da **teoria das configurações familiares***, representada, principalmente, por Isidoro Berenstein (2004, 2011) e Janine Puget (2015), que critica a noção de transferência, alegando que qualquer experiência vivida no contexto relacional será sempre uma experiência nova, pois não edita como cópia exata a situação passada. Esses autores preferem utilizar o termo **interferência***, e não transferência, para marcar a proposição de que uma vivência nunca é repetida, embora algo do passado possa, ainda, estar presente. Vejamos o que diz Berenstein:

> O passado faz borda com a situação presente, modo de definir e recordar o atual, o conjunto de elementos indeterminados desde o fazer agora entre os sujeitos. Um desses elementos é a experiência e os registros daquilo realizado antes ou em outras situações com outros sujeitos. Na sessão psicanalítica, a transferência, produção atual com base em uma ausência, faz limite ou borda com a situação atual, a das presenças, e seu renovado obstáculo prefiro chamar de interferência. (BERENSTEIN, 2011, p. 154)

Cabe mencionar que Spivacow (2011, p. 85) também salientou que a transferência não se configura somente como repetição, mas ainda como "descoberta e invenção de modos de elaboração do conflito original".

A título de exemplo, para pensarmos a transferência dirigida ao analista, imaginemos um casal que iniciou uma sessão de psicoterapia psicanalítica em função de discussões e embates que vinham acontecendo repetidamente. Esses confrontos terminavam sempre com a esposa se sentindo prejudicada, incompreendida e maltratada, e o marido ficava como apaziguador da situação exaltada e empreendia ansiosamente grandes esforços para acalmar a esposa.

Em uma sessão de psicoterapia de casal, passados apenas cinco minutos iniciais do diálogo que havia se iniciado, a terapeuta dirigiu à esposa uma pergunta somente para esclarecer a evolução de uma das discussões ocorridas entre o casal. A pergunta, aparentemente inofensiva, fez emergir um vulcão de emoções na jovem senhora, que se levantou abruptamente e, enraivecida com a terapeuta, dirigiu-se para a porta de saída da sala, com a intenção de partir. Nervosa que estava, deixou cair sua bolsa no chão, que se abriu, derrubando inúmeros pequenos pertences. A terapeuta, vendo isso, teve o impulso de ajudá-la a recolher os variados objetos espalhados, mas recuou, sendo surpreendida por um olhar cheio de ódio que a senhora lhe dirigia, como se tivesse feito algo muito grave e culposo. Colheu tudo sozinha e partiu para a rua. O marido e a terapeuta restaram em silêncio, até que ele pediu que a terapeuta aguardasse pelo retorno deles, pois tentaria conversar com a esposa. Ficou por muitos minutos discutindo com ela na calçada à frente do consultório. Por uma vez voltou e perguntou à terapeuta se podia aguardar mais um pouco, pois ele, naquele dia, desejava até dobrar o tempo da sessão (enquanto a esposa nem na sala de atendimento conseguiu permanecer). Tendo seus esforços sido em vão, foram embora e deixaram a terapeuta com uma sensação (**contratransferencial***) de que não voltariam mais. Na sessão seguinte, a esposa logo no início, com aparência de envergonhada, desculpou-se, dizendo que havia sido inadequada, e a partir dali a conversa pôde acontecer. Cabe observar que, no episódio vivido pelo casal na sessão anterior, a esposa não mais contava sobre o que ocorria entre ela e o marido: havia vivido com a terapeuta o que lhes acontecia, dando a ela o lugar daquela figura indiferente, que preferia outra pessoa, que não a acolhia e sequer a compreendia – figura de seu passado, que por vezes enxergava em seu marido e havia posto sobre sua terapeuta, a despeito de toda a postura de presença e suporte afetivo por parte dela. O marido, por sua vez, pôde revelar a modalidade de ação que assumia naquelas circunstâncias, de modo complementar: enquanto um no par nem queria a conversa; o outro a desejava plenamente. Foram tomados e invadidos pela qualidade da experiência passada, vivida com outras figuras significativas. "Ao retorno desta situação anterior, passível de reconstituição, que se reitera, que se renova na situação terapêutica, Freud chamou de TRANSFERÊNCIA" (BARREMBLIT, 1996, p. 15).

Nessa vinheta, flagramos o velho em roupagem nova, o que pode conduzir a pensar que não precisaríamos decidir se a cena é velha ou nova, mas pode-se acreditar que é velha e nova e que a compreensão dos processos em jogo é a saída para que o passado elaborado possa, de fato, constituir-se num passado, libertando o par conjugal a poder criar outro enredo e evitar que, por **transmissão psíquica*** geracional, transmitam essas impressões e emoções à nova geração trazida ao mundo: os filhos. E o novo está aí na possibilidade de pensar e sentir de modo diferente e ressignificar e recriar experiências.

Os temas da **intertransferência*** e das **transferências múltiplas*** serão tratados em outros verbetes desta obra.

REFERÊNCIAS

BAREMBLITT, G. *Cinco lições sobre a transferência*. 3. ed. São Paulo: Hucitec, 1996.

BERENSTEIN, I. *Devenir outro com outro(s): ajenidad, presencia, interferencia*. 1. ed. Buenos Aires: Paidós, 2004.

BERENSTEIN, I. *Do ser ao fazer: curso sobre vincularidade*. São Paulo: Via Lettera, 2011.

CUNHA, A. G. da. *Dicionário etimológico Nova Fronteira da língua portuguesa*. 2. ed. Rio de Janeiro: Nova Fronteira, 1986.EIGUER, A. O terapeuta familiar psicanalítico como estranho, como familiar e como pai ou mãe adotivos: o processo evolutivo da transferência. In: ELKAÏM, M. *Panorama das terapias familiares*. 2. ed. São Paulo: Summus, 1995. v. 1, p. 148-163.

FREUD, S. A dinâmica da transferência. *In: Edição standard brasileira das obras psicológicas completas de Sigmund Freud*. 1. ed. Rio de Janeiro: Imago, 1976a. v. 12, p. 128-143. (Trabalho originalmente publicado em 1912).

FREUD, S. Recordar, repetir e elaborar (Novas recomendações sobre a técnica da psicanálise II). *In: Edição standard brasileira das obras psicológicas completas de Sigmund Freud*. 1. ed. Rio de Janeiro: Imago, 1976b. v. 12, p. 189-203. (Trabalho originalmente publicado em 1914).

FREUD, S. Conferência XXVII: transferência. *In: Edição standard brasileira das obras psicológicas completas de Sigmund Freud*. 1. ed. Rio de Janeiro: Imago, 1976c. v. 12, p. 503-521. (Trabalho originalmente publicado em 1917).

LAGACHE, D. *A transferência*. São Paulo: Martins Fontes, 1990.

LAPLANCHE, J.; PONTALIS, J.-B. *Vocabulário da psicanálise*. 4. ed. São Paulo: Martins Fontes, 2001.

MALCOLM, R. R. Interpretação: o passado no presente. *In:* SPILLIUS, E. B. (ed.). *Melanie Klein hoje: desenvolvimento da teoria e da técnica*. Rio de Janeiro: Imago, 1990. v. 2: Artigos predominantemente técnicos, p. 89-105. (Nova Biblioteca de Psicanálise) (Trabalho originalmente publicado em 1986).

PRIBERAM DICIONÁRIO da língua portuguesa online. 2020. Disponível em: https://dicionario.priberam.org/. Acesso em: 31 out. 2020.

PUGET, J. *Subjetivación discontinua y psicoanálisis: incertidumbre y certezas*. Buenos Aires: Lugar, 2015.

SPIVACOW, M. A. *La pareja en conflicto: aportes psicanalíticos*. 1. ed. Buenos Aires: Paidós, 2011.

ZIMERMAN, D. *Vocabulário contemporâneo de psicanálise*. Porto Alegre: Artmed, 2001.

Transferências múltiplas

Maria Luiza Dias

CONCEITO

Designa processos transferenciais plurais, que envolvem mais de dois indivíduos, como as transferências que ocorrem em um grupo. A compreensão do conceito de **transferência*** apoia-se na teoria freudiana (FREUD, 1912/1976). Corresponde ao processo no qual uma experiência tida no passado, provavelmente na infância, com figuras significativas atualiza-se no vínculo com o analista, com um aspecto de atualidade. A experiência original permanece inconsciente ao sujeito do ato, fruto do processo de resistência, e seu conteúdo é deslocado para a figura do analista. No grupo, as transferências ocorrem em múltiplas direções simultaneamente.

ETIMOLOGIA

Transferência, do latim, *transferentia*, ato de levar algo ou pessoa de um lugar para outro; cessão de direitos (PRIBERAM, 2020). Múltiplo, do latim *multiplus*, aquilo que não é simples nem único (CUNHA, 1986, p. 539).

EVOLUÇÃO HISTÓRICA DO CONCEITO

Freud (1912/1976) nominou transferência o processo no qual o analisando revive/reedita vivências do seu passado com figuras significativas, em geral da infância, em um vínculo atual, sendo o analista o depositário das representações associadas às experiências do passado. A transferência amorosa, positiva, direcionada à figura do analista, seria o terreno necessário para o bom fluxo da análise do paciente.

No processo de análise individual, a transferência se estabelece, portanto, em uma relação dual: entre analisando e analista. Posteriormente, a psicanálise passou a ser adotada em processos grupais, por exemplo, na grupanálise ou psicoterapia psicanalítica de grupo e também no atendimento a famílias, focalizando o vínculo estabelecido entre seus membros.

No grupo, o analista mantém vários vínculos simultâneos, gerando cadeias vinculares múltiplas, além das transferências laterais produzidas entre os membros do grupo – **intertransferências***. No enquadre grupal, cria-se, então, um "emaranhado" de transferências simultâneas, que podem produzir um sintoma grupal, via resistência, e/ou funcionar como agente de transformação, na medida em que a cada repetição tem-se uma tentativa de "digerir" o que foi mobilizado e urge por elaboração. Nas palavras de Kaës:

> A transferência é o resultado da propriedade da situação e do transferido específico que é convocado. Essa proposição, que vale para a cura, é igualmente válida para o grupo. No entanto, na situação grupal, a complexidade dos níveis em que se produzem os processos psíquicos (níveis intra, inter, grupal) torna às vezes difícil a observação clínica dos movimentos de transferência e dos conteúdos transferidos de um nível a outro. [...] A primeira consequência da pluralidade é que o grupo é um lugar de surgimento de configurações particulares da transferência. O que é transferido não são somente objetos, mas conexões de objetos com suas relações. (KAËS, 2011, p. 73)

As manifestações inconscientes dirigidas a cada polo dos vínculos trazem, portanto, qualidades diferentes também aos processos vividos na experiência na clínica familiar, tema abordado por analistas de grupo familiar. Nas palavras de Rojas:

> Designarei como transferência familiar a disposição de atualizar a dimensão inconsciente dos vínculos familiares em uma rede de transferências radiais – com o analista – e laterais – dos membros entre si –, emergindo como produção no contexto do dispositivo analítico familiar. Essa rede inclui e posiciona o analista, que é por sua vez sua condição de produção, nos modos da repetição-criação próprios de cada família. (ROJAS, 2000, p. 253, tradução nossa)

Segundo essa visão, então, compreende-se que os membros do grupo familiar, em situação de atendimento, geram movimentos transferenciais entre si e ainda dirigidos ao analista. Cabe realçar que a transferência ocorre tanto por parte dos indivíduos como também do grupo como uma unidade, na direção do analista. Quando tratamos, nesta obra, do tema **transferência***, vimos que Eiguer (1995, p. 150) entende que o grupo familiar passa por fases no processo evolutivo da transferência. Esse autor menciona uma fase em que a família encontra-se dividida entre o subgrupo familiar dos "sadios de espírito" e o subgrupo estabelecido pelo "**paciente identificado***", e essa oposição põe o terapeuta como alvo de projeções massivas. Nesse contexto, buscam seduzir o terapeuta a tomar partido em favor de um dos lados. Está, portanto, envolto em processos de transferências múltiplas, já que é recrutado a decidir-se por um dos lados, e se não se aliar a nenhum, se assim for percebido, poderá receber a mesma hostilidade dirigida ao subgrupo paralelo oponente, sem que ao menos tenha prejudicado efetivamente alguém. Nesse momento, os membros da família atribuem ao analista, aspectos do dilema instaurado entre si. Estão em jogo intertransferências (entre os membros do grupo familiar) e a original freudiana, dirigida à figura do analista. Todas essas manifestações transferenciais simultâneas podem ser condensadas no uso do termo transferências múltiplas.

Imaginemos uma família composta por um casal e três filhos: um rapaz de 28 anos; uma moça de 25; e outra de 22 anos. Na situação de psicoterapia familiar, a analista observou que as comunicações, oriundas de um elemento ou de um subgrupo da unidade familiar, eram feitas frequentemente por intermédio de outro membro ou subgrupo que não o protagonista interessado em realizar a comunicação. Ocorria que o rapaz falava sobre como acreditava que as irmãs se sentiam e elas sobre o que acreditavam que ocorria entre os pais. Quando o pai pensou em interromper o atendimento psicanalítico de grupo familiar, alegando estar descrente de que mudanças ocorreriam, foi a esposa que comunicou este fato na sessão seguinte. A mãe, por sua vez, pressionava o marido para que ele se comunicasse com a filha no aplicativo de celular que era da família e não no seu privado, para que ela pudesse ter acesso ao que era dito. Em contrapartida, quando o pai desejava saber onde a filha mais velha do casal estava, perguntava à esposa no lugar de telefonar à própria filha. Essa modalidade de ação tinha sido, provavelmente, aprendida no vínculo ancestral, uma vez que o avô materno falava para sua esposa que conversasse com as filhas do casal, quando se preocupava com alguma questão. Já o avô paterno infringia à filha que só saísse se acompanhada por seu irmão um ano mais velho, o que obtinha instruindo sua esposa sobre isso. Se a filha fosse pedir algo ao pai, o fazia por intermédio de sua mãe, que conversaria com seu pai. Ambos os cônjuges na família atendida reproduziam esta modalidade de comunicação indireta, sem que tivessem consciência da natureza da ansiedade que deste modo os movimentava. O que percebiam era o descontentamento que esse procedimento causava, sem entenderem o porquê da sensação de ansiedade diante da oportunidade de falar diretamente com outro(s) membro(s) da família. Isso descontentava também aos filhos, que se sentiam pouco íntimos, por exemplo, quando o irmão, para dizer algo a uma das irmãs, acabava deixando que ela soubesse pela outra irmã. Neste contexto, temos uma modalidade de comunicação do passado, transgeracionalmente transmitida, que pôde ser flagrada como uma vivência transferencial (sem que a ansiedade original fosse resolvida) entre membros do grupo ou entre subgrupos do grupo familiar: entre cônjuges, irmãos, uma figura parental e um(a) filho(a); entre um elemento da família ou um par e a analista; entre o grupo como um todo e a analista.

Observa-se, portanto, que os processos de múltiplas transferências revelam uma realidade mais complexa que a dual vivida somente entre analista e analisando(a), na situação de análise. Nesse exemplo, a ansiedade diante de uma comunicação franca e direta era temida e evitada por todos, sem que ao menos se dessem conta do caminho tortuoso a que se submetiam, fazendo com que as repetições no contato entre eles assumissem múltiplas direções.

REFERÊNCIAS

CUNHA, A. G. *Dicionário etimológico Nova Fronteira da língua portuguesa*. Rio de Janeiro: Nova Fronteira, 1986.

EIGUER, A. O terapeuta familiar psicanalítico como estranho, como familiar e como pai ou mãe adotivos: o processo evolutivo da transferência. *In*: ELKAÏM, M. *Panorama das terapias familiares*. 2. ed. São Paulo: Summus, 1995. v. 1, p. 148-163.

FREUD, S. A dinâmica da transferência. *In*: *Edição Standard Brasileira das Obras psicológicas completas de Sigmund Freud*. 1. ed. Rio de Janeiro: Imago, 1976. v. 12, p. 132-143. (Trabalho originalmente publicado em 1912).

KAËS, R. *Um singular plural: a psicanálise à prova do grupo*. São Paulo: Loyola, 2011.

PRIBERAM DICIONÁRIO da língua portuguesa online. 2020. Disponível em: https://dicionario.priberam.org/. Acesso em: 31 out. 2020.

ROJAS, M. C. Itinerario de um vínculo: transferência y transformación. Relato clínico: uma família silenciosa. *In*: BERENSTEIN, I. (comp.) *et al*. *Clínica familiar psicoanalitica: estructura y acontecimiento*. Buenos Aires: Paidós, 2000. p. 223-268.

Trauma familiar

Vera L. C. Lamanno Adamo

CONCEITO

Trauma familiar consiste em um acontecimento na vida da família caracterizado por um afluxo excessivo de tensões devido a um acontecimento violento ou a um acúmulo de excitações de tal modo que excede a capacidade de elaboração e **simbolização***, acarretando lacunas no psiquismo familiar transmitidas para as gerações subsequentes.

ETIMOLOGIA

Trauma, do grego τραύμα: ferida.

EVOLUÇÃO HISTÓRICA DO CONCEITO

A noção de trauma aparece na obra freudiana como a primeira hipótese etiológica da histeria, desenvolvida ao longo dos anos de 1892 a 1897, nos "Estudos sobre a histeria" (1893-1895/2006b), no "Projeto de uma psicologia científica" ([1895]1950/2006a) e nos textos sobre as "Neuropsicoses de defesa" (1894/2006c). Esses primeiros momentos de suas indagações clínicas constituem a base de sua concepção do aparelho psíquico, um aparato de captura e transformação das excitações provenientes tanto de fonte exógena como de fonte endógena. A dor, que funciona como sinal, acarreta os primeiros mecanismos defensivos e as estruturas de retardamento a partir das quais se constituem o aparato psíquico. Nesse período, Freud define o trauma como um excesso que não foi descarregado. As lembranças tornam-se traumáticas porque não houve uma reação ao acontecimento traumatizante que pudesse descarregar o excesso de excitações, ficando o afeto, portanto, atrelado a uma recordação excluída da elaboração associativa. Após esses primeiros escritos, Freud, de 1920 em diante, delineia uma segunda concepção do trauma a partir do texto "Além do princípio do prazer" (FREUD, 1920/2006d). Um registro energético não assimilado pelas redes de representação do sistema inconsciente adquire valor de inassimilável, uma ruptura, definida como a efração, no sistema egoico, pela irrupção pulsional excessiva. Nicholas Abraham e Maria Torok, analistas húngaros radicados em Paris, no início dos anos 1970, expandem a importância do trauma para o cenário psicanalítico. Esses autores formularam o conceito de **cripta***, definindo-o como o resultado de uma defesa extremada dos sujeitos traumatizados. Impossibilitados de processar lutos, os acontecimentos dolorosos e potencialmente desorganizadores do psiquismo são mantidos intactos, longe da consciência e dos afetos.

> Todas as palavras que não puderam ser ditas, todas as cenas que não puderam ser rememoradas, todas as lágrimas que não puderam ser vertidas serão engolidas, assim como, ao mesmo tempo, o traumatismo, causa da perda. Engolidos e postos em conserva. O luto indizível instala no interior do sujeito uma sepultura secreta, um mundo inconsciente que leva uma vida separada e oculta. (ABRAHAM; TOROK, 1987, p. 249)

O conceito de cripta desenvolvido por Abraham e Torok amplia o conceito de trauma elaborado por Freud e abre caminho para se pensar as ressonâncias do trauma não só no indivíduo, mas também na família. O traumatismo, que pode ser **lutos familiares***, histórias de violência, abuso, migração sem possibilidade de elaboração psíquica (com clivagem do ego e formação de cripta), atravessa compulsivamente as gerações seguintes, constituindo-se na pré-história da família. À geração futura cabe lidar com a experiência traumática que não lhe é própria, mas sim dos pais ou avós, tornando-a prisioneira de uma pré-história não elaborada. A esse respeito, Yolanda Gampel (2006), referindo-se aos sobreviventes do Holocausto e seus descendentes, concebe que os traumas encapsulados são convertidos em restos radioativos que não podem ser transformados em pensamento simbólico, manifestando-se sob a forma de enfermidades psíquicas ou físicas, no próprio sujeito ou nas gerações seguintes. Nessa linha de pensamento, Benghozi (2000) utiliza o termo *traumatismo como herança* para o traumatismo precoce catastrófico, sua transmissão e ressonância sobre as gerações seguintes. Transmitido aos descendentes sem nunca ter sido falado, propicia um risco constante de que seja repetido depois de várias gerações. O impensável, o indizível, as histórias inconfessáveis, como homicídio, suicídio, lutos difíceis, violência, na medida em que permanecem em **segredo*** e encriptados, invadem o psiquismo de seus descendentes, resultando em uma *cadeia traumática* *transgeracional* (GOMEL, 1997). A psicanálise de família e casal, nesses casos, cria um espaço de retomada dos elementos contidos na cripta. Os elementos que não puderam ter a elaboração e transformação necessárias para serem integrados numa corrente de sentidos pelo processo de simbolização poderão, dentro do processo terapêutico, ter um lugar de inscrição no tecido associativo grupal.

REFERÊNCIAS

ABRAHAM, N.; TOROK, M. *A casca e o núcleo*. São Paulo: Escuta, 1995. (Trabalho originalmente publicado em 1987).

BENGHOZI, P. Traumatismos precoces da criança e transmissão genealógica em situação de crises e catástrofes humanitárias: desmalhar e reemalhar continentes genealógicos. *In:* CORREA, O. R. (org.). *Os avatares da transmissão psíquica geracional*. São Paulo: Escuta, 2000. p. 89-100.

FREUD, S. Projeto de uma psicologia científica. *In: Edição standard brasileira das obras psicológicas completas de Sigmund Freud*. Rio de Janeiro: Imago, 2006a. v. 1. (Trabalho originalmente escrito em 1895 e publicado em 1950).

FREUD, S. Estudos sobre a histeria. *In: Edição standard brasileira das obras psicológicas completas de Sigmund Freud*. Rio de Janeiro: Imago, 2006b. v. 2. (Trabalho originalmente publicado em 1893-1895).

FREUD, S. Neuropsicoses de defesa. *In: Edição standard brasileira das obras psicológicas completas de Sigmund Freud*. Rio de Janeiro: Imago, 2006c. v. 3. (Trabalho originalmente publicado em 1894).

FREUD, S. Além do princípio do prazer. *In: Edição Standard Brasileira das Obras Psicológicas Completas de Sigmund Freud*. Rio de Janeiro: Imago, 2006d. v. XVIII. (Trabalho originalmente publicado em 1920).

GAMPEL, Y. *Esos padres que viven a través de mi: la violência de Estado y sus secuelas*. Buenos Aires: Paidós, 2006.

GOMEL, S. *Transmisión generacional, familia y subjetividad*. Buenos Aires: Lugar Editorial, 1997.

Umbigo do sonho

Carla Martins Mendes

CONCEITO

Freud, na obra "A interpretação dos sonhos" ("Die Traumdeutung"), de 1900, introduz o umbigo do sonho para designar pontos desconhecidos da atividade onírica inconsciente. O umbigo do sonho seria a sede dos desejos inconscientes inacessíveis à interpretação.

ETIMOLOGIA

Umbigo, do latim *umbilicu*, significa o centro, o mais importante. Sonho, do latim *sonium*, relacionado com a atividade onírica (MACHADO, 2003).

EVOLUÇÃO HISTÓRICA DO CONCEITO

Em "A interpretação dos sonhos", de 1900, Freud faz referência ao umbigo do sonho para introduzir os limites da representação e da interpretação dos sonhos. As associações, mesmo em sonhos minuciosamente interpretados, convergem para pontos de obscuridade: "existe pelo menos um ponto em todo sonho ao qual ele é insondável – um umbigo, por assim dizer, que é seu ponto de contato com o desconhecido" (FREUD, 2006, v. 4, p. 145, nota 2). O umbigo do sonho é o ponto que converge no desconhecido e que não contribui para a interpretação do conteúdo do sonho. Freud usa a metáfora do micélio (cogumelo) para explicar que o desejo onírico tem origem em um espaço desconhecido e intraduzível, uma espécie de micélio do qual partem os fios associativos: "o desejo onírico se desenvolve como um cogumelo de seu micélio" (FREUD, 1972, p. 560). O umbigo do sonho não representa uma lacuna, mas uma trama da atividade onírica, deixando em aberto a possibilidade de interpretação; o sonho que pode ser analisado inúmeras vezes, de diferentes formas.

A partir da ideia de umbigo do sonho descrita por Freud, em que o sonho converge no desconhecido, Kaës (2004) defende um segundo umbigo ancorado no inconsciente do espaço comum e compartilhado. O umbigo onírico individual, núcleo intrapsíquico, estaria ligado ao segundo umbigo do sonho, composto pelo material onírico individual e pelo material onírico grupal. A partir desses dois umbigos do sonho, Kaës (2004) desenvolve a noção de polifonia do sonho, que é organizada e integrada em várias vozes e sentidos. Essa interdependência entre os **espaços psíquicos*** levou o autor a propor um terceiro umbigo do sonho: o espaço social e cultural. O espaço onírico comum e compartilhado entre vários sonhadores seria, portanto, o espaço de elaboração de conflitos comuns.

REFERÊNCIAS

FREUD, S. A interpretação dos sonhos. *In: Edição standard brasileira das obras psicológicas completas de Sigmund Freud*. Rio de Janeiro: Imago, 1972. v. 5. (Trabalho originalmente publicado em 1900).

KAËS, R. *A polifonia do sonho: a experiência onírica comum e partilhada*. Aparecida: Ideias & Letras, 2004.

MACHADO, J. P. *Dicionário etimológico da língua portuguesa*. Lisboa: Livros Horizonte, 2003.

Vértice familiar

Celia Blini de Lima

CONCEITO

Extraído da matemática (geometria), trata-se de um termo descritivo usado inicialmente por Bion (1970/2007) para formular as condições nas quais uma observação é feita, "que serve para a finalidade imediata" de comunicar algo ao paciente que possa se conectar à comunicação feita por ele. Essas condições são em si mesmas uma condição científica por excelência (SANDLER, 2005, p. 838).

O *vértice familiar* aborda o campo das relações do casal e do grupo familiar; desloca portanto, o campo da observação do intrapsíquico para o intersubjetivo, considerando o modo consciente e o inconsciente dentro do vértice mais amplo, o vértice psicanalítico.

ETIMOLOGIA

Vértice, do latim *vertex*, significa "o mais alto" (FERREIRA, 1994-1995, p. 671). Na geometria, é definido como um ponto comum a duas linhas que não se cruzam, mas que se encontram. Caso haja cruzamento das linhas, o ponto onde elas se cruzam será chamado de intersecção. O *vértice* é o nome dado o ponto de intersecção entre os segmentos que originam um ângulo (HOUAISS; VILLAR; FRANCO, 2001). Por exemplo, um quadrado possui quatro cantos, e cada um deles é chamado de *vértice*. Podemos também, portanto, falar em vértices no plural.

EVOLUÇÃO HISTÓRICA DO CONCEITO

Bion (1970/2007) preferiu o termo *"vértice"* ao termo "ponto de vista". Podemos pensar nessa diferença como importante, uma vez que, ao falarmos de ponto de vista, podemos estar usando um referencial não suficientemente claro e até mesmo subjetivo. Isso pode gerar mal-entendidos na comunicação, levar a prejuízos de compreensão e não ser de senso comum para duas ou mais pessoas. A expressão ponto de vista traz ainda uma dificuldade em sua própria descrição, caso se refira a algo muito pessoal do observador. Se usarmos um *vértice* de observação, entretanto, como o religioso, o psicanalítico, o político, entre outros, podemos delimitar o campo de uso e compreender as ideias do observador e suas referências. Diz Zimerman, por exemplo, que "Bion (1970) preferiu usar o termo *vértice* ao invés de outros, com o propósito de criar uma dimensão além da sensorial" (ZIMERMAN, 2001, p. 427).

O *vértice* também pode ser visto como uma das primeiras considerações de Bion sobre senso comum, quando se refere ao encontro de uma interpretação do analista a algo de sua escuta do paciente e que faz sentido a ambos (SANDLER, 2005). Para Bion, "O sucesso da psicanálise depende de se manter um ponto de vista psicanalítico; o ponto de vista é o vértice psicanalítico; o vértice psicanalítico é O" (o que não é conhecido do paciente, mas que o remete a sua verdade pessoal, à "realidade última") (BION, 2007 p. 42).

É o *vértice* psicanalítico que contém ambos – analista e paciente – que permite a liberdade do analista de comunicar ao paciente o que lhe ocorre ao ouvi-lo dentro da sala de análise, e também permite ao paciente tolerar sua intervenção. Assim como *vértice* refere-se a priorizar um ponto de observação em detrimento de outros, dentro de uma situação analítica a **escuta*** do analista poderia priorizar um ponto dentro das possibilidades por ele observadas para desenvolver um caminho para a conversa, numa sessão. Essa escolha seria feita pelo analista dentre as possibilidades oferecidas pelo material do paciente, que seria focado pelo analista, na sua escuta.

Sabemos que aquilo que o paciente quer dizer significa muito mais do que ele diz. Assim, o psicanalista toma um *vértice* para abordar o conteúdo apresentado pelo paciente (suas transformações, na linguagem de Bion) e responde com uma **interpretação*** (transformações do analista), que deverá representar algo de significado ao dito pelo paciente, a partir da experiência emocional vivida pela dupla. O psicanalista acompanha a repercussão, a qual dará a medida da realização, e o analisando ou mantém seu discurso, ou revela certa mudança. O *vértice* pode mudar de momento a momento dentro de uma sessão, por efeito das transformações manifestas nas associações e interpretações que o analista faz do material manifesto. Assim, também o paciente toma um *vértice* para apresentar sua narrativa. A diferença dos *vértices* por comparação pode detectar a invariância, aspecto inalterado da transformação (BION, 1970/2007) que gerou as transformações, e levar ambos a convergir num ponto que abre espaço para o fluir do pensamento e o caminhar em associações livres, como propõe Freud

(1912), e a alcançar um conhecimento que se refira ao que é próprio e desconhecido para ambos e que se revela num dado momento do encontro analítico.

> Na prática psicanalítica, o importante é que esses *vértices* recíprocos entre analista e analisando mantenham uma distância útil e adequada: que não sejam tão distantes a ponto de impedir a correlação entre os respectivos *vértices*, nem tão próximos entre si de modo a impedir uma diferenciação e discriminação entre paciente e analista, com uma consequente estagnação no processo de novas perspectivas e aberturas de conhecimento da realidade psíquica. (ZIMERMAN, 2001, p. 427)

A psicanálise proposta por Freud tem como centro de interesse o intrapsíquico, a mente e seus objetos internos, com enfoque na **transferência*** como mecanismo que permitiria a aproximação de conflitos intrapsíquicos, em geral registrados nos primórdios da vida do indivíduo. Isso se mantém no atendimento de casal e família.

Meyer (1983 p. 10), estendendo o campo do trabalho analítico para as famílias, e consequentemente tirando o foco da pessoa que sofre e deslocando-o para o grupo familiar, sugere usar a terminologia de Bion, *vértice*, e a ela acrescentar o termo familiar, ou seja, "vértice familiar". Enfatiza o autor que a descoberta da complementaridade no resultado dos sintomas de um indivíduo, por ação de qualquer elemento da família, mudou muito o interesse e a abordagem no tratamento de algumas situações, especialmente dos psicóticos, de modo que se passou a dar mais valor ao trabalho com as famílias, como já tinha sido proposto por Ackerman em 1958.

Para Meyer, o paciente passa a ser a unidade familiar, e as relações familiares funcionam como transporte dos distúrbios emocionais (MEYER, 1983, p. 34). Para alcançar quaisquer resultados com um indivíduo, precisamos simultaneamente considerar seu sistema familiar, pois o estado do indivíduo, seu movimento ou inércia, podem também estar revelando aspectos da família à qual pertence (MEYER, 1983, p. 46).

> Vale a pena observar que esse interesse pela família ocorre em um momento particular de nossa história, frequentemente descrito como momento de "crise de valores". Ele é paralelo ao movimento hippie, às tentativas de criarem formas menos rígidas de vida microssocial, ao surgimento de noções tão desafiadoras

quanto as de contracultura, antipsiquiatria e movimento feminino de liberação. E, contudo, desenvolve-se tendo como pano de fundo uma corrente política que coloca a família como o ponto-chave de uma estrutura social que mantém o modo de produção e que sustenta seus valores. (MEYER, 1983, p. 15)

E continua:

nesse modelo, a dinâmica do relacionamento do casal tem a propensão de tornar-se a dinâmica familiar, e esse aspecto reprodutivo [...] torna-o 'veículo de transporte' das experiências e necessidades que foram cunhadas em uma situação ancestral [...] a família nuclear começa já 'hipotecada' à família extensa (famílias de origem). (MEYER, 1983, p. 15)

Na psicanálise de casal e família, o *vértice* desloca-se do individual, intrassubjetivo, para as relações intersubjetivas, com um nível de determinação transubjetivo, inconsciente, com ênfase no **vínculo***, embora sempre estejam presentes as influências intrapsíquicas de cada pessoa que faz parte de um casal e/ou de uma família (BERENSTEIN, 1990).

Quando o *vértice* do analista é a família, o interesse volta-se para o interjogo dos componentes, suas projeções e **identificações projetivas***, para como constroem suas alianças conscientes e inconscientes na dinâmica da família, como acontecem suas transferências, seus vínculos de amor e ódio, a circulação dos afetos em geral.

Dentro de uma mesma sessão, o material trazido pelo casal ou família, segundo Ferro (1997), também pode ser observado a partir de *vértices*: um primeiro associado ao mundo externo (narrativa de acontecimentos, a história do indivíduo); um segundo relativo às projeções do mundo interno (nós de uma rede de relações intrapsíquicas); um terceiro que se refere a uma apresentação do que se passa na relação analista-paciente (nós de uma rede narrativa interpessoal, ou intergrupal, que se apresentam na relação atual). Eu acrescentaria aqui, no atendimento familiar, o que se passa entre os elementos do casal e família (transferências cruzadas e identificações projetivas). Esses *vértices* não são estáticos e estáveis e se intermesclam, tanto na narrativa como na **escuta*** do psicanalista, criando a necessidade de uma escuta e observação sensíveis, que deverão resultar em uma realização que faça sentido e harmonia e possa ser colocada em palavras.

Às vezes, dentro de uma sessão o casal pode trazer uma briga que tiveram, em geral explicitada por cada um deles numa narrativa pessoal, na qual cada um defende um vértice – o próprio. Num primeiro momento, a escuta do analista pode seguir esse vértice e procurar um ponto de comunicação entre eles, que possa servir para melhorar a comunicação e a compreensão do sucedido. Mas o analista pode mudar o vértice se sentir que aquela comunicação está trazendo pontos cegos da relação e tomar outro vértice trazendo uma interpretação, que pode abrir novos caminhos para a conversa entre eles. Pode observar qual era o clima da sessão antes e o desse momento, como um sinal para seguir ou mudar novamente o vértice.

Nas palavras de Berenstein, analisar uma família

> era a possibilidade de tomar contato com a Estrutura Familiar Inconsciente, de onde provém o significado. Pressupõe uma configuração de vários eus (e não um só cujo desdobramento fantasmático dá o caráter definitório à sessão individual) enlaçados, vinculados em um conjunto em que sua produção, agora interfantasmática, depende mais das leis do conjunto que da mera agregação dos eus. (BERENSTEIN, 1990 p. 48, tradução nossa)

Ao falar de vínculo, Berenstein salienta que não é mais sinônimo de relação, e sim refere-se ao que liga as pessoas, fora da ordem de parentesco ou de outros sistemas de pertencimento. O vínculo se constrói fora da percepção, é da ordem da ação, que se deriva do fazer, algo que está em curso (presentação) e é da ordem da representação (se liga a experiências anteriores, algo volta a se apresentar do psiquismo inconsciente) (BERENSTEIN, 2007).

Considerar o eu como outro entre outros teve consequências técnicas, metapsicológicas e, quase sem nos darmos conta, abriu caminho para uma nova ética, que define e organiza o caminho do atendimento de casal e familiar.

Na visão de Spivacow (2012, p. 21), "o vínculo é a estrutura básica do funcionamento mental na perspectiva intersubjetiva e constitui uma estrutura ou sistema em que ambos os membros guardam entre si uma relação de autonomia relativa e determinações recíprocas".

Vértice familiar

Como coloca Berenstein, "Psicanalisar uma família é como psicanalisar num sentido geral: interpretar, atribuir (adjudicar) significados inconscientes a acontecimentos aparentemente desprovidos dele, ou descobrir um significado, o qual pressupõe estar encoberto, oculto" (BERENSTEIN, 1990, p. 62-63, tradução nossa).

No atendimento familiar, a complexidade do interjogo entre os elementos do grupo torna mais necessário aguardar após a escuta, na tentativa de identificar o *vértice* da narrativa do grupo. Após esse momento, o analista toma uma direção dentro do conteúdo, pela sua intuição, e a coloca, aguardando a repercussão. Às vezes, após uma intervenção ou uma interpretação, alguém do grupo muda totalmente a direção da conversa, o que pode constituir um novo seguimento da narrativa. Isso poderia ou não ser uma mudança de vértice, sugerido pela família, mas não para o analista, que pode compreender a resposta como **resistência*** frente à interpretação. Se isso fosse, o analista poderia manter o vértice do seu pensamento e tentar abordá-lo de outra forma, procurando seguir sua linha intuitiva de pensamento.

REFERÊNCIAS

ACKERMAN, W. *Diagnóstico e tratamento das relações familiares.* Porto Alegre: Artes Médicas Sul, 1958. Introdução, cap. 1 e 2 (parte 1).

BERENSTEIN, I. *Psicoanalizar una família.* Buenos Aires: Paidós, 1990. cap. 2.

BERENSTEIN, I. *Del ser al hacer.* Buenos Aires: Paidós, 2007. cap. 5.

BION, W. *Transformações.* Rio de Janeiro: Imago, 2004. cap 1 e 5.

BION, W. *Atenção e interpretação.* Rio de Janeiro: Imago, 2007. cap. 1-3. (Trabalho publicado originalmente em 1970).

FERREIRA, A. B. H. *Dicionário Aurélio básico da língua portuguesa.* Rio de Janeiro: Nova Fronteira, 1994-1995.

FERRO, A. *Na sala de análise.* Rio de Janeiro: Imago, 1997.

HOUAISS, A.; VILLAR, M. S.; FRANCO, F. M. de M. *Dicionário da língua portuguesa.* Rio de Janeiro: Objetiva, 2001.

MEYER, L. *Família: dinâmica e terapia. Uma abordagem psicanalítica.* São Paulo: Brasiliense, 1983. cap. 1.

SANDLER, P. C. *The language of Bion: a dictionary of concepts.* London: Karnac, 2005. p. 853.

SPIVACOW, M. *Clínica Psicoanalítica com Parejas*: Entre la teoria y la intervención. Buenos Aires: Lugar Editorial, 2012.

ZIMERMAN, D. E. *Vocabulário contemporâneo de psicanálise.* Porto Alegre: Artmed, 2001.

Vínculo

Ruth Blay Levisky

CONCEITO

Vínculo é uma produção que se estabelece na **presença***, na relação **entre*** sujeitos, a partir da qual são produzidas **subjetivações***. Um vínculo é construído a partir de acordos, **pactos*** inconscientes que se originam com a função de preencher uma falta, um desamparo originário. A presença de um outro externo é condição imprescindível para garantir a bidirecionalidade do vínculo, compreendida como uma ligação entre dois seres desejantes (PUGET; BERENSTEIN, 1993).

ETIMOLOGIA

Do latim *vinculum*, capacidade para ligar, unir, atar uma coisa a outra; o que liga afetiva ou moralmente duas ou mais pessoas; um relacionamento lógico ou de dependência; laço (MICHAELIS, 2020).

EVOLUÇÃO HISTÓRICA DO CONCEITO

Tomando-se como base o conceito de Puget e Berenstein (1993), considero a presença como um fenômeno afetivo que se estabelece entre sujeitos nos espaços real e/ou virtual. O vínculo, segundo Kaës (1994), é definido em três dimensões:

- Espaço e conteúdo: o vínculo não se restringe apenas a uma conexão de objetos, mas é também um espaço entre sujeitos dotado de uma realidade psíquica específica, construído por relações que podem ser de naturezas libidinais, narcísicas ou tanáticas. O vínculo possui uma consistência própria. São diversos os vínculos formados pelos sujeitos: acordos, espelho, conflito, diferenças, entre outros; os vínculos são fundados pelas **alianças inconscientes*** que os organizam e que repousam sobre o **negativo*** (KAËS, 2009, p. 99-100, 2015).

- A outra dimensão é relativa ao processo. Além das alianças inconscientes, as **funções fóricas*** são um dos principais processos da construção vincular.
- A dimensão da "lógica vincular é a das correlações das subjetividades, ou seja, um sem o outro não sustenta o vínculo que os liga mutuamente e que os identifica um em relação ao outro" (KAËS, 2015, p. 85, tradução nossa).

O autor descreve diferentes tipos de vínculos narcísicos e objetais, com organizações neuróticas ou psicóticas: parentais, filiais amorosos, de ódio, fraternos, intergeracionais, transgeracionais etc.

Freud fez referências tidas como anteriores a uma concepção da **intersubjetividade***. Em "Psicologia das massas e análise do ego" (FREUD, 1921/1973), ele já fala sobre a relação entre familiares e outras pessoas com o meio social; denomina esses tipos de vínculos de "fenômenos sociais", em oposição aos processos narcisistas. Losso (1990) relembra que Freud (1921/1973) escreveu sobre um descentramento do sujeito em relação ao ego, produzido pelos processos identificatórios do sujeito com as figuras parentais. Bateson *et al.* (1956) descrevem o **duplo vínculo*** como uma relação com estrutura psicopatológica resultante de uma comunicação ambivalente e contraditória entre os pares, conceito construído a partir da observação de relações esquizofrênicas. O termo vínculo não consta do *Vocabulário de psicanálise* (LAPLANCHE; PONTALIS, 1973). Nessa obra aparece a noção de **relação de objeto***, que corresponde a um dos primórdios do conceito de vínculo. No *Dicionário do pensamento kleiniano* (HINSHELWOOD, 1992), o termo vincularidade está remetido a elos de ligação (BION, 1959). Tanto Pichon-Rivière (1980) como Bion (1959), considerando noções de sistema e de estrutura, entendem que o vínculo é construído nos **espaços intra* e intersubjetivos***. Para Pichon-Rivière, vínculo inclui a interação entre sujeito e objeto, modos de comunicação e de aprendizagem entre eles, que ocorrem de forma dialética. O vínculo possui uma estrutura variável, dependendo do momento, de cada situação, e sempre produz uma conexão entre sujeitos. Os vínculos "internos" representam relações entre vivências externas que são internalizadas e a relação entre essas e o conjunto de representações do objeto. As relações intersubjetivas se apoiam nas **fantasias inconscientes***, que são fundantes para a construção vincular. Bion (1959) descreve vincularidade ou elos de ligação como uma experiência emocional na qual duas pessoas, ou duas partes de uma mesma pessoa, estão relacionadas uma com a outra. Considera que nenhuma experiência emocional pode ser concebida fora da relação. Descreve primeiramente esses fenômenos nos esquizofrênicos, que vivem num mundo mental fragmentado, sem discriminação de partes de si mesmo e de objetos externos. Nesses pacientes observam-se ataques ao próprio ego, equivalentes ao que Klein (1946) entende como efeitos da pulsão de morte, que provocam sensação de aniquilamento, presente na posição esquizoparanoide. Bion entende que o investimento libidinal entre mãe e criança é a base de todo vínculo. Mas, em pacientes psicóticos, é comum ocorrer ataques aos vínculos, sejam eles entre as diferentes partes mentais do próprio paciente ou com o analista. Esses ataques levariam à falta do desenvolvimento da **simbolização***, da comunicação, da criatividade e do pensamento em geral. O autor coloca que a **identificação projetiva*** maciça e exitosa ataca a capacidade de pensar, especialmente quando vínculos entre os conteúdos mentais vêm carregados de ódio. Bion define pelo menos três emoções básicas presentes em qualquer vínculo: amorosas (L), de ódio (H) e de conhecimento (K). Essas três emoções estão intimamente relacionadas entre si. Zimerman (1995) acrescenta uma quarta modalidade de vínculo, o do reconhecimento (R). Define vínculo como uma experiência emocional na qual duas pessoas ou partes de uma mesma pessoa relacionam-se inconsciente ou conscientemente uma com a outra, entre id e superego ou entre partes psicóticas e não psicóticas da personalidade. Kaës (1976), a partir do uso do conceito de **fantasmas*** desenvolvido por Bion, percebeu na dinâmica grupal que as fantasias circulavam entre os componentes do grupo. Ele pensava, nessa época, que as estruturas de relações que sustentam os vínculos eram formadas por fantasmas originários. Mais tarde, Kaës (2009, 2015) desenvolve o conceito de **alianças inconscientes***, compreendendo que são elas que organizam e constroem os vínculos. Castanho (2015) lembra que o conceito de alianças inconscientes também é herdeiro de reflexões feitas por Freud em "Psicologia das massas" (1921/1973). Aulagnier (1975) entende por vínculo uma construção a partir de uma complexa interação em diferentes níveis de representações vinculares. A representação teria como função ser um meio de comunicação, um meio de dar um suporte libidinal quando o outro real está ausente e assegurar o investimento afetivo diante de situações de conflito (PACHUK; FRIEDLER, 1998). O conceito de vínculo é distinto das noções de representação e de relação de objeto, que levam em conta apenas as fantasias presentes no mundo interno do sujeito. Puget e Berenstein (1993) usaram o conceito de vínculo, descrito por

Kaës (1985), como uma estrutura de três elementos: dois egos e um conector responsável pela ligação entre ambos. Puget e Berenstein (1993) descreveram várias modalidades de vínculos entre casais: de **aliança*, sangue*, adesivo*, narcísico*, posse*, controle*** e **amoroso***. Berenstein e Puget (1997) e Puget (2015) entendem construção vincular como aquela que se estabelece no espaço **intersubjetivo***, na **presença*** e entre dois egos. Esses autores entendem que a construção da subjetividade ocorre em três **espaços psíquicos* intra*, inter*** e **transbjetivos***, cada um deles com representações próprias e ao mesmo tempo independentes e que se inter-relacionam. Puget (2015) acredita haver uma subjetivação descontínua e também uma heterogeneidade entre os diferentes espaços psíquicos. A complexidade do "**Dois***" deve-se a uma superposição das atividades referentes aos efeitos da presença. A idealização é uma condição necessária para o desenvolvimento de um vínculo e para a criação de um projeto (BERENSTEIN; PUGET, 1998). Para Fernandes,

> os vínculos matrimoniais podem ser estruturados em bases nitidamente patológicas ou imaturas. Por vezes ocorre que os membros do casal possam se usar reciprocamente como depositários de **identificações projetivas*** um do outro, o que entre outras coisas afeta fortemente os seus processos de comunicação e o vínculo entre eles. (FERNANDES, 2003, p. 111)

Eiguer (1985) fala dos inconscientes intrafamiliares e distingue dois tipos de vínculos que se articulam entre si e são complementares: os **vínculos narcisistas*** e os **libidinais-objetais***. Entende que o ideal de ego familiar é organizador dos vínculos. Maldavsky (1991) pensa ser o vínculo uma formação inconsciente complexa, na qual as relações entre os sujeitos formam uma rede defensiva transmitida pelos valores e exigências de cada um dos envolvidos. Bernard (1995) descreve a existência de uma membrana que envolve o vínculo, possuidora de dois polos: um adaptativo, relacionado a realidade externa, e outro imaginário ou **fantasmático***, ligado à realidade interna. Coloca que a presença do outro na cena psicanalítica pode dar uma visão de realidade por meio das relações que ocorrem na **transferência***. Correa (2013) assinala que a construção de um vínculo parte de processos **identificatórios*** diversos, ligados a mecanismos especulares, adesivos, introjetivos e projetivos, vivenciados desde as primeiras experiências emocionais com a família, pelos contatos visual e verbal. Trachtenberg *et al.* fazem distinção entre relação vincular e relação de objeto:

> Na relação vincular ocorre uma bi-direcionalidade dos egos envolvidos, pois eles são ao mesmo tempo, lugar e realização do desejo um do outro. A relação de objeto refere-se ao mundo intrasubjetivo, onde o ego do sujeito investe e registra em seu mundo interno, de modo unidirecional, seus objetos internos, sejam eles totais ou parciais. (TRACHTENBERG *et al.*, 2013, p. 182)

Spivacow diz que

> o casal não corresponde a uma soma de dois sujeitos, mas duas mentes que reciprocamente se ativam ou desativam um no outro, ou juntos, e produzem o "entre" os dois. Não existe uma mente do casal, mas um terceiro espaço de determinação psíquica que promove a soma dos psiquismos individuais. [Esse autor define] vínculo como um espaço constituído por investimentos de certa intensidade e duração entre dois ou mais sujeitos, que caracterizam um modo de encontro com algumas características duradouras. (SPIVACOW, 2016, p. 68, tradução nossa)

Como tema do mundo contemporâneo, não podemos deixar de discutir se as relações entre internautas podem construir vínculos. Em outro trabalho, Blay Levisky (2014) discute a possibilidade de serem formados vínculos numa relação virtual. Prefiro chamar de relacionamento virtual a conexão que se cria entre um sujeito, que, apesar de ausente concretamente, está presente fantasiosamente na mente do outro. Essa relação pode provocar estímulos sensoriais em um e outro, como se fossem reais, graças aos artifícios tecnológicos que interferem na plasticidade da mente e da subjetividade dos envolvidos.

TIPOS DE VÍNCULOS

São várias as denominações sobre os tipos de vínculos formados entre casais e famílias, resultantes de alianças inconscientes presentes no imaginário destes.

Existem modelos familiares patriarcais ou matriarcais, nos quais prevalecem a dinâmica e a transmissão dos valores familiares vindos da linha paterna ou materna respectivamente. Outras combinações de vínculos familiares foram se transformando com o desenvolvimento da cultura.

Várias são as denominações atribuídas aos tipos de vínculos formados entre os membros de um casal e de uma família e estão relacionados às defesas e funções presentes entre os envolvidos. Podem ser vínculos construtivos e destrutivos.

Citarei apenas alguns exemplos desses vínculos:

- **Vínculo de sangue.** Refere-se ao vínculo formado pelas relações biológicas entre pais e filhos, com transmissão genealógica vertical, isto é, de pais para filhos e seus descendentes. Também chamado por Benghozi (2010) de **vínculo de filiação***.

- **Vínculo de aliança.** Baseia-se nos compromissos recíprocos entre as pessoas (PUGET; BERENSTEIN, 1993). Seu melhor exemplo é o vínculo matrimonial. Esse vínculo é construído pelos **parâmetros definitórios do casal***, ou seja, os elementos fundantes que caracterizam esse tipo de compromisso (PUGET; BERENSTEIN, 1993) "A família constitui-se como um conjunto de vínculos e de lugares ocupados pelos sujeitos por meio de suas ações" (BERENSTEIN, 1990, p. 97).

A vida vincular é complexa, com conflitos e compartilhamentos; carrega no seu bojo sentimentos amorosos e hostis nas relações. Cada cônjuge, ao assumir o compromisso, passa a ter uma série de direitos e deveres perante a lei. Quando ocorrem rompimentos da relação, sentimentos de mágoa e de hostilidade podem gerar violências e competições de **poder*** de uma parte sobre a outra. As leis garantem a proteção dos cônjuges e dos filhos.

- **Vínculo de afiliação***. A afiliação é um **vínculo*** entre sujeitos, de origem social, relacionado a inserção e ao pertencimento dos envolvidos a uma comunidade, instituição ou grupo. Caracteriza-se pela transmissão horizontal e é responsável pela inclusão dos membros agregados de uma família ou de uma instituição, que delas passam a fazer parte como seus afiliados. O vínculo de afiliação é um dos organizadores dos **continentes genealógicos***.

- **Vínculo de filiação***. Formado por relações entre membros de uma família, cuja transmissão genealógica das heranças psíquicas ocorre verticalmente, de pais para filhos (BENGHOZI, 2010).
- **Vínculo fraterno.** Formado pela composição de dois eixos: o vertical, referente à relação do casal parental com seus filhos, que formam a família, e o horizontal, que se constrói pelas relações entre os descendentes, sejam eles consanguíneos, adotivos ou pertencentes a famílias recompostas. Esses dois eixos permitem caracterizar o grupo dos irmãos e irmãs como uma entidade psíquica específica, que se relaciona ao casal parental (KAËS, 2011). O **complexo fraterno*** é um conjunto de emoções amorosas e hostis que os irmãos expressam uns pelos outros. Como função defensiva, representam situações de conflitos edípicos e narcísicos não resolvidos (KANCYPER, 2004, p. 241-246).
- **Vínculo narcísico.** É construído pelo retorno do investimento libidinal para o mundo interno do próprio sujeito. Esse tipo de vínculo representa uma identificação egoica consigo mesmo, em que o achado fantasmático é vivido como idêntico. O vínculo narcísico caracteriza-se por apresentar um "investimento narcísico, ou seja, ele se reflete no investimento de um objeto e se torna um investimento narcísico desse objeto" (EIGUER, 1995, p. 75). É comum em qualquer relação humana. O vínculo narcísico nas famílias pode ser reconhecido nas relações fusionais e nas relações de dependência entre os pares.
- **Vínculo objetal.** Representa a **identificação*** e a **projeção*** do objeto interno de um sujeito, ao nível intrassubjetivo, num outro objeto, externo. Sua compreensão teórica advém do termo relação de objeto. "Representam a identificação do outro inconsciente com o outro real, entre objetos interno-externo" (EIGUER, 1995, p. 97). Os vínculos objetais implicam, simultaneamente, os investimentos permanentes de objeto de um em relação ao outro, e sua interação produz um desencadeamento recíproco de atitudes e comportamentos. Eles articulam-se entre os parceiros pela identificação projetiva ou pela interação entre eles.
- **Vínculo adesivo.** Também conhecido como vínculo narcisista, no casal é formado quando existe uma predominância de fantasias e de sentimentos de ruptura ou de perda da relação; desenvolve-se como mecanismo de

defesa uma fusão dos envolvidos, formando um vínculo adesivo dual (PUGET; BERENSTEIN, 1993).

- **Vínculos de posse, possuído-possessivo e de controle.** Formam-se como resultado de defesas contra intensos sentimentos de perseguição. Quando emergem sentimentos de ciúmes possessivos e de desconfiança na relação, cria-se um clima persecutório e surge um controle enlouquecedor de um sobre o outro. O vínculo de controle é semelhante ao de posse, embora ocorra uma diferenciação entre um ego e outro. O controle é uma reação defensiva contra o desamparo e a solidão entre os cônjuges, enquanto o de posse tem como sentimento predominante a desconfiança, que gera a possessão (PUGET; BERENSTEIN, 1993).

- **Vínculo amoroso.** As emoções que circulam neste tipo de vínculo têm a finalidade da resolução edípica e caracterizam-se pela inclusão e reciprocidade dos membros da relação. É o vínculo produtor dos **parâmetros definitórios do casal*** (PUGET; BERENSTEIN, 1993).

- **Vínculo tóxico.** São relações assimétricas, disfuncionais e complementares, nas quais são vividas situações violentas, ligadas a excessos e à tentativa de poder de um sobre o outro. São vínculos de natureza sadomasoquista e de dependência, que não promovem o desenvolvimento emocional dos envolvidos. Podem ocorrer entre casais, nas relações familiares, profissionais e entre amigos (CICCONNE, 2012). Vínculos que limitam o pensamento criativo, aprisionados a uma ideologia, com características de rigidez mental podem ser considerados tóxicos (KAËS, 2015).

REFERÊNCIAS

AULAGNIER, P. *La violência de la interpretación*. Buenos Aires: Amorrotu, 1975.

BATESON, G. *et al*. Towards a theory of schizophrenia behavioral. *Science*, v. 1, p. 251-264, 1956.

BENGHOZI, P. *Malhagem, filiação e afiliação: casal, família, grupo, instituição e campo social*. São Paulo: Vetor, 2010. p. 16-19.

BERENSTEIN, I. *Del ser al hacer. Curso sobre vincularidad*. Buenos Aires: Paidós, 2007. p. 17-38.

BERENSTEIN, I. *Psicoanalizar uma famlia*. Buenos Aires: Paidós, 1990.

BERENSTEIN, I.; PUGET, J. *Lo vincular*: clinica y técnica psicoanalitica. Buenos Aires: Paidós, 1997.

BERENSTEIN, I.; PUGET, J. Presentación de la história. *In*: PACHUK, C.; FRIEDLER, R. *Diccionario de psicoanálisis de las configuraciones vinculares*. Buenos Aires: Del Candil, 1998.

BERNARD, M. Inconsciente y vínculos. *Revista Asociación Psicologia y Psicoterapia de Grupo (APPG)*, Buenos Aires, v. 18, n. 1, 1995.

BION W. Attacks on linking. *The International Journal of Psychoanalysis*, v. 40, p. 308-315, 1959. Republicado em *Second thoughts*. London: Heinemann, 1967. p. 93-109.

BLAY LEVISKY, R. Amores reais e virtuais; estamos falando da mesma coisa? *In*: BLAY LEVISKY, R. et al. *Diálogos psicanalíticos sobre família e casal: as vicissitudes da família atual*. São Paulo: Zagodoni, 2014. cap. 4, p. 51-69.

CASTANHO, P. O conceito de alianças inconscientes como fundamento para o trabalho vincular em psicanálise. *Est. Interdisciplinares em Psic.*, Londrina, v. 6, n. 2, p. 92, dez. 2015.

CICCONE, A. Aux sources du lien tyrannique. *Rev. Française Psych.*, v. 76, p. 173-191, 2012.

CORREA, O. B. R. *Crises e travessias nas diversas etapas de vida do casal e do grupo familiar*. Rio de Janeiro: KBR, 2013. p. 47.

EIGUER, A. *Um divã para a família*. Porto Alegre: Artes Médicas, 1985. p. 43, 58.

EIGUER, A. Contribuição para a teoria da família: vínculos narcísicos e vínculos objetais. *In: O parentesco fantasmático: transferência e contratransferência e terapia familial psicanalítica*. São Paulo: Casa do psicólogo, 1995. cap. 4.

FERNANDES, W. J. *Grupos e configurações vinculares*. Porto Alegre: Artmed, 2003. cap. 9, p. 44-111.

FREUD, S. Psicologia de las massas y analisis del yo. *In: Obras completas*. 3. ed. Madrid: Biblioteca Nueva, 1973. v. 3, ensaio 113, p. 2563. (Trabalho originalmente publicado em 1921).

FRIEDLER, R. Vínculo. *In:* PACHUK, C.; FRIEDLER, R. *Diccionario de psicoanálisis de las configuraciones vinculares*. Buenos Aires: Del Candil, 1998. Buenos Aires: Del Candil, 1998. p. 451-462.

KANCYPER, L. *El complexo fraterno: estúdio psicoanalítico*. 1. ed. Buenos Aires: Lumen, 2004. p. 241-246.

HINSHELWOOD, R. D. *Dicionário do pensamento kleiniano*. Porto Alegre: Artes Médicas, 1992.

KAËS, R. *L'apppareil psychique groupal, constructions du groupe*. Paris: Dunod, 1976.

KAËS, R. La catégorie de l'intermédiaire chez Freud: un concept pour la psychanalyse? *L'Évolution Psychiatrique*, v. 50, n. 4, p. 893-926, 1985.

KAËS, R. *La parole et le lien, associativité et travail psychique dasn les groupes*. Paris: Dunod, 1994.

KAËS, R. Logicas del inconsciente y intersubjetividad. Trazado de una problemática. *Psic. de las Configuraciones Vinculares*, Buenos Aires, v. 32, n. 2, p. 81-115, 2009.

KAËS, R. *La parole et le lien. Associativité et travail psychique dans les groupes*. 3. ed. Paris: Dunod, 2010.

KAËS, R. *O complexo fraterno*. São Paulo: Ideias & Letras, 2011.

KAËS, R. *L'extension de la psichanalyse: pour une métapsychologie de troisième type*. Paris: Dunod, 2015.

KLEIN, M. Notes on some schizoid mechanisms. *Int. J. Psycho-Anal.*, London, v. 27, p. 99-110, 1946.

LAPLANCHE J.; PONTALIS, J.-B. *Vocabulaire de la psychanalyse*. Paris: PUF, 1973.

LOSSO, R. La teoría psicoanalítica y el psicoanálisis familiar. *Revista de Psicoanálisis*, Asociación Psiconalítica Argentina, Buenos Aires, v. 47, n. 56, p. 923-935, 1990.

MALDAVSKY, D. *Procesos y estructuras vinculares. Mecanismos, enfermedad y lógicas*. Buenos Aires: Nueva Visión, 1991.

MICHAELIS DICIONÁRIO brasileiro da língua portuguesa. 2020. Disponível em: https://michaelis.uol.com.br/busca. Acesso em: 7 jan. 2021.

PACHUK, C.; FRIEDLER, R. (coord.). *Dicionário de psicoanálisis de las configuraciones vinculares*. Buenos Aires: Del Candil, 1998. p. 451-462.

PICHON-RIVIÈRE, E. *Teoría del vínculo*. Buenos Aires: Nueva Visión, 1980.

PUGET, J. *Subjetivación discontinua y psicoanálisis. Incertidumbre y certezas*. Buenos Aires: Lugar, 2015. p. 9-42.

PUGET, J.; BERENSTEIN, I. *Psicanálise do casal*. Porto Alegre: Artes Médicas, 1993.

SPIVACOW, M. A. *La pareja en conflito*. Buenos Aires: Paidós, 2016.

TRACHTENBERG, A. R. et al. *Transgeracionalidade: de escravo a herdeiro. Um destino entre gerações*. Porto Alegre: Sulina, 2013.

ZIMERMAN, D. *Bion: da teoria à prática. Uma leitura didática*. Porto Alegre: Artes Médicas, 1995.

Vínculo de afiliação

Ruth Blay Levisky

CONCEITO

Vínculo* entre sujeitos, de origem social, relacionado à inserção e ao pertencimento dos envolvidos a uma comunidade, instituição ou grupo. Caracteriza-se por ter uma transmissão horizontal e é responsável pela inclusão dos membros agregados de uma família ou de uma instituição como parte de seus afiliados. O vínculo de afiliação é um dos organizadores dos **continentes genealógicos***.

ETIMOLOGIA

Vínculo, do latim *vinculum*, capacidade para ligar, unir, atar uma coisa a outra; o que liga afetiva ou moralmente duas ou mais pessoas; um relacionamento lógico ou de dependência; laço (MICHAELIS, 2020). Afiliação, do latim, a + *filiar*, ato ou efeito de afiliar, adjunção a uma empresa, sociedade, partido político, agregar(-se) ou unir (-se)a uma corporação (MICHAELIS, 2020).

EVOLUÇÃO HISTÓRICA DO CONCEITO

Os vários tipos de vínculos descritos pelos psicanalistas de **casal*** e de **família*** variam de acordo com a compreensão teórica utilizada. Os profissionais que seguem as linhas kleinianas, bionianas, entre outras, compreendem a construção vincular a partir de processos emocionais advindos do mundo interno dos sujeitos envolvidos. Aqueles que trabalham com o enfoque da psicanálise vincular entendem que o vínculo, predominantemente, se constrói no **espaço interpsíquico***, **entre*** os sujeitos, ao nível **intersubjetivo***.

O processo de afiliação ocorre num plano geracional horizontal, ou seja, aquele que inclui o sujeito no âmbito social, institucional e na cultura, enquanto o de **filiação***, com origem biológica, também conhecido por **vínculo de sangue***, passa-se no eixo vertical, ou seja, no da transmissão psíquica de uma geração para seus descendentes.

Vínculo de afiliação

Os dois tipo de vínculos são processos complementares para o desenvolvimento psíquico do sujeito.

Benghozi (2010, p. 16-19) define a existência de dois tipos de vínculos de afiliação: primária e secundária.

Afiliação primária é resultante do vínculo de filiação, pois tem sua origem na família. O nascimento de uma criança inaugura a família e abre o processo de **herança transgeracional***, no sentido descendente, de uma geração para outra. Mas como a família também é parte integrante de uma comunidade, ela liga-se ao processo de afiliação, produzindo um continente psíquico primário, ou seja, um grupo comunitário original representado pela família de origem.

A afiliação secundária remete à inserção do sujeito em um continente genealógico institucional, grupal e cultural.

O processo de afiliação pode também ser estendido à **pertença*** de um membro agregado de uma família a outra. Por exemplo, o marido afilia-se à família de origem da esposa e vice-versa. Esse fenômeno de afiliação torna-se cada vez mais frequente em famílias recompostas, em que outras uniões requerem afiliações de membros em novas famílias.

Para Kaës (2011, p. 187-207), existe nas famílias e nas instituições a tendência de que os pares busquem, mesmo que ilusoriamente, uma igualdade de atenção e de amor do pai real e simbólico. Não é incomum surgirem, em fratrias e entre os membros de um grupo, seja ele analítico, familiar ou institucional, sentimentos de hostilidade e de inveja quando essa condição não é alcançada. Essas rivalidades nas relações podem ocorrer entre analistas e membros de uma família ou de um grupo, entre chefes e subordinados ou mesmo entre pais e filhos, nesse processo de busca amorosa.

Processos de filiação e afiliação se complementam e estão presentes na constituição dos vínculos.

REFERÊNCIAS

BENGHOZI, P. *Malhagem, filiação e afiliação: casal, família, grupo, instituição e campo social*. São Paulo: Vetor, 2010.

KAËS, R. *O complexo fraterno*. São Paulo: Ideias & Letras, 2011.

MICHAELIS DICIONÁRIO brasileiro da língua portuguesa. 2020. Disponível em: https://michaelis.uol.com.br/busca. Acesso em: 7 jan. 2021.

Vínculo de filiação

Zeila Sliozbergas

CONCEITO

É resultante de vários processos relacionais e vinculares entre sujeitos do grupo familiar, pai, mãe e filho, natural ou não. O processo relacional será constituído pelos laços afetivos e sociais, no decorrer da convivência e responsabilidade. O processo vincular ocorre em nível vertical e diacrônico, de ascendentes a descendentes, por meio da trama vincular **intergeracional*** e **transgeracional***, conduzindo a transmissão do patrimônio psíquico familiar para a nova geração e constituindo a vinculação de filiação (BENGHOZI, 2010).

ETIMOLOGIA

Vínculo, do latim *vinculum*, ligação entre um indivíduo e seu pai ou sua mãe. Linhagem, progênie; o que estabelece ligação moral ou afetiva com o outro. Vinculação de alguém ou algo a entidade pública ou particular, partido político, agremiação etc. Filiação, do latim *filiatĭo,ōnis*, ação ou efeito de se filiar, tomar como filho, linha direta dos avós aos filhos ou dos filhos aos avós (DICIO, 2020).

EVOLUÇÃO HISTÓRICA DO CONCEITO

O processo de filiação ocorre diante de uma reciprocidade na experiência de ser entre pais e filhos, correspondendo ao efeito de todas as mudanças psíquicas parentais. Esse processo está diretamente relacionado com a capacidade dos pais de representar e elaborar suas questões infantis, para poderem transformar simbolicamente o eixo genealógico e, assim, incluir o recém-chegado como filho (MACHADO, 2014). Do ponto de vista de Lévy-Soussan (2006), o trabalho psíquico próprio da filiação envolve fortemente a problemática do narcisismo parental.

Para Käes, no espaço intersubjetivo inconsciente dos pais, ocorre a **transmissão psíquica***, conceito introduzido por Freud; esse espaço vai além do **espaço intrapsíquico*** individual, não sendo concebido como lugar exclusivo do inconsciente. Para a sustentação e o desenvolvimento dos **vínculos*** a serem construídos entre pai, mãe, filho, como organizadores grupais, ocorreram condições intersubjetivas, mediante formadores inconscientes operados pelas **alianças inconscientes***, **pactos denegativos*** e **contratos narcísicos*** (KAËS, 2000), cumprindo, assim, a função de sustentação dos vínculos grupais na promoção do desenvolvimento das formações intrapsíquicas singulares como condição do sujeito do inconsciente (KÄES, 1997).

Segundo Machado (2014), uma das condições para a filiação ser bem-sucedida é serem os pais capazes de fazer o filho se apropriar da história familiar de cada um dos dois e, ao mesmo tempo, permitir que ele possa construir a sua própria **identidade***. Essa construção ocorre quando é possível ao filho elaborar as duas histórias parentais, junto com a sua própria história.

Os autores Trindade-Salavert (2010) concordam sobre a importância da inclusão do bebê em uma cadeia geracional de filiação, incluindo-o em uma linhagem genealógica. Para Käes, no plano genealógico ocorrerá a transmissão **intergeracional*** e a **transmissão transgeracional***, e por meio delas ocorrerá a transmissão do patrimônio psíquico familiar entre gerações. Os vínculos de filiação que ocorrem verticalmente "relegam os ascendentes aos descendentes" (BENGHOZI, 2010 p. 17). Essa inclusão faz com que esse novo integrante seja denominado "filho de", recebendo um sobrenome, que é a parte de sua identidade relacionada à sua ascendência. Este processo de inscrição vertical, formador do laço de parentesco, une o novo sujeito às gerações, e é denominado de filiação (MACHADO, 2014, p. 39).

Para Rajnerman e Santos (2003), a filiação como uma trama a ser construída por vários sujeitos em vínculo se dá em diversas dimensões, e o filho será inscrito culturalmente numa dimensão biológica, libidinal, sociocultural e jurídica. Nessa trama, a dimensão psíquica, formada sobre a base do real biológico ou sobre a relação construída pelo afeto, será o produto dessas dimensões, que podem se superpor ou se opor dentro da trama. Trindade-Salavert (2010) e Lévy-Soussan (2006) propõem que a sustentação da filiação se firma em três pilares: o biológico, o social e o jurídico. O pilar biológico por vezes é um componente fortemente idealizado pelo social, sendo incapaz, por si só, de fundar a filiação, não estando implicado na origem do desejo de ser pai/mãe e pela transição subjetiva do tornar-se pai/mãe. O social é composto por um sistema simbólico cultural, que ordena a filiação e assegura as categorias de pai, mãe, filho e suas funções, construindo vínculos dentro do núcleo familiar. Para Käes, o discurso social projeta sobre a criança a mesma antecipação, "muito antes que o novo sujeito nasça, há um lugar que se quer que ele ocupe de forma que transmita indefinidamente o modelo sociocultural" (*apud* TRACHTENBERG *et al.*, 2011).

O eixo da filiação jurídica pertence ao âmbito legislativo, que define as regras e as leis para o estabelecimento das condições de filiação, produzindo efeitos simbólicos de ordem social na constituição da família. Ele determina a realidade do laço familiar, permitindo a legalização e, portanto, a legitimação social do vínculo afetivo (MACHADO, 2014, p. 39). Segundo Weissmann, as diversas dimensões ou eixos que constituem a filiação não são suficientes para defini-la ou completá-la: "são distintas magnitudes, que operam em um desajuste permanente, sempre tendo de ser repensadas" (WEISSMANN, 2017 p. 167).

O processo de filiação resulta do entrelaçamento de pilares fundamentais específicos da condição humana como ser do campo da biologia, da linguagem e da **alteridade***, decorrentes dos investimentos objetais (MACHADO, 2014).

Segundo Brito (2008), as novas construções de paternidade e filiação independem de um relacionamento conjugal, o qual pode ser rompido e desfeito, enquanto o vínculo de filiação "deve ser indissolúvel", resultante de uma rede de relações, obrigações, direitos, deveres e vínculos que são estabelecidos e que convocam diversos membros da família.

Historicamente, pelo Código Civil de 1916, a conceituação de filho, oferecida pelo artigo 337, incluía apenas como filho aquele que era concebido na constância do casamento, podendo ser este casamento nulo, ou até mesmo anulado, desde que contraído de boa-fé. Com o advento da Constituição de 1988, porém, o conceito de filiação ficou mais abrangente, incluindo os filhos *havidos ou não* da relação do casamento e por adoção, tendo estes direitos e qualificações, proibindo-se qualquer distinção e discriminação, texto esse repetido no artigo 1.596 da Lei 10.406 de 10 de janeiro de 2002 (BRASIL, 2002).

As transformações sociais levaram a modificações da conceituação de filiação. O Direito tem acompanhado intrinsicamente essas modificações, atribuindo direitos e deveres iguais a todos. O poder patriarcal, com o tempo, foi perdendo força, pois o casamento era a forma tradicional para transmissão dos bens conseguidos em sua constância, sendo passados por via hereditária de geração em geração. Também as mulheres foram conquistando novos lugares e *status* sociais, levando a maior integração por meio de atividades produtivas, que oportunizaram maior independência, espaço na criação dos filhos e aquisição de bens; logo, casadas ou não, passam a ter o mesmo papel com relação ao poder familiar, educação dos filhos, entre outras responsabilidades.

REFERÊNCIAS

BASSO, G. H. Da filiação fora do casamento e da adoção. Lex Magister, [s.d.]. Disponível em: http://www.editoramagister.com/doutrina_27537128_DA_FILIACAO_FORA_DO_CASAMENTO_E_DA_ADOCAO.aspx. Acesso em: 10 maio 2020.

BENGHOZI, P. *Malhagem, filiação e afiliação*. São Paulo: Vetor, 2010.

BRASIL. Lei n. 10.406, de 10 de janeiro de 2002. Institui o Código Civil. *Diário Oficial da União*, Brasília, DF, 11 jan. 2002. Seção 1, n. 8, p. 1.

BRITO, L. T. *Paternidades contestadas: a definição da paternidade como um impasse contemporâneo*. Belo Horizonte: Del Rey, 2008.

DICIO. *Dicionário online de português*. Porto: 7Graus, 2020. Disponível em: https://www.dicio.com.br/. Acesso em: 29 jun. 2020.

FÉRES-CARNEIRO, T.; NETO, O. D. Construção e dissolução da conjugalidade: padrões relacionais. *Paidéia*, v. 20, n. 46, p. 269-278, 2010.

FREUD, S. Sobre o narcisismo: uma introdução. In: *Edição standard brasileira das obras psicológicas completas de Sigmund Freud*. Rio de Janeiro: Imago, 1969. v. 14. (Trabalho originalmente publicado em 1914).

KAËS, R. *O grupo e o sujeito do grupo*. São Paulo: Casa do Psicólogo, 1997.

KAËS, R. *L'appareil psychique groupal*. Paris: Dunod, 2000. (Trabalho original publicado em 1976).

KROB, A. D.; PICCININI, C. A.; SILVA, M. R. A transição para a paternidade: da gestação ao segundo mês de vida do bebê. *Psicologia USP*, v. 20, n. 2, p. 269-291, 2009.

LEVY, L. Adoção internacional: filiação e processo de luto. In: FÉRES-CARNEIRO, T. (ed.). *Casal e família*: permanências e rupturas. São Paulo: Casa do Psicólogo, 2009. p. 59-70.

LÉVY-SOUSSAN, P. La filiation à l'épreuve de l'adolescence. *Revue Adolescence*, v. 24, n. 1, p. 101-110, 2006. Disponível em: http://dx.doi.org/10.3917/ado.055.0101. Acesso em: 9 jan. 2021.

MACEDO, L. E. A dinâmica perversa na adoção: interrogando sobre filiação. *Revista Latino-americana de Psicopatologia Fundamental*, v. 17, n. 3, p. 696-705, 2014.

MACHADO, R. N. *Parentalidade e filiação adotivas: o que revelam e o que ocultam as narrativas dos pais*. 172 f. Tese (Doutorado) – Departamento de Psicologia, Pontifícia Universidade Católica do Rio de Janeiro, Rio de Janeiro, 2014.

PASSOS, M. C. Nem tudo que muda, muda tudo: um estudo sobre as funções da família. *In:* FÉRES-CARNEIRO, T. (org.). *Família e casal: efeitos da contemporaneidade*. Rio de Janeiro: PUC-Rio, 2005. p. 11-23.

RAJNERMAN, G.; SANTOS, G. Planteando problemas: família y filiación. *Psicanálisis de las Configuraciones Vinculares*, Buenos Aires, v. 37, p. 161-180, 2003.

SOLIS-PONTON, L. (org.). *Ser pai, ser mãe. Parentalidade: um desafio para o terceiro milênio*. São Paulo: Casa do Psicólogo, 2004.

TRINDADE-SALAVERT, I. (org.). *Os novos desafios da adoção: interações psíquicas, familiares e sociais*. Rio de Janeiro: Companhia de Freud, 2010. 185 p.

TRACHTENBERG, A. R. *et al*. Por que René Käes. *Revista da SBPdePA*, Porto Alegre, v. 13, n. 1, p. 257-270, 2011. Disponível em: http://sbpdepa.org.br/site/wp-content/uploads/2017/03/Por-que-Ren%C3%A9-Ka%C3%ABs.pdf. Acesso em: 18 maio 2020.

WEISSMANN, L. *Famílias monoparentais*. São Paulo: Casa do Psicólogo, 2009.

WEISSMANN, L. Composições familiares e filiação na contemporaneidade. *Revista Brasileira de Psicanálise*, São Paulo, v. 51, n. 4, p. 159-172, 2017.

ZORNIG, S. Transmissão psíquica uma via de mão dupla? *In:* T. FÉRESCARNEIRO (org.). *Casal e família: permanências e rupturas*. São Paulo: Casa do Psicólogo, 2009. p. 25-39.

Vínculo social

Ruth Blay Levisky
Maria Inês Assumpção Fernandes

CONCEITO

Vínculo social é, precisamente, a transformação nas **identificações***, essa coexistência de um sentimento primitivamente hostil com uma afeição positiva (FREUD, 1921/1973b), e diz respeito ao problema de como o inconsciente se inscreve na questão das relações entre os sujeitos singulares e os conjuntos inter e transubjetivos. É a identificação edipiana que dá acesso à ambivalência do vínculo social. O sujeito deve renunciar a suas demandas e em lugar de substituir *o outro*, identificar-se *com ele*. (KAËS, 1993).

ETIMOLOGIA

Vínculo, do latim *vinculum*, liame, ligame, laço; atar, ligar, amarrar, prender, juntar, cativar (HOUAISS; VILLAR; FRANCO, 2001, p. 2863).
Social, do latim *socialis,e*, relativo aos aliados, de aliado, feito para a sociedade, social (HOUAISS; VILLAR; FRANCO, 2001, p. 2595).

EVOLUÇÃO HISTÓRICA DO CONCEITO

Em "Totem e tabu", Freud (1913/1973a) discute as origens do *vínculo social* ao expor como se efetua a "passagem da pluralidade de indivíduos isolados ao agrupamento: o assassinato do pai originário odiado e amado liga, num pacto, os irmãos associados nesse assassinato" (KAËS, 1993, p. 32). A tese desenvolvida coloca a hostilidade como sentimento que está em primeiro lugar, a qual conduz ao assassinato, em seguida à afeição, depois ao arrependimento e aos efeitos do arrependimento sobre a religião, o código moral e a organização dos grupos; é da hostilidade que resulta a interdição de matar e o fortalecimento da solidariedade entre as vidas do clã (KAËS, 1993, p. 242). Nas obras seguintes, Freud desenvolverá a reflexão sobre a hostilidade, mostrando que esta, ao não poder ser satisfeita, produz uma identificação com aquele que era, de início, o rival. Neste ponto estaria, segundo Freud, a matéria da identificação: essa transformação dos sentimentos de rivalidade em amor pelo objeto precedentemente odiado. Em realidade, o pacto – *denegativo e identificatório* – contraído entre os irmãos conclui um duplo interdito de incesto e de assassinato. Esse modelo proposto por Freud assinala a passagem de um vínculo a-histórico da horda ao vínculo intersubjetivo, histórico e simbólico (KAËS, 1993). O contrato seria, também, responsável pelo nascimento de uma base institucional mínima, na qual são incluídos aspectos religiosos, morais e de direito, destinados a reger uma comunidade (MEZAN, 2006).

Para a psicanálise, segundo Kaës, o problema a se investigar é como a questão do inconsciente se inscreve na questão das relações entre os sujeitos singulares e os conjuntos inter e transubjetivos. Assim, compreender a construção do vínculo – *no campo social* – implica estabelecer diferentes níveis lógicos de análise, seja no que se refere a pensar o sujeito como sujeito do grupo, seja no que se refere a refletir sobre os sistemas de vínculos intersubjetivos (KAËS, 1993). Tendo como finalidade descrever a tópica do vínculo intersubjetivo e as lógicas que o governam, Kaës, em 1985, introduz o conceito de **pacto denegativo*** para designar, inicialmente, vários tipos de mecanismos de defesa e as diferentes modalidades de negativo que emergem nos vínculos de grupo. O pacto "qualifica o resultado do trabalho de produção do Inconsciente necessário à formação e à manutenção do vínculo intersubjetivo [...]" (KAËS, 2009, p. 113, tradução nossa). É importante lembrar que, para Kaës, as noções de pacto, contrato e aliança estão no coração da intersubjetividade e da sociabilidade. Contudo, diferentemente dos teóricos que investigam as questões do político e colocam o contrato social no fundamento da sociedade, para a psicanálise essas noções se constroem sobre uma outra base: "não se trata aqui de uma questão de relação social e de salvaguarda do *direito* do indivíduo, mas das condições constitutivas do sujeito do Inconsciente" (KAËS, 1993, p. 265). Pensar o vínculo social a partir da compreensão de um sujeito social e/ou sujeito coletivo implicaria adentrar "no campo do social (relações sociais de produção), do político (ações de poder) e do jurídico (instituição das leis e suas aplicações)" (KAËS, 1993, p. 102), o que, para o autor, não é parte da investigação psicanalítica.

Num caminho distinto, outros teóricos, como Douville, discutirão o vínculo social, para a psicanálise, afirmando que, se o vínculo social é discurso e não somente relação à alteridade, define-se por aquilo que dispõe de uma disjunção entre o sujeito e o inconsciente, uma disjunção que ordena que o sujeito não se identifique com o inconsciente. Isto é, o social deve ser apreendido como o vínculo que garante ou não a possibilidade de sobrevivência e transmissão do registro da palavra de uma geração a outra. (DOUVILLE et al., 2012, p. 17, tradução nossa)

Os estudos sobre a obra freudiana, no entanto, exibem um colossal cabedal de leituras sobre seus escritos que tematizam o social, como "Totem e tabu" (FREUD, 1913/1973a) e "Psicologia das massas e análise do ego" (FREUD, 1921/1973b). Neste último, Freud apresenta suas preocupações pela oposição e aproximação entre a psicologia social e a psicologia individual. Essa questão, como mostra Assoun (1993), conduz à discussão sobre qual seria a preocupação de Freud em relação à psicologia dos fenômenos sociais, evidenciando, nesse debate, a contribuição freudiana para a psicologia social, e não uma verdadeira psicologia social ou psicanalítica. Muitas questões se abrem à pesquisa nesse momento da teorização freudiana. Assim, seria possível pensar que, neste recorte psicanalítico das relações indivíduo-coletividade, "a oposição social-sexual repousa sobre uma espécie de oposição pulsões de conservação-pulsões sexuais, na qual o social seria uma expressão muito mais próxima das primeiras que das últimas" (RAMOS, 1997, p. 41, tradução nossa). Tal questão já se colocava desde "Totem e tabu", obra na qual a discussão sobre o social e a *realidade* já se anunciava, ao se comparar a neurose e o tabu. O social se encontraria do lado das exigências de conservação, do lado do mundo real, como diria Freud, reino da sociedade humana com todas as instituições criadas pelo trabalho coletivo (FREUD, 1913/1973a). Deve-se destacar esse ponto, pois parece "muito interessante insistir – a partir de 'Totem e tabu' – sobre esta qualidade da realidade, o social, enquanto institucional. É muito possível que este social – o institucional – não se confunda com o vínculo social, a intersubjetividade" (RAMOS, 1997, p. 42, tradução nossa).

REFERÊNCIAS

ASSOUN, P.-L. *Freud et las sciences sociales*. Paris: Armand Colin, 1993.

DOUVILLE, O. et al. *Clinique psychanalytique de l'exclusion*, Paris: Dunod, 2012.

FERNANDES, M. I. A. *Negatividade e vínculo*. São Paulo: Casa do Psicólogo, 2005.

FREUD, S. Totem e tabu. *In: Obras completas*. 3. ed. Madrid: Biblioteca Nueva, 1973a. v. 2, ensaio 74, p. 1843. (Trabalho originalmente publicado em 1913).

FREUD, S. Psicologia de las massas y analisis del yo. *In: Obras completas*. 3. ed. Madrid: Biblioteca Nueva, 1973b. v. 3, ensaio 113, p. 2563. (Trabalho originalmente publicado em 1921).

FRIEDLER R. Vínculo. *In:* PACHUK, C.; FRIEDLER, R. (coord.). *Dicionário de psicoanalisis de las configuracioness vinculares*. Buenos Aires: Del Candil, 1998. p. 451-462.

HOUAISS, A.; VILLAR, M. S.; FRANCO, F. M. de M. *Dicionário Houaiss da língua portuguesa*. Rio de Janeiro: Objetiva, 2001.

KAËS, R. *O grupo e o sujeito do grupo*. Paris: Dunod, 1993.

KAËS, R. Logicas del inconsciente y intersubjetividad. Trazado de una problemática. *Psic. de las Configuraciones Vinculares*, Buenos Aires, v. 32, n. 2, p. 81-115, 2009.

RAMOS, G. A. *Le social dans la construction freudienne de la psychanalyse*. Paris: Harmattan, 1997.

MEZAN, R. *Freud, o pensador da cultura*. São Paulo: Companhia das Letras, 2006.

MICHAELIS DICIONÁRIO brasileiro da língua portuguesa. 2020. Disponível em: https://michaelis.uol.com.br/busca. Acesso em: 7 jan. 2021.

Violências familiares

Isabel da Silva Kahn Marin

CONCEITO

Violência, força que transgride os limites dos seres humanos, tanto em sua realidade física e psíquica como no campo de suas realizações sociais, familiares, éticas, estéticas, políticas e religiosas. Força que desrespeita os direitos fundamentais do ser humano, sem os quais o homem deixa de ser considerado como sujeito de direitos e de deveres e passa a ser olhado como um puro e simples objeto, em todas as suas formas de manifestação (ROCHA, 1996).

ETIMOLOGIA

Violência, do latim *violentia*, caráter violento ou feroz, força. O verbo *violare* significa tratar com violência, profanar, transgredir. Esses termos remetem a *vis*, força, vigor. Jean Bergeret pesquisa o termo e o deriva do radical indo-europeu βíF, que, passando pelo grego β e o latim *vita*, define a vida, a força vital, o impulso de sobrevida – reportando, portanto, na origem, a ideia de vida sem a conotação destrutiva ou erótica que assumiria mais tarde (BERGERET, 1995). Encontramos no sentido primeiro da palavra *violência* a ideia de "irrupção de uma força intensa que deixa o sujeito submisso aos efeitos dessa força, sem que ele possa se livrar dela" (TOUBIANE, 1997, p. 167, tradução nossa). A aproximação com o conceito de pulsão (FREUD, 1915/1996e) é clara. Esse conceito, que aponta para a dobradura entre o social e o biológico, dá o caráter imprevisível, insistente, inquietante dessa força, que pode, assim, ameaçar a ordem que se espera da ideia de civilização. Em sua origem, portanto, a pulsão não é boa nem má, ela só busca satisfação. É apenas quando o sujeito não consegue encontrar um objeto adequado, ou quando o objeto se lhe apresenta inadequado, que ela se torna destruidora. Estabelece-se uma força poderosa que impõe "o um": ou é um, ou é nada, princípio narcisista por excelência (BERGERET, 1995).

EVOLUÇÃO HISTÓRICA DO CONCEITO

O termo violência, de natureza polissêmica, é utilizado em muitos contextos sociais. Aqui, discutiremos como se apresenta nas relações intersubjetivas segundo a perspectiva da psicanálise. Vale destacar que o termo não é privilegiado nos textos psicanalíticos, nem mesmo aparece entre os verbetes dos vocabulários clássicos de psicanálise: os de Roudinesco e Plon (1998), Hanns (1996), Laplanche e Pontalis (1988).

A Organização Mundial da Saúde (OMS) define violência como "o uso de força física ou poder, em ameaça ou na prática, contra si próprio, outra pessoa ou contra um grupo ou comunidade que resulte ou possa resultar em sofrimento, morte, dano psicológico, desenvolvimento prejudicado ou privação" (OMS *apud* CEVS, [s.d.]). Ao tipificar a violência interpessoal, caracteriza a "violência familiar e conjugal que em geral ocorre no próprio lar, e que inclui os maus-tratos de menores, a violência doméstica e os maus-tratos a pessoas idosas". Vale ainda destacar, no Brasil, a Lei Maria da Penha (BRASIL, 2006), particularmente seu título II, que traz a configuração dos espaços em que as agressões são qualificadas como violência doméstica e a definição de todas as suas formas.

FREUD (1933/1996k) utiliza o termo violência uma única vez em sua obra, no artigo "Por que a guerra". Trata-se de uma correspondência com Albert Einstein, em que discutem sobre a possibilidade da paz mundial: "O senhor [Einstein] começou com a relação do direito e o poder [...]. Mas permita-me substituir a palavra poder pela palavra mais nua e crua, Violência" (FREUD, 1933/1996k, p. 197-198). Freud prossegue explicando em síntese as teorias das pulsões e sua dinâmica imbricada no processo civilizatório. Referindo-se a "Totem e tabu" e "Mal-estar na civilização", escreve: "uma comunidade se mantém unida por duas coisas: a força coercitiva da violência e os vínculos emocionais (identificação, é o nome técnico) entre seus membros" (1933/1996k, p. 201-202).

Mesmo sem usar o termo, Freud aponta, nos desenvolvimentos da teoria psicanalítica, para o paradigma da violência como constituinte da subjetividade e fundadora da civilização. O homem da cultura é herdeiro e cúmplice de um crime, e as vicissitudes do complexo edípico retomam, na constituição da subjetividade, essa contradição, sendo a família o palco onde esse drama será revivido permanentemente. Em seus escritos psicopatológicos e metapsicológicos, não abandona as concepções sobre os fantasmas parricidas e infanticidas. Desde os

Violências familiares

"Três ensaios sobre a teoria da sexualidade", Freud (1905/1996b) fala em pulsão cruel, e o caráter da violência nas relações intersubjetivas é evidente em "Os instintos e suas vicissitudes": "O ódio, enquanto relação com objetos, é mais antigo que o amor. Provém do repúdio primordial do ego narcisista ao mundo externo com seus extravasamentos de estímulos" (FREUD, 1915/1996e, p. 143).

Em "O problema econômico do masoquismo", Freud (1924/1996h) retoma as relações intrincadas entre pulsão de vida e pulsão de morte, apontando de que modo parte da pulsão de morte será refletida para exterior, ou seja, como ela se voltará contra o objeto (que traz desequilíbrio) na forma de pulsão de destruição. Parte, porém, "permanece dentro do organismo e com o auxílio da excitação sexual acompanhante acima descrita, lá fica libidinalmente presa" (FREUD, 1924/1996h, p. 181).

A relação entre excesso de excitação, impossibilidade de **simbolização*** e desamparo também foi amplamente discutida por Freud ([1895]1950/1996a, 1913/1996c, 1915/1996e, 1926/1996i, 1930/1996j, 1939/1996l), apontando como a resposta violenta pode ser uma resposta para o mal-estar da intensidade pulsional.

Psicanalistas clássicos, embora não usem o termo violência, desenvolvem suas teorias com muita ênfase na agressividade. Melanie Klein apoia-se na concepção freudiana de pulsão de morte para analisar como as representações parentais são objeto de dinamismos imaginários violentos. Preocupa-se com a violência primitiva infantil, considerando elementos constitutivos destrutivos na sua concepção de pulsão de morte. Artigos como "Tendências criminosas em crianças normais" (KLEIN, 1927/1982a) e "Sobre a criminalidade" (KLEIN, 1934/1982c) são expressivos dessas concepções. Em "O desenvolvimento inicial da consciência na criança" (KLEIN, 1933/1982b), destaca a precocidade do superego formado pela introjeção oral dos objetos parciais (seio materno) e o sadismo infantil ligado à pulsão de morte, que torna esse superego muito mais cruel do que no adulto, no qual o Eu (ego) é mais forte.

Para Lacan, "a agressividade é a tendência correlata de um modo de identificação que nós chamamos narcísica e que determina a estrutura formal do Eu do homem e o registro de entidades características de seu mundo" (LACAN, 1948/1998, p. 112).

Winnicott, em sua teoria do desenvolvimento do *self*, trabalha detalhadamente como a criança pode integrar criativamente suas pulsões agressivas a partir de suas relações com o ambiente. Teoriza sobre a agressão como princípio vital que impulsiona ao exterior e, *"sempre ligada desta maneira, ao estabelecimento de uma distinção entre o que é eu e o que não é o eu"* (1939/1987, p. 98, grifos nossos). Suas análises sobre a tendência antissocial (1956/1987) apontam para a importância da relação intersubjetiva, entendendo essa tendência como um apelo ao mundo, reivindicando uma relação primordial perdida.

Ferenczi é contundente em seus trabalhos "Confusão de línguas entre adultos e criança" (1932/1992c) e "Criança mal acolhida e sua pulsão de morte" (1929/1992b) ao apontar como as relações familiares podem se constituir de forma violenta e traumática quando os pais não cumprem com sua função de para-excitação. Esse autor é fundamental para orientar a compreensão e possíveis intervenções frente à violência intrafamiliar.

Piera Aulagnier, ao desenvolver o conceito de violência primária, marca do encontro intersubjetivo psique com o mundo, propõe a violência como elemento fundante da subjetividade:

> Psique e mundo se encontram e nascem um com o outro, um para o outro; são o resultado de um estado de encontro que dissemos ser coextensivo ao estado de existente. A inevitável violência imposta pelo discurso teórico ao objeto psíquico decorre de sua necessidade de dissociar os efeitos desse encontro. (AULAGNIER, 1975, p. 33)

Entretanto, a violência pode se instituir como ato aniquilador quando se constitui numa experiência de excesso: ódio destruidor, votos de morte, amor invasor, contatos eróticos, indiferença. É dessa perspectiva que Marin (2002) pesquisa as manifestações da violência nas relações intersubjetivas na sociedade contemporânea, relacionando-as como resposta ao desamparo, propondo como forma de enfrentá-las que se assuma a "violência fundamental", a qual define como o momento paradoxal de encontro/desencontro de dois seres que buscam realizar-se, complementar-se, subjetivar-se. Entende, nesse contexto, que o amor vem da possibilidade de ir ao encontro do outro a partir da falta que se estabelece, em função da ruptura violenta de dois corpos que pretenderam fazer uma unidade psíquica, reproduzindo a vivência narcísica onipotente. Portanto, é sujeitando-se a encontros que suscitam o mal-estar da "violência fundamental" que se vive a **alteridade***, o surgimento do Eu e do Outro.

A psicanálise denuncia, assim, a incômoda e inevitável aproximação de violência e família. As vicissitudes do complexo edípico retomam, na constituição da subjetividade de cada um, o modo como os afetos ligados à violência foram mobilizados. A família é o palco onde esse drama será revivido permanentemente.

Os psicanalistas dedicados ao estudo e à prática com famílias encontram ressonâncias com esses pressupostos, e evidencia-se no conceito de **mito familiar*** a forma como a violência pode se anunciar na dinâmica familiar. "**Segredos*** e mitos se fundamentam sempre no poder e na dependência, no amor e no ódio, no desejo de tomar conta e no desejo de ferir, emoções que estão inevitavelmente ligadas ao sexo, nascimento e morte" (PINCUS; DARE, 1981, p. 16).

Sob essa perspectiva, a maioria dos sentimentos ligados à rivalidade, ódio, ciúmes e morte são negados, e os mitos criam uma estrutura em que existem **pactos*** que mantém a ilusão narcísica.

Chegamos aos autores que privilegiam a análise dos **vínculos***, da **intersubjetividade*** na constituição subjetiva, da **transmissão psíquica*** genealógica, assim como a pertença do sujeito a uma **filiação*** – tradição na qual se inscreve a **terapia psicanalítica de casal e família***. A produção teórica de Piera Aulagnier contribui para compreender a malha (**malhagem***) inconsciente do grupo familiar, entendendo que ele é permeado pelas **alianças inconscientes***, assim como pelo **contrato narcísico***. Kaës (1993/1997), ao falar das formações **intersubjetivas***, teoriza sobre as alianças inconscientes como formação do **aparelho psíquico grupal*** dos sujeitos que constituem um casal, grupo, família ou instituição, e seu conceito de **pacto denegativo*** ilustra a dinâmica da violência constituinte nas alianças familiares.

A importância do "envelope de essência genealógica" (GRANJON, 2001), que delimita o espaço psíquico comum ao grupo familiar, deve ser capaz de evoluir e se modificar mediante os acontecimentos críticos que o grupo atravessa, para transmitir as vivências psíquicas daqueles que o precederam na ordem geracional. Entretanto, se essas vivências não foram metabolizadas, permanecem proibidas, encriptadas. Os trabalhos de Abraham e Torok (1978/1997) sobre os conceitos de **cripta*** e **fantasma*** apontam que um processo de transmissão psíquica geracional defeituoso exerce um poder alienante, atravessando o inconsciente das gerações, impondo-se como violência a seus descendentes.

A análise sobre os fenômenos da **transmissão transgeracional*** também implica a compreensão da violência presente nos vínculos familiares negada, ou mesmo vivida de forma explosiva no espaço familiar, com aspectos de desqualificação entre seus membros ou mesmo atuações com agressão verbal ou sexual.

Não menos importante é considerar a dinâmica da violência conjugal. Puget e Berenstein (1994), ao descreverem a natureza dos vínculos de casal, indicam o enamoramento como representante do primeiro estado de fusão narcisista; estado que retoma a paixão dos primeiros momentos da vida, da completude imaginária do bebê e sua mãe, no qual os limites são borrados. Por outro lado, a capacidade para a descontinuidade nas relações amorosas (GREEN, 1988, 1993), que tem suas raízes na descontinuidade do relacionamento mãe-bebê, protegeria da fusão perigosa e abriria para a segunda etapa do processo, que se refere à discriminação das individualidades do casal, na qual terceiros poderiam se colocar. Entretanto, quando esse processo não é suportado, o vínculo conjugal permanece com as características primitivas, com uma recusa de individualidade, e o desejo de um ser à imagem especular do outro. Os membros do casal se mantêm fundidos, e os afetos, quando essa configuração é ameaçada, são da ordem da violência. Tudo se organiza para anular qualquer diferença, conflito. A emergência de componentes sadomasoquistas e de ciúmes possessivos constitui a via régia para ocupar todo o **espaço psíquico*** dos membros do casal. A agressão se torna um meio de penetrar o outro e possuí-lo, um instrumento privilegiado para excluir qualquer terceiro. Kernberg (1995) também discorre sobre a psicopatologia das relações amorosas, analisando-as a partir das experiências edípicas, relacionadas com a agressão e com os pares sadomasoquistas. Fiel à tradição freudiana, compreende a perversidade nas relações amorosas a partir dos padrões sadomasoquistas que regulam os afetos, visando dominar e controlar os aspectos persecutórios e sádicos das funções do superego edípico e pré-edípico mutuamente projetados. Eiguer (1995) entende o sadomasoquismo na perspectiva de investimentos narcísicos e libidinais, apontando como no investimento narcísico o sadismo faz intervir o desejo de atingir e desestruturar o narcisismo do outro.

Os elementos aqui abordados são a chave para compreender a violência intrafamiliar. Trata-se de um sintoma da organização psíquica familiar, que pode se perpetuar por gerações, por não ser capaz de sustentar o desamparo suscitado pela ameaça à onipotência narcísica. A manifestação subjetiva que rompe com determinada ordem estabelecida, até mesmo a de um filho que não corresponde ao ideal narcísico, não é suportada. Entende-se, assim, como vítima e agressor estão intrinsecamente envolvidos nessa trama, estabelecendo uma cumplicidade que leva ao silenciamento. É uma questão incômoda, que põe em xeque os códigos avançados dos direitos humanos, mas insiste e paradoxalmente é silenciada – provavelmente, por mobilizar o *Unheimlich* (FREUD, 1919/1996g), o retorno da violência recalcada e as fantasias incestuosas que constituem a trama de qualquer família, mesmo que habitualmente negadas e/ou projetadas em outros. Reconhecer a violência fundamental da família, entretanto, não significa legitimar espancamento, abandono, aniquilamento, e sim garantir espaços de acolhimento, espaços **entre***, onde se criam as possibilidades de metaforização para as expressões violentas.

REFERÊNCIAS

ABRAHAM, N.; TOROK, M. *A casca e o núcleo*. São Paulo: Escuta, 1997. (Trabalho originalmente publicado em 1978).

AULAGNIER, P. *A violência da interpretação. Do pictograma ao enunciado*. Rio de Janeiro: Imago, 1975

BERGERET, J. Les destins de la violence en psychopathologie. *Journal de la Psychanalyse de l'enfant*, Paris, n.18, p. 19-50, 1995.

BERENSTEIN, I. O sujeito e seus vínculos (entrevista). *Jornal do Instituto Contemporâneo de Psicanálise e Transdisciplinaridade*, Porto Alegre, 2006, p. 4-10.

BRASIL. Lei n. 11.340, de 7 de agosto de 2006 (Lei Maria da Penha). Cria mecanismos para coibir a violência doméstica contra a mulher, nos termos do § 8º do art. 226 da Constituição Federal Brasileira. *Diário Oficial da União*, 8 ago. 2006.

CEVS. Tipologia da Violência. Porto Alegre, [s.d.]. Disponível em: https://www.cevs.rs.gov.br/tipologia-da-violencia. Acesso em: 30 mar. 2021.

EIGUER, A. *O parentesco fantasmático*. São Paulo: Casa do Psicólogo, 1995.

FERENCZI, S. Criança mal acolhida e sua pulsão de morte *In: Obras completas*. São Paulo: Martins Fontes, 1992b. v. 4. (Trabalho originalmente publicado em 1929).

FERENCZI, S. Confusão de línguas entre adultos e criança. *In: Obras completas.* São Paulo: Martins Fontes, 1992c. v. 4. (Trabalho originalmente publicado em 1932).

FREUD, S. Projeto para uma psicologia científica. *In: Edição standard brasileira das obras psicológicas completas de Sigmund Freud.* Trad. J. Salomão. Rio de Janeiro: Imago, 1996a. v. 1, p. 335-469. (Trabalho originalmente escrito em 1895 e publicado em 1950).

FREUD, S. Três ensaios para uma teoria da sexualidade. *In: Edição standard brasileira das obras psicológicas completas de Sigmund Freud.* Trad. J. Salomão. Rio de Janeiro: Imago, 1996b. v. 7, p. 129-250. (Trabalho originalmente publicado em 1905).

FREUD, S. Totem e tabu. *In: Edição standard brasileira das obras psicológicas completas de Sigmund Freud.* Trad. J. Salomão. Rio de Janeiro: Imago, 1996c. v. 13, p. 13-163. (Trabalho originalmente publicado em 1913).

FREUD, S. Sobre o narcisismo: uma introdução. *In: Edição standard brasileira das obras psicológicas completas de Sigmund Freud.* Trad. J. Salomão. Rio de Janeiro: Imago, 1996d. v. 14, p. 77-11. (Trabalho originalmente publicado em 1914).

FREUD, S. O instinto e suas vicissitudes. *In: Edição standard brasileira das obras psicológicas completas de Sigmund Freud.* Trad. J. Salomão. Rio de Janeiro: Imago, 1996e. v. 14, p. 137-168. (Trabalho originalmente publicado em 1915).

FREUD, S. Criminosos em consequência de um sentimento de culpa. *In: Edição standard brasileira das obras psicológicas completas de Sigmund Freud.* Trad. J. Salomão. Rio de Janeiro: Imago, 1996f. v. 14, p. 351-381. (Trabalho originalmente publicado em 1916).

FREUD, S. O estranho. *In: Edição standard brasileira das obras psicológicas completas de Sigmund Freud.* Trad. J. Salomão. Rio de Janeiro: Imago, 1996g. v. 16, p. 235-271. (Trabalho originalmente publicado em 1919).

FREUD, S. O problema econômico do masoquismo. *In: Edição standard brasileira das obras psicológicas completas de Sigmund Freud.* Trad. J. Salomão. Rio de Janeiro: Imago, 1996h. v. 19, p. 175-188. (Trabalho originalmente publicado em 1924).

FREUD, S. Inibição, sintoma e ansiedade. *In: Edição standard brasileira das obras psicológicas completas de Sigmund Freud.* Trad. J. Salomão. Rio de Janeiro: Imago, 1996i. v. 20, p. 81-171. (Trabalho originalmente publicado em 1926).

FREUD, S. Mal-estar na civilização. *In: Edição standard brasileira das obras psicológicas completas de Sigmund Freud.* Trad. J. Salomão. Rio de Janeiro: Imago, 1996j. v. 21, p. 73-148. (Trabalho originalmente publicado em 1930).

FREUD, S. Por que a guerra. *In: Edição standard brasileira das obras psicológicas completas de Sigmund Freud.* Trad. J. Salomão. Rio de Janeiro: Imago, 1996k. v. 22, p. 191-208. (Trabalho originalmente publicado em 1933).

FREUD, S. Moisés e o monoteísmo. *In: Edição standard brasileira das obras psicológicas completas de Sigmund Freud.* Trad. J. Salomão. Rio de Janeiro: Imago, 1996l. v. 23, p. 15-152. (Trabalho originalmente publicado em 1939).

GRANJON, E. A elaboração do tempo genealógico no espaço do tratamento da terapia familiar psicanalítica. In RUIZ CORREA, O. B. (org.). *Os avatares da transmissão psíquica geracional.* São Paulo: Escuta, 2001.

GREEN, A. *Narcisismo de vida, narcisismo de morte.* São Paulo: Escuta, 1988.

GREEN, A. *Le travail du négatif.* Paris: Minuit, 1993.

HANNS, L. *Dicionário comentado do alemão de Freud.* Rio de Janeiro: Imago, 1996.

KAËS, R. *O grupo e o sujeito do grupo.* São Paulo: Casa do Psicólogo, 1997. (Trabalho originalmente publicado em 1993).

KERNBERG, O. F. *Psicopatologia das relações amorosas.* Porto Alegre: Artes Médicas, 1995.

KLEIN, M. Tendências criminosas em crianças normais. *In: Contribuições à psicanálise.* São Paulo: Mestre Jou, 1982a. (Trabalho originalmente publicado em 1927).

KLEIN, M. O desenvolvimento inicial da consciência na criança. *In: Contribuições à psicanálise.* São Paulo: Mestre Jou, 1982b. (Trabalho originalmente publicado em 1933).

KLEIN, M. Sobre a criminalidade. *In: Contribuições à psicanálise.* São Paulo: Mestre Jou, 1982c. (Trabalho originalmente publicado em 1934).

LACAN, J. Tese 4: a agressividade em psicanálise. *In: Escritos.* Rio de Janeiro: Zahar, 1998. (Trabalho originalmente publicado em 1948).

LAPLANCHE, J.; PONTALIS, J.-B. *Vocabulário da psicanálise.* São Paulo: Martins Fontes, 1988.

MARIN, I. S. K. *Violências.* São Paulo: Escuta, 2002.

PINCUS, L.; DARE, C. *Psicodinâmica da família.* Porto Alegre: Artes Médicas, 1981.

PUGET, J.; BERENSTEIN, I. *A psicanálise do casal.* São Paulo: Artmed, 1994.

ROCHA, Z. *Paixão, violência e solidão.* Recife: UFPE, 1996.

ROUDINESCO, E.; PLON, M. *Dicionário de psicanálise.* Rio de Janeiro: Zahar, 1998.

TOUBIANE, E. L'héritage: une pas si belle affaire que ça. *In:* DANZIGER, C. (org.). *Violence des familles: maladie d'amour.* Paris: Autrement, 1997. (Coleção Mutations, n. 168).

WINNICOTT, D. Agressão e suas raízes. *In: Privação e delinquência.* São Paulo: Martins Fontes, 1987. (Trabalho originalmente publicado em 1939).

WINNICOTT, D. A tendência anti-social. *In: Privação e delinquência.* São Paulo: Martins Fontes, 1987. (Trabalho originalmente publicado em 1956).

Zócalo inconsciente

Lisette Weissmann

CONCEITO

Estrutura inconsciente que subjaz ao vínculo de casal. Termo cunhado pela **psicanálise das configurações vinculares*** para definir a base vincular que guarda marcas vinculares inconscientes vividas por esse casal. Opera como um inconsciente a dois, e se constrói a partir da história dos **vínculos*** do casal e de cada um dos sujeitos que o compõem.

ETIMOLOGIA

Do latim *soccŭlus*, diminutivo de *soccus*, parte inferior de um edifício ou obra, que serve para elevar as fundações ao mesmo nível (DICIO, 2020). Termo em espanhol que é traduzido como base, vocábulo emprestado da arquitetura para descrever a estrutura vincular profunda do casal. Funciona como um espaço de base do relacionamento cotidiano e é constituído pelas marcas psíquicas vinculares que esse casal tem construído ao longo do tempo, assim como pelas marcas intrapsíquicas dos relacionamentos de cada um de seus membros.

EVOLUÇÃO HISTÓRICA DO CONCEITO

Os psicanalistas Janine Puget e Isidoro Berenstein (1993) tomaram emprestado o termo rodapé da arquitetura, já que em todos os espaços habitacionais geralmente se coloca um rodapé, que só é notado quando está faltando. O rodapé opera como pano de fundo e acabamento de um espaço a ser habitado, como base que sustenta tudo o que é contido dentro dos espaços construídos. Também pode ser traduzido como plataforma, dando uma ideia de uma base na qual se apoia e sustenta o vínculo, como um espaço silencioso que acolhe uma resenha histórica dos sucessos vinculares vividos pelo casal.

Puget e Berenstein definem a plataforma inconsciente do casal como "um invariante, constituído por uma combinatória, uma estrutura de relações entre o sujeito e o objeto e que constituem o desejo proveniente do ego e alguma ação específica, originada no outro" (PUGET; BERENSTEIN, 1993, p. 163). Vemos como essa estrutura profunda inclui tanto um vínculo primário que reproduz o momento do desamparo originário e que precisa de acolhimento como a possibilidade de achar um espaço para as diferenças, que delineiam uma passagem pelo complexo de Édipo e sua resolução e elaboração vincular.

Berenstein e Puget dizem:

> o conceito de plataforma surge como uma tentativa de tornar compreensível uma metapsicologia, em nosso caso, a do casal, para o qual podem ser estabelecidas leis, de acordo com o significado da relação **interfantasmática*** muito complexa que, por sua vez, sustenta os intercâmbios verbais, emocionais, sexuais, econômicos e ideológicos, em um casal (matrimonial). (PUGET; BERENSTEIN, 1993, p. 163)

O *zócalo* inconsciente inclui o ego e o outro, em um ir e vir de se constituir cada um em um ego ilusório para o outro, até chegar à possibilidade de ser reconhecido como outro com suas diferenças, incluídas as diferenças sexuais que fazem parte dos casais. A estrutura profunda que subjaz à construção vincular do casal inclui acordos e **pactos inconscientes***, pertencentes a cada relacionamento, que indicam aquilo permitido, proibido e impossível de ser considerado nesse vínculo. Os acordos inconscientes são construídos como um registro passível de se fazer consciente, e os pactos inconscientes são nitidamente inconscientes e fazem parte da estrutura profunda que constituiu esse casal.

Aqueles acordos e pactos inconscientes que foram constitutivos do casal no período inicial do namoro atravessam diferentes modificações ao longo do tempo de convívio dos sujeitos, de acordo com fases vitais por eles vividas. Necessariamente, os acordos e pactos inconscientes precisam ser reescritos ao longo do tempo para serem úteis aos sujeitos e ao vínculo que irá se modificando. Esses organizadores da convivência do casal, ao permitir mudanças, também habilitam aos sujeitos que constituem esse vínculo se modificar e se transformar ao longo do tempo. Os vínculos podem se tornar mais ricos, criativos e inovadores; ou, pelo contrário, perder vigência e gerar vínculos esvaziados de sentido, estéreis. Nos dois extremos pode se tratar de casais que conseguem "renovar os votos para continuar juntos" ou enunciam que "o amor acabou".

O *zócalo* inconsciente se apresenta como um código doador de sentidos implícitos que os casais não questionam, mas que fazem com que se escolham para fazer parte desse relacionamento. Geralmente, quando um casal vem à consulta, o psicanalista tenta abranger a dita estrutura na pergunta: "por que vocês estão juntos?", pergunta importante a ser feita com o transcorrer do tempo. Condição que dá espaço à percepção de situações de inovação e que também lhes permite estabelecer novos sentidos às relações em diversas situações vitais. Trata-se de uma pergunta que permite doar e outorgar novos significados e novos sentidos à estrutura como um todo.

A psicanálise das configurações vinculares também tem se modificado ao longo do tempo, permitindo dar valor e espaço às épocas e teorias que se escrevem frente aos fatos clínicos que estão em constante mudança. No início da construção da teoria, o conceito de estrutura era um termo forte que ajudava a dar conta de um psiquismo vincular armado nos relacionamentos estáveis de casal e família. Depois, porém, passou-se a usar o conceito de estrutura aberta, que dá espaço ao acaso, para pensar em uma teoria aberta ao social e também às transformações. Foi-se abandonando o conceito de estrutura, e foi-se aderindo às teorias que impregnam a psicanálise como um todo. O conceito de *zócalo* inconsciente, entretanto, na atualidade, não tem sido usado nos textos escritos com tanta frequência como no início. O conceito de inconsciente vincular que subjaz aos relacionamentos estáveis persiste, mas com maior espaço para a novidade, as modificações e o acaso, e menos espaço para pensá-lo como uma estrutura estável e fechada.

REFERÊNCIAS

BERENSTEIN, I.; PUGET, J. *Psicanálise do casal*. Porto Alegre: Artes Médicas, 1993.

DICIO. Dicionário online de português. Porto: 7Graus, 2020. Disponível em: http://www.dicio.com.br/. Acesso em: 7 jan. 2021.

SOBRE OS AUTORES

ADRIANA LAURA NAVARRETE BIANCHI

Psicanalista. Membro associado da Sociedade Brasileira de Psicanálise de Ribeirão Preto (SBPRP), filiada à International Psychoanalysis Association (IPA). Membro efetivo da Associação Brasileira de Psicanálise de Casal e Família (ABPCF).

ALMIRA ROSSETTI LOPES

Psicóloga. Membro associado da Sociedade Brasileira de Psicanálise de São Paulo. Professora responsável (1968 a 1973) pela disciplina Terapia de Casal e Família na Pontifícia Universidade Católica (PUC)/Sedes Sapientiae (SP). Membro do Núcleo de Casal e Família da PUC-SP a partir de 1976. Membro do Grupo Vincular. Membro fundador da Associação Brasileira de Psicanálise de Casal e Família (ABPCF). Membro da Associação Internacional de Psicanálise de Casal e Família (AIPCF). Membro da British Psychological Society.

ANA BALKANYI HOFFMAN

Psiquiatra. Psicanalista da Sociedade Brasileira de Psicanálise de São Paulo (SBPSP). Membro fundador da Associação Brasileira de Psicanálise de Casal e Família (ABPCF). Membro do Comitê Consultivo da ABPCF.

ANA ROSA CHAIT TRACHTENBERG

Médica. Psicanalista. Membro titular da Sociedade Brasileira de Psicanálise de Porto Alegre (SBPdePA). Membro da Associação Brasileira de Psicanálise de Casal e Família (ABPCF).

ANDREA SEIXAS MAGALHÃES

Professora associada do Departamento de Psicologia da PUC-Rio. Doutora em Psicologia Clínica (PUC-Rio). Especialização em Psicoterapia Analítica de Grupo pela Sociedade de Psicoterapia de Grupo do Estado do Rio de Janeiro (SPAG.E.Rio). Membro da Associação Brasileira de Psicanálise de Casal e Família (ABPCF) e da Associação Internacional de Psicanálise de Casal e Família (AIPCF).

Sobre os autores

ANGELA PIVA

Psicóloga pela PUC-RS. Psicanalista. Membro associado da Sociedade Brasileira de Psicanálise de Porto Alegre (SBPdePA). Analista de crianças e adolescentes. Membro da International Psychoanalytical Association (IPA). Fundadora, diretora geral e coordenadora do curso Psicanálise Vincular do Contemporâneo no Instituto de Psicanálise e Transdisciplinaridade.

CARLA MARTINS MENDES

Psicóloga clínica. Mestre em Psicologia Clínica pela PUC-Rio. Doutoranda em Psicologia Clínica/PUC-Rio. Especialização em Psicoterapia de Casal e Família pela PUC-Rio. Membro efetivo da Associação Brasileira de Psicanálise de Casal e Família (ABPCF) e da Associação Internacional de Psicanálise de Casal e Família (AIPCF).

CARMEN ROBERTA BALDIN

Psicóloga. Professora da graduação do curso de Psicologia da Universidade Paulista de Ribeirão Preto (UNIP-RP). Especialista em Psicoterapia Familiar e de Casal pela PUC-SP. Mestre em Ciências pela Universidade de São Paulo de Ribeirão Preto (USP-RP). Membro filiado à Sociedade Brasileira de Psicanálise Ribeirão Preto (SBPRB). Membro da Associação Brasileira de Psicanálise de Casal e Família (ABPCF). Membro efetivo da Associação Internacional de Psicanálise de Casal e Família (AIPCF).

CELIA BLINI DE LIMA

Psicóloga clínica pela PUC-Campinas. Mestre e doutora em Psicologia pela USP. Psicanalista, membro efetivo e docente da Sociedade Brasileira de Psicanálise de São Paulo (SBPSP). Membro da Associação Brasileira de Psicanálise de Casal e Família (ABPCF). Membro do Grupo Vincular.

CYNARA CEZAR KOPITTKE

Psicóloga. Psicanalista. Membro titular didata da Sociedade Brasileira de Psicanálise de Porto Alegre (SBPdePA). Membro efetivo da Associação Brasileira de Psicanálise de Casal e Família (ABPCF). Membro do Núcleo de Vínculos da SBPdePA. Integrante do Comitê de Família e Casal da Federación Psicoanalítica de América Latina (FEPAL) (2017-2019; 2019-2021). Docente e supervisora da Fundação Universitária Mário Martins. Docente do Instituto Contemporâneo de Interdisciplinaridade.

DAVID LÉO LEVISKY

Psicanalista didata pela Sociedade Brasileira de Psicanálise de São Paulo (SBPSP). Especialização em Psicanálise de Crianças e Adolescentes (IPA). Membro fundador e do Conselho Diretor da Associação Brasileira de Psicanálise de Casal e Família (ABPCF). PhD em História Social (USP). Membro do Grupo Vincular. Diretor administrativo da SBPSP, editor da *Revista Brasileira de Psicanálise* da Federação Brasileira de Psicanálise (FEBRAPSI), coordenador geral do projeto Abrace seu Bairro. Assistente estrangeiro na Faculdade de Medicina de Paris e do Centro Alfred Binet.

DENISE LEA MORATELLI

Psicanalista. Membro associado da Sociedade Brasileira de Psicanálise de Ribeirão Preto (SBPRP), integrada à IPA. Coordenadora do grupo de psicanálise de casal e família da SBPRP.

FLAVIA COSTA STRAUCH

Mestre em Casal e Família pela PUC-Rio. Membro fundador da Associação Brasileira de Psicanálise de Casal e Família (ABPCF). Membro da Associação Internacional de Psicanálise de Casal e Família (AIPCF). Representante regional da Sociedade Brasileira de Psicanálise do Rio de Janeiro (SBPRJ) na IPA (Committee on Couple and Family Psychoanalysis – COFAP).

Sobre os autores

GISLAINE VARELA MAYO DE DOMINICIS

Psicóloga. Psicanalista. Docente do curso de especialização em Psicoterapia Psicanalítica de Casal e Família do Instituto Sedes Sapientiae (SP). Supervisora clínica do Núcleo de Atendimento e Pesquisa da Conjugalidade e Família (NAPC). Membro da Associação Internacional de Psicanálise de Casal e Família (AIPCF). Membro fundador da Associação Brasileira de Psicanálise de Casal e Família (ABPCF).

ISABEL CRISTINA GOMES

Livre-Docente pelo Departamento de Psicologia Clínica do Instituto de Psicologia da USP (IPUSP). Professora titular desse mesmo Departamento. Coordenadora do Laboratório de Casal e Família: Clínica e Estudos Psicossociais. Membro fundador e da Diretoria da Associação Brasileira de Psicanálise de Casal e Família (ABPCF). Membro da Associação Internacional de Psicanálise de Casal e Família (AIPCF).

ISABEL DA SILVA KAHN MARIN

Psicanalista. Doutora em Psicologia Clínica (PUC-SP). Membro diretor da Associação Brasileira de Estudos sobre o Bebê (ABEBÊ). Membro da Associação Universitária de Pesquisa em Psicopatologia Fundamental. Membro fundador da Associação Brasileira de Psicanálise de Casal e Família (ABPCF). Professora, pesquisadora e supervisora clínica/institucional do curso de Psicologia da Faculdade de Ciências Humanas e da Saúde (FACHS) da PUC-SP nas áreas da infância, juventude e família.

LIDIA LEVY

Psicanalista. Doutora em Psicologia Clínica. Coordenadora e professora do curso de especialização em Psicologia Jurídica da PUC-Rio. Membro da Associação Internacional de Psicanálise de Casal e Família (AIPCF). Membro da Associação Brasileira de Psicanálise de Casal e Família (ABPCF).

LISETTE WEISSMANN

Doutora e mestre em Psicologia. Psicanalista. Membro do Departamento de Psicanálise do Instituto Sedes Sapientiae e da Associação Brasileira de Psicanálise de Casal e Família (ABPCF). Professora do Centro de Estudos Psicanalíticos (CEP), do Sedes Sapientiae. Professora convidada da USP. Membro do Grupo Vincular.

LÍVIA MARIA SAADI EZINATTO

Psicóloga. Especialista Clínica (Conselho Federal de Psicologia). Membro efetivo da Associação Brasileira de Psicanálise de Casal e Família (ABPCF). Membro titular do Instituto de Estudos Psicanalíticos de Ribeirão Preto. Docente da pós-graduação em Psicoterapia de Casal e Família de Orientação Psicanalítica da UNIP-Ribeirão Preto.

LUIZ MEYER

Membro efetivo da Sociedade Brasileira de Psicanálise de São Paulo (SBPSP). Professor do Instituto da SBPSP.

MAÍRA BONAFÉ SEI

Psicóloga. Especialização em Psicoterapias na Infância pela Faculdade de Ciências Médicas da Universidade de Campinas (Unicamp). Treinamento em Psicoterapia Breve Psicanalítica pela Escola de Extensão (Extecamp) da Unicamp. Mestrado. Doutorado e pós-doutorado em Psicologia Clínica pelo IPUSP. Professora adjunta do Departamento de Psicologia e Psicanálise da Universidade Estadual de Londrina (UEL). Orientadora do Programa de Pós-Graduação em Psicologia da UEL. Membro-fundador da Associação Brasileira de Psicanálise de Casal e Família (ABPCF).

Sobre os autores

MARCIA MARIA DOS ANJOS AZEVEDO

Mestre e doutora em Psicologia pela Universidade Federal do Rio de Janeiro (UFRJ, 2003). Psicanalista, docente da Sociedade de Psicanálise da Cidade do Rio de Janeiro (SPCRJ). Coordenadora do Núcleo de Psicossomática Psicanalítica SPCRJ. Professora associada do Departamento de Saúde e Sociedade do Instituto de Saúde Coletiva da Universidade Federal Fluminense (UFF). Membro da Associação Internacional de Psicanálise de Casal e Família (AIPCF). Membro fundador da Sociedade Brasileira de Transtornos Alimentares (SoBraTA).

MARIA ÂNGELA FAVARO NUNES

Psicóloga clínica. Doutora em Psicologia Clínica pelo IPUSP. Professora titular da UNIP. Membro efetivo da Associação Brasileira de Psicanálise de Casal e Família (ABPCF).

MARIA APARECIDA QUESADO NICOLETTI

Médica. Psicanalista. Membro efetivo e docente da Sociedade Brasileira de Psicanálise de São Paulo (SBPSP). Membro da IPA. Membro da FEPAL. Coordenadora da Comisión de Pareja y Família da FEPAL. Membro da Association Internationale de Psychanalyse de Couple et de Famille. Membro fundadora da Associação Brasileira de Psicanálise de Casal e Família (ABPCF).

MARIA DE LOURDES CALEIRO COSTA

Psicanalista. Membro do Departamento de Psicanálise do Instituto Sedes Sapientiae. Membro fundador da Associação Brasileira de Psicanálise de Casal e Família (ABPCF). Membro da Associação Internacional de Psicanálise de Casal e Família (AIPCF).

MARIA DE LURDES DE SOUZA ZEMEL

Psicóloga. Psicanalista pela Sociedade Brasileira de Psicanálise de São Paulo (SBPSP). Membro da Associação Brasileira Multidisciplinar de Estudos sobre Drogas (ABRAMD). Membro da Associação Paulista de Terapia Familiar (APTF). Membro da Associação Brasileira de Psicanálise de Casal e Família (ABPCF).

MARIA INÊS ASSUMPÇÃO FERNANDES

Professora titular do IPUSP. Livre docente pelo IPUSP. Coordenadora do Laboratório de Estudos em Psicanálise e Psicologia Social (LAPSO). Presidente da Comissão de Cooperação Internacional (CCINT) do IPUSP. Membro do Comitê Científico da Chaire Unesco de Santé Sexuelle et Droits Humains. Membro do Grupo Interdisciplinar de Estudos em Humanidades e Artes da USP (IEA-USP). Presidente da Associação Internacional de Psicanálise de Casal e Família (AIPCF, 2021 a 2023). Membro-fundador e membro da diretoria da Associação Brasileira de Psicanálise de Casal e Família (ABPCF).

MARIA LUCIA DE SOUZA CAMPOS PAIVA

Psicanalista. Doutora em Psicologia Clínica pelo IPUSP. Membro da equipe do Programa da Mulher Dependente Química do Hospital das Clínicas da Faculdade de Medicina da USP (PROMUD-Ipq/FMUSP). Membro do Departamento de Psicanálise do Instituto Sedes Sapientiae. Membro fundador e tesoureira da Associação Brasileira de Psicanálise de Casal e Família (ABPCF, desde 2017). Membro do Conselho Administrativo da Associação Internacional de Psicanálise de Casal e Família (AIPCF) desde 2014. Membro do Grupo Vincular.

Sobre os autores

MARIA LUIZA DIAS

Psicóloga. Psicanalista de Casal e Família. Membro fundador da Associação Brasileira de Terapia Familiar (ABRATEF) e da Associação Brasileira de Psicanálise de Casal e Família (ABPCF). Membro da Associação Internacional de Psicanálise de Casal e Família (AIPCF). Presidente da APTF (gestão 2010-2012). Mestre (PUC-SP). Doutora (USP) e pós-doutoranda (IPUSP). Docente universitária e supervisora clínica. Especialista em Psicologia Clínica (CRP-SP). Coordenadora da Formação em Psicanálise de Casal e Família da LAÇOS. Membro do Grupo Vincular.

MAURO HEGENBERG

Médico. Psicanalista. Mestre e doutor em Psicologia Clínica pelo IPUSP. Professor do Instituto Sedes Sapientiae. Supervisor do Núcleo de Atendimento e Pesquisa da Conjugalidade e da Família (NAPC). Membro fundador da Associação Brasileira de Psicanálise de Casal e Família (ABPCF).

PABLO CASTANHO

Professor Doutor do Departamento de Psicologia Clínica do IPUSP. Cocoordenador da Rede Interuniversitária e Internacional Grupo e Vínculos Intersubjetivos com sede na Université Lumière Lyon 2, França. Membro da International Association for Group Psychotherapy and Group Processes (IAGP). Membro do Núcleo de Estudos em Saúde Mental e Psicanálise das Configurações Vinculares (NESME).

REGINA MARIA RAHMI

Psicanalista. Membro efetivo da Sociedade Brasileira de Psicanálise de São Paulo (SBPSP). Membro da IPA. Membro fundador da Associação Brasileira de Psicanálise de Casal e Família (ABPCF).

RENATA KERBAUY

Psicóloga. Psicanalista de casal e família, doutoranda em Psicologia. Pós-graduada em Psicologia Clínica. Especialista em Psicoterapia Breve Psicanalítica e em Psicoterapia Psicanalítica de Casal e Família. Docente no Instituto Sedes Sapientiae. Membro da Associação Internacional de Psicanálise de Casal e Família (AIPCF) e da Associação Brasileira de Psicanálise de Casal e Família (ABPCF).

ROSELY PENNACCHI

Pedagoga. Psicóloga. Mestre em Comunicação e Semiótica (PUC-SP). Co-coordenadora do Grupo Trama e Urdidura desde 2005. Membro fundador da Associação Brasileira de Psicanálise de Casal e Família (ABPCF). Professora da Coordenadoria Geral de Especialização, Aperfeiçoamento e Extensão (COGEAE) da PUC-SP. Membro do Grupo Vincular.

RUTH BLAY LEVISKY

Psicóloga. Psicanalista. Membro efetivo, fundadora e Presidente da Associação Brasileira de Psicanálise de Casal e Família (ABPCF, 2017 a 2021). Coordenadora do Grupo Vincular. Coordenadora técnica do projeto Abrace seu bairro. Membro efetivo e do Conselho de Representantes da Associação Internacional de Psicanálise de Casal e Família (AIPCF, 2006 a 2014). Foi professora do curso de Especialização em Terapia Familiar da Coordenadoria Geral de Especialização, Aperfeiçoamento e Extensão (COGEAE) da PUC/SP e do Instituto de Psicoterapia Analítica de Grupo. Bióloga. Mestre e doutora em Genética Humana (USP).

SANDRA APARECIDA SERRA ZANETTI

Psicóloga. Mestre, doutora e pós-doutora em psicologia clínica pela USP. Foi professora adjunta na UEL (2013-2016). Trabalha como psicóloga clínica no Canadá.

Sobre os autores

SÉRGIO TELLES

Psicanalista e escritor. Membro do Departamento de Psicanálise do Instituto Sedes Sapientiae (São Paulo). Membro fundador da Associação Brasileira de Psicanálise de Casal e Família (ABPCF) e da Associação Internacional de Psicanálise de Casal e Família (AIPCF). Membro do Grupo Vincular.

SILVIA BRASILIANO

Psicanalista. Doutora em Ciências pela Faculdade de Medicina da USP. Especialização em Psicanálise da Família pelo Instituto Sedes Sapientiae. Membro fundador e secretária executiva da primeira (2017-2019) e segunda gestão (2019-2021) da Associação Brasileira de Psicanálise de Casal e Família (ABPCF). Membro do Grupo Vincular.

SOLANGE APARECIDA EMÍLIO

Psicóloga clínica, grupoterapeuta e psicoterapeuta de casais e famílias. Doutora em Psicologia Escolar e do Desenvolvimento Humano (USP). Pós-doutoranda em Psicologia Clínica (USP). Coordenadora do Programa de Pós-Graduação (mestrado e doutorado) em Psicologia Educacional do UNIFIEO. Vice-presidente do Núcleo de Estudos em Saúde Mental e Psicanálise das Configurações Vinculares (NESME, 2019-2021).

SONIA THORSTENSEN

Psicóloga clínica pela PUC-SP. Mestre em Educação pela Universidade de Stanford. Mestre e doutora em Psicologia Clínica pela PUC-SP. Psicanalista. Membro da Associação Brasileira de Psicanálise de Casal e Família (ABPCF). Membro do Grupo Vincular.

SUSANA MUSZKAT

Psicóloga. Psicanalista. Membro efetivo e docente da Sociedade Brasileira de Psicanálise de São Paulo (SBPSP). Mestre em psicologia social pelo IPUSP. Membro do COFAP da IPA e da Associação Brasileira de Psicanálise de Casal e Família (ABPCF).

TEREZINHA FÉRES-CARNEIRO

Professora titular do Departamento de Psicologia da PUC-Rio. Membro da Associação Brasileira de Psicanálise de Casal e Família (ABPCF) e da Associação Internacional de Psicanálise de Casal e Família (AIPCF).

VERA L. C. LAMANNO ADAMO

Psicanalista didata da Sociedade Brasileira de Psicanálise de Campinas e da Sociedade Brasileira de Psicanálise de São Paulo (SBPSP), integradas à IPA. Especialização em Psicoterapia de Família e Casal pela Clínica Tavistock, Londres. Mestre em Humanistic Psychology (Antioch University, Antioch for British Studies, Londres). Doutora em Ciências Médicas (Unicamp).

WALDEREZ BITTENCOURT

Psicóloga clínica. Mestre e doutora pela USP. Membro fundador da Associação Brasileira de Psicanálise de Casal e Família (ABPCF). Coordenadora do Programa de Terapia Familiar da ONG do Centro de Estudos e Atendimento à Família (CEAF). Membro do Grupo Vincular.

ZEILA SLIOZBERGAS

Psicóloga. Psicanalista efetiva da Sociedade Psicanalítica do Rio de Janeiro, integrada à IPA. Especialização em psicologia médica, terapia de família e casal (PUC-Rio). Membro associado da Associação Brasileira de Psicanálise de Casal e Família (ABPCF).